Handbuch für Software-Delivery und Operations

Handbuch für Software-Delivery und Operations

Best Practices für Deployment, Orchestrierung und Monitoring

Yevgeniy Brikman

Übersetzung von Peter Klicman

O'REILLY®

Wir hoffen, dass Sie Freude an diesem Buch haben und sich Ihre Erwartungen erfüllen. Falls Sie Anregungen, Wünsche und Kommentare haben, lassen Sie es uns wissen: **service@rheinwerk-verlag.de**.

Informationen zu unserem Verlag und Kontaktmöglichkeiten finden Sie auf unserer Verlagswebsite **www.dpunkt.de**. Dort können Sie sich auch umfassend über unser aktuelles Programm informieren und unsere Bücher und E-Books bestellen.

Autor: Yevgeniy Brikman
Übersetzung: Peter Klicman
Lektorat: Ariane Hesse
Buchmanagement: Julia Griebel
Copy-Editing: Sibylle Feldmann, *www.richtiger-text.de*
Satz: III-satz, *www.drei-satz.de*
Herstellung: Stefanie Weidner
Covergestaltung: Karen Montgomery, Michael Oréal, *www.oreal.de*
Druck: mediaprint solutions, Paderborn

PEFC
PEFC/04-31-0810

Dieses Buch wurde auf PEFC-zertifiziertem Papier gedruckt. Hergestellt in Deutschland.

Bibliografische Information der Deutschen Nationalbibliothek:
Die Deutsche Nationalbibliothek verzeichnet diese Publikation in der Deutschen Nationalbibliografie; detaillierte bibliografische Daten sind im Internet über *http://dnb.dnb.de* abrufbar.

ISBN Print: 978-3-96009-289-6
ISBN PDF: 978-3-96010-991-4
ISBN ePub: 978-3-96010-992-1

1. Auflage 2026

Rheinwerk Verlag GmbH • Rheinwerkallee 4 • 53227 Bonn
service@rheinwerk-verlag.de

Inhalt

Vorwort

Es gibt da draußen viele Bücher, die sich mit dem Schreiben von Software befassen. Dieses Buch beschäftigt sich mit der Bereitstellung von Software (engl. *Software Delivery*), also den Prozessen, Werkzeugen und Techniken, die benötigt werden, um Software in der Produktion kontinuierlich zu betreiben und zu pflegen. Dabei handelt dieses Buch insbesondere von *DevOps*, deren Methodik die Bereitstellung von Software effizienter gestaltet.

Während sich die meisten Bücher und Vorträge zu DevOps auf Kultur, Werte und Organisationsstrukturen konzentrieren, sind meiner Erfahrung nach die meisten Menschen, die sich über DevOps informieren, eigentlich an den Techniken zur effektiven Softwarebereitstellung interessiert. Und genau das ist dieses Buch: ein *praktischer Leitfaden* mit Dutzenden von Schritt-für-Schritt-Beispielen zum Betrieb von Produktivsystemen. Wir beginnen mit den Grundlagen – einer App, die auf einem einzelnen Server läuft – und arbeiten uns dann vor zu Microservices in einem Kubernetes-Cluster mit einem Service-Mesh, automatisierter Deployment-Pipeline, Ende-zu-Ende-Verschlüsselung und vielem mehr.

Wenn Sie mit diesem Buch durch sind, haben Sie praktische Erfahrungen mit allen Kernkonzepten und Praktiken moderner DevOps und Softwarebereitstellung gesammelt. Dazu gehören:

- Deployment von VMs (EC2), Containern (Kubernetes) und serverlosen Apps (Lambda).
- Verwaltung Ihrer *Infrastructure as Code* mit OpenTofu, Packer und Ansible.
- Automatisierung Ihrer Builds, Tests und Deployments in einer CI/CD-Pipeline.
- Netzwerkkonfiguration einschließlich VPCs, VPNs, DNS und Service-Meshes.
- Aufteilen Ihrer Codebasis in mehrere Umgebungen, Bibliotheken und Microservices.
- Verwaltung von Secrets und die Verschlüsselung von Daten bei Übertragung (TLS) und Speicherung (AES).
- Speicherung von Daten in relationalen Datenbanken, NoSQL-Datenbanken und Dateien.
- Einrichtung des Monitorings inklusive Metriken, Logs, Events und Alerts.
- Und vieles mehr!

Bevor wir uns mit all diesen Dingen beschäftigen, will ich kurz erläutern, warum ich glaubte, dieses Buch schreiben zu müssen – und warum Sie es lesen wollen.

Warum ich dieses Buch geschrieben habe

Nahezu jede Software ist für das Deployment, die Wartung und die Sicherheit auf Praktiken zur Softwarebereitstellung angewiesen. Dennoch kenne ich keinen Leitfaden, der diese Softwarebereitstellung durchgehend erläutert. Fast jeder, der sich heutzutage mit der Bereitstellung von Software beschäftigt, lernt es durch Ausprobieren auf die harte Tour. Unglücklicherweise können Fehler bei der Softwarebereitstellung teuer werden. Sie führen zu Ausfällen, Datenverlust und Sicherheitslücken. Die Tatsache, dass eine gute Möglichkeit fehlt, die Bereitstellung von Software zu erlernen, macht die gesamte Softwareindustrie langsam, ineffektiv und unsicher.

Ich habe das am eigenen Leib erfahren müssen. Im Jahr 2011 arbeitete ich bei LinkedIn. Von außen sah alles großartig aus: Das Unternehmen war gerade an die Börse gegangen, der Kurs war um über 100% gestiegen, die Umsätze wuchsen Jahr für Jahr um über 100%. Die Website hatte über 100 Millionen Nutzerinnen und Nutzer, und jede Sekunde kamen zwei neue dazu. Doch im Inneren herrschte Chaos. Warum? Weil die Praxis der Softwarebereitstellung so schlecht war, dass ein Deployment nicht länger möglich war.

Damals konnten Deployments alle zwei Wochen erfolgen, und das war immer eine schmerzhafte, mühsame und fehlerträchtige Angelegenheit. 2011 ging ein Deployment so schief, dass wir es (was auch immer wir probierten) nicht abschließen konnten. Wir rollten einige neue Änderungen aus, die Instabilitäten zur Folge hatten. Die durchgeführten Korrekturen führten zu neuen Bugs. Weitere Fixes mündeten in weiteren Problemen. Die Teams arbeiteten die Nacht durch, aber die Dinge liefen immer noch nicht stabil. Nach einem mehrtägigen Deployment-Albtraum mussten wir letztendlich alle Änderungen rückgängig machen.

Hier konnte also ein fast zehn Milliarden Dollar schweres Unternehmen keinen Code bereitstellen. Um diesem Chaos zu entkommen, wurde Project Inversion (*https://oreil.ly/HSVrs*) ins Leben gerufen. Die Entwicklung neuer Features wurde für mehrere Monate eingefroren, während die Entwickler-, Produkt- und Designteams die gesamte zugrunde liegende Infrastruktur, die Werkzeuge und die Praktiken überarbeiteten. Das Ergebnis war ein großer Erfolg: Monate später konnten wir Dutzende Male täglich neue Versionen bereitstellen, es gab viel weniger Probleme und Ausfälle. Das Unternehmen konnte sich so viel schneller weiterentwickeln.

Heute würden wir das wohl eine »DevOps-Transformation« nennen (auch wenn der Begriff *DevOps* gerade erst auf der Bildfläche erschienen war, weshalb wir es nicht so nannten), und der Weg dorthin hat einige Schmerzen und viele Ausfälle verursacht. Die Wahrheit ist, dass wir einfach nicht wussten, was wir nicht wussten. Wir mussten rausgehen und mit anderen Unternehmen sprechen. Wir lernten etwas über Trunk-basierte Entwicklung von dem einen Unternehmen, über Canary-Deployments von einem anderen, über Feature-Toggles von einem weiteren – und so weiter.

Leider kennen selbst heute (während ich dieses Buch 15 Jahre später schreibe) nur relativ wenige Entwicklerinnen und Entwickler diese Praktiken aus DevOps und Softwarebereitstellung. Nachdem ich LinkedIn verlassen hatte, wurde ich Mitgründer von Gruntwork (*https://gruntwork.io*). Dort hatte ich die Gelegenheit, mit Hunderten von Unternehmen an ihren DevOps- und Softwarebereitstellungspraktiken zu arbeiten. Ich sah, wie sich LinkedIns DevOps-Albtraum bei Unternehmen jeder Größe immer und ständig wiederholte. Die Techniken, die eine Handvoll der Top-Tech-Unternehmen ausgetüftelt hatten, waren nicht zum Rest der Industrie durchgesickert. Die meisten Entwickler da draußen wissen immer noch nicht, was sie nicht wissen.

Also habe ich entschieden, ein Buch zu schreiben. Ich hoffe, dass dieses Buch die Situation ein klein wenig verbessert. Ich hoffe, dass ein praktischer Überblick über DevOps und Softwarebereitstellung der nächsten Generation von Softwareunternehmen hilft, den richtigen Weg einzuschlagen und einige der DevOps-Albträume zu vermeiden, die ich gesehen habe. Statt die Dinge nur zusammenzuhacken und auf die harte Tour zu lernen, hoffe ich, dass Sie mit diesem Buch von anderen lernen können.

Das Ergebnis könnte eine Softwareindustrie sein, die Software schneller, zuverlässiger und sicherer entwickelt. Wenn das passiert, könnte das tiefgreifende Auswirkungen auf die Industrie haben, die ich nachfolgend beschreiben möchte.

Die Auswirkungen erstklassiger Softwarebereitstellung

Ein Großteil der Entwicklerinnen und Entwickler hatte nie die Gelegenheit, sich erstklassige Softwarebereitstellung direkt anzusehen. Wenn Sie einer von ihnen sind, wird Sie die Lücke erstaunen, die zwischen Unternehmen mit erstklassiger Softwarebereitstellung und allen anderen klafft. Wir sprechen hier nicht von einer Verbesserung um den Faktor 1,1 oder 1,5. Hier geht es um den Faktor 10, 100 oder sogar mehr.

Tabelle 1 zeigt den Unterschied zwischen den führenden Unternehmen und den »Low-Performern« in den vier Schlüsselmetriken der *DevOps Research and Assessment (DORA)* (*https://oreil.ly/ZVVos*), die eine einfache Möglichkeit bieten, die Performance eines Softwareentwicklungsteams zu messen.

Tabelle 1: DORA-Metriken des State of DevOps Reports 2024 (https://oreil.ly/ypax3)

Metrik	Beschreibung	Top- vs. Low-Performer
Deployment-Häufigkeit	Wie oft erfolgt ein Deployment in die Produktion?	182-mal häufiger
Vorlaufzeit (Lead Time)	Wie lange benötigt eine Änderung vom Commit bis zum Deployment?	127-mal schneller
Fehlerrate bei Änderungen	Wie oft führen Deployments zu Fehlern, die sofort behoben werden müssen?	8-mal weniger
Wiederherstellungszeit (Recovery Time)	Wie lange dauert es, den Betrieb nach einem fehlgeschlagenen Deployment wieder aufzunehmen?	2.293-mal schneller

Um diese *atemberaubenden* Unterschiede zu verdeutlichen, hier ein paar Beispiele:

- Deployment einmal versus mehrmals täglich.
- Dauer von Deployment-Prozessen: 36 Stunden versus 5 Minuten.
- Zu Problemen führen: 2 von 3 Deployments versus 1 von 20.
- Dauer von Ausfällen: 24 Stunden versus 2 Minuten.

Es ist schon fast ein Meme, dass Entwickler, die Unternehmen mit erstklassigen Softwarebereitstellungsprozessen verlassen, wie Google, Meta, Amazon oder LinkedIn (nach Project Inversion), sich bitterlich darüber beschweren, wie sehr ihnen die Infrastruktur und das Tooling fehlen. Das liegt daran, dass ihre Welt wie folgt aussieht:

- Ein Deployment ist jederzeit möglich, selbst *1.000 Mal am Tag*.
- Deployments können in *Minuten* erfolgen und sind zu 100% automatisiert.
- Probleme können innerhalb von *Sekunden* erkannt werden, häufig bevor sie für Nutzerinnen und Nutzer sichtbar werden.
- Ausfälle können in *Minuten* behoben werden, häufig automatisch.

Wie sehen diese Zahlen bei Ihnen aus? Machen Sie sich keine Sorgen, wenn Sie sich nicht in diesen Größenordnungen bewegen. Zuerst sollten Sie wissen, dass Sie diese Ergebnisse auch erreichen können, wenn Sie kein Multimilliarden-Dollar-Unternehmen sind. Tatsächlich gibt es viele Möglichkeiten, diese Ergebnisse zu erzielen, und jedes dieser erstklassigen Unternehmen macht das etwas anders. Dennoch gibt es diverse Gemeinsamkeiten, und DevOps stellen einen Versuch dar, einige dieser gängigen Muster zu bündeln.

Wo DevOps herkommt

Die DevOps-Bewegung entstand in den späten 2000ern als Reaktion auf die Unzulänglichkeiten der Softwarebereitstellung in den Unternehmen. Historisch gesehen, hatten die meisten Unternehmen ein Entwicklerteam (engl. *Developer*, *Dev*), das die Software schrieb, sowie ein Admin-Team (engl. *Operations*, *Ops*), das sich um die Hardware kümmerte. In vielen Unternehmen arbeiteten diese Teams in abgeschotteten »Silos« mit unterschiedlichen Zielen. Die Hauptziele der Ops-Teams waren üblicherweise Sicherheit und Zuverlässigkeit. Sie waren daher die einzigen Teams mit Zugang zu den Produktionssystemen und bildeten die einzige Schnittstelle für Deployments und den Umgang mit Ausfällen. Das Hauptziel der Dev-Teams bestand in der Auslieferung neuer Features – und das so schnell wie möglich. Diese Aufteilung führte häufig zu Problemen.

Das Dev-Team, das häufig unter Zeitdruck arbeitete, hatte keinen Zugang zum Produktionssystem. So etwas wie Rufbereitschaft des Ops-Teams gab es nicht. Es entwickelte den Code und »spielte den Ball« nach nur wenigen Tests an das Ops-Team weiter. Das Ops-Team stellte den Code dann von Hand bereit, was häufig zu Fehlern oder Ausfällen führte. Das lag entweder an einem Fehler im Deployment-Prozess oder an einem Bug im Code. Das Ops-Team, das es leid wurde, Ausfälle um drei Uhr morgens zu beheben, reduzierte letztlich die Häufigkeit der Releases. Leider führte das zu einem Teufelskreis: Weniger Releases bedeutete, dass jedes Release größer und komplizierter war, was zu mehr Ausfällen führte, was zu noch langsameren Release-Zyklen führte ... und so weiter, bis es zum Stillstand kam.

Zwar waren die Probleme mit händischen Prozessen und Silos seit Jahren bekannt, doch erst um 2007 bis 2008 herum begann die Softwareindustrie, diese Probleme in verschiedenen Konferenzen, Meet-ups und Artikeln offener zu diskutieren. Diese Diskussionen fielen mit mehreren großen Veränderungen zusammen (und trieben diese wesentlich an), die über das nächste Jahrzehnt stattfanden:

Der Wechsel in die Cloud
: Statt eigene Rechenzentren zu betreiben, begannen viele Unternehmen damit, in die Cloud zu wechseln, d.h. Server und andere Infrastruktur von Drittanbietern zu mieten. (Mehr über die Cloud erfahren Sie in Kapitel 1.) Das bedeutete eine große Veränderung sowohl für das Ops-Team, das sich plötzlich hauptsächlich mit Software (des Cloud-Anbieters) statt mit Hardware (Server einbauen und Netzwerkkabel ziehen) beschäftigte, als auch für das Dev-Team, das nun mit den gleichen Softwaretools wie das Ops-Team auf die Produktionssysteme zugreifen konnte.

Der Wechsel hin zur Automatisierung
: Statt alles von Hand zu erledigen, begannen viele Unternehmen damit, ihre Prozesse über Managementtools (Kapitel 2), Orchestrierungstools (Kapitel 3), automatisierte Tests (Kapitel 4) und Continuous Integration/Continuous Delivery (Kapitel 5) zu automatisieren. Diese Automatisierung war ein weiterer großer Umbruch für Dev und Ops, da neue Interaktionspunkte zwischen beiden Teams definiert wurden (ein bisschen wie eine API).

Der Wechsel zu bereichsübergreifenden Teams
: Statt in Silos zu arbeiten, begannen viele Unternehmen damit, Dev und Ops in *bereichsübergreifenden Teams* mit gemeinsamen Zielen und Tools (wie Cloud und Automatisierung) zusammenarbeiten zu lassen.

Alle diese Trends zusammen wurden als *DevOps-Bewegung* bekannt. DevOps ist weder der Name eines Teams, noch ist es eine Berufsbezeichnung oder eine bestimmte Technologie – auch wenn es für all das genutzt wird. Vielmehr handelt es sich um eine Reihe von Prozessen, Ideen und Techniken. Jeder definiert DevOps ein wenig anders, doch in diesem Buch definieren wir DevOps als Methodik mit dem folgenden Ziel:

> Das Ziel von DevOps ist die deutlich effizientere Softwarebereitstellung.

Sie haben gelesen, wie LinkedIns DevOps-Transformation das Unternehmen rettete, doch es gibt noch viele weitere Beispiele. Nordstrom hat festgestellt, dass die Anwendung von DevOps-Praktiken die Zahl der pro Monat ausgelieferten Features um 100% gesteigert hat, Defekte um 50% reduziert wurden, Bereitstellungszeiten um 60% und die Zahl der Produktionsstörungen um 60 bis 90%. Nachdem HPs LaserJet-Firmware-Abteilung damit begonnen hatte, DevOps-Praktiken zu nutzen, erhöhte sich die Zeit, die Entwickler mit der Entwicklung neuer Features verbrachten, um 5 bis 40%, und die Gesamtentwicklungskosten wurden um 40% reduziert. Etsy nutzte DevOps-Praktiken, um von stressigen seltenen Deployments (die zahlreiche Ausfälle verursachten) zu 25 bis 50 Deployments pro Tag zu kommen (mit deutlich weniger Ausfällen).[1]

---

1 Aus *The DevOps Handbook: How to Create World-Class Agility, Reliability, & Security in Technology Organizations* von Gene Kim et al. (IT Revolution Press).

Dennoch eine Warnung: Auch wenn die Ergebnisse der Anwendung von DevOps großartig sein können, ist die Erfahrung, die man auf dem Weg dorthin macht, nicht immer ganz so großartig, wie im nächsten Abschnitt beschrieben.

Vorsicht vor den Schlangen

Ich möchte Ihnen ein kleines Geheimnis verraten: Wir verwenden ein einzelnes Wort, »DevOps«, um viele Dutzend größtenteils unabhängige Konzepte zu beschreiben. Was hat die Kryptografie hinter einem TLS-Zertifikat mit der Definition einer Deployment-Pipeline in GitHub Actions YAML oder der Datensicherung einer PostgreSQL-Datenbank zu tun? Nicht viel. Und doch muss ein typischer *Site Reliability Engineer* (SRE) oder ein *DevOps-Engineer* mit diesen und einer Vielzahl anderer Konzepte arbeiten.

Was DevOps so schwierig macht, ist nicht, dass diese Konzepte für sich genommen besonders kompliziert wären, sondern dass es so viele Konzepte zu meistern gilt – und alle *richtig* miteinander verbunden werden müssen. Das TLS-Zertifikat muss richtig konfiguriert werden, oder die Nutzer erhalten gruselige Fehlermeldungen, die sie davon abhalten, Ihre Website zu nutzen. Ihre Deployment-Pipeline muss richtig konfiguriert sein, sonst sind Deployments für Ihr Team nicht möglich. Ihr Datenbank-Backup muss richtig konfiguriert sein, oder Sie riskieren einen Datenverlust, und wenn Sie Ihre Daten verlieren, könnte das ganze Unternehmen gefährdet sein. DevOps ist eine bemerkenswerte Kombination sehr vieler Anwendungen, verlangt aber auch, sich um jedes Detail zu kümmern. Sie müssen alles richtig miteinander verbinden, sonst funktioniert überhaupt nichts.

Ich vergleiche das Ganze gern mit einer Kiste voller Kabel: Sie greifen hinein und hoffen, nur ein Kabel herauszuziehen, doch Sie ziehen unweigerlich ein riesiges Knäuel heraus. Leider ist das der heutige DevOps-Stand. Die Industrie ist relativ jung, die Tools und Techniken sind noch nicht so ausgereift, und es fühlt sich an, als wäre alles kaputt, frustrierend und hoffnungslos durcheinander.

Meine Hoffnung ist, dass ich diesen Kabelsalat ein wenig für Sie entwirre. Ich will Ihnen zeigen, dass diese einzelnen Kabel (die einzelnen Konzepte) isoliert betrachtet etwas sind, das Sie leicht verstehen können, womit Sie arbeiten können und letztlich gut umgehen werden.

Doch manchmal ist das nicht so leicht. Manchmal fühlt sich der Griff in die Kiste eher an, als würde man in eine Kiste voller Schlangen greifen. Und manchmal wird man gebissen. Wenn Sie vor dem Rechner auf eine unsinnige Fehlermeldung starren und sich gestresst, verärgert und besorgt die Haare raufen, dann sollten Sie wissen, dass Sie nicht allein sind.

Tausende anderer Entwicklerinnen und Entwickler greifen in diese Kiste voller Schlangen und werden gebissen. Jeden Tag. Ich bin einer von ihnen. Ich habe mehr Haare durch DevOps verloren, als ich zugeben möchte. Selbst während ich dieses Buch schreibe, fühle ich mich frustriert oder verwirrt und schreie den Bildschirm an, obwohl ich die meisten dieser Dinge bereits tausendmal gemacht habe. So ist das heutzutage.

Tatsächlich war ich an einigen Stellen in diesem Buch nicht in der Lage, die Kabel so zu entwirren, wie ich es mir gewünscht hätte. So war etwa Beispielcode zu kompliziert und zu lang, um ihn in das Buch aufzunehmen, sodass ich auf eine einfachere und weniger realistische Version zurückgreifen musste. Oder ich konnte ein Konzept nicht erläutern, ohne auf zehn andere Konzepte einzugehen, die erst später eingeführt werden, weshalb ich sie nur zum Teil erklären konnte. In diesem Fall habe ich eine warnende »Kiste voller Schlangen« eingefügt, die wie folgt aussieht:

Vorsicht vor den Schlangen

Wenn Sie diese Warnung sehen, betreten Sie eine besonders riskante und verzwickte DevOps-Ecke.

Wann immer Sie eine solche Warnung erhalten, sollten Sie sich darüber bewusst sein, nur einen Teil des Bilds zu sehen, das Gesamtbild aber möglicherweise erst später zu erfassen. Das gilt für DevOps im Allgemeinen. Wenn DevOps Neuland für Sie ist, kommt der Inhalt wohl erst mal seltsam, verwirrend und voller unverständlicher Schlagwörter daher. Sie werden nicht das Gefühl haben, das große Ganze zu sehen. Doch ich verspreche, dass Sie nach einiger Zeit über den Berg sind und die Dinge plötzlich Sinn ergeben und sich zusammenfügen. Sie müssen zuerst ausreichend Wissen und Erfahrung sammeln, was anfangs etwas schwierig ist, doch ab einem gewissen Punkt wird es einfacher. DevOps wird niemals wirklich einfach sein, doch Sie werden an einen Punkt kommen, an dem Sie sich sicher sind, die Dinge regeln zu können.

Also bleiben Sie dran und achten Sie auf die Schlangen.

Wer dieses Buch lesen sollte

Dieses Buch richtet sich an alle, die für das Deployment und das Management von Apps in der Produktion verantwortlich sind, also an jede und jeden, die oder der sich um die Bereitstellung von Software kümmert:

Einzelne Mitarbeitende in Operations-Rollen
: Aktuelle und angehende SREs, DevOps-Engineers, Sysadmins, Operations-Engineers und Release-Engineers, die ihr Wissen über die Softwarebereitstellung erweitern wollen.

Einzelne Mitarbeitende in Dev-Rollen
: Software-Engineers, Softwareentwicklerinnen, Webentwickler und Full-Stack-Entwickler, die mehr über die Operations-Seite des Hauses erfahren wollen.

Manager
: Engineering-Managerinnen, Engineering-Direktoren, Chief Technology Officers (CTOs), Vice Presidents of Engineering (VPEs) und Chief Information Officers (CIOs), die wissen wollen, wie man DevOps-Praktiken in ihre Organisation einführt.

Dieses Buch setzt nicht voraus, dass Sie bereits ein Experte in Sachen Programmierung oder Systemadministration sind. Grundlegendes Wissen um Programmierung, die Kommandozeile und serverbasierte Software (z. B. Webseiten) sollte ausreichen. Alles, was Sie sonst benötigen, können Sie sich auf dem Weg aneignen. Sie benötigen nur einen Computer, eine Internetverbindung und den Wunsch zu lernen.

Was Sie in diesem Buch finden

Tabelle 2 zeigt eine Übersicht über den Inhalt dieses Buchs. Es zeigt die Schlüsselideen, die Sie kennenlernen werden, sowie die praktischen Beispiele, die Sie in jedem Abschnitt durchgehen.

Tabelle 2: Eine Übersicht des Buchs

Kapitel	Schlüsselideen	Praktische Beispiele
Kapitel 1	• PC kontra Server • Lokal kontra Cloud • PaaS kontra IaaS	• Eine App lokal bereitstellen • Eine App unter Render bereitstellen • Eine App als EC2-Instanz in AWS bereitstellen
Kapitel 2	• Ad-hoc-Skripte • Tools zur Konfigurationsverwaltung • Tools für das Server-Templating • Tools zur Provisioning	• Bash zur Bereitstellung einer EC2-Instanz verwenden • Ansible zur Bereitstellung einer EC2-Instanz verwenden • Packer zum Bau eines AMI nutzen • OpenTofu zur Bereitstellung einer EC2-Instanz nutzen
Kapitel 3	• Serverorchestrierung • VM-Orchestrierung • Containerorchestrierung • Serverlose Orchestrierung	• Ansible zur Bereitstellung von App-Servern und nginx nutzen • OpenTofu zur Bereitstellung von ASG und ALB nutzen • Eine dockerisierte App in Kubernetes bereitstellen • Eine serverlose App mit AWS Lambda bereitstellen
Kapitel 4	• Versionskontrolle • Build-Systeme • Dependency-Management • Automatisiertes Testen	• Ihren Code in GitHub speichern • Ihren Build in npm konfigurieren • Automatisierte Tests für eine Node.js-App einrichten • Automatisierte Tests für OpenTofu-Code einrichten
Kapitel 5	• Trunk-basierte Entwicklung • Feature-Toggles • Deployment-Strategien, Pipelines	• OIDC mit GitHub Actions und AWS nutzen • Tests in GitHub Actions ausführen • Deployments in GitHub Actions ausführen
Kapitel 6	• Mehrere Umgebungen • Mehrere Bibliotheken • Mehrere Dienste	• Mehrere AWS-Accounts anlegen • Apps für mehrere Umgebungen konfigurieren • Microservices in Kubernetes bereitstellen
Kapitel 7	• Domain Name System (DNS) • Virtuelle private Clouds (VPCs) • Netzwerkzugriff und -härtung • Serviceerkennung, Service-Meshes	• Eigenen Domainnamen in Route 53 einrichten • Eine eigene VPC in AWS bereitstellen • Per SSH mit einem Server verbinden • Istio als Service-Mesh mit Kubernetes nutzen

Tabelle 2: Eine Übersicht des Buchs (Forts.)

Kapitel	Schlüsselideen	Praktische Beispiele
Kapitel 8	• Kryptografie • Verschlüsselung beim Speichern • Verschlüsselung bei der Übertragung	• Daten verschlüsseln mit AES und RSA • Secrets im AWS Secrets Manager speichern • HTTPS mit Let's Encrypt einrichten
Kapitel 9	• Relationale Datenbanken, Schemata • NoSQL, NewSQL, Queues, Streams • Dateispeicher und CDNs • Backup und Recovery	• PostgreSQL mittels RDS bereitstellen • RDS-Backup, Replicas konfigurieren • Knex.js für Schema-Migrationen verwenden • S3 und CloudFront für statische Assets nutzen
Kapitel 10	• Logs und Log-Aggregation • Metriken, Dashboards, Alarme • Beobachtbarkeit und Tracing	• Strukturiertes Logging mit Node.js • Dashboard in CloudWatch anlegen • Route-53-Health-Checks und Alarme einrichten
Kapitel 11	• Infrastrukturlos • Generative AI • Schritt nach links, Lieferkettensicherheit • Plattform-Engineering	• Runme • Snyk • Chainguard • Backstage

Sie können das Buch von Anfang bis Ende durchlesen oder zu den Kapiteln springen, die Sie am meisten interessieren. Beachten Sie, dass die Beispiele in den einzelnen Kapiteln auf Beispielen aus vorherigen Kapiteln aufbauen. Wenn Sie Kapitel überspringen, sollten Sie die Open-Source-Codebeispiele nutzen (wie im Abschnitt »Open-Source-Codebeispiele« auf Seite 20 beschrieben), um auf dem aktuellen Stand zu sein.

Auf der Website zum Buch (*https://fundamentals-of-devops.com/#outline*) finden Sie eine dedizierte Seite zu jedem Kapitel (zum Beispiel finden Sie hier die dedizierte Seite zu Kapitel 1 (*https://fundamentals-of-devops.com/chapters/chapter-01-how-to-deploy-your-app*)), die eine Liste empfohlener Ressourcen (Bücher, Blogposts, Kurse) enthält, mit denen Sie tiefer in die in diesem Kapitel behandelten Themen einsteigen können. Sie enthält auch eine Liste aller in diesem Kapitel erwähnten Tools.

Aufgrund des Umfangs des Themas DevOps behandelt dieses Buch diverse Themen und enthält viele Details. Damit Sie den Wald vor lauter Bäumen noch sehen, fasse ich die wesentlichen Punkte in jedem Kapitel wie folgt zusammen:

Kernaussage 1

Eine Kernaussage dieses Kapitels.

Achten Sie auf diese Elemente, da sie üblicherweise die wichtigsten Lektionen dieses Kapitels zusammenfassen.

Was Sie in diesem Buch nicht finden

Dieses Buch soll eine ganz bestimmte Lücke füllen: Es soll ein praktischer Leitfaden zu DevOps und der Bereitstellung von Software für Praktiker sein. Das ist schon eine ganze Menge an Inhalt, die es abzudecken gilt, weshalb dieses Buch die folgenden Themen nur kurz streift oder ganz außen vor lässt:

DevOps-Kultur und organisatorische Prozesse
: Die meisten DevOps-Bücher konzentrieren sich hauptsächlich auf die DevOps-Kultur und organisatorische Prozesse wie bereichsübergreifende Teams, Kapazitätsplanung, Autopsien ohne Schuldzuweisung, Rufbereitschaft, *Key Performance Indicators* (KPIs), *Service-Level-Objectives* (SLOs) und Fehlerbudgets, weshalb dieses Buch nicht viel Zeit für diese Themen aufwendet.

Härten von Servern
: Zwar behandelt dieses Buch eine Reihe sicherheitsrelevanter Themen, doch ich kann nicht alle Themen ausführlich darstellen. Im Besonderen erläutere ich nicht, wie man Server gegen Angriffe härtet – zum Beispiel durch Betriebssystemrechte, Einbruchschutz, Monitoring der Dateiintegrität, Sandboxing und gehärtete Images.

Low-Level-Vernetzung
: Dieses Buch enthält ein Kapitel über Netzwerke, konzentriert sich aber auf übergeordnete Konzepte: DNS, CDNs, VPCs, VPNs, Service-Meshes und das grundlegende Härten von Netzwerken. Auf elementare Dinge wie Router, Switches, Links und Routing-Protokolle geht das Kapitel nicht ein.

Compliance
: DevOps-Engineers sind häufig damit betraut, verschiedene Compliance-Standards und Regulierungen einzuhalten, etwa die *Systems and Organization Controls 2* (SOC 2), die *International Organization for Standardization* (ISO), Standard 27001, den *Health Insurance Portability and Accountability Act* (HIPAA), den *Payment Card Industry Data Security Standard* (PCI DSS) und das *National Institute of Standards and Technology* (NIST), Anforderungen 800-171. Zwar gehen die von mir empfohlenen Praktiken in die notwendige Richtung, um solche Compliance-Standards einhalten zu können, doch dieses Buch enthält keine Anleitung dazu, wie man diese Standards erfüllt.

Kostenoptimierung und Performance-Tuning
: DevOps-Engineers sind ebenfalls häufig damit betraut, die Systeme des Unternehmens zu optimieren, Kosten zu reduzieren oder die Performance zu verbessern. Diese Themen sind für sich genommen bereits sehr komplex und vielen Änderungen unterworfen, weshalb wir sie in diesem Buch nur oberflächlich ansprechen.

Open-Source-Codebeispiele

Dieses Buch enthält viele Beispiele, die Sie durcharbeiten können. Sie finden alle Codebeispiele im GitHub-Repository: *https://github.com/brikis98/devops-book*.

Sehen Sie sich das Repo an, bevor Sie mit dem Lesen beginnen, damit Sie den Beispielen auf Ihrem eigenen Computer folgen können:

```
$ git clone https://github.com/brikis98/devops-book.git
```

Die Codebeispiele sind nach Kapiteln geordnet (*ch1*, *ch2* …) und innerhalb jedes Kapitels nach Tool (*ansible*, *kubernetes*, *tofu* …). So finden Sie etwa das Packer-Template aus Kapitel 2 im Ordner *ch2/packer* und das OpenTofu-Modul namens `lambda` aus Kapitel 3 im Ordner *ch3/tofu/modules/lambda*.

Embedded Sandbox auf der O'Reilly-Lernplattform

Die Version dieses Buchs auf O'Reillys Onlinelernplattform enthält eine eingebettete Sandbox, vorkonfiguriert mit allen Codebeispielen, Zugriffs-Credentials für einen AWS-Account, einem Codeeditor und einem Terminal. So können Sie alle Beispiele im Browser ausprobieren, ohne etwas installieren zu müssen.

Ich möchte Sie darauf hinweisen, dass die meisten Beispiele Ihnen zeigen, wie der Code am Ende eines Kapitels aussieht. Wenn Sie den Lerneffekt erhöhen wollen, schreiben Sie den Code von Grund auf selbst und vergleichen ihn mit den »offiziellen« Lösungen.

Ein wichtiger Hinweis für Windows-Nutzer

Wenngleich der Beispielcode in diesem Buch unter jedem Betriebssystem laufen sollte, sind beispielhaft auch viele Terminalbefehle enthalten, die Sie lokal ausführen. Diese Terminalbefehle sind hauptsächlich in Bash geschrieben. Um sie auszuführen, benötigen Sie also einen Computer mit Unix, Linux oder macOS. Arbeiten Sie mit Microsoft Windows, können Sie das Windows Subsystem for Linux (*https://oreil.ly/dGe0R*) oder Cygwin (*https://cygwin.com*) nutzen.

Zweckmäßige Codebeispiele

Die *Kernkonzepte* dieses Buchs (Infrastructure as Code, CI/CD, Vernetzung und Secrets-Management) sind relativ stark verbreitet und für die gesamte Softwareindustrie anwendbar. Die *Codebeispiele* stellen allerdings nur *einen möglichen Lösungsweg dar*, diese Kernkonzepte zu implementieren. Die Beispiele sollen Ihnen pragmatische Lösungen zeigen und Sie beim Lernen unterstützen. Sie sind *nicht* die einzige oder beste Möglichkeit, die Dinge anzugehen.

Im richtigen Leben gibt es nicht die eine »beste« Lösung für alle möglichen Fälle. Alle technischen Optionen haben ihre Nachteile, und einige Lösungen sind in manchen Fällen besser geeignet als andere. Das Ziel dieses Buchs ist es, Ihnen die DevOps und Softwarebereitstellung zugrunde liegenden Konzepte und Techniken beizubringen und keinen bestimmten Satz an Tools oder Technologien. Sobald Sie die Grundlagen verstanden haben, können Sie sich andere Techniken und Ansätze ansehen und das richtige Tool für den Job nach Ihrem Ermessen auswählen.

Ein Hinweis zu Versionen

Während sich die Kernkonzepte dieses Buchs nur über längere Zeiträume ändern, können sich die Codebeispiele, die diese Kernkonzepte demonstrieren und implementieren, häufiger ändern. Wenn Sie diese Zeilen lesen, mögen einige Beispiele bereits veraltet sein. Ich versuche, die Beispiele so oft ich kann zu aktualisieren, doch wenn es ein Problem gibt, melden Sie den Fehler bitte über das GitHub-Repo (*https://github.com/brikis98/devops-book*).

Sie müssen sich die Hände schmutzig machen

Ein Buch über das Gewichtheben kann Sie die Prinzipien, Abläufe und Übungen lehren, doch Sie müssen im Gym viele Stunden üben, schwitzen und das Gelernte anwenden, um ernsthaft Gewichte heben zu können. Ebenso kann ein Buch über DevOps und Softwarebereitstellung Ihnen Grundlagen, Techniken und Tools vermitteln, doch Sie müssen Stunden damit verbringen, Code zu schreiben, Systeme zu debuggen und das Gelernte anzuwenden, um wirklich seriöse Ergebnisse erzielen zu können.

Genau dazu dienen die Codebeispiele in diesem Buch. Statt nur zu lesen, ist *Learning by Doing* angesagt. Überfliegen Sie die Codebeispiele nicht einfach; schreiben Sie den Code, führen Sie ihn aus und bringen Sie ihn zum Laufen. Darüber hinaus finden Sie im gesamten Buch Abschnitte wie diesen:

Machen Sie sich die Hände schmutzig

Eine Liste von vertiefenden Übungen.

Die Beispiele in diesem Buch bringen Sie an einen Punkt, an dem Sie etwas Funktionierendes haben. Die »Machen Sie sich die Hände schmutzig«-Abschnitte sind Ihre Möglichkeit, diese Beispiele zu verändern, an Ihre Bedürfnisse anzupassen, sie kaputt zu machen und wieder zu reparieren und so weiter. Betrachten Sie das als die Zeit des Übens und Schwitzens im Gym. Das eigentliche Lernen passiert, wenn Sie sich die Hände schmutzig machen.

Verwendung von Code-Beispielen

Wir haben eine Webseite zu diesem Buch, auf der wir Korrekturen, Beispiele und weitere Informationen auflisten. Sie finden diese Seite unter *https://oreil.ly/DevOps-and-software-delivery*.

Dieses Buch soll Ihnen dabei helfen, Ihre Aufgaben zu bewältigen. Generell gilt: Wenn in diesem Buch Beispielcode bereitgestellt wird, können Sie diesen in Ihren Programmen und Dokumentationen verwenden. Sie müssen uns nicht um Erlaubnis bitten, es sei denn, Sie geben einen wesentlichen Teil des Codes wieder. Wenn Sie beispielsweise ein Programm schreiben, das mehrere Codeabschnitte aus diesem Buch verwendet, ist keine Erlaubnis erforderlich.

Der Verkauf oder die Verbreitung von Beispielen aus O'Reilly-Büchern erfordert hingegen eine Erlaubnis. Die Beantwortung einer Frage unter Verweis auf dieses Buch und unter Zitieren von Beispielcode erfordert keine Erlaubnis.

Die Übernahme einer größeren Menge an Beispielcode aus diesem Buch in die Dokumentation Ihres Produkts erfordert eine Genehmigung.

Wir begrüßen eine Quellenangabe, verlangen diese jedoch in der Regel nicht. Eine Quellenangabe umfasst üblicherweise den Titel, den Autor, den Verlag und die ISBN. Zum Beispiel: »Fundamentals of DevOps and Software Delivery von Yevgeniy Brikman (O'Reilly). Copyright 2025 Yevgeniy »Jim« Brikman, 978-1-098-17459-0.«

Sollten Sie der Meinung sein, dass Ihre Verwendung der Code-Beispiele über die faire Nutzung oder die oben erteilte Genehmigung hinausgeht, können Sie sich gerne unter permissions@oreilly.com an uns wenden.

In diesem Buch verwendete Konventionen

Kursiv
: Kennzeichnet neue Begriffe, URLs, E-Mail-Adressen, Dateinamen und Dateiendungen.

`Monospace`
: Wird für Programmauflistungen sowie innerhalb von Absätzen verwendet, um auf Programmelemente wie Variablen- oder Funktionsnamen, Datenbanken, Datentypen, Umgebungsvariablen, Anweisungen und Schlüsselwörter hinzuweisen.

`Monospace kursiv oder <spitzen Klammern> in URLs`
: Zeigt Text an, der durch vom Benutzer bereitgestellte Werte oder durch Werte ersetzt werden sollte, die vom Kontext bestimmt werden.

Dieses Element steht für einen Tipp oder einen Vorschlag.

Dieses Element steht für einen allgemeinen Hinweis.

Dieses Element steht für eine Warnung.

Danksagungen

Es war sowohl einfach als auch schwierig, dieses Buch zu schreiben. Es war einfach, weil ich es schon seit Jahren schreiben wollte und nur auf eine Gelegenheit gewartet habe. Als ich dann endlich die Zeit fand, daran zu arbeiten, sprudelte es nur so aus mir heraus. Die erste Hälfte des Buchs hatte ich innerhalb weniger Wochen abgeschlossen. Dann wurde das Schreiben schwer, weil meine Familie und ich mit gesundheitlichen Problemen zu kämpfen hatten (ich zerriss meine Rotatorenmanschette, meine Mutter erkrankte), weshalb ich die zweite Hälfte des Buchs bei Besuchen im Krankenhaus, während Rehabilitationsanwendungen und in Flugzeugen schrieb. Dank der Hilfe einiger großartiger Menschen konnte ich es letztlich fertigstellen:

Kollegen bei Gruntwork
: Ich danke euch allen für die gemeinsame Arbeit in einem großartigen Unternehmen und dass ihr mir die Zeit gegeben habt, dieses Buch zu schreiben.

Kunden von Gruntwork
: Vielen Dank, dass Sie unser Unternehmen unterstützen. Dieses Buch enthält alles, was wir in unseren Produkten bereitstellen wollen, und unsere Produkte sind die Implementierung all dessen, was ich in diesem Buch vermitteln möchte.

O'Reilly Media
: Ich fühle mich geehrt und voller Demut, dass wir zusammen an einem dritten Buch gearbeitet haben. Ein besonderer Dank geht an John Devins und Melissa Potter für ihre harte Arbeit und ihr Feedback.

Gutachter
: Vielen Dank an Yousif Akbar, Jess Males, Kief Morris, Patrick Dubois, Brendan Burns, Oreoluwa Agunbiade und Danny Nayar für das Lesen früher Fassungen dieses Buchs und detailliertem, konstruktivem Feedback, der dieses Buch deutlich verbessert hat. Ich möchte besonders Yousif und Jess erwähnen, die mir ein PDF mit Hunderten Kommentaren zusandten und mich auf eine Reise durch die fünf Phasen des Trübsals schickten: Ablehnung (das können unmöglich echte Probleme sein), Ärger (ich kann nicht glauben, wie viel Arbeit es sein wird, all diese Dinge zu korrigieren), Feilschen (vielleicht kann ich diese Probleme einfach ignorieren, und sie verschwinden von selbst), Depression (ich werde dieses Buch niemals fertigstellen) und schließlich Akzeptanz (wow, die Jungs haben recht). Eure Detailverliebtheit, euer tiefgehendes Wissen und die Bereitschaft, eure Gedanken mit mir zu teilen, haben mich gezwungen, die Dinge zu überdenken. Davon wird jeder profitieren, der dieses Buch liest. Ich danke euch.

Mutter, Vater, Lyalya und Molly
: Das war ein hartes Jahr. Mit der Familie steht man es durch. Ich liebe euch.

Flumpus und Belka
: Miau miau miau. Miau. Miau, miau, miau, miau.

KAPITEL 1

Wie Sie Ihre App bereitstellen

Im Vorwort haben Sie gelesen, dass DevOps aus Dutzenden Konzepten besteht. Doch es beginnt fast immer mit einer einzigen Frage: »Ich habe eine App geschrieben – was nun?«

Sie und Ihr Team haben Monate damit verbracht, eine App zu entwickeln. Sie haben eine Programmiersprache gewählt, das Backend implementiert, eine Benutzerschnittstelle (*User Interface*, UI) geschaffen, und nun ist es Zeit, die App echten Nutzerinnen und Nutzern zur Verfügung zu stellen. Wie genau macht man das?

Jetzt gilt es, viele Fragen zu klären. Sollen Sie AWS oder Azure verwenden? (Und was ist mit Heroku oder Vercel?) Benötigen Sie einen Server oder mehrere? Oder serverlos? Müssen Sie Docker nutzen? Oder Kubernetes? Benötigen Sie eine VPC? Oder ein VPN? Wie bekommen Sie einen Domainnamen? Und was ist mit einem TLS-Zertifikat? Wie richten Sie Ihre Datenbank richtig ein? Und wie sichern Sie sie? Warum stürzt die App ab? Warum scheint nichts zu funktionieren? Warum ist das so schwierig?

Okay, ruhig Blut. Atmen Sie tief durch. Wenn die Bereitstellung von Software neu für Sie ist – Sie haben Ihr ganzes Leben lang Apps entwickelt oder fangen gerade bei Operations an –, kann das überwältigend sein, und Sie könnten in Analyse-Paralyse verfallen. Dieses Buch soll Ihnen helfen. Ich gehe mit Ihnen jede dieser Fragen durch – und viele weitere, an die Sie nicht gedacht haben – und helfe Ihnen dabei, sie Schritt für Schritt zu beantworten.

Der erste Schritt wird sein, die App auf einem Server bereitzustellen und sie in der einfachsten Form zum Laufen zu bringen. In diesem Kapitel gehen wir Beispiele durch, die die gleiche App auf Ihrem eigenen Computer, auf Render (einer *Platform as a Service*) und auf AWS (einer *Infrastructure as Service*) bereitstellen. Danach werden Sie sehen, wie Sie Ihr grundlegendes Deployment anpassen, während Ihr Unternehmen wächst.

Beginnen wir also direkt mit der Bereitstellung einiger Apps!

Beispiel: Die Beispiel-App lokal bereitstellen

Der erste Ort, an dem Sie Ihre App bereitstellen sollten, ist Ihr eigener Computer (also lokal). Üblicherweise ist das die Art und Weise, wie Sie die App entwickeln. Sie schreiben Ihren Code und führen ihn aus, bis er funktioniert. Wie Sie eine App lokal bereitstellen, hängt von der Technologie ab. Im gesamten Buch werden wir eine simple Node.js (*https://nodejs.org*)-Beispiel-App nutzen.

Beispielcode

Ich möchte daran erinnern, dass Sie alle Codebeispiele im GitHub-Repo (*https://github.com/brikis98/devops-book*) zu diesem Buch finden.

Legen Sie einen neuen Ordner an und nennen Sie ihn *fundamentals-of-devops*. In diesen Ordner können Sie alle Codebeispiele speichern, die Sie im Verlauf dieses Buchs ausführen werden. Geben Sie die folgenden Befehle in einem Terminal ein, um den Ordner anzulegen und in dieses Verzeichnis zu wechseln:

```
$ mkdir fundamentals-of-devops
$ cd fundamentals-of-devops
```

Darin legen Sie neue Unterordner für dieses Kapitel und die Beispiel-App an:

```
$ mkdir -p ch1/sample-app
$ cd ch1/sample-app
```

Die verwendete Beispiel-App ist eine in JavaScript geschriebene minimalistische »Hallo Welt«-App unter Node.js. Sie müssen JavaScript nicht wirklich können, um zu verstehen, was die App macht. Schön an Node.js ist, dass der gesamte Code für eine einfache Web-App in eine einzige Datei passt, die nur zehn Zeilen lang ist. Im Ordner *sample-app* legen Sie eine Datei namens *app.js* mit dem Beispielcode in Beispiel 1.1 an.

Beispiel 1.1: Hallo-Welt-Beispiel-App für Node.js (ch1/sample-app/app.js)

```
const http = require('http');

const server = http.createServer((req, res) => {
  res.writeHead(200, { 'Content-Type': 'text/plain' });
  res.end('Hello, World!\n');          ❶
});

const port = process.env.PORT || 8080; ❷
server.listen(port,() => {
  console.log(`Listening on port ${port}`);
});
```

Diese Hallo-Welt-App macht Folgendes:

❶ Antwortet auf alle Requests mit dem Statuscode 200 und dem Text `Hello, World!`.

❷ Horcht an der Portnummer, die in der Umgebungsvariablen `PORT` festgelegt wurde, auf eingehende Requests. Ist `PORT` nicht gesetzt, wird standardmäßig Port 8080 verwendet.

Um die App auszuführen, müssen Sie zuerst Node.js installieren (*https://nodejs.org/en/download*) (mindestens Version 21). Sie starten die App dann mit `node app.js`:

```
$ node app.js
Listening on port 8080
```

Nun öffnen Sie *http://localhost:8080* in Ihrem Browser und sehen Folgendes:

```
Hello, World!
```

Glückwunsch. Sie führen die App lokal aus! Das ist ein großartiger Start, doch wenn die App Ihren Nutzerinnen und Nutzern zur Verfügung gestellt werden soll, muss sie auf einem Server ausgeführt werden. Das wollen wir uns als Nächstes ansehen.

Eine App auf einem Server bereitstellen

Wenn Sie eine App auf Ihrem Computer ausführen, ist sie nur über den *localhost* verfügbar. Dieser Hostname ist so konfiguriert, dass er die *Loopback-Schnittstelle* nutzt, was bedeutet, dass er die eigentliche Netzwerkschnittstelle umgeht und *nur* über Ihren eigenen Computer zugänglich ist und nicht für die Außenwelt. Das ist so gewollt und meist eine gute Sache, da das Ausführen von Apps auf dem PC während der Entwicklung und bei Tests *nicht* dem entspricht, wie sie ausgeführt werden sollten, wenn sie der Außenwelt zur Verfügung gestellt werden.

Kernaussage 1

Sie dürfen auf einem PC laufende Apps niemals der Außenwelt bereitstellen.

Soll die App der Außenwelt zur Verfügung gestellt werden, muss sie stattdessen auf einem Server laufen. Ein *Server* ist ein Computer, der speziell dafür entworfen wurde, Apps auszuführen und der Außenwelt zur Verfügung zu stellen. Ein Server und ein PC unterscheiden sich in vielerlei Hinsicht:

Sicherheit
: Die meisten Server führen ein abgespecktes Betriebssystem aus und sind gegen Angriffe *gehärtet* (z.B. Firewall, Schutz vor Einbrüchen, Überwachung der Dateiintegrität). Ihr PC dagegen enthält unterschiedliche Arten weiterer Software (von denen jede Schwachstellen haben kann) und ist nicht gehärtet.

Verfügbarkeit
: Die meisten Server sind für den Dauerbetrieb ausgelegt und verfügen über eine redundante Stromversorgung. Ihr PC kann jederzeit ausgeschaltet werden.

Performance
: Die meisten Server führen nur die Apps aus. Ihren PC nutzen Sie auch für andere Aufgaben (z.B. Programmieren, Surfen), was sich auf die Performance der Apps auswirken kann.

Kooperation
: An den meisten Apps wird in Teams gearbeitet. Während andere Benutzer keinen Zugriff auf Ihren PC haben (und auch nicht haben sollten), sind Server für den Teamzugriff ausgelegt.

Aus diesen Gründen müssen Sie immer einen Server nutzen, um Apps in der Produktion auszuführen. Ganz allgemein gibt es zwei Möglichkeiten, auf Server zuzugreifen (zwei Möglichkeiten zum *Hosting* Ihrer Apps):

- Sie können Ihre eigenen Server kaufen und betreiben (lokal, »on premises«).
- Sie können Server von anderen mieten (Cloud).

Diese Möglichkeiten wollen wir nachfolgend betrachten.

On-Prem und Cloud-Hosting

Traditionell wurde Software betrieben, indem man Server kaufte und diese lokal vor Ort (engl. *on premises*, kurz *on prem*) in eigenen Räumen unterbrachte. Wenn Sie gerade anfangen, kann dieser Ort ein kleiner Raum in Ihrem Büro sein. Doch sobald das Unternehmen wächst, wächst auch der Bedarf an Rechenleistung, und irgendwann werden Sie ein *Rechenzentrum* mit dem notwendigen Equipment (Racks, Server, Festplatten, Kühlung etc.) sowie Personal (Elektriker, Netzwerkadministratoren, Security) benötigen. Wenn man früher ein Softwareunternehmen aufbauen wollte, musste man einiges in die Hardware investieren.

Das begann sich 2006 zu ändern, als *Amazon Web Services* (AWS) an den Start ging, die erste *Cloud-Computing-Plattform* (kurz *Cloud*). Sie erlaubte es, Server über ein Softwareinterface zu mieten. Dazu reichen ein paar Klicks (die wir uns in diesem Kapitel ansehen) oder einige wenige Codezeilen (die Sie in Kapitel 2 ausführen werden). Diese tiefgreifende Veränderung erlaubte es, innerhalb von Minuten (statt Monaten) betriebsbereit zu sein. Dabei kostete es nur wenige Cents (oder war sogar kostenlos) und nicht Tausende von Dollars.

Die beiden wichtigsten Cloud-Angebote sind *Infrastructure as Service* (*Infrastructure as a Service*, IaaS), das Ihnen den Zugriff auf Low-Level-Ressourcen (Server, Festplatten, Netzwerke) erlaubt und es Ihnen überlässt, sie in Ihren Softwarebereitstellungsprozess einzubinden, sowie *Plattform-als-Service* (*Platform as a Service*, PaaS), das den Zugriff auf höhere Primitive erlaubt, einschließlich eines optionierten Prozesses zur Softwarebereitstellung. Um ein Gefühl für die Unterschiede zu entwickeln, werden Sie im nächsten Abschnitt PaaS nutzen und im übernächsten dann IaaS.

Beispiel: Eine App per PaaS (Render) bereitstellen

Beliebte PaaS-Anbieter sind Heroku, Render, Fly.io und Vercel (die Website zum Buch enthält eine vollständige Liste (*https://oreil.ly/ckLVg*)). Heroku war einer der ersten PaaS-Anbieter und früher meine erste Wahl, doch leider wurde das kostenlose Angebot 2022 eingestellt. Daher nutzen wir für die Beispiele in diesem Buch Render, ein kostenloses Angebot (*https://render.com/pricing*), das die Ausführung von Apps in vielen Sprachen und Frameworks (einschließlich Node.js) erlaubt, ohne ein Build-System oder ein Framework einrichten zu müssen. (Zu diesen Themen erfahren Sie später in diesem Buch mehr.) Render hat in der Community außerdem einen guten Ruf und wird häufig als spiritueller Nachfolger Herokus betrachtet. Um die Beispiel-App per Render bereitzustellen, sind die folgenden Schritte nötig:

Schritt 1: Richten Sie einen Render-Account ein.

Legen Sie einen neuen Account auf render.com (*https://render.com*) an.

Schritt 2: Stellen Sie einen neuen Webservice bereit.

Wechseln Sie zum Render-Dashboard (*https://dashboard.render.com*) und klicken Sie auf den Button *Deploy a Web Service*. Auf der nächsten Seite wählen Sie den Tab für das öffentliche Git-Repository und geben die URL des Buch-Repos (*https://github.com/brikis98/devops-book*) ein (siehe Abbildung 1.1). Dieses Repo enthält den Node.js-Code aus Beispiel 1.1 im Ordner *ch1/sample-app*. So können wir die App bereitstellen, ohne ein eigenes GitHub-Repository anlegen zu müssen.

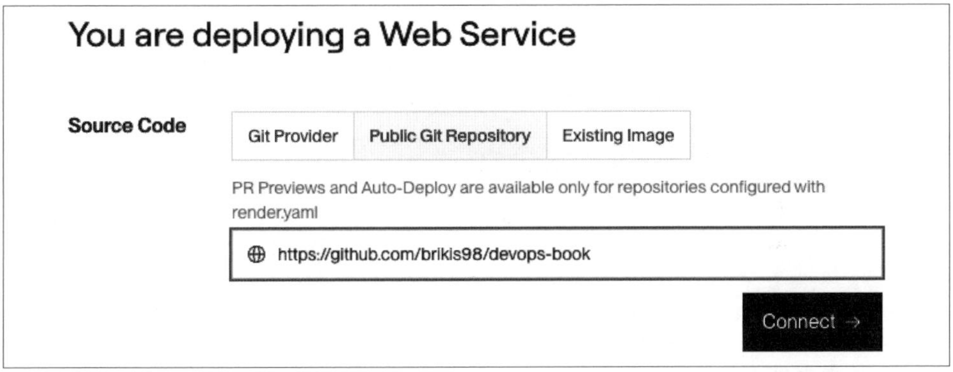

Abbildung 1.1: Code-Repo dieses Buchs nutzen, um einen Webservice in Render bereitzustellen

Klicken Sie auf den *Connect*-Button und konfigurieren Sie Ihren Webservice wie in Tabelle 1.1 zu sehen.

Tabelle 1.1: Die für Ihren Webservice in Render zu konfigurierenden Werte

Konfiguration	Wert
Name	sample-app
Language	Node
Root Directory	*ch1/sample-app*
Build Command	`# (kein Build-Befehl)`
Start Command	`node app.js`
Instance Type	Free

Übernehmen Sie für die anderen Werte (*Project*, *Branch*, *Region* etc.) die Voreinstellungen und klicken Sie unten auf der Seite auf den Button *Deploy Web Service*, um das Deployment zu starten.

Schritt 3: Testen Sie Ihre App.

Wie Abbildung 1.2 zeigt, sollte nach einigen Minuten so etwas angezeigt werden wie `Your service is live`.

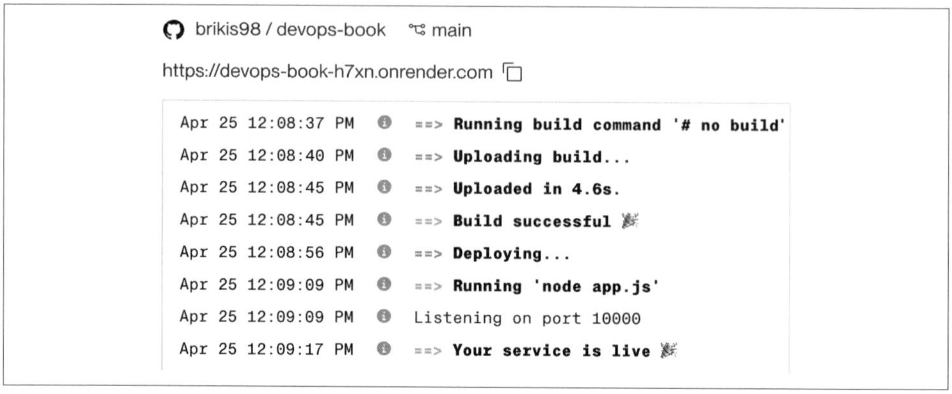

Abbildung 1.2: Ein abgeschlossenes Deployment in Render

Oben links sollten Sie eine zufällig generierte URL der Form *https://<NAME>.onrender.com* für Ihre App sehen. Öffnen Sie diese URL, und Sie sehen Folgendes:

```
Hello, World!
```

Glückwunsch. Nach nur wenigen Schritten besitzen Sie eine App, die auf einem Server läuft!

Machen Sie sich die Hände schmutzig

Hier einige Übungen, mit denen Sie zu Hause tiefer einsteigen können:

- Klicken Sie auf den *Scale*-Tab, um festzulegen, wie viele Server Ihre App ausführen.
- Klicken Sie auf den *Logs*-Tab, um sich die Logs Ihrer App anzusehen.
- Klicken Sie auf den *Metrics*-Tab, um sich die Metriken Ihrer App anzusehen.

Wenn Sie genug mit Render experimentiert haben, beenden Sie das Deployment (engl. *undeploy*), indem Sie im *Settings*-Register nach unten scrollen und den Button *Delete Web Service* anklicken.

Die Nutzung von PaaS bedeutet üblicherweise, dass man nicht nur einen Server, sondern gleich eine Vielzahl mächtiger Funktionen hinzubekommt: Skalieren auf mehrere Server, Domainnamen (*<NAME>.onrender.com*), Verschlüsselung (HTTPS-URLs), Monitoring (Logs und Metriken) und mehr. Das ist die Stärke von PaaS: Innerhalb weniger Minuten kann Ihnen ein gutes PaaS viele Aufgaben der Softwarebereitstellung abnehmen. Es ist wie Magie. Und das ist die größte Stärke von PaaS: Es funktioniert einfach.

Es sei denn, es funktioniert nicht. Ist das der Fall, ist diese Magie auch die größte Schwäche von PaaS. PaaS sind so entworfen, dass nahezu alles hinter den Kulissen passiert. Wenn also etwas nicht funktioniert, wird das Debuggen oder Reparieren schwierig. Und damit diese

Magie überhaupt wirken kann, beschränken die meisten PaaS-Angebote, was Sie bereitstellen können, welche Arten von Apps Sie ausführen können, welche Art von Zugriff Sie auf die zugrunde liegende Hardware haben, welche Hardware verfügbar ist und so weiter. Wenn das PaaS etwas, das Sie benötigen, nicht unterstützt – die Kommandozeilenschnittstelle (*Command-Line Interface, CLI*) oder das UI bietet diese Möglichkeit nicht –, können Sie es üblicherweise auch nicht einrichten.

Die Konsequenz ist, dass viele Projekte, die mit PaaS beginnen, zu IaaS migrieren, wenn sie gewachsen sind und mehr Kontrolle benötigen.

Beispiel: Eine App per IaaS (AWS) bereitstellen

Vereinfacht gesagt, teilt sich IaaS in drei Bereiche auf:

Virtuelle private Server
: Einige Unternehmen konzentrieren sich darauf, Ihnen einen *virtuellen privaten Server* (VPS) so günstig wie möglich anzubieten. Diese Unternehmen können auch andere Features anbieten (Netzwerk, Speicher), doch der Hauptgrund für Sie, sich für einen solchen Anbieter zu entscheiden, ist, dass Sie die Racks mit den eigenen Servern ersetzen wollen. Ein anderer soll sich darum kümmern und Sie mit Zugang versorgen. Zu den Größen in diesem Bereich zählen Hetzner, DigitalOcean, Vultr und Akamai Connected Cloud (die Website zum Buch bietet eine vollständige Liste (*https://oreil.ly/kw53X*)).

Content Delivery Networks
: Andere Unternehmen konzentrieren sich auf sogenannte *Content Delivery Networks* (CDNs), bei denen Server über die gesamte Welt verteilt Inhalte ausliefern und cachen. Auch diese Unternehmen können zusätzliche Dienste anbieten (z.B. Schutz vor Angriffen), doch der Hauptgrund, sich für einen solchen Anbieter zu entscheiden, ist eine geografisch verteilte Nutzerbasis, denen Sie Inhalte schnell und zuverlässig mit geringer Latenz bereitstellen müssen. Mehr über CDNs erfahren Sie in Kapitel 9.

Cloud-Provider
: Schließlich gibt es noch eine Handvoll großer Unternehmen, die Cloud-Lösungen für jeden Zweck anbieten: VPS, CDN, Container, serverlos, Datenspeicherung, Dateispeicherung, maschinelles Lernen, Natural Language Processing, Edge-Computing und mehr. Zu den großen Playern in diesem Bereich gehören AWS, Google Cloud und Microsoft Azure (vollständige Liste (*https://oreil.ly/lcNwS*)).

Generell sind die VPS- und CDN-Anbieter in ihren Bereichen entsprechend spezialisiert, in Bezug auf Features, Preise und Benutzererfahrung schlagen sie daher die Allzweck-Cloud-Anbieter. So ist zum Beispiel ein VPS von Hetzner üblicherweise schneller, günstiger und in mancherlei Hinsicht einfacher zu nutzen als eines von AWS. Wenn Sie also lediglich diese bestimmten Features benötigen, sind Sie mit einem Spezialisten besser bedient. Bauen Sie hingegen die Infrastruktur für ein ganzes Unternehmen auf, benötigt Ihre Architektur üblicherweise unterschiedliche Arten von Infrastruktur, und der Allzweck-Cloud-Anbieter ist die bessere Wahl, weil er all Ihre Bedürfnisse aus einer Hand erfüllen kann.

Für die Beispiele in diesem Buch werden Sie AWS als IaaS-Anbieter nutzen, das auch ein kostenloses Angebot (*https://aws.amazon.com/free*) enthält und eine Reihe zuverlässiger und skalierbarer Cloud-Dienste anbietet (Server, serverlos, Container, Datenbanken, Load-Balancer etc.), die Sie für die meisten Beispiele in diesem Buch nutzen können. Darüber hinaus wird AWS weithin als führender Cloud-Anbieter betrachtet (mit einem Marktanteil von 31% (*https://oreil.ly/96Lg3*)) und war während der letzten 13 Jahre im Gartner Magic Quadrant (*https://oreil.ly/ZdSNn*) führend. So etwas nutzt man bei der Arbeit gern.

> **Sie benötigen einen AWS-Account!**
>
> Dieses Buch enthält Beispiele für Deployments unter AWS. Um diese Beispiele ausführen zu können, benötigen Sie einen AWS-Account, unter dem Sie sich mit Administratorrechten anmelden können. Wenn Sie noch keinen AWS-Account besitzen oder nicht wissen, wie man sich authentifiziert, sehen Sie sich die Anleitung »How to Authenticate to AWS with IAM Identity Center« (*https://oreil.ly/Lqhly*) auf der Website zu diesem Buch an. Sie zeigt, wie Sie einen (kostenlosen) AWS-Account einrichten, einen Benutzer-Account mit ausreichenden Rechten anlegen und sich AWS gegenüber sowohl im Web als auch über die Kommandozeile authentifizieren.

Um die Beispiel-App unter AWS bereitzustellen, sind die folgenden Schritte nötig:

Schritt 1: Wählen Sie eine AWS-Region.

AWS betreibt Rechenzentren auf der ganzen Welt, die in Regionen und »Verfügbarkeitszonen« (*Availability Zones*) gruppiert werden. Eine *AWS-Region* ist ein einzelner geografischer Bereich wie `us-east-2` (Ohio), `eu-west-1` (Irland) und `ap-southeast-2` (Sydney). Innerhalb jeder Region gibt es mehrere getrennte Rechenzentren, die *Availability Zones* (AZ) genannt werden, etwa `us-east-2a`, `us-east-2b` und so weiter. Nahezu alle Beispiele in diesem Buch verwenden die Region `us-east-2` (Ohio), wechseln Sie daher in die AWS-Konsole (*https://console.aws.amazon.com*) und wählen Sie oben rechts `us-east-2` als Region aus (siehe Abbildung 1.3). Sie können `us-east-2` auch als Standardregion konfigurieren (*https://oreil.ly/rybxa*), um nicht versehentlich in eine andere Region zu wechseln. Ich nutze AWS seit über einem Jahrzehnt, lande aber immer wieder versehentlich in einer falschen Region, wenn ich das nicht mache.

Abbildung 1.3: Wählen Sie »us-east-2« (Ohio) als Ihre AWS-Region.

Schritt 2: Stellen Sie eine EC2-Instanz bereit.

Um einen Server bei AWS bereitzustellen (eine sogenannte *Amazon-Elastic-Compute-Cloud-Instanz*, kurz EC2), wechseln Sie in die EC2-Konsole (*https://oreil.ly/lCa8Q*) und klicken den Button *Launch instance* an. Das führt Sie auf eine Seite zur Konfiguration Ihrer EC2-Instanz (siehe Abbildung 1.4).

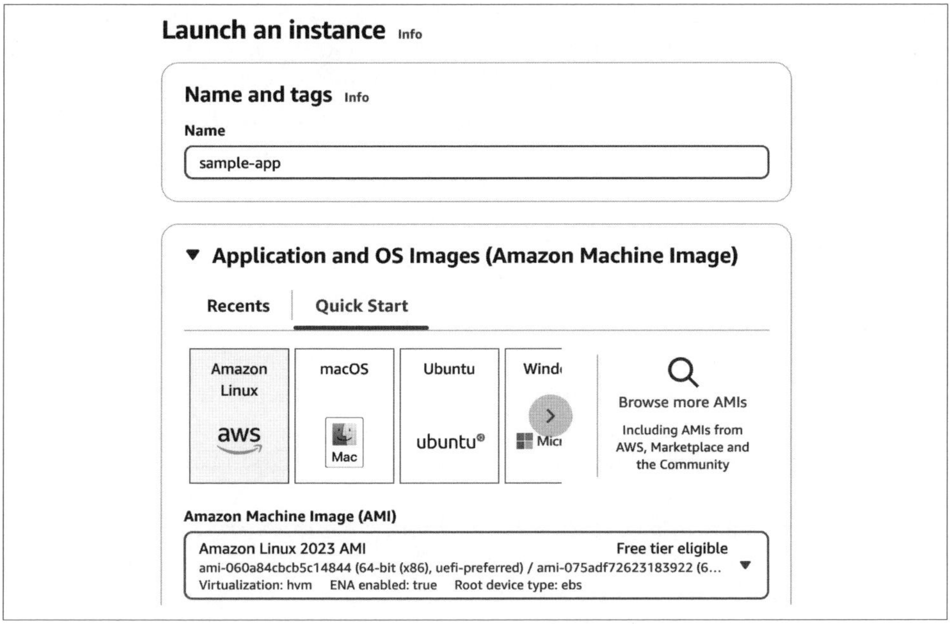

Abbildung 1.4: Konfiguration des Namens und des AMI Ihrer EC2-Instanz

Geben Sie der Instanz einen Namen, z.B. »sample-app«. Darunter müssen Sie noch das *Amazon Machine Image* (AMI) wählen, das verwendet werden soll. Es legt fest, welches Betriebssystem und welche zusätzliche Software installiert werden soll. (Mehr über Machine-Images erfahren Sie in Kapitel 2.) Für den Moment bleiben wir bei der Voreinstellung *Amazon Linux*.

Schritt 3: Konfigurieren Sie die EC2-Instanz.

Konfigurieren Sie den Instanztyp und das Schlüsselpaar, wie in Abbildung 1.5 zu sehen.

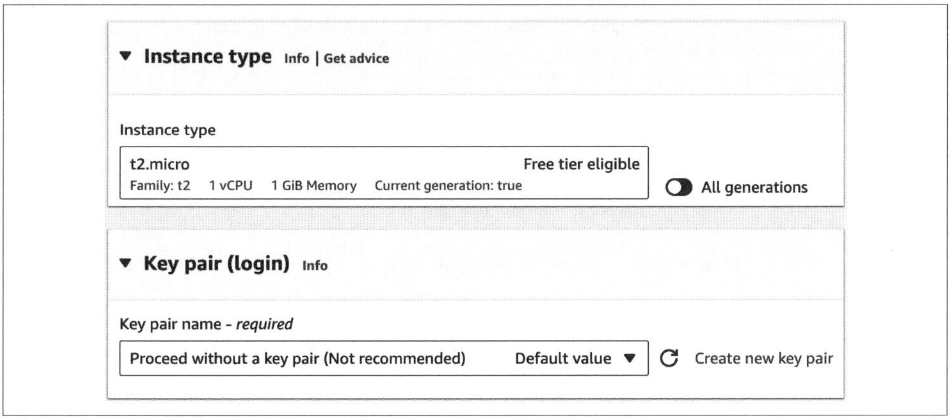

Abbildung 1.5: Konfiguration des Instanztyps und des Schlüsselpaars Ihrer EC2-Instanz

Der Instanztyp legt die Art des zu verwendenden Servers fest: CPU, Speicher, Festplatte und so weiter. Für unseren Test können Sie die Voreinstellung nutzen, also so etwas wie `t2.micro` oder `t3.micro`, kleine Instanzen (1 CPU, 1 GB Speicher), die Teil des kostenlosen AWS-Kontingents sind. Das Schlüsselpaar kann verwendet werden, um die EC2-Instanz über die *Secure Shell* (SSH) zu erreichen (zu diesem Thema erfahren Sie mehr in Kapitel 7). In diesem Beispiel werden Sie SSH nicht nutzen, weshalb Sie *Proceed without a key pair* wählen.

Schritt 4: Konfigurieren Sie die Netzwerkeinstellungen.

Scrollen Sie zu den Netzwerkeinstellungen herunter (siehe Abbildung 1.6). Mehr über Netzwerke erfahren Sie in Kapitel 7. Für den Augenblick können Sie die meisten Werte der Voreinstellungen übernehmen: Das Netzwerk sollte auf Ihre Standard-VPC gesetzt sein (in Abbildung 1.6 hat meine Standard-VPC die ID `vpc-deb90eb6`, Ihre ID wird eine andere sein), das Subnetz sollte auf *No preference* gesetzt und *Auto-assign public IP* muss aktiviert sein. Sie müssen nur die Einstellungen für *Firewall (security groups)* ändern: Wählen Sie den Radiobutton *Create security group*, deaktivieren Sie die Checkbox *Allow SSH traffic from* und aktivieren Sie die Checkbox *Allow HTTP traffic from the internet* (siehe Abbildung 1.6). Standardmäßig besitzen EC2-Instanzen Firewalls, Sicherheitsgruppen (*Security Groups*), die jeglichen ein- und ausgehenden Datenverkehr unterbinden. HTTP-Traffic zu erlauben, bedeutet, dass die Sicherheitsgruppe eingehenden TCP-Traffic an Port 80 erlaubt, sodass die Beispiel-App eingehende Requests empfangen kann.

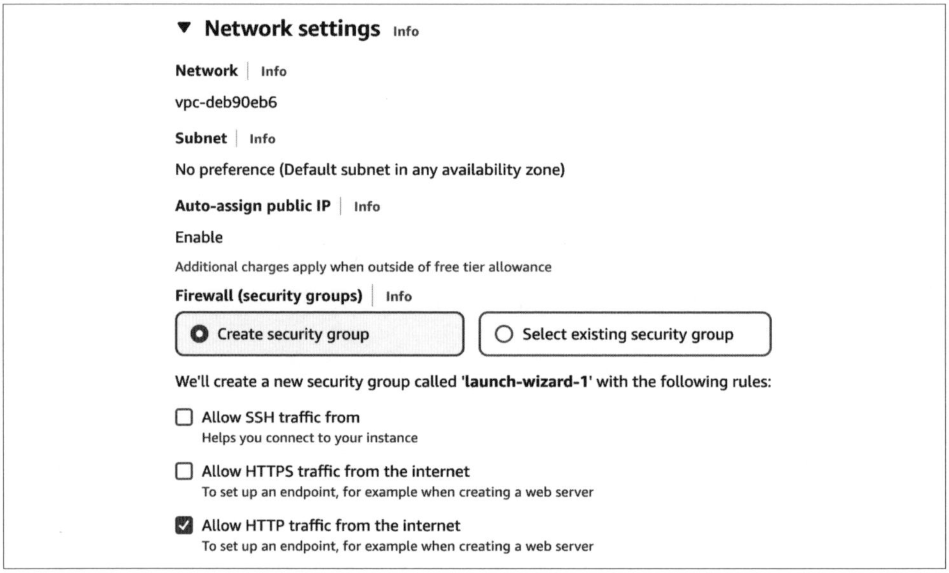

Abbildung 1.6: Konfiguration der Netzwerkeinstellungen Ihrer EC2-Instanz

Schritt 5: Konfigurieren Sie fortgeschrittene Details.

Öffnen Sie den Abschnitt *Advanced details* und scrollen Sie zum Bereich *User data* herunter (siehe Abbildung 1.7).

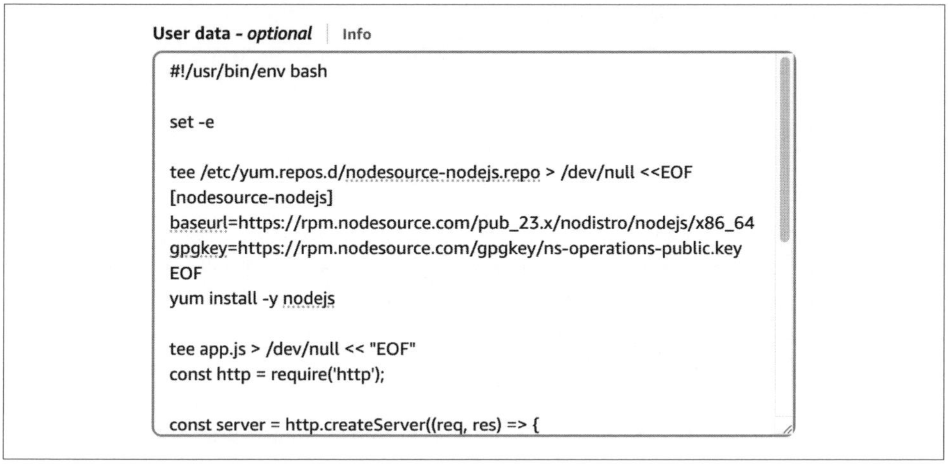

Abbildung 1.7: Konfiguration der Nutzerdaten Ihrer EC2-Instanz

User data ist ein Skript, das die EC2-Instanz beim ersten Booten ausführt. Kopieren Sie das Skript aus Beispiel 1.2 in diesen Bereich. Sie sollten eine Kopie dieses Skripts auch in *ch1/ec2-user-data-script/user-data.sh* speichern, damit Sie es später wiederverwenden können.

Beispiel 1.2: Nutzerdatenskript (ch1/ec2-user-data-script/user-data.sh)

```
#!/usr/bin/env bash

set -e

❶
tee /etc/yum.repos.d/nodesource-nodejs.repo > /dev/null <<EOF
[nodesource-nodejs]
baseurl=https://rpm.nodesource.com/pub_23.x/nodistro/nodejs/x86_64
gpgkey=https://rpm.nodesource.com/gpgkey/ns-operations-public.key
EOF
yum install -y nodejs

❷
tee app.js > /dev/null << "EOF"
const http = require('http');

const server = http.createServer((req, res) => {
  res.writeHead(200, { 'Content-Type': 'text/plain' });
  res.end('Hello, World!\n');
});

❸
const port = process.env.PORT || 80;
server.listen(port,() => {
  console.log(`Listening on port ${port}`);
});
EOF

❹
nohup node app.js &
```

Dieses Skript macht beim Booten der EC2-Instanz Folgendes:

❶ Fügt die NodeSource-Repos zu `yum` hinzu und nutzt diese Repos, um Node.js zu installieren.

❷ Schreibt den Code der Beispiel-App in eine Datei namens *app.js*. Das ist der gleiche Node.js-Code, den Sie schon früher in diesem Kapitel gesehen haben. Es gibt aber einen Unterschied, der in ❸ beschrieben wird.

❸ Der einzige Unterschied zu unserer ersten Beispiel-App besteht darin, dass Port 80 anstelle von Port 8080 verwendet wird. Diesen Port haben Sie in der Sicherheitsgruppe geöffnet.

❹ Ausführen der App mittels `node app.js`, genau wie auf unserem eigenen Computer. Beachten Sie das Kaufmanns-Und (&), das die App im Hintergrund ausführt, damit das Skript beendet werden kann. `nohup` (*no hangup*) sorgt dafür, dass die App auch weiterläuft, wenn das Skript beendet wurde und die Terminal-Session geschlossen wird.

Vorsicht vor den Schlangen: Die Beispiele haben mehrere Probleme

Der hier gezeigte Ansatz mit den Nutzerdaten hat verschiedene Nachteile, die in Tabelle 1.2 erläutert werden.

Tabelle 1.2: Probleme mit dem vereinfachten Beispiel

Problem	Was die Beispiel-App macht	Was Sie stattdessen machen sollte
Benutzer root	Nutzerdatenskripte werden unter dem Benutzer *root* ausgeführt, sodass auch die Node.js-App als *root* läuft.	Führen Sie Apps unter einem eigenen Nutzer mit eingeschränkten Rechten aus.
Port 80	Die App nutzt Port 80, was *root*-Rechte verlangt.	Apps sollten Ports größer 1024 nutzen.
Nutzerdatenlimits	Nutzerdatenskripte sind auf 16 KB beschränkt und sind daher keine geeignete Methode zur Konfiguration von Apps.	Nutzen Sie Tools zum Konfigurationsmanagement oder zum Server-Templating.
Prozessüberwachung	Die App wird nicht neu gestartet, wenn sie abstürzt oder der Server neu bootet.	Nutzen Sie einen Prozess-Supervisor zur Überwachung Ihrer App.
Besonderheiten von Node.js	Führt einen Node.js-Prozess (auf einem CPU-Kern) im Entwicklungsmodus aus.	Einen Node.js-Prozess pro CPU-Kern im Produktionsmodus.

Es ist in Ordnung, diesen unsicheren Ansatz während Ihrer ersten Schritte zu nutzen, Sie dürfen ihn aber nicht in Produktion verwenden. Wie Sie diese Einschränkungen angehen, werden Sie in Kapitel 3 lernen.

Schritt 6: Starten Sie die EC2-Instanz.

Lassen Sie alle anderen Einstellungen unverändert und klicken Sie auf *Launch instance*. Sobald die EC2-Instanz gestartet ist, erscheint ihre ID auf der Seite (so etwas wie `i-05565e469650271b6`). Klicken Sie die ID an, um zur EC2-Instanzseite zu wechseln. Hier können Sie sehen, wie die Instanz bootet. Ist das Booten abgeschlossen (üblicherweise nach ein bis zwei Minuten; der Instanzstatus wechselt von *Pending* zu *Running*), klicken Sie die Zeile mit der Instanz an – am unten erscheinenden Rand sehen Sie weitere Details zu Ihrer EC2-Instanz, einschließlich der öffentlichen IP-Adresse (siehe Abbildung 1.8).

Kopieren Sie die IP-Adresse und öffnen Sie *http://<IP>* in Ihrem Browser. (Hinweis: Sie müssen den *http://*-Teil manuell eingeben, weil der Browser es standardmäßig mit *https://* versucht, was hier *nicht* funktioniert). Sie sollten nun Folgendes sehen:

```
Hello, World!
```

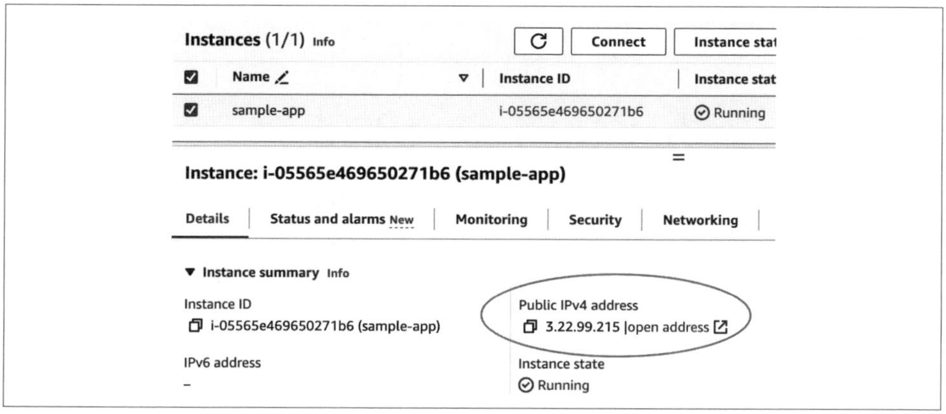

Abbildung 1.8: Die öffentliche IP-Adresse Ihrer EC2-Instanz finden

Glückwunsch, Ihre App läuft nun auf einem Server in AWS!

Machen Sie sich die Hände schmutzig

Hier einige Übungen, mit denen Sie zu Hause tiefer einsteigen können:

- Versuchen Sie, die EC2-Instanz neu zu starten. Läuft die *sample-app* auch nach dem Reboot? Wenn nicht, darum nicht?
- Finden Sie CloudWatch in der AWS-Konsole und nutzen Sie es, um sich die Logs und Metriken Ihrer EC2-Instanz anzusehen. Wie ist das im Vergleich zum Monitoring mit Render?

Wenn Sie genug mit AWS experimentiert haben, sollten Sie die App beenden, indem Sie die EC2-Instanz wählen, *Instance state* anklicken und im Drop-down-Menü *Terminate instance* wählen (siehe Abbildung 1.9). Damit stellen Sie sicher, dass Ihr Account keine ungewollten Gebühren anhäuft.

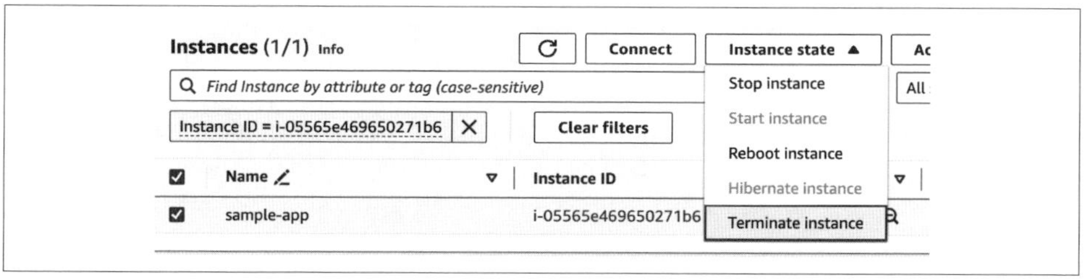

Abbildung 1.9: Beenden Sie die EC2-Instanz, wenn Sie mit dem Testen fertig sind.

Bei IaaS ist das, was Sie sehen, tatsächlich das, was Sie bekommen: einen einzelnen Server. Im Gegensatz zu PaaS erhalten Sie nicht automatisch mehrere Server, Domainnamen und verschlüsselte Verbindungen. Sie erhalten Zugriff auf alle Low-Level-Primitiva, sodass Sie alle Teile des Softwarebereitstellungsprozesses aufbauen können. Genau diesem Thema widmet sich der Rest dieses Buchs. Und das ist gleichzeitig die größte Stärke und die größte Schwäche von IaaS: Kontrolle und Sichtbarkeit sind höher, es gibt weniger Einschränkungen, Sie können mehr Dinge anpassen und eine größere Bandbreite an Anforderungen erfüllen. Aber genau das bedeutet auch mehr Arbeit als bei PaaS.

Nachdem Sie verschiedene Deployment-Optionen gesehen haben, stellt sich die Frage, wie man sie miteinander vergleichen kann. Das ist der Schwerpunkt des nächsten Abschnitts.

Deployment-Optionen vergleichen

Sie haben nun mehrere Optionen für das Hosting Ihrer Anwendung kennengelernt: Sie können lokal (On-Prem) arbeiten oder in der Cloud, und wenn Sie sich für die Cloud entscheiden, können Sie zwischen IaaS und PaaS wählen. In diesem Abschnitt wollen wir diese Optionen gegeneinander abwägen. Wir vergleichen zuerst On-Prem mit der Cloud und dann IaaS mit PaaS.

On-Prem kontra Cloud

Wann sollte man On-Prem, also lokal, arbeiten und wann die Cloud nutzen? Um diese Fragen beantworten zu können, sehen wir uns mal die Hauptgründe für die Cloud an.

Wann man sich für die Cloud entscheiden sollte

Wenn Sie etwas Neues beginnen, sollten Sie sich in den meisten Fällen erst mal die Cloud betrachten. Hier nur einige Vorteile:

Elastizität und flexible Verrechnung
: Bei On-Prem zahlen Sie vorab für Kapazitäten, die möglicherweise nicht genutzt werden. Wenn Sie zum Beispiel durchschnittlich 10 Server benötigen, gleichzeitig aber mit Lastspitzen rechnen, müssen Sie möglicherweise 50 Server kaufen. Die Cloud bietet eine flexible Verrechnung (*pay-as-you-go*). Sie fangen günstig (oder kostenlos) an, und die Preise erhöhen sich nur mit der Nutzung, d. h., Sie können *dynamisch* skalieren. Sie zahlen also größtenteils für 10 Server und nur während der Lastspitzen für 50 Server.

Geschwindigkeit
: Neue Hardware in Betrieb zu nehmen, dauert On-Prem mehrere Wochen, in der Cloud aber nur ein paar Minuten.

Wartung und Know-how
: Rechenzentren verlangen viel Know-how (Hardware, Kühlung, Strom) und Wartung (Austausch defekter und veralteter Geräte). In der Cloud wird das für Sie erledigt.

Managed Services

Mit der Cloud erhalten Sie nicht nur Server, sondern auch Dienste wie verwaltete (*managed*) Datenbanken, Load-Balancer, Dateispeicher, Netzwerke, Analysen und maschinelles Lernen.

Sicherheit

Das On-Prem sicherer ist, ist ein Mythos. Tatsächlich gehören die sichersten Rechenzentren der Welt den Cloud-Anbietern: Beispielsweise erfüllt AWS 143 Sicherheitsstandards (*https://aws.amazon.com/compliance*) (z.B. PCI DSS, HIPAA und NIST 800-171) und Dutzende Audits und Konformitätsbescheinigungen von Drittanbietern (*https://oreil.ly/GpSvO*) (z.B. SOC, ISO und FedRAMP).

Globale Reichweite

Die Cloud bietet Ihnen direkten Zugriff auf Dutzende Rechenzentren auf der ganzen Welt.

Skalierung

Die großen Cloud-Anbieter können wesentlich mehr in Rechenzentren investieren als jeder andere. Zum Beispiel hat AWS 2024 107 Milliarden (*https://oreil.ly/37YWa*) umgesetzt – Tendenz steigend.

Aus all diesen Gründen ist die Cloud de facto die beste Wahl für neue Start-ups, aber auch für neue Projekte in etablierten Unternehmen.

Kernaussage 2

Die Nutzung der Cloud sollte heutzutage für die meisten neuen Deployments Ihre *bevorzugte* Wahl sein.

Bei all den Vorteilen der Cloud stellt sich die Frage, ob On-Prem überhaupt sinnvoll ist.

Wann man sich für On-Prem entscheiden sollte

Server selbst zu betreiben, ist in den folgenden Fällen die bessere Wahl:

Sie sind bereits On-Prem.

Wenn Ihr Unternehmen bereits eigene Rechenzentren betreibt und alles funktioniert, dann bleiben Sie dabei! Ändere niemals ein funktionierendes System.

Ihr Nutzungsverhalten passt besser zu On-Prem.

Bestimmte Nutzungsmuster passen besser zu On-Prem – etwa eine gleichmäßige, vorhersehbare Nutzung, die nicht von der Elastizität profitiert (ein Beispiel ist Basecamp (*https://oreil.ly/_WJSS*)), oder wenn sehr viel Bandbreite benötigt wird (die in der Cloud teuer werden kann).

Ihre Compliance-Anforderungen passen besser zu On-Prem.

Es kann sein, dass einige Compliance-Standards, Bestimmungen, Gesetze, Auditoren und Kunden noch nicht für die Cloud geeignet sind. Je nach Industrie und Produkt kann On-Prem daher die bessere Wahl sein.

Sie müssen die Preise besser kontrollieren können.

Zwar hat der Wettbewerb zwischen den großen Cloud-Anbietern die Preise in der Vergangenheit gedrückt, doch immer wieder erhöhen die Anbieter auch unerwartet ihre Preise.[1] Eine Möglichkeit, dieses Risiko zu minimieren, ist die Wahl eines Cloud-Anbieters mit einer guten Leistungsbilanz bezüglich der Preise und die Vereinbarung eines langfristigen Vertrags. Eine andere Möglichkeit besteht darin, die Cloud ganz zu meiden und On-Prem zu gehen. Die einzige Option, die ich nicht empfehle, ist, die Cloud zu nutzen, aber einen »Lock-in« vermeiden zu wollen, nachfolgend beschrieben im Kasten »Der Mythos vom Cloud-Anbieter-Lock-in«.

Der Mythos vom Cloud-Anbieter-Lock-in

Viele Unternehmen machen sich Sorgen um einen *Anbieter-Lock-in*. Der Cloud-Anbieter erhöht plötzlich die Preise, und Sie können nichts dagegen tun, weil die Migration Ihrer Infrastruktur zu teuer wäre. Ein hartnäckiger Mythos behautet, eine Möglichkeit, einen solchen Lock-in zu verhindern, wäre, nur *generische Dienste* zu nutzen (d.h. virtuelle Server) und alle *proprietären Dienste* des Anbieters zu meiden (verwaltete Datenbanken, Dateispeicher, Tools für maschinelles Lernen). Das würde es einfacher machen, zu den generischen Diensten anderer Anbieter zu wechseln. In den meisten Fällen ist das Zeitverschwendung.

Wenn Sie nur generische Dienste nutzen, werden Sie eigene Versionen dieser proprietären Dienste entwickeln, d.h., Ihr erstes Deployment verzögert sich um x Monate. Wenn Sie später migrieren, müssen Sie keinen Code umschreiben, der mit den proprietären Diensten des neuen Anbieters arbeitet. Das spart Ihnen y Monate, und im besten Fall ist $y > x$. Allerdings können Sie mit den proprietären Diensten deutlich schneller durchstarten (x ist groß), und Sie werden üblicherweise viel Zeit aufwenden müssen, um Ihr eigenes Tooling an die neue Deployment-Umgebung anzupassen (y ist klein). Wenn Sie Glück haben, erreichen Sie einen Gleichstand ($y = x$).

Sie bezahlen vorab also garantiert höhere Kosten x, um später *vielleicht* y Zeit zu sparen, was üblicherweise kein guter Deal ist (die Wahrscheinlichkeitsrechnung spricht von einem niedrigeren *Erwartungswert*). Solange Sie nicht häufig wechseln, fahren Sie in der Regel besser, wenn Sie das beste verfügbare Tooling wählen (Sie nutzen also die proprietären Dienste des Anbieters für die Bereitstellung in der Cloud) und sind so schnell wie möglich live.

Es muss aber nicht immer Cloud oder On-Prem sein. Manchmal kann es auch Cloud *und* On-Prem sein, was wir im nächsten Abschnitt diskutieren wollen.

Wann man einen hybriden Ansatz verfolgen sollte

Bei einem *hybriden* Deployment nutzen Sie einen Mix aus Cloud und On-Prem. Die gängigen Anwendungsfälle sind:

Partielle Cloud-Migration

Einige Unternehmen migrieren einen Teil ihrer Apps (einschließlich aller neuen Apps) in die Cloud, halten aber einige Apps On-Prem vor. Das kann temporär sein (eine vollständige Migration kann Jahre dauern) oder dauerhaft (bei einigen Apps rechnen sich die Kosten der Migration nicht).

1 Zum Beispiel hat die 2022er-Preisänderung von Google Cloud die Preise für Speicher um über 50% erhöht. Und die 2024er-Preisanpassung von Vercel hat die Preise für manche Nutzer um mehr als das Zehnfache erhöht.

Das richtige Tool für den Job

Sie können sich für die Cloud entscheiden, wenn es gut passt (z.B. weil eine App Elastizität braucht), oder On-Prem, wenn das gut passt (z.B. eine App mit gleichbleibendem Datenverkehr). Nutzen Sie das jeweils richtige Werkzeug für den Job!

Mein Ziel ist es, Sie die Beispiele in diesem Buch so schnell und günstig wie möglich ausprobieren zu lassen, weshalb die Cloud das richtige Tool für den Job ist. Während die zugrunde liegenden Konzepte sowohl für die Cloud als auch für On-Prem gelten, nutze ich daher für die meisten Beispiele in diesem Buch die Cloud. Und wenn Sie sich für die Cloud entscheiden, müssen Sie wissen, wann Sie IaaS und wann Sie PaaS nutzen.

IaaS kontra PaaS

Wenn man die Cloud nutzt, stellt sich die Frage, wann man IaaS und wann man PaaS einsetzen sollte. Um diese Frage zu beantworten, wollen wir uns die Hauptgründe ansehen, die für PaaS sprechen.

Wann man sich für PaaS entscheiden sollte

In einem Buch über DevOps und Softwarebereitstellung mag das vielleicht etwas seltsam klingen, doch wenn Sie ein gutes Produkt entwickeln können, ohne viel in DevOps und Softwarebereitstellung investieren zu müssen, *ist das eine gute Sache*. Ihre Kunden interessiert es nicht, welche Art von Deployment-Pipeline Sie nutzen, ob Sie ein schickes Kubernetes-Cluster betreiben oder die neueste Datenbank verwenden. Was zählt, ist die Entwicklung eines Produkts, das die Bedürfnisse Ihrer Kunden erfüllt.

Kernaussage 3

Verbringen Sie so wenig Zeit wie möglich mit der Softwarebereitstellung, ohne dabei die Anforderungen Ihres Unternehmens zu verletzen.

Wenn Sie jemanden finden, der sich für Sie um die Softwarebereitstellung kümmert und gleichzeitig Ihre Anforderungen erfüllt, dann sollten Sie diese Gelegenheit so oft wie möglich nutzen. Und das ist genau das, was ein gutes PaaS bietet: gebrauchsfertige Softwarebereitstellung. Wenn Sie ein PaaS finden, das Ihre Anforderungen erfüllt, sollten Sie es nutzen und so lange dabei bleiben, wie es geht. Vermeiden Sie den Neuaufbau dieser Elemente der Softwarebereitstellung, bis es gar nicht mehr anders geht. PaaS ist in den folgenden Fällen eine gute Wahl:

Nebenprojekte

Wenn Sie an einem Nebenprojekt arbeiten, sollten Sie die Leidenschaft für dieses Projekt nicht verlieren, nur weil Sie die meiste Zeit mit Builds, Pipelines oder Netzwerken verbringen. Überlassen Sie die schwere Arbeit dem PaaS.

Start-ups und kleine Unternehmen

Wenn Sie ein neues Unternehmen aufbauen, sollten Sie immer PaaS nutzen. Start-ups befinden sich in einem Rennen gegen die Zeit. Können Sie etwas entwickeln, das der Markt will, bevor Ihnen das Geld ausgeht? Wie Sie an anderer Stelle in diesem Buch bereits gesehen haben, können Sie mit einem PaaS innerhalb von *Minuten* live gehen, und für die meisten Start-ups sind die Anforderungen an Skalierbarkeit, Verfügbarkeit, Sicherheit und Compliance minimal. Sie können ein PaaS also jahrelang betreiben, bevor Sie an die Grenzen stoßen. Wenn Produkt und Markt passen und Sie Probleme mit der Skalierung des Unternehmens haben – solche Probleme hat man gerne –, dann müssen Sie vom PaaS Abstand nehmen müssen.

Neue und experimentelle Projekte
: Arbeiten Sie in einem etablierten Unternehmen mit langsamen Softwarebereitstellungsprozessen, kann PaaS eine gute Möglichkeit sein, neue und experimentelle Projekte schnell auszuprobieren. Das gilt besonders dann, wenn die Projektanforderungen an Skalierbarkeit, Verfügbarkeit, Sicherheit und Compliance nicht so hoch sind wie für die normalen Produkte Ihres Unternehmens.

In der Regel werden Sie PaaS nutzen, wann immer es geht, und zu IaaS wechseln, wenn das PaaS die Anforderungen nicht länger erfüllen kann. Das wollen wir uns im nächsten Abschnitt ansehen.

Wann man sich für IaaS entscheiden sollte

In den folgenden Fällen ist IaaS die bessere Wahl:

Last
: Bei sehr viel Traffic wird PaaS unerschwinglich. Darüber hinaus schränkt PaaS üblicherweise die Arten von Apps und Architekturen ein, die Sie nutzen können, weshalb Sie möglicherweise migrieren müssen, um Ihre Systeme skalieren zu können.

Unternehmensgröße
: Wenn aus einer Handvoll Entwickler Dutzende von Teams mit Hunderten von Entwicklerinnen und Entwicklern werden, steigen die PaaS-Preise ins Unermessliche, doch auch Steuerung und Zugriffskontrolle kommen an ihre Grenzen (etwa wenn einige Teams Änderungen vornehmen können, andere aber nicht).

Verfügbarkeit
: Ihr Geschäft verlangt Verfügbarkeitsgarantien, die Ihr PaaS nicht bieten kann. Kommt es zu Ausfällen oder einem Bug, bieten PaaS-Angebote darüber hinaus häufig nur eingeschränkte Möglichkeiten der Sichtbarkeit und Konnektivität an (z. B. können Sie bei Heroku keine Verbindung über SSH herstellen). Sie könnten deshalb zu einem IaaS wechseln wollen, um das Debugging und die Introspektion Ihrer Systeme zu verbessern.

Sicherheit und Compliance
: Einer der häufigsten Gründe, um von einem PaaS Abstand zu nehmen, dass die meisten (mit Ausnahme von Aptible) keine ausreichende Sichtbarkeit, keinen ausreichenden Zugriff und keine ausreichende Kontrolle bieten, um Sicherheits- und Compliance-Anforderungen (z. B. SOC 2, ISO 27001, PCI DSS) zu erfüllen.

Sie wählen immer dann ein IaaS, wenn Sie mehr Kontrolle, mehr Leistung und/oder mehr Sicherheit benötigen. Sobald Ihr Unternehmen groß genug ist, wird eine oder mehrere dieser Anforderungen Sie zum Wechsel von PaaS zu IaaS zwingen. Das ist der Preis der Erfolgs.

Kernaussage 4
Nutzen Sie PaaS, solange Sie können, und IaaS, wenn Sie müssen.

Nachdem Sie die Möglichkeit hatten, das Deployment einer einfachen App durchzuspielen und die Hosting-Optionen zu vergleichen, stellt sich die Frage, was als Nächstes kommt. Wie werden sich die Architektur und die Prozesse verändern, wenn Ihr Unternehmen wächst? Das ist das Thema des nächsten Abschnitts.

Die Evolution von DevOps

Während ich mein erstes Buch schrieb, *Hello, Startup* (O'Reilly) (*https://hello-startup.net*), habe ich frühe Mitarbeitende einiger der erfolgreichsten Unternehmen der letzten 20 Jahre interviewt: Google, Facebook, LinkedIn, Twitter, GitHub, Stripe, Instagram, Pinterest und viele andere. Dabei fiel mir auf, dass sich die Architektur- und Bereitstellungsprozesse ähnlich entwickelt haben. Hier und da findet man Unterschiede, doch es gibt weit mehr Ähnlichkeiten als Unterschiede, und die Art der Evolution wiederholt sich grob gesehen wieder und wieder. In diesem Abschnitt stelle ich Ihnen diesen evolutionären Prozess in neun Schritten vor.

Wenn DevOps und Softwarebereitstellung neu für Sie sind, werden Sie mit einigen der hier verwendeten Begriffe möglicherweise nicht vertraut sein. Keine Panik. Die Idee ist, mit einer Art Karte zu beginnen, die Ihnen dabei hilft, die verschiedenen Bausteine und wie sie zusammenspielen zu verstehen. Stellen Sie sich das wie eine Übersicht aller Themen vor, die wir in diesem Buch behandeln. Während Sie die einzelnen Kapitel durchgehen, steigen Sie tiefer in die jeweiligen Themen ein und werden die meisten anhand realer Beispiele ausprobieren. Sie können dann wieder herauszoomen und sich die Übersicht ansehen, um das große Ganze zu erkennen und sich erneut zu orientieren.

Beginnen wir mit dem ersten Schritt (siehe Abbildung 1.10), mit dem die meisten Projekte beginnen, einschließlich neuer Start-ups, neuer Initiativen in etablierten Unternehmen und neuer Nebenprojekte.

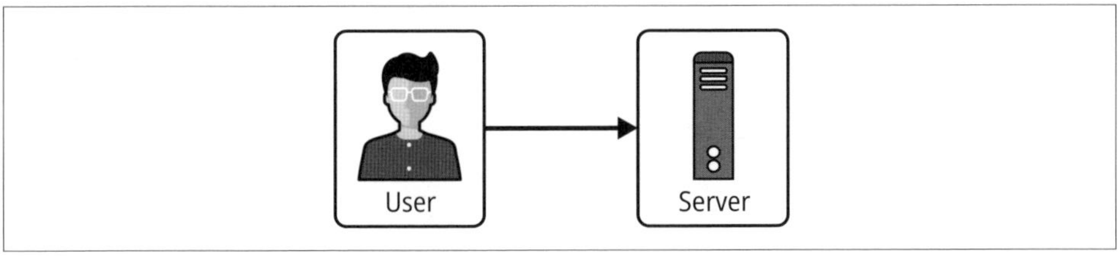

Abbildung 1.10: Schritt 1 der DevOps-Evolution

Einzelner Server
: Der gesamte Anwendungscode läuft auf einem einzigen Server.

ClickOps
: Sie verwalten die gesamte Infrastruktur und alle Deployments von Hand.

Klingt das vertraut? Genau das haben Sie weiter oben in diesem Kapitel mit Render und AWS getan. Also Glückwunsch, Sie haben den ersten Schritt vollendet! Doch das ist erst der Anfang. Während Traffic und Team wachsen, machen Sie mit dem zweiten Schritt (siehe Abbildung 1.11) weiter.

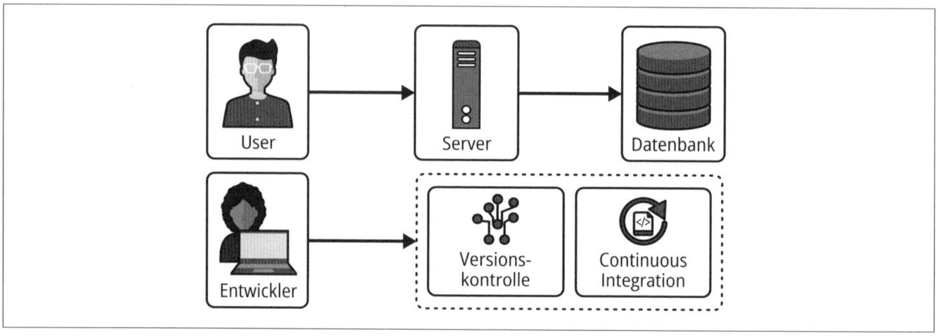

Abbildung 1.11: Schritt 2 der DevOps-Evolution

Stand-alone-Datenbank
: Da sich Ihre Datenbank immer mehr zum Flaschenhals entwickelt, verschieben Sie sie auf einen eigenen Server (Kapitel 9).

Versionskontrolle
: Weil das Team wächst, nutzen Sie ein Versionskontrollsystem, um gemeinsam am Code zu arbeiten und alle Änderungen nachzuhalten (Kapitel 4).

Continuous Integration
: Um Bugs und Ausfälle zu reduzieren, richten Sie automatisierte Tests (Kapitel 4) und Continuous Integration (Kapitel 5) ein.

Weil der Traffic kontinuierlich wächst, machen Sie mit dem dritten Schritt weiter (siehe Abbildung 1.12).

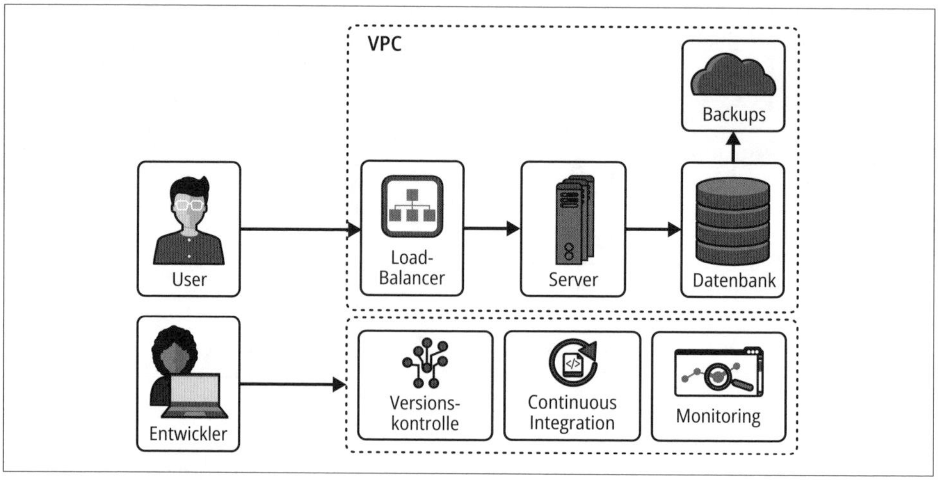

Abbildung 1.12: Schritt 3 der DevOps-Evolution

Mehrere Server
: Weil der Traffic weiter steigt, reicht ein einzelner Server nicht mehr aus, und Sie betreiben die App auf mehreren Servern (Kapitel 3).

Load-Balancing
: Sie verteilen den Traffic mithilfe eines Load-Balancers auf mehrere Server (Kapitel 3).

Netzwerk
: Um Ihre Server zu schützen, verlagern Sie sie in ein privates Netzwerk (Kapitel 7).

Datenverwaltung
: Sie richten Schema-Migrationen und Backups für Ihre Datenspeicher ein (Kapitel 9).

Monitoring
: Um einen besseren Einblick in Ihre Systeme zu erhalten, richten Sie ein Monitoring ein (Kapitel 10).

Die meisten Softwareprojekte werden nicht über diese drei Schritte hinausgehen. Ist Ihr Projekt eines davon, machen Sie sich keine Gedanken, es ist eine gute Sache. Die ersten drei Schritte sind relativ einfach. Die verwendeten Techniken sind schnell zu erlernen, einfach einzurichten, und es macht Spaß, mit ihnen zu arbeiten. Wenn Sie zu weiteren Schritten gezwungen sind, liegt das an neuen Problemen, die die Lösung komplexerer Architekturen und Prozesse verlangen. Diese zusätzliche Komplexität hat einen erheblichen Preis. Wenn Sie nicht vor solchen Problemen stehen, können (und sollten) Sie diese Kosten vermeiden.

Größere, etablierte Unternehmen mit mehr Nutzerinnen und Nutzern müssen also möglicherweise mit dem vierten Schritt weitermachen (siehe Abbildung 1.13).

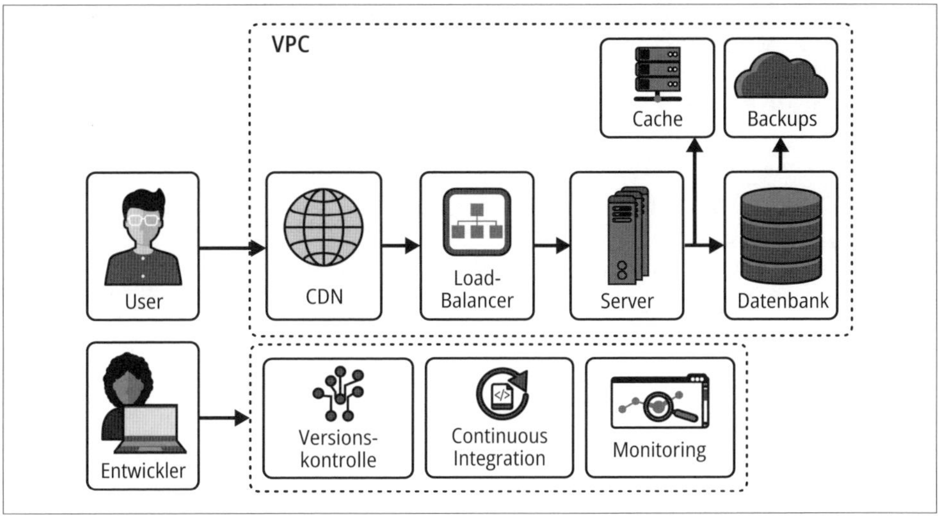

Abbildung 1.13: Schritt 4 der DevOps-Evolution

Cache für Datenspeicher
: Ihre Datenbank ist auch weiterhin der Flaschenhals, deshalb setzen Sie Read-Replikate und Caches ein (Kapitel 9).

Caching für statischen Inhalt
: Weil der Traffic weiter wächst, nutzen Sie ein *Content Delivery Network* (CDN), um Inhalte zu cachen, die sich nicht häufig ändern (Kapitel 9).

An diesem Punkt ist die Größe des Teams häufig das größte Problem, weshalb Sie mit Schritt 5 weitermachen (Abbildung 1.14).

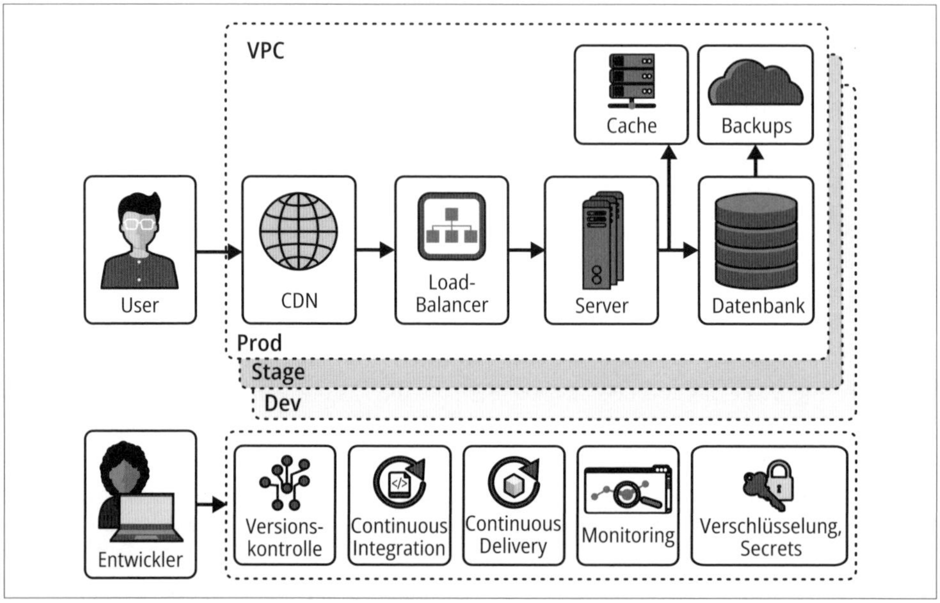

Abbildung 1.14: Schritt 5 der DevOps-Evolution

Mehrere Umgebungen
: Damit die Teams besser testen können, richten Sie mehrere Umgebungen ein (z.B. Entwicklung, Staging, Produktion). Jede Umgebung umfasst eine vollständige Kopie Ihrer Infrastruktur (Kapitel 6).

Continuous Delivery
: Um Deployments schneller und zuverlässiger zu machen, richten Sie Continuous Delivery ein (Kapitel 5).

Sichere Kommunikation und sicherer Speicher
: Zur Gewährleistung der Sicherheit aller neuen Umgebungen arbeiten Sie am Secrets-Management und verschlüsseln alle Daten vor Ort und während der Übertragung (Kapitel 7).

Wenn Ihre Teams weiter wachsen, müssen Sie die Architektur und die Prozesse in Schritt 6 anpassen, um schnell reagieren zu können (Abbildung 1.15).

Microservices
: Damit die Teams unabhängig voneinander arbeiten können, teilen Sie den Monolithen in mehrere Microservices mit jeweils eigenen Datenspeichern und Caches auf (Kapitel 6).

Infrastructure as Code
: Diese vielen Umgebungen von Hand zu pflegen, ist schwierig. Beginnen Sie deshalb damit, Ihre Infrastructure as Code zu verwalten (Kapitel 2).

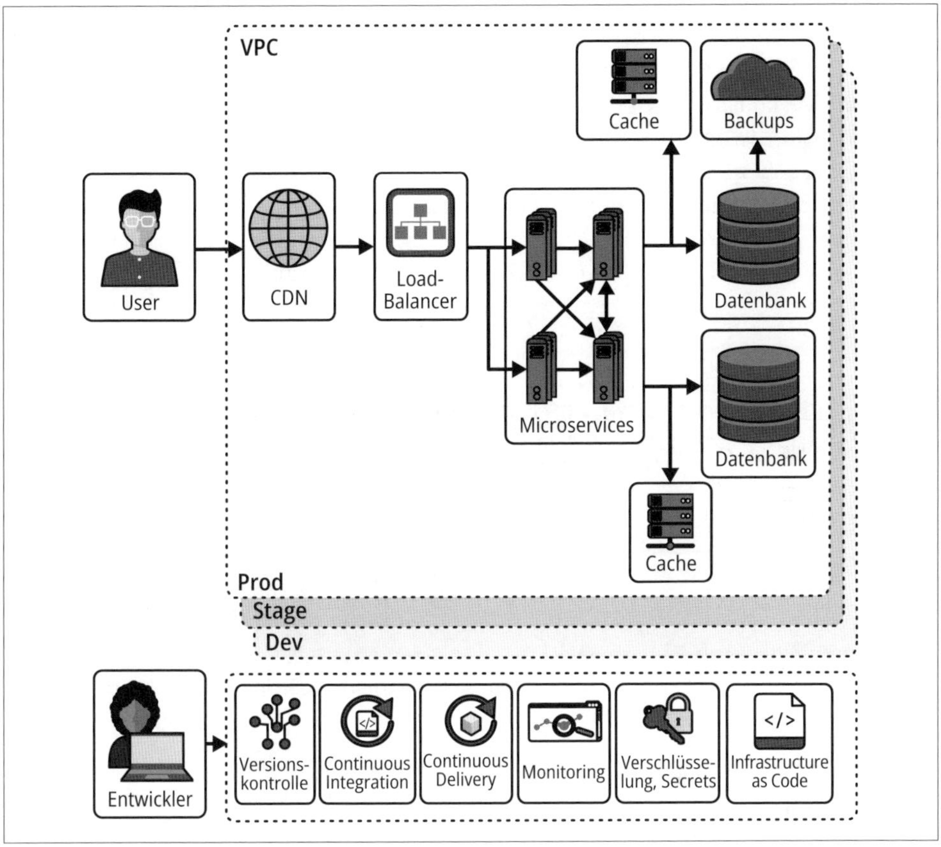

Abbildung 1.15: Schritt 6 der DevOps-Evolution

Mit diesem Schritt erhöht sich die Komplexität deutlich: Mehrere Teile Ihrer Infrastruktur sind in Bewegung, Ihre Prozesse sind komplizierter, und Sie werden sehr wahrscheinlich ein eigenes Infrastrukturteam benötigen, um all das im Griff zu behalten. Bei einem kleinen Teil der Unternehmen – typischerweise großer Unternehmen mit einer riesigen Nutzerbasis – reicht selbst das nicht mehr, und Sie sind gezwungen, mit Schritt 7 weiterzumachen (Abbildung 1.16).

Service-Discovery
: Weil die Zahl der Microservices wächst, richten Sie ein Service-Discovery-System zur Dienstermittlung ein, damit sie miteinander kommunizieren können (Kapitel 7).

Beobachtbarkeit
: Um noch mehr Einblick in Ihre Microservices zu bekommen, nutzen Sie strukturierte Events, Tracing und Observability-Tools (Kapitel 10).

Härtung

Um verschiedene Compliance-Standards (z. B. NIST, CIS, PCI) zu erfüllen, härten Sie Ihre Server und Ihr Netzwerk (Kapitel 7 und 8).

Microservice-Mesh

Bei immer mehr Microservices beginnen Sie damit, Service-Mesh-Tools zu nutzen. Diese bilden eine einheitliche Lösung für die oben genannten Elemente (Beobachtbarkeit, Service-Discovery, Härtung) sowie für die Überwachung des Traffics und die Fehlerbehandlung (Kapitel 7).

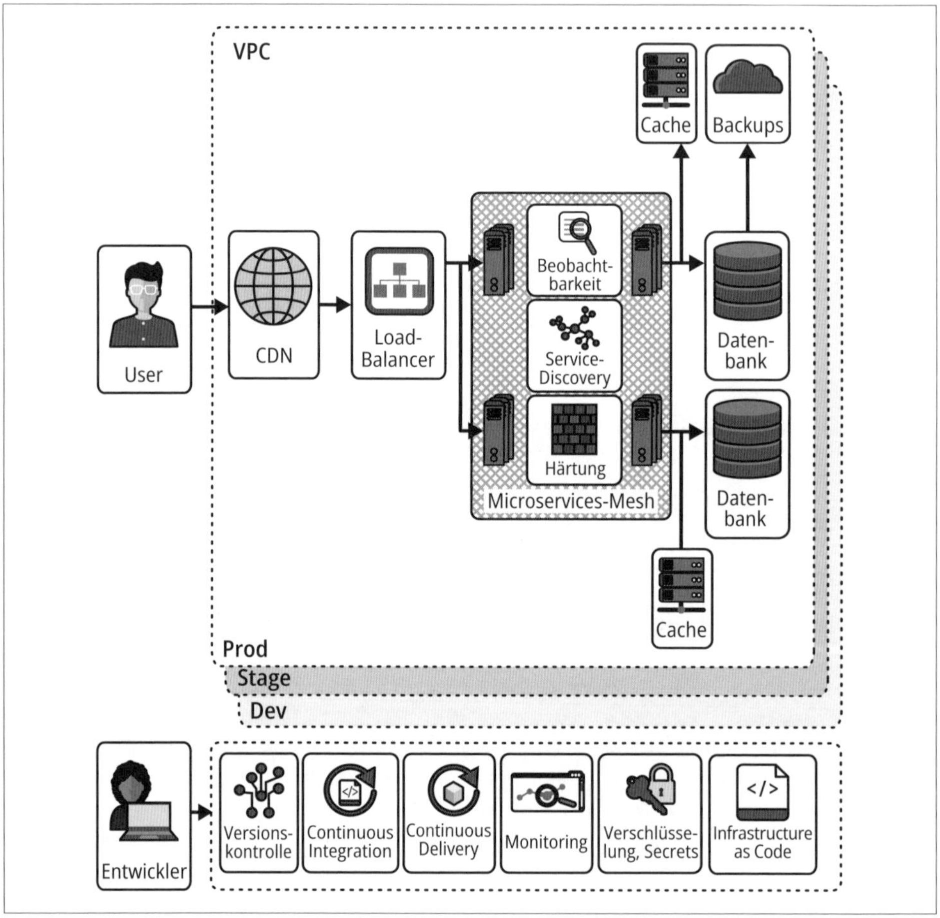

Abbildung 1.16: Schritt 7 der DevOps-Evolution

Große Unternehmen erzeugen viele Daten, und die Notwendigkeit zur Analyse und Nutzung dieser Daten führt zu Schritt 8 (Abbildung 1.17).

Analysetools

Um die Unternehmensdaten verarbeiten und analysieren zu können, richten Sie Data Warehouses, Big-Data-Systeme und schnelle Datensysteme ein (Kapitel 9).

Event-Streams

Aufgrund immer mehr Microservice-Kommunikation und immer größeren Datenmengen, die bewegt werden müssen, richten Sie eine Event-Streaming-Plattform ein und wechseln zu einer ereignisgesteuerten Architektur (Kapitel 9).

Feature-Toggles

Sie beginnen mit der Nutzung von Feature-Toggles, um neue Features einem A/B-Test zu unterziehen und Deployments noch zuverlässiger zu gestalten (Kapitel 5).

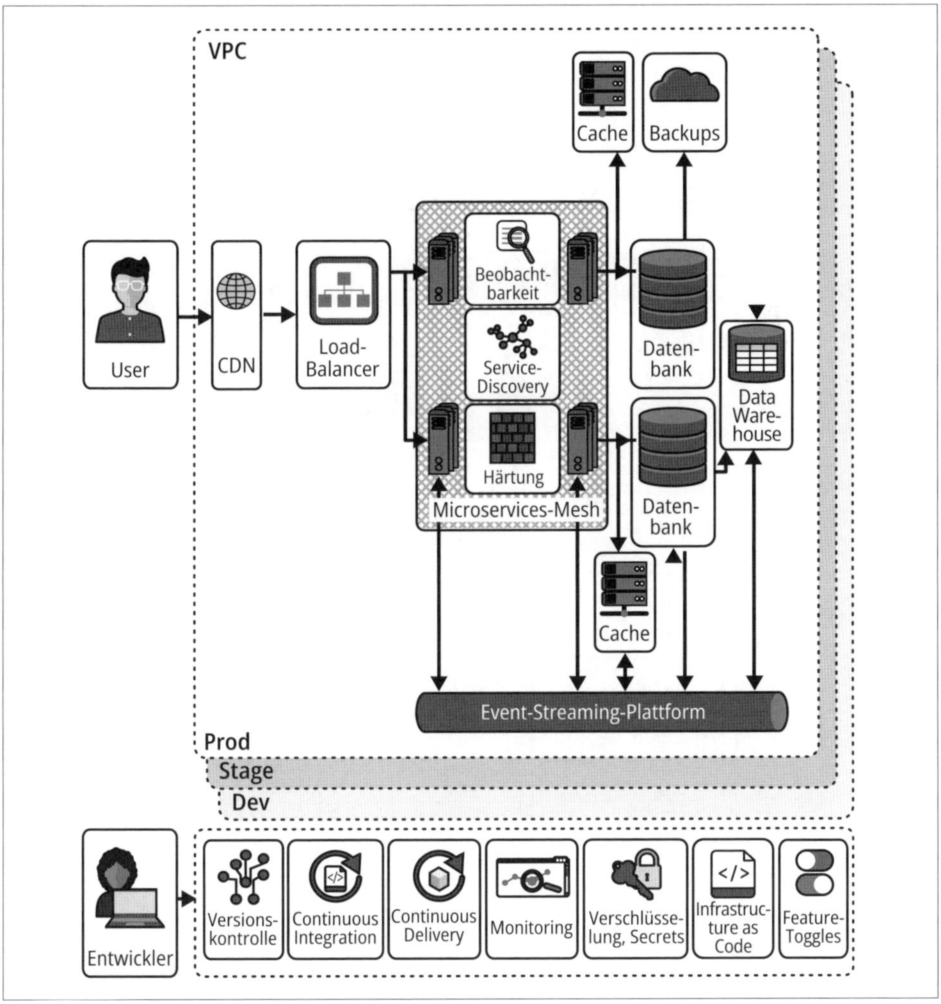

Abbildung 1.17: Schritt 8 der DevOps-Evolution

Da Ihre Nutzerbasis und die Zahl der Mitarbeitenden ständig wächst, gehen Sie den neunten Schritt (Abbildung 1.18).

Mehrere Rechenzentren

Um die globale Nutzerbasis versorgen zu können, richten Sie mehrere Rechenzentren auf der ganzen Welt ein (Kapitel 6).

Fortschrittliche Vernetzung
: Sie verbinden alle Rechenzentren über ein Netzwerk (Kapitel 7).

Interne Entwicklungsplattform
: Um die Produktivität der Entwicklerinnen und Entwickler zu erhöhen und die Coding-Praktiken zu standardisieren, richten Sie eine interne Entwicklungsplattform ein (Kapitel 11).

Die drei letzten Phasen stehen den Unternehmen mit den größten Problemen bevor, die darüber hinaus mit der größten Komplexität zu kämpfen haben: globales Deployment, Tausende Entwickler, Millionen von Kunden. Selbst die in der neunten Phase vorgestellte Architektur ist nur eine Vereinfachung dessen, womit 0,1% der Topunternehmen konfrontiert sind. Doch wenn Sie sich an diesem Punkt befinden, müssen Sie mehr tun, als dieses Buch zu lesen!

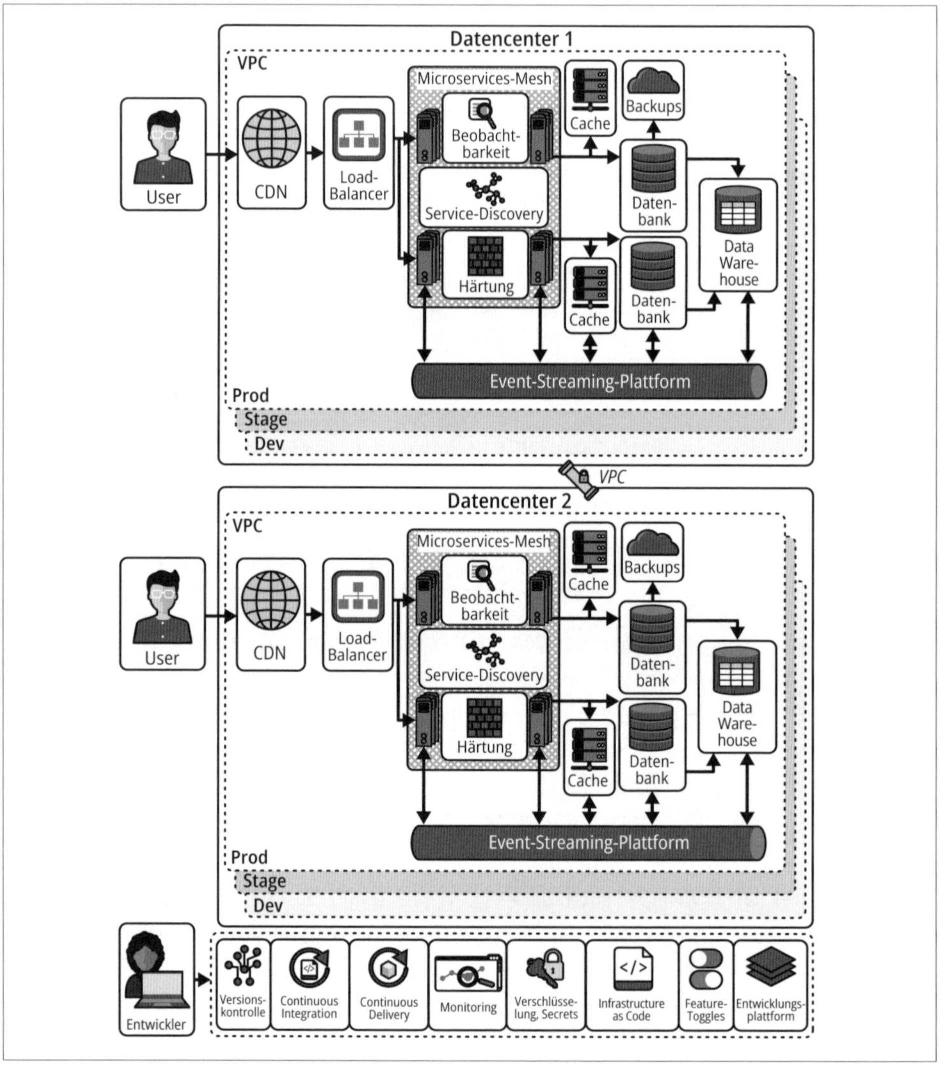

Abbildung 1.18: Schritt 9 der DevOps-Evolution

Nachdem Sie nun alle Phasen kennengelernt haben, sollten Sie zwei Dinge im Kopf behalten: Erstens handelt es sich bei diesen Phasen um eine Vereinfachung. Ich habe sie als separate, aber geschlossene und einmalige Maßnahmen vorgestellt, damit der Prozess einfacher zu verstehen ist, doch im richtigen Leben wird es sich eher um eine fortlaufende Entwicklung handeln. Die Phasen könnten sich in viele Schritte unterteilen und sich über einen längeren Zeitraum entwickeln. Zum Beispiel könnten Sie Infrastructure as Code nicht vollständig in Phase 6 einführen. Manchmal ist es effektiver, einen kleinen Teil bereits in Phase 2 einzuführen, etwas mehr in Phase 3, noch etwas mehr in Phase 4 und so weiter, bis man in Phase 6 alles als Infrastructure as Code verwaltet. Ich hoffe, hier ein hilfreiches mentales Modell dafür vorzustellen, wie sich DevOps üblicherweise in einem Unternehmen entwickelt, aber denken Sie daran, dass es sich nur um ein Modell handelt.

> All models are wrong, but some are useful.
>
> Alle Modelle sind falsch, doch einige sind nützlich.
>
> – *George E. P. Box*

Zweitens sollten Sie mit Änderungen rechnen. Es gibt nicht den einen richtigen Weg, wie »man DevOps macht«. Architektur und Prozesse müssen an die Bedürfnisse Ihres Unternehmens angepasst werden, und diese Bedürfnisse werden sich ändern. Denken Sie daran, planen Sie es ein und nehmen Sie es an. Ein Markenzeichen guter Software ist ihre Flexibilität. Guter Code, gute Architekturen und gute Prozesse sind vor allem einfach zu ändern. Und die erste Änderung besteht darin, zunächst DevOps-Praktiken zu übernehmen – das steht im Fokus des nächsten Abschnitts.

DevOps-Praktiken übernehmen

Während Sie sich durch die neun Phasen arbeiten, geht es darum, Ihr Unternehmen einer dieser Phasen zuzuordnen und die Architektur und die Prozesse dieser Phase zu etablieren. Was Sie *nicht* wollen, ist, gleich ans Ende zu springen und die Architektur und die Prozesse der größten Unternehmen zu nutzen. Seien wir ehrlich: Ihr Unternehmen ist wahrscheinlich weder Google noch Netflix. Sie haben nicht die gleiche Größe, müssen nicht die gleichen Probleme lösen, und daher sind deren Lösungen nicht die beste Wahl. Tatsächlich ist die Übernahme dieser Lösungen für eine andere Unternehmensgröße eher schädlich. Wenn ich ein Drei-Mann-Start-up sehe, das eine Architektur mit zwölf Microservices, Kubernetes, einem Service-Mesh und einer Event-Streaming-Plattform betreibt, kann ich nur den Kopf schütteln. Sie zahlen einen hohen Preis, um Probleme zu lösen, die sie nicht haben.

Kernaussage 5

Übernehmen Sie die Architektur und die Softwarebereitstellungsprozesse, die für Ihr Unternehmen angemessen sind.

Selbst in einem großen Unternehmen sollten Sie nicht alles auf einen Schlag auf DevOps umstellen. Eine der wichtigen Lektionen, die ich während meiner Karriere gelernt habe, ist, dass die meisten großen Softwareprojekte fehlschlagen. Während etwa drei von vier kleineren IT-Projekten (weniger als eine Million Dollar) erfolgreich abgeschlossen werden, wird nur eines von zehn großen Projekten rechtzeitig und innerhalb des Kostenrahmens beendet. Mehr als ein Drittel der großen Projekte wird gar nicht abgeschlossen.[2]

Darum mache ich mir Sorgen, wenn ich einen CEO oder CTO eines großen Unternehmens sehe, der die Parole ausgibt, dass innerhalb von sechs Monaten alles in die Cloud migriert werden muss, die alten Rechenzentren abgeschaltet werden und jeder »DevOps machen« soll (was auch immer das bedeutet). Ich übertreibe nicht, wenn ich sage, dass ich dieses Muster mehrere Dutzend Male gesehen habe und dass *jede dieser Initiativen ausnahmslos fehlgeschlagen ist*. Zwei bis drei Jahre später arbeitet jedes dieser Unternehmen noch an der Migration, die alten Rechenzentren laufen weiterhin, und keiner weiß so genau, ob man wirklich »DevOps macht« oder nicht.

Es ist effektiver, wenn Sie große Migrationsprojekte Schritt für Schritt angehen. Der Schlüssel bei diesem *inkrementellen* Ansatz besteht nicht darin, die Arbeit in viele kleine Schritte aufzuteilen, sondern darin, dass jeder einzelne Schritt für sich einen Mehrwert bringt (selbst wenn es später nicht zu weiteren Schritten kommt). Um zu verstehen, warum das so wichtig ist, stellen Sie sich das Gegenteil vor: Nehmen wir an, Sie hätten ein großes Migrationsprojekt in die folgenden Schritte aufgeteilt:

1. Neugestaltung der Benutzerschnittstelle.
2. Neuschreiben des Backends.
3. Migration der Daten.

Sie schließen den ersten Schritt ab, können die Benutzerschnittstelle aber nicht in Betrieb nehmen, weil sie vom neuen Backend des zweiten Schritts abhängig ist. Sie schreiben nun also das Backend neu, können es aber immer noch nicht in Betrieb nehmen, solange die Daten im dritten Schritt nicht migriert sind. Nur wenn alle drei Schritte abgeschlossen sind, bringt diese Arbeit einen Mehrwert. Dieser *inkrementelle Ansatz ist falsch*: Sie haben die Arbeit in kleinere Schritte unterteilt, doch Sie erhalten den Mehrwert erst, wenn alle Schritte abgeschlossen sind.[3] Das stellt ein großes Risiko dar, weil sich die Bedingungen jederzeit ändern können. Das Projekt könnte unterbrochen, annulliert oder zum Teil verändert werden, bevor alle Schritte abgeschlossen sind. Wenn das passiert, kommt es zum schlimmstmöglichen Ergebnis: Sie haben viel Zeit und Geld für nichts investiert.

Stattdessen sollte jeder Teil des Projekts einen Mehrwert bieten. Selbst wenn das gesamte Projekt nicht abgeschlossen wird, lohnt sich der Aufwand bei jedem Schritt. Sie erreichen das, indem Sie sich auf die Lösung jeweils eines einzigen kleinen realen Problems konzentrieren. Statt mit einem großen Knall in die Cloud zu migrieren, können Sie zum Beispiel ein Team identifizieren, das Schwierigkeiten hat, und dann nur dieses Team migrieren. Wenn Sie einen schnellen Erfolg verbuchen können, indem Sie ein reales, konkretes Problem lösen und ein Team erfolgreich machen, gewinnt die Sache an Dynamik. Sie können nun einen weiteren Fortschritt erzielen und dann den nächsten, bis Sie alle Teile der größeren Migration abgearbeitet haben. Doch selbst wenn die größere Migration abgeblasen wird, ist nun zumindest ein Team besser als vorher, weshalb sich die Investition immer noch lohnt.

---

2 The Standish Group, »CHAOS Manifesto 2013: Think Big, Act Small,« 2013, *https://oreil.ly/XGCzJ*.

3 Dan Milstein, »How to Survive a Ground-Up Rewrite Without Losing Your Sanity,« OnStartups, April 8, 2013, *https://oreil.ly/lAeBz*.

Kernaussage 6

Führen Sie DevOps in kleinen Schritten ein, die, jeder für sich, einen Mehrwert liefern.

Fazit

Sie kennen nun die Grundlagen der Bereitstellung von Apps. Hier die sechs Kernaussagen dieses Kapitels:

Sie dürfen auf einem PC laufende Apps niemals öffentlich zugänglich machen.
: Stattdessen müssen diese Apps auf einem Server bereitgestellt werden.

Die Verwendung der Cloud sollte heutzutage Ihre Standardwahl für die meisten neuen Deployments sein.
: Betreiben Sie Ihre Server, wann immer es geht, in der Cloud. Nutzen Sie On-Prem nur, wenn Sie bereits eine On-Prem-Präsenz haben oder wenn Ihre Lastmuster oder Compliance-Anforderungen für On-Prem sprechen.

Sie sollten so wenig Zeit für die Softwarebereitstellung aufwenden wie möglich, ohne dabei die Anforderungen des Unternehmens zu verletzen.
: Wenn Sie die Softwarebereitstellung an jemanden auslagern können, während die Unternehmensanforderungen erfüllt werden, dann machen Sie das.

Nutzen Sie PaaS, solange Sie können, und IaaS, sobald Sie müssen.
: Mit PaaS können Sie einen Großteil Ihrer Softwarebereitstellung auslagern. Wenn Sie also ein PaaS finden, das die Anforderungen Ihres Unternehmens erfüllt, sollten Sie es nutzen. Setzen Sie IaaS nur ein, wenn die Anforderungen Ihres Unternehmens durch PaaS nicht erfüllt werden können.

Übernehmen Sie die Architektur und Softwarebereitstellungsprozesse, die der Stufe Ihres Unternehmens angemessen sind.
: Wählen Sie immer das richtige Tool für den Job.

Führen Sie DevOps in mehreren kleinen Schritten ein, die, jeder für sich, einen Mehrwert liefern.
: Vermeiden Sie große Migrationen und falsche Schritte, die erst einen Mehrwert liefern, wenn alle Schritte abgeschlossen sind.

Eine Möglichkeit, diese Ideen zusammenzufassen, ist das Konzept der *kleinsten wirksamen Dosis*. Dieser Begriff aus der Pharmakologie beschreibt die kleinste Dosis einer Medizin, die die gewünschte biologische Reaktion erzielt. Nahezu jedes Medikament, jeder Zusatz und jede Maßnahme zeigt durch eine zu hohe Dosis eine toxische Wirkung, weshalb man nur gerade so viel gibt, damit die gewünschte Wirkung erreicht wird. Das Gleiche gilt auch für DevOps: Jede Architektur, jeder Prozess und jedes Tool hat seinen Preis, Sie sollten daher die einfachste und kleinste Lösung nutzen, die die gewünschten Vorteile bietet – und nicht mehr. Verwenden Sie keine aufwendige Architektur und keinen aufwendigen Softwarebereitstellungsprozess, wenn es auch einfacher geht. Wählen Sie stattdessen immer die minimal wirksame Dosis DevOps.

Zu wissen, wie Sie Ihre Apps bereitstellen, ist ein wichtiger Schritt, aber nur der erste Schritt für das Verständnis von DevOps und die Softwarebereitstellung. Eine ganze Reihe von Schritten warten noch auf Sie. Zum Beispiel wird Ihnen das Problem aufgefallen sein, dass Sie für jedes Deployment in diesem Kapitel manuell in der Webschnittstelle herumklicken mussten. Solche Dinge händisch zu erledigen, ist lästig, langsam und fehleranfällig. Stellen Sie sich vor, Sie müssten statt einer App zehn davon bereitstellen – und das mehrmals am Tag. Keine lustige Vorstellung.

Die Lösung heißt Automatisierung und die Verwaltung von Infrastructure as Code, das Thema des nächsten Kapitels.

KAPITEL 2

Wie Sie Infrastructure as Code verwalten

In Kapitel 1 haben Sie gelernt, wie Sie Ihre App über PaaS und IaaS bereitstellen, allerdings waren dafür viele Klicks in der Webschnittstelle nötig. Zum Lernen und Experimentieren ist das okay, doch in einem Unternehmen alles auf diese Weise zu verwalten – auch *ClickOps* genannt –, führt schnell zu Problemen:

Deployments sind langsam und mühsam.
: Häufige Deployments und das schnelle Reagieren auf Probleme oder Gelegenheiten sind nicht möglich.

Deployments sind fehleranfällig und inkonsistent.
: Das führt zu vielen Bugs, Ausfällen und nächtlichen Debug-Sessions. Bei der Einführung neuer Features werden Sie ängstlich und langsam.

Nur eine Person weiß, wie das Deployment funktioniert.
: Diese Person ist immer überlastet und hat nie Zeit für langfristige Verbesserungen. Wenn die Person kündigt oder von einem Bus überfahren wird, kommt alles zum Stillstand.[1]

Glücklicherweise gibt es heutzutage einen besseren Weg, die Dinge zu erledigen: Sie können Ihre *Infrastructure as Code* (IaC) verwalten. Statt händisch herumzuklicken, nutzen Sie Code, um Ihre Infrastruktur zu definieren, bereitzustellen, zu aktualisieren und zu löschen. Das ist eine wesentliche Erkenntnis von DevOps: Die meisten Aufgaben, die Sie von Hand erledigt haben, lassen sich nun per Code automatisieren (siehe Tabelle 2.1).

Tabelle 2.1: Eine Schlüsselerkenntnis von DevOps ist, dass Sie fast alles per Code verwalten können.

Aufgabe	Verwaltung per Code	Beispiel	Kapitel
Provisionierung von Servern	Tools zur Provisionierung	OpenTofu zur Bereitstellung eines Servers nutzen	in diesem Kapitel
Konfiguration von Servern	Server-Templating-Tools	Packer nutzen, um ein Server-Image zu erzeugen	in diesem Kapitel

1 Daher stammt der Begriff *Busfaktor*. Der Busfaktor Ihres Teams ist die Zahl der Mitarbeitenden, die Sie verlieren können (z. B. weil sie vom Bus überfahren werden oder, weniger dramatisch, weil sie den Job wechseln), bevor Sie den Betrieb nicht mehr aufrechterhalten können. Sie wollen auf keinen Fall einen Busfaktor von 1.

Tabelle 2.1: Eine Schlüsselerkenntnis von DevOps ist, dass Sie fast alles per Code verwalten können. (Forts.)

Aufgabe	Verwaltung per Code	Beispiel	Kapitel
Konfiguration von Apps	Konfigurationsdateien und -dienste	Konfiguration aus einer JSON-Datei einlesen	Kapitel 6
Konfiguration des Netzwerks	softwaredefinierte Netzwerke	Istio als Service-Mesh nutzen	Kapitel 7
Bau von Apps	Build-Systeme	Bau Ihrer App mit npm	Kapitel 4
Testen von Apps	automatisierte Tests	Schreiben automatisierter Tests mit Jest	Kapitel 4
Deployment von Apps	automatisiertes Deployment	rollierende Deployments mit Kubernetes	Kapitel 3
Skalierung von Apps	automatische Skalierung	Einrichtung von Skalierungsregeln in AWS	Kapitel 3
Wiederherstellung (Recovery) nach Ausfällen	Auto-Healing	Einrichtung von Liveness-Proben in Kubernetes	Kapitel 3
Verwaltung von Datenbanken	Schema-Migrationen	Verwendung von Knex.js zur Aktualisierung Ihres Datenbankschemas	Kapitel 9
Überprüfung auf Compliance	Policy as Code	Prüfung der Compliance per Open Policy Agent	Kapitel 4

Wenn Sie ein wenig suchen, finden Sie schnell viele Tools, die die Verwaltung von Infrastructure as Code ermöglichen, darunter Chef, Puppet, Ansible, Pulumi, Terraform, OpenTofu, AWS, CloudFormation, Docker und Packer. Welche sollte man nutzen? Viele der online verfügbaren Vergleiche machen wenig mehr, als die allgemeinen Eigenschaften der Tools aufzulisten, und vermitteln den Eindruck, dass man alle gleich gut nutzen kann. Das mag in der Theorie stimmen, doch in der Praxis ist das nicht der Fall. Die Tools unterscheiden sich deutlich voneinander, und Ihre Chancen für den erfolgreichen Einsatz steigen deutlich, wenn Sie wissen, wie Sie das richtige Tool für den Job wählen.

Dieses Kapitel hilft bei der Navigation durch den IaC-Raum und stellt die vier gängigsten Kategorien von IaC-Tools vor:

- Ad-hoc-Skripte (z. B. ein Bash-Skript für die Bereitstellung eines Servers nutzen)
- Tools zum Konfigurationsmanagement (z. B. Ansible zur Bereitstellung eines Servers nutzen)
- Server-Templating-Tools (z. B. Packer zur Erzeugung eines Server-Images nutzen)
- Provisionierungstools (z. B. OpenTofu zur Bereitstellung eines Servers nutzen)

Sie werden Beispiele sehen, die die gleiche Infrastruktur für jeden dieser Ansätze bereitstellen. Auf diese Weise werden Sie lernen, was die unterschiedlichen IaC-Kategorien über verschiedene Dimensionen (z. B. Verbosity, Konsistenz, Skalierbarkeit) hinweg leisten, sodass Sie das richtige Tool für den Job wählen können.

Beachten Sie, dass sich dieses Kapitel auf Tools zur Verwaltung der *Infrastruktur* konzentriert, während sich das nächste Kapitel den Tools zur Verwaltung von *Apps* widmet. In diesen beiden Domänen gibt es viele Überschneidungen, da Sie Infrastruktur bereitstellen, um Apps auszuführen, und möglicherweise auf IaC-Tools setzen, um die Apps bereitzustellen (entsprechende Beispiele werden Sie in diesem Kapitel noch sehen). Allerdings gibt es auch deutliche Unterschiede zwischen den Infrastruktur- und den App-Domänen. In der Infrastrukturdomäne nutzen Sie IaC-Tools wie OpenTofu, um Server, Load-Balancer und Netzwerke zu konfigurieren. In der App-Domäne setzen Sie *Orchestrierungstools* wie Kubernetes ein, um Scheduling, Auto-Scaling, Auto-Healing und die Servicekommunikation abzuwickeln.

Bevor wir tiefer in die verschiedenen IaC-Tools eintauchen, stellt sich die Frage: Wozu die ganze Mühe? Den Umgang mit neuen Tools zu lernen und sie anzuwenden, hat seinen Preis, also welche Vorteile bietet IaC, die diesen Preis rechtfertigen? Das klären wir im nächsten Abschnitt.

Die Vorteile von IaC

Wenn Sie Ihre Infrastruktur als Code definieren, können Sie eine Vielzahl von Praktiken aus dem Software-Engineering nutzen, um die Softwarebereitstellungsprozesse deutlich zu verbessern:

Geschwindigkeit und Sicherheit
: Anstelle einer Person, die die Deployments manuell durchführt (was langsam und fehleranfällig ist), erlaubt die Definition von *Infrastructure as Code* dem Computer, die Deployment-Schritte durchzuführen, was deutlich schneller und zuverlässiger ist.

Dokumentation
: Ist Ihre Infrastruktur als Code definiert, findet sich der Zustand Ihrer Infrastruktur in den Quelldateien, die jeder lesen kann, und ist nicht im Kopf eines einzigen Mitarbeiters weggesperrt. IaC bildet eine Form der Dokumentation, die es jedem im Unternehmen erlaubt, zu verstehen, wie die Dinge funktionieren.

Versionskontrolle
: Ihre IaC-Quelldateien in einem Versionskontrollsystem einzupflegen (was wir in Kapitel 4 tun werden), vereinfacht die gemeinsame Arbeit an Ihrer Infrastruktur, bei der Fehlersuche (z.B. können Sie in der Versionshistorie sehen, was sich geändert hat) und bei der Wiederherstellung (z.B. die Wiederherstellung einer früheren Version).

Validierung
: Ist der Zustand Ihrer Infrastruktur als Code definiert, können Sie ein Code-Review vornehmen, eine Reihe automatisierter Tests durchführen und den Code an statische Analysetools weitergeben. Alle diese Praktiken reduzieren die Gefahr von Defekten deutlich. (Beispiele dieser Praktiken werden Sie in Kapitel 4 sehen.)

Selbstbedienung
: Ist Ihre Infrastruktur als Code definiert, kann das Entwicklungsteam eigene Deployments durchführen, ohne auf jemanden anderen angewiesen zu sein.

Wiederverwendung
: Sie können Ihre Infrastruktur in wiederverwendbare Module packen. Statt jedes Deployment für jedes Produkt in jeder Umgebung von Grund auf neu angehen zu müssen, bauen Sie auf bekannten, dokumentierten und ausgereiften Teilen auf.

Zufriedenheit
: Ein weiterer wichtiger und häufig übersehener Grund für den Einsatz von IaC ist die Zufriedenheit. Manuelle Deployments sind monoton und ermüdend. Die meisten Menschen nehmen einem diese Art von Arbeit übel, weil sie keine Kreativität erfordert, keine Herausforderung darstellt und keine Anerkennung findet. Sie können Code über Monate hinweg perfekt bereitstellen, ohne dass es jemand bemerkt – bis zu dem Tag, an dem Sie es vermasseln. IaC bietet eine bessere Alternative, die es Computern erlaubt, das zu tun, was sie am besten können (Automatisierung), während sich Entwickler darauf konzentrieren können, worin sie die Experten sind (Kreativität).

Da Sie nun ein Gefühl dafür haben, warum IaC so wertvoll ist, werden Sie in den nächsten Abschnitten die gängigsten Kategorien von IaC-Tools kennenlernen. Wir beginnen mit den Ad-hoc-Skripten.

Ad-hoc-Skripte

Der erste Ansatz, über den Sie bei der Verwaltung Ihrer Infrastruktur als Code nachdenken können, ist die Nutzung von *Ad-hoc-Skripten*. Sie nehmen die manuell durchgeführte Aufgabe, teilen sie in einzelne Schritte auf und nutzen Ihre bevorzugte Skriptsprache (z. B. Bash, Ruby, Python), um jeden dieser Schritte in Code festzuhalten. Führen Sie den Code aus, automatisiert er den Prozess des Aufbaus der Infrastruktur. Die beste Möglichkeit, das zu verstehen, besteht darin, es auszuprobieren. Gehen wir also ein Beispiel mit einem in Bash geschriebenen Ad-hoc-Skript durch, und Sie lernen die Stärken und Schwächen des Einsatzes von Skripten zur Verwaltung Ihrer Infrastruktur kennen.

Beispiel: Deployment einer EC2-Instanz per Bash-Skript

Beispielcode

Alle Codebeispiele dieses Buchs finden Sie im Repo auf GitHub (*https://github.com/brikis98/devops-book*).

In diesem Beispiel wollen wir ein Bash-Skript entwickeln, das alle Schritte automatisiert, die Sie für das Deployment einer einfachen Node.js-App in AWS in Kapitel 1 von Hand erledigen mussten. Wechseln Sie in den Ordner *fundamentals-of-devops*, den Sie in Kapitel 1 angelegt haben, um die Beispiele in diesem Buch durchzugehen, und legen Sie einen neuen Unterordner für dieses Kapitel und das Bash-Skript an:

```
$ cd fundamentals-of-devops
$ mkdir -p ch2/bash
```

Kopieren Sie das Nutzerdatenskript aus Kapitel 1 in eine Datei namens *user-data.sh* innerhalb des *ch2/bash*-Ordners:

```
$ cp ch1/ec2-user-data-script/user-data.sh ch2/bash/
```

Nun legen Sie ein Bash-Skript namens *deploy-ec2-instance.sh* mit dem Inhalt aus Beispiel 2.1 an.

Beispiel 2.1: Bash-Skript zum Deployment einer EC2-Instanz (ch2/bash/deploy-ec2-instance.sh)

```
#!/usr/bin/env bash

set -e

export AWS_DEFAULT_REGION="us-east-2"
user_data=$(cat user-data.sh)

❶
security_group_id=$(aws ec2 create-security-group \
  --group-name "sample-app" \
  --description "Allow HTTP traffic into the sample app" \
  --output text \
  --query GroupId)

❷
aws ec2 authorize-security-group-ingress \
  --group-id "$security_group_id" \
  --protocol tcp \
  --port 80 \
  --cidr "0.0.0.0/0" > /dev/null

❸
image_id=$(aws ec2 describe-images \
  --owners amazon \
  --filters 'Name=name,Values=al2023-ami-2023.*-x86_64' \
  --query 'reverse(sort_by(Images, &CreationDate))[:1] | [0].ImageId' \
  --output text)

❹
instance_id=$(aws ec2 run-instances \
  --image-id "$image_id" \
  --instance-type "t2.micro" \
  --security-group-ids "$security_group_id" \
  --user-data "$user_data" \
  --tag-specifications 'ResourceType=instance,Tags=[{Key=Name,Value=sample-app}]' \
  --output text \
  --query Instances[0].InstanceId)

public_ip=$(aws ec2 describe-instances \
  --instance-ids "$instance_id" \
  --output text \
  --query 'Reservations[*].Instances[*].PublicIpAddress')

❺
echo "Instance ID = $instance_id"
echo "Security Group ID = $security_group_id"
echo "Public IP = $public_ip"
```

Keine Sorge, wenn Sie mit der Bash-Syntax nicht vertraut sind. Sie müssen nur wissen, dass dieses Skript das AWS-CLI nutzt, um alle Schritte zu automatisieren, die Sie in der AWS-Konsole in Kapitel 1 manuell ausgeführt haben:

❶ Anlegen einer Sicherheitsgruppe.

❷ Aktualisierung der Sicherheitsgruppe, um eingehende HTTP-Requests an Port 80 zu erlauben.

❸ Abfrage der ID des Amazon Linux AMI.

❹ Deployment einer EC2-Instanz, die auf dem Amazon Linux AMI aus ❸, dem Nutzerdatenskript aus *user-data.sh* und unter dem Namen `sample-app` läuft.

❺ Ausgabe der IDs der Sicherheitsgruppe und der EC2-Instanz sowie der öffentlichen IP der EC2-Instanz.

Vorsicht vor den Schlangen: Diese vereinfachten Beispiele sind zum Lernen gedacht, nicht für die Produktion

Die Beispiele in diesem Kapitel sind weiterhin sehr vereinfacht und nur zum Lernen, aber nicht für den produktiven Einsatz gedacht, weil die in beschriebenen Sicherheitsprobleme und Nutzerdatenbeschränkungen immer noch gelten.

Wenn Sie das Skript ausführen wollen, müssen Sie ihm erst mal Ausführungsrechte geben:

```
$ cd ch2/bash
$ chmod u+x deploy-ec2-instance.sh
```

Als Nächstes installieren Sie das AWS-CLI (*https://oreil.ly/AX23O*) (ab Version 2.0), authentifizieren sich bei AWS (*https://oreil.ly/5UhZs*) und führen das Skript wie folgt aus:

```
$ ./deploy-ec2-instance.sh
Instance ID = i-0335edfebd780886f
Security Group ID = sg-09251ea2fe2ab2828
Public IP = 52.15.237.52
```

Ist das Skript durchgelaufen, braucht die EC2-Instanz ein bis zwei Minuten zum Booten. Wenn Sie dann »http://*<Öffentliche-IP>*« in Ihren Browser eingeben (*<Öffentliche-IP>* ist die IP-Adresse der Skriptausgabe), sollten Sie Folgendes sehen:

```
Hello, World!
```

Glückwunsch, Sie haben Ihre App über ein Ad-hoc-Skript ausgeführt!

Machen Sie sich die Hände schmutzig

Hier einige Übungen, mit denen Sie zu Hause tiefer einsteigen können:

- Was passiert, wenn Sie das Bash-Skript ein zweites Mal ausführen? Warum?
- Wie können Sie das Skript anpassen, um mehrere EC2-Instanzen auszuführen?

Wenn Sie Ihre Experimente mit diesem Skript abgeschlossen haben, müssen Sie die EC2-Instanz wie in Abbildung 1.9 gezeigt von Hand beenden. Auf diese Weise stellen Sie sicher, dass Ihr Account keine ungewollten Gebühren anhäuft.

Sie haben nun eine Möglichkeit kennengelernt, Ihre Infrastruktur als Code zu verwalten. Dieses Skript hat, wie die meisten Ad-hoc-Skripten, einige Nachteile in Bezug auf die Verwaltung der Infrastruktur; das werden wir als Nächstesdiskutieren.

Wie sich Ad-hoc-Skripte einfügen

Sie können bestimmte Kriterien nutzen, die ich als *IaC-Kategorie-Kriterien* bezeichne, um Kategorien von IaC-Tools miteinander zu vergleichen. Ich zeige auf, wie sich Ad-hoc-Skripte in diese IaC-Kategorie-Kriterien einfügen. In späteren Abschnitten erläutere ich, was andere IaC-Kategorien unter den gleichen Kriterien leisten, und biete Ihnen so eine Möglichkeit, die Optionen zu vergleichen. Hier die Kriterien:

CRUD
: *CRUD* steht für *Create, Read, Update, Delete* (also anlegen, lesen, aktualisieren und löschen). Um Infrastruktur als Code verwalten zu können, müssen diese vier Operationen üblicherweise vollständig unterstützt werden, wobei die meisten Ad-hoc-Skripte nur eine übernehmen: das Anlegen. Zum Beispiel kann dieses Skript eine Sicherheitsgruppe und eine EC2-Instanz anlegen, doch wenn Sie das Skript ein zweites oder drittes Mal ausführen, kann es den aktuellen Zustand nicht »lesen« und hat keine Ahnung, dass die Sicherheitsgruppe und die EC2-Instanz bereits existieren, weshalb es die Infrastruktur komplett neu aufsetzt. In gleicher Weise bietet das Skript keine Unterstützung für das Beenden (*Löschen*) der Infrastruktur (deshalb müssen Sie die EC2-Instanz händisch beenden). Ad-hoc-Skripte helfen Ihnen also dabei, die Infrastruktur schneller *anzulegen*, unterstützen Sie aber nicht bei deren *Verwaltung*.

Skalierung
: Das CRUD-Problem in einem Ad-hoc-Skript für eine einzelne EC2-Instanz zu lösen, ist schwer genug, doch eine reale Architektur kann Hunderte Instanzen umfassen, darüber hinaus Datenbanken, Load-Balancer, Netzwerkkonfigurationen und so weiter. Es gibt keine einfache Möglichkeit, Skripte so zu skalieren, dass sie so viel Infrastruktur skalieren und verwalten.

Deployment-Strategien
: Um Updates auszurollen, benötigen reale Architekturen üblicherweise unterschiedliche *Deployment-Strategien*, etwa rollierende Deployments und Blau/Grün-Deployments. (Mehr über Deployment-Strategien erfahren Sie in Kapitel 5.) Bei Ad-hoc-Skripten müssen Sie die Logik für jedes Deployment neu schreiben.

Idempotenz
: Um die Infrastruktur zu pflegen, muss Ihr Code *idempotent* sein, d. h., er kann wiederholt ausgeführt werden und liefert immer das gleiche Ergebnis. Die meisten Ad-hoc-Skripte sind nicht idempotent. Als Sie zum Beispiel das Bash-Skript ausführten, wurden eine Sicherheitsgruppe und eine EC2-Instanz angelegt. Bei einem erneuten Ausführen des Skripts legte dieses wieder eine Sicherheitsgruppe und EC2-Instanz an. Das

ist wahrscheinlich nicht das, was Sie wollen, und führt zu einem Fehler, weil mehrere Sicherheitsgruppen nicht den gleichen Namen haben dürfen.

Konsistenz

Das Gute an Ad-hoc-Skripten ist, dass Sie eine beliebige Programmiersprache nutzen und beliebigen Code schreiben können. Das Furchtbare an Ad-hoc-Skripten ist, dass Sie eine beliebige Programmiersprache nutzen und beliebigen Code schreiben können. Ich habe das Bash-Skript auf eine Art geschrieben, Sie können es auf eine andere Art schreiben, und Ihre Kollegin könnte eine ganz andere Programmiersprache nutzen. Mussten Sie jemals ein großes Repository von Ad-hoc-Skripten pflegen, dann wissen Sie, dass es sich immer zu einem Durcheinander an nicht zu pflegendem Spaghetticode auswächst. Wie Sie gleich sehen werden, bieten für die Verwaltung von Infrastructure as Code entworfene Tools häufig eine einzige idiomatische Lösung für jedes Problem. Auf diese Weise wird Ihre Codebasis konsistenter und einfacher zu pflegen.

Verbosity

Das Bash-Skript zum Start einer einfachen EC2-Instanz und das Nutzerdatenskript summieren sich auf etwa 80 Zeilen Code – und das *ohne* den Code für CRUD, Deployment-Strategien und Idempotenz. Ein Ad-hoc-Skript, das diese Aufgaben sauber erledigt, ist wesentlich länger. Und wir sprechen nur über eine EC2-Instanz. Ihre Infrastruktur kann Hunderte Instanzen umfassen und zusätzlich Datenbanken, Load-Balancer, Netzwerkkonfigurationen und so weiter. Die Menge an selbst entwickeltem Code, der all das per Ac-hoc-Skript verwaltet, wäre nicht mehr zu vertreten. Wie Sie gleich sehen werden, stellen für die Verwaltung von IaCs entwickelte Tools APIs bereit, die gängige Infrastrukturaufgaben deutlich kompakter erledigen.

Ad-hoc-Skripte sind ein Herzstück der Softwarebereitstellung und werden es immer bleiben. Sie sind der Leim und das Klebeband der DevOps-Welt. Allerdings sind sie als primäres Tool für die Verwaltung von Infrastructure as Code nicht die beste Wahl.

Kernaussage 1

Ad-hoc-Skripte eignen sich für kleine, einmalige Aufgaben, aber nicht zur Verwaltung von Infrastructure as Code.

Wenn Sie Ihre gesamte Infrastruktur als Code verwalten wollen, sollten Sie ein IaC-Tool verwenden, das speziell für diesen Zweck entwickelt wurde, beispielsweise eines von denen, die Sie in den folgenden Abschnitten kennenlernen werden.

Tools für das Konfigurationsmanagement

Nachdem man Ad-hoc-Skripte ausprobiert hatte und auf die erwähnten Probleme stieß, bewegte sich die Softwareindustrie in Richtung *Konfigurationsmanagementtools* wie Chef, Puppet und Ansible (vollständige Liste (*https://oreil.ly/K_8hA*)). Die Tools traten erstmals in Erscheinung, bevor das Cloud-Computing omnipräsent wurde. Sie waren also ursprünglich so konzipiert, dass davon ausgegangen wurde, dass jemand anderes die Einrichtung der Hardware bereits vorgenommen hatte (z. B. dass das Ops-Team die Server im Rechenzentrum integriert hat). Der Hauptzweck dieser Tools bestand darin, die Software zu verwalten, einschließlich der Konfiguration des Betriebssystems, der Installation von Abhängigkeiten sowie der Bereitstellung und Aktualisierung von Apps.

Bei jedem Konfigurationsmanagementtool müssen Sie Code in einer eigenen *domänenspezifischen Sprache* (DSL) schreiben. Zum Beispiel schreiben Sie bei Chef den Code in einer auf Ruby aufbauenden DSL, während Sie bei Ansible eine auf YAML basierende DSL verwenden. Sobald der Code entwickelt ist, arbeiten die Konfigurationsmanagementtools daran, Ihre Server auf den im Code festgelegten Stand zu bringen. Um die Server aktualisieren zu können, benötigen die Konfigurationsmanagementtools zwei Dinge:

Managementserver
: Sie betreiben einen oder mehrere *Managementserver* (Chef Server, Puppet Server oder Ansible Automation Controller),[2] die die Kommunikation mit den anderen Servern übernehmen, den Zustand dieser Server nachhalten, eine zentrale Benutzerschnittstelle und eine API zur Verwaltung dieser Server bereitstellen und eine »Abstimmungsschleife« (engl. *Reconciliation Loop*) durchlaufen, um kontinuierlich sicherzustellen, dass die Konfiguration jedes Servers mit der gewünschten Konfiguration übereinstimmt.

Agenten
: Chef und Puppet erfordern die Installation eigener *Agenten* (Chef Client und Puppet Agent) auf jedem Server, die die Verbindung und die Authentifizierung mit den Managementservern herstellen. Sie können die Managementserver so konfigurieren, dass Änderungen an die Agenten gesendet werden (*Push*) oder dass die Agenten Änderungen von den Managementservern abrufen (*Pull*). Ansible überträgt Änderungen an Ihre Server hingegen per SSH, das auf den meisten Linux/Unix-Servern standardmäßig installiert ist. (Mehr über SSH erfahren Sie in Kapitel 7.) Doch das führt, egal ob Agenten oder SSH, zu einem Henne-Ei-Problem: Um Ihre Server (mit Konfigurationsmanagementtools) konfigurieren zu können, müssen Sie diese zunächst konfigurieren (Agenten installieren oder die SSH-Authentifizierung einrichten). Die Lösung dieses Henne-Ei-Problems erfordert in der Regel entweder manuelle Eingriffe oder zusätzliche Tools.

Konfigurationsmanagement ist am einfachsten zu verstehen, wenn man es in Aktion sieht. Darum wollen wir ein Beispiel durchgehen, das Ansible zum Deployment und zur Konfiguration von Servern einsetzt. Sie werden sehen, wie sich Tools zum Konfigurationsmanagement in die IaC-Kategorie-Kriterien einfügen.

Beispiel: Deployment einer EC2-Instanz mittels Ansible

Um das Konfigurationsmanagement nutzen zu können, benötigen wir zuerst einen Server. Dieser Abschnitt zeigt, wie Sie eine EC2-Instanz mittels Ansible bereitstellen. Beachten Sie, dass die Bereitstellung und Verwaltung von Servern (Hardware) nicht das ist, was Konfigu-

2 Bei Chef und Puppet ist die Nutzung eines Managementservers der idiomatische Ansatz, während bei Ansible der idiomatische Ansatz darin besteht, den Ansible-Client direkt zu nutzen (z. B. von Ihrem eigenen Computer). Der Automation Controller ist ein optionales, kostenpflichtiges Add-on.

rationsmanagementtools eigentlich tun, doch um einen einzelnen Server zu Lern- und Testzwecken zu starten, ist Ansible gut genug.

Legen Sie einen neuen Ordner namens *ansible* an:

```
$ cd fundamentals-of-devops
$ mkdir -p ch2/ansible
$ cd ch2/ansible
```

Innerhalb des *ansible*-Ordners legen Sie ein Ansible-Playbook namens *create_ec2_instances_playbook.yml* mit dem Inhalt aus Beispiel 2.2 an.

Beispiel 2.2: Ansible-Playbook zur Bereitstellung einer EC2-Instanz (ch2/ansible/create_ec2_instances_playbook.yml)

```
- name: Deploy EC2 instances in AWS
  hosts: localhost                                    ❶
  gather_facts: no
  environment:
    AWS_REGION: us-east-2
  vars:                                               ❷
    num_instances: 1
    base_name: sample_app_ansible
    http_port: 8080
  tasks:
    - name: Create security group                     ❸
      amazon.aws.ec2_security_group:
        name: "{{ base_name }}"
        description: "{{ base_name }} HTTP and SSH"
        rules:
          - proto: tcp
            ports: ["{{ http_port }}"]
            cidr_ip: 0.0.0.0/0
          - proto: tcp
            ports: [22]
            cidr_ip: 0.0.0.0/0
      register: aws_security_group

    - name: Create a new EC2 key pair                 ❹
      amazon.aws.ec2_key:
        name: "{{ base_name }}"
        file_name: "{{ base_name }}.key"              ❺
      no_log: true
      register: aws_ec2_key_pair

    - name: 'Get all Amazon Linux AMIs'               ❻
      amazon.aws.ec2_ami_info:
        owners: amazon
        filters:
          name: al2023-ami-2023.*-x86_64
      register: amazon_linux_amis

    - name: Create EC2 instances with Amazon Linux    ❼
      loop: "{{ range(num_instances | int) | list }}"
      amazon.aws.ec2_instance:
        name: "{{ '%s_%d' | format(base_name, item) }}"
        key_name: "{{ aws_ec2_key_pair.key.name }}"
```

```
      instance_type: t2.micro
      security_group: "{{ aws_security_group.group_id }}"
      image_id: "{{ amazon_linux_amis.images[-1].image_id }}"
      tags:
        Ansible: "{{ base_name }}"                    ❽
```

Ein Ansible-Playbook legt die Hosts fest, auf dem es laufen soll, definiert einige Variablen und führt dann eine Liste von Aufgaben auf, die auf diesen Hosts ausgeführt werden sollen. Jede Aufgabe (jeder Task) führt ein *Modul* aus, ein Codesegment, das verschiedene Befehle ausführen kann. Das obige Playbook macht Folgendes:

❶ **Festlegen der Hosts**: Der `hosts`-Eintrag legt fest, wo dieses Playbook ausgeführt wird. Die meisten Playbooks werden auf entfernten Hosts (auf den Servern, die Sie konfigurieren) ausgeführt, was Sie im nächsten Abschnitt sehen werden, doch dieses Playbook läuft auf `localhost`, da es nur eine Reihe von API-Aufrufen für AWS durchführt, um einen Server bereitzustellen.

❷ **Definition von Variablen**: Der `vars`-Block definiert drei Variablen, die innerhalb des Playbooks verwendet werden: `num_instances` legt die Anzahl der zu erzeugenden EC2-Instanzen fest (voreingestellt ist `1`), `base_name` legt den Namen aller in diesem Playbook genutzten Ressourcen fest (voreingestellt ist `sample_app_ansible`), und `http_port` legt den Port fest, an dem auf HTTP-Requests gehorcht werden soll (voreingestellt ist `8080`). In diesem Kapitel nutzen wir die Voreinstellungen, doch in Kapitel 3 werden Sie sehen, wie man diese Variablen überschreibt.

❸ **Anlegen einer Sicherheitsgruppe**: Der erste Task des Playbooks nutzt das Modul `amazon.aws.ec2_security_group`, um eine Sicherheitsgruppe in AWS anzulegen. Der obige Code konfiguriert die Sicherheitsgruppe mit Zugriff auf eingehende HTTP-Requests am `http_port` und eingehende SSH-Requests an Port 22. Beachten Sie die Verwendung der Jinja-Templating-Syntax (*https://jinja.palletsprojects.com*), etwa `{{ base_name }}` und `{{ http_port }}`. Auf diese Weise werden die in ❶ definierten Variablen dynamisch eingebunden.

❹ **Anlegen eines EC2-Schlüsselpaars**: Ein *EC2-Schlüsselpaar* besteht aus einem öffentlichen und einem privaten Schlüssel und kann genutzt werden, um sich gegenüber einer EC2-Instanz über SSH zu authentifizieren.

❺ **Speichern des privaten Schlüssels**: Der private Schlüssel des EC2-Schlüsselpaars wird gespeichert in einer Datei namens `{{ base_name }}.key`. Mit dem Standardwert ergibt das die Datei *sample_app_ansible.key*. Sie werden diesen privaten Schlüssel im nächsten Abschnitt nutzen, um sich gegenüber der EC2-Instanz zu authentifizieren.

❻ **Lookup der ID des Amazon Linux AMI**: Nutzen Sie das Modul `ec2_ami_info`, um den gleichen Lookup wie im Bash-Skript mit `aws ec2 describe-images` durchzuführen.

❼ **Anlegen der EC2-Instanzen**: Anlegen einer oder mehrerer EC2-Instanzen (basierend auf der Variablen `num_instances`), die ein Amazon Linux ausführen und die die in den obigen Schritten festgelegte Sicherheitsgruppe und die erzeugten öffentlichen Schlüssel verwenden.

❽ **Taggen der Instanz**: Legt das Ansible-Tag der Instanz mit `{{ base_name }}` fest (standardmäßig `sample_app_ansible`). Sie werden dieses Tag im nächsten Abschnitt nutzen.

Um dieses Ansible-Playbook auszuführen, installieren Sie Ansible (*https://oreil.ly/RxVNV*) (ab Version 2.17), authentifizieren sich gegenüber AWS und führen Folgendes aus:

```
$ ansible-playbook -v create_ec2_instances_playbook.yml
```

Wurde das Playbook durchlaufen, sollte bei AWS ein Server laufen. Nun können Sie sehen, wozu Konfigurationsmanagementtools eigentlich gedacht sind: Server zu konfigurieren, um Software auszuführen.

Beispiel: Konfiguration eines Servers mittels Ansible

Damit Ansible Ihre Server konfigurieren kann, müssen Sie ein *Inventar* (engl. *Inventory*) bereitstellen. Dabei handelt es sich um eine Datei, in der Sie angeben, welche Server konfiguriert werden sollen und wie man sich mit ihnen verbindet. Wenn Sie über eine Reihe physischer Server On-Prem verfügen, speichern Sie die IP-Adressen dieser Server in einer *Inventardatei* wie in Beispiel 2.3 ab.

Beispiel 2.3: Statisches Ansible-Inventar (inventory.yml)

```
webservers:
  hosts:
    10.16.10.5:
    10.16.10.6:
dbservers:
  hosts:
    10.16.20.3:
    10.16.20.4:
    10.16.20.5:
```

Diese Datei organisiert Ihre Server in *Gruppen*: Die `webservers`-Gruppe umfasst zwei Server, die `dbservers`-Gruppe drei. Sie können nun Ansible-Playbooks schreiben, die die Hosts innerhalb der jeweiligen Gruppen ansprechen.

Wenn Sie Server in der Cloud betreiben, wo Server häufig kommen und gehen und IP-Adressen sich oft ändern, dann nutzen Sie besser ein *Inventar-Plug-in*, das Ihre Server dynamisch erkennt. Zum Beispiel können Sie das Inventar-Plug-in `aws_ec2` einsetzen, um die von Ihnen im vorherigen Abschnitt bereitgestellte EC-Instanz zu erkennen. Legen Sie eine Datei namens *inventory.aws_ec2.yml* mit dem Inhalt aus Beispiel 2.4 an.

Beispiel 2.4: Dynamisches Ansible-Inventar (ch2/ansible/inventory.aws_ec2.yml)

```
plugin: amazon.aws.aws_ec2
regions:
  - us-east-2
keyed_groups:
  - key: tags.Ansible      ❶
leading_separator: ''      ❷
```

Dieser Code macht Folgendes:

1. Anlegen von Gruppen basierend auf dem `Ansible`-Tag der Instanz. Im vorherigen Abschnitt haben Sie dieses Tag mit `sample_app_ansible` festgelegt, daher ist das der Name der Gruppe.
2. Standardmäßig stellt Ansible dem Gruppennamen einen Unterstrich voran. Mit dieser Zeile wird das deaktiviert, sodass der Gruppenname dem Tagnamen entspricht.

Für jede Gruppe in Ihrem Inventar können Sie *Gruppenvariablen* festlegen, um die Verbindung mit den Servern dieser Gruppe zu konfigurieren. Sie definieren diese Variablen in YAML-Dateien im Ordner *group_vars*. Der Name der Datei muss dabei dem Namen der Gruppe entsprechen. Für die EC2-Instanz der `sample_app_ansible`-Gruppe müssen Sie zum Beispiel eine Datei mit dem Namen *group_vars/sample_app_ansible.yml* mit dem Inhalt aus Beispiel 2.5 anlegen.

Beispiel 2.5: Gruppenvariablen (ch2/ansible/group_vars/sample_app_ansible.yml)

```
ansible_user: ec2-user                                    ❶
ansible_ssh_private_key_file: sample_app_ansible.key      ❷
ansible_host_key_checking: false                          ❸
```

Diese Datei definiert die folgenden Gruppenvariablen:

1. Verwendet `ec2-user` als Benutzernamen für die Verbindung mit der EC2-Instanz. Das ist der Benutzername, den Sie für die Amazon Linux AMIs benötigen.
2. Verwendet den privaten Schlüssel in *sample_app_ansible.key*, um sich gegenüber der Instanz zu authentifizieren. Das ist der private Schlüssel, der im Playbook aus dem vorherigen Abschnitt gespeichert wurde.
3. Überspringt die Prüfung des Hostschlüssels, damit Ansible keinen interaktiven Prompt ausgibt.

Okay. Nachdem das mit dem Inventar erledigt ist, können wir ein Playbook anlegen, um Ihren Server so zu konfigurieren, dass er die Node.js-Beispiel-App ausführt. Legen Sie eine Datei namens *configure_sample_app_playbook.yml* mit dem Inhalt aus Beispiel 2.6 an.

Beispiel 2.6: Playbook für die Beispiel-App (ch2/ansible/configure_sample_app_playbook.yml)

```
- name: Configure the EC2 instance to run a sample app
  hosts: sample_app_ansible    ❶
  gather_facts: true
  become: true
  roles:
    - sample-app               ❷
```

Dieses Playbook macht zwei Dinge:

1. Es spricht die Server in der Gruppe `sample_app_ansible` an. Diese Gruppe sollte die EC2-Instanz enthalten, die Sie im vorherigen Abschnitt bereitgestellt haben.
2. Es konfiguriert die Server über eine Ansible-Rolle namens `sample-app`, die wir als Nächstes diskutieren.

Eine *Rolle* definiert bei Ansible das logische Profil einer Anwendung, wobei auf Modularität und die Wiederverwendung von Code geachtet wird. Ansible-Rollen standardisieren auch organisatorische Aufgaben, Templates, Dateien und andere Konfigurationen in der folgenden Ordnerstruktur:

```
roles
└── <role-name>
    ├── defaults
    │   └── main.yml
    ├── files
    │   └── foo.txt
    ├── handlers
    │   └── main.yml
    ├── tasks
    │   └── main.yml
    ├── templates
    │   └── foo.txt.j2
    └── vars
        └── main.yml
```

Jeder Ordner dient einem bestimmten Zweck. Beispielsweise definiert der *tasks*-Ordner die Tasks, die auf einem Server ausgeführt werden sollen, der Ordner *files* enthält Dateien, die auf den Server kopiert werden sollen, der Ordner *templates* erlaubt die Nutzung von Jinja-Templates, um dynamisch Daten in Dateien einzufügen, und so weiter. Diese standardisierte Struktur macht es einfacher, durch eine Ansible-Codebasis zu navigieren und sie zu verstehen.

Um die `sample-app`-Rolle für dieses Playbook zu definieren, erstellen Sie einen Ordner *roles/sample-app* im selben Verzeichnis wie *configure_sample_app_playbook.yml*:

```
.
├── configure_sample_app_playbook.yml
├── group_vars
├── inventory.aws_ec2.yml
└── roles
    └── sample-app
        ├── files
        │   └── app.js
        └── tasks
            └── main.yml
```

In *roles/sample-app* müssen Sie die Unterordner *files* und *tasks* anlegen. Das sind die einzigen Ordner, die Sie aus der standardisierten Ordnerstruktur für dieses einfache Beispiel benötigen. Kopieren Sie die Node.js-Beispiel-App aus Kapitel 1 nach *files/app.js*:

```
$ cp ../../ch1/sample-app/app.js roles/sample-app/files/
```

Nun legen Sie *tasks/main.yml* mit dem Code aus Beispiel 2.7 an.

Beispiel 2.7: Tasks der Beispiel-App (ch2/ansible/roles/sample-app/tasks/main.yml)

```
- name: Add Node Yum repo          ❶
  yum_repository:
    name: nodesource-nodejs
    description: Node.js Packages for x86_64 Linux RPM based distros
    baseurl: https://rpm.nodesource.com/pub_23.x/nodistro/nodejs/x86_64
    gpgkey: https://rpm.nodesource.com/gpgkey/ns-operations-public.key
```

```
- name: Install Node.js
  yum:
    name: nodejs

- name: Copy sample app           ❷
  copy:
    src: app.js
    dest: app.js

- name: Start sample app          ❸
  shell: nohup node app.js &
```

Dieser Code macht Folgendes:

❶ **Node.js installieren**: Dies ist der gleiche Code, den wir im Bash-Skript genutzt haben, um Node.js zu installieren, er verwendet aber für jeden Schritt die Ansible-eigenen Module. Das Modul `yum_repository` fügt `yum` ein Repository hinzu, und das `yum`-Modul nutzt dieses Repository, um Node.js zu installieren.

❷ **Beispielcode kopieren**: Wir verwenden das Modul `copy`, um *app.js* auf den Server zu kopieren.

❸ **Beispiel-App starten**: Wir nutzen das Modul `shell`, um das `node`-Binary zu starten und die App im Hintergrund auszuführen.

Um das Playbook auszuführen, authentifizieren Sie sich gegenüber AWS und geben den folgenden Befehl ein:

```
$ ansible-playbook -v -i inventory.aws_ec2.yml configure_sample_app_
playbook.yml
```

Die Log-Ausgabe am Ende sollte in etwa wie folgt aussehen:

```
PLAY RECAP
xxx.us-east-2.compute.amazonaws.com : ok=5    changed=4    failed=0
```

Der Wert links, `xxx.us-east-2.compute.amazonaws.com`, ist ein Domainname, über den Sie auf die Instanz zugreifen können. Im Browser öffnen Sie *http://xxx.us-east-2.compute.amazonaws.com:8080* (diesmal Port 8080, nicht 80), und Sie sollten Folgendes sehen:

```
Hello, World!
```

Glückwunsch, Sie verwenden nun ein Tool zum Konfigurationsmanagement, um Ihre Infrastruktur als Code zu verwalten!

Machen Sie sich die Hände schmutzig

Hier einige Übungen, mit denen Sie zu Hause tiefer einsteigen können:

- Was passiert, wenn Sie das Ansible-Playbook erneut ausführen? Wie unterscheidet sich das vom Bash-Skript?
- Wie würden Sie das Playbook ändern, um mehrere EC2-Instanzen zu konfigurieren?

Wenn Sie mit Ihren Ansible-Experimenten fertig sind, müssen Sie die EC2-Instanz wie in Abbildung 1.9 gezeigt beenden.

Wie sich Tools zum Konfigurationsmanagement einfügen

Konfigurationsmanagementtools fügen sich wie folgt in die IaC-Kategorie-Kriterien ein:

CRUD
: Die meisten Tools für das Konfigurationsmanagement unterstützen drei der vier CRUD-Operationen. Sie können die initiale Konfiguration anlegen, die aktuelle Konfiguration einlesen, mit der gewünschten Konfiguration vergleichen und die aktuelle Konfiguration bei Bedarf aktualisieren. Allerdings ist die Unterstützung für das Lesen und die Updates etwas schwach. Sie funktioniert gut für das Lesen und Aktualisieren der Konfiguration innerhalb eines Servers (wenn Sie idempotente Tasks verwenden, wie Sie gleich sehen werden), doch die Verwaltung der Server selbst (bzw. jede andere Art von Cloud-Infrastruktur) funktioniert nur, wenn Sie daran denken, jedem Infrastrukturelement einen eindeutigen Namen oder ein eindeutiges Tag zuzuweisen. Das ist für eine Handvoll Ressourcen einfach zu handhaben, wird bei vielen Ressourcen aber zu einer Herausforderung.

  Eine anderes Problem der meisten Konfigurationsmanagementtools ist, dass sie das Löschen *nicht* unterstützen (weshalb Sie die EC2-Instanz manuell beenden mussten). Ansible unterstützt in den meisten Modulen den Parameter `state`, den Sie auf `absent` setzen können, um das Modul anzuweisen, die verwaltete Ressource zu löschen. Da Ansible aber keine Abhängigkeiten nachhält, kann die Verwendung von `state` in Playbooks mit mehreren voneinander abhängigen Schritten problematisch sein. Wenn Sie zum Beispiel in *create_ec2_instances_playbook.yml* in den `ec2_security_group`- und `ec2_instance`-Modulen den `state` auf `absent` setzen und das Playbook ausführen, würde Ansible versuchen, die Sicherheitsgruppe zuerst zu löschen und dann die EC2-Instanz (da sie in dieser Reihenfolge im Playbook stehen). Das würde zu einem Fehler führen, weil die Sicherheitsgruppe nicht gelöscht werden kann, solange sie von einer EC2-Instanz verwendet wird.

Skalierung
: Die meisten Tools für das Konfigurationsmanagement wurden speziell für die Verwaltung mehrerer entfernter Server entworfen. Wenn Sie zum Beispiel drei EC2-Instanzen bereitstellen, konfiguriert das gleiche Playbook alle drei Webserver (was Sie in Kapitel 3 noch sehen werden).

Deployment-Strategien
: Einige Konfigurationsmanagementtools unterstützen Deployment-Strategien von Haus aus. Zum Beispiel unterstützt Ansible von Haus aus rollierende Deployments (was Sie ebenfalls in Kapitel 3 sehen werden).

Idempotenz
: Einige mit Konfigurationsmanagementtools durchgeführte Aufgaben sind idempotent, andere nicht. Der `yum`-Task von Ansible ist zum Beispiel idempotent: Er installiert die Software nur, wenn sie noch nicht installiert ist, weshalb Sie den Task ohne Probleme beliebig oft ausführen können. Andererseits können `shell`-Tasks idempotent sein oder auch nicht, je nachdem, welche Shell-Befehle Sie ausführen. Das obige Playbook nutzt beispielsweise einen `shell`-Task, um das `node`-Binary direkt auszufüh-

ren, das *nicht* idempotent ist. Nach der ersten Ausführung schlagen alle nachfolgenden Ausführungen fehl, da die Node.js-App bereits läuft und an Port 8080 horcht. Damit kommt es zu einem Fehler aufgrund kollidierender Ports. In Kapitel 3 werden Sie eine bessere Möglichkeit sehen, idempotente Apps mit Ansible auszuführen.

Konsistenz
: Die meisten Konfigurationsmanagementtools erzwingen eine konsistente, vorbestimmte Struktur des Codes, einschließlich Dokumentation, Dateilayout, klar benannter Parameter und des Secrets-Managements. Während Entwickler ihre Ad-hoc-Skripte unterschiedlich organisieren, nutzen die meisten Konfigurationsmanagementsysteme eine Reihe von Konventionen, die die Navigation und die Pflege des Codes vereinfachen, was Sie anhand der Dateistruktur der Ansible-Rollen sehen konnten.

Verbosity
: Die meisten Konfigurationsmanagementtools stellen eine DSL zur Spezifikation der Serverkonfiguration bereit, die deutlich kompakter ist als ein entsprechendes Ad-hoc-Skript. Zum Beispiel ergeben Ansible-Playbooks und Rollen zusammen etwa 80 Codezeilen, was auf den ersten Blick nicht viel besser erscheint als das Bash-Skript (mit ebenfalls etwa 80 Zeilen). Doch die 80 Zeilen des Ansible-Codes leisten wesentlich mehr: Der Ansible-Code unterstützt die meisten CRUD-Operationen, Deployment-Strategien sowie Idempotenz, Skalierung auf viele Server und eine konsistente Codestruktur. Ein Ad-hoc-Skript, das all das unterstützt, wäre wesentlich länger.

Konfigurationsmanagementtools haben gegenüber Ad-hoc-Skripten einige Vorteile, aber auch Nachteile. Ein großer Nachteil einiger Konfigurationsmanagementtools ist der erhebliche Aufwand für die Einrichtung. So müssen Sie möglicherweise Managementserver und Agenten einrichten. Ein zweiter großer Nachteil ist, dass die meisten Konfigurationsmanagementtools für eine *veränderliche Infrastruktur* geschaffen wurden, bei der lange laufende Server durch das Konfigurationsmanagement über Jahre hinweg immer und immer wieder aktualisiert (verändert) werden. Das kann aufgrund von *Konfigurationsabweichungen* (engl. *Configuration Drifts*) problematisch werden, bei denen lange laufende Server spezifische Änderungshistorien aufbauen, sodass sich jeder Server ganz subtil von den anderen unterscheidet. Das macht es schwer, zu entscheiden, was genau bereitgestellt wird, und noch schwieriger, Probleme auf anderen Servern zu reproduzieren, was das Debugging erschwert.

Je allgegenwärtiger Cloud und Virtualisierung werden, desto öfter wird auf eine *unveränderliche Infrastruktur* gesetzt. Bei diesem Paradigma laufen anstelle langlebiger physischer Server nur kurzlebige virtuelle Server, die bei jedem Update ersetzt werden. Das ist durch die funktionale Programmierung inspiriert, bei der eine einmal gesetzte Variable nicht mehr verändert werden kann und für jede Änderung eine neue Variable angelegt werden muss. Da sich Variablen nie ändern, kann man dem Code leichter folgen.

Die Idee hinter einer unveränderlichen Infrastruktur ist ähnlich. Haben Sie einen Server einmal bereitgestellt, nehmen Sie keinerlei Änderungen mehr an ihm vor. Steht ein Update an, etwa die Bereitstellung einer neuen Version Ihres Codes, stellen Sie auch einen neuen Server bereit. Da sich Server nach dem Deployment nicht mehr ändern, können Sie besser nachverfolgen, was genau bereitgestellt wurde. Die hier üblicherweise verwendete Analogie (nichts für ungut, liebe Vegetarier und Tierfreunde) ist der Vergleich zwischen *Rindern und Katzen* ...

Kernaussage 2

Konfigurationsmanagementtools eignen sich gut zur Verwaltung der Konfiguration von Servern, aber nicht zur Bereitstellung der Server selbst oder anderer Infrastruktur.

Es ist zwar möglich, Tools für das Konfigurationsmanagement mit unveränderlichen Infrastrukturen zu nutzen, doch dafür wurden sie ursprünglich nicht entwickelt. Das führte zu neuen Ansätzen, die wir im nächsten Abschnitt diskutieren wollen.

Server-Templating-Tools

Eine Alternative zum Konfigurationsmanagement, die sich in jüngster Zeit wachsender Beliebtheit erfreut, ist die Verwendung von *Server-Templating-Tools* wie virtuellen Maschinen (VMs) und Containern. Statt eine Reihe von Servern zu starten und sie zu konfigurieren, indem auf jedem der gleiche Code ausgeführt wird, ist die Idee bei Server-Templating-Tools, ein *Image* (Abbild) des Servers anzulegen, das einen eigenständigen »Schnappschuss« des gesamten Dateisystems enthält. Sie können dann ein anderes IaC-Tool nutzen, um das Image auf den Servern zu installieren.

Wie in Abbildung 2.1 zu sehen, gibt es im Wesentlichen zwei Arten von Tools für die Arbeit mit Images.

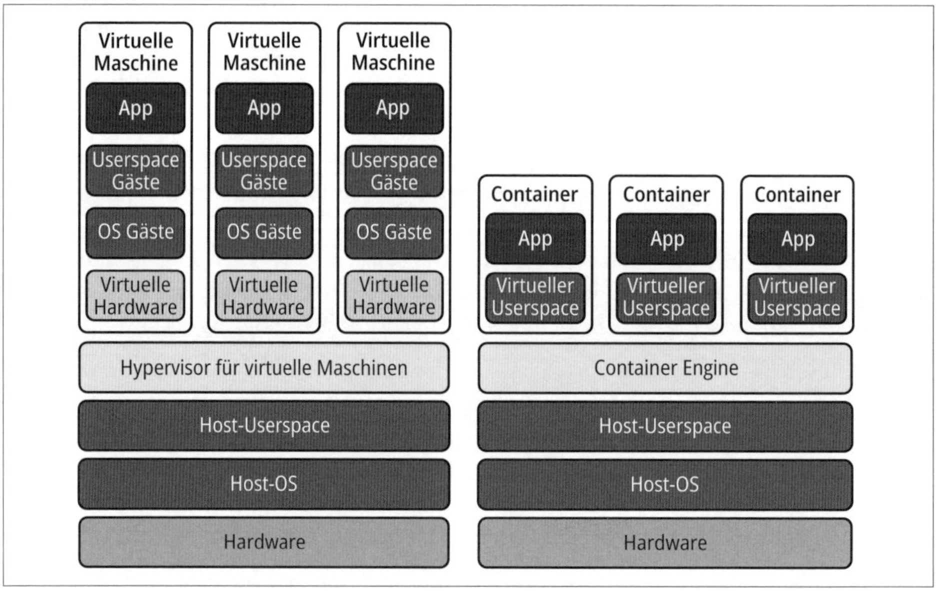

Abbildung 2.1: Die zwei Grundtypen von Images: VMs (links) virtualisieren die Hardware, während Container (rechts) nur den Userspace virtualisieren.

Virtuelle Maschinen

VMs emulieren ganze Computersysteme, die Hardware eingeschlossen. Sie führen einen *Hypervisor* wie VMware vSphere, VirtualBox oder Parallels (vollständige Liste (*https://oreil.ly/mrGUF*)) aus, um CPU, Speicher, Festplatte und Netzwerk zu virtualisieren (zu simulieren). Der Vorteil ist, dass ein VM-Image, das Sie über den Hypervisor laufen lassen, nur die virtualisierte Hardware sieht, dass es vom Hostsystem und den anderen VM-Images vollständig isoliert ist und dass es in allen Umgebungen genau gleich läuft (egal ob auf Ihrem Computer, auf Staging-Server oder Produktionsserver). Der Nachteil ist, dass die Virtualisierung der gesamten Hardware und der Betrieb separater Betriebssysteme für jede VM sehr viel zusätzlichen Overhead für CPU, Speicher und Startzeit bedeuten. Sie können VM-Images als Code über Tools wie Packer definieren, mit dem Sie üblicherweise Images für Produktionsserver erzeugen, sowie Vagrant, mit dem Sie normalerweise Images für die lokale Entwicklung anlegen.[3]

Container

Container emulieren den *Userspace* eines Betriebssystems.[4] Sie führen eine *Container-Engine* wie Docker, Moby oder CRI-O aus aus (vollständige Liste (*https://oreil.ly/9ZbDO*)), um Prozesse, Speicher, Mountpunkte und Netzwerke zu isolieren. Der Vorteil besteht darin, dass jeder Container, der auf der Container-Engine läuft, nur seinen eigenen Userspace sieht, d.h. vom Hostrechner und anderen Containern isoliert ist und in allen Umgebungen gleich läuft. Der Nachteil ist, dass alle auf einem Server laufenden Container den Betriebssystemkern und die Hardware des Servers nutzen, sodass es schwieriger ist, denn gleichen Grad an Isolation und Sicherheit wie bei einer VM zu erreichen.[5] Da aber Kernel und Hardware geteilt werden, kann Ihr Container nahezu ohne CPU- und Speicher-Overhead innerhalb von Millisekunden booten. Sie können Container-Images als Code mit Tools wie Docker definieren.

Wir sehen uns in Kapitel 3 ein Beispiel an, in dem Sie Container-Images mit Docker nutzen. In diesem Abschnitt wollen wir VM-Images mit Packer verwenden. Danach werden Sie sehen, wie sich Server-Templating-Tools in die IaC-Kategorie-Kriterien einfügen.

Beispiel: Ein VM-Image mittels Packer anlegen

Als Beispiel wollen wir uns anschauen, wie man ein VM-Image für AWS (ein *AMI*) erzeugt. Zuerst legen Sie einen Ordner namens *packer* an:

---

3 In den letzten Jahren sind neue Virtualisierungstechniken wie Firecracker und V8-Isolates (vollständige Liste (*https://oreil.ly/68P5u*)) entstanden, die in Bezug auf Sicherheit und Overhead verschiedene Nachteile haben. Wenn sich diese Techniken weiterentwickeln, sind sie möglicherweise einen genaueren Blick wert.

4 Bei den meisten modernen Betriebssystemen läuft Code in einem von zwei Bereichen (engl. *Spaces*): im Systemkern (*Kernel Space*) oder unter einem Benutzer (*User Space*). Der im Kernel laufende Code hat direkten, uneingeschränkten Zugriff auf die gesamte Hardware. Es gibt keine Beschränkungen der Systemsicherheit (d.h., Sie können jede CPU-Anweisung ausführen, auf jeden Bereich der Festplatte zugreifen) oder der Betriebssicherheit (ein Absturz im Kernel bringt üblicherweise den ganzen Computer zum Absturz). Der Kernel ist generell für die vertrauenswürdigsten Funktionen der untersten Ebene reserviert. Im Userspace laufender Code hat keinen direkten Zugriff auf die Hardware und muss APIs nutzen, um auf den Kernel zugreifen zu können. Diese APIs können Sicherheitseinschränkungen erzwingen (z.B. Benutzerrechte) und die Betriebssicherheit erhöhen (Abstürze im Userspace betreffen üblicherweise nur diese eine App), weshalb nahezu jeder Anwendungscode im Userspace ausgeführt wird.

5 Die Faustregel lautet, Container ausreichend gut zu isolieren, um zu verhindern, dass eigene Anwendungen versehentlich andere Anwendungen stören. Doch wenn Sie Anwendungen von Drittanbietern ausführen (z.B. wenn Sie einen eigenen Cloud-Provider aufbauen), die bewusst bösartige Aktionen ausführen könnten, dann setzen Sie auf die erhöhte Isolationsgarantie einer VM.

```
$ cd fundamentals-of-devops
$ mkdir -p ch2/packer
$ cd ch2/packer
```

Dann kopieren Sie die Node.js-Beispiel-App aus Kapitel 1 in den Ordner *packer*:

```
$ cp ../../ch1/sample-app/app.js .
```

Legen Sie ein *Packer-Template* namens *sample-app.pkr.hcl* mit dem Inhalt aus Beispiel 2.8 an.

Beispiel 2.8: Packer-Template (ch2/packer/sample-app.pkr.hcl)

```
packer {
  required_plugins {
    amazon = {
      version = ">= 1.3.1"
      source  = "github.com/hashicorp/amazon"
    }
  }
}

data "amazon-ami" "amazon-linux" {                    ❶
  filters = {
    name = "al2023-ami-2023.*-x86_64"
  }
  owners = ["amazon"]
  most_recent = true
  region = "us-east-2"
}

source "amazon-ebs" "amazon-linux" {                  ❷
  ami_name        = "sample-app-packer-${uuidv4()}"
  ami_description = "Amazon Linux AMI with a Node.js sample app."
  instance_type   = "t2.micro"
  region          = "us-east-2"
  source_ami      = data.amazon-ami.amazon-linux.id
  ssh_username    = "ec2-user"
}

build {                                               ❸
  sources = ["source.amazon-ebs.amazon-linux"]

  provisioner "file" {                                ❹
    source      = "app.js"
    destination = "/home/ec2-user/app.js"
  }

  provisioner "shell" {                               ❺
    script       = "install-node.sh"
    pause_before = "30s"
  }
}
```

Packer-Templates werden mit der *HashiCorp Configuration Language* (HCL) in Dateien mit der Erweiterung *.hcl* angelegt. Das obige Template macht Folgendes:

❶ **Lookup der ID des Amazon Linux AMI**: Nutzen Sie die Datenquelle `amazon-ami`, um den gleichen Lookup durchzuführen, den wir auch für das Bash-Skript und das Ansible-Playbook genutzt haben.

❷ **Quell-Images**: Packer startet einen Server mit allen von Ihnen festgelegten *Quell-Images*. Dieser Code lässt Packer eine EC2-Instanz mit dem Amazon Linux AMI aus ❶ starten.

❸ **Build-Schritte**: Packer stellt dann (z. B. per SSH) die Verbindung mit dem Server her und führt die *Build-Schritte* in der von Ihnen festgelegten Reihenfolge aus. Sind alle Build-Schritte abgeschlossen, macht Packer einen *Schnappschuss* des Servers und fährt den Server herunter. Dieser Schnappschuss wird zum neuen AMI, das Sie bereitstellen können. Der Name basiert dabei auf dem `name`-Parameter im `source`-Block von ❷. Im obigen Beispiel haben wir ihn auf `sample-app-packer-<UUID>` gesetzt, wobei *`UUID`* ein zufällig generierter Wert ist, der für einen eindeutigen AMI-Namen sorgt, wenn Sie `packer build` ausführen. Der Code führt, wie in ❹ und ❺ beschrieben, zwei Build-Schritte durch.

❹ **Dateiprovisionierung**: Der erste Build-Schritt führt einen *Dateiprovisionierer* aus, um Dateien auf den Server zu kopieren. Unser Code nutzt das, um die Node.js-Beispiel-App in *app.js* auf den Server zu kopieren.

❺ **Shell-Provisionierung**: Der zweite Build-Schritt führt einen *Shell-Provisionierer* aus, um Shell-Skripte auf dem Server auszuführen. Unser Code führt das Skript *install-node.sh* aus, das nachfolgend erläutert wird.

Legen Sie eine Datei namens *install-node.sh* mit dem Inhalt aus Beispiel 2.9 an.

Beispiel 2.9: Bash-Skript zur Installation von Node.js (ch2/packer/install-node.sh)

```
#!/usr/bin/env bash

set -e

sudo tee /etc/yum.repos.d/nodesource-nodejs.repo > /dev/null <<EOF
[nodesource-nodejs]
baseurl=https://rpm.nodesource.com/pub_23.x/nodistro/nodejs/x86_64
gpgkey=https://rpm.nodesource.com/gpgkey/ns-operations-public.key
EOF
sudo yum install -y nodejs
```

Dieses Skript ist mit dem ersten Teil des Bash-Skripts identisch und nutzt `yum`, um Node.js zu installieren. Allgemeiner ausgedrückt, ist das Packer-Template nahezu identisch mit dem Bash-Skript und dem Ansible-Playbook. Das Ergebnis des Packer-Laufs ist aber kein Server, auf dem eine App läuft, sondern das Image eines Servers mit der App und allen Abhängigkeiten. Die Idee ist, andere IaC-Tools zu nutzen, um einen oder mehrere Server mit diesem Image laufen zu lassen (ein Beispiel werden Sie im Abschnitt »Provisionierungstools« auf Seite 77 sehen).

Um das AMI anzulegen, installieren Sie Packer (*https://oreil.ly/9qHCH*) (ab Version 1.10), authentifizieren sich gegenüber AWS und führen die folgenden Befehle aus:

```
$ packer init sample-app.pkr.hcl
$ packer build sample-app.pkr.hcl
```

Der erste Befehl, `packer init`, installiert alle *Plug-ins*, die in diesem Packer-Template genutzt werden. Packer kann Images für viele Cloud-Anbieter erzeugen (z. B. AWS, Google Cloud und Azure), und der Code für die jeweiligen Provider liegt in separaten Plug-ins, die Sie mit dem `init`-Befehl installieren. Der zweite Befehl, `packer build`, stößt den Build-Prozess an. Sobald der Build abgeschlossen ist, was üblicherweise drei bis fünf Minuten dauert, erscheint eine Log-Meldung, die etwa wie folgt aussieht:

```
==> Builds finished. The artifacts of successful builds are:
--> amazon-ebs.amazon_linux: AMIs were created:
us-east-2: ami-0ee5157dd67ca79fc
```

Glückwunsch, Sie nutzen nun ein Server-Templating-Tool, um Ihre Serverkonfiguration als Code zu verwalten! Der Wert `ami-`*`xxx`* gibt die ID des AMI an, das mit diesem Template erzeugt wurde. Wie Sie dieses AMI bereitstellen, sehen Sie in .

Machen Sie sich die Hände schmutzig

Hier einige Übungen, mit denen Sie zu Hause tiefer einsteigen können:

- Was passiert, wenn Sie `packer build` in diesem Template ein zweites Mal ausführen? Warum?
- Finden Sie heraus, wie Sie das Packer-Template so anpassen können, dass es Images nicht nur für AWS, sondern auch für andere Clouds (z. B. Azure oder Google Cloud) und für Ihren eigenen Computer (z. B. VirtualBox oder Docker) erzeugt.

Wie sich Server-Templating-Tools einfügen

Wie fügen sich Server-Templating-Tools in die IaC-Kategorie-Kriterien ein?

CRUD

Server-Templating muss nur das Anlegen unterstützen. Das liegt daran, dass Server-Templating die Schlüsselkomponente beim Wechsel hin zur unveränderlichen Infrastruktur ist. Wenn Sie eine Änderung ausrollen, aktualisieren Sie nicht den Server, sondern nutzen das Server-Templating-Tool, um ein neues Image zu erzeugen, und stellen dieses Image dann auf einem neuen Server bereit. Beim Server-Templating erzeugen Sie also immer neue Images. Für das Lesen, Aktualisieren und Löschen gibt es keinen Grund. Allerdings werden Server-Templating-Tools nicht isoliert eingesetzt. Sie benötigen andere Tools, um diese Images bereitzustellen, z. B. ein Provisionierungstool, und wie Sie gleich sehen werden, ist es wünschenswert, dass dieses Tool alle CRUD-Operationen unterstützt.

Skalierung

Server-Templating-Tools sind hochgradig skalierbar, da Sie ein Image einmal erzeugen und es dann auf einem oder (bei Bedarf) 1.000 Servern ausrollen.

Deployment-Strategien

Server-Templating-Tools erzeugen nur Images. Sie nutzen andere Tools und die von ihnen unterstützten Deployment-Strategien, um neue Images auszurollen.

Idempotenz
: Server-Templating-Tools sind von Haus aus idempotent. Da Sie jedes Mal ein neues Image erzeugen, führt das Tool auch jedes Mal die gleichen Schritte aus. Kommt es zu einem Fehler, führen Sie es einfach erneut aus.

Konsistenz
: Die meisten Server-Templating-Tools erzwingen eine konsistente, vorhersehbare Struktur des Codes, einschließlich der Dokumentation, des Dateilayouts und klar benannter Parameter.

Verbosity
: DaServer-Templating-Tools üblicherweise kompakte DSLs bereitstellen, keine CRUD-Operationen übernehmen müssen und von Haus aus idempotent sind, ist der benötigte Code in der Regel recht kurz.

Kernaussage 3

Server-Templating-Tools eignen sich hervorragend für die Verwaltung der Serverkonfiguration für unveränderliche Infrastrukturen.

Wie ich bereits wiederholt erwähnt habe, sind Server-Templating-Tools sehr mächtig, funktionieren aber nicht für sich allein. Sie benötigen ein weiteres Tool, um die erzeugten Images bereitzustellen und zu verwalten, beispielsweise Provisionierungstools, auf die wir uns im nächsten Abschnitt konzentrieren wollen.

Provisionierungstools

Während Konfigurationsmanagement und Server-Templating den Code definieren, der auf den Servern läuft, stellen *Provisionierungstools* wie OpenTofu/Terraform, CloudFormation und Pulumi (vollständige Liste (*https://oreil.ly/Vc4ii*)) die Server selbst bereit.[6]

Tatsächlich können Sie mit Provisionierungstools nicht nur Server anlegen, sondern auch Datenbanken, Caches, Load-Balancer, Queues und viele andere Komponenten Ihrer Infrastruktur.

Unter der Haube übersetzen die meisten Provisioningtools den von Ihnen geschriebenen Code in API-Aufrufe an den von Ihnen genutzten Cloud-Anbieter. Nehmen wir zum Beispiel an, dass Sie OpenTofu-Code schreiben, um einen Server auf AWS bereitzustellen (was wir im nächsten Abschnitt tun). Wenn Sie OpenTofu ausführen, verarbeitet es Ihren Code und führt, basierend auf der festgelegten Konfiguration, API-Aufrufe durch, die eine EC2-Instanz, eine Sicherheitsgruppe etc. erzeugen.

Im Gegensatz zu Konfigurationsmanagementtools müssen Sie daher keine zusätzliche Arbeit investieren, um Managementserver oder Verbindungen bereitzustellen. All das wird über die

6 OpenTofu ist ein Open-Source-Fork von Terraform (*https://oreil.ly/huS-t*). Zur Abspaltung kam es, nachdem Terraform sich von seiner Open-Source-Lizenz verabschiedet hatte. Ich bevorzuge, wann immer möglich, Open-Source-Tools. Deshalb wird in diesem Buch OpenTofu für Beispielcode verwendet, doch die meisten Beispiele sollten auch mit Terraform funktionieren.

APIs und Authentifizierungsmechanismen abgewickelt, die die von Ihnen genutzte Cloud zur Verfügung stellt. Sie werden das in den folgenden Abschnitten ausprobieren, wenn wir OpenTofu nutzen, um Infrastruktur bereitzustellen, zu aktualisieren, in eigene Module zu packen und Infrastruktur von Drittanbieter-Modulen wiederzuverwenden. Danach sehen wir uns an, wie sich Provisionierungstools in unsere IaC-Kategorie-Kriterien einfügen.

Beispiel: Bereitstellung einer EC2-Instanz mittels OpenTofu

Als Beispiel für den Einsatz eines Provisionierungstools wollen wir ein OpenTofu-*Modul* anlegen, das eine EC2-Instanz bereitstellt. Sie schreiben OpenTofu-Module in HCL (der gleichen Sprache, die auch Packer nutzt). Die Konfigurationsdateien haben die Erweiterung *.tf*. OpenTofu findet innerhalb eines Ordners alle Dateien mit dieser Erweiterung, doch üblicherweise sollten Sie den Namenskonventionen folgen, d. h., die Haupttressourcen stehen in *main.tf*, Eingabevariablen in *variables.tf* und Ausgabevariablen in *outputs.tf*.

Zuerst legen Sie einen neuen Ordner namens *tofu/ec2-instance* für das Modul an:

```
$ cd fundamentals-of-devops
$ mkdir -p ch2/tofu/ec2-instance
$ cd ch2/tofu/ec2-instance
```

Innerhalb des *tofu/ec2-instance*-Ordners legen Sie dann die Datei *main.tf* mit dem Inhalt aus Beispiel 2.10 an.

Beispiel 2.10: OpenTofu-Modul (ch2/tofu/ec2-instance/main.tf)

```
provider "aws" {                                                    ❶
  region = "us-east-2"
}

resource "aws_security_group" "sample_app" {                        ❷
  name        = var.name
  description = "Allow HTTP traffic into ${var.name}"
}

resource "aws_security_group_rule" "allow_http_inbound" {           ❸
  type              = "ingress"
  protocol          = "tcp"
  from_port         = 8080
  to_port           = 8080
  security_group_id = aws_security_group.sample_app.id
  cidr_blocks       = ["0.0.0.0/0"]
}

data "aws_ami" "sample_app" {                                       ❹
  filter {
    name   = "name"
    values = ["sample-app-packer-*"]
  }
  owners      = ["self"]
  most_recent = true
}
```

```
resource "aws_instance" "sample_app" {                               ❺
  ami                    = data.aws_ami.sample_app.id
  instance_type          = "t2.micro"
  vpc_security_group_ids = [aws_security_group.sample_app.id]
  user_data              = file("${path.module}/user-data.sh")

  tags = {
    Name = var.name
  }
}
```

Der Code in *main.tf* übernimmt ähnliche Aufgaben wie das Bash-Skript und das Ansible-Playbook zu Beginn dieses Kapitels:

❶ **Konfiguration des AWS-Providers**: OpenTofu arbeitet mit vielen *Providern* wie AWS, Google Cloud und Azure. Unser Code konfiguriert den AWS-Provider so, dass er die Region `us-east-2` (Ohio) verwendet.

❷ **Anlegen einer Sicherheitsgruppe**: Für jeden Provider können Sie unterschiedliche *Ressourcen* anlegen, etwa Server, Datenbanken und Load-Balancer. Die allgemeine Syntax zum Anlegen einer Ressource in OpenTofu ist:

```
resource "<PROVIDER>_<TYP>" "<NAME>" {
  [KONFIG ...]
}
```

wobei *`PROVIDER`* der Name eines Providers ist (z. B. `aws`). *`TYP`* ist der Ressourcentyp, der bei diesem Provider angelegt werden soll (z. B. `security_group`). *`NAME`* ist ein Bezeichner, den Sie in Ihrem OpenTofu-Code nutzen, um auf diese Ressource zu verweisen (z. B. `sample_app`). *`KONFIG`* besteht aus einem oder mehreren *Argumenten* für die jeweilige Ressource. Der Code verwendet die Ressource `aws_security_group`, um eine Sicherheitsgruppe anzulegen. Er legt den Namen der Sicherheitsgruppe mit `var.name` fest, also dem Namen der Eingabevariablen `name`, die Sie in Beispiel 2.12 sehen werden.

❸ **HTTP-Requests erlauben**: Wir nutzen die Ressource `aws_security_group_rule`, um die Sicherheitsgruppe aus ❷ um eine Regel zu ergänzen, die eingehende HTTP-Requests an Port 8080 erlaubt.

❹ **Lookup der ID des mit Packer erzeugten AMI**: Vorhin haben Sie gesehen, wie man AMI-IDs unter Bash, Ansible und Packer ermittelt. Hier sehen Sie die OpenTofu-Version eines AMI-Lookups. Diesmal suchen Sie aber nicht einfach nach einem normalen Amazon Linux AMI, sondern nach dem AMI, das Sie vorhin mit Packer unter dem Namen `sample-app-packer-`*`<UUID>`* erzeugt haben.

❺ **Bereitstellen einer EC2-Instanz**: Wir nutzen die Ressource `aws_instance`, um eine EC2-Instanz anzulegen, die das AMI aus ❹ sowie das Nutzerdatenskript aus *user-data.sh* (siehe Beispiel 2.11) verwendet und das `Name`-Tag mit `var.name` festlegt.

Legen Sie eine Datei namens *user-data.sh* mit dem Inhalt aus Beispiel 2.11 an.

Beispiel 2.11: Nutzerdatenskript (ch2/tofu/ec2-instance/user-data.sh)

```
#!/usr/bin/env bash
nohup node /home/ec2-user/app.js &
```

Beachten Sie, dass dieses Nutzerdatenskript nur einen Bruchteil der Größe des Bash-Skripts hat. Das liegt daran, dass alle Abhängigkeiten (Node.js) und der Anwendungscode (*app.js*) durch Packer bereits im AMI installiert wurden. Dieses Nutzerdatenskript muss also nur noch die Beispiel-App starten. Das entspricht eher der idiomatischen Verwendung der Nutzerdaten.

Als Nächstes legen Sie eine Datei namens *variables.tf* an, um die *Eingabevariablen* zu definieren. Das ähnelt den bei einer Funktion genutzten Parametern (siehe Beispiel 2.12).

Beispiel 2.12: Eingabevariablen (ch2/tofu/ec2-instance/variables.tf)

```
variable "name" {
  description = "The name for the EC2 instance and all resources."
  type        = string
}
```

Dieser Code definiert eine Eingabevariable namens `name`. Mit dieser können Sie den Namen der EC2-Instanz, der Sicherheitsgruppe und die Namen anderer Ressourcen festlegen. Wie man diese Variablen setzt, sehen Sie gleich. Zum Schluss legen Sie eine Datei namens *outputs.tf* mit dem Inhalt aus Beispiel 2.13 an.

Beispiel 2.13: Ausgabevariablen (ch2/tofu/ec2-instance/outputs.tf)

```
output "instance_id" {
  description = "The ID of the EC2 instance"
  value       = aws_instance.sample_app.id
}

output "security_group_id" {
  description = "The ID of the security group"
  value       = aws_security_group.sample_app.id
}

output "public_ip" {
  description = "The public IP of the EC2 instance"
  value       = aws_instance.sample_app.public_ip
}
```

Dieser Code definiert die *Ausgabevariablen*, die den Rückgabewerten von Funktionen ähneln. Diese Ausgabevariablen werden im Log ausgegeben und können mit anderen Modulen geteilt werden. Der Code definiert Ausgabevariablen für die ID der EC2-Instanz, die ID der Sicherheitsgruppe und die öffentliche IP der EC2-Instanz.

Probieren Sie den Code aus, indem Sie OpenTofu installieren (*https://oreil.ly/n2KZ4*) (ab Version 1.9), sich gegenüber AWS authentifizieren und den folgenden Befehl ausführen:

```
$ tofu init
```

Genau wie Packer arbeitet auch OpenTofu mit vielen Providern, und der Code für jeden liegt in separaten Binaries, die Sie mit dem `init`-Befehl installieren. Sobald `init` abgeschlossen ist, führen Sie den Befehl `apply` aus, um den Deployment-Prozess zu starten:

```
$ tofu apply
```

Zuerst fragt Sie der apply-Befehl nach der Eingabevariablen name:

```
var.name
  The name for the EC2 instance and all resources.

  Enter a value:
```

Sie können einen Namen wie sample-app-tofu eingeben und Enter drücken. Wollen Sie hingegen nicht interaktiv gefragt werden, können Sie das Flag -var nutzen:

```
$ tofu apply -var name=sample-app-tofu
```

Sie können auch jede beliebige Eingabevariable foo festlegen, indem Sie die Umgebungsvariable TF_VAR_foo setzen:

```
$ export TF_VAR_name=sample-app-tofu
$ tofu apply
```

Eine weitere Möglichkeit ist, einen Standardwert festzulegen, wie in Beispiel 2.14 zu sehen.

Beispiel 2.14: Standardwert definieren (ch2/tofu/ec2-instance/variables.tf)

```
variable "name" {
  description = "The name for the EC2 instance and all resources."
  type        = string
  default     = "sample-app-tofu"
}
```

Sobald alle Eingabevariablen gesetzt sind, zeigt Ihnen apply den *Ausführungsplan* (kurz *Plan*), der in etwa wie folgt aussieht (der Lesbarkeit halber gekürzt):

```
OpenTofu will perform the following actions:

  # aws_instance.sample_app will be created
  + resource "aws_instance" "sample_app" {
      + ami                                    = "ami-0ee5157dd67ca79fc"
      + instance_type                          = "t2.micro"
      ... (gekürzt) ...
    }

  # aws_security_group.sample_app will be created
  + resource "aws_security_group" "sample_app" {
      + description            = "Allow HTTP traffic into the sample app"
      + name                   = "sample-app-tofu"
      ... (gekürzt) ...
    }

  # aws_security_group_rule.allow_http_inbound will be created
  + resource "aws_security_group_rule" "allow_http_inbound" {
      + from_port              = 8080
      + protocol               = "tcp"
      + to_port                = 8080
      + type                   = "ingress"
      ... (gekürzt) ...
    }

Plan: 3 to add, 0 to change, 0 to destroy.
```

Der Plan zeigt Ihnen, welche Operationen OpenTofu durchführen will, und es fordert eine Bestätigung von Ihnen an, bevor es loslegt. Auf diese Weise können Sie den Code noch einmal prüfen, bevor Sie ihn auf die Welt loslassen. Die Ausgabe des Plans ähnelt der Ausgabe des `diff`-Befehls, der Teil von Unix, Linux und `git` ist: Alles mit einem Pluszeichen (+) wird angelegt, alles mit einem Minuszeichen (–) wird gelöscht, alles mit einem Plus- oder Minuszeichen wird ersetzt, und alles mit einer Tilde (~) wird direkt modifiziert. Diesen Plan zeigt OpenTofu bei jedem `apply` an. Anstelle von `tofu apply` können Sie auch `tofu plan` aufrufen, um sich nur den Plan anzeigen zu lassen, ohne die Änderungen tatsächlich durchzuführen.

Im obigen Plan können Sie erkennen, dass OpenTofu eine EC2-Instanz, eine Sicherheitsgruppe und Sicherheitsgruppenregeln anlegen will – genau das, was wir wollen. Bestätigen Sie mit **yes** und drücken Sie Enter, um OpenTofu seine Arbeit erledigen zu lassen. Sobald `apply` fertig ist, sehen Sie eine Log-Ausgabe, die etwa wie folgt aussieht:

```
Apply complete! Resources: 3 added, 0 changed, 0 destroyed.

Outputs:

instance_id = "i-0a4c593f4c9e645f8"
public_ip = "3.138.110.216"
security_group_id = "sg-087227914c9b3aa1e"
```

Das sind die drei Ausgabevariablen einschließlich der öffentlichen IP-Adresse aus `public_ip`. Warten Sie ein bis zwei Minuten, bis die EC2-Instanz gebootet wurde, öffnen Sie *http://<public_ip>:8080*, und Sie sehen Folgendes:

```
Hello, World!
```

Glückwunsch, Sie verwenden ein Provisionierungstool, um Ihre Infrastruktur als Code zu verwalten!

Beispiel: Aktualisieren und Löschen der Infrastruktur mittels OpenTofu

Ein großer Vorteil von Provisionierungstools ist, dass sie Infrastruktur nicht nur bereitstellen, sondern auch aktualisieren und löschen können. Nachdem Sie eine EC2-Instanz bereitgestellt haben, können Sie eine Änderung an der Konfiguration vornehmen. Beispielsweise kann ein neues `Test`-Tag mit dem Wert `update` hinzugefügt werden, wie in Beispiel 2.15 zu sehen.

Beispiel 2.15: Update der Tags einer EC2-Instanz (ch2/tofu/ec2-instance/main.tf)

```
resource "aws_instance" "sample_app" {

  # ... (weitere Parameter weggelassen) ...

  tags = {
    Name = var.name
    Test = "update"
  }
}
```

Führen Sie `apply` erneut aus, und Sie sehen die folgende Ausgabe:

```
$ tofu apply

aws_security_group.sample_app: Refreshing state...
aws_security_group_rule.allow_http_inbound: Refreshing state...
aws_instance.sample_app: Refreshing state...

OpenTofu will perform the following actions:

  # aws_instance.sample_app will be updated in-place
  ~ resource "aws_instance" "sample_app" {
        id                              = "i-0738de27643533e98"
      ~ tags                            = {
            "Name" = "sample-app-tofu"
          + "Test" = "update"
        }
        # (31 unchanged attributes hidden)

        # (8 unchanged blocks hidden)
    }

Plan: 0 to add, 1 to change, 0 to destroy.
```

Bei jedem Lauf hält OpenTofu Informationen zur Infrastruktur in einer *OpenTofu-Statusdatei* fest. OpenTofu verwaltet seinen Status mithilfe von *Backends*. Legen Sie kein Backend fest, wird standardmäßig das lokale Backend verwendet, das den Status lokal in der Datei *terraform.tfstate* festhält, die im gleichen Ordner liegt wie das OpenTofu-Modul (wie man andere Backends nutzt, sehen Sie gleich in Kapitel 5). Diese Datei verwendet ein eigenes JSON-Format, das die OpenTofu-Ressourcen Ihrer Konfigurationsdateien auf die Repräsentation dieser Ressourcen in der realen Welt abbildet.

Wenn Sie `apply` zum ersten Mal für das `ec2-instance`-Modul ausführen, hält OpenTofu in der Statusdatei die IDs der EC2-Instanz, der Sicherheitsgruppe, der Sicherheitsgruppenregeln und aller anderen von ihm angelegten Ressourcen fest. Rufen Sie `apply` erneut auf, sehen Sie den Text `Refreshing state` in der Log-Ausgabe, was bedeutet, dass sich OpenTofu auf den neuesten Stand bringt. Der Plan zeigt nun den Unterschied zwischen der aktuellen Bereitstellung und Ihrem OpenTofu-Code. Das obige `diff` zeigt, dass OpenTofu ein einzelnes Tag namens `Test` anlegen möchte. Das ist genau das, was wir wollen. Deshalb bestätigen Sie den Plan mit **yes** und drücken Enter. OpenTofu führt nun eine Update-Operation aus und aktualisiert die EC2-Instanz um das neue Tag.

Sobald Sie mit Ihren Tests fertig sind, können Sie `tofu destroy` ausführen, damit OpenTofu alles löscht, was bisher bereitgestellt wurde:

```
$ tofu destroy

OpenTofu will perform the following actions:

  # aws_instance.sample_app will be destroyed
  - resource "aws_instance" "sample_app" {
      - ami                          = "ami-0ee5157dd67ca79fc" -> null
      - associate_public_ip_address  = true -> null
      - id                           = "i-0738de27643533e98" -> null
```

```
        ... (truncated) ...
    }

  # aws_security_group.sample_app will be destroyed
  - resource "aws_security_group" "sample_app" {
      - id                    = "sg-066de0b621838841a" -> null
        ... (truncated) ...
    }

  # aws_security_group_rule.allow_http_inbound will be destroyed
  - resource "aws_security_group_rule" "allow_http_inbound" {
      - from_port             = 8080 -> null
      - protocol              = "tcp" -> null
      - to_port               = 8080 -> null
        ... (truncated) ...
    }

Plan: 0 to add, 0 to change, 3 to destroy.
```

Wenn Sie `destroy` ausführen, zeigt OpenTofu einen Löschplan (*Destroy Plan*), der alle Ressourcen aufführt, die gelöscht werden. Das gibt Ihnen eine letzte Möglichkeit, zu prüfen, ob Sie wirklich alles löschen wollen. Es muss wohl nicht extra erwähnt werden, dass Sie `destroy` nur selten, wenn überhaupt, in einer Produktionsumgebung ausführen – es gibt kein »undo« für den `destroy`-Befehl. Wenn alles gut aussieht, bestätigen Sie den Plan mit **yes** und drücken Enter. In ein bis zwei Minuten löscht OpenTofu alles, was Sie bereitgestellt haben.

Machen Sie sich die Hände schmutzig

Hier einige Übungen, mit denen Sie zu Hause tiefer einsteigen können:

- Wie können Sie mehrere EC2-Instanzen mit OpenTofu bereitstellen?
- Was passiert, wenn Sie eine Instanz beenden und `apply` erneut ausführen?

Beispiel: Bereitstellung einer EC2-Instanz mittels eines OpenTofu-Moduls

Eines der mächtigsten Features von OpenTofu ist die *Wiederverwendbarkeit* von Modulen. Bei Allzweckprogrammiersprachen (wie JavaScript, Python oder Java) packen Sie wiederverwendbaren Code in eine Funktion. Bei OpenTofu kommt wiederverwendbarer Code in ein Modul. Sie können dieses Modul dann wiederholt einsetzen, um viele Kopien der gleichen Infrastruktur zu erzeugen, ohne den Code immer wieder kopieren und einfügen zu müssen.

Bisher haben Sie `ec2-instance` als *Root-Modul* verwendet, d.h. als Modul, auf das Sie `apply` direkt anwenden. Sie können es aber auch als *wiederverwendbares Modul* nutzen und in andere Module (z.B. andere Root-Module) einbinden, um Code wiederzuverwenden.

Sehen wir uns das an. Zuerst legen Sie einen Ordner namens *modules* an, in dem Sie Ihre wiederverwendbaren Module ablegen:

```
$ cd fundamentals-of-devops
$ mkdir -p ch2/tofu/modules
```

Als Nächstes verschieben Sie das `ec2-instance`-Modul in den *modules*-Ordner:

```
$ mv ch2/tofu/ec2-instance ch2/tofu/modules/ec2-instance
```

Legen Sie einen Ordner namens *live* für Ihre Root-Module an:

```
$ mkdir -p ch2/tofu/live
```

Innerhalb des *live*-Ordners erstellen Sie einen neuen Ordner namens *sample-app*, der das neue Root-Modul enthalten wird, mit dem Sie die Beispiel-App bereitstellen:

```
$ mkdir -p ch2/tofu/live/sample-app
$ cd ch2/tofu/live/sample-app
```

Im *live/sample-app*-Ordner legen Sie *main.tf* mit dem Inhalt aus Beispiel 2.16 an.

Beispiel 2.16: Grundlegende Modulnutzung (ch2/tofu/live/sample-app/main.tf)

```
module "sample_app_1" {
  source = "../../modules/ec2-instance"

  name = "sample-app-tofu-1"
}
```

Um ein Modul in einem anderen nutzen zu können, benötigen Sie:

- Einen `module`-Block.
- Einen `source`-Parameter, der den Dateipfad auf das zu verwendende Modul enthält. Der obige Code legt `source` mit dem relativen Pfad des `ec2-instance`-Moduls im *modules*-Ordner fest.
- Wenn das Modul Eingabevariablen definiert, können Sie diese als Parameter innerhalb des `module`-Blocks angeben. Das `ec2-instance`-Modul definiert die Eingabevariable `name`, die im obigen Code auf `sample-app-tofu-1` gesetzt ist.

Wenn Sie diesen Code mit `apply` laufen lassen, nutzt er den Code des `ec2-instance`-Moduls, um eine einzelne EC2-Instanz bereitzustellen. Doch das Schöne an der Wiederverwendung von Code ist, dass Sie das Modul mehrfach nutzen können, wie in Beispiel 2.17 zu sehen.

Beispiel 2.17: Ein Modul mehrfach nutzen (ch2/tofu/live/sample-app/main.tf)

```
module "sample_app_1" {
  source = "../../modules/ec2-instance"

  name = "sample-app-tofu-1"
}

module "sample_app_2" {
  source = "../../modules/ec2-instance"

  name = "sample-app-tofu-2"
}
```

Dieser Code enthält zwei module-Blöcke, weshalb bei einem apply zwei EC2-Instanzen erzeugt werden: eine mit allen Ressourcen namens sample-app-tofu-1 und eine mit allen Ressourcen namens sample-app-tofu-2. Bei drei module-Blöcken werden drei EC2-Instanzen bereitgestellt – und so weiter. Natürlich können Sie Module frei kombinieren, in andere Module einbinden etc. Es ist nicht ungewöhnlich, dass Module in einem Unternehmen Dutzende oder Hunderte Male wiederverwendet werden. Sie investieren Zeit in die Entwicklung eines Moduls, das die Anforderungen des Unternehmens erfüllt, und nutzen es dann wieder und wieder.

Bevor Sie apply ausführen, müssen Sie zwei kleine Änderungen vornehmen. Zum einen muss der provider-Block aus dem (wiederverwendbaren) ec2-instance-Modul in das Root-Modul sample-app verschoben werden, wie in Beispiel 2.18 zu sehen.

Beispiel 2.18: Den »provider«-Block verschieben (ch2/tofu/live/sample-app/main.tf)

```
provider "aws" {
  region = "us-east-2"
}

module "sample_app_1" {
  source = "../../modules/ec2-instance"

  name = "sample-app-tofu-1"
}

module "sample_app_2" {
  source = "../../modules/ec2-instance"

  name = "sample-app-tofu-2"
}
```

Wiederverwendbare Module definieren üblicherweise keine provider-Blöcke, sondern erben die provider-Konfiguration vom Root-Modul. Die Nutzerinnen und Nutzer können die Provider auf diese Weise ganz nach Bedarf konfigurieren (unterschiedliche Regionen, Accounts und so weiter). Zum anderen müssen Sie eine *outputs.tf*-Datei im Ordner *sample-app* mit dem Inhalt aus Beispiel 2.19 anlegen.

Beispiel 2.19: Proxy-Ausgabevariablen (ch2/tofu/live/sample-app/outputs.tf)

```
output "sample_app_1_public_ip" {
  description = "The public IP of the sample-app-1 instance"
  value       = module.sample_app_1.public_ip
}

output "sample_app_2_public_ip" {
  description = "The public IP of the sample-app-2 instance"
  value       = module.sample_app_2.public_ip
}

output "sample_app_1_instance_id" {
  description = "The ID of the sample-app-1 instance"
  value       = module.sample_app_1.instance_id
}
```

```
output "sample_app_2_instance_id" {
  description = "The ID of the sample-app-2 instance"
  value       = module.sample_app_2.instance_id
}
```

Der obige Code dient als *Proxy* für die Ausgabevariablen des zugrunde liegenden `ec2-instance`-Moduls, sodass Sie diese Ausgaben sehen können, wenn Sie `apply` auf das `sample-app`-Root-Modul anwenden. Okay. Wir sind nun so weit, den Code auszuführen:

```
$ tofu init
$ tofu apply
```

Sobald `apply` fertig ist, sollten zwei EC2-Instanzen laufen, und die Ausgabevariablen sollten die jeweiligen IPs und IDs anzeigen. Wenn Sie ein oder zwei Minuten warten und *http://<IP>:8080* im Browser öffnen (wobei *<IP>* die öffentliche IP der jeweiligen Instanz ist), sollten Sie das vertraute »Hello, World!« sehen. Nachdem Sie mit Ihren Experimenten fertig sind, führen Sie `tofu destroy` aus, um wieder hinter sich aufzuräumen.

Beispiel: Eine EC2-Instanz mittels eines OpenTofu-Registry-Moduls bereitstellen

OpenTofu-Module beherrschen noch einen weiteren Trick: Der `source`-Parameter kann nicht nur einen lokalen Dateipfad angeben, sondern auch eine URL. Zum Beispiel enthält der Beispiel-Code-Repo auf GitHub (*https://github.com/brikis98/devops-book*) zu diesem Buch auch ein zu Ihrem `ec2-instance`-Modul mehr oder weniger identisches `ec2-instance`-Modul. Sie können das Modul direkt aus dem GitHub-Repo zu diesem Buch verwenden, indem Sie den `source`-Parameter auf eine GitHub-URL setzen, wie in Beispiel 2.20 zu sehen.

Beispiel 2.20: Den »source«-Parameter auf eine GitHub-URL setzen (ch2/tofu/live/sample-app/main.tf)

```
module "sample_app_1" {
  source = "github.com/brikis98/devops-book//ch2/tofu/modules/ec2-instance?
    ref=1.0.0"

  # ... (andere Parameter weggelassen) ...
}
```

Dieser Code setzt den `source`-Parameter auf eine GitHub-URL. Beachten Sie zwei Details:

Doppelte Slashs
: Die `source`-URL enthält ganz bewusst zwei Schrägstriche (Slashs, `//`): Der Teil links von den beiden Slashs legt das GitHub-Repo fest und der Teil rechts davon den Unterordner innerhalb des Repos.

ref-Parameter
: Der `ref`-Parameter am Ende der URL gibt die Git-Referenz (z. B. ein Git-Tag) des Repos an. Auf diese Weise können Sie festlegen, welche Version des Moduls verwendet werden soll.

OpenTofu unterstützt nicht nur GitHub-URLs für Modulquellen (*https://oreil.ly/xJ26p*), sondern auch GitLab-URLs, Bitbucket-URLs und so weiter. Eine besonders bequeme Option besteht darin, Ihre Module in einer *Modul-Registry* zu sammeln, also einem zentralen Register, in dem Sie Module teilen, suchen und nutzen können. OpenTofu und Terraform stellen beide eine öffentliche Registry bereit, die Sie für Open-Source-Module nutzen können. Sie können auch eine private Registry innerhalb Ihres Unternehmens betreiben. Ich habe alle wiederverwendbaren Module aus diesem Buch in den öffentlichen Registries von OpenTofu und Terraform veröffentlicht. Diese Registries stellen bestimmte Anforderungen an die Benennung der Repos und deren Ordnerstruktur. Um die wiederverwendbaren Module veröffentlichen zu können, musste ich sie in ein anderes Repo namens *https://github.com/brikis98/terraform-book-devops* in die Ordner *modules/<MODUL_NAME>* kopieren, um die Module über Registry-URLs der Form *brikis98/devops/book//modules/<MODUL>* einbinden zu können. Zum Beispiel können Sie anstelle der GitHub-URL in Beispiel 2.20 die etwas bequemere `source`-URL aus Beispiel 2.21 verwenden.

Beispiel 2.21: Den »source«-Parameter auf eine Registry-URL setzen (ch2/tofu/live/sample-app/main.tf)

```
module "sample_app_1" {
  source  = "brikis98/devops/book//modules/ec2-instance"
  version = "1.0.0"

  # ... (andere Parameter weggelassen) ...
}
```

Registry-URLs sind etwas kürzer und erlauben über den `version`-Parameter die Angabe einer Version, was etwas sauberer ist als das Anhängen eines `ref`-Parameters und Versionsbeschränkungen (*https://oreil.ly/azVId*) unterstützt.

Führen Sie ein weiteres Mal `init` für diesen Code aus:

```
$ tofu init

Initializing the backend...
Initializing modules...
Downloading registry.opentofu.org/brikis98/devops/book 1.0.0 for sample_
app_1...
Downloading registry.opentofu.org/brikis98/devops/book 1.0.0 for sample_
app_2...

Initializing provider plugins...
```

Der `init`-Befehl ist für das Herunterladen der Provider- und Modulcodes verantwortlich, und wie Sie anhand der obigen Ausgabe sehen können, wurde der Modulcode diesmal aus der OpenTofu-Registry heruntergeladen. Wenn Sie nun `apply` ausführen, erhalten Sie die gleichen beiden EC2-Instanzen wie vorhin. Wenn Sie fertig sind, führen Sie `destroy` aus, um alles aufzuräumen.

Sie haben nun gesehen, wie leistungsfähig wiederverwendbare Module sind. Ein gängiges Muster in vielen Unternehmen ist, dass das Ops-Team eine Bibliothek geprüfter wiederverwendbarer Module definiert und pflegt (z. B. ein Modul für die Bereitstellung von Servern, ein anderes für die Bereitstellung von Datenbanken und wieder ein anderes für die Netzwerkkonfiguration), bei der sich die Dev-Teams selbst bedienen können, um die für ihre Apps benötigte Infrastruktur bereitzustellen und zu pflegen.

Dieses Buch nutzt dieses Muster in den weiteren Kapiteln. Statt jede Codezeile von Neuem zu schreiben, können Sie Module aus dem Code-Repo zu diesem Buch direkt nutzen, die Sie benötigen, um die Infrastruktur für die jeweiligen Kapitel bereitzustellen.

Machen Sie sich die Hände schmutzig

Hier einige Übungen, mit denen Sie zu Hause tiefer einsteigen können:

- Machen Sie Ihr `ec2-instance`-Modul konfigurierbarer (z.B. durch Eingabevariablen für den Instanztyp, den AMI-Namen und so weiter).
- Lernen Sie, wie Sie Ihre Module *versionieren* können (*https://oreil.ly/tP-kM*).

Wie sich Provisioningstools einfügen

Wie fügen sich Provisionierungstools in unsere IaC-Kategorie-Kriterien ein? Sehen wir es uns an:

CRUD
: Die meisten Provisionierungstools unterstützen alle vier CRUD-Operationen. Zum Beispiel haben Sie gerade gesehen, wie OpenTofu eine EC2-Instanz anlegt, den Status der EC2-Instanz liest, die EC2-Instanz aktualisiert (um einen Tag zu ergänzen) und die EC2-Instanz löscht.

Skalierung
: Provisionierungstools sind hochgradig skalierbar. Zum Beispiel kann der oben erwähnte Selbstbedienungsansatz, bei dem eine Bibliothek wiederverwendbarer Module von Ops-Teams gepflegt und von Dev-Teams zur Bereitstellung der benötigten Infrastruktur genutzt wird, über Tausende Entwickler und Zehntausende Ressourcen skalieren.

Deployment-Strategien
: Provisioningstools lassen Sie üblicherweise jegliche Deployment-Strategie verwenden, die die zugrunde liegende Infrastruktur unterstützt. Zum Beispiel erlaubt OpenTofu einen ausfallfreien (*zero-downtime*) *Instanz-Refresh* für rollierende Deployments für Gruppen von Servern in AWS. Ein entsprechendes Beispiel werden Sie in Kapitel 3 ausprobieren.

Idempotenz
: Während die meisten Ad-hoc-Skripte *prozedural* arbeiten und Schritt für Schritt den zu erreichenden Endzustand festlegen, arbeiten die meisten Provisionierungstools *deklarativ*: Sie legen den Endzustand fest, und das Provisionierungstool ermittelt automatisch, wie es vom aktuellen Status in den gewünschten Endzustand kommt. Dementsprechend sind die meisten Provisionierungstools von Haus aus idempotent.

Konsistenz
: Die meisten Provisionierungstools erzwingen eine konsistente, vorhersehbare Struktur des Codes, einschließlich der Dokumentation, des Dateilayouts, klar benannter Parameter und so weiter.

Verbosity

Die deklarative Natur der Provisionierungstools und der bereitgestellten DSLs führt typischerweise zu kompaktem Code, insbesondere wenn man bedenkt, dass der Code alle CRUD-Operationen, Deployment-Strategien, Skalierung und Idempotenz von Haus aus unterstützt. Der OpenTofu-Code zur Bereitstellung einer EC2-Instanz ist nur etwa halb so lang wie der Bash-Code, obwohl er deutlich mehr leistet.

Provisionierungstools sollten Ihre Wahl für die Verwaltung Ihrer Infrastruktur sein. Darüber hinaus können Provisionierungstools nicht nur die traditionelle Infrastruktur (z.B. Server) verwalten, sondern auch viele weitere Aspekte der Softwarebereitstellung. Zum Beispiel können Sie OpenTofu nutzen, um Ihr Versionskontrollsystem (z.B. über den GitHub-Provider), Metriken (z.B. über den Grafana-Provider) und den Bereitschaftsdienst (z.B. über den PagerDuty-Provider) zu verwalten, und per Code alle miteinander verbinden.

Kernaussage 4

Provisionierungstools sind ideal für die Bereitstellung und Verwaltung Ihrer Infrastruktur.

Ich habe IaC-Tools zwar während des gesamten Kapitels verglichen, doch die Wahrheit ist, dass Sie wahrscheinlich mehrere IaC-Tools nutzen müssen. Das wollen wir uns im nächsten Abschnitt ansehen.

Mehrere IaC-Tools nutzen

Jedes in diesem Kapitel vorgestellte Tool hat seine Stärken und Schwächen, keines kann jede Aufgabe übernehmen. Daher werden Sie im richtigen Leben mehrere Tools nutzen müssen.

Kernaussage 5

Sie benötigen üblicherweise mehrere IaC-Tools zur Verwaltung Ihrer Infrastruktur.

Dieser Abschnitt zeigt verschiedene gängige Wege auf, die Tools zu kombinieren.

Provisionierung plus Konfigurationsmanagement

Beispiel: OpenTofu und Ansible. Sie nutzen OpenTofu, um die zugrunde liegende Infrastruktur inklusive Netzwerktopologie, Datenspeicher, Load-Balancer und Server bereitzustellen, und verwenden dann Ansible für das Deployment der Apps auf diesen Servern (siehe Abbildung 2.2).

Das ist ein einfacher Ansatz für den Einstieg, und es gibt viele Möglichkeiten, wie Ansible und OpenTofu zusammenarbeiten können (z.B. stellt OpenTofu Tags für Ihre Server bereit, und Ansible nutzt ein Inventar-Plug-in, um Server mit diesen Tags zu erkennen). Der Hauptnachteil der Nutzung von Ansible ist, dass es nicht auf einer unveränderlichen, sondern auf einer veränderlichen Infrastruktur aufsetzt. Wenn Codebasis, Infrastruktur und Team wachsen, kann das die Wartung und das Debugging erschweren.

Abbildung 2.2: OpenTofu stellt Infrastruktur inklusive Server zur Verfügung, und Ansible stellt die Apps auf diesen Servern bereit.

Provisionierung plus Server-Templating

Beispiel: OpenTofu and Packer. Sie nutzen Packer, um Ihre Apps in VM-Images zu packen, und verwenden dann OpenTofu, um die Infrastruktur bereitzustellen, einschließlich der Server, die diese VM-Images ausführen (siehe Abbildung 2.3).

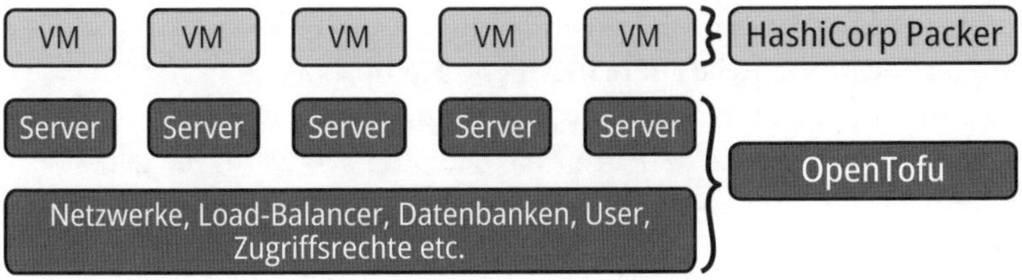

Abbildung 2.3: OpenTofu stellt die Infrastruktur inklusive Server bereit, und Packer erzeugt die VMs, die auf diesen Servern laufen.

Auch dieser Ansatz eignet sich gut für den Einstieg. Tatsächlich haben Sie diese Kombination bereits weiter oben in diesem Kapitel genutzt. Darüber hinaus ist das ein Ansatz für unveränderliche Infrastrukturen, was die Wartung vereinfacht. Der Hauptnachteil ist, dass Build und Deployment der VMs lange dauern können; das verringert die Durchlaufgeschwindigkeit.

Provisionierung plus Server-Templating plus Orchestrierung

Beispiel: OpenTofu, Packer, Docker und Kubernetes. Sie nutzen Packer, um ein VM-Image zu erzeugen, auf dem Docker und Kubernetes installiert sind. Sie nutzen OpenTofu, um Ihre Infrastruktur bereitzustellen, einschließlich der Server, auf denen dieses VM-Image läuft. Sobald die Server hochgefahren sind, bilden sie ein Kubernetes-Cluster, in dem Ihre containerbasierten Anwendungen laufen, was Sie in Abbildung 2.4 sehen werden.

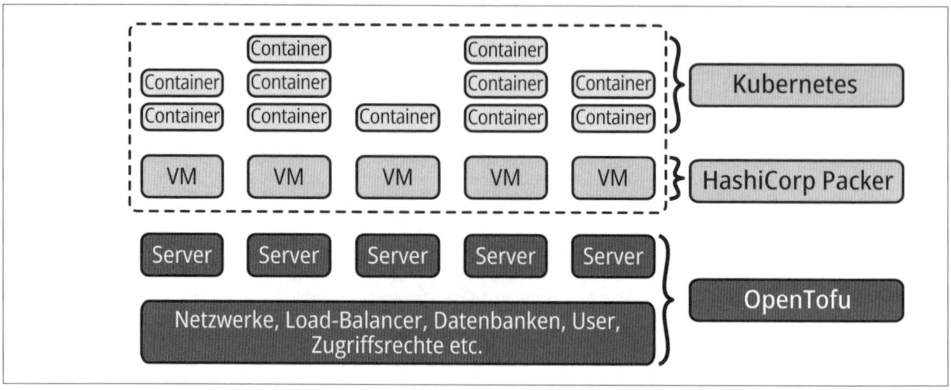

Abbildung 2.4: OpenTofu stellt die Infrastruktur einschließlich der Server bereit, Packer erzeugt die VMs, die auf diesen Servern laufen, und Kubernetes verwaltet diese VMs als Cluster für Docker-Container.

Sie werden das in Kapitel 3 ausprobieren. Der Vorteil dieses Ansatzes ist, dass Sie die Leistungsfähigkeit eines IaC-Tools (OpenTofu) zur Verwaltung Ihrer Infrastruktur nutzen können, die Leistungsfähigkeit des Server-Templatings (Docker) für die Konfiguration Ihrer Server (mit schnellen Builds und der Möglichkeit, Images auf Ihrem lokalen Computer auszuführen) und die Leistungsfähigkeit eines Orchestrierungstools (Kubernetes) für die Verwaltung Ihrer Apps (inklusive Ablaufplanung, Auto-Healing, Auto-Scaling und Servicekommunikation). Nachteile sind zusätzliche Komplexität durch zusätzlich zu betreibende Infrastruktur (das Kubernetes-Cluster) und zusätzliche Abstraktionsebenen (Kubernetes, Docker, Packer), die es zu lernen, zu verwalten und zu debuggen gilt.

IaC adaptieren

Zu Beginn dieses Kapitels haben Sie alle Vorteile von IaC kennengelernt (inklusive »Selbstbedienung«, Geschwindigkeit, Sicherheit und Wiederverwendung von Code), doch es ist wichtig, zu verstehen, dass mit der Adaption von IaC auch erhebliche Kosten verbunden sind. Ihre Teammitglieder müsse nicht nur neue Tools und Techniken erlernen, sondern auch eine völlig neue Form der Arbeit. Es ist ein großer Schritt vom alten Admin-Ansatz, bei dem die gesamte Infrastruktur jeden Tag direkt von Hand gepflegt wird (z. B. die Anbindung eines Servers und die Aktualisierung seiner Konfiguration), hin zum neuen DevOps-Ansatz, bei dem den ganzen Tag codiert wird und Änderungen indirekt durchgeführt werden (z. B. wird etwas Code geschrieben, und ein automatisierter Prozess wendet die Änderungen an).

Kernaussage 6

Die Adaption von IaC verlangt mehr als nur die Einführung neuer Tools und Technologien. Sie verlangt auch eine Änderung der Kultur und der Prozesse des Teams.

Die Änderung der Kultur und der Prozesse ist ein beträchtliches Unterfangen, besonders in größeren Unternehmen. Weil Kultur und Prozesse bei jedem Team unterschiedlich sind, gibt es nicht den einen richtigen Weg zum Ziel. Hier einige Tipps, die in vielen Fällen nützlich sind:

Passen Sie Architektur und Prozesse an Ihre Bedürfnisse an.
: Es mag für den Autor eines Buchs über DevOps etwas ketzerisch klingen, doch nicht jedes Team braucht IaC. Der Wechsel auf IaC hat einen relativ hohen Preis. Dieser macht sich in manchen Szenarien bezahlt, in anderen hingegen nicht. Verbringt Ihr Team beispielsweise bei einem manuellen Bereitstellungsprozess viel Zeit mit Bugs und Betriebsausfällen, ist die Priorisierung von IaC sinnvoll. Doch wenn Sie in einem kleinen Start-up arbeiten, in dem eine Person die gesamte Infrastruktur verwalten kann und Sie an einem Prototyp arbeiten, der in wenigen Monaten in der Tonne landen kann, pflegen Sie Ihre Infrastruktur wohl besser von Hand. Wechseln Sie nicht auf IaC (oder andere Praktiken), nur weil Sie gelesen haben, dass das die »bewährte Methode« ist. Wie Sie in Kapitel 1 gelernt haben, gibt es nicht die eine bewährte Methode. Vielmehr müssen Sie Ihre Architektur und Ihre Prozesse an die Anforderungen des Unternehmens anpassen.

Gehen Sie Schritt für Schritt vor.
: Selbst wenn die Adaption von IaC (oder einer anderen Praktik) hohe Priorität genießt, dürfen Sie nicht versuchen, alles in einem einzigen großen Schritt zu erledigen. Übernehmen Sie neue Praktiken stattdessen inkrementell, wie Sie es in Kapitel 1 gelernt haben: Teilen Sie die Arbeit in kleine Schritte auf, die, jeder für sich, einen Mehrwert bringen. Migrieren Sie also nicht Ihre gesamte Infrastruktur in einem riesigen Projekt auf IaC, bei dem Sie Tausende Codezeilen schreiben. Gehen Sie stattdessen Schritt für Schritt vor: Identifizieren Sie den problematischen Teil Ihrer Infrastruktur (also den Teil, der die meisten Bugs und Ausfälle verursacht), lösen Sie die Probleme in diesem Teil (vielleicht durch Migration dieses Teils auf IaC) und gehen Sie dann den nächsten Schritt.

Geben Sie Ihrem Team Zeit zu lernen.
: Wenn Sie wollen, dass Ihr Team IaC annimmt, müssen Sie bereit sein, genug Zeit und Ressourcen bereitzustellen. Bekommt Ihr Team beides nicht, wird Ihre IaC-Migration scheitern. Ich habe häufig gesehen, dass ein Team nicht genau wusste, wie man IaC richtig nutzt, was zu einem Durcheinander aus chaotischem, fehlerhaftem und unwartbarem Code führte, der mehr Probleme verursachte, als er löste. Ein weiteres typisches Szenario ist, dass ein Teil des Teams weiß, wie man IaC richtig nutzt, und Tausende Zeilen tollen Codes entwickelt, der Rest des Teams hat jedoch keine Ahnung, wie man ihn nutzt. Also nehmen sie Änderungen weiterhin von Hand vor, was die Vorteile von IaC wieder außer Kraft setzt. Wenn Sie sich für IaC entscheiden, empfehle ich 1., jeden ins Boot zu holen, 2., Lernmaterialien wie Kurse, Dokumentation, Videotutorials und, natürlich, dieses Buch bereitzustellen, und 3., den Teammitgliedern genug Zeit zu geben, sich einzuarbeiten, *bevor* Sie mit IaC loslegen.

Holen Sie die richtigen Leute ins Team.
: Wenn Sie Infrastructure as Code (IaC) nutzen möchten, müssen Sie lernen, wie man Code schreibt. Wie Sie zu Beginn des Kapitels gesehen haben, besteht ein wesentlicher Wandel im modernen DevOps darin, dass immer mehr als Code verwaltet wird. Je

mehr DevOps-Praktiken ein Unternehmen einführt, desto wichtiger werden daher fundierte Programmierkenntnisse. Wenn Mitglieder Ihres Teams nicht gut programmieren können, werden sich einige davon (mit genug Zeit und Ressourcen) sicher einarbeiten können, doch andere auch nicht. Sie müssen also möglicherweise neue Entwickler mit Programmierkenntnissen für Ihr Team anheuern.

Fazit

Sie wissen nun, wie man Infrastructure as Code verwaltet. Statt in einer Weboberfläche herumzuklicken, was lästig und fehleranfällig ist, können Sie den Prozess automatisieren, weil das schneller und zuverlässiger funktioniert. Und während bei händischen Deployments immer jemand in Ihrem Unternehmen vorhanden sein muss, der die Arbeit erledigt, können Sie mit IaC Code wiederverwenden, der von anderen entwickelt wurde. Beim Lernen können Sie zum Beispiel den Code aus dem Repo auf GitHub (*https://github.com/brikis98/devops-book*) nutzen. In der Produktion können Sie Code von Sammlungen wie Ansible Galaxy, Docker Hub, OpenTofu Registry und der Gruntwork-Infrastructure-as-Code-Bibliothek (vollständige Liste (*https://oreil.ly/nKUvY*)) verwenden.

Um Ihnen die Wahl eines IaC-Tools zu erleichtern, hier noch einmal die sechs Kernaussagen dieses Kapitels:

- Ad-hoc-Skripte eignen sich gut für kleine, einmalige Aufgaben, aber nicht für die Verwaltung der gesamten Infrastructure as Code.
- Tools für das Konfigurationsmanagement eignen sich gut zur Verwaltung der Konfiguration von Servern, nicht aber für das Deployment dieser Server oder anderer Infrastruktur.
- Server-Templating-Tools eignen sich gut für die Verwaltung der Konfiguration von Servern bei veränderlichen Infrastrukturen.
- Provisierungstools eignen sich gut für die Bereitstellung und Verwaltung von Servern und Infrastruktur.
- Sie müssen üblicherweise mehrere IaC-Tools nutzen, um Ihre gesamte Infrastruktur zu verwalten.
- Die Einführung von IaC verlangt mehr als nur die Einführung neuer Tools oder Techniken. Sie verlangt auch eine Änderung der Kultur und der Prozesse innerhalb der Teams.

Wenn Ihr Job darin besteht, Infrastruktur zu provisionieren, werden Sie wahrscheinlich Provisionierungstools nutzen. Wenn Sie Server konfigurieren, werden Sie wohl ein Server-Templating-Tool oder ein Tool für das Konfigurationsmanagement verwenden. Und da Sie in realen Softwarebereitstellungs-Setups verschiedene Aufgaben erledigen müssen, werden Sie wahrscheinlich verschiedene Tools kombinieren (z.B. Provisionierung plus Server-Templating).

Denken Sie daran, dass es eine große Vielfalt innerhalb einer IaC-Kategorie gibt. So gibt es innerhalb der Konfigurationsmanagementkategorie große Unterschiede zwischen Ansible und Chef sowie innerhalb der Provisionierungstools zwischen OpenTofu und CloudFormation. Eine detaillierte Analyse finden Sie in diesem Vergleich von Chef, Puppet, Ansible, Pulumi, CloudFormation und Terraform/OpenTofu (*https://oreil.ly/-V3KU*).

Tiefer einsteigen in OpenTofu/Terraform

Im weiteren Verlauf dieses Buchs nutzen viele Beispiele OpenTofu für die Provisionierungsinfrastruktur, weshalb Sie sich mit diesem Toolset vertraut machen sollten. Eine gute Möglichkeit bietet da mein anderes Buch, Terraform: Up & Running (*https://terraformupandrunning.com*) (O'Reilly).

Die Möglichkeit, Code nutzen zu können, um einen Server bereitzustellen, ist ein riesiger Vorteil gegenüber der manuellen Bereitstellung. Doch ein einzelner Server ist auch ein *Single Point of Failure*. Was passiert, wenn er abstürzt? Was passiert, wenn die Last die Leistungsfähigkeit eines einzelnen Servers übersteigt? Wie rollen Sie Änderungen ohne Ausfallzeiten aus? Diese Themen führen uns zu den Orchestrierungstools und der Verwaltung von Apps, worauf wir uns im nächsten Kapitel konzentrieren wollen Kapitel 3.

Bei den meisten modernen Betriebssystemen läuft Code in einem von zwei Bereichen (engl. *Spaces*): im Systemkern (*Kernel Space*) oder unter einem Benutzer (*User Space*). Der im Kernel laufende Code hat direkten, uneingeschränkten Zugriff auf die gesamte Hardware. Es gibt keine Beschränkungen der Systemsicherheit (d.h., Sie können jede CPU-Anweisung ausführen, auf jeden Bereich der Festplatte zugreifen) oder der Betriebssicherheit (ein Absturz im Kernel bringt üblicherweise den ganzen Computer zum Absturz). Der Kernel ist generell für die vertrauenswürdigsten Funktionen der untersten Ebene reserviert. Im Userspace laufender Code hat keinen direkten Zugriff auf die Hardware und muss APIs nutzen, um auf den Kernel zugreifen zu können. Diese APIs können Sicherheitseinschränkungen erzwingen (z.B. Benutzerrechte) und die Betriebssicherheit erhöhen (Abstürze im Userspace betreffen üblicherweise nur diese eine App), weshalb nahezu jeder Anwendungscode im Userspace ausgeführt wird.

KAPITEL 3

Wie Sie Ihre Apps mit Tools zur Orchestrierung verwalten

In Kapitel 2 haben Sie gelernt, wie man Infrastruktur als Code verwaltet. In diesem Kapitel wenden wir unsere Aufmerksamkeit von der Infrastruktur weg hin zur Verwaltung von Apps. Das führt uns in den Bereich der *Orchestrierungstools*, die sich um die vielen Anforderungen bei der Ausführung von Apps kümmern.

Eine Anforderung besteht zum Beispiel darin, herauszufinden, wie viele Kopien einer App ausgeführt werden müssen. Eine einzige Kopie einer App auszuführen, wie Sie das im vorherigen Kapitel getan haben, reicht zum Lernen aus, und für einige Anwendungsfälle werden Sie nie mehr als eine Kopie benötigen. Doch wenn Ihr Geschäft von dieser App abhängt, kann der Betrieb einer einzigen Kopie zu Problemen führen, etwa zu Betriebsunterbrechungen durch Hardwareprobleme (weil z. B. der Server abstürzt), durch Softwareprobleme (z. B. kann ein Bug zum Absturz der App führen) und durch Überlastung (Ihre App ist so beliebt, dass die Kapazität eines einzelnen Servers nicht mehr ausreicht). Kurz gesagt, ist eine einzelne Kopie Ihrer App eine Schwachstelle, ein sogenannter *Single Point of Failure*. Um Anwendungen in der Produktion zu betreiben, benötigen Sie üblicherweise mehrere Kopien, sogenannte *Replikate*, Ihrer App.

Einige weitere Anforderungen an die Ausführung einer App ist der automatische Neustart nach einem Absturz, die Bereitstellung zusätzliche Replikate bei hoher Last, die Verteilung der Last über mehrere Replikate, die Kommunikation mit anderen Apps und so weiter. Eine schnelle Suche liefert viele Orchestrierungstools, die diese Anforderungen erfüllen können, etwa Kubernetes, OpenShift, EC2, Amazon Elastic Container Service (ECS), Nomad, AWS Lambda, Google Cloud Functions und Azure Serverless. Welches Tool sollte man wählen? Wie schneiden sie im Vergleich ab? Die meisten Orchestrierungstools lassen sich in eine der folgenden vier Kategorien einordnen:

- Serverorchestrierung (z. B. die Nutzung von Ansible zur Bereitstellung eines Server-Clusters)
- VM-Orchestrierung (z. B. die Bereitstellung von VMs in einer EC2-Auto-Scaling-Gruppe)
- Containerorchestrierung (z. B. die Bereitstellung von Containern in einem Kubernetes-Cluster)
- Serverless-Orchestrierung (z. B. die Bereitstellung von Funktionen über AWS Lambda)

Damit Sie sich in der Orchestrierungswelt besser zurechtfinden, gehen wir in diesem Kapitel jede dieser Kategorien durch. Dabei arbeiten wir uns durch Beispiele, die die gleiche App über jeden dieser Ansätze bereitstellen. Auf diese Weise können Sie sehen, was diese Orchestrierungsansätze in den verschiedenen Bereiche (Ausrollen von Updates, Load-Balancing, Auto-Scaling und Auto-Healing) leisten, damit Sie das richtige Tool für den Job wählen können. Wir erläutern zuerst, was Orchestrierung genau ist und warum sie so wichtig ist.

Einführung in die Orchestrierung

In der Welt der klassischen Musik ist eine Dirigentin für die Orchestrierung verantwortlich: Sie führt das Orchester, koordiniert den Anfang und das Ende des Spiels einzelner Mitglieder, erhöht oder verlangsamt das Tempo und lässt leiser oder lauter spielen. In der Welt der Software sorgt ein *Orchestrierungstool* für die Orchestrierung: Es steuert Software-Cluster, koordiniert den Start und das Ende einzelner Apps, erhöht oder verringert die verfügbaren Hardwareressourcen und erhöht oder verringert die Zahl der Replikate.

Heutzutage denken viele Menschen bei »Orchestrierung« an Kubernetes, doch die zugrunde liegenden Anforderungen gibt es, seit der erste Programmierer die erste App für andere bereitgestellt hat. Jeder, der eine App in der Produktion betreibt, muss die meisten (oder alle) der folgenden *Kernprobleme der Orchestrierung* lösen:

Deployment
: Sie benötigen eine Möglichkeit, eine oder mehrere Replikate Ihrer App auf Ihren Servern bereitzustellen und regelmäßig Updates auf den Replikaten auszurollen – idealerweise ohne dass die Nutzerinnen und Nutzer etwas bemerken (das sogenannte *Zero-Downtime-Deployment*).

Scheduling
: Für jedes Deployment müssen Sie entscheiden, welche App auf welchen Servern läuft, und dafür sorgen, dass jede App die Ressourcen erhält (CPU, Speicher, Plattenplatz), die sie benötigt. Das bezeichnet man als *Scheduling*. Bei manchen Orchestrierungstools erledigen Sie das Scheduling selbst von Hand. Andere Orchestrierungstools stellen *Scheduler* bereit, die das automatisch übernehmen, wobei sie üblicherweise irgendeine Form von *Bin-Packing-Algorithmus* verwenden, um die verfügbaren Ressourcen so effizient wie möglich zu nutzen.

Rollback
: Wenn es beim Ausrollen eines Updates zu einem Problem kommt, benötigen Sie eine Möglichkeit, alle Replikate auf die vorherige Version zurückzusetzen.

Auto-Scaling
: Während die Last steigt oder sinkt, benötigen Sie als Reaktion darauf eine Möglichkeit, Ihre App automatisch hoch- und runterzuskalieren. Beim *vertikalen Scaling* skalieren Sie die verfügbaren Ressourcen der vorhandenen Server hoch oder runter (etwa schnellere CPUs, mehr Speicher, größere Festplatten). Beim *horizontalen Scaling* stellen Sie weitere Server und/oder weitere Replikate Ihrer App auf den Servern bereit.

Auto-Healing
: Sie benötigen die Möglichkeit, den »Gesundheitszustand« Ihrer Apps zu überwachen (z. B. ob die App noch korrekt oder gar nicht mehr reagiert) und sie automatisch neu zu starten oder fehlerhafte Apps oder Server automatisch zu ersetzen.

Load-Balancing
: Wenn Sie mehrere Replikate Ihrer App betreiben, benötigen Sie die Möglichkeit, den Datenverkehr auf diese Replikate zu verteilen.

Konfiguration
: Wenn Sie mehrere Umgebungen betreiben, benötigen Sie eine Möglichkeit, die App für jede Umgebung unterschiedlich zu konfigurieren (z. B. verschiedene Domainnamen oder unterschiedliche Speichereinstellungen für Entwicklung, Staging und Produktion).

Secrets-Management
: Sie brauchen eine Möglichkeit, sensible Konfigurationsdaten (Passwörter, API-Schlüssel) sicher zu übertragen.

Servicekommunikation
: Wenn Sie mehrere Apps betreiben, benötigen diese eine Möglichkeit, miteinander zu kommunizieren. Dazu gehört auch, herauszufinden, wie man die Verbindung miteinander herstellt (*Service-Discovery*), sowie Möglichkeiten, diese Kommunikation zu steuern und zu überwachen, einschließlich Authentifizierung, Autorisierung, Verschlüsselung, Fehlerbehandlung und Beobachtbarkeit (*Service-Mesh*).

Festplattenmanagement
: Wenn Ihre App Daten auf einer Festplatte speichert, müssen Sie bei der Bereitstellung von Replikaten darauf achten, dass die richtigen Festplatten mit den richtigen Replikaten verbunden werden.

Über die Jahre wurden Dutzende von Ansätzen genutzt, um diese Probleme zu lösen. In der Zeit vor der Cloud waren alle On-Premise-Bereitstellungen unterschiedlich, weshalb die meisten Unternehmen ihre eigenen maßgeschneiderten Lösungen entwickelten, die in der Regel aus einer Zusammenstellung verschiedener Skripte und Tools bestanden, um die jeweiligen Probleme zu lösen. Heutzutage beginnt die Industrie damit, sich um vier Hauptbereiche herum zu standardisieren: Serverorchestrierung, VM-Orchestrierung, Containerorchestrierung und Serverless-Orchestrierung. Die folgenden Abschnitte gehen auf jeden dieser Bereiche ein. Wir beginnen mit der Serverorchestrierung.

Serverorchestrierung

In den Zeiten vor der Cloud sah der ursprüngliche Ansatz (der auch heute noch sehr verbreitet ist) wie folgt aus:

- Einrichten einer Reihe von Servern.
- Bereitstellung der Apps über diese Server.
- Beim Ausrollen von Änderungen werden die Server vor Ort aktualisiert.

Ich habe Unternehmen eine Vielzahl von Tools nutzen sehen, um diesen Ansatz zu implementieren, inklusive Tools für das Konfigurationsmanagement (z.B. Chef, Puppet und Ansible, siehe Kapitel 2), spezialisierter Deployment-Skripte (z.B. Capistrano, Deployer, Mina – vollständige Liste (*https://oreil.ly/ssxF4*)) sowie (die wohl gängigste Variante) Ad-hoc-Skripten.

Da dieser Ansatz aus der Ära vor der Cloud stammt, ist er auch älter als die meisten Ansätze für ein standardisiertes Tooling, und ich kenne auch keinen allgemein akzeptierten Namen dafür. Die meisten Menschen würden es wohl als »Deployment-Tooling« bezeichnen, weil auf der Bereitstellung der primäre Schwerpunkt lag (im Gegensatz zu Auto-Scaling, Auto-Healing und Service-Discovery). In diesem Buch spreche ich von *Serverorchestrierung*, um sie von neueren Orchestrierungsansätzen wie VM- und Containerorchestrierung zu unterscheiden, die Sie später noch kennenlernen werden.

Kernaussage 1

Serverorchestrierung ist ein älterer Ansatz für veränderliche Infrastrukturen, der eine feste Gruppe von Servern nutzt, die diese vor Ort wartet und aktualisiert.

Wir wollen Ansible einsetzen, um ein Gefühl für die Serverorchestrierung zu bekommen. In Kapitel 2 haben Sie kennengelernt, wie man eine einzelne EC2-Instanz per Ansible bereitstellt. In diesem Abschnitt werden Sie sehen, wie man Ansible nutzt, um mehrere Instanzen der Beispiel-App bereitzustellen, wie man nginx konfiguriert, um die Last zwischen den Instanzen zu verteilen, und wie man Updates zwischen den Instanzen ohne Downtime ausrollt.

Beispiel: Eine App sicher und zuverlässig mittels Ansible bereitstellen

Beispielcode

Alle Codebeispiele finden Sie im GitHub-Repo (*https://github.com/brikis98/devops-book*) zu diesem Buch.

Das Erste, was Sie für die Serverorchestrierung benötigen, ist eine Reihe von Servern. Sie können mehrere EC2-Instanzen starten, indem Sie das Ansible-Playbook und die Inventardatei wiederverwenden, die Sie in Kapitel 2 angelegt haben.[1] Wechseln Sie in den Ordner *fundamentals-of-devops*, den Sie schon für die anderen Beispiele in diesem Buch verwendet haben. Legen Sie einen neuen Unterordner *ch3/ansible* an und kopieren Sie die Dateien *create_ec2_instances_playbook.yml* und *inventory.aws_ec2.yml* aus Kapitel 2 in diesen Unterordner:

1 Wie in Kapitel 2 erwähnt, ist die Bereitstellung und Verwaltung von Servern (Hardware) nicht das, wofür Tools für das Konfigurationsmanagement entworfen wurden. Doch für Lern- und Testzwecke ist Ansible gut genug. Die Art und Weise, wie wir Ansible nutzen, um mehrere EC2-Instanzen bereitzustellen, soll Ihnen nur die Serverorchestrierung in ihrer gängigsten Form zeigen: mit einer festen Anzahl von Servern und einem *nicht* idiomatischen Ansatz für den Betrieb mehrerer Server in der Cloud. Einen idiomatischeren Ansatz werden Sie in kennenlernen.

```
$ cd fundamentals-of-devops
$ mkdir -p ch3/ansible
$ cp ch2/ansible/create_ec2_instances_playbook.yml ch3/ansible/
$ cp ch2/ansible/inventory.aws_ec2.yml ch3/ansible/
$ cd ch3/ansible
```

Diesmal werden Sie die Standardvariablen im Playbook überschreiben, um mehrere EC2-Instanzen mit unterschiedlichen Namen und Ports zu erzeugen. Dazu legen Sie die Datei *sample-app-vars.yml* mit dem Inhalt aus Beispiel 3.1 an.

Beispiel 3.1: Variablendatei der Beispiel-App (ch3/ansible/sample-app-vars.yml)

```
num_instances: 3
base_name: sample_app_instances
http_port: 8080
```

Diese Variablendatei erzeugt drei Server namens `sample_app_instances`, die eingehende HTTP-Verbindungen an Port 8080 erlauben. Um dieses Playbook auszuführen, authentifizieren Sie sich gegenüber AWS und führen den Befehl `ansible-playbook` mit dem zusätzlichen Flag `--extra-vars` aus, um die Variablendatei zu übergeben:

```
$ ansible-playbook \
  -v create_ec2_instances_playbook.yml \
  --extra-vars "@sample-app-vars.yml"
```

Nun benötigen wir eine Datei für die Gruppenvariablen, um den SSH-Nutzer, den privaten Schlüssel und die Prüfung des Hostschlüssels festzulegen. Weil *sample-app-vars.yml* den `base_name` mit `sample_app_instances` angegeben hat, legen Sie eine Datei namens *group_vars/sample_app_instances.yml* mit dem Inhalt aus Beispiel 3.2 an.

Beispiel 3.2: Gruppenvariablen der Beispiel-App (ch3/ansible/group_vars/sample_app_instances.yml)

```
ansible_user: ec2-user
ansible_ssh_private_key_file: sample_app_instances.key
ansible_host_key_checking: false
```

Nun können Sie die Server dieser Gruppe so konfigurieren, dass sie die Node.js-Beispiel-App ausführen, doch diesmal mit erhöhter Sicherheit und Zuverlässigkeit. Wie in erläutert, hat der Code zur Bereitstellung der Apps in den vorherigen Kapiteln Probleme mit der Sicherheit und der Zuverlässigkeit (Ausführen der App als *root*, horchen an Port 80 und kein automatischer Neustart der App bei Abstürzen). Es wird Zeit, diese Probleme zu beheben und den Code etwas näher an das heranzuführen, was Sie in der Produktion einsetzen können.

Legen Sie ein neues Playbook namens *configure_sample_app_playbook.yml* mit dem Inhalt aus Beispiel 3.3 an.

Beispiel 3.3: Playbook der Beispiel-App (ch3/ansible/configure_sample_app_playbook.yml)

```
- name: Configure servers to run the sample-app
  hosts: sample_app_instances ❶
  gather_facts: true
  become: true
  roles:
```

```
  - role: nodejs-app         ❷
  - role: sample-app         ❸
    become_user: app-user    ❹
```

Dieses Playbook macht Folgendes:

❶ Ziel ist die `sample_app_instances`-Gruppe.

❷ Anstelle einer einzelnen `sample-app`-Rolle für alles (siehe Kapitel 2) verwendet der Code in diesem Kapitel zwei Rollen. Die erste Rolle namens `nodejs-app` ist für die Konfiguration eines Servers für den Betrieb von Node.js-Apps verantwortlich. Den Code für diese Rolle sehen Sie in Kürze.

❸ Die zweite Rolle heißt `sample-app` und ist für die Ausführung der Beispiel-App verantwortlich. Auch diesen Code sehen Sie gleich.

❹ Die `sample-app`-Rolle wird unter dem Betriebssystemnutzer `app-user` ausgeführt und nicht unter dem *root*-Nutzer. Diese Rolle wird von der `nodejs-app`-Rolle erzeugt.

Für die `nodejs-app`-Rolle erzeugen Sie nur eine Datei namens *roles/nodejs-app/tasks/main.yml*:

```
roles
  └── nodejs-app
        └── tasks
              └── main.yml
```

Legen Sie den Code aus Beispiel 3.4 in *tasks/main.yml* ab.

Beispiel 3.4: Tasks für die »nodejs-app«-Rolle (ch3/ansible/roles/nodejs-app/tasks/main.yml)

```
- name: Add Node Yum repo            ❶
  yum_repository:
    name: nodesource-nodejs
    description: Node.js Packages for x86_64 Linux RPM based distros
    baseurl: https://rpm.nodesource.com/pub_23.x/nodistro/nodejs/x86_64
    gpgkey: https://rpm.nodesource.com/gpgkey/ns-operations-public.key

- name: Install Node.js
  yum:
    name: nodejs

- name: Create app user              ❷
  user:
    name: app-user

- name: Install pm2                  ❸
  npm:
    name: pm2
    version: latest
    global: true

- name: Configure pm2 to run at startup as the app user
  shell: eval "$(sudo -u app-user pm2 startup -u app-user | tail -n1)"
```

Die `nodejs-app`-Rolle ist recht generisch und kann mit nahezu jeder Node.js-App genutzt werden:

❶ Node.js installieren, wie eben schon.

❷ Anlegen eines neuen Betriebssystemnutzers namens `app-user`. Auf diese Weise können Ihre Apps mit eingeschränkten Benutzerrechten laufen.

❸ PM2 installieren und so konfigurieren, dass es beim Booten ausgeführt wird. Was PM2 ist, sehen Sie in Kürze.

Für die `sample-app`-Rolle legen Sie zwei Unterordner namens *files* und *tasks* an:

```
roles
  ├── nodejs-app
  └── sample-app
      ├── files
      │   ├── app.config.js
      │   └── app.js
      └── tasks
          └── main.yml
```

app.js ist die gleiche »Hello, World«-Node.js-Beispiel-App, die Sie schon aus Kapitel 1 kennen. Kopieren Sie die Datei in den Ordner *files*:

```
$ cp ../../ch1/sample-app/app.js roles/sample-app/files/
```

app.config.js ist eine neue Datei, die zur Konfiguration von PM2 verwendet wird. Was also ist PM2? PM2 ist ein *Prozess-Supervisor*, d.h. ein Tool, mit dem Sie Ihre Apps ausführen, überwachen, nach einem Neustart oder Absturz neu starten und das Logging überwachen können. Prozess-Supervisor bilden eine *Auto-Healing*-Schicht für lang laufende Apps. Andere Arten von Auto-Healing werden Sie im Abschnitt »VM-Orchestrierung« auf Seite 108 kennenlernen.

Es gibt viele Prozess-Supervisor wie PM2, Supervisor und systemd (vollständige Liste (*https://oreil.ly/C8HEr*)), wobei Sie wahrscheinlich systemd nutzen, da dieser heutzutage in den meisten Linux-Distributionen enthalten ist. Für dieses Beispiel habe ich PM2 gewählt, weil es speziell für Node.js-Apps entworfen wurde. Um dessen Features zu nutzen, legen Sie eine Konfigurationsdatei namens *app.config.js* mit dem Inhalt aus Beispiel 3.5 an.

Beispiel 3.5: Konfigurationsdatei für PM2 (ch3/ansible/roles/sample-app/files/app.config.js)

```
module.exports = {
  apps : [{
    name   : "sample-app",
    script : "./app.js",        ❶
    exec_mode: "cluster",       ❷
    instances: "max",
    env: {
      "NODE_ENV": "production" ❸
    }
  }]
}
```

Die Datei konfiguriert PM2 wie folgt:

❶ Führt *app.js* aus, um die App zu starten.

❷ Betrieb im Cluster-Modus. Anstelle eines einzelnen Node.js-Prozesses erhalten Sie einen Prozess für jede CPU. So wird sichergestellt, dass Ihre App alle CPUs Ihres Servers nutzt.

❸ Setzt die Umgebungsvariable `NODE_ENV` auf `production`. Das weist Node.js-Apps und Plug-ins an, im Produktionsmodus zu laufen.

Zum Schluss legen Sie *tasks/main.yml* mit dem Inhalt aus Beispiel 3.6 an.

Beispiel 3.6: Tasks der »sample-app«-Rolle (ch3/ansible/roles/sample-app/tasks/main.yml)

```
- name: Copy sample app                                ❶
  copy:
    src: ./
    dest: /home/app-user/sample-app

- name: Start sample app using pm2                     ❷
  shell: pm2 start app.config.js
  args:
    chdir: /home/app-user/sample-app

- name: Save pm2 app list so it survives reboot        ❸
  shell: pm2 save
```

Der obige Code macht Folgendes:

❶ Kopiert den Code im *files*-Ordner (*app.js*, *app.config.js*) auf den Server.

❷ Startet die App mit PM2 im Hintergrund und beginnt mit dem Monitoring.

❸ Speichert eine Liste der von PM2 ausgeführten Apps, damit diese bei einem Reboot des Servers von PM2 automatisch wieder gestartet werden.

Diese Änderungen gehen die Probleme aus dem Abschnitt »Vorsicht vor den Schlangen: Die Beispiele haben mehrere Probleme« auf Seite 36 an: Der Code ist sicherer, da er nicht länger als *root* ausgeführt wird. Er läuft zuverlässiger, da Sie einen Prozess-Supervisor nutzen. Und er ist performanter, weil alle CPUs eingesetzt werden und der Produktionsmodus genutzt wird.

Um den Code auszuprobieren, authentifizieren Sie sich gegenüber AWS und führen den folgenden Befehl aus:

```
$ ansible-playbook -v -i inventory.aws_ec2.yml configure_sample_app_
playbook.yml
```

Ansible erkennt Ihre Server, installiert auf jedem Node.js und führt die Beispiel-App aus. Zum Schluss sollten die IP-Adressen der Server erscheinen, wie in der folgenden Log-Ausgabe zu sehen (die der Lesbarkeit halber gekürzt wurde):

```
PLAY RECAP ************************************
13.58.56.201                : ok=9    changed=8
3.135.188.118               : ok=9    changed=8
3.21.44.253                 : ok=9    changed=8
```

Kopieren Sie die IP-Adresse eines der Server, öffnen Sie *http://<IP>:8080* in Ihrem Browser, und Sie sollten wieder das vertraute »Hello, World!« sehen.

Der Einsatz von drei Servern ist gut für die Redundanz, aber nicht für die Benutzerfreundlichkeit, da die Nutzer nur einen zentralen Zugangspunkt erwarten. Das verlangt den Einsatz eines Load-Balancers, was wir im nächsten Abschnitt beschreiben wollen.

Beispiel: Einen Load-Balancer per Ansible und nginx bereitstellen

Ein *Load-Balancer* ist eine Software, die Last auf mehrere Server oder Apps verteilt. Sie geben den Nutzern einen einzelnen Zugang bekannt, den Load-Balancer, und unter der Haube leitet der Load-Balancer die empfangenen Requests an unterschiedliche Endpunkte weiter. Er verwendet dabei verschiedene Algorithmen (z. B. Round-Robin, hashbasiert oder Least-Response-Time), um die Requests so effizient wie möglich zu verarbeiten. Bei Load-Balancern gibt es viele Optionen. Sie können sie z. B. mit Apache, nginx und HAProxy selbst betreiben, aber auch verwaltete Load-Balancer wie AWS Elastic Load Balancing (ELB) und Google Cloud Load Balancing (vollständige Liste (*https://oreil.ly/UIFa9*)) nutzen.

In der Cloud werden Sie sehr wahrscheinlich einen Cloud-Load-Balancer nutzen, darauf kommen wir weiter unten in diesem Kapitel noch zurück. Für die Serverorchestrierung habe ich mich aber für ein vereinfachtes Beispiel mit dem Betrieb eines eigenen Load-Balancers entschieden, da Techniken der Serverorchestrierung auch On-Prem funktionieren müssen. Daher werden wir nginx bereitstellen.

Dazu benötigen wir einen weiteren Server. Sie können eine weitere EC2-Instanz mit dem gleichen *create_ec2_instances_playbook.yml* bereitstellen, jedoch mit einer neuen Variablendatei, *nginx-vars.yml*, mit dem Inhalt aus Beispiel 3.7.

Beispiel 3.7: Variablendatei für nginx (ch3/ansible/nginx-vars.yml)

```
num_instances: 1
base_name: nginx_instances
http_port: 80
```

Das legt eine einzelne EC2-Instanz mit dem Namen `nginx_instances` an, die eingehende Requests an Port 80 erlaubt, also dem Standardport für HTTP. Authentifizieren Sie sich gegenüber AWS und führen Sie das Playbook für diese Variablendatei wie folgt aus:

```
$ ansible-playbook \
  -v create_ec2_instances_playbook.yml \
  --extra-vars "@nginx-vars.yml"
```

Das stellt eine weitere EC2-Instanz für den Einsatz von nginx bereit. Da der `base_name` dieser Instanz `nginx_instances` lautet, ist das auch der Gruppenname für das Inventar. Wir konfigurieren die Variablen für diese Gruppe in der Datei *group_vars/nginx_instances.yml* mit dem Inhalt aus Beispiel 3.8.

Beispiel 3.8: Gruppenvariablen für nginx (ch3/ansible/group_vars/nginx_instances.yml)

```
ansible_user: ec2-user
ansible_ssh_private_key_file: nginx_instances.key
ansible_host_key_checking: false
```

Sie können die Server nun nginx ausführen lassen, indem Sie eine Ansible-Rolle namens `nginx` nutzen, die Sie im GitHub-Repo unter *https://github.com/brikis98/devops-book-nginx-role* finden. Der Einsatz dieser Rolle vermittelt Ihnen ein Gefühl davon, wie es ist, Rollen von Drittanbietern zu nutzen, die man beispielsweise bei GitHub oder Ansible Galaxy findet. Die `nginx`-Rolle installiert nginx, nutzt Port 80 und konfiguriert das Load-Balancing für die URL / auf eine Liste von Servern, die Sie in der Eingabevariablen `servers` festlegen. Um die `nginx`-Rolle zu nutzen, legen Sie eine Datei namens *requirements.yml* mit dem Inhalt aus Beispiel 3.9 an.

Beispiel 3.9: Die »nginx«-Rolle als Abhängigkeit festlegen (ch3/ansible/requirements.yml)

```
- name: nginx
  src: https://github.com/brikis98/devops-book-nginx-role
  version: 1.0.0
```

Führen Sie dann den Befehl `ansible-galaxy` aus, um die Rolle zu installieren:

```
$ ansible-galaxy role install -r requirements.yml
```

Nun können Sie ein neues Playbook mit dieser Rolle in einer Datei namens *configure_nginx_playbook.yml* mit dem Inhalt aus Beispiel 3.10 anlegen.

Beispiel 3.10: nginx konfigurieren (ch3/ansible/configure_nginx_playbook.yml)

```
- name: Configure servers to run nginx
  hosts: nginx_instances ❶
  gather_facts: true
  become: true
  roles:
    - role: nginx          ❷
      vars:                ❸
        servers: >-
          {{ groups['sample_app_instances']
             | map('extract', hostvars, 'private_dns_name')
             | map('regex_replace', '$', ':8080')
             | list }}
```

Dieses Playbook macht Folgendes:

❶ Wahl der `nginx_instances`-Gruppe, die Sie im Inventory festgelegt haben.

❷ Konfiguration der Server dieser Gruppe mittels der gerade installierten `nginx`-Rolle.

❸ Nutzung der Jinja-Template-Syntax, um die Eingabevariable `servers` mit der privaten IP-Adresse und Port 8080 jedes App-Servers festzulegen.

Authentifizieren Sie sich gegenüber AWS und führen Sie das Playbook wie folgt aus:

```
$ ansible-playbook -v -i inventory.aws_ec2.yml configure_nginx_
playbook.yml
```

Warten Sie ein paar Minuten, bis das Deployment abgeschlossen ist. Sie sehen dann eine Ausgabe, die etwa so aussieht:

```
PLAY RECAP
xxx.us-east-2.compute.amazonaws.com : ok=4    changed=2    failed=0
```

Der Wert links, `xxx.us-east-2.compute.amazonaws.com`, ist der Domainname, über den Sie auf den nginx-Server zugreifen können. Wenn Sie *http://xxx.us-east-2.compute.amazonaws.com* in Ihrem Browser öffnen (diesmal ohne Portnummer, da nginx den HTTP-Standardport 80 verwendet), erscheint wieder das vertraute »Hello, World!«. Jedes Mal, wenn Sie die Seite neu laden, sendet nginx den Request an eine andere EC2-Instanz (was als *Round-Robin* bekannt ist). Glückwunsch. Sie haben Ihren Nutzern einen einzigen Zugangspunkt gegeben, der die Last automatisch auf mehrere Server verteilt!

Beispiel: Updates mit Ansible ausrollen

Sie haben jetzt das Deployment mithilfe eines Serverorchestrierungstools kennengelernt, doch wie sieht es mit Updates aus? Einige Tools für das Konfigurationsmanagement unterstützen unterschiedliche *Deployment-Strategien* (ein Thema, über das Sie in Kapitel 5 mehr erfahren werden), etwa das *rollierende Deployment*, bei dem Server »schubweise« aktualisiert werden. Das heißt, einige Server laufen immer und beantworten Anfragen, während andere Server aktualisiert werden. Beispiel 3.11 zeigt, wie man *configure_sample_app_playbook.yml* für ein rollierendes Deployment anpasst.

Beispiel 3.11: Rollierendes Deployment (ch3/ansible/configure_sample_app_playbook.yml)

```
- name: Configure servers to run the sample-app

  # ... (andere Parameter weggelassen) ...

  serial: 1                              ❶
  max_fail_percentage: 30                ❷
```

❶ Indem Sie `serial` auf 1 setzen, weisen Sie Ansible an, Änderungen auf jeweils einen Server anzuwenden. Da Sie drei Server betreiben, bleiben so immer zwei Server verfügbar, um Requests zu verarbeiten, während einer kurz für ein Update heruntergefahren wird.

❷ Der Parameter `max_fail_percentage` weist Ansible an, das Deployment abzubrechen, wenn mehr als dieser Prozentsatz an Servern einen Fehler während des Upgrades hatte. Diesen Wert bei drei Servern auf 30% zu setzen, bedeutet, dass Ansible das Deployment abbricht, wenn es auch nur bei einem Server zu einem Fehler kommt. Bei einem fehlgeschlagenen Update verlieren Sie also nie mehr als einen Server.

Probieren wir das rollierende Deployment aus. Wir ändern den Response-Text der App *app.js*, wie in Beispiel 3.12 gezeigt.

Beispiel 3.12: Update des Response-Texts der App (ch3/ansible/roles/sample-app/files/app.js)

```
  res.end('Fundamentals of DevOps!\n');
```

... und führen das Playbook erneut aus:

```
$ ansible-playbook -v -i inventory.aws_ec2.yml configure_sample_app_
playbook.yml
```

Ansible rollt die Änderung nun auf jeweils einem Server aus. Wenn das erledigt ist und Sie die Seite mit der nginx-IP im Browser neu laden, erscheint der neue Text »Fundamentals of DevOps!«.

Machen Sie sich die Hände schmutzig

Hier einige Übungen, mit denen Sie zu Hause tiefer einsteigen können:

- Finden Sie heraus, wie Sie die Anzahl der die Beispiel-App ausführenden Instanzen von drei auf vier erhöhen können.
- Starten Sie eine der Instanzen über die AWS-Konsole neu. Wie geht nginx damit um, während die Instanz neu gebootet wird? Funktioniert die Beispiel-App nach dem Reboot immer noch?
- Beenden Sie eine der Instanzen über die AWS-Konsole. Wie geht nginx damit um? Wie können Sie die Instanz wiederherstellen?

Wenn Sie genug mit Ansible experimentiert haben, müssen Sie die drei EC2-Instanzen wie in Abbildung 1.9 gezeigt beenden. So vermeiden Sie, dass Ihr Account unnötige Gebühren anhäuft.

Nachdem Sie die Serverorchestrierung kennengelernt haben, wollen wir uns nun der VM-Orchestrierung zuwenden.

VM-Orchestrierung

Die Ideen hinter der *VM-Orchestrierung* sind:

- Anlegen von VM-Images, auf denen Ihre Apps und alle Abhängigkeiten vollständig installiert und konfiguriert sind.
- Deployment der VM-Images über ein Cluster von Servern.
- Skalierung der Anzahl von Servern je nach Bedarf.
- Bei einem Update legen Sie neue VM-Images an, stellen diese auf neuen Servern bereit und fahren dann die alten Server herunter.

Dieser etwas modernere Ansatz funktioniert am besten mit Cloud-Providern wie AWS, Google Cloud und Azure, wo es nur virtuelle Server gibt. So können innerhalb von Minuten neue Server gestartet und alte Server beendet werden. Allerdings können Sie Virtualisierung mit Tools wie VMware, Citrix oder Microsoft Hyper-V auch On-Prem nutzen. Das Beispiel in diesem Abschnitt nutzt die VM-Orchestrierung unter AWS, doch die Konzepte gelten für die meisten VM-Orchestrierungstools, egal ob Cloud oder On-Prem.

Kernaussage 2

VM-Orchestrierung ist ein Ansatz für unveränderliche Infrastrukturen, der VM-Images über virtualisierte Server hinweg bereitstellt und verwaltet.

Gehen wir ein Beispiel für die VM-Orchestrierung durch. Sie lernen, wie man ein VM-Image mittels Packer erzeugt, es über mehrere Instanzen hinweg bereitstellt, einen Load-Balancer konfiguriert, um die Last über die Instanzen hinweg zu verteilen, und Updates über diese Instanzen ohne Ausfallzeiten ausrollt.

Beispiel: Ein VM-Image mittels Packer erzeugen

Wechseln Sie in den Ordner *fundamentals-of-devops*, den Sie in Kapitel 1 angelegt haben, um die Beispiele in diesem Buch durchzuarbeiten, und legen Sie einen neuen Unterordner für den Packer-Code an:

```
$ cd fundamentals-of-devops
$ mkdir -p ch3/packer
```

Kopieren Sie das Packer-Template und das Skript *install-node.sh* aus Kapitel 2 in den neu angelegten Ordner *ch3/packer*:

```
$ cp ch2/packer/sample-app.pkr.hcl ch3/packer/
$ cp ch2/packer/install-node.sh ch3/packer/
```

Kopieren Sie auch *app.js* (die Beispiel-App) und *app.config.js* (die PM2-Konfigurationsdatei) aus dem Ansible-Beispiel im vorherigen Abschnitt in den Ordner *ch3/packer/sample-app*:

```
$ mkdir -p ch3/packer/sample-app
$ cp ch3/ansible/roles/sample-app/files/app*.js ch3/packer/sample-app
```

Wenn Sie die Response in *app.js* auf »Fundamentals of DevOps!« gesetzt haben, um die rollierenden Deployments mit Ansible auszuprobieren, ändern Sie sie in *ch3/packer/sample-app/app.js* wieder in »Hello, World!«:

Beispiel 3.13: Mit »Hello, World!« antworten (ch3/packer/sample-app/app.js)

```
res.end('Hello, World!\n');
```

Beispiel 3.14 zeigt die Updates für das Packer-Template.

Beispiel 3.14: Update des Packer-Templates (ch3/packer/sample-app.pkr.hcl)

```
build {
  sources = ["source.amazon-ebs.amazon-linux"]

  provisioner "file" {
    sources     = ["sample-app"] ❶
    destination = "/tmp/"
  }

  provisioner "shell" {
    script       = "install-node.sh"
    pause_before = "30s"
  }
}
```

Der Code nimmt am Packer-Template nur eine Änderung vor:

❶ Kopiert den *sample-app*-Ordner auf den Server. Beachten Sie, dass Sie ihn ursprünglich in den Ordner */tmp* kopiert haben. Als Nächstes aktualisieren Sie das Skript *install-node.sh*, um es an sein eigentliches Ziel zu verschieben.

Update *install-node.sh* wie in Beispiel 3.15 zu sehen.

Beispiel 3.15: install-node.sh aktualisieren (ch3/packer/install-node.sh)

```
#!/usr/bin/env bash

set -e

sudo tee /etc/yum.repos.d/nodesource-nodejs.repo > /dev/null <<EOF
[nodesource-nodejs]
baseurl=https://rpm.nodesource.com/pub_23.x/nodistro/nodejs/x86_64
gpgkey=https://rpm.nodesource.com/gpgkey/ns-operations-public.key
EOF
sudo yum install -y nodejs

sudo adduser app-user                                                ❶
sudo mv /tmp/sample-app /home/app-user                               ❷
sudo chown -R app-user /home/app-user/sample-app                     ❸
sudo npm install pm2@latest -g                                       ❹
eval "$(sudo -u app-user pm2 startup -u app-user | tail -n1)"        ❺
```

Das sind die gleichen Verbesserungen für die Sicherheit und die Zuverlässigkeit, die Sie bereits bei der Serverorchestrierung vorgenommen haben:

❶ `app-user` anlegen. Das erzeugt auch automatisch einen Home-Ordner für `app-user`.

❷ Verschieben des *sample-app*-Ordners aus dem */tmp*-Ordner in den Home-Ordner von `app-user`.

❸ `app-user` zum Besitzer des *sample-app*-Ordners machen.

❹ PM2 installieren.

❺ PM2 so konfigurieren, dass es beim Booten (als `app-user`) ausgeführt wird.

Um das AMI zu erzeugen, authentifizieren Sie sich bei AWS und führen die folgenden Befehle aus:

```
$ cd ch3/packer
$ packer init sample-app.pkr.hcl
$ packer build sample-app.pkr.hcl
```

Sobald der Build abgeschlossen ist, gibt Packer die ID des neu erzeugten AMI aus, das wir nun bereitstellen wollen.

Beispiel: Deployment eines VM-Images in einer Auto-Scaling-Gruppe mittels OpenTofu

Der nächste Schritt ist die Bereitstellung des AMI. In Kapitel 2 haben Sie OpenTofu genutzt, um ein AMI auf einer einzelnen EC2-Instanz bereitzustellen. Nun wollen wir die VM-Orchestrierung in Aktion sehen, d. h., wir stellen ein *Cluster* aus mehreren Servern bereit. Die meisten Cloud-Provider bieten eine native Möglichkeit an, VMs in einem Cluster zu betreiben. AWS bietet *Auto Scaling Groups* (ASGs), Google Cloud bietet verwaltete Instanzgruppen, und Azure bietet sogenannte Scale Sets (vollständige Liste (*https://oreil.ly/ew1oB*)). In diesem Beispiel werden Sie AWS ASGs einsetzen.

Wir nutzen ein wiederverwendbares OpenTofu-Modul namens `asg` aus dem Repo auf GitHub (*https://github.com/brikis98/devops-book*) zu diesem Buch, um die ASGs bereitzustellen. Sie finden das Modul im Ordner *ch3/tofu/modules/asg*. Dieses einfache Modul erzeugt drei Hauptressourcen:

- Ein sogenanntes *Launch-Template*, eine Art Blaupause, die die Konfiguration für die EC2-Instanz festlegt.
- Eine ASG, die die Konfiguration des Launch-Templates nutzt, um EC2-Instanzen zu erzeugen. Die ASG stellt die Instanzen in der *Standard-VPC* bereit (beachten Sie den noch folgenden Hinweis zu »Standard Virtual Private Clouds« auf Seite 111).
- Eine Sicherheitsgruppe, die den ein- und ausgehenden Traffic der Instanzen kontrolliert.

Standard Virtual Private Clouds

Die meisten AWS-Beispiele in diesem Buch verwenden die Standard-(Default-)VPC. Die VPC, die *virtuelle private Cloud*, ist ein isolierter Bereich Ihres AWS-Accounts mit eigenem virtuellem Netzwerk und IP-Adressraum. Viele AWS-Ressourcen, wie etwa EC2-Instanzen, werden in einer VPC bereitgestellt. Legen Sie die VPC nicht explizit fest, wird die Ressource in der *Standard-VPC* bereitgestellt. Das ist für das Lernen und Testen in Ordnung, nicht aber für die Produktion. Wie Sie eine eigene VPC für die Produktion anlegen, erfahren Sie in Kapitel 7.

Um das asg-Modul zu nutzen, legen Sie den Ordner *live/asg-sample* an, der als Root-Modul dient:

```
$ cd fundamentals-of-devops
$ mkdir -p ch3/tofu/live/asg-sample
$ cd ch3/tofu/live/asg-sample
```

In diesem Ordner legen Sie die Datei *main.tf* mit dem Inhalt aus Beispiel 3.16 an.

Beispiel 3.16: Konfiguration des »asg«-Moduls (ch3/tofu/live/asg-sample/main.tf)

```
provider "aws" {
  region = "us-east-2"
}

module "asg" {
  source  = "brikis98/devops/book//modules/asg"
  version = "1.0.0"

  name          = "sample-app-asg"                             ❶
  ami_name      = "sample-app-packer-*"                        ❷
  user_data     = filebase64("${path.module}/user-data.sh")    ❸
  app_http_port = 8080                                         ❹

  instance_type    = "t2.micro"                                ❺
  min_size         = 3                                         ❻
  max_size         = 10                                        ❼
}
```

Der Code legt die folgenden Parameter fest:

❶ name: Der für das Lauch-Template, die ASG etc. zu verwendende Name.

❷ `ami_name`: Der Name des auf jeder EC2-Instanz auszuführenden AMI. Der obige Code gibt den Namen mit dem AMI an, den Sie mit dem Packer-Template im vorherigen Abschnitt erzeugt haben.

❸ `user_data`: Das Nutzerdatenskript, das beim Booten auf jeder Instanz ausgeführt werden soll. Der Inhalt von *user-data.sh* ist in Beispiel 3.17 zu sehen.

❹ `app_http_port`: Der in der Sicherheitsgruppe zu öffnende Port, damit die App HTTP-Requests empfangen kann.

❺ `instance_type`: Der auf der ASG auszuführende Instanztyp.

❻ `min_size`: Die minimale Anzahl der auf der ASG auszuführenden Instanzen.

❼ `max_size`: Die maximale Anzahl der auf der ASG auszuführenden Instanzen.

Legen Sie eine Datei namens *user-data.sh* mit dem Inhalt aus Beispiel 3.17 an.

Beispiel 3.17: Das Nutzerdaten-Skript (ch3/tofu/live/asg-sample/user-data.sh)

```
#!/usr/bin/env bash

set -e

su app-user <<'EOF'
cd /home/app-user/sample-app
pm2 start app.config.js
pm2 save
EOF
```

Das Nutzerdatenskript wechselt zum Nutzer `app-user`, springt danach in den *sample-app*-Ordner (wohin Packer den Code der Beispiel-App kopiert hat), führt die App mittels PM2 aus und sichert dann die App in der Liste der Apps, die nach einem Reboot neu gestartet werden sollen.

Wenn Sie `apply` jetzt ausführen, erhalten Sie eine ASG mit drei EC2-Instanzen Ihrer Beispiel-App. Das ist zwar gut für die Redundanz, doch wie bereits im Abschnitt zur Serverorchestrierung diskutiert, stellen Sie den Nutzern üblicherweise nur einen einzelnen Zugangspunkt zur Verfügung. Sie müssen daher auch einen Load-Balancer bereitstellen; das wollen wir uns als Nächstes ansehen.

Beispiel: Bereitstellung eines Application Load Balancer mittels OpenTofu

In haben Sie einen eigenen Load-Balancer über nginx bereitgestellt. Ein Vorteil der Cloud ist, dass Sie Managed Services nutzen können, um gängige Aufgaben wie das Load-Balancing zu lösen. Beispielsweise bietet AWS ELB an, und Google Cloud bietet Cloud Load Balancer. Load-Balancer-Dienste wie die ELBs von AWS haben gegenüber dem vereinfachten nginx-Deployment aus dem vorherigen Abschnitt verschiedene Vorteile:

Verfügbarkeit
: AWS stellt für ein ELB automatisch mehrere Server bereit, sodass es nicht zu einem Ausfall kommt, wenn ein Server abstürzt.

Skalierbarkeit
: AWS reagiert automatisch auf die Last und skaliert die Anzahl der ELB-Server entsprechend.

Wartung
: AWS hält die Load-Balancer automatisch auf dem neuesten Stand, ohne dass es zu Ausfällen kommt.

Sicherheit
: Die Load-Balancer von AWS sind gegen eine Vielzahl von Angriffen gehärtet und erfüllen die Anforderungen vieler Sicherheitsstandards wie SOC 2, ISO 27001, HIPAA und PCI DSS.

Verschlüsselung
: AWS-ELBs ermöglichen per HTTPS und TLS (die Sie in Kapitel 8 kennenlernen werden) eine einfache Verschlüsselung während der Datenübertragung.

Sicher, Sie können all das auch mit nginx erreichen, doch das ist wesentlich mehr Arbeit. Einen Managed Service für das Load-Balancing zu nutzen, kann Ihnen viel Zeit sparen, weshalb wir einen AWS-ELB nutzen wollen. Es gibt verschiedene Arten von AWS-ELBs. Für die einfache Beispiel-App am besten geeignet ist der AWS Application Load Balancer (ALB) (*https://oreil.ly/xAFWY*).

Das Code-Repo zu diesem Buch enthält ein Modul namens `alb` im Ordner *ch3/tofu/modules/alb*, das Sie zur Bereitstellung eines ALB nutzen können. Dieses einfache Modul stellt den ALB im Standard-VPC bereit und konfiguriert ihn so, dass alle Requests an Ihre Server weitergeleitet werden, was für dieses Kapitel ausreicht. Beispiel 3.18 zeigt, wie man das `asg-sample`-Modul so anpasst, dass es das `alb`-Modul nutzt.

Beispiel 3.18: Das »alb«-Modul nutzen (ch3/tofu/live/asg-sample/main.tf)

```
module "asg" {
  source  = "brikis98/devops/book//modules/asg"
  version = "1.0.0"

  # ... (andere Parameter weggelassen) ...
}

module "alb" {
  source  = "brikis98/devops/book//modules/alb"
  version = "1.0.0"

  name                  = "sample-app-alb" ❶
  alb_http_port         = 80               ❷
  app_http_port         = 8080             ❸
  app_health_check_path = "/"              ❹
}
```

Der Code legt die folgenden Parameter im `alb`-Modul fest:

❶ `name`: Der für den ALB und alle anderen Ressourcen zu verwendende Name.

❷ `alb_http_port`: Der Port, an dem der ALB auf HTTP-Requests horcht.

❸ app_http_port: Der Port, an dem die App auf HTTP-Requests horcht. Der ALB leitet Traffic an diesen Port weiter. Er führt auch Health-Checks an diesem Port aus, d.h., er sendet dem Server alle 30 Sekunden einen Request und betrachtet ihn nur dann als »gesund« (und gibt Daten an ihn weiter), wenn er mit »200 OK« antwortet.

❹ app_health_check_path: Der in der App für Health-Checks zu verwendende Pfad.

Etwas fehlt noch: Woher weiß der ALB, an welche EC2-Instanzen er den Traffic weiterleiten soll? Um den ALB mit der ASG zu verbinden, nehmen Sie die Beispiel 3.19 in gezeigten Änderungen vor.

Beispiel 3.19: Das »asg«-Modul aktualisieren (ch3/tofu/live/asg-sample/main.tf)

```
module "asg" {
  source  = "brikis98/devops/book//modules/asg"
  version = "1.0.0"

  # ... (andere Parameter weggelassen) ...

  target_group_arns = [module.alb.target_group_arn]
}
```

Das Setzen von target_group_arns ändert das Verhalten der ASG wie folgt:

Auto-Registrierung
: Die ASG registriert ihre Instanzen mit dem ALB, einschließlich der initialen Instanzen beim Start der ASG, sowie alle später gestarteten Instanzen (z.B. aufgrund eines Deployments, eines Auto-Healings oder eines Auto-Scalings).

Auto-Healing
: Standardmäßig ersetzt das Auto-Healing der ASG eine Instanz nur, wenn sie abstürzt (ein Hardwareproblem). Stürzt lediglich die App ab (ein Softwareproblem), während die Instanz weiterläuft, weiß die ASG nicht, dass sie sie ersetzen soll. Durch Setzen des target_group_arns-Parameters nutzt die ASG den ALB für Health-Checks, sodass das Auto-Healing sowohl Hardware- als auch Softwareprobleme behandeln kann.

Die letzte Änderung am asg-sample-Modul besteht darin, den Domainnamen des Load-Balancers als Ausgabevariable in *outputs.tf* festzulegen (siehe Beispiel 3.20).

Beispiel 3.20: Ausgabe des ALB-Domainnamens (ch3/tofu/live/asg-sample/outputs.tf)

```
output "alb_dns_name" {
  description = "The ALB's domain name"
  value       = module.alb.alb_dns_name
}
```

Um das Modul bereitzustellen, authentifizieren Sie sich gegenüber AWS und führen die folgenden Befehle aus:

```
$ tofu init
$ tofu apply
```

Wenn apply fertig ist, sehen Sie den ALB-Domainnamen in der Ausgabe:

```
Apply complete! Resources: 10 added, 0 changed, 0 destroyed.
```

```
Outputs:

alb_dns_name = "sample-app-tofu-656918683.us-east-2.elb.amazonaws.com"
```

Öffnen Sie diesen Domainnamen in Ihrem Browser, und es erscheint das vertraute »Hello, World!«. Glückwunsch. Sie besitzen nun einen einzelnen Zugangspunkt, den Domainnamen des Load-Balancers, den Sie an die Nutzer weitergeben können, und wenn die Nutzer ihn verwenden, verteilt der Load-Balancer alle Requests auf alle Apps in Ihrer ASG!

Sie haben nun gesehen, wie ein erstes Deployment bei der VM-Orchestrierung aussieht, doch was ist mit dem Ausrollen von Updates? Das ist unser nächstes Thema.

Beispiel: Ausrollen von Updates mit OpenTofu und Auto Scaling Groups

Die meisten Tools zur VM-Orchestrierung unterstützen Deployments ohne Ausfallzeiten (*Zero-Downtime*). Bei ASGs von AWS werden rollierende Deployments zum Beispiel durch ein Feature namens Instance Refresh (*https://oreil.ly/Uq1dE*) unterstützt. Beispiel 3.21 zeigt, wie man Instance Refresh im `asg`-Modul aktiviert.

Beispiel 3.21: Instance Refresh aktivieren (ch3/tofu/live/asg-sample/main.tf)

```
module "asg" {
  source  = "brikis98/devops/book//modules/asg"
  version = "1.0.0"

  # ... (andere Parameter weggelassen) ...

  instance_refresh = {
    min_healthy_percentage = 100  ❶
    max_healthy_percentage = 200  ❷
    auto_rollback          = true ❸
  }
}
```

Dieser Code legt die folgenden Parameter fest:

❶ `min_healthy_percentage`: Diesen Wert auf 100% zu setzen, bedeutet, dass das Cluster (selbst während des Deployments) nie weniger als die gewünschte Anzahl von Instanzen bereitstellt (anfänglich drei). Während bei der Serverorchestrierung die Instanzen selbst aktualisiert werden, stellen Sie bei der VM-Orchestrierung neue Instanzen bereit.

❷ `max_healthy_percentage`: Diesen Wert auf 200% zu setzen, bedeutet, dass das Cluster stellt völlig neue Instanzen bereit, deren Anzahl bis zum Doppelten der ursprünglichen Clustergröße betragen kann, wartet, bis die neuen Instanzen die Health-Checks bestanden haben, und hebt anschließend das Deployment der alten Instanzen auf. Wenn Sie also mit drei Instanzen beginnen, wächst das Cluster während des Deployments auf sechs an (drei alte und drei neue), und sobald die neuen Instanzen die Health-Checks bestanden haben, werden die alten Instanzen beendet, und das Cluster läuft wieder mit drei Instanzen.

❸ `auto_rollback`: Geht während des Deployments etwas schief und der Health-Check der neuen Instanzen schlägt fehl, initiiert diese Einstellung ein automatisches Rollback, das Ihr Cluster in den vorherigen, funktionsfähigen Zustand zurückversetzt.

Führen Sie `apply` ein weiteres Mal aus, um den Instance Refresh zu aktivieren. Sobald das erledigt ist, können Sie eine Änderung ausrollen. Zum Beispiel können Sie in *app.js* im *packer*-Ordner die Response in `Fundamentals of DevOps!` ändern, wie in Beispiel 3.22 gezeigt.

Beispiel 3.22: Die App-Response aktualisieren (ch3/packer/sample-app/app.js)

```
res.end('Fundamentals of DevOps!\n');
```

Als Nächstes erzeugen Sie im *ch3/packer*-Ordner ein neues AMI:

```
$ packer build sample-app.pkr.hcl
```

Ist der Packer-Build abgeschlossen, wechseln Sie zum `asg-sample`-Modul und führen `apply` erneut aus. Das Modul findet automatisch das neu generierte AMI, und der ausgegebene Plan sieht etwa so aus:

```
$ tofu apply

OpenTofu will perform the following actions:

  # aws_autoscaling_group.sample_app will be updated in-place
  ~ resource "aws_autoscaling_group" "sample_app" {
      ~ launch_template {
          ~ version = "1" -> (known after apply)
        }
    }

  # aws_launch_template.sample_app will be updated in-place
  ~ resource "aws_launch_template" "sample_app" {
      ~ image_id       = "ami-0f5b3d9c244e6026d" ->
        "ami-0d68b7b6546331281"
      ~ latest_version = 1 -> (known after apply)
    }
```

Der Plan zeigt, dass das Launch-Template geändert wurde (neue AMI-ID) und dass sich daher das in der ASG verwendete Launch-Template geändert hat. Das führt zu einem Instance Refresh. Bestätigen Sie das mit **yes** und drücken Sie Enter. AWS startet dann den Instance-Refresh-Prozess im Hintergrund. Wenn Sie in die EC2-Konsole wechseln, *Auto Scaling groups* im linken Navigationsmenü anklicken, Ihre ASG heraussuchen und den Tab *Instance refresh* anklicken, können Sie den Instance-Refresh-Prozess verfolgen (siehe Abbildung 3.1).

Während dieses Prozesses startet die ASG drei neue EC2-Instanzen, und der ALB beginnt mit dem Health-Checking dieser Instanzen. Sobald die neuen Instanzen die Health-Checks erfolgreich durchlaufen haben, beginnt die ASG damit, die alten Instanzen zu beenden. Zum Schluss bleiben drei Instanzen mit dem neuen Code übrig. Der gesamte Prozess dauert etwa fünf Minuten.

Während dieses Deployments sollte die Load-Balancer-URL immer eine erfolgreiche Antwort zurückliefern, da es sich um ein Zero-Downtime-Deployment handelt. Sie können das sogar überprüfen, indem Sie ein neues Terminalfenster öffnen und den folgenden Bash-Einzeiler ausführen (*<LOAD_BALANCER_URL>* ersetzen Sie dabei durch Ihre Load-Balancer-URL):

```
$ while true; do curl http://<LOAD_BALANCER_URL>; sleep 1; done
```

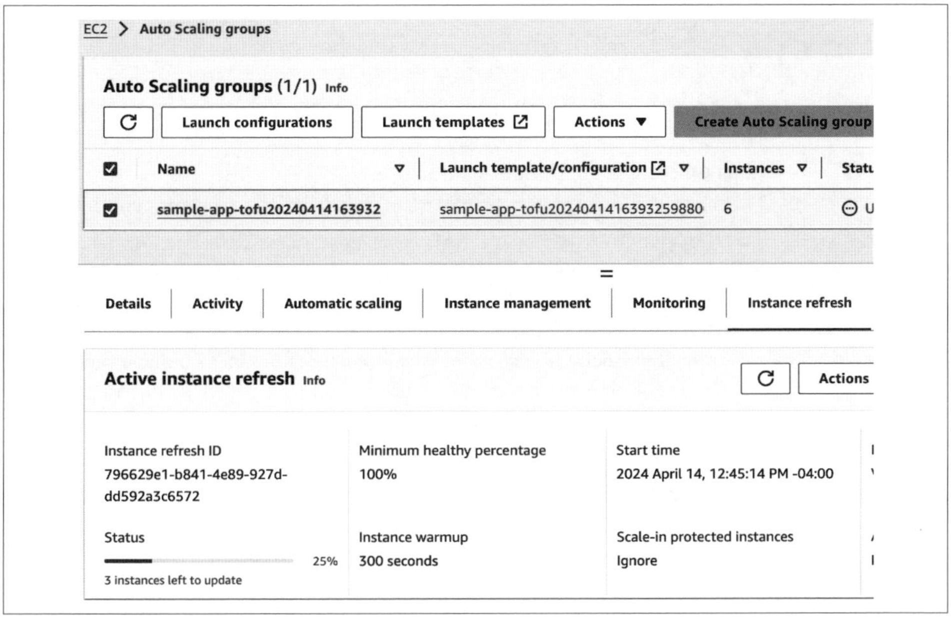

Abbildung 3.1: Den ASG-Instance-Refresh-Prozess in der EC2-Konsole verfolgen

Der Code führt `curl` (einen HTTP-Client) in einer Schleife aus, die Ihren ALB einmal pro Sekunde abfragt. So können Sie das Zero-Downtime-Deployment in Aktion erleben. In den ersten Minuten sehen Sie nur `Hello, World!`-Responses von den alten Instanzen. Sobald die neuen Instanzen den Health-Check bestanden haben, leitet der ALB Traffic an sie weiter, und die Responses fangen an, sich mit `Hello, World!` und `Fundamentals of DevOps!` abzuwechseln. Nach einigen Minuten verschwinden die `Hello, World!`-Nachrichten, und es erscheint nur noch `Fundamentals of DevOps!`, was bedeutet, dass alle alten Instanzen heruntergefahren wurden. Die Ausgabe könnte etwa wie folgt aussehen:

```
Hello, World!
Hello, World!
Hello, World!
Hello, World!
Hello, World!
Hello, World!
Fundamentals of DevOps!
Hello, World!
Fundamentals of DevOps!
Hello, World!
Fundamentals of DevOps!
Hello, World!
```

```
Fundamentals of DevOps!
Hello, World!
Fundamentals of DevOps!
Hello, World!
Fundamentals of DevOps!
Fundamentals of DevOps!
Fundamentals of DevOps!
Fundamentals of DevOps!
Fundamentals of DevOps!
```

Glückwunsch. Sie haben die VM-Orchestrierung in Aktion gesehen und Änderungen mit Methoden für unveränderliche Infrastrukturen durchgeführt!

Machen Sie sich die Hände schmutzig

Hier einige Übungen, mit denen Sie zu Hause tiefer einsteigen können:

- Dass die ASG das neueste AMI bereitstellt, ist für das Testen und die Entwicklung praktisch, doch in der Produktion wollen Sie üblicherweise die genaue AMI-Version festlegen können, um neuen Code nicht ungewollt auszurollen. Ergänzen Sie das Packer-Template um eine Eingabevariable (*https://oreil.ly/r-w9q*) für eine Versionsnummer und binden Sie diese Versionsnummer in den AMI-Namen ein. Sie können dann über die Eingabevariable `ami_name` im `asg`-Modul genau festlegen, welche AMI-Version ausgeführt werden soll.
- Erhöhen Sie die Anzahl der Instanzen in der ASG von drei auf vier. Wie ist das im Vergleich zur Serverorchestrierung?
- Beenden Sie eine der Instanzen in der AWS-Konsole. Wie geht der ALB damit um? Was macht die ASG?

Wenn Sie Ihre Experimente abgeschlossen haben, fahren Sie die Infrastruktur mit `tofu destroy` herunter.

Sie haben nun die Server- und die VM-Orchestrierung kennengelernt und miteinander verglichen. Eine weitere Option ist die Containerorchestrierung, die wir uns nun ansehen wollen.

Containerorchestrierung

Bei der *Containerorchestrierung* machen Sie Folgendes:

- Container-Images erzeugen, in denen Ihre Apps samt aller Abhängigkeiten installiert und konfiguriert sind.
- Die Container-Images in einem Cluster von Servern bereitstellen, wobei mehrere Container pro Server möglich sind. Das Ganze wird so effektiv wie möglich verpackt (*Bin-Packing*).
- Die Anzahl der Server oder Container je nach Last rauf- oder runterskalieren.
- Wenn Updates nötig sind, erzeugen Sie neue Container-Images, stellen sie im Cluster bereit und fahren die alten Container herunter.

Obwohl es Container seit Jahrzehnten gibt (*https://oreil.ly/jyrlB*), wurde die Containerorchestrierung erst um das Jahr 2013 herum richtig populär, als Docker und Kubernetes auf der Bühne erschienen. Docker ist ein Tool zur Generierung, dem Betrieb und der Verteilung von Containern, während Kubernetes ein Tool zur Containerorchestrierung ist. Der Grund für diese Popularität ist, dass Container und die Containerorchestrierung Vorteile gegenüber VMs und der VM-Orchestrierung bieten:

Geschwindigkeit
: Container lassen sich üblicherweise (insbesondere mit Caching) schneller erzeugen als VMs, und Tools zur Containerorchestrierung sind bei der Bereitstellung üblicherweise schneller als VMs. Während der Erzeugen-Bereitstellen-Zyklus bei VM fünf bis 30 Minuten lang ist, dauert er bei Containern nur eine bis fünf Minuten.

Effizienz
: Die meisten Tools zur Containerorchestrierung verfügen über einen eigenen Scheduler, der entscheidet, welche Server Ihres Clusters welche Container ausführen. Dabei werden Bin-Packing-Algorithmen genutzt, um die verfügbaren Ressourcen so effizient wie möglich zu nutzen.[2]

Portabilität
: Container und Containerorchestrierung werden nahezu überall unterstützt, auch On-Prem und von allen wichtigen Cloud-Providern. Darüber hinaus sind die beiden beliebtesten Containertools, Docker und Kubernetes, Open Source.

Lokale Entwicklung
: VMs werden für die lokale Entwicklung nur selten genutzt, weil die VM-Images recht schwergewichtig sind (große Dateien, lange Startzeiten, viel CPU- und Speicher-Overhead) und weil die meisten Tools zur VM-Orchestrierung lokal nicht genutzt werden können (z. B. gibt es keine Möglichkeit, eine AWS-ASG auf dem eigenen Rechner bereitzustellen). Der Betrieb von Containern in einer lokalen Entwicklungsumgebung ist hingegen üblich, da die Container deutlich leichtgewichtiger sind (kleine Dateien, schneller Start, weniger CPU- und Speicher-Overhead) und die Tools zur Containerorchestrierung lokal einfach genutzt werden können (Sie werden gleich sehen, wie man Kubernetes lokal betreibt).

Funktionalität
: Tools zur Containerorchestrierung lösen von Haus aus mehr Orchestrierungsprobleme als Tools zur VM-Orchestrierung. Kubernetes integriert zum Beispiel Lösungen für Deployment, Updates, Auto-Scaling, Auto-Healing, Konfiguration, Secrets-Management und Festplattenverwaltung.

2 Das ist die ursprüngliche Motivation hinter der Containerorchestrierung. Bei der Server- und der VM-Orchestrierung, bei denen jede App ein eigenes Server-Cluster erhält, müssen Sie ausreichend Server für jedes Cluster bereitstellen, um Lastspitzen abfangen zu können. Doch die Last ist größtenteils nicht so hoch, und dann haben die Server nichts zu tun. Container ermöglichten großen Firmen wie Google, ihre Server effizienter zu nutzen, indem sie sie als einen großen Pool von Ressourcen betrachteten. Mehrere Container können auf einem Server laufen und können ganz nach Bedarf verschoben werden.

Kernaussage 3

Containerorchestrierung ist ein Ansatz für unveränderliche Infrastruktur, der Container und Images über ein Cluster von Servern hinweg bereitstellt und verwaltet.

Sie haben diverse mögliche Containertools in Kapitel 2 kennengelernt, etwa Docker, Moby und CRI-O. Sie können auch aus einer Vielzahl von Orchestrierungstools wählen, darunter Kubernetes, Nomad, Amazon ECS und OpenShift (vollständige Liste (*https://oreil.ly/r5j54*)). Die mit Abstand beliebtesten sind Docker und Kubernetes. Sie sind so beliebt, dass ihre Namen quasi Synonyme für Container bzw. Containerorchestrierung sind. Deshalb konzentrieren wir uns in diesem Buch auf beide.

In diesem Abschnitt lernen Sie, wie man Docker und Kubernetes nutzt, und abschließend erfahren Sie, wie man diese beiden unter AWS verwendet. Gehen wir es an!

Beispiel: Ein Crashkurs in Docker

Zuerst müssen Sie Docker Desktop installieren (*https://docs.docker.com/get-docker*) (ab Version 4.0). Sobald das erledigt ist, steht Ihnen der `docker`-Befehl in der Kommandozeile zur Verfügung. Sie können den Befehl `docker run` verwenden, um Docker-Images lokal auszuführen:

```
$ docker run <IMAGE> [BEFEHL]
```

Datei ist `<IMAGE>` das auszuführende Docker-Image und `[BEFEHL]` ein optional auszuführender Befehl. Der folgende Befehl führt beispielsweise eine Bash-Shell in einem Docker-Image von Ubuntu 24.04 aus (das Flag `-it` aktiviert eine interaktive Shell):

```
$ docker run -it ubuntu:24.04 bash

Unable to find image 'ubuntu:24.04' locally
24.04: Pulling from library/ubuntu
Digest: sha256:3f85b7caad41a95462cf5b787d8a04604c
Status: Downloaded newer image for ubuntu:24.04

root@d96ad3779966:/#
```

Und schon nutzen Sie Ubuntu! Wenn Sie noch nie mit Docker gearbeitet haben, erscheint das wie Magie. Probieren Sie einige Befehle aus. Zum Beispiel können Sie sich den Inhalt von */etc/os-release* ansehen, um zu prüfen, ob Sie wirklich Ubuntu verwenden:

```
root@d96ad3779966:/# cat /etc/os-release
PRETTY_NAME="Ubuntu 24.04 LTS"
(...)
```

Wie kann das sein? Nun, zuerst sucht Docker in seinem lokalen Cache nach dem Image `ubuntu:24.04`. Haben Sie das Image noch nicht heruntergeladen, lädt Docker es automatisch von Docker Hub herunter, einer *Docker-Registry* für Docker-Images. `ubuntu:24.04` scheint ein öffentliches Docker-Image zu sein – ein offiziell durch das Docker-Team gepflegtes Image –, sodass es ohne Authentifizierung heruntergeladen werden kann. Es ist auch möglich, private Docker-Images zu erzeugen, die nur authentifizierten Nutzern zur Verfügung stehen, was Sie im Abschnitt »Beispiel: Ein Docker-Image auf ECR ablegen« auf Seite 135 noch sehen werden.

Sobald das Image heruntergeladen ist, führt Docker es aus und startet mit `bash` die interaktive Shell, in der Sie Befehle eingeben können. Nutzen Sie den Befehl `ls`, um sich die Liste der Dateien zu betrachten:

```
root@d96ad3779966:/# ls -al
total 56
drwxr-xr-x   1 root root 4096 Feb 22 14:22 .
drwxr-xr-x   1 root root 4096 Feb 22 14:22 ..
lrwxrwxrwx   1 root root    7 Jan 13 16:59 bin -> usr/bin
drwxr-xr-x   2 root root 4096 Apr 15  2020 boot
drwxr-xr-x   5 root root  360 Feb 22 14:22 dev
drwxr-xr-x   1 root root 4096 Feb 22 14:22 etc
drwxr-xr-x   2 root root 4096 Apr 15  2020 home
lrwxrwxrwx   1 root root    7 Jan 13 16:59 lib -> usr/lib
(...)
```

Sie werden bemerken, dass es sich nicht um Ihr Dateisystem handelt. Das liegt daran, dass Docker-Images in Containern laufen, die auf Userspace-Ebene isoliert sind. Innerhalb eines Containers sehen Sie nur das Dateisystem, den Speicher, das Netzwerk etc. dieses Containers. Daten anderer Container oder des zugrunde liegenden Betriebssystems sind für Sie nicht zugänglich. Das ist eines der Features, die Container für den Betrieb von Anwendungen interessant machen: Das Image ist in sich abgeschlossen, d.h., Docker-Images laufen überall gleich, und es spielt keine Rolle, was da sonst noch läuft. Um das in Aktion zu sehen, schreiben wir ein wenig Text in die Datei *test.txt*:

```
root@d96ad3779966:/# echo "Hello, World!" > test.txt
```

Als Nächstes beenden Sie den Container mit Strg-D und landen wieder in der ursprünglichen Kommandozeile Ihres Hostbetriebssystems. Wenn Sie nach der gerade angelegten Datei *test.txt* suchen, werden Sie sie nicht finden. Das Dateisystem des Containers ist von Ihrem Hostbetriebssystem völlig isoliert.

Führen Sie nun das Docker-Image erneut aus:

```
$ docker run -it ubuntu:24.04 bash
root@3e0081565a5d:/#
```

Beachten Sie, dass das Image `ubuntu:24.04` diesmal nicht mehr heruntergeladen werden muss und der Container deshalb nahezu verzögerungsfrei startet. Das ist ein weiterer Grund, warum Docker für den Betrieb von Anwendungen interessant ist: Im Gegensatz zu VMs sind Container leichtgewichtig, und sie starten schnell und mit nur wenig CPU- und Speicher-Overhead.

Ihnen ist vielleicht auch aufgefallen, dass der Prompt beim zweiten Start des Containers anders aussieht. Das liegt daran, dass es sich um einen völlig neuen Container handelt. Alle Daten, die Sie im ersten Container erzeugt haben, sind nicht mehr verfügbar. Führen Sie `ls -al` aus, und Sie werden sehen, dass die Datei *test.txt* nicht existiert. Container sind nicht nur vom Hostbetriebssystem, sondern auch voneinander isoliert.

Beenden Sie den Container wieder mit Strg-D. Zurück in Ihrem Hostbetriebssystem, führen Sie `docker ps` aus:

```
$ docker ps -a
CONTAINER ID   IMAGE          COMMAND    CREATED        STATUS
3e0081565a5d   ubuntu:24.04   "bash"     5 min ago     Exited (0) 16 sec ago
d96ad3779966   ubuntu:24.04   "bash"     14 min ago    Exited (0) 5 min ago
```

Das führt alle Container Ihres Systems auf, einschließlich der angehaltenen (die Sie beendet haben). Sie können einen angehaltenen Container mit dem Befehl `docker start` *<ID>* erneut starten, wobei *ID* die entsprechende `CONTAINER ID` von `docker ps` ist. Das folgende Beispiel startet den ersten Container neu und bindet über die Flags `-ia` eine interaktive Shell an:

```
$ docker start -ia d96ad3779966
root@d96ad3779966:/#
```

Sie können prüfen, ob Sie sich tatsächlich im ersten Container befinden, indem Sie den Inhalt von *test.txt* ausgeben:

```
root@d96ad3779966:/# cat test.txt
Hello, World!
```

Drücken Sie erneut Strg-D, um den Container zu verlassen und in Ihr Hostbetriebssystem zurückzukehren.

Da Sie nun die Grundlagen von Docker kennen, wollen wir uns ansehen, wie man eigene Docker-Images erzeugt und sie zum Betrieb von Web-Apps nutzt.

Beispiel: Ein Docker-Image für eine Node.js-App erzeugen

Sehen wir uns an, wie man einen Container zum Betrieb einer Web-App nutzen kann, genauer gesagt, der Node.js-App, die wir im gesamten Buch als Beispiel verwendet haben. Legen Sie einen neuen Ordner namens *docker* an:

```
$ cd fundamentals-of-devops
$ mkdir -p ch3/docker
$ cd ch3/docker
```

Kopieren Sie *app.js* aus dem Serverorchestrierungsordner in den *docker*-Ordner (Hinweis: Sie müssen *app.config.js* diesmal *nicht* kopieren.):

```
$ cp ../ansible/roles/sample-app/files/app.js .
```

Wenn Sie die Response in *app.js* mit »Fundamentals of DevOps!« festgelegt haben, um rollierende Deployments mit Ansible auszutesten, ändern Sie den Response-Text in *ch3/docker/app.js* wieder in »Hello, World!«.

Als Nächstes legen Sie eine Datei namens *Dockerfile* mit dem Inhalt aus Beispiel 3.23 an.

Beispiel 3.23: Dockerfile für die Node.js-App (ch3/docker/Dockerfile)

❶
```
FROM node:21.7
```

❷
```
WORKDIR /home/node/app
```

```
❸
COPY app.js .

❹
EXPOSE 8080

❺
USER node

❻
CMD ["node", "app.js"]
```

Genau wie Sie ein Packer-Template genutzt haben, um den Build eines VM-Images für die Beispiel-App zu definieren, so nutzen Sie auch dieses *Dockerfile* als Template zur Definition des Builds eines Docker-Images für Ihre Beispiel-App. Das *Dockerfile* macht Folgendes:

❶ Nutzt das offizielle Node.js-Docker-Image vom Docker Hub (*https://oreil.ly/JOc8r*) als Basis. Ein Vorteil von Docker ist, dass man Docker-Images sehr einfach teilen kann. Statt selbst herausfinden zu müssen, wie man Node.js installiert, können Sie das offizielle Image verwenden, das vom Node.js-Team gepflegt wird.

❷ Arbeitsverzeichnis für den Rest des Builds festlegen.

❸ Kopieren von *app.js* in das Docker-Image.

❹ Teilt dem Docker-Image mit, dass die App an Port 8080 horcht. Wenn jemand Ihr Docker-Image einsetzt, kann er diese Information nutzen, um die Ports weiterzuleiten. Ein entsprechendes Beispiel sehen Sie gleich.

❺ Verwendet den Benutzer `node` (der als Teil des offiziellen Node.js-Docker-Images erzeugt wird) statt `root`, um die App auszuführen.

❻ Wird das Docker-Image gestartet, wird standardmäßig dieser Befehl ausgeführt. Beachten Sie, dass Sie üblicherweise *keinen* Prozess-Supervisor für Docker-Images benötigen, weil die meisten Tools zur Containerorchestrierung die ausgeführten Containerprozesse automatisch überwachen. Beachten Sie außerdem, dass die meisten Tools zur Containerorchestrierung erwarten, dass Ihre Apps im »Vordergrund« ausgeführt werden, bis zum Beenden blockieren und das Logging direkt über `stdout` und `stderr` erfolgt.

Um ein Docker-Image aus diesem *Dockerfile* zu erzeugen, verwenden Sie den Befehl `docker build`:

```
$ docker build -t sample-app:v1 .
```

Das Flag `-t` legt das Tag (den Namen) für dieses Docker-Image fest. Der Code gibt den Namen mit `sample-app` und die Version mit `v1` an. Wenn Sie später Änderungen vornehmen, können Sie ein neues Docker-Image erzeugen und eine neue Versionsnummer (z. B. `v2`) vergeben. Der Punkt (`.`) am Ende legt das aktuelle Verzeichnis (den Ordner, in dem Ihr *Dockerfile* liegt) als *Build-Kontext* fest. Auf diese Weise geben Sie Docker die Dateien bekannt, mit denen es für den Build arbeiten kann. Ist der Build abgeschlossen, können Sie mit `docker run` das neue Image ausführen (mit den Flags `-it` und `--init`, damit Strg-C sauber funktioniert):

```
$ docker run -it --init sample-app:v1
 Listening on port 8080
```

Ihre App horcht nun an Port 8080! Doch wenn Sie ein neues Fenster öffnen und versuchen, auf die Beispiel-App zuzugreifen, wird das nicht funktionieren:

```
$ curl localhost:8080
curl: (7) Failed to connect to localhost port 8080: Connection refused
```

Wo liegt das Problem? Tatsächlich ist das kein Problem, sondern ein Feature! Docker-Container sind vom Hostbetriebssystem und anderen Containern isoliert. Und das nicht nur auf Dateisystemebene, sondern auch auf Netzwerkebene. Zwar horcht der Container tatsächlich an Port 8080, doch das ist nur ein Port *innerhalb* des Containers, der für das Hostbetriebssystem nicht zugänglich ist. Damit der Container dem Hostbetriebssystem einen Port freigibt, müssen Sie das Flag `-p` verwenden.

Zuerst drücken Sie Strg-C, um den `sample-app`-Container herunterzufahren. Beachten Sie, dass wir diesmal Strg-C verwenden und nicht Strg-D, da wir den Prozess herunterfahren und nicht nur den interaktiven Prompt beenden. Nun starten Sie den Container erneut, diesmal aber mit dem Flag `-p`:

```
$ docker run -p 8080:8080 -it --init sample-app:v1
 Listening on port 8080
```

Mit `-p 8080:8080` weisen Sie Docker an, Port 8080 innerhalb des Containers für das Hostbetriebssystem zugänglich zu machen. Sie wissen, dass hier Port 8080 verwendet wird, weil Sie das Docker-Image selbst erzeugt haben, doch wenn das das Image eines anderen wäre, könnten Sie `docker inspect` auf das Image anwenden, um sich alle mit `EXPOSE` gekennzeichneten Ports anzeigen zu lassen. In einem anderen Terminal können Sie nun sehen, dass die Beispiel-App wirklich funktioniert:

```
$ curl localhost:8080
Hello, World!
```

Glückwunsch, Sie wissen nun, wie man eine Web-App lokal mit Docker ausführt! Nun ist in Ordnung, `docker run` direkt auszuführen, wenn man lokal testet oder lernt, »dockerisierte« Anwendungen führt man jedoch in der Produktion so nicht aus. Dazu nutzen Sie üblicherweise ein Tool zur Containerorchestrierung wie Kubernetes – das ist unser nächstes Thema.

Container löschen

Jedes Mal, wenn Sie `docker run` ausführen und beenden, bleiben Container übrig, die Plattenplatz verbrauchen. Sie können diese Container mit dem Befehl docker rm *<CONTAINER_ID>* löschen, wobei *CONTAINER_ID* die ID des Containers ist, die in `docker ps` angezeigt wird. Alternativ können Sie `docker run` mit dem Flag `--rm` ausführen, damit Docker automatisch aufräumt, wenn Sie den Container beenden.

Beispiel: Dockerisierte App mit Kubernetes bereitstellen

Kubernetes (manchmal *K8S* genannt) ist ein Tool zur Containerorchestrierung, also eine Plattform zum Betrieb und zur Verwaltung von Containern auf Ihren Servern, inklusive Scheduling, Auto-Healing, Auto-Scaling, Load-Balancing und mehr. Unter der Haube besteht Kubernetes aus zwei Hauptteilen, die Sie in Abbildung 3.2 sehen.

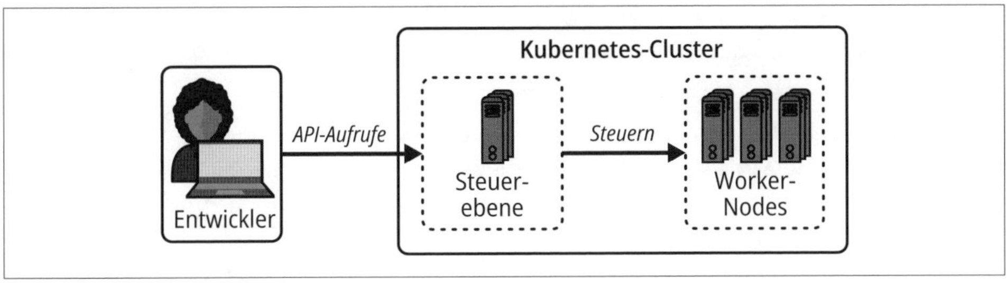

Abbildung 3.2: Die Kubernetes-Architektur besteht aus einer Steuerebene und Worker-Nodes.

Ein Kubernetes-Cluster besteht aus zwei Teilen:

Steuerebene (Control Plane)
: Diese Ebene ist verantwortlich für die Verwaltung des Kubernetes-Clusters. Als »Gehirn« hält sie den Zustand des Clusters nach, überwacht Container und koordiniert Aktionen innerhalb des Clusters. Sie betreibt auch einen *API-Server*, der eine API zur Verfügung stellt, die Sie mit Kommandozeilentools (z. B. `kubectl`), Webschnittstellen (z. B. dem Kubernetes-Dashboard) und IaC-Tools (z. B. OpenTofu) zur Steuerung des Clusters nutzen können.

Worker-Nodes
: Die Server, die die Container ausführen. Die Worker-Nodes werden vollständig von der Steuerebene kontrolliert, die jeder Worker-Node mitteilt, welche Container auszuführen sind.

Kubernetes ist Open Source, und eine seiner Stärke liegt darin, dass es überall ausgeführt werden kann: in jeder Cloud, On-Prem und sogar auf Ihrem PC. Etwas später in diesem Kapitel werden Sie Kubernetes in der Cloud (AWS) nutzen, doch wir wollen klein anfangen und es zuerst lokal ausführen. Das ist einfach möglich, wenn Sie eine relativ aktuelle Version von Docker Desktop installiert haben, da es Kubernetes bereits integriert. Öffnen Sie in Docker Desktop die *Einstellungen*, und Sie sollten Kubernetes im Menü sehen (siehe Abbildung 3.3).

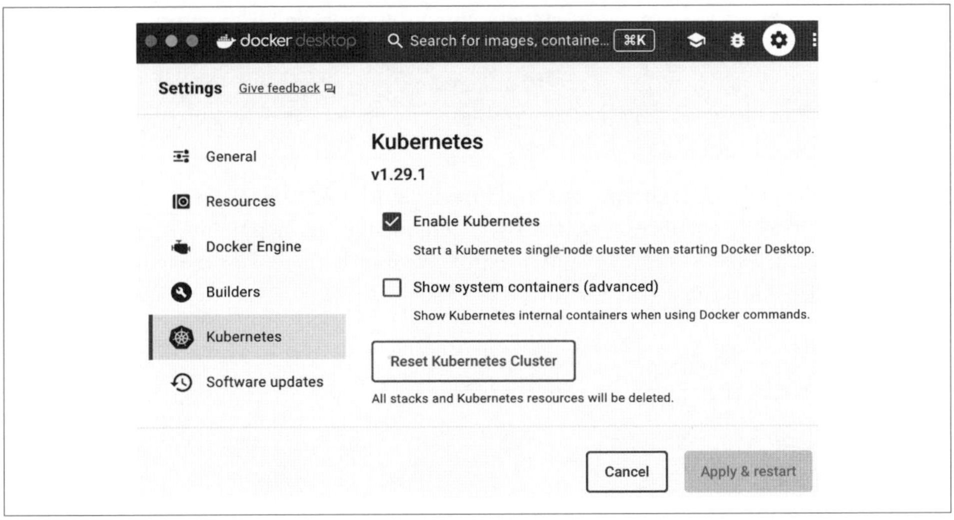

Abbildung 3.3: Kubernetes unter Docker Desktop aktivieren

Markieren Sie die Checkbox *Enable Kubernetes*, klicken Sie auf *Apply & restart* und warten Sie einige Minuten, bis der Neustart abgeschlossen ist.

In der Zwischenzeit installieren Sie `kubectl` (*https://kubernetes.io/docs/tasks/tools*) (ab Version 1.30), das Kommandozeilentool für die Interaktion mit Kubernetes. Um `kubectl` nutzen zu können, müssen Sie zuerst die Konfiguration aktualisieren, die sich in der Datei *$HOME/.kube/config* (im *.kube*-Ordner Ihres Home-Ordners) befindet, und festlegen, welches Kubernetes-Cluster verwendet werden soll. Wenn Sie Kubernetes in Docker Desktop aktivieren, wird die Config-Datei praktischerweise für Sie aktualisiert, d.h., es wird ein Eintrag für `docker-desktop` hinzugefügt, und Sie müssen `kubectl` nur noch anweisen, diese Konfiguration zu verwenden:

```
$ kubectl config use-context docker-desktop
Switched to context "docker-desktop".
```

Nun können Sie mit `get nodes` prüfen, ob das Kubernetes-Cluster funktioniert:

```
$ kubectl get nodes
NAME             STATUS   ROLES           AGE     VERSION
docker-desktop   Ready    control-plane   2m31s   v1.32.0
```

Der Befehl `get nodes` gibt Informationen zu allen Nodes in Ihrem Cluster aus. Da Sie Kubernetes lokal betreiben, ist Ihr Computer die einzige Node. Er führt die Steuerebene aus und dient gleichzeitig als Worker-Node. Sie sind nun so weit, Docker-Container auszuführen.

Um etwas über Kubernetes bereitzustellen, legen Sie Kubernetes-*Objekte* an. Diese persistenten Entitäten legen Ihre Intentionen fest (z.B. welche Docker-Images laufen sollen) und werden (über den API-Server) in das Kubernetes-Cluster geschrieben. Das Cluster führt einen Abgleich (engl. *Reconciliation Loop*) durch, der fortlaufend die gespeicherten Objekte überprüft und das Cluster in den gewünschten Zustand bringt.

Es stehen viele Arten von Kubernetes-Objekten zur Verfügung. Für das Deployment der Beispiel-App nutzen wir *Kubernetes Deployment*, eine deklarative Möglichkeit, eine Anwendung in Kubernetes zu verwalten. Das Deployment erlaubt die Deklaration des auszuführenden Docker-Images, wie viele Kopien (Replikate) auszuführen sind sowie eine Vielzahl von Einstellungen für diese Images (CPU, Speicher, Portnummern, Umgebungsvariablen etc.). Das Deployment wird dann dafür sorgen, dass die von Ihnen deklarierten Anforderungen immer erfüllt werden.

Eine Möglichkeit der Interaktion mit Kubernetes sind YAML-Dateien, die Ihre Kubernetes-Objekte definieren. Sie nutzen dann den Befehl `kubectl apply`, um diese Objekte an das Cluster zu senden. Legen Sie einen neuen Ordner namens *kubernetes* an, um diese YAML-Dateien zu speichern:

```
$ cd fundamentals-of-devops
$ mkdir -p ch3/kubernetes
$ cd ch3/kubernetes
```

Innerhalb des *kubernetes*-Ordners legen Sie die Datei *sample-app-deployment.yml* mit dem Inhalt aus Beispiel 3.24 an.

Beispiel 3.24: K8S-Deployment (ch3/kubernetes/sample-app-deployment.yml)

```
apiVersion: apps/v1
kind: Deployment                ❶
metadata:                       ❷
  name: sample-app-deployment
spec:
  replicas: 3                   ❸
  template:                     ❹
    metadata:                   ❺
      labels:
        app: sample-app-pods
    spec:
      containers:               ❻
        - name: sample-app      ❼
          image: sample-app:v1  ❽
          ports:
            - containerPort: 8080 ❾
          env:                  ❿
            - name: NODE_ENV
              value: production
  selector:                     ⓫
    matchLabels:
      app: sample-app-pods
```

Diese YAML-Datei leistet mit nur etwa 20 Zeilen Code einiges:

❶ Das Schlüsselwort `kind` legt fest, dass dieses Kubernetes-Objekt ein `Deployment` ist.

❷ Jedes Kubernetes-Objekt enthält Metadaten, über die das Objekt in API-Aufrufen identifiziert und angesprochen werden kann. Kubernetes nutzt Metadaten und Labels intensiv, um das System hochgradig flexibel zu halten und nur lose zu koppeln. Der obige Code legt den Namen des Deployments mit `sample-app-deployment` fest.

❸ Das Deployment wird drei Replikate ausführen.

❹ Das *Pod-Template*, eine Art Blaupause, definiert, was dieses Deployment bereitstellt und verwaltet. Es ähnelt dem Launch-Template von AWS-ASGs. Unter Kubernetes stellen Sie nicht jeweils einen Container bereit, sondern sogenannte *Pods*, also Gruppen von Containern, die zusammen bereitgestellt werden sollen. Zum Beispiel könnten Sie einen Pod verwenden, der einen Container mit der Web-App bereitstellt (etwa die Beispiel-App) und einen anderen Container, der Metriken zur Web-App sammelt und an einen zentralen Dienst weitergibt (z. B. Datadog). Dieser `template`-Block konfiguriert also Ihre Pods, die festlegen, welche Container auszuführen sind, welche Ports genutzt werden sollen, welche Umgebungsvariablen verwendet werden und so weiter.

❺ Templates können unabhängig von Deployments genutzt werden, weshalb sie separate Metadaten besitzen, die es erlauben, dieses Template in API-Aufrufen zu identifizieren und anzusprechen (ein weiteres Beispiel für den hohen Grad an Flexibilität und Entkopplung von Kubernetes). Der Code setzt das `app`-Label auf `sample-app-pods`.

❻ Innerhalb des Pod-Templates definieren Sie einen oder mehrere Container, die in diesem Pod ausgeführt werden sollen.

❼ Unser Beispiel konfiguriert nur einen auszuführenden Container namens `sample-app`.

❽ Der Container wird so konfiguriert, dass er das vorhin erzeugte Docker-Image ausführt.

❾ Teilt Kubernetes mit, dass das Docker-Image an Port 8080 auf eingehende Request wartet.

❿ Setzt die Umgebungsvariablen für den Container. Der Code setzt die Umgebungsvariable `NODE_ENV` auf den Wert `production`.

⓫ Weil Deployments und Templates separat definiert werden können, müssen Sie über einen Selektor (`selector`) festlegen, welcher Pod zu verwenden ist (ein weiteres Beispiel für die Flexibilität und Entkopplung von Kubernetes).

Nutzen Sie den Befehl `kubectl apply`, um Ihre Deployment-Konfiguration bereitzustellen:

```
$ kubectl apply -f sample-app-deployment.yml
deployment.apps/sample-app-deployment created
```

Der Befehl sollte nahezu sofort durchgelaufen sein. Woher wissen wir, dass es funktioniert hat? Um diese Frage zu beantworten, können Sie `kubectl` nutzen, um Ihr Cluster zu untersuchen. Zuerst führen Sie den Befehl `get deployments` aus, um sich Ihr Deployment zu betrachten:

```
$ kubectl get deployments
NAME                    READY   UP-TO-DATE   AVAILABLE   AGE
sample-app-deployment   3/3     3            3           1m
```

Hier sehen Sie, wie Kubernetes Metadaten nutzt: Der Name des Deployments (`sample-app-deployment`) stammt aus dem `metadata`-Block. Sie können diese Metadaten in API-Aufrufen nutzen. Um zum Beispiel weitere Details zu einem bestimmten Deployment abzurufen, führen Sie `describe deployment` *<NAME>* aus, wobei *<NAME>* der Name aus den Metadaten ist:

```
$ kubectl describe deployment sample-app-deployment
Name:                   sample-app-deployment
CreationTimestamp:      Mon, 15 Apr 2024 12:28:19 -0400
Selector:               app=sample-app-pods
Replicas:               3 desired | 3 updated | 3 total | 3 available
StrategyType:           RollingUpdate
MinReadySeconds:        0
RollingUpdateStrategy:  0 max unavailable, 3 max surge
(... gekürzt ...)
```

Das Deployment meldet, dass alle drei Replikate verfügbar sind. Um sich diese Replikate anzusehen, verwenden Sie den Befehl `get pods`:

```
$ kubectl get pods
NAME                                     READY STATUS    RESTARTS   AGE
sample-app-deployment-64f97797fb-hcskq   1/1   Running   0          4m23s
sample-app-deployment-64f97797fb-p7zjk   1/1   Running   0          4m23s
sample-app-deployment-64f97797fb-qtkl8   1/1   Running   0          4m23s
```

Und um sich die Details eines bestimmten Pods anzusehen, kopieren Sie dessen Namen und führen `describe pod` aus:

```
$ kubectl describe pod sample-app-deployment-64f97797fb-hcskq
Name:               sample-app-deployment-64f97797fb-hcskq
Node:               docker-desktop/192.168.65.3
Start Time:         Mon, 15 Apr 2024 14:08:04 -0400
Labels:             app=sample-app-pods
                    pod-template-hash=64f97797fb
Status:             Running
IP:                 10.1.0.31
Controlled By:  ReplicaSet/sample-app-deployment-64f97797fb
Containers:
  sample-app:
    Image:            sample-app:v1
    Port:             8080/TCP
    Host Port:        0/TCP
(... gekürzt ...)
```

Die Ausgabe zeigt uns, welche Container in den jeweiligen Pods ausgeführt werden. In diesem Fall ist das nur ein Container pro Pod, in dem das vorhin erzeugte `sample-app:v1`-Image ausgeführt wird. Sie können sich auch die Logs für einzelne Pods mit dem Befehl `logs` anschauen. Das ist hilfreich für das Debugging und wenn Sie wissen wollen, was vorgeht:

```
$ kubectl logs sample-app-deployment-64f97797fb-hcskq
Listening on port 8080
```

Aha, das ist eine vertraute Log-Ausgabe. Sie verfügen nun über drei Replikate, auf denen die Beispiel-App läuft. Doch wie bereits bei der Server- und VM-Orchestrierung wollen die Nutzer einen einzigen Zugangspunkt. Es ist also an der Zeit, einen Load-Balancer mit Kubernetes bereitzustellen.

Beispiel: Einen Load-Balancer mit Kubernetes bereitstellen

Kubernetes unterstützt das Load-Balancing von Haus aus. Typischerweise verwenden Sie dabei ein weiteres Kubernetes-Objekt namens *Kubernetes Service*. Damit können Sie eine unter Kubernetes laufende App als Service bereitstellen, mit dem man über das Netzwerk kommunizieren kann. Beispiel 3.25 zeigt den YAML-Code für einen Kubernetes Service. Speichern Sie ihn in einer Datei namens *sample-app-service.yml*.

Beispiel 3.25: Kubernetes Service (ch3/kubernetes/sample-app-service.yml)

```
apiVersion: v1
kind: Service                      ❶
metadata:                          ❷
  name: sample-app-loadbalancer
spec:
  type: LoadBalancer               ❸
  selector:
    app: sample-app-pods           ❹
  ports:
    - protocol: TCP
      port: 80                     ❺
      targetPort: 8080             ❻
```

Der Code macht Folgendes:

❶ Dieses Kubernetes-Objekt ist ein `Service`.

❷ Der Name des Service wird mit `sample-app-loadbalancer` festgelegt.

❸ Der Service wird als Load-Balancer konfiguriert.[3] Je nachdem, welche Art von Kubernetes-Cluster Sie betreiben und wie es konfiguriert ist, erhalten Sie unterschiedliche Load-Balancer. Läuft Ihr Code zum Beispiel auf AWS, erhalten Sie einen AWS-ELB, bei Google Cloud einen Cloud Load Balancer, und beim lokalen Betrieb erhalten Sie (wie Sie gleich sehen werden) den Load-Balancer, der in die Kubernetes-Distribution in Docker Desktop integriert ist.

❹ Der Traffic wird auf die im Deployment definierten Pods verteilt.

❺ Der Service empfängt Requests an Port 80, dem HTTP-Standardport.

❻ Der Service leitet Requests an Port 8080 der Pods weiter.

Sie stellen den Service wie gehabt über `kubectl apply` bereit:

```
$ kubectl apply -f sample-app-service.yml
service/sample-app-loadbalancer created
```

Um zu prüfen, ob der Service läuft, nutzen Sie `get services`:

```
$ kubectl get services
NAME                    TYPE         CLUSTER-IP     EXTERNAL-IP  PORT(S)
kubernetes              ClusterIP    10.96.0.1      <none>       443/TCP
sample-app-loadbalancer LoadBalancer 10.111.250.21  localhost
80:30910/TCP
```

Der erste Service der Liste ist Kubernetes, was wir ignorieren können. Der zweite Service ist der von Ihnen bereitgestellte Dienst mit dem Namen `sample-app-loadbalancer` (basierend auf seinem eigenen `metadata`-Block). Weitere Details über den Service erhalten Sie mit `describe service`:

```
$ kubectl describe service sample-app-loadbalancer
Name:                    sample-app-loadbalancer
Selector:                app=sample-app-pods
Type:                    LoadBalancer
LoadBalancer Ingress:    localhost
Port:                    <unset>  80/TCP
TargetPort:              8080/TCP
(... gekürzt ...)
```

Wie Sie sehen, horcht der Load-Balancer auf `localhost` an Port 80. Sie können das testen, indem Sie *http://localhost* öffnen:

```
$ curl http://localhost
Hello, World!
```

Glückwunsch, Sie können nun Docker-Container und Load-Balancer per Kubernetes bereitstellen! Doch wie können Updates ausgerollt werden?

3 Kubernetes unterstützt auch andere Arten von Services. Details finden Sie in der Dokumentation.

Beispiel: Updates ausrollen mit Kubernetes

Kubernetes-Deployments unterstützen rollierende Updates von Haus aus. Beispiel 3.26 zeigt, wie Sie den spec-Abschnitt des Deployments anpassen müssen, um rollierende Updates zu aktivieren.

Beispiel 3.26: Rollierende Updates aktivieren (ch3/kubernetes/sample-app-deployment.yml)

```
spec:

  # (... andere Parameter weggelassen ...)

  strategy:
    type: RollingUpdate
    rollingUpdate:
      maxSurge: 3
      maxUnavailable: 0
```

Das Deployment ist nun für rollierende Updates konfiguriert, die bis zu drei zusätzliche Pods bereitstellen (ähnlich dem Instance Refresh bei ASGs). Führen Sie `apply` aus, um die Änderung am Deployment zu übernehmen:

```
$ kubectl apply -f sample-app-deployment.yml
deployment.apps/sample-app-deployment configured
```

Nehmen Sie nun eine Änderung an der Beispiel-App in *docker/app.js* vor. Wir geben wieder den Text `Fundamentals of DevOps!` statt `Hello, World!` zurück, wie in Beispiel 3.27 zu sehen.

Beispiel 3.27: Update des Response-Texts (ch3/docker/app.js)

```
res.end('Fundamentals of DevOps!\n')
```

Um diese Änderung bereitzustellen, erzeugen wir zuerst ein neues Docker-Image mit der neuen Version v2:

```
$ docker build -t sample-app:v2 .
```

Der Build ist üblicherweise in weniger als einer Sekunde erledigt. Das liegt an dem in Docker integrierten Build-Cache (*https://oreil.ly/t-nu5*), der, bei richtiger Verwendung, Builds dramatisch beschleunigen kann. Als Nächstes öffnen wir noch einmal *sample-app-deployment.yml* und ersetzen im Abschnitt `spec` das `image sample-app:v1` durch `sample-app:v2` (siehe Beispiel 3.28).

Beispiel 3.28: Das v2-Image verwenden (ch3/kubernetes/sample-app-deployment.yml)

```
spec:

  # (... andere Parameter weggelassen ...)

    spec:
      containers:
        - name: sample-app
          image: sample-app:v2
```

Führen Sie `apply` erneut aus, um die Änderung zu übernehmen:

```
$ kubectl apply -f sample-app-deployment.yml
deployment.apps/sample-app-deployment configured
```

Kubernetes startet ein rollierendes Update, und wenn Sie während dieses Prozesses `get pods` ausführen, sehen Sie, dass bis zu sechs Pods gleichzeitig laufen (drei alte und drei neue):

```
$ kubectl get pods
NAME                                   READY   STATUS    RESTARTS   AGE
sample-app-deployment-64f97797fb-pnh96  1/1    Running   0          15m
sample-app-deployment-64f97797fb-tmprp  1/1    Running   0          15m
sample-app-deployment-64f97797fb-xmjfl  1/1    Running   0          15m
sample-app-deployment-6c5ff6d6ff-fxqd4  1/1    Running   0          21s
sample-app-deployment-6c5ff6d6ff-hvwjx  1/1    Running   0          21s
sample-app-deployment-6c5ff6d6ff-krkcs  1/1    Running   0          21s
```

Nach kurzer Zeit werden die drei alten Pods heruntergefahren, und es bleiben nur die neuen übrig. An diesem Punkt antwortet der Load-Balancer mit der neuen Response:

```
$ curl http://localhost
Fundamentals of DevOps!
```

Glückwunsch, Sie haben gerade ein rollierendes Deployment ohne Ausfallzeiten mit Kubernetes durchgeführt!

> **Machen Sie sich die Hände schmutzig**
>
> Ich habe für die Beispiele YAML verwendet, um keine zusätzlichen Tools vorstellen zu müssen, doch YAML ist für die Produktion keine gute Wahl, da es weder Variablen noch Templates, `for`-Schleifen, Bedingungen oder andere Features von Programmiersprachen kennt, die die Wiederverwendung von Code erlauben. Für den Produktiveinsatz werden Sie stattdessen Tools wie Helm, OpenTofu mit dem Kubernetes-Provider oder Kustomize (vollständige Liste (*https://oreil.ly/7r5Tt*)) nutzen wollen.

Wenn Sie mit dem Testen durch sind, fahren Sie Ihre App mit `kubectl delete` herunter:

```
$ kubectl delete -f sample-app-deployment.yml
$ kubectl delete -f sample-app-service.yml
```

Beispiel: Ein Kubernetes-Cluster in AWS per EKS bereitstellen

Bisher haben Sie Kubernetes lokal betrieben, was zum Lernen und Testen in Ordnung ist. Für Deployments in der Produktion müssen Sie allerdings ein Kubernetes-Cluster von Servern in einem Rechenzentrum betreiben. Kubernetes ist ein kompliziertes System, mehr oder weniger eine Cloud für sich, und Einrichtung sowie Pflege sind aufwendig. Glücklicherweise haben die meisten Cloud-Anbieter schlüsselfertige Kubernetes-Angebote im Programm, was die Sache wesentlich erleichtert. In diesem Abschnitt lernen Sie Amazons *Elastic Kubernetes Service* (EKS) kennen, das die Steuerebene und die Worker-Nodes für Sie bereitstellen und pflegen kann.

Vorsicht vor den Schlangen: EKS ist nicht Teil des kostenlosen AWS-Angebots!

Die meisten Beispiele in diesem Buch sind Teil des kostenlosen AWS-Angebots, Amazon EKS hingegen nicht. Während die Worker-Nodes (je nach gewählter Instanz) noch unter das kostenlose Kontingent fallen, wird Stand April 2025 für die Steuerebene ein Preis (*https://oreil.ly/BZFWN*) von 0,10 Dollar pro Stunde fällig.

Das Code-Repo zu diesem Buch enthält ein Modul namens `eks-cluster` im Ordner *ch3/tofu/modules/eks-cluster*, mit dessen Hilfe Sie ein einfaches EKS-Cluster bereitstellen können, das Folgendes leistet:

- Vollständig verwaltete Steuerebene.
- Vollständig verwaltete Worker-Nodes. EKS unterstützt unterschiedliche Arten von Worker-Nodes (*https://oreil.ly/Es8sg*). Das `eks-cluster`-Modul verwendet eine *verwaltete EKS-Node-Gruppe* (*Managed Node Group*), die Worker-Nodes in einer ASG bereitstellt. Sie nutzen neben der Containerorchestrierung auch die VM-Orchestrierung, die für Sie aber nahezu unsichtbar ist, da sich AWS um die Details kümmert.
- IAM-Rollen mit den minimalen Rechten, die für Steuerebene und Worker-Nodes notwendig sind. AWS verwaltet Rechte über den IAM-Service (*Identity and Access Management*, zu Deutsch also Identitäts- und Zugriffsverwaltung), über den Sie *IAM-Regeln* (*Policies*) festlegen können. Diese JSON-Dokumente gewähren oder verweigern bestimmte Zugriffsrechte. Um der EKS-Steuerebene und den Worker-Nodes Rechte zuzuweisen, die bestimmte Aktionen in Ihrem AWS-Account durchführen dürfen (z. B. Ausführungsrechte für EC2-Instanzen), legen Sie eine *IAM-Rolle* mit den entsprechenden IAM-Policies an. Diese IAM-Rolle wird dann von der Steuerebene und den Worker-Nodes übernommen.
- Alles wird innerhalb des VPC bereitgestellt.

Um das `eks-cluster`-Modul zu verwenden, legen Sie einen neuen Ordner namens *live/eks-sample* an:

```
$ cd fundamentals-of-devops
$ mkdir -p ch3/tofu/live/eks-sample
$ cd ch3/tofu/live/eks-sample
```

Innerhalb dieses Ordners erzeugen Sie die Datei *main.tf* mit dem Inhalt aus Beispiel 3.29.

Beispiel 3.29: Das »eks-cluster«-Modul verwenden (ch3/tofu/live/eks-sample/main.tf)

```
provider "aws" {
  region = "us-east-2"
}

module "cluster" {
  source  = "brikis98/devops/book//modules/eks-cluster"
  version = "1.0.0"

  name        = "eks-sample"           ❶
  eks_version = "1.32"                 ❷
```

```
  instance_type       = "t2.micro" ❸
  min_worker_nodes    = 3          ❹
  max_worker_nodes    = 10         ❺
}
```

Der Code konfiguriert die folgenden Parameter:

❶ name: Der Name für die Steuerebene, die Worker-Nodes etc.

❷ eks_version: Die zu verwendende Kubernetes-Version.

❸ instance_type: Der auf den Worker-Nodes auszuführende Instanztyp.

❹ min_worker_nodes: Die minimale Anzahl auszuführender Worker-Nodes.

❺ max_worker_nodes: Die maximale Anzahl auszuführender Worker-Nodes.

Um das EKS-Cluster bereitzustellen, authentifizieren Sie sich gegenüber AWS und führen die folgenden Befehle aus:

```
$ tofu init
$ tofu apply
```

Nach drei bis fünf Minuten sollte das Deployment des Clusters abgeschlossen sein. Um sich das Cluster mit kubectl anzusehen, müssen Sie sich zuerst gegenüber dem Cluster authentifizieren. Das aws-CLI besitzt hierzu einen eigenen Befehl:

```
aws eks update-kubeconfig --region <REGION> --name <CLUSTER_NAME>
```

Dabei ist *<REGION>* die AWS-Region, in der Sie das Cluster bereitstellen, und *<CLUSTER_NAME>* der Name des EKS-Clusters. Der Code verwendet hier us-east-2 bzw. eks-sample, d.h., Sie führen Folgendes aus:

```
aws eks update-kubeconfig --region us-east-2 --name eks-sample
```

Sobald das erledigt ist, können Sie get nodes ausführen:

```
$ kubectl get nodes
NAME                                          STATUS   ROLES    AGE
ip-172-31-21-41.us-east-2.compute.internal    Ready    <none>   5m
ip-172-31-34-203.us-east-2.compute.internal   Ready    <none>   5m
ip-172-31-4-188.us-east-2.compute.internal    Ready    <none>   5m
```

Die Ausgabe sieht etwas anders aus als bei unserem Kubernetes-Cluster in Docker Desktop. Sie sollten drei Nodes sehen, jede ist eine EC2-Instanz der von Ihnen verwalteten Node-Gruppe.

Der nächste Schritt bestünde darin, die Beispiel-App auf dem EKS-Cluster bereitzustellen. Doch da gibt es ein Problem: Sie haben ein Docker-Image für die Beispiel-App erzeugt, doch dieses Image liegt auf Ihrem eigenen Computer. Das EKS-Cluster von AWS ist nicht in der Lage, auf das Image auf Ihrem Computer zuzugreifen, weshalb Sie das Image auf einer Container-Registry ablegen müssen, auf die EKS zugreifen kann. Das beschreiben wir im nächsten Abschnitt.

Beispiel: Ein Docker-Image auf ECR ablegen

Sie können Ihre Docker-Images auf einer Vielzahl von Container-Registries wie Docker Hub, Amazon Elastic Container Registry (ECR) und GitHub Container Registry (vollständige Liste (*https://oreil.ly/fLS6u*)) bereitstellen. Wenn Sie AWS nutzen, ist ECR die einfachste Lösung, daher richten wir diese nachfolgend ein. Für jedes Docker-Image, das Sie in ECR ablegen wollen, müssen Sie ein *ECR-Repository* (kurz *ECR-Repo*) anlegen. Das Code-Repo zu diesem Buch enthält ein Modul namens `ecr-repo` im Ordner *ch3/tofu/modules/ecr-repo*, das Sie zum Anlegen eines ECR-Repos verwenden können. Um das `ecr-repo`-Modul zu nutzen, legen Sie einen Ordner namens *live/ecr-sample* an:

```
$ cd fundamentals-of-devops
$ mkdir -p ch3/tofu/live/ecr-sample
$ cd ch3/tofu/live/ecr-sample
```

In diesem Ordner legen Sie die Datei *main.tf* mit dem Inhalt aus Beispiel 3.30 an.

Beispiel 3.30: Das »ecr-repo«-Modul nutzen (ch3/tofu/live/ecr-sample/main.tf)

```
provider "aws" {
  region = "us-east-2"
}

module "repo" {
  source  = "brikis98/devops/book//modules/ecr-repo"
  version = "1.0.0"

  name = "sample-app"
}
```

Der Code erzeugt ein ECR-Repo namens `sample-app`. Üblicherweise sollte der Name des Repos dem Namen des Docker-Images entsprechen.

Sie müssen außerdem *outputs.tf* mit einer Ausgabevariablen (siehe Beispiel 3.31) anlegen.

Beispiel 3.31: Ausgabevariablen (ch3/tofu/live/ecr-sample/outputs.tf)

```
output "registry_url" {
  description = "URL of the ECR repo"
  value       = module.repo.registry_url
}
```

Der Code gibt die URL des ECR-Repos aus, die Sie benötigen, um Images abzulegen und abzurufen. Um das ECR-Repo anzulegen, führen Sie die folgenden Befehle aus:

```
$ tofu init
$ tofu apply
```

Nach einigen Sekunden sehen Sie die `registry_url`-Ausgabe:

```
Apply complete! Resources: 1 added, 0 changed, 0 destroyed.

Outputs:

registry_url = "111111111111.dkr.ecr.us-east-2.amazonaws.com/sample-app"
```

Kopieren Sie diesen `registry_url`-Wert, Sie werden ihn gleich brauchen.

Bevor Sie Ihr Docker-Image in diesem ECR-Repo ablegen können (*Push*), müssen Sie das Image für die richtige *CPU-Architektur* generieren. Standardmäßig erzeugt `docker build` das Docker-Image für die CPU-Architektur Ihres Computers. Bei einem aktuellen MacBook mit ARM-CPU (M-Serie) werden Docker-Images für die `arm64`-Architektur erzeugt. Diese läuft aber nicht auf dem gerade bereitgestellten EKS-Cluster mit `t2.micro`-Worker-Nodes, da diese die `amd64`-Architektur nutzen.

Stellen Sie also sicher, dass Sie Docker-Images für die Architektur(en) erzeugen, auf denen die Deployments erfolgen sollen. Glücklicherweise liefert Docker neuerdings den Befehl `buildx` mit, der es einfach macht, Docker-Images für verschiedene Architekturen zu erzeugen. Bei der ersten Nutzung von `buildx` müssen Sie einen Multiplattform-Builder für Ihre Zielarchitekturen anlegen. Wenn Sie zum Beispiel mit einem `arm64`-Mac arbeiten und das Deployment auf `amd64`-Linux-Servern durchführen wollen, verwenden Sie den folgenden Befehl:

```
$ docker buildx create \
  --use \
  --platform=linux/amd64,linux/arm64 \
  --name multi-platform-builder
```

Nun führen Sie den folgenden Befehl aus, um ein Docker-Image der Beispiel-App für beide Architekturen zu erzeugen (beachten Sie das neue Tag `v3` für diese Images):

```
$ docker buildx build \
  --platform=linux/amd64,linux/arm64 \
  --load \
  -t sample-app:v3 \
  .
```

Vorsicht vor den Schlangen: Sie müssen containerd für Images aktivieren

Um `docker buildx` mit mehreren Plattformen und dem Flag `--load` nutzen zu können, müssen Sie Docker Desktop öffnen, in die *Einstellungen* wechseln, *Use containerd for pulling and storing images* aktivieren und dann *Apply & restart* anklicken. Andernfalls erhalten Sie die Fehlermeldung `docker exporter does not currently support exporting manifest lists`. Details finden Sie unter buildx issue 59 (*https://oreil.ly/xbv12*).

Um das Docker-Image nach dem Build in der ECR ablegen zu können, müssen Sie es mit der Registry-URL des ECR-Repos kennzeichnen (*taggen*), die die `registry_url`-Ausgabe geliefert hat:

```
docker tag \
  sample-app:v3 \
  <IHR_ECR_REPO_URL>:v3
```

Als Nächstes müssen Sie sich gegenüber Ihrem ECR-Repo authentifizieren, was mit den CLI-Tools `aws` und `docker` möglich ist. Ersetzen Sie dabei das letzte Argument mit der Registry-URL Ihres eigenen ECR-Repos, die Sie mit der `registry_url`-Ausgabe erhalten haben:

```
$ aws ecr \
  get-login-password \
  --region us-east-2 | \
  docker login \
  --username AWS \
  --password-stdin \
  <IHR_ECR_REPO_URL>
```

Abschließend können Sie das Docker-Image in Ihrem ECR-Repo ablegen:

```
$ docker push <IHR_ECR_REPO_URL>:v3
```

Beim ersten Push dauert das Hochladen des Images ein oder zwei Minuten. Weitere Pushs sollten dank Dockers Caching schneller gehen.

Beispiel: Dockerisierte App in einem EKS-Cluster bereitstellen

An diesem Punkt können Sie das Docker-Image der Beispiel-App im EKS-Cluster bereitstellen. Die einzige Änderung, die Sie an der YAML-Datei vornehmen müssen, die Sie zur lokalen Bereitstellung verwendet haben, besteht darin, das `image` in *kubernetes/sample-app-deployment.yml* auf die v3-ECR-Repo-URL zu ändern (siehe Beispiel 3.32).

Beispiel 3.32: Die ECR-Repo-URL nutzen (ch3/kubernetes/sample-app-deployment.yml)

```
spec:

  # (... andere Parameter weggelassen ...)

    spec:
      containers:
        - name: sample-app
          image: <YOUR_ECR_REPO_URL>:v3
```

Sie können nun beide YAML-Dateien per `apply` anwenden, um Ihr EKS-Cluster bereitzustellen:

```
$ kubectl apply -f sample-app-deployment.yml
$ kubectl apply -f sample-app-service.yml
```

Wenn Sie nach ein oder zwei Minuten `get pods` ausführen, sehen Sie so etwas wie:

```
$ kubectl get pods
NAME                                  READY   STATUS    RESTARTS   AGE
sample-app-deployment-59f5c6cd66-nk45z  1/1     Running   0          1m
sample-app-deployment-59f5c6cd66-p5jxz  1/1     Running   0          1m
sample-app-deployment-59f5c6cd66-pmjns  1/1     Running   0          1m
```

Und wenn Sie nun `get services` ausführen, erscheint:

```
NAME                     TYPE           EXTERNAL-IP                         PORT(S)
kubernetes               ClusterIP      <none>                              443
sample-app-loadbalancer  LoadBalancer   xx.us-east-2.elb.amazonaws.com
80:3225
```

Ein Blick auf die `EXTERNAL-IP` des `sample-app-loadbalancer` zeigt uns den Domainnamen des AWS-ELB. Öffnen Sie diese URL:

```
$ curl xx.us-east-2.elb.amazonaws.com
Fundamentals of DevOps!
```

Wenn Sie Fehlermeldungen wie `Could not resolve host` sehen, ist der Load-Balancer wahrscheinlich noch nicht hochgefahren, oder die Health-Checks sind nicht abgeschlossen. Warten Sie ein oder zwei Minuten und versuchen Sie es erneut. Nun sollten Sie die Meldung `Fundamentals of DevOps!` sehen. Glückwunsch. Sie führen nun eine dockerisierte App in einem Kubernetes-Cluster auf AWS aus!

Machen Sie sich die Hände schmutzig

Hier einige Übungen, mit denen Sie zu Hause tiefer einsteigen können:

- Wenn Sie einen Kubernetes Service vom Typ `LoadBalancer` bei EKS bereitstellen, erzeugt EKS einen *klassischen Load-Balancer*. Der Einsatz dieses älteren Load-Balancers wird nicht mehr empfohlen. Folgen Sie der AWS-Dokumentation (*https://oreil.ly/qv-3Y*), um stattdessen einen ALB bereitzustellen.
- Beenden Sie eine Worker-Node in der AWS-Konsole. Wie geht ELB damit um? Was macht EKS?

Wenn Sie Ihre Experimente mit dem EKS-Cluster abgeschlossen haben, führen Sie `tofu destroy` über `eks-cluster` und `ecr-repo` aus, um die gesamte Infrastruktur herunterzufahren.

Sie haben nun Serverorchestrierung, VM-Orchestrierung und Containerorchestrierung kennengelernt. Bleibt noch ein Orchestrierungsansatz übrig: die serverlose Orchestrierung.

Serverlose Orchestrierung

Bei allen bisher vorgestellten Tools zur Orchestrierung mussten Sie über die zu nutzenden Server nachdenken und diese auch verwalten, wenngleich bei jeder Abstraktionsschicht etwas weniger. Die Idee hinter *serverlos* ist, dass Sie sich ganz auf Ihre Anwendung konzentrieren können, ohne überhaupt über Server nachdenken zu müssen. Natürlich gibt es immer noch Server, doch diese laufen hinter den Kulissen und werden vollständig für Sie verwaltet.

Das ursprünglich als *serverless* bezeichnete Modell war *Funktionen-als-Service* (*Functions as a Service*, FaaS), das wie folgt funktioniert:

- Anlegen eines *Deployment-Pakets*, das nur den Quellcode zum Betrieb einer Funktion (nicht der gesamten App) enthält.
- Hochladen des Deployment-Pakets zum *Serverless-Provider*, üblicherweise ein Cloud-Anbieter wie AWS, Google Cloud oder Azure. Sie können aber auch Tools wie Knative (*https://knative.dev/docs/*) nutzen, um serverless in Ihrem On-Prem-Kubernetes-Cluster zu unterstützen.

- Den Serverless-Provider so konfigurieren, dass Ihre Funktion bei bestimmten Ereignissen (z. B. einer HTTP-Anfrage, einem Datei-Upload oder einer neuen Nachricht in einer Warteschlange) ausgelöst wird.
- Wird ein Trigger ausgelöst, führt der Serverless-Provider die Funktion aus. Dabei übergibt er Informationen zum Event als Eingabe. In manchen Fällen nimmt er die von der Funktion als Ausgabe zurückgelieferten Daten und leitet sie weiter (z. B. als HTTP-Response).
- Um ein Update bereitzustellen, legen Sie ein neues Deployment-Paket an, laden es zum Serverless-Provider hoch, und der Provider nutzt es, um auf alle zukünftigen Trigger zu reagieren.

Kernaussage 4

Serverlose Orchestrierung ist ein Ansatz für unveränderliche Infrastrukturen, bei denen Funktionen bereitgestellt und verwaltet werden, ohne über Server nachdenken zu müssen.

Einige Kernpunkte, die beim FaaS-Modell gegenüber den anderen Möglichkeiten zur Orchestrierung herausragen, aber leicht übersehen werden, sind:

Sie konzentrieren sich auf Ihren Code, nicht auf die Hardware.
: Das Ziel beim Serverless-Betrieb ist, dass Sie sich nicht mehr um die Hardware kümmern müssen. Ob Ihr Trigger nun 1.000 Mal pro Sekunde anspringt oder einmal im Jahr – es ist Sache des Serverless-Anbieters, Server, Cluster, Auto-Scaling und Auto-Healing so zu betreiben, dass die Last verarbeitet werden kann.

Sie konzentrieren sich auf Ihren Code, nicht auf das Betriebssystem.
: Das Deployment-Paket enthält nur den App-Code. Es enthält also *kein* Betriebssystem oder andere Tools. Betrieb, Absicherung und Update des Betriebssystems werden vollständig vom Serverless-Provider übernommen.

Höhere Geschwindigkeit.
: Während der Build-und-Deploy-Zyklus bei VMs bei fünf bis 30 Minuten liegt und bei Containern bei ein bis fünf Minuten, kann dieser Zyklus beim Serverless-Betrieb unter einer Minute liegen.

Höhere Effizienz.
: Der Serverless-Betrieb kann die Ressourcen noch effizienter nutzen als Container. Anstelle lang laufender Apps starten Sie kurz laufende Funktionen, die innerhalb des Clusters sehr schnell auf jeden Server mit freien Ressourcen verschoben werden können. Zwar kommen diese Vorteile hauptsächlich dem Cloud-Anbieter zugute, doch einige dieser Kostenvorteile werden auch an den Endkunden durchgereicht, weshalb Serverless-Optionen zu sehr niedrigen Preisen angeboten werden.[4]

4 Zum Beispiel lag der Lambda-Preis (*https://oreil.ly/CdqqY*) 2025 bei 0,0000166667 Dollar pro Sekunde Ausführungszeit. Eine App mit 10 Millionen Requests pro Monat kostete also (je nach Ausführungszeit und Speichernutzung) unter 10 Dollar im Monat.

Der Preis ist direkt abhängig von der Nutzung.
Bei anderen Orchestrierungsansätzen zahlen Sie üblicherweise stundenweise für die benötigte Hardware, selbst wenn diese größtenteils ungenutzt bleibt. Bei FaaS ist der Preis direkt von der Nutzung abhängig, d.h., Sie zahlen mehr bei hoher Auslastung und weniger bei geringer Auslastung. Und wenn das System nicht genutzt wird, zahlen Sie auch gar nichts (*scale to zero*). Zusätzlich lassen sich Performanceoptimierungen bei FaaS nahezu eins zu eins auf Kostenreduzierungen abbilden. Läuft Ihr Code um 10% schneller, sinken Ihre Kosten um fast 10%. Bei anderen Orchestrierungstools gibt es diesen direkten Zusammenhang nicht.

Zwar hat FaaS einige Vorteile, doch es gibt auch Grenzen:

Größenlimits
Üblicherweise gibt es Limits für die Größe von Deployment-Paketen, Payloads und Response-Payloads.

Zeitlimits
Üblicherweise gibt es ein Zeitlimit für die Laufzeit Ihrer Funktionen (15 Minuten bei AWS Lambda).

Plattenplatz
Üblicherweise steht lokal nur eine kleine Menge an Speicher zur Verfügung, und der ist meist flüchtig, d.h., Sie können nichts dauerhaft speichern.

Performance
Da die Server für Sie nicht zugänglich sind, haben Sie nur wenig Kontrolle über die verwendete Hardware, was die Leistungsoptimierung schwierig macht.

Debugging
Üblicherweise können Sie keine Direktverbindung mit dem Server herstellen (z.B. per SSH), was das Debugging schwierig macht.

Kaltstarts
Der Serverless-Betrieb leidet häufig unter *Kaltstarts*: Beim ersten Hochfahren, dem Hochfahren nach einer Leerlaufphase oder dem ersten Lauf nach einer Lastspitze muss der Serverless-Anbieter Ihr Deployment-Paket hochladen und starten. Das kann einen Overhead von ein paar Sekunden bedeuten, der in einigen Fällen (etwa bei HTTP-Live-Requests) inakzeptabel langsam ist.

Lang laufende Verbindungen
Einige Anwendungsfälle wie Datenbankverbindungspools und Websockets sind mit FaaS üblicherweise komplizierter zu realisieren. Beispielsweise müssen Sie bei AWS Lambda für einen Datenbankverbindungspool einen separaten Dienst namens Amazon RDS Proxy (*https://oreil.ly/18z3F*) nutzen.

Das FaaS-Modell für den Serverless-Betrieb wurde erstmals 2015 durch die Einführung von AWS Lambda bekannt. Es wurde schnell sehr beliebt, und seitdem haben andere Cloud-Anbieter mit eigenen FaaS-Angeboten wie Google Cloud Functions und Azure Serverless (vollständige Liste (*https://oreil.ly/5ojNG*)) nachgezogen. Tatsächlich wurde Serverless so beliebt, dass es heutzutage nicht nur für FaaS, sondern auch für andere Modelle genutzt wird:

Serverless-Container
: Einige Cloud-Anbieter ermöglichen es, Container zu betreiben, ohne sich um die entsprechenden Server oder Cluster kümmern zu müssen. AWS Fargate erlaubt zum Beispiel den Einsatz von Amazon EKS oder Amazon ECS, ohne dass Sie sich um die Steuerebene oder die Worker-Nodes kümmern müssen. Die Kombination aus Containern und Serverless hilft dabei, einige Einschränkungen von FaaS zu umgehen. So können Sie zum Beispiel Container länger laufen lassen, was Probleme mit Kaltstarts und lang laufenden Verbindungen reduziert. Container bieten außerdem eine höhere Portabilität, da FaaS von providerspezifischen Deployment-Paketen abhängig ist. Allerdings sind Container üblicherweise größer, und die Tools zur Containerorchestrierung sind bei Skalierung und Deployment langsamer, was einige der Geschwindigkeitsvorteile wieder aufhebt. Bei lang laufenden Containern fällt auch der Scale-to-Zero-Vorteil weg.

Serverless-Datenbanken
: Der Begriff *Serverless* wird mittlerweile auch für Datenbanken verwendet, etwas bei Amazon Aurora Serverless. In diesem Fall impliziert der Begriff zwei Dinge. Erstens können Sie diese Datenbanken nutzen, ohne sich um den Betrieb und die Wartung der zugrunde liegenden Server, Festplatten etc. kümmern zu müssen. Zweitens skalieren die Datenbanken gegen null, wenn sie nicht genutzt werden. Das heißt, Sie müssen nichts zahlen, wenn die Datenbank nicht genutzt wird (allerdings zahlen Sie immer noch für die Datenspeicherung).

Um ein Gefühl für den Serverless-Betrieb zu bekommen, wollen wir den wohl beliebtesten Ansatz ausprobieren, also FaaS mit AWS Lambda. Zuerst wollen wir eine Lambda-Funktion bereitstellen, die mit »Hello, World!« antwortet, und dann stellen wir eine Lambda-Funktions-URL bereit, um die Lambda-Funktion anzustoßen (zu triggern), wenn HTTP-Requests eingehen.

Beispiel: Serverless-Funktion mit AWS Lambda bereitstellen

Im Code-Repo zu diesem Buch finden Sie ein Modul namens `lambda` im Ordner *ch3/tofu/modules/lambda*. Dieses Modul kann Folgendes:

- Verpacken eines festgelegten Ordners in ein Deployment-Paket.
- Hochladen des Deployment-Pakets als AWS-Lambda-Funktion.
- Konfiguration verschiedener Einstellungen für die Lambda-Funktion, wie Speicher, CPU und Umgebungsvariablen.

Um das `lambda`-Modul zu nutzen, legen Sie den Ordner *live/lambda-sample* als Root-Modul an:

```
$ cd fundamentals-of-devops
$ mkdir -p ch3/tofu/live/lambda-sample
$ cd ch3/tofu/live/lambda-sample
```

In diesem Ordner legen Sie die Datei *main.tf* mit dem Inhalt aus Beispiel 3.33 an.

Beispiel 3.33: Das »lambda«-Modul nutzen (ch3/tofu/live/lambda-sample/main.tf)

```
provider "aws" {
  region = "us-east-2"
}

module "function" {
  source  = "brikis98/devops/book//modules/lambda"
  version = "1.0.0"

  name        = "lambda-sample"          ❶
  src_dir     = "${path.module}/src"     ❷
  runtime     = "nodejs20.x"             ❸
  handler     = "index.handler"          ❹
  memory_size = 128                      ❺
  timeout     = 5                        ❻

  environment_variables = {              ❼
    NODE_ENV = "production"
  }
}
```

Der Code legt die folgenden Parameter fest:

❶ `name`: Der für die Lambda-Funktion und alle Ressourcen zu nutzende Name.

❷ `src_dir`: Das Verzeichnis, in dem der Code für die Lambda-Funktion liegt. Das `lambda`-Modul packt diesen Ordner in ein Deployment-Paket. Beispiel 3.34 zeigt den Inhalt dieses Ordners.

❸ `runtime`: Die für diese Funktion genutzte Runtime. AWS Lambda unterstützt verschiedene Runtimes wie Node.js, Python, Java, Ruby und .NET.

❹ `handler`: Der *Handler*, oder Zugangspunkt, zum Aufruf Ihrer Funktion. Das Format lautet `<DATEI>.<FUNKTION>`, wobei `<DATEI>` die Datei im Deployment-Paket und `<FUNKTION>` der Name der aufzurufenden Funktion in dieser Datei ist. Lambda gibt dieser Funktion die Eventinformationen weiter. Der obige Code legt den Handler mit der `handler`-Funktion in *index.js* fest, die in Beispiel 3.34 zu sehen ist.

❺ `memory_size`: Der dieser Lambda-Funktion zuzuweisende Speicherplatz. Mit dem Speicher steigt proportional die verfügbare CPU-Leistung, aber auch die Kosten für die Ausführung dieser Funktion steigen.

❻ `timeout`: Die maximale Laufzeit dieser Funktion. Das Time-out-Limit liegt bei 15 Minuten.

❼ `environment_variables`: Für diese Funktion zu setzende Umgebungsvariablen. Der obige Code setzt die Umgebungsvariable `NODE_ENV` auf `production`, was die Node.js-App und alle Abhängigkeiten anweist, im Produktionsmodus zu laufen.

Legen Sie einen Ordner in *lambda-sample/src* an und innerhalb dieses Ordners die Datei *index.js* mit dem Handler aus Beispiel 3.34.

Beispiel 3.34: Handler-Code in index.js (ch3/tofu/live/lambda-sample/src/index.js)

```
exports.handler = (event, context, callback) => {
  callback(null, {statusCode: 200, body: "Hello, World!"});
};
```

Wie Sie sehen, nimmt die Funktion ein `event`-Objekt als Eingabe entgegen und nutzt den `callback`, um mit 200 OK und dem Text `Hello, World!` zu antworten. Das Deployment des `lambda-sample`-Moduls erfolgt wie üblich:

```
$ tofu init
$ tofu apply
```

Der `apply`-Befehl benötigt nur wenige Sekunden; Lambda ist schnell! Um zu sehen, ob er funktioniert hat, öffnen Sie die Lambda-Konsole (*https://oreil.ly/rjYKD*) in Ihrem Browser, klicken auf die Funktion `sample-app-lambda`, und Sie sehen den Handler-Code (siehe Abbildung 3.4).

Abbildung 3.4: Die Lambda-Konsole mit der neu angelegten Funktion

Momentan besitzt die Funktion keine Trigger und macht daher nichts. Sie können einen Trigger von Hand anstoßen, indem Sie den *Test*-Button anklicken. Die Konsole öffnet ein Pop-up, in dem Sie Testdaten im JSON-Format eingeben können, die dann als `event`-Objekt an die Funktion gesendet werden. Belassen Sie alles bei den Voreinstellungen und klicken Sie auf den *Invoke*-Button. Ihre Funktion wird aufgerufen, und die Log-Ausgabe sieht in etwa so aus wie in Abbildung 3.5.

Abbildung 3.5: Ausgabe des manuellen Triggerns der Lambda-Funktion mit einem Test-Event

Wie Sie sehen, wurde die Funktion ausgeführt und hat mit dem erwarteten 200 OK und mit `Hello, World!` geantwortet. Das manuelle Triggern von Lambda-Funktionen geht beim Lernen und Testen in Ordnung, doch im richtigen Leben muss die Funktion der serverlosen Web-App über HTTP-Requests getriggert werden, was wir im nächsten Abschnitt erläutern.

Beispiel: Eine Lambda-Funktions-URL anlegen

Sie können AWS so konfigurieren, dass es eine Lambda-Funktion immer dann triggert, wenn ein HTTP(S)-Request eingeht. Dazu legen Sie eine Lambda-Request-URL an. Beispiel 3.35 zeigt, wie Sie das `lambda-sample`-Modul um eine Lambda-Funktions-URL ergänzen.

Beispiel 3.35: Eine Lambda-Funktions-URL anlegen (ch3/tofu/live/lambda-sample/main.tf)

```
module "function" {
  source  = "brikis98/devops/book//modules/lambda"
  version = "1.0.0"

  # ... (andere Parameter weggelassen) ...

  create_url = true
}
```

Indem Sie `create_url` auf `true` setzen, weisen Sie das `lambda`-Modul an, eine Lambda-Funktions-URL anzulegen. Sie müssen die Funktions-URL auch als neue Ausgabevariable in einer neuen Datei namens *outputs.tf* anlegen (siehe Beispiel 3.36).

Beispiel 3.36: Ausgabevariablen (ch3/tofu/live/lambda-sample/outputs.tf)

```
output "function_url" {
  description = "The URL of the Lambda function"
  value       = module.function.function_url
}
```

Stellen Sie die Updates bereit:

```
$ tofu init
$ tofu apply
```

Sobald `apply` fertig ist, sehen Sie die `function_url`-Ausgabe:

```
Outputs:

function_url = "https://omhowbrsutqjt.lambda-url.us-east-2.on.aws/"
```

Öffnen Sie diese URL, und Sie sehen das vertraute `Hello, World!`. Glückwunsch, eine Lambda-Funktions-URL leitet nun HTTPS-Requests an Ihre Lambda-Funktion weiter! AWS skaliert Ihre Lambda-Funktion automatisch je nach Last hoch oder runter bis hin zum Scale-to-Zero, wenn keine Last vorliegt.

Beispiel: Updates mit AWS-Lambda ausrollen

Standardmäßig unterstützt AWS Lambda von Haus aus ein nahezu verzögerungsfreies Deployment-Modell. Das bedeutet, dass beim Hochladen eines neuen Deployment-Pakets alle neuen Requests den Code des neuen Pakets mehr oder weniger sofort ausführen. Ändern Sie beispielsweise *lambda-sample/src/index.js* so ab, dass es mit `Fundamentals of DevOps!` statt `Hello, World!` antwortet (siehe Beispiel 3.37).

Beispiel 3.37: Update des Response-Texts (ch3/tofu/live/lambda-sample/src/index.js)

```
exports.handler = (event, context, callback) => {
  callback(null, {statusCode: 200, body: "Fundamentals of DevOps!"});
};
```

Führen Sie `apply` erneut aus, um diese Änderungen zu übernehmen:

```
$ tofu apply
```

Der Befehl ist innerhalb von Sekunden fertig, und wenn Sie die `function_url`-URL aufrufen, erscheint gleich `Fundamentals of DevOps!`. Wie gesagt, Deployments mit Lambda sind schnell!

Machen Sie sich die Hände schmutzig

Um nicht zu viele neue Tools vorstellen zu müssen, nutzt dieses Kapitel OpenTofu für das Deployment der Lambda-Funktionen. Dieser Ansatz funktioniert gut für Hintergrundjobs, die Eventverarbeitung oder einfache Web-Apps, ist für komplexere Web-Apps (mit vielen Funktionen und HTTP-Endpunkten) aber nicht empfehlenswert. Der Code wird langatmig, und es gibt keine einfache Möglichkeit, ihn lokal zu testen (insbesondere den HTTP-Teil). Für serverlose Web-Apps sollten Sie stattdessen Tools wie Serverless Framework oder *AWS Serverless Application Model* (SAM) (vollständige Liste (*https://oreil.ly/H3RcF*)) ausprobieren.

Wenn Sie Ihre Experimente mit dem Serverless-Code abgeschlossen haben, führen Sie `tofu destroy` aus, um die gesamte Infrastruktur herunterzufahren.

Vergleich der Orchestrierungsoptionen

Sie haben nun die gängigsten Orchestrierungsansätze kennengelernt: Serverorchestrierung, VM-Orchestrierung, Containerorchestrierung und Serverless-Orchestrierung. Tabelle 3.1 vergleicht diese Orchestrierungsansätze in Bezug auf Kernprobleme der Orchestrierung, die wir zu Beginn des Kapitels vorgestellt haben.

Verlustbehaftete Komprimierung

Die Tabellen in diesem Abschnitt zeigen, was Sie *typischerweise* von den Tools der jeweiligen Kategorien erwarten dürfen. Doch weil es Dutzende Tools für jede Kategorie gibt, führt die Komprimierung dieser Informationen in einer Tabelle zwangsläufig dazu, dass einige Informationen verloren gehen.

Tabelle 3.1: Vergleich der Orchestrierungsansätze in Bezug auf die Kernprobleme der Orchestrierung

Problem	Serverorchestrierung	VM-Orchestrierung	Container-orchestrierung	Serverless-Orchestrierung
Deployment	**Gut** z. B. rollierende Deployments mit Ansible	**Gut** z. B. rollierende Deployments mit ASGs	**Sehr gut** z. B. K8S Rolling, Canary, blau/grün[a]	**Sehr gut** z. B. Lambda blau/grün, Canary, Traffic-Shifting (*https://docs.aws.amazon.com/serverless-application-model/latest/developerguide/automating-updates-to-serverless-apps.html*)
Scheduling	**Schlecht** manuelles Scheduling, Abrechnung pro Server	**Fair** z. B. ASG-Scheduler, Abrechnung pro VM	**Gut** z. B. K8S-Scheduler, Abrechnung pro Server	**Sehr gut** z. B. Lambda-Scheduler, Abrechnung nach Ausführungszeit
Rollback	**Schlecht** kein Rollback mit veränderlicher Infrastruktur	**Sehr gut** Rollback zur vorherigen unveränderlichen Version	**Sehr gut** Rollback zur vorherigen unveränderlichen Version	**Sehr gut** Rollback zur vorherigen unveränderlichen Version
Auto-Scaling	**Schlecht** manuelles Scaling	**Gut** z. B. ASG-Autoscaling (*https://docs.aws.amazon.com/autoscaling/ec2/userguide/scaling-overview.html*)	**Gut** z. B. K8S-Autoscaling (*https://kubernetes.io/docs/concepts/workloads/autoscaling*)	**Sehr gut** wird für Sie erledigt,[b] Scaling auf 0
Auto-Healing	**Schlecht** manuelles Healing	**Gut** z. B. ASG-Health-Checks (*https://docs.aws.amazon.com/autoscaling/ec2/userguide/ec2-auto-scaling-health-checks.html*)	**Gut** z. B. K8S Probes (*https://kubernetes.io/docs/tasks/configure-pod-container/configure-liveness-readiness-startup-probes*)	**Sehr gut** wird für Sie erledigt

Tabelle 3.1: Vergleich der Orchestrierungsansätze in Bezug auf die Kernprobleme der Orchestrierung (Forts.)

Problem	Serverorchestrierung	VM-Orchestrierung	Container-orchestrierung	Serverless-Orchestrierung
Konfiguration	**Gut** z. B. Ansible-Variablen, Rollen, Templates	**Fair** z. B. Variablen bereitstellendes OpenTofu-Modul	**Sehr gut** z. B. K8S ConfigMaps (*https://kubernetes.io/docs/concepts/configuration/configmap*)	**Sehr gut** z. B. Lambda mit SSM Parameter Store (*https://docs.aws.amazon.com/systems-manager/latest/userguide/ps-integration-lambda-extensions.html*)
Secrets-Management	**Gut** z. B. Ansible Vault (*https://docs.ansible.com/ansible/latest/vault_guide/index.html*)	**Fair** z. B. Lesen eines Secret-Stores während des Bootens	**Sehr gut** z. B. K8S Secrets (*https://kubernetes.io/docs/concepts/configuration/secret*)	**Sehr gut** z. B. Lambda mit AWS Secrets Manager (*https://docs.aws.amazon.com/secretsmanager/latest/userguide/retrieving-secrets_lambda.html*)
Load-Balancing	**Fair** z. B. Deployment von nginx	**Sehr gut** z. B. ALBs	**Sehr gut** z. B. K8S Services	**Sehr gut** z. B. Lambda URL
Service-Messaging	**Schlecht** manuell verwaltet	**Fair** z. B. ALBs mit ASGs	**Sehr gut** z. B. K8S Services	**Sehr gut** z. B. Lambda Invoke (*https://docs.aws.amazon.com/lambda/latest/dg/lambda-invocation.html*)
Festplattenverwaltung	**Schlecht** manuelle Festplattenverwaltung	**Fair** z. B. ASG EBS-Volumes[c]	**Sehr gut** z. B. K8S-Volumes (*https://kubernetes.io/docs/concepts/storage/volumes*) und persis tente Volumes (*https://kubernetes.io/docs/concepts/storage/persistent-volumes*)	**Schlecht** z. B. kann das Lambda-Dateisystem nur gelesen werden

[a] Kubernetes-Deployments unterstützen Rolling und Canary. Tools wie **Argo Rollouts** bieten blau/grün.

[b] Bis zu einem gewissen Punkt. Möglicherweise müssen Sie die **Concurrency-Einstellungen konfigurieren**, um nicht gedrosselt zu werden.

[c] Wenn Sie für ASGs persistente Volumes wünschen, müssen Sie diese während des Deployments von Hand verschieben.

Diese Tabelle sollte deutlich machen, warum so viel Aufhebens um die Containerorchestrierung (insbesondere Kubernetes) und die Serverless-Orchestrierung (insbesondere AWS Lambda) gemacht wird: Sie lösen von Haus aus viele der Kernprobleme der Orchestrierung! Allerdings liefern die Kernprobleme der Orchestrierung nicht das Gesamtbild. Sie definieren, *was* ein Orchestrierungstool leisten soll (funktionale Anforderungen), doch nicht, *wie gut* sie diese erfüllen (nicht funktionale Anforderungen). Tabelle 3.2 vergleicht Orchestrierungstools hinsichtlich der wesentlichen nichtfunktionalen Anforderungen.

Tabelle 3.2: Vergleich der Orchestrierungsansätze über nichtfunktionale Anforderungen

Dimension	Serverorchestrierung	VM-Orchestrierung	Container-orchestrierung	Serverless-Orchestrierung
Schnelligkeit des Deployments	**Schlecht** 5–60 Minuten	**Fair** 5–30 Minuten	**Gut** 1–5 Minuten	**Sehr gut** 1 Minute
Wartung	**Fair** z. B. Verwaltung der Server, Chef-Server	**Gut** z. B. Verwaltung der Server, VMs	**Schlecht** z. B. Verwaltung der Server, K8S-Cluster, Container	**Sehr gut** z. B. Verwaltung der Apps
Dev/Prod-Parität	**Schlecht** z. B. wird Ansible von Dev nur selten genutzt	**Schlecht** z. B. können Sie eine AWS-ASG nicht als Dev betreiben	**Sehr gut** z. B. ist es üblich, Docker und K8S als Dev zu betreiben	**Sehr gut** z. B. ist Serverless-Betrieb für Dev üblich
Reifegrad	**Gut** ältester Ansatz, meist Open Source	**Fair** zweitältester Ansatz, meist proprietär	**Gut** neuer Ansatz, meist Open Source	**Schlecht** neuester Ansatz, meist proprietär
Debugging	**Gut** Zugriff auf Server, einfache Abstraktionen, veränderlich	**Sehr gut** Zugriff auf Server, einfache Abstraktionen, unveränderlich	**Fair** Zugriff auf Server, komplexe Abstraktionen, unveränderlich	**Schlecht** kein Zugriff auf Server, komplexe Abstraktion, unveränderlich
Leistungs-steigerung	**Sehr gut** Kontrolle über die Hardware	**Gut** Kontrolle über Hardware, »Noisy Neighbors«[a]	**Fair** Kontrolle der Hardware, »lautere« Nachbarn	**Schlecht** keine Kontrolle der Hardware, »lautere« Nachbarn, Kaltstarts
Erlernbarkeit	**Gut**	**Gut**	**Schlecht**	**Sehr gut**
Lang laufende Tasks	**Sehr gut**	**Sehr gut**	**Sehr gut**	**Schlecht**

[a] Beim *Noisy Neighbor*-Problem (Problem des lauten Nachbarn) führen viele Apps auf einem physikalischen Server zu wechselseitigen Performanceproblemen.

Während Container- und Serverless-Orchestrierung bei einem rein funktionalen Vergleich als Sieger hervorgehen, ist das Bild nicht ganz so klar, wenn man die nicht funktionalen Anforderungen berücksichtigt. Ich habe Unternehmen kennengelernt, die bei Orchestrierungstools wie Kubernetes mit der Wartung, dem Debugging, der Leistungssteigerung und der Erlernbarkeit hadern (siehe hierzu beispielsweise die Geschichten von Crafting Code (*https://oreil.ly/3-qeO*), Basecamp (*https://oreil.ly/W2OIG*) und trivago (*https://oreil.ly/Cnw08*)). Ich habe auch Unternehmen kennengelernt, die bei Serverless-Tools wie AWS Lambda mit dem Debugging, der Leistungssteigerung, lang laufenden Taks und mangelnder Ausgereiftheit zu kämpfen hatten (siehe hierzu die Geschichten von Knock (*https://oreil.ly/ARf21*), Prismatic (*https://oreil.ly/Twm5w*) oder auch Amazons eigenem Prime-Video-Team (*https://oreil.ly/zbVCg*)). Denken Sie an diese Storys, wenn Sie ein Orchestrierungstool für Ihr Unternehmen aussuchen, und nutzen Sie die Tabellen 3.1 und 3.2, um das richtige Tool für den Job zu wählen.

Fazit

Sie wissen nun, wie man Apps in einer Weise bereitstellt und verwaltet, die eher den Anforderungen der Produktion entspricht. Sie nutzen mehrere Replikate, um einen Single Point of Failure zu vermeiden, stellen Load-Balancer bereit, um den Traffic auf die Replikate zu verteilen, und nutzen Deployment-Strategien, um die Replikate ohne Ausfallzeiten mit Updates zu versorgen. Sie haben dazu mehrere Orchestrierungsansätze kennengelernt, die sich in den vier Kernaussagen dieses Kapitels zusammenfassen lassen:

- Die Serverorchestrierung ist ein älterer Ansatz für veränderliche Infrastrukturen, der eine feste Gruppe von Servern nutzt, die diese vor Ort wartet und aktualisiert.
- Die VM-Orchestrierung ist ein Ansatz für unveränderliche Infrastruktur, der VM-Images über virtualisierte Server bereitstellt und verwaltet.
- Die Containerorchestrierung ist ein Ansatz für unveränderliche Infrastruktur, der Container-Images über ein Cluster von Servern bereitstellt und verwaltet.
- Die Serverless-Orchestrierung ist ein Ansatz für unveränderliche Infrastruktur, der Funktionen bereitstellt und verwaltet, ohne sich überhaupt um Server kümmern zu müssen.

Während des Durcharbeitens der ersten Kapitel dieses Buchs haben Sie eine ganze Menge Code in Node.js, Ansible, OpenTofu, Docker und YAML geschrieben und ausgeführt. Bisher haben Sie allein an diesem Code gearbeitet, doch im richtigen Leben werden Sie mit einem ganzen Team von Entwicklerinnen und Entwicklern daran arbeiten. Wie arbeitet man im Team zusammen am Code, ohne ständig die Änderungen der anderen zu überschreiben? Wie minimieren Sie Bugs und Ausfälle? Wie paketieren Sie diese Änderungen und stellen sie regelmäßig bereit? Diese Fragen bilden den Schwerpunkt von Kapitel 4.

KAPITEL 4

Versionierung, Build und Test Ihres Codes

In Kapitel 2 haben Sie gelernt, Infrastruktur zu verwalten, und in Kapitel 3 haben Sie gelernt, Apps zu verwalten. Ganz nebenbei haben Sie Code mit einer Vielzahl von Tools wie Node.js, Kubernetes und OpenTofu geschrieben. Was haben Sie mit dem ganzen Code gemacht? Liegt er einfach irgendwo auf Ihrem Computer? Das geht beim Lernen in Ordnung, wenn Sie der Einzige sind, der den Code anfasst. Doch die Softwareentwicklung ist üblicherweise ein Mannschaftssport, und das bedeutet, dass Sie die folgenden Probleme lösen müssen:

Zugriff auf den Code
: Alle Entwicklerinnen und Entwickler Ihres Teams müssen eine Möglichkeit haben, auf den gleichen Code zuzugreifen, und bei Änderungen müssen Sie die Möglichkeit haben, diese Änderungen zusammenzuführen.

Automatisierung
: Um Zeit zu sparen und die Konsistenz innerhalb des Teams zu gewährleisten, müssen Sie die Möglichkeit haben, gängige Aufgaben (z. B. Download von Abhängigkeiten, Build des Codes und Paketierung des Codes) zu automatisieren.

Richtigkeit
: Es ist schwer genug, den eigenen Code zum Laufen zu bringen, doch wenn mehrere Menschen daran arbeiten, müssen Sie einen Weg finden, eine Flut von Bugs zu vermeiden.

Um diese Probleme zu lösen, nutzen moderne Unternehmen die folgenden Tools:

- Versionskontrollen
- Build-Systeme
- automatisierte Tests

Dieses Kapitel taucht in jedes dieser Tools ein. Sie werden Code in Git und GitHub speichern, Ihren Build und die Abhängigkeiten mit npm verwalten und automatisierte Tests für Ihren Node.js- und Ihren OpenTofu-Code entwickeln. Wir beginnen mit der Versionskontrolle.

Versionskontrolle

Ein Versionskontrollsystem (*Version-Control System*, VCS) ist ein Tool, mit dem Sie Quellcode speichern, mit dem Team teilen, zusammenführen und Änderungen nachhalten können. Es ist zentraler Bestandteil jedes modernen Softwarebereitstellungsprozesses. Und es ist nichts Neues daran: Schon vor 25 Jahren war die Versionskontrolle Punkt eins des Joel-Tests (*https://oreil.ly/2ne8A*) (ein schneller Test zur Bewertung der Qualität eines Softwareteams), und das erste Versionskontrollsystem wurde vor etwa 50 Jahren entwickelt.

Es stehen verschiedene Optionen für die Versionskontrolle zur Verfügung, darunter Apache Subversion, Perforce, Mercurial und das heutzutage sehr beliebte Git (vollständige Liste (*https://oreil.ly/5aj2c*)). Es gibt ebenfalls verschiedene Optionen für das Git-Hosting, einschließlich GitHub, GitLab und Bitbucket (vollständige Liste (*https://oreil.ly/8DVRZ*)). Von denen ist GitHub das beliebteste. In diesem Abschnitt werden Sie den Code, an dem Sie in diesem Buch gearbeitet haben, in ein Git-Repo packen, dieses Repo auf GitHub ablegen (*Push*) und dann einige Muster für die effektive Nutzung der Versionskontrolle kennenlernen.

Sie müssen Git und GitHub kennen!

Im weiteren Verlauf des Buchs werden viele Beispiele Git und GitHub nutzen. Wenn Sie diese Tools nicht kennen, gehen Sie die Einführung »Learn Git and GitHub in 15 Minutes« (*https://oreil.ly/2aPOo*) durch, die Sie auf der Website zu diesem Buch finden. Sie vermittelt alles, was Sie wissen müssen, inklusive Commits, Branches, Merges, Pull Requests und mehr.

Wir beginnen damit, Ihren Code in ein Git-Repo einzupflegen.

Beispiel: Ihren Code in ein Git-Repo einpflegen

Wechseln Sie in den Ordner, den Sie für die Arbeit an den Beispielen in diesem Buch verwendet haben. Sie machen daraus ein Git-Repo, indem Sie `git init` ausführen:

```
$ cd fundamentals-of-devops
$ git init
Initialized empty Git repository in /fundamentals-of-devops/.git/
```

Als Nächstes legen Sie eine *.gitignore*-Datei mit dem Inhalt aus Beispiel 4.1 an.

Beispiel 4.1: Die gitignore-Datei (.gitignore)

❶
```
*.tfstate*
```

❷
```
.terraform
```

❸
```
*.key
```

❹
```
*.zip
```

❺
```
node_modules
```

Die *.gitignore*-Datei legt die Dateien fest, die Git *nicht* nachhalten soll:

❶ Der OpenTofu-Zustand darf *nicht* in die Versionskontrolle eingecheckt werden. Sie werden in Kapitel 5 lernen, warum nicht und wie man Zustandsdateien richtig speichert.

❷ Der Ordner *.terraform* wird von OpenTofu als Arbeitsordner genutzt.

❸ Die Ansible-Beispiele in früheren Kapiteln speichern private SSH-Schlüssel in der Datei *.key*. Da es sich um Secrets handelt, dürfen diese nicht im Versionskontrollsystem gespeichert werden (was Sie in Kapitel 8 noch lernen werden).

❹ Das `lambda`-Modul aus Kapitel 3 erzeugt automatisch ZIP-Dateien. Build-Artefakte sollten nicht im Versionskontrollsystem gespeichert werden.

❺ In den Ordner *node_modules* lädt Node.js Abhängigkeiten herunter, wie Sie später in diesem Kapitel noch sehen werden.

Die *.gitignore*-Datei zuerst einzupflegen (*commit*), ist eine gute Idee. Das stellt sicher, dass nicht versehentlich Dateien comittet werden, die nicht in das Versionskontrollsystem gehören:

```
$ git add .gitignore
$ git commit -m "Add .gitignore"
```

Nachdem das erledigt ist, können wir den Rest des Codes einpflegen:

```
$ git add .
$ git commit -m "Example code for first few chapters"
```

Der Code liegt nun in einem Git-Repo auf Ihrem lokalen Computer vor. Der nächste Schritt besteht darin, das Repo auf GitHub zu speichern (*Push*), um mit Ihren Teamkolleginnen und -kollegen zusammenarbeiten zu können.

Beispiel: Ihren Code auf GitHub speichern

Um Ihren Code auf GitHub zu speichern, gehen Sie die folgenden Schritte durch:

1. Wenn Sie noch keinen GitHub-Account besitzen, legen Sie einen an (*https://github.com/signup*) (das ist kostenlos).
2. Authentifizieren Sie sich am Terminal gegenüber GitHub (*https://oreil.ly/96UO0*).
3. Legen Sie ein neues privates Repo in GitHub an (*https://oreil.ly/98SJr*).
4. Fügen Sie das neue GitHub-Repo als *remote* in Ihr lokales Git-Repo ein:

   ```
   $ git remote add origin https://github.com/<BENUTZERNAME>/<REPO>.git
   ```

5. Pushen (speichern) Sie den `main`-Zweig (Branch) Ihres lokalen Git-Repos auf GitHub:

   ```
   $ git push origin main
   ```

In den folgenden Kapiteln nutzen wir GitHub als zentralen Bestandteil des Softwarebereitstellungsprozesses. Wir arbeiten dort mit anderen Teammitgliedern zusammen, lassen automatisierte Tests laufen, führen automatisierte Deployments durch und vieles mehr. Doch zuerst wollen wir uns einige Muster ansehen, die den Einsatz der Versionskontrolle effektiver gestalten.

Empfehlungen für die Versionskontrolle

Da Ihr Code nun in ein Versionskontrollsystem eingepflegt ist, wollen wir uns einige Tipps dazu ansehen, wie man die Versionskontrolle effektiver gestaltet:

- Nutzen Sie immer die Versionskontrolle.
- Schreiben Sie gute Commit-Meldungen.
- Committen Sie früh und oft.
- Nutzen Sie einen Code-Review-Prozess.
- Schützen Sie Ihren Code.

Nutzen Sie immer die Versionskontrolle

Die allerwichtigste Empfehlung in Bezug auf die Versionskontrolle ist, sie auch zu nutzen.

Kernaussage 1

Verwalten Sie Ihren Code immer mit einem Versionskontrollsystem.

Der Einsatz einer Versionskontrolle ist einfach, günstig oder sogar kostenlos, und die Vorteile für das Software-Engineering sind gewaltig. Wenn Sie Code entwickeln, pflegen Sie ihn immer in ein Versionskontrollsystem ein. Ausnahmslos.

Schreiben Sie gute Commit-Meldungen

Commit-Meldungen sind wichtig. Wenn Sie herausfinden wollen, was einen Bug oder einen Ausfall verursacht hat, oder auf ein verwirrendes Stück Code starren, sind `git log` und `git blame` Ihre besten Freunde – aber nur, wenn die Commit-Meldungen gut sind. Gute Commit-Meldungen bestehen aus zwei Teilen:

Zusammenfassung
: Die erste Zeile der Meldung sollte die Änderung kurz (weniger als 50 Zeichen) zusammenfassen.

Kontext
: Ist die Änderung trivial, reicht die Zusammenfassung vielleicht schon aus. Bei größeren Änderungen fügen Sie eine neue Zeile ein und liefern zusätzliche Informationen, die es zukünftigen Entwicklungsteams (auch Ihrem zukünftigen Ich) ermöglichen, den Kontext zu verstehen.[1] Konzentrieren Sie sich insbesondere auf das *Was* und das *Warum* (da sich dieser Kontext aus dem Code nicht erschließt) und nicht auf das *Wie*, das aus dem Code selbst hervorgehen sollte.

1 Mehrzeilige Commit-Meldungen lassen sich einfach anlegen, indem Sie das Flag `-m` bei `git commit` weglassen. Git öffnet dann Ihren Standardtexteditor (wie man den Standardeditor konfiguriert, beschreibt diese Antwort auf Stack Overflow), und sobald Sie den Text geschrieben und den Editor beendet haben, nutzt Git den Dateiinhalt als Commit-Meldung.

Hier ist ein Beispiel für so eine Commit-Meldung:

```
Bug-Fix zur Autovervollständigung bei der Suche

Eine detailliertere Erläuterung des Fixes, falls nötig. Stellen Sie
zusätzlichen
Kontext bereit, der aus dem Lesen des Codes nicht ersichtlich ist.

- Nutzen Sie gegebenenfalls
- Gliederungspunkte

Fixt #123. Jira #456.
```

Diese beiden einfachen Teile, Zusammenfassung und Kontext, verbessern Ihre Commit-Meldungen deutlich. Setzen Sie diese beiden Regeln konsequent um, dann können Sie Ihre Meldungen noch weiter verbessern, indem Sie den Anweisungen in »How to Write a Good Commit Message« (*https://cbea.ms/git-commit*) folgen. Insbesondere bei großen Projekten und Teams könnten Sie auch konventionelle Commits (*https://conventionalcommits.org*) einsetzen.

Committen Sie früh und oft

Ein Weg, um sich zu einem effektiven Programmierer zu entwickeln, besteht darin, herauszufinden, wie man ein großes Problem in viele kleine, überschaubare Segmente aufteilt. Wie sich herausstellt, ist ein Schlüssel zur effektiven Nutzung der Versionskontrolle, zu lernen, wie große Änderungen in kleine und häufige Commits aufgeteilt werden können. Streben Sie nach den beiden folgenden Idealen:

Atomic Commits
: Jeder Commit sollte genau eine kleine, in sich geschlossene Aufgabe erledigen. Sie sollten in der Lage sein, diese Änderung in einem kurzen Satz zu beschreiben, die Sie praktischerweise auch als zusammenfassende Commit-Meldung nutzen können. Wenn Sie nicht alles in einem Satz unterbringen können, übernimmt der Commit wahrscheinlich zu viele Aufgaben, und Sie sollten ihn auf mehrere Commits aufteilen.

Atomic Pull Requests
: Jeder Pull Request (PR) sollte genau eine kleine, in sich geschlossene Aufgabe erledigen. Ein einzelner PR kann mehrere Commits enthalten, hat naturgemäß also einen größeren Umfang als ein einzelner Commit, sollte aber dennoch einen Satz *zusammenhängender* Änderungen umfassen, d.h., die Änderungen sollten natürlich und logisch zusammenpassen. Enthält der PR eine Liste nicht zusammenpassender Änderungen, ist das üblicherweise ein Zeichen dafür, dass Sie den PR in mehrere PRs aufteilen sollten. Ein klassisches Beispiel ist ein PR mit einem neuen Feature, einem Bugfix und einem Haufen Code-Refactorings. Den Code ordentlicher zurückzulassen, als man ihn vorfindet, ist großartig (die alte Pfadfinder-Regel), doch dieser PR sollte in drei separate PRs aufgeteilt werden: einen für den Bugfix, einen für das Refactoring und einen für das neue Feature.

Atomic Commits und PRs sind Ideale, die man manchmal nicht einhalten kann, doch Sie sollten immer nach diesen Idealen streben, da sie verschiedene Vorteile bieten:

Nützlichere Git-History
: Wenn Sie Ihre Git-History durchgehen, sind Commits und PRs, die nur eine Aufgabe erledigen, einfacher zu verstehen also solche mit vielen Änderungen.

Einfachere Code-Reviews
: Die Überprüfung kleiner, eigenständiger Änderungen ist einfach. Große PRs mit Tausenden Zeilen unzusammenhängender Änderungen zu überprüfen, ist schwierig.

Sauberes mentales Modell
: Um mit atomaren Einheiten zu arbeiten, müssen Sie die Aufgabe üblicherweise schon im Vorfeld aufteilen. Das führt häufig zu einem saubereren mentalen Modell und letztlich zu besseren Ergebnissen.

Höhere Sicherheit
: Auf einer grundlegenden Stufe reduzieren häufige Commits das Risiko eines Datenverlusts. Führen Sie einen Commit (und Push) einmal stündlich durch, können Sie nie mehr als eine Stunde Arbeit verlieren (z. B. weil Sie versehentlich einen Ordner löschen oder eine Festplatte stirbt). Auf einer höheren Stufe machen häufige Commits es sicherer, neue Richtungen in Ihrem Code zu untersuchen. Zum Beispiel könnten Sie ein größeres Refactoring vornehmen und dabei erkennen, dass Sie sich in die falsche Richtung bewegen. Bei kleinen Commits ist der Weg zurück zum vorherigen Punkt einfach. Andernfalls müssen Sie den schweren Weg gehen und viele Änderungen von Hand rückgängig machen.

Häufigere Integration
: Wie Sie in Kapitel 5 sehen werden, ist ein Schlüssel zur effektiven Arbeit im Team die regelmäßige Integration von Änderungen, was einfacher ist, wenn jeder häufig kleine Commits vornimmt.

Machen Sie sich die Hände schmutzig

Es ist normal, dass Ihre ersten Commits und Commit-Meldungen ein wenig unstrukturiert sind. Oft wissen Sie nicht, wie Sie etwas in kleinere, atomare Teile aufteilen sollen, bis Sie mit der Sache durch sind. Das ist in Ordnung! Lernen Sie, wie Sie zurückgehen und aufräumen können, indem Sie Commits ändern, entfernen und neu ausrichten (siehe »Rewriting History in Git« (*https://oreil.ly/wpAAO*)).

Verwenden Sie einen Code-Review-Prozess

Jede Seite in diesem Buch wurde von einem Lektor geprüft. Warum? Weil selbst der klügste, fähigste und erfahrenste Autor sein eigenes Werk nicht Korrektur lesen kann. Sie sind zu nah dran an den Konzepten, und die Wörter schwirrten Ihnen so lange im Kopf herum, dass Sie sie unmöglich mit den Augen eines anderen sehen können, der sie zum ersten Mal liest. Das Schreiben von Code ist da nicht anders.

> Wenn es also unmöglich ist, Prosa ohne unabhängige Überprüfung zu schreiben, ist es sicher auch unmöglich, Code isoliert zu entwickeln. Code muss bis ins kleinste Detail korrekt sein und enthält auch Prosa für uns Menschen!
>
> *– Frei übersetzt aus Jason Cohens Making Software: What Really Works, and Why We Believe It, redigiert von Andy Oram und Greg Wilson (O'Reilly)*

Ihren Code von jemand anderem prüfen zu lassen, ist eine sehr effektive Möglichkeit, Bugs zu erkennen. Die Fehlerquote wird um ca. 50 bis 80% reduziert.[2] Code-Reviews sind auch ein effektiver Mechanismus zur Verbreitung von Wissen, Kultur, Fortbildung und einem Gefühl der Eigentümerschaft des Teams. Code-Reviews können auf unterschiedliche Weise erfolgen:

Nutzen Sie PR-Workflows.
: Sie können durchsetzen, dass alle Änderungen über PRs laufen (eine Möglichkeit werden Sie in sehen), sodass die Maintainer der jeweiligen Repos unabhängig jede Änderung prüfen können, bevor sie übernommen wird.

Nutzen Sie Pair-Programming.
: Beim *Pair-Programming* arbeiten zwei Programmierer an einem Computer. Eine Person ist der Driver, der den Code schreibt, und die andere Person ist der Navigator (oder Observer), der für das Code-Review verantwortlich ist und über das Programm auf einer höheren Ebene nachdenkt. Das Ergebnis ähnelt einem fortlaufenden Code-Review-Prozess. Einige Unternehmen nutzen Pair-Programming für die gesamte Entwicklung, andere nur bei Bedarf (z. B. bei komplexen Aufgaben oder zur Einarbeitung neuer Mitarbeitender).

Nutzen Sie formale Inspektionen.
: Eine *formale Inspektion* ist ein Code-Review-Meeting, bei dem der Autor dem Team den Code vorstellt und der Code gemeinsam Zeile für Zeile durchgegangen wird. Diesen Grad der Prüfung können Sie nicht für jede Codezeile durchführen, doch bei erfolgskritischen Teilen kann das ein effektiver Weg ein, Bugs aufzuspüren und jeden auf seine Seite zu ziehen.

Für welchen Code-Review-Prozess Sie sich auch entscheiden, Sie müssen die Richtlinien dafür vorab festlegen, damit dieser Prozess für das gesamte Team konsistent und reproduzierbar ist. Jeder weiß, was er zu tun hat (z. B. automatisierte Tests), was er *nicht* tun muss (z. B. Codeformatierung, die automatisch erfolgen sollte) und wie man Feedback effektiv kommuniziert. Ein Beispiel finden Sie in Googles Code-Review-Richtlinien (*https://oreil.ly/GE-MC*).

Schützen Sie Ihren Code

Für viele Unternehmen ist der von Ihnen entwickelte Code heutzutage das wichtigste Kapital. Darüber hinaus ist er auch ein hochsensibles Wirtschaftsgut. Gelingt es jemandem, schadhaften Code in Ihre Codebasis einzuschleusen, kann das verheerende Folgen haben,

2 Siehe »Software Defect-Removal Efficiency« von Capers Jones, *IEEE Computer*, April 1996, und *Handbook of Walkthroughs, Inspections, and Technical Reviews: Evaluating Programs, Projects, and Products* von Daniel P. Freedman und Gerald M. Weinberg, Dorset House.

da er die meisten von Ihnen getroffenen Schutzmaßnahmen umgeht. Daher sollten Sie die folgenden Sicherheitsvorkehrungen treffen, um Ihren Code zu schützen:

Signierte Commits
: Bei Git können Sie mit dem Befehl `git config` den Benutzernamen und die E-Mail auf jeden gewünschten Wert setzen und so vorgeben, jemand anderer zu sein! Glücklicherweise ermöglichen die meisten VCS-Hosts *signierte Commits*. Diese nutzen kryptografische Signaturen (die Sie in Kapitel 8 kennenlernen werden) zur Validierung von Nutzeridentitäten. Um dieses Feature zu einzusetzen, erzeugen Sie einen GPG- (*GNU Privacy Guard*) oder einen SSH-Schlüssel, der aus einem öffentlichen und einem privaten Schlüssel besteht. Zum einen konfigurieren Sie Ihren lokalen Git-Client so, dass er den privaten Schlüssel zum Signieren Ihrer Commits verwendet (*https://oreil.ly/F7XjO*), und zum anderen laden Sie den öffentlichen Schlüssel zu Ihrem VCS-Host hoch, damit er Ihre Signatur validieren kann (beispielhafte Anweisungen für GitHub (*https://oreil.ly/szqKI*)). Sie können die Signaturprüfung für Commits in Ihren Repos aktivieren (beispielhafte Anweisungen für GitHub (*https://oreil.ly/OOvPW*)), und der VCS-Host wird alle Commits ohne gültige Signatur ablehnen.

Branch-Schutz
: Bei den meisten VCS-Hosts können Sie einen *Branch-Schutz* aktivieren, der bestimmte Anforderungen stellt, bevor Code in bestimmte Branches eingepflegt werden kann. Zum Beispiel können Sie GitHubs geschützte Branches (*https://oreil.ly/dyC81*) so einstellen, dass Codeänderungen im `main`-Branch 1. als PRs eingehen müssen, dass 2. diese PRs von mindestens *n* anderen Entwicklern geprüft werden müssen und dass 3. bestimmte Checks, etwa ein Sicherheitsscan, laufen müssen, bevor die PRs eingepflegt werden. Selbst wenn es einem Angreifer gelingt, einen der Entwickler-Accounts zu kompromittieren, wird sein Code durch die Prüfungen trotzdem nicht in den `main`-Branch eingepflegt.

Sie wissen nun, wie ein Versionskontrollsystem jedem im Team hilft, am gleichen Code zu arbeiten. Der nächste Schritt besteht nun darin, dass alle auf die gleiche Weise mit dem Code arbeiten. Der Code soll immer gleich kompiliert werden, immer gleich ausgeführt werden und immer die gleichen Abhängigkeiten nutzen. Hier erweist sich ein Build-System als nützlich, das wollen wir uns im nächsten Abschnitt ansehen.

Build-System

Die meisten Softwareprojekte nutzen ein *Build-System*, um wichtige Aufgaben zu automatisieren, etwa die Kompilierung des Codes, das Herunterladen von Abhängigkeiten, das Paketieren der App und das Ausführen automatisierter Tests. Das Build-System unterstützt zwei »Zielgruppen«: die Entwicklerinnen und Entwickler Ihres Teams, die Build-Schritte als Teil der lokalen Entwicklung ausführen, und verschiedene Skripte, die die Build-Schritte als Teil Ihres Softwarebereitstellungsprozesses ausführen.

Kernaussage 2
Nutzen Sie ein Build-System, um wichtige Operationen und wichtiges Wissen zu Ihrem Projekt als Code festzuhalten, der sowohl von Entwicklern als auch von automatisierten Tools verwendet werden kann.

Die Realität ist, dass Sie bei den meisten Softwareprojekten *nicht ohne* Build-System auskommen. Entweder Sie nutzen eins »von der Stange«, oder Sie entwickeln ein eigenes aus Ad-hoc-Skripten, Klebeband und Leim. Ich empfehle Ersteres.

Es stehen viele fertige Build-Tools zur Verfügung (vollständige Liste (*https://oreil.ly/jjYeY*)). Einige wurden ursprünglich für bestimmte Programmiersprachen oder Frameworks entwickelt – zum Beispiel Rake für Ruby, Gradle für Java und npm für JavaScript (Node.js). Andere Build-Systeme sind größtenteils sprachunabhängig, etwa Bazel, Just und der Großvater aller Build-Systeme, Make.

Üblicherweise bieten sprachspezifische Tools mit den jeweiligen Sprachen die besten Ergebnisse. Ich würde sprachunabhängige Tools wie Bazel nur unter bestimmten Umständen nutzen, etwa in großen Teams mit Dutzenden von Sprachen in einem einzigen Repo. Da wir in diesem Buch die Beispiel-App in JavaScript (Node.js) geschrieben haben, wollen wir uns hier mit npm beschäftigen, was wir im nächsten Abschnitt tun.

Beispiel: Konfiguration Ihres Builds mittels npm

Beispielcode
Ich möchte daran erinnern, dass Sie alle Codebeispiele im GitHub-Repo (*https://github.com/brikis98/devops-book*) zu diesem Buch finden.

Wir wollen npm als Build-System für die im gesamten Buch genutzte Node.js-Beispiel-App verwenden. Wechseln Sie in den Ordner, den Sie für die Beispiele in diesem Buch angelegt haben, und legen Sie einen neuen Unterordner für dieses Kapitel und die Beispiel-App an:

```
$ cd fundamentals-of-devops
$ mkdir -p ch4/sample-app
$ cd ch4/sample-app
```

Kopieren Sie die Datei *app.js* aus Kapitel 1 in den Ordner *sample-app*:

```
$ cp ../../ch1/sample-app/app.js .
```

Als Nächstes stellen Sie sicher, dass Node.js installiert ist, wobei üblicherweise auch npm installiert wird. Um npm als Build-System zu nutzen, müssen Sie den Build zuerst in der Datei *package.json* konfigurieren. Sie können diese Datei von Hand anlegen oder npm mittels `npm init` eine erste Version erzeugen lassen:

```
$ npm init
```

npm fragt Sie nach Paketname, Version, Beschreibung und so weiter. Sie können hier beliebige Daten eintragen oder einfach Enter drücken, um die Voreinstellung zu übernehmen.

Wenn Sie fertig sind, besitzen Sie eine *package.json*-Datei, die in etwa so aussieht wie die in Beispiel 4.2.

Beispiel 4.2: Die generierte npm-Build-Datei (ch4/sample-app/package.json)

```
{
  "name": "sample-app",
  "version": "0.0.1",
  "description": "Sample app for 'Fundamentals of DevOps and Software Delivery'",
  "scripts": {
    "test": "echo \"Error: no test specified\" && exit 1"
  }
}
```

Ein Großteil der Build-Datei enthält Metadaten zum Projekt. Uns interessiert das `scripts`-Objekt. npm besitzt eingebaute Befehle (*https://oreil.ly/bWKV1*) wie `npm install`, `npm start` und `npm test`, die alle ein Standardverhalten aufweisen. Sie können diese Befehle aber überschreiben und eigene Befehle in den `scripts`-Block einfügen. Sie werden später noch sehen, wie man den `test`-Befehl im `scripts`-Block überschreibt, doch im Moment wollen wir den `scripts`-Block nur um einen `start`-Befehl ergänzen, der definiert, wie Ihre App ausgeführt wird (siehe Beispiel 4.3).

Beispiel 4.3: Hinzufügen eines »start«-Befehls in den »scripts«-Block (ch4/sample-app/package.json)

```
"scripts": {
  "start": "node app.js"
}
```

Sie können nun den Befehl `npm start` geben, um Ihre App auszuführen:

```
$ npm start

> sample-app@0.0.1 start
> node app.js

Listening on port 8080
```

`npm start` anstelle von `node app.js` verwenden zu können, sieht nicht gerade nach einem großen Gewinn aus, doch der Unterschied ist, dass `npm start` eine *wohlbekannte Konvention* ist. Die meisten mit Node.js und npm vertrauten Entwickler (Menschen) und Tools (Automatisierung) kennen `npm start`. Andererseits ist `node app.js` nur Ihnen bekannt, was trivial erscheinen mag, wenn die App aus nur einer *app.js*-Datei besteht, doch es ist nicht mehr so offensichtlich, wenn Ihre App auf Tausende Quelldateien anwächst. Sie können den Startbefehl in einer README dokumentieren, doch Ihre Dokumentation ist wahrscheinlich schneller veraltet als der Code im Build-System, den Ihr Team regelmäßig ausführt.

Natürlich ist `start` nicht der einzige Befehl, den Sie hinzufügen würden. Die Idee ist, alle gängigen Operationen Ihres Projekts in den Build zu packen. Zum Beispiel haben Sie in Kapitel 3 ein *Dockerfile* angelegt. Um die App als Docker-Image zu paketieren und um das Docker-Image für mehrere Architekturen zu erzeugen (z. B. `arm64`, `amd64`), mussten Sie den relativ komplizierten Befehl `docker buildx` verwenden. Das lässt sich wunderbar im Build erledigen.

Zuerst legen Sie ein *Dockerfile* mit dem Inhalt aus Beispiel 4.4 an.

Beispiel 4.4: Dockerfile für die App (ch4/sample-app/Dockerfile)

```
FROM node:21.7

WORKDIR /home/node/app

❶
COPY *.json .

❷
COPY *.js .

EXPOSE 8080

USER node

❸
CMD ["npm", "start"]
```

Das *Dockerfile* ist bis auf drei Änderungen mit dem aus Kapitel 3 identisch:

❶ Kopieren Sie alle *.json*-Dateien einschließlich *package.json* in das Docker-Image.

❷ Kopieren Sie alle *.js*-Dateien einschließlich *app.js* in das Docker-Image.

❸ Nutzen Sie `npm start` anstelle eines fest codierten `node app.js` zum Starten der App. Sollten Sie später den Start der App ändern – was wir weiter unten in diesem Kapitel noch tun werden –, müssen Sie nur *package.json* aktualisieren.

Nun legen Sie eine Datei namens *build-docker-image.sh* mit dem Inhalt aus Beispiel 4.5 an.

Beispiel 4.5: Ein Skript zum Build eines Docker-Images (ch4/sample-app/build-docker-image.sh)

```
#!/usr/bin/env bash

set -e

❶
name=$(npm pkg get name | tr -d '"')
version=$(npm pkg get version | tr -d '"')

❷
docker buildx build \
  --platform=linux/amd64,linux/arm64 \
  --load \
  -t "$name:$version" \
  .
```

Dieses Skript macht Folgendes:

❶ Nutzt `npm pkg get`, um die Werte für `name` und `version` aus *package.json* einzulesen. Das stellt sicher, dass Sie den Namen und die Version nur in *package.json* festlegen müssen.

❷ Führt den Befehl `docker buildx` von vorhin aus und legt den Namen und die Version des Docker-Images mit den Werten aus ❶ fest.

Als Nächstes machen wir das Skript ausführbar:

```
$ chmod u+x build-docker-image.sh
```

Abschließend fügen wir einen `dockerize`-Befehl in den `scripts`-Block in *package.json* ein, der *build-docker-image.sh* ausführt (siehe Beispiel 4.6).

Beispiel 4.6: Einen »dockerize«-Befehl hinzufügen (ch4/sample-app/package.json)

```
"scripts": {
  "start": "node app.js",
  "dockerize": "./build-docker-image.sh"
}
```

Die Mitglieder Ihres Teams müssen nun keinen langen, esoterischen `docker buildx`-Befehl kennen, sondern können ihn einfach mit `npm run dockerize` ausführen. Beachten Sie, dass Sie `npm run dockerize` ausführen müssen und nicht einfach `npm dockerize`, da `dockerize` ein benutzerdefinierter Befehl ist und kein fest in npm integrierter Befehl:

```
$ npm run dockerize
```

Da Sie nun wissen, wie man ein Build-System zur Automatisierung des Workflows nutzt, wollen wir über eine weitere Schlüsselaufgabe der meisten Build-Systeme sprechen: die Verwaltung von Abhängigkeiten.

Verwaltung von Abhängigkeiten

Die meisten Softwareprojekte haben eine große Zahl von Abhängigkeiten (engl. *Dependencies*) – andere Softwarepakete und -bibliotheken, die der Code nutzt. Es gibt viele Arten von Abhängigkeiten:

Code im gleichen Repo
: Sie können den Code in einem Repo auf mehrere Module verteilen, die voneinander abhängig sind. So können Sie Teile der Codebasis getrennt entwickeln, möglicherweise sogar in separaten Teams.

Code in anderen Repos
: Ihr Unternehmen kann Code in mehreren Repos speichern. Das sorgt für eine größere Trennung der verschiedenen Teile Ihrer Software und macht es den einzelnen Teams noch leichter, die Eigentümerschaft für jeden Teil zu übernehmen. Wenn Repo A von Code in Repo B abhängt, benötigen Sie üblicherweise eine bestimmte *Version* von B. Diese Version kann einem bestimmten Git-Tag entsprechen oder von einem versionierten *Artefakt* abhängen, das in diesem Repo veröffentlicht wird (z.B. einer JAR-Datei für Java oder einem Gem für Ruby).

Open-Source-Code
: Die heutzutage wohl häufigste Form von Abhängigkeit ist Open-Source-Code. Der Open Source Security and Risk Analysis Report 2024 (*https://oreil.ly/xH9J5*) stellte fest, dass 96% der Codebasen auf Open Source zurückgreifen und dass 70% des Codes in diesen Codebasen auf Open Source zurückgeht! Der Open-Source-Code liegt fast immer in separaten Repos, d.h., Sie sind typischerweise wieder von einer bestimmten Version dieses Codes abhängig.

Welche Abhängigkeiten Sie auch immer haben, der rote Faden ist, diese Abhängigkeiten so einzusetzen, dass Sie die Arbeit anderer Menschen unterstützen. Um diese Unterstützung zu maximieren, dürfen Sie keine Abhängigkeiten in Ihre Codebasis kopieren/einfügen. Dieses Kopieren/Einfügen einer Abhängigkeit führt zu einer Vielzahl von Problemen:

Transitive Abhängigkeiten
: Das Kopieren und Einfügen einer einzelnen Abhängigkeit ist simpel, doch wenn diese Abhängigkeit eigene Abhängigkeiten hat und diese wieder eigene Abhängigkeiten und so weiter (was man kollektiv als *transitive Abhängigkeit* bezeichnet), dann wird das Kopieren/Einfügen problematisch.

Auf dem neuesten Stand bleiben
: Um zukünftige Updates zu erhalten, müssen Sie neuen Code (und neue transitive Abhängigkeiten) kopieren/einfügen und sicherstellen, dabei die Änderungen Ihrer Teammitglieder nicht zu verlieren.

Private APIs
: Sie könnten private APIs nutzen (da Sie auf diese Dateien lokal zugreifen können) anstelle der dafür eigentlich vorgesehenen öffentlichen APIs. Das kann zu unerwartetem Verhalten führen und es noch schwieriger machen, auf dem neuesten Stand zu bleiben.

Ihr Repo aufblähen
: Jede Abhängigkeit, die Sie in Ihr VCS kopieren, macht es größer und langsamer.

Eine bessere Lösung bieten *Tools zur Verwaltung von Abhängigkeiten (Dependency Management)*. Die meisten Build-Systeme haben solche Tools integriert. Üblicherweise definieren Sie die Abhängigkeiten als Code in der Build-Konfiguration, und zwar einschließlich der Version der Abhängigkeit. Das Dependency-Management-Tool ist dann dafür verantwortlich, die Abhängigkeit samt aller transitiven Abhängigkeiten herunterzuladen und Ihrem Code zur Verfügung zu stellen.

Kernaussage 3

Nutzen Sie ein Dependency-Management-Tool, um Abhängigkeiten einzupflegen. Vermeiden Sie das Kopieren und Einfügen.

Probieren wir das mit der Node.js-Beispiel-App und npm aus.

Beispiel: Abhängigkeiten in npm einfügen

Bisher weist die Node.js-Beispiel-App bis auf die in Node.js integrierte `http`-Standardbibliothek keine Abhängigkeiten auf. Zwar können Sie Web-Apps auf diese Weise entwickeln, doch üblicherweise nutzt man ein Web-Framework. Zum Beispiel ist Express (*https://expressjs.com*) ein beliebtes Web-Framework für Node.js. Um es nutzen zu können, führen Sie den folgenden Befehl aus:

```
$ npm install express --save
```

Wenn Sie sich *package.json* ansehen, erkennen Sie einen neuen `dependencies`-Abschnitt, wie in Beispiel 4.7 zu sehen.

Beispiel 4.7: Von npm verwaltete Abhängigkeiten (ch4/sample-app/package.json)

```
"dependencies": {
  "express": "^4.19.2"
}
```

Sie werden auch zwei weitere Änderungen in dem Ordner mit der *package.json*-Datei entdecken:

node_modules
: Das ist ein Arbeitsverzeichnis, in das npm Abhängigkeiten herunterlädt. Dieser Ordner sollte in Ihrer *.gitignore*-Datei stehen, damit er *nicht* in die Versionskontrolle eingepflegt wird. Stattdessen kann jeder, der das Repo auscheckt, `npm install` ausführen, und npm installiert dann automatisch alle benötigten Abhängigkeiten.

package-lock.json
: Das ist ein sogenannter *Dependency-Lock*, der festhält, welche Abhängigkeiten genau installiert wurden. Das ist nützlich, weil Sie in *package.json* einen *Versionsbereich* anstelle einer bestimmten zu installierenden Version festlegen können. Vielleicht ist Ihnen aufgefallen, dass `npm install` die Version von Express mit `^4.19.2` angegeben hat. Beachten Sie das ^, engl. *Caret,* am Anfang. Dieser *Caret-Versionsbereich* erlaubt npm die Installation jeder Express-Version von 4.19.2 oder höher (d.h., 4.20.0 wäre okay, aber nicht 5.0.0). Ohne Dependency-Lock könnte jeder Aufruf von `npm install` eine andere Express-Version laden. Dank der Lock-Datei erhalten Sie genau die Express-Version, die in der Lock-Datei steht. Auf diese Weise bleiben die Builds in allen Umgebungen *reproduzierbar*.

Nachdem Express installiert ist, können Sie *app.js* so umschreiben, dass es das Express-Framework nutzt Beispiel 4.8:

Beispiel 4.8: Die Beispiel-App mit Express (ch4/sample-app/app.js)

```
const express = require('express');

const app = express();
const port = process.env.PORT || 8080;

app.get('/', (req, res) => {
  res.send('Hello, World!');
});

app.listen(port, () => {
  console.log(`Example app listening on port ${port}`);
});
```

Die App horcht an Port 8080 und antwortet wie bisher mit `Hello, World!`, aber da Sie ein Framework nutzen, kann dieser Code sehr viel einfacher zu einer richtigen Anwendung werden, indem Sie die in Express integrierten Features nutzen (z.B. Routing, Templating, Fehlerbehandlung, Middleware und Sicherheit). Entsprechende Beispiele werden Sie in Kürze sehen.

Da die App nun Abhängigkeiten aufweist, ist ein weiterer Schritt nötig: Ergänzen Sie das *Dockerfile* um die Installation der Abhängigkeiten, wie in Beispiel 4.9 zu sehen.

Beispiel 4.9: Abhängigkeiten installieren (ch4/sample-app/Dockerfile)

```
COPY *.json .

❶
RUN npm ci --only=production

COPY *.js .
```

Sie nehmen nur eine Änderung am *Dockerfile* vor:

❶ Führt `npm ci` aus, was `npm install` ähnelt, aber eine *saubere Installation* (*Clean Install*) vornimmt, d. h., alle bisher installierten Abhängigkeiten werden gelöscht und basierend auf *package-lock.json* neu installiert. Der Befehl schlägt fehl, wenn eine in *package.json* definierte Abhängigkeit nicht mit der *package-lock.json* übereinstimmt. Das ist für automatisierte Umgebungen gedacht, bei denen Sie reproduzierbare Builds haben wollen. Beachten Sie, dass das Flag `--only=production` npm anweist, nur die Abhängigkeiten für die Produktion zu installieren.

Sie können in einem `devDependencies`-Block in *package.json* die Abhängigkeiten definieren, die nur in der Entwicklungsumgebung genutzt werden (z. B. Tools für das automatisierte Testen, wie Sie gleich noch sehen werden). Das Docker-Image für die Produktion mit diesen Abhängigkeiten aufzublähen, ist nicht nötig.

Überprüfen Sie, ob alles funktioniert, indem Sie das Docker-Image erzeugen und ausführen:

```
$ npm run dockerize
$ docker run -p 8080:8080 -it --init sample-app:0.0.1
Example app listening on port 8080
```

Wenn Sie *http://localhost:8080* öffnen, sollte »Hello, World!« erscheinen. Glückwunsch, Sie verwalten Abhängigkeiten nun mit npm!

Machen Sie sich die Hände schmutzig

Um keine neuen Tools einführen zu müssen, habe ich in diesem Kapitel npm als Build-System genutzt, da es zusammen mit Node.js geliefert wird. Für die Produktion könnten Sie aber modernere und robustere Build-Systeme wie Yarn, Turborepo oder Lerna (vollständige Liste (*https://oreil.ly/R1Gv6*)) ausprobieren.

Sie wissen nun, wie ein Versionskontrollsystem Ihren Teammitgliedern ermöglicht, gemeinsam am Code zu arbeiten, und wie das Build-System den Teammitgliedern erlaubt, die Arbeit auf die gleiche Weise durchzuführen. Wir wollen uns nun einem der wichtigsten Tools zuwenden, das Ihrem Team ermöglicht, ihre Arbeit schnell zu erledigen: automatisierte Tests.

Automatisierte Tests

Programmieren kann beängstigend sein. Ein stark unterschätzter Preis technischer Schulden ist die psychologische Auswirkung, auf sie auf die Entwickler haben. Vielleicht sind Sie einer von diesen.

Sie erhalten um drei Uhr morgens einen Bug-Report und können ihn nach einiger Zeit auf einen nicht genau definierten Haufen Spaghetticode eingrenzen. Der Code ist nicht dokumentiert. Die Entwicklerin, die den Code ursprünglich geschrieben hat, arbeitet nicht mehr für das Unternehmen. Sie verstehen nicht, was der Code macht. Sie wissen nicht, wo er überall verwendet wird. Sie haben es also mit *Legacy-Code* zu tun.

> Legacy code. The phrase strikes disgust in the hearts of programmers. It conjures images of slogging through a murky swamp of tangled undergrowth with leaches beneath and stinging flies above. It conjures odors of murk, slime, stagnancy, and offal. Although our first joy of programming may have been intense, the misery of dealing with legacy code is often sufficient to extinguish that flame.
>
> Legacy-Code. Dieser Begriff führt bei Programmierern zu Abscheu. Er beschwört Bilder herauf, bei denen man sich durch einen trüben Sumpf undurchdringlichen Dickichts kämpft, darunter Säure und Steckmücken darüber. Es riecht nach Dunkelheit, Schleim, Stagnation und Abfall. Zwar war unsere Liebe für die Programmierung groß, doch das Elend des Umgangs mit Legacy-Code reicht of aus, um die Flamme zu löschen.
>
> *– Michael Feathers, Working Effectively with Legacy Code (Pearson)*

Legacy-Code ist beängstigend. Sie haben Angst, weil die Wunden noch nicht verheilt sind, die Sie davontrugen, als Sie beim letzten Mal einen Bug behoben haben und vor drei neuen standen. Und als diese »triviale« Änderung zwei Monate dauerte. Und als diese winzige Performanceverbesserung das ganze System zum Absturz brachte und alle Teammitglieder stinksauer waren. Jetzt haben Sie Angst vor Ihrer eigenen Codebasis.

Glücklicherweise gibt es eine Lösung: *automatisierte Tests*. Die Idee ist, *Testcode* zu schreiben, der validiert, dass Ihr *Produktionscode* so funktioniert, wie Sie es erwarten. Automatisierte Tests sollen nicht die Korrektheit Ihres Codes beweisen (das können sie nicht) oder dass Sie alle Bugs aufspüren (das ist nicht der Fall). Vielmehr können Sie mit einem guten Satz automatisierter Tests darauf vertrauen, Änderungen schnell vornehmen zu können.

Das Schlüsselwort ist hier *Vertrauen*: Tests bieten neben dem technischen Vorteil auch einen psychologischen. Mit einer guten Testsuite müssen Sie den Gesamtstand des Programms nicht im Kopf haben. Sie müssen keine Angst haben, den Code Ihrer Kollegen zu zerschießen. Sie müssen die gleichen langweiligen, fehleranfälligen händischen Tests nicht immer und immer wieder durchführen. Sie führen einfach einen einzigen Testbefehl aus und erhalten sofort eine Rückmeldung dazu, ob der Code funktioniert.

Kernaussage 4

Nutzen Sie automatisierte Tests, damit Ihr Team darauf vertrauen kann, Änderungen schnell vornehmen zu können.

2008 hatte ich gerade einen Job als Software-Engineer bei TripAdvisor angefangen, und die erste Aufgabe, die mein Vorgesetzter mir gab, bestand darin, eine neue Sortieroption in die Webseite einzubauen, die alle Hotels einer Stadt ausgab. Das sah nach einer einfachen Aufgabe aus. Innerhalb einer Woche war ich fertig und konnte es in die Produktion einbinden. Mein neuer Code ging am selben Tag live. Ich war für mein erstes Zweiergespräch bei meinem Chef und erzählte ihm, dass ich fertig sei. Er war erfreut, und ich sah, wie er auf die Hotelseite von Paris wechselte, die neue Sortieroption anwählte und wartete. Und wartete. Und wartete. Es dauerte fast zwei Stunden, bis die Seite geladen war. Vielleicht waren es auch nur zwei Minuten. Schwer zu sagen, wenn man stark schwitzt und sich fragt, ob man schon in der ersten Woche gefeuert wird.

Später in dieser Nacht – sehr viel später – fand ich heraus, dass mein Sortiercode eine Funktion aufrief, die (hinter den Kulissen) zwei Datenbankabfragen durchführte. Ich rief diese Funktion während der Sortiervergleiche auf, und es dauerte ungefähr `n log n` Vergleiche, um `n` Elemente zu vergleichen. Bei `n = 2.000` für eine Stadt wie Paris sind das ungefähr *40.000 Datenbankabfragen für eine einzelne Seite*.

Ich wurde an diesem Tag nicht gefeuert. Gute Unternehmen erkennen, dass solche Vorfälle nicht durch eine einzelne Person verursacht werden, sondern durch einen Fehler im System. Sie nutzen solche Vorfälle, um ihr Tooling und ihre Prozesse zu verbessern. Welche Tools hätten beispielsweise verhindern können, dass dieses Problem es in die Produktion schafft? Und welche Prozesse hätten etabliert werden können, um die Schäden eines solchen Problems in der Produktion abzumildern? In Kapitel 5 werden Sie lernen, wie Continuous Integration, Canary-Deployments und Feature-Toggles dabei helfen, solche Probleme zu lösen.

Das war für mich auch eine Chance, mich als Entwickler zu verbessern. Ich hatte meine Sortierfunktion von Hand getestet, doch ich hatte keine automatisierten Tests geschrieben. Dabei zerlegte ich beinahe unsere Datenbank. Aufgrund dieser Erfahrung habe ich mich mit allen Arten automatisierter Tests beschäftigt:

Compiler
: Wenn Sie statisch typisierte Sprachen (wie Java, Scala, Go, TypeScript) nutzen, können Sie den Code kompilieren, um Syntax- und Typfehler zu identifizieren. Bei dynamisch typisierten Sprachen (wie Ruby, Python, JavaScript) können Sie den Code durch den Interpreter laufen lassen, um Syntaxfehler aufzuspüren.

Statische Analyse/Linting
: Diese Tools lesen und prüfen Ihren Code *statisch*, also ohne ihn auszuführen, um potenzielle Probleme automatisch zu erkennen. Beispiele sind ShellCheck für Bash, ESLint für JavaScript und Terrascan für OpenTofu (vollständige Liste (*https://oreil.ly/8aZU6*)).

Policy-Tests
: In den letzten Jahren haben *Policy-as-Code-Tools* an Popularität gewonnen. Mit ihrer Hilfe können Unternehmensrichtlinien (*Policies*) und gesetzliche Vorschriften definiert und durchgesetzt werden. Beispiele sind Open Policy Agent (OPA) und Sentinel (vollständige Liste (*https://oreil.ly/2PZFz*)). Viele dieser Tools basieren auf statischer Analyse, bieten aber flexible Sprachen an, mit denen Sie die Art von Regeln definieren können, die Sie prüfen wollen. Einige basieren auf Plantests.

Plantests
: Während die statische Analyse eine Möglichkeit ist, Ihren Code zu testen, ohne ihn auszuführen, wird Ihr Code bei *Plantests* partiell ausgeführt. Das geht üblicherweise nur bei Tools, die einen *Ausführungsplan* erzeugen können, wie etwa OpenTofu, dessen `plan`-Befehl Ihnen zeigt, welche Änderungen der Code an der Infrastruktur vornimmt, ohne sie wirklich vorzunehmen. Tatsächlich werden alle Leseoperationen des Codes ausgeführt, aber keine Schreiboperationen. Sie können automatisierte Tests für solche Planausgaben mit Tools wie OPA und Terratest (vollständige Liste (*https://oreil.ly/7FizN*)) schreiben.

Unit-Tests
: Das ist die erste Art Test, die Ihren Code vollständig ausführt. Unit-Tests führen nur eine einzelne »Einheit« (*Unit*) Ihres Codes aus. Die Definition einer solchen Unit hängt dabei von der Programmiersprache ab, typischerweise ist es aber ein kleiner Teil des Codes, etwa eine Funktion oder eine Klasse. Alle Abhängigkeiten außerhalb dieser Unit werden üblicherweise »vorgetäuscht« (*mocking*, z.B. Datenbanken, andere Dienste, Dateisystem), sodass der Test ausschließlich die fragliche Unit prüft. Hätte ich Unit-Tests für meinen Sortiercode bei TripAdvisor geschrieben, hätte ich die Datenbank nachahmen müssen und hätte vielleicht erkannt, wie viele Datenbankabfragen der Code durchführt. Der Bug wäre wohl gefunden worden, bevor er es in die Produktion geschafft hätte. Bei einigen Programmiersprachen ist Unit-Testing fest integriert, etwa das `testing`-Paket für Go und das `unittest`-Framework für Python. Andere Sprachen sind bei Unit-Tests hingegen auf weitere Tools angewiesen, etwa JUnit für Java und Jest für JavaScript (vollständige Liste (*https://oreil.ly/DsLbj*)).

Integrationstests
: Nur weil Sie eine Unit in Isolation erfolgreich getestet haben, bedeutet das noch lange nicht, dass mehrere Units funktionieren, wenn man sie zusammenfügt. Hier kommen Integrationstests ins Spiel. Dabei testen Sie mehrere Units (z.B. mehrere Funktionen oder Klassen), häufig in einer Mischung aus realen (z.B. einer Datenbank) und nachgeahmten Abhängigkeiten (z.B. einem vorgetäuschten entfernten Service).

Ende-zu-Ende-Tests (E2E)
: Diese Tests überprüfen, ob Ihr Produkt als Ganzes funktioniert. Sie führen die App aus, alle anderen Dienste, die Sie benötigen, alle Datenbanken und Caches und so weiter und testen alles zusammen. Das überschneidet sich häufig mit der Idee von *Akzeptanztests*, die prüfen, ob Ihr Produkt aus Sicht der Nutzerin oder des Kunden funktioniert. Hätte ich einen E2E-Test für meinen Sortiercode bei TripAdvisor durchgeführt, hätte ich gesehen, dass der Test für größere Städte zu lang dauert, und hätte den Bug dann entdeckt.

Performancetests
: Die meisten Unit-, Integrations- und E2E-Tests überprüfen ein System nur unter idealen Bedingungen: ein Nutzer, niedrige Systemlast und keine Fehler. Performancetests prüfen die Stabilität und Reaktivität eines Systems unter schwerer Last und Fehlern. Hätte ich Performancetests für meinen Sortiercode bei TripAdvisor geschrieben, wäre klar gewesen, dass mein Code die Performance stark beeinträchtigt.

Mit automatisierten Tests können Sie Ihre Angst bekämpfen. Damit kämpfen Sie gegen Legacy-Code. Tatsächlich schreibt Michael Feathers in dem vorhin von mir zitierten Buch: »Für mich ist Legacy-Code einfach Code ohne Tests.« Ich weiß nicht, wie es Ihnen geht, aber ich möchte keinen weiteren Legacy-Code in die Welt setzen. Daher wird es Zeit, einige Tests zu schreiben!

Beispiel: Automatisierte Tests für die Node.js-App

Sehen Sie sich noch einmal den Code der Node.js-Beispiel-App in Beispiel 4.8 an und fragen Sie sich, woher Sie wissen, dass dieser Code tatsächlich funktioniert. Bisher haben Sie diese Frage durch *händische Tests* beantwortet, indem Sie die App mittels `npm start` ausgeführt und die URLs im Browser überprüft haben. Das ist bei kleinen, einfachen Apps in Ordnung, doch sobald die App umfangreicher wird (mit Hunderten von zu prüfenden URLs) und Ihr Team wächst (mit Hunderten von Entwicklern, die Änderungen vornehmen), wird das Testen von Hand zu zeitaufwendig und fehleranfällig.

Mit automatisierten Tests schreiben Sie Code, der die Testschritte für Sie übernimmt. Sie nutzen dabei die Fähigkeit des Computers, Prüfungen schneller und zuverlässiger durchzuführen als ein Mensch. Wir wollen einen E2E-Test für die Beispiel-App hinzufügen. Der Test soll eine HTTP-Verbindung mit der App herstellen und die Antwort überprüfen. Zu diesem Zweck müssen Sie *app.js* zuerst in zwei Teile aufspalten: einen Teil, der die App konfiguriert, und einen Teil, der die App am Port horchen lässt. Das macht es einfacher, automatisierte Tests für den Teil zu schreiben, der die App konfiguriert, und diese Tests gleichzeitig durchzuführen, ohne sich darum Sorgen machen zu müssen, dass es zu Fehlern durch die Mehrfachnutzung eines Ports kommt.

Beispiel 4.10 zeigt die aktualisierte app.js, die nur die Express-App konfiguriert.

Beispiel 4.10: Die aktualisierte app.js konfiguriert nur die App. (ch4/sample-app/app.js)

```
const express = require('express');

const app = express();

app.get('/', (req, res) => {
  res.send('Hello, World!');
});

module.exports = app;
```

Nun legen wir eine neue Datei namens *server.js* an, die den Code aus *app.js* importiert und an einem Port horcht (siehe Beispiel 4.11).

Beispiel 4.11: server.js horcht an einem Port. (ch4/sample-app/server.js)

```
const app = require('./app');

const port = process.env.PORT || 8080;

app.listen(port, () => {
  console.log(`Example app listening on port ${port}`);
});
```

Passen Sie den `start`-Befehl in *package.json* nun so an, dass *server.js* statt *app.js* verwendet wird (siehe Beispiel 4.12).

Beispiel 4.12: Den »start«-Befehl aktualisieren (ch4/sample-app/package.json)

```
"start": "node server.js",
```

Als Nächstes installieren wir einige Testbibliotheken: Jest (*https://jestjs.io*) als Test-Framework und SuperTest (*https://oreil.ly/Gppv9*) als Bibliothek für das Testen von HTTP-Apps. Wir nutzen `npm install`, um diese Abhängigkeiten einzubinden, verwenden diesmal aber das Flag `--save-dev`, um sie als Dev-Dependencies zu speichern. Auf diese Weise stehen sie während der Entwicklung zur Verfügung (wo Sie Tests durchführen), werden aber nicht in das Produktionspaket gepackt (wo Sie keine Tests durchführen).

```
$ npm install --save-dev jest supertest
```

Das ergänzt *package.json* um einen neuen `devDependencies`-Abschnitt (siehe Beispiel 4.13).

Beispiel 4.13: Dev-Dependencies (ch4/sample-app/package.json)

```
{
  "devDependencies": {
    "jest": "^29.7.0",
    "supertest": "^7.0.0"
  }
}
```

Nun lassen wir den `test`-Befehl in *package.json* Jest ausführen (siehe Beispiel 4.14).

Beispiel 4.14: Den test-Befehl mit Jest ausführen (ch4/sample-app/package.json)

```
"scripts": {
  "test": "jest --verbose"
}
```

Abschließend fügen Sie einen Test in einer neuen Datei namens *app.test.js* hinzu (siehe Beispiel 4.15).

Beispiel 4.15: Einen automatisierten Test für die App hinzufügen (ch4/sample-app/app.test.js)

```
const request = require('supertest');
const app = require('./app');                                  ❶

describe('Test the app', () => {                               ❷
  test('Get / should return Hello, World!', async () => {      ❸
    const response = await request(app).get('/');              ❹
    expect(response.statusCode).toBe(200);                     ❺
    expect(response.text).toBe('Hello, World!');               ❻
  });
});
```

Dieser Test funktioniert wie folgt:

❶ Import des App-Codes aus *app.js*.

❷ Mit der `describe`-Funktion werden verschiedene Tests gruppiert.

❸ Mit der test-Funktion werden individuelle Tests definiert.

❹ Über die SuperTest-Bibliothek (importiert über request) wird die App gestartet und ein HTTP GET-Request für die URL »/« durchgeführt.

❺ Mit dem expect-*Matcher* wird geprüft, ob der Statuscode 200 OK zurückgeliefert wurde.

❻ Mittels expect wird geprüft, ob im Response-Body der Text Hello, World! zurückgegeben wird.

Sie führen diesen Test mit npm test aus:

```
$ npm test

 PASS  ./app.test.js
  Test the app
    √ Get / should return Hello, World! (12 ms)

Tests:        1 passed, 1 total
Time:         0.308 s, estimated 1 s
```

Der Test ist durchgelaufen! Gedauert hat das 0,308 Sekunden – deutlich schneller, als das mit händischem Testen möglich wäre. Und das bei nur einem einzigen Test. Die Geschwindigkeit erhöht sich mit jedem weiteren Test. Ergänzen Sie *app.js* beispielsweise um einen weiteren Endpunkt, wie in Beispiel 4.16 zu sehen.

Beispiel 4.16: app.js um einen zusätzlichen Endpunkt ergänzen (ch4/sample-app/app.js)

```
app.get('/name/:name', (req, res) => {
  res.send(`Hello, ${req.params.name}!`);
});
```

Wenn Sie /name/*xxx* eingeben, liefert der Endpunkt den Text Hello, *xxx*! zurück. Das funktioniert hinter den Kulissen, weil die Syntax /name/:name Express anweist, den :name-Teil aus dem Pfad zu extrahieren und unter req.params.name zur Verfügung zu stellen. Führen Sie npm start aus, rufen Sie *http://localhost:8080/name/Bob* auf, und es erscheint:

```
Hello, Bob!
```

Ergänzen Sie *app.test.js* um einen Test für diesen neuen Endpunkt (siehe Beispiel 4.17).

Beispiel 4.17: Automatisierten Test für neuen Endpunkt ergänzen (ch4/sample-app/app.test.js)

```
  test('Get /name/Bob should return Hello, Bob!', async () => {
    const response = await request(app).get('/name/Bob');
    expect(response.statusCode).toBe(200);
    expect(response.text).toBe('Hello, Bob!');
  });
```

Dieser Test automatisiert die /name/Bob-Prüfung, die Sie gerade manuell durchgeführt haben. Führen Sie die Tests erneut aus:

```
$ npm test

 PASS  ./app.test.js
  Test the app
```

```
    √ Get / should return Hello, World! (13 ms)
    √ Get /name/Bob should return Hello, Bob! (5 ms)

Tests:       2 passed, 2 total
Time:        0.339 s, estimated 1 s
```

Ausgezeichnet. Sie verfügen nun über Tests für beide Endpunkte, und diese Tests werden in gerade einmal 0,339 Sekunden ausgeführt. Allerdings enthält der zweite Endpunkt einen schwerwiegenden Fehler: eine Sicherheitslücke. Um sie zu sehen, führen Sie `npm start` erneut aus und geben Folgendes ein:

http://localhost:8080/name/%3Cscript%3Ealert(%22hi%22)%3C%2Fscript%3E

Sie sehen so etwas wie in Abbildung 4.1.

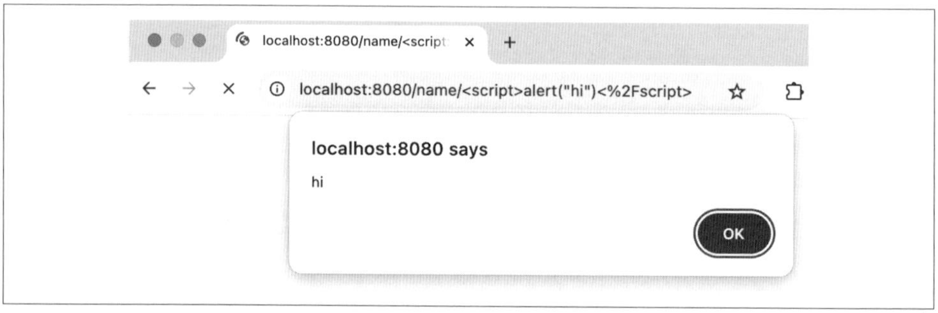

Abbildung 4.1: Beispiel eines Injection-Angriffs

Das ist ein Beispiel für einen *Injection-Angriff* (laut OWASP Top Ten (*https://oreil.ly/mgOEU*) einer der häufigsten Angriffe), bei dem ein Nutzer bösartigen Code in der Eingabe einschleust und Ihre Anwendung diesen Code ausführt. Genauer gesagt, war das ein *Cross-Site-Scripting*-Angriff (XSS), bei dem der bösartige Code ein `<script>`-Tag (URL-codiert, weshalb Sie lustige Zeichen wie `%3C` und `%2F` sehen) nutzt, um JavaScript-Code auszuführen. Der ausgeführte Code war `alert("hi")`, was harmlos ist, könnte aber auch etwas deutlich Schlimmeres sein, wie etwa die XSS-Schwachstelle bei eBay im Jahr 2014 (*https://oreil.ly/afUsl*), die Hackern den Zugang zu Benutzerkonten und deren Zahlungsdaten ermöglichte.

Um solche Injection-Angriffe zu verhindern, müssen alle vom Benutzer übergebenen Daten *bereinigt* werden, d.h., alle unsicheren Zeichen müssen entfernt werden. Welche Zeichen »unsicher« sind, hängt davon ab, wie Sie die Daten nutzen. Werden sie zum Beispiel in einer Datenbankabfrage verwendet, müssen alle SQL-spezifischen Zeichen (*Structured Query Language*) entfernt werden. Dem Thema SQL widmen wir uns in Kapitel 9. Nutzen Sie die Daten in HTML, etwa in der Node.js-Beispiel-App, müssen Sie HTML-spezifische Zeichen wie spitze Klammern (< und >) bereinigen.

Eine gute Möglichkeit, einen solchen Fehler zu verhindern, besteht darin, zuerst einen automatisierten Test zu schreiben, der die erwartete (gesicherte) Ausgabe enthält, und dann den Code zu implementieren, bis der Test bestanden wird. Das nennt man *testgetriebene Entwicklung*, ein Thema, dem wir uns noch später in diesem Kapitel widmen werden. Ergänzen Sie *app.test.js* um den neuen Test aus Beispiel 4.18.

Beispiel 4.18: Test zur Bereinigung ergänzen (ch4/sample-app/app.test.js)

```
const maliciousUrl = '/name/%3Cscript%3Ealert("hi")%3C%2Fscript%3E';
const sanitizedHtml = 'Hello, &lt;script&gt;alert(&#34;hi&#34;)&lt;/
  script&gt;!'

test('Get /name should sanitize its input', async () => {
  const response = await request(app).get(maliciousUrl);
  expect(response.statusCode).toBe(200);
  expect(response.text).toBe(sanitizedHtml);
});
```

Wie Sie sehen, wird die bösartige URL von eben genutzt, und es wird erwartet, dass der resultierende HTML-Code vollständig bereinigt ist. Führen Sie die Tests erneut aus:

```
$ npm test

 FAIL  ./app.test.js
  Test the app
    √ Get / should return Hello, World! (13 ms)
    √ Get /name/Bob should return Hello, Bob! (3 ms)
    × Get /name should sanitize its input (3 ms)

  ● Test the app › Get /name should sanitize its input

    expect(received).toBe(expected) // Object.is equality

    Expected: "Hello, &lt;script&gt;alert(&#34;hi&#34;)&lt;/script&gt;!"
    Received: "Hello, <script>alert(\"hi\")</script>!"

      32 |     const response = await request(app).get(maliciousUrl);
      33 |     expect(response.statusCode).toBe(200);
    > 34 |     expect(response.text).toBe(sanitizedHtml);
         |                           ^

      at Object.toBe (app.test.js:34:27)

Tests:       1 failed, 2 passed, 3 total
Time:        0.254 s, estimated 1 s
```

Wie erwartet, schlägt der Test fehl, weil der aktuelle Code Benutzereingaben nicht bereinigt. Sie können nun an der Implementierung arbeiten, bis der Test bestanden wird. Die beste Möglichkeit, Eingaben zu bereinigen, bieten erprobte Bibliotheken, die das für Sie übernehmen. Bei HTML übernehmen die meisten *HTML-Templating-Bibliotheken* die Bereinigung automatisch. Express unterstützt verschiedene HTML-Templating-Bibliotheken (*https://oreil.ly/dyls4*), einschließlich Pug, Mustache und Embedded JavaScript (EJS). Wir probieren EJS aus. Zuerst installieren wir EJS mit `npm install`:

```
$ npm install --save ejs
```

Dann ändern wir *app.js* so ab, dass es EJS als Template-Engine nutzt (siehe Beispiel 4.19).

Beispiel 4.19: Express für EJS konfigurieren (ch4/sample-app/app.js)

```
const app = express();
app.set('view engine', 'ejs');
```

Schließlich aktualisieren wir den neuen Endpunkt in *app.js*, wie in Beispiel 4.20 zu sehen.

Beispiel 4.20: Rendering eines EJS-Templates (ch4/sample-app/app.js)

```
app.get('/name/:name', (req, res) => {
  res.render('hello', {name: req.params.name});
});
```

Dieser Code rendert ein EJS-Template namens `hello` und übergibt ihm dabei den `:name`-Parameter. Legen Sie dieses EJS-Template als *views/hello.ejs* mit dem Inhalt aus Beispiel 4.21 an.

Beispiel 4.21: Das EJS-Template »hello« (ch4/sample-app/views/hello.ejs)

```
Hello, <%= name%>!
```

Bei EJS rendert die Syntax <%= *xxx*%> den Wert *xxx*, während HTML-Zeichen automatisch bereinigt werden. Beachten Sie, dass Sie auch das *Dockerfile* erweitern müssen, damit es den *views*-Ordner in das Docker-Image aufnimmt (siehe Beispiel 4.22):

Beispiel 4.22: Den "views«-Ordner einbinden (ch4/sample-app/Dockerfile)

```
COPY *.js .
COPY views views
```

Um zu prüfen, ob das EJS-Template funktioniert, führen Sie die Tests erneut aus:

```
$ npm test

 PASS  ./app.test.js
  Test the app
    √ Get / should return Hello, World! (15 ms)
    √ Get /name/Bob should return Hello, Bob! (7 ms)
    √ Get /name should sanitize its input (2 ms)

Tests:       3 passed, 3 total
Time:        0.32 s, estimated 1 s
```

Glückwunsch, alle Tests sind nun durchgelaufen! Und diese Tests dauerten gerade mal 0,32 Sekunden – das ist weitaus schneller, als wenn Sie die drei Endpunkte von Hand testen würden.

Machen Sie sich die Hände schmutzig

Hier einige Übungen, mit denen Sie zu Hause tiefer einsteigen können:

- Legen Sie weitere Arten von automatisierten Tests für die Node.js-App an (z.B. statische Analysen, Unit-Tests, Performancetests). Die Lernressourcen für Kapitel 4 (*https://oreil.ly/ZsCCM*) könnten helfen.
- Ergänzen Sie den `jest`-Befehl um das Flag `--coverage`, um die Codeabdeckung (*Code Coverage*) zu aktivieren. Sie zeigt an, wie viel Prozent von Ihrem Code bei den automatisierten Tests ausgeführt wurden. Wenn die Codeabdeckung bei, sagen wir mal, 20% liegt, wie viel Vertrauen können Sie dann in Ihre Testsuite haben?

Der Prozess, den Sie gerade durchlaufen haben, ist ein gutes Beispiel für eine typische Codeentwicklung mit einer guten Testsuite, auf der man aufbauen kann. Sie nehmen eine Änderung vor und führen die Tests aus. Sie nehmen eine weitere Änderung vor und führen die Tests erneut aus – und so weiter. Bei Bedarf fügen Sie neue Tests hinzu. Bei jeder Iteration wird Ihre Testsuite besser, Sie bauen mehr Vertrauen zu Ihrem Code auf und werden schneller und schneller.

Kernaussage 5

Automatisierte Tests machen Sie während der Entwicklung produktiver, weil sie schnelles Feedback liefern: Sie nehmen eine Änderung vor, führen die Tests aus, nehmen eine weitere Änderung vor, führen die Tests erneut aus, und so weiter.

Schnelle Feedback-Schleifen sind ein wesentlicher Teil der DevOps-Methodik und haben einen großen Anteil an Ihrer Produktivität als Programmiererin oder Programmierer. Sie sind nicht nur produktiver bei der Behebung des XSS-Bugs, sondern haben auch einen *Regressionstest* an der Hand, der ein erneutes Auftreten dieses Fehlers verhindert. Das ist ein *massiver* Schub für die Produktivität, der häufig übersehen wird.

Kernaussage 6

Automatierte Tests machen Sie auch in der Zukunft deutlich produktiver. Sie sparen sehr viel Zeit, weil Sie Fehler *nicht* beheben müssen, da sie durch Ihre Tests gar nicht erst auftreten.

Die Vorteile automatisierter Tests gelten nicht nur für Anwendungscode, sondern auch für Infrastrukturcode. Das wollen wir im nächsten Abschnitt ausprobieren.

Beispiel: Automatisierte Tests für OpenTofu-Code

Als Beispiel für einen Infrastrukturtest wollen wir mit dem in OpenTofu integrierten `test`-Befehl (*https://oreil.ly/BE9zL*) einen E2E-Test für das OpenTofu-Modul `lambda-sample` aus Kapitel 3 entwickeln. Kopieren Sie das Modul unverändert in einen neuen Ordner für dieses Kapitel:

```
$ cd fundamentals-of-devops
$ mkdir -p ch4/tofu/live
$ cp -r ch3/tofu/live/lambda-sample ch4/tofu/live
$ cd ch4/tofu/live/lambda-sample
```

Das Code-Repo zu diesem Buch enthält ein Modul namens `test-endpoint` im Ordner *ch4/tofu/modules/test-endpoint*, das einen HTTP-Request zu einem von Ihnen festgelegten Endpunkt erzeugen kann. Sie können dieses Modul nutzen, um `lambda-sample` zu testen, indem Sie HTTP-Requests an die Funktions-URL senden und prüfen, ob Sie die erwartete Response zurückerhalten.

Legen Sie eine Datei namens *deploy.tftest.hcl* mit dem Inhalt aus Beispiel 4.23 an.

Beispiel 4.23: OpenTofu-Test (ch4/tofu/live/lambda-sample/deploy.tftest.hcl)

```
run "deploy" {          ❶
  command = apply

run "validate" {        ❷
  command = apply


  module {              ❸
    source  = "brikis98/devops/book//modules/test-endpoint"
    version = "1.0.0"
  }

  variables {           ❹
    endpoint = run.deploy.function_url
  }

  assert {              ❺
    condition     = data.http.test_endpoint.status_code == 200
    error_message = "Unexpected status: ${data.http.test_endpoint.status_code}"
  }

  assert {              ❻
    condition     = data.http.test_endpoint.response_body == "Hello, World!"
    error_message = "Unexpected body: ${data.http.test_endpoint.response_body}"
  }
}
```

Die Tests stehen in Dateien mit der Erweiterung *.tftest.hcl*, verwenden die gleiche Sprache (HCL) wie Ihr OpenTofu-Code und bestehen aus `run`-Blöcken, die nacheinander ausgeführt werden:

❶ Der erste `run`-Block führt `apply` für das `lambda-sample`-Modul selbst aus.

❷ Der zweite `run`-Block führt ebenfalls `apply` aus, aber diesmal für das `test-endpoint`-Modul aus ❸ und die Assertions aus ❺ und ❻.

❸ Der `module`-Block weist den `run`-Block an, `apply` über das `test-endpoint`-Modul aus dem Code-Repo zu diesem Buch auszuführen.

❹ Einlesen der Ausgabe der Lambda-Funktions-URL des `lambda-sample`-Moduls und Übergabe in der Eingabevariablen `endpoint` für das `test-endpoint`-Modul.

❺ Mit `assert`-Blöcken prüfen Sie, ob der Code arbeitet wie erwartet. Der erste `assert`-Block prüft, ob der HTTP-Request des `test-endpoint`-Moduls den Statuscode 200 OK zurückgeliefert hat.

❻ Der zweite `assert`-Block prüft, ob der HTTP-Request des `test-endpoint`-Moduls im Body den Text `Hello, World!` zurückgegeben hat.

Um diesen Test auszuführen, authentifizieren Sie sich gegenüber AWS. Führen Sie dann `tofu init` und `tofu test` aus (diese Tests können mehrere Minuten dauern, also haben Sie Geduld):

```
$ tofu init
$ tofu test
deploy.tftest.hcl... fail
  run "deploy"... pass
```

```
  run "validate"... fail
│
│ Error: Test assertion failed
│
│   on deploy.tftest.hcl line 23, in run "validate":
│   23: condition = data.http.test_endpoint.response_body == "Hello,
World!"
│     ├────────────────
│     │ data.http.test_endpoint.response_body is "Fundamentals of
DevOps!"
│
│ Unexpected body: Fundamentals of DevOps!
```

Ups, der Test ist fehlgeschlagen. Das liegt daran, dass wir die Lambda-Funktion in Kapitel 3 mit »Fundamentals of DevOps!« statt mit »Hello, World!« haben antworten lassen. Aber dieses Problem können wir ja beheben. Ändern Sie die Response in *tofu/live/lambda-sample-app/src/index.js* in »Hello, World!« und führen Sie den Test erneut aus:

```
$ tofu init
$ tofu test
deploy.tftest.hcl... pass
  run "deploy"... pass
  run "validate"... pass

Success! 2 passed, 0 failed.
```

Glückwunsch, Sie verfügen nun über automatisierte Tests für Ihre Infrastruktur! Hinter den Kulissen hat OpenTofu `apply` ausgeführt, Ihre realen Ressourcen genutzt, geprüft, ob sie wie erwartet funktionieren, und nach Abschluss des Tests `destroy` ausgeführt, um alles wieder aufzuräumen. Mit dieser Art Tests können Sie sich relativ sicher sein, dass Ihre Infrastruktur tatsächlich funktioniert.

Machen Sie sich die Hände schmutzig

Hier einige Übungen, mit denen Sie zu Hause tiefer einsteigen können:

- Ergänzen Sie Ihren OpenTofu-Code um weitere Tests wie die statische Analyse (Terrascan), Policy-Enforcement (OPA) und Integrationstests (Terratest).
- Fügen Sie einen neuen Endpunkt in Ihr `lambda`-Modul ein und ergänzen Sie einen neuen automatisierten Test, der sicherstellt, dass der Endpunkt wie erwartet funktioniert.

Nachdem Sie einige Beispiele für automatisierte Tests ausprobiert haben, betrachten wir nun ein paar Empfehlungen, die Ihre Tests effektiver machen.

Testempfehlungen

Nahezu jede Form automatisierter Tests ist besser als nichts, doch bestimmte Muster automatisierter Tests sind effektiver als andere. Hier meine Empfehlungen:

- die Testpyramide
- Was testen?
- testgetriebene Entwicklung (*Event-driven Development*, TDD)

Sehen wir uns das im Einzelnen an.

Die Testpyramide

Eine Frage, die immer wieder auftaucht, ist, welchen Testansatz man verfolgen sollte. Unit-Tests? Integrationstests? E2E-Tests? Die Antwort lautet: eine Mischung aus allem! Jede Art Test kann unterschiedliche Arten von Fehlern abfangen und hat unterschiedliche Stärken und Schwächen, die in Tabelle 4.1 zusammengefasst sind.

Tabelle 4.1: Vergleich automatisierter Tests

	Compiler	Statische Analyse	Policy-Tests	Plantests	Unit-Tests	Integrationstests	E2E-Tests	Perf-Tests
Syntaxfehler	Sehr gut	Sehr gut	Gut	Gut	Gut	Gut	Gut	Gut
Typfehler	Sehr gut	Gut	Gut	Gut	Gut	Gut	Gut	Gut
Compliance-Fehler	Okay	Gut	Sehr gut	Gut	Gut	Gut	Gut	Gut
Unit-Funktionalität	Schlecht	Schlecht	Schlecht	Okay	Sehr gut	Gut	Gut	Gut
Interaktion der Units	Schlecht	Schlecht	Schlecht	Schlecht	Schlecht	Sehr gut	Gut	Gut
Systemfunktionalität	Schlecht	Schlecht	Schlecht	Schlecht	Schlecht	Schlecht	Sehr gut	Gut
Funktionalität unter Last	Schlecht	Schlecht	Schlecht	Schlecht	Schlecht	Schlecht	Schlecht	Sehr gut
Testgeschwindigkeit	Sehr gut	Sehr gut	Sehr gut	Gut	Gut[a]	Okay	Schlecht	Schlecht
Teststabilität	Sehr gut	Sehr gut	Sehr gut	Gut	Gut	Okay	Schlecht	Schlecht
Erstellungsaufwand	Sehr gut	Sehr gut	Sehr gut	Sehr gut	Gut	Okay	Schlecht	Schlecht

[a] Unit-Tests für Anwendungscode sind üblicherweise schnell. Unit-Tests für Infrastrukturcode sind üblicherweise langsam.

Um sicher zu sein, dass Ihr Code wie erwartet funktioniert, müssen Sie mehrere Arten von Tests kombinieren. Das bedeutet nicht, dass alle Arten einen gleichen Anteil verlangen. In den meisten Fällen sollten die Proportionen der Tests der *Testpyramide* aus Abbildung 4.2 entsprechen.

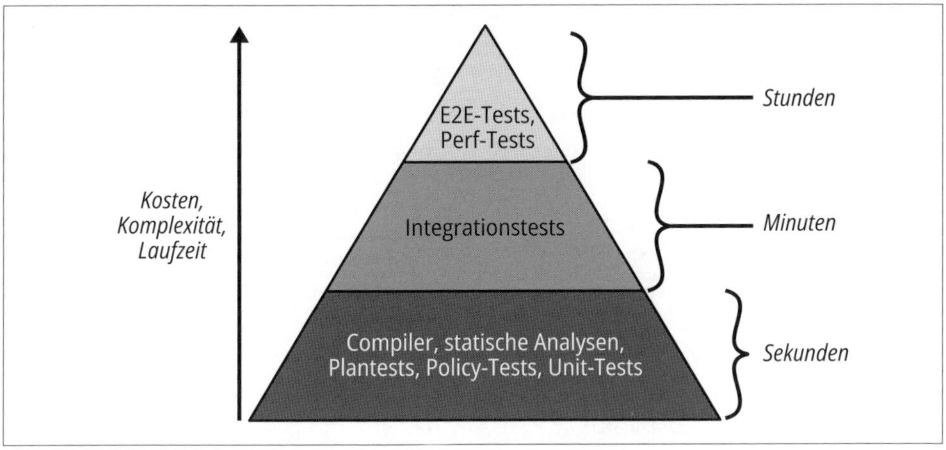

Abbildung 4.2: Die Testpyramide

Die Idee hinter der Testpyramide ist, dass mit zunehmender Höhe in der Pyramide die Kosten und der Aufwand für das Schreiben der Tests, die Anfälligkeit der Tests sowie deren Ausführungszeit steigen. Daher werden Sie üblicherweise so viele Tests wie möglich verwenden, die sich schnell schreiben lassen, schnell ausgeführt werden und stabil laufen. Ein Großteil Ihrer Tests wird daher den Compiler, statische Analysen, Plantests, Policy-Tests und Unit-Tests nutzen (den Boden der Pyramide). Einen kleineren Teil werden Integrationstests bilden (der mittlere Teil der Pyramide) und einen noch kleineren Teil E2E- und Performancetests (die Spitze der Pyramide).

Darüber hinaus müssen Sie nicht alle Tests gleichzeitig einbinden. Wählen Sie stattdessen die zuerst aus, die die besten Ergebnisse liefern. Jeder Test ist besser, als gar nicht zu testen. Wenn Sie im Moment nur statische Analysen oder Unit-Tests bereitstellen können, dann ist das immer noch besser als nichts. Oder vielleicht steht Ihnen nur ein einzelner E2E-Test zur Verfügung, der Sicherstellt, dass Ihr System wirklich funktioniert. Auch das reicht als Ausgangspunkt völlig aus. Beginnen Sie mit irgendetwas, das einen Wert für Sie hat, und fügen Sie dann nach und nach weitere Tests hinzu.

Was testen?

Häufig kommt auch die Frage auf, was getestet werden soll. Einige Testpuristen glauben, dass jede Codezeile getestet werden und die Codeabdeckung bei 100% liegen muss. Ich glaube das nicht.

Ohne Zweifel haben Tests einen hohen Wert. Doch sie haben auch einen Preis. Tests zu schreiben, zu pflegen und für eine schnelle Ausführung und Zuverlässigkeit zu sorgen, kann sehr viel Zeit in Anspruch nehmen. In vielen Fällen ist der Aufwand notwendig, in einigen Fällen nicht. In der Praxis habe ich festgestellt, dass die Entscheidung, ob man in die Erstellung automatisierter Tests für einen bestimmten Teil des Codes investieren sollte, darauf hinausläuft, die Teststrategie kontinuierlich zu überprüfen und Abwägungen zwischen den folgenden Faktoren zu treffen:

Die Kosten von Bugs

Je höher die Kosten eines Bugs, desto mehr sollten Sie in automatisierte Tests investieren. Wenn Sie einen Prototyp entwickeln, den Sie in einigen Wochen wieder verwerfen, sind Bug-Kosten niedrig und Tests nicht so wichtig. Verarbeitet Ihr Code Zahlungen, verwaltet er Nutzerdaten oder hat er etwas mit Sicherheit zu tun, sind die Kosten von Bugs hoch, und automatisierte Tests sind wichtig.

Die Wahrscheinlichkeit von Bugs

Je höher die Wahrscheinlichkeit von Bugs ist, desto mehr sollten Sie in automatisierte Tests investieren. Die Faustregel lautet: Je größer die Codebasis und je mehr Menschen daran arbeiten, desto wahrscheinlicher sind Bugs. Der Umfang der Tests sollte im gleichen Umfang mitwachsen.

Die Kosten des Testens

Je geringer die Kosten des Testens, desto mehr sollten Sie in automatisierte Tests investieren. In den meisten Sprachen und Tools ist die Einrichtung von Unit-Tests so einfach, die Tests so schnell und die Verbesserung von Codequalität und Fehlerfreiheit so hoch, dass es sich fast immer lohnt, in Unit-Tests zu investieren. Andererseits ist die Einrichtung von Integrationstests, E2E-Tests und Performancetest deutlich teurer, und Sie müssen abwägen, wie viel Sie investieren wollen.

Die Kosten, wenn man keine Tests durchführt

Man kann sich in einer Kosten-Nutzen-Analyse verlieren und zu dem Schluss kommen, dass die Tests die Kosten nicht wert sind. Viele Unternehmen machen genau das. Doch auch das hat seinen Preis: Angst. Sollten Sie an einer Codebasis ohne Tests arbeiten, werden die Entwickler davor zurückschrecken, Änderungen vorzunehmen. Wenn Sie also ein neues Feature einfügen oder in der Produktion bereitstellen wollen und Ihr Team dabei (ver-)zögert, dann zahlen Sie einen hohen Preis dafür, keine Tests zu haben. In diesen Fällen sind die Kosten für automatisierte Tests niedriger als der Preis für ein paralysiertes Dev-Team.

Ein Faktor, der sowohl die Kosten für die Entwicklung der Tests als auch die Vorteile dieser Tests bestimmt, ist die Frage, *wann* Sie diese Tests schreiben. Wenn Sie Tests erst Jahre nach dem Code einbinden, wird das teuer und bietet keinen besonderen Vorteil. Tests einige Tage nach der Entwicklung des Codes zu entwickeln, ist günstiger und bietet einige Vorteile. Und es hat sich gezeigt, dass die Entwicklung von Tests *vor* der Entwicklung des Codes die niedrigsten Kosten und die meisten Vorteile bringt. Das wollen wir uns als Nächstes ansehen.

Testgetriebene Entwicklung

Sobald Sie versuchen, Tests für Ihren Code zu entwickeln, sind Sie gezwungen, sich einige wichtige Fragen zu stellen: Wie strukturiere ich den Code, damit ich ihn testen kann? Welche Abhängigkeiten habe ich? Welche Anwendungsfälle sind gängig? Welche Grenzfälle gibt es?

Wenn Ihr Code schwer zu testen, ist das nahezu immer ein Zeichen dafür, dass ein Refactoring auch aus anderen Gründen notwendig ist. Ist der Code beispielsweise schwer zu testen, weil er viele globale Variablen nutzt, ist der Code wahrscheinlich auch schwer zu verstehen, zu pflegen und wiederzuverwenden. Ist der Code hingegen aufgrund der komplexen Interaktion mit dessen Abhängigkeiten schwer zu testen, dann ist der Code wahrscheinlich zu eng gekoppelt und nur schwer zu ändern.

Mit anderen Worten: Tests helfen nicht nur dabei, korrekten Code zu schreiben, sondern liefern auch Feedback und führen letztlich zu einem besseren Design. Den größten Nutzen bietet dieses Feedback, wenn Sie den Testcode schreiben, *bevor* Sie den eigentlichen Code entwickeln. Dies bezeichnet man als *testgetriebene Entwicklung* (*Test-driven Development*, TDD). Das funktioniert wie folgt:

1. Fügen Sie Platzhalter für neue Funktionalitäten ein (z. B. Funktionssignaturen), und zwar gerade genug, dass der Code kompiliert wird, aber ohne die vollständige Implementierung.
2. Fügen Sie Tests für die neue Funktionalität hinzu.
3. Lassen Sie alle Tests laufen. Die neuen Tests sollten fehlschlagen (Sie sollten immer sicherstellen, dass Ihre Tests fehlschlagen *können* und Sie in diesem Fall eine klare Fehlermeldung erhalten), alle anderen Tests sollten hingegen durchlaufen.
4. Implementieren Sie die neue Funktionalität.
5. Führen Sie die Tests erneut aus. Alles sollte nun durchlaufen.
6. Refaktorieren Sie den Code, bis Sie ein sauberes Design haben. Führen Sie die Tests regelmäßig durch, um sicherzustellen, dass alles noch funktioniert.

Eine unerwartete Konsequenz beim Einsatz von TDD ist, dass sich das Design als Ergebnis der wiederholten Testen-Programmieren-Testen-Zyklen *weiterentwickelt*. Ohne TDD liefern Sie häufig das erste Design aus, das Ihnen einfällt. Mit TDD zwingt Sie der Akt der Entwicklung von Tests dazu, Ihr Design wiederholt zu überdenken, und Sie liefern etwas Effektiveres aus.

Tatsächlich beeinflusst TDD nicht nur das Design kleiner Teile Ihres Codes, sondern das Design des gesamten Systems. Einige Entwickler nutzen TDD in der Praxis nur, um vorab Unit-Tests zu entwickeln, doch Sie können TDD auch für Integrationstests, E2E-Tests und Performancetests einsetzen. Denken Sie vorab über Integrationstests nach, sind Sie gezwungen, darüber nachzudenken, wie die Teile Ihres Systems miteinander kommunizieren werden. Wenn Sie über E2E-Tests nachdenken, müssen Sie sich überlegen, wie Sie alles bereitstellen wollen. Vorab über Performancetests nachzudenken, zwingt Sie dazu, sich über mögliche Flaschenhälse Gedanken zu machen und welche Metriken Sie sammeln müssen, um diese zu erkennen.

Wenn Sie gezwungen sind, vorab über all das nachzudenken, weil Sie zuerst einige Tests schreiben wollen, kann sich das sehr positiv auf das finale Design auswirken. Hätte ich TDD für meinen Sortiercode bei TripAdvisor eingesetzt – hätte ich also zuerst die Tests geschrieben –, wäre mir die Abhängigkeit von der Datenbank aufgefallen, und ich hätte ein anderes Design gewählt. Ich hätte den Bug verhindert, ohne eine einzelne Zeile des Implementierungscodes geschrieben zu haben. Weitere Beispiele dafür, wie TDD zu besserem Code führt, finden Sie in den Buchempfehlungen (*https://oreil.ly/4kkCs*).

Zu erwähnen ist ebenfalls, dass das Schreiben der Tests vorab auch die Chancen für eine höhere Codeabdeckung erhöht, weil Sie gezwungen sind, den Code Schritt für Schritt zu schreiben. Das Schreiben von Tests kann mühsam sein, weshalb es einfacher ist, nur jeweils einige wenige zu entwickeln: Schreiben Sie ein paar Tests und implementieren Sie dann ein wenig, schreiben Sie anschließend einige weitere Tests und implementieren Sie wieder ein wenig – und so weiter. Es ist nicht besonders effektiv, zuerst Tausende Zeilen Code zu implementieren und dann in einer Marathonsitzung Testfälle zu schreiben. Sie werden sich langweilen und eine deutlich geringere Codeabdeckung erzielen. Sie werden auch einige Grenzfälle auslassen, weil Sie die Nuancen der vor Wochen geschriebenen Implementierung vergessen haben.

Beachten Sie, dass TDD nicht für jede Art von Programmierung geeignet ist. Zum Beispiel kennen Sie beim *explorativen Programmieren* das genaue Ergebnis nicht, sondern untersuchen nur einen Problemraum per Code und Daten. TDD ist da kein guter Ansatz. Wenn Sie das Ergebnis nicht kennen, können Sie auch keinen passenden Test schreiben. In diesem Fall ist das Schreiben von Tests kurz nach der Entwicklung des Codes aber immer noch nützlich.

Ebenso ist TDD keine gute Wahl, wenn Sie mit einer vorhandenen Codebasis arbeiten müssen, für die es keine Tests gibt (Legacy-Code). Der Code liegt bereits vor. Sie können TDD aber für alle Änderungen an der Codebasis nutzen. Das ähnelt dem üblichen TDD-Prozess, vorab sind aber einige zusätzliche Schritte notwendig:

1. Schreiben Sie Tests für die Funktionalität, die Sie ändern wollen.
2. Führen Sie alle Tests aus. Sie sollten durchlaufen.
3. Verwenden Sie das normale TDD für alle von Ihnen entwickelten neuen Funktionalitäten und Änderungen.

Auf diese Weise bauen Sie inkrementell die Testabdeckung für die Codebasis auf, insbesondere für die von Ihnen modifizierten Teile des Codes. Jeder Test, den Sie für die vorhandene Funktionalität einfügen, gibt Ihnen die Sicherheit, dass Sie wirklich verstehen, wie der Code funktioniert. Sie haben weniger Angst, Änderungen vorzunehmen. Und jeder Test, den Sie für neue Funktionalitäten einfügen, bietet Ihnen die üblichen Vorteile von TDD. Wenn Sie fertig sind, gibt es für die Codebasis wenigstens ein paar Tests, und das flößt dem nächsten Entwickler weniger Angst ein (weil es sich weniger nach Legacy-Code anfühlt).

TDD hilft auch bei der Fehlerbehebung. Wenn Sie einen Fehler in der Produktion finden, bedeutet dies, dass kein Test das Problem erkannt hat. Ein guter erster Schritt, den Fehler zu beheben, besteht darin, einen fehlschlagenden Test zu schreiben, der den Fehler reproduziert (*testgetriebene Fehlerbehebung*), genau, wie Sie das zu Beginn dieses Kapitels mit dem HTML-Bug der Beispiel-App getan haben. Der fehlschlagende Test stellt sicher, dass Sie die Ursache des Fehlers verstehen. Sobald Sie ihn behoben haben, verfügen Sie außerdem über einen Regressionstest, der verhindert, dass dieser Bug erneut auftritt.

Erinnerung: Committen Sie Ihren Code!

Beim Durcharbeiten dieses Kapitels haben Sie wahrscheinlich viele Codeänderungen am *ch4*-Ordner vorgenommen. Sie haben *package.json* um Build-Schritte und Abhängigkeiten ergänzt, sind auf eine Express-App umgestiegen und haben automatisierte Tests für die App und den Infrastrukturcode ergänzt. Falls noch nicht geschehen, sollten Sie den Code nun committen, insbesondere die Änderungen an den *sample-app-* und *tofu*-Ordnern, um die Änderungen nicht zu verlieren und um in den nächsten Kapiteln darauf aufbauen zu können.

Fazit

Sie haben für Ihr Team einen großen Schritt in Richtung gemeinsamer Arbeit am Code getan, indem Sie den sechs Kernaussagen dieses Kapitels gefolgt sind:

- Verwalten Sie Ihren Code immer mit einem Versionskontrollsystem.
- Nutzen Sie ein Build-System, um wichtige Aktionen und das Wissen um Ihr Projekt als Code festzuhalten, die sowohl die Entwicklerinnen und Entwickler als auch automatisierte Tools nutzen können.
- Setzen Sie ein Tool zum Dependency-Management ein, um Abhängigkeiten einzupflegen – kein Kopieren und Einfügen.
- Nutzen Sie automatisierte Tests, um Ihrem Team die Sicherheit zu geben, Änderungen schnell vornehmen zu können.
- Automatierte Tests machen Sie beim Programmieren produktiver, weil sie eine schnelle Feedback-Schleife bieten: Änderung vornehmen, Tests durchführen, weitere Änderung vornehmen, Tests erneut ausführen und so weiter.
- Automatisierte Tests machen Sie auch in der Zukunft produktiver. Sie sparen sehr viel Zeit, weil Sie Bugs *nicht* beheben müssen, da die Tests verhindert haben, dass diese Fehler überhaupt auftreten.

Das ist wirklich ein riesiger Fortschritt, löst das Problem der Kollaboration aber nicht ganz. Sie besitzen ein Versionskontrollsystem, doch wenn die Teams über Monate an den Branches arbeiten, kann es schwierig werden, sie wieder zusammenzuführen. Sie verfügen über automatisierte Tests, doch die Entwickler vergessen schon mal, sie auszuführen, sodass sich fehlerhafter Code immer mal wieder einschleicht. Und Sie besitzen ein Build-System, doch das Deployment erfolgt größtenteils immer noch von Hand. Um als Team effizient zusammenzuarbeiten, reicht es nicht, Versionskontrolle, Build-System und automatisierte Tests einzusetzen. Sie müssen sie auch mit zwei Techniken der Softwarebereitstellung kombinieren. Ich spreche von Continuous Integration und Continuous Delivery, denen wir uns in Kapitel 5 widmen wollen.

KAPITEL 5

Wie man Continuous Integration/ Continuous Delivery einrichtet

In Kapitel 4 haben Sie Tools wie Versionskontrolle, Build-Systeme und automatisierte Tests kennengelernt, die das Entwicklungsteam bei der Zusammenarbeit unterstützen. Doch ein paar Tools allein reichen nicht aus. Sie müssen auch wissen, wie man sie in einen effektiven *Softwarebereitstellungszyklus* (*Software Delivery Lifecycle*, SDLC) packt. Jedes Unternehmen hat einen eigenen SDLC, von denen einige besser funktionieren als andere.

Zum Beispiel basierte bei LinkedIn vor Project Inversion (das im vorgestellt wurde) der SDLC auf einem sogenannten *Release-Train-Modell*: Alle 14 Tage verließ ein »Zug« (engl. *Train*) mit neuem Code für die Produktion den »Bahnhof«. Zu jener Zeit erledigten die Teams ihre Arbeit in isolierten *Feature-Branches*, und um es in den Zug zu schaffen, musste der Code in einen *Release-Branch* eingepflegt werden. Mehrere Wochen vor der geplanten Veröffentlichung erfolgte die *Integration*, bei der die Feature-Branches in einem Release-Branch zusammengeführt wurden, gefolgt von einem *Deployment*, bei dem der Release-Branch in der Produktion ausgerollt wurde.

Dieser Integrationsprozess hatte oft so seine Probleme. Während Dutzende Feature-Branches zusammengeführt wurden, mussten die Entwickler feststellen, dass sie Monate basierend auf falschen Annahmen entwickelt hatten. Die an verschiedenen Stellen genutzte API wurde entfernt. Das aktualisierte Modul wurde in inkompatibler Weise refaktoriert. Das neue Feature passte nicht mehr so recht, weil das Design geändert wurde. Diese Probleme zu beheben, konnte Wochen dauern.

Der Deployment-Prozess war ebenfalls problematisch. Für jedes Release wurde ein *Deployment-Plan* erstellt, eine Wiki-Seite, die angab, welche Dienste bereitzustellen sind, in welcher Reihenfolge und in welcher Konfiguration. Das Release-Team ging das Wiki durch und stellte von Hand oder über fragile Skripte Dutzende Dienste und Konfigurationsänderungen bereit. Die Folge waren bis tief in die Nacht laufende Deployments, die häufig zu Bugs und Ausfällen führten.

Heutzutage, nach Project Inversion, kann jedes Team bei LinkedIn jederzeit ein Deployment vornehmen, auch tausendmal täglich. Zwei entscheidende Techniken, die dies bei LinkedIn möglich machten (aber auch bei anderen Unternehmen), die Sie im Abschnitt »Die Auswirkungen erstklassiger Softwarebereitstellung« auf Seite 13 kennengelernt haben, sind:

- *Continuous Integration* (CI)
- *Continuous Delivery* (CD)

Diese beiden Techniken bilden den Schwerpunkt dieses Kapitels. Die folgenden Abschnitte tauchen in diese Techniken ein. Dabei werden Sie Beispiele durchgehen, die GitHub Actions für CI und CD verwenden, einschließlich der Durchführung von Tests für Node.js und OpenTofu bei jedem Commit, des Einsatzes von OpenID Connect zur automatischen Authentifizierung gegenüber AWS sowie der Ausführung von `tofu plan` und `tofu apply` für PRs zum automatischen Deployment von Änderungen. Wir wollen zuerst in die CI eintauchen.

Continuous Integration

Stellen Sie sich vor, Sie seien für den Bau der Internationalen Raumstation (*International Space Station*, ISS) verantwortlich, die, wie in Abbildung 5.1 zu sehen, aus Dutzenden Komponenten besteht.

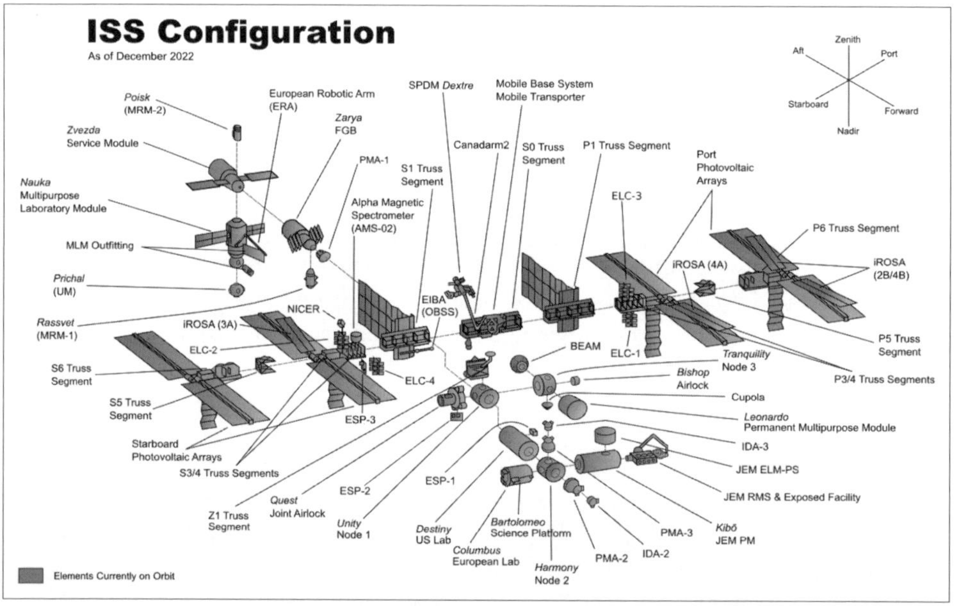

Abbildung 5.1: Die Internationale Raumstation (Abbildung aus der Wikipedia (https://oreil.ly/v5os-))

Jede Komponente wird einem Team aus einem anderen Land zugewiesen, und Sie müssen entscheiden, wie diese Teams zu organisieren sind. Sie haben zwei Optionen:

Option 1
: Sie denken sich im Vorfeld ein Design aus und lassen jedes Team für sich an der jeweiligen Komponente arbeiten. Sind alle Teams fertig, bringen Sie die Komponenten in den Weltraum und versuchen, sie gleichzeitig zusammenzufügen.

Option 2
: Sie stellen vorab ein erstes Design für alle Komponenten zur Verfügung und lassen dann jedes Team mit der Arbeit beginnen. Während die Teams Fortschritte machen, testen sie jede Komponente mit allen anderen Komponenten und passen das Design

bei Problemen an. Sobald Komponenten fertig sind, bringen Sie sie nacheinander ins All und bauen sie schrittweise zusammen.

Wie, glauben Sie, geht das mit der ersten Option aus? Sehr wahrscheinlich fördert der Zusammenbau der ISS auf den letzten Drücker eine Vielzahl von Problemen zutage. Team A dachte, dass Team B die Verkabelung übernimmt, während Team B dachte, dass Team A das macht. Alle Teams nutzen das metrische System – bis auf eins. Niemand hat daran gedacht, eine Toilette zu installieren. Wenn alles fertig aufgebaut im All treibt, wird es schwierig, Fehler zu beheben.

Option 1 mag absurd klingen, doch genau so wird in vielen Unternehmen Software entwickelt. Wie das LinkedIn-Beispiel in der Einführung zu diesem Kapitel zeigt, arbeiten in einigen Unternehmen Entwickler Wochen oder Monate in isolierten Feature-Branches und versuchen dann, diese in Release-Branches zusammenzuführen, wenn wieder ein Release ansteht. Dieser Prozess, der als *späte Integration* bekannt ist, führt häufig zu einem schmerzhaften Integrationsprozess, bei dem Sie wochenlang gegen Merge-Konflikte kämpfen.

Die ISS wurde in einem Prozess gebaut, der sich eng an Option 2 orientiert,[1] und in den meisten Fällen sollten auch Sie diese Option nutzen. In der Softwarewelt wird Option 2 als *Continuous Integration* (CI) bezeichnet. Die Idee hinter der »fortlaufenden Integration« ist, dass jeder Entwickler Ihres Teams seine Arbeit regelmäßig einpflegt, üblicherweise täglich oder mehrmals täglich. Der wesentliche Vorteil von CI besteht darin, dass Probleme frühzeitig während des Prozesses erkannt werden, bevor Sie sich zu lange in die falsche Richtung bewegt haben. Verbesserungen können schrittweise vorgenommen werden.

Kernaussage 1

Stellen Sie sicher, dass die Entwicklerinnen und Entwickler ihre Arbeit regelmäßig (täglich oder mehrmals täglich) einpflegen.

Typischerweise wird CI mit einem *Trunk-basierten Entwicklungsmodell* umgesetzt, bei dem die Entwickler alle Arbeiten am gleichen Branch durchführen, üblicherweise `main`, `master` oder `trunk` (je nach verwendetem VCS). Ich bezeichne diesen Zweig in diesem Buch als `main`. Bei der Trunk-basierten Entwicklung gibt es keine langlebigen Feature-Branches mehr. Stattdessen legen Sie kurzlebige Branches an, die nur ein paar Stunden oder Tage existieren. Sie öffnen dann PRs, die den Branch regelmäßig wieder in `main` einpflegen.

Es mag aussehen, als wäre eine Skalierung kaum möglich, wenn alle Entwickler am gleichen Branch arbeiten, doch tatsächlich ist das vielleicht sogar die einzige Möglichkeit der Skalierung. LinkedIn hat als Teil des Project Inversion von Feature-Branches auf Trunk-basierte Entwicklung umgestellt, was für die Skalierung von etwa 100 auf über 1.000 Entwickler wesentlich war. Meta nutzt Trunk-basierte Entwicklung (*https://oreil.ly/MPt50*) für Tausende von Entwicklern. Google nutzt Trunk-basierte Entwicklung für Zehntausende von Entwicklern und hat die Skalierung auf zwei Milliarden Zeilen Code, 86 TB Quelldaten und etwa 40.000 Commits täglich (*https://oreil.ly/0Rmsf*) demonstriert.

1 Der Bau der ISS benötigte mehr als 40 separate Raumflüge. Vor und nach jedem Flug haben Menschen aus 16 Ländern fortlaufend zusammengearbeitet, Tests durchgeführt, Designs angepasst und Änderungen integriert.

Wenn man die Trunk-basierte Entwicklung noch nicht eingesetzt hat, kann man sich nur schwer vorstellen, wie sie funktioniert. Es stellen sich immer wieder die gleichen Fragen:

- Gibt es nicht die ganze Zeit Merge-Konflikte?
- Ist der Build nicht immer fehlerhaft?
- Wie nimmt man große Änderungen vor (die vielleicht Monate dauern)?

In diesem Abschnitt wollen wir diese Fragen beantworten und stellen Tools und Techniken vor, die Unternehmen einsetzen, um damit umzugehen. Dann werden Sie Beispiele durchgehen, um einige dieser CI-Tools und -Techniken selbst auszuprobieren.

Mit Merge-Konflikten umgehen

Die erste Frage, die sich Einsteiger in die Trunk-basierte Entwicklung stellen, ist, ob man es nicht ständig mit Merge-Konflikten zu tun hat. Schließlich haben Sie bei Feature-Branches bei jedem Merge Wochen mit der Behebung von Konflikten zugebracht. Aber immerhin mussten Sie das nur alle paar Monate machen. Kämpft man bei der Trunk-basierten Entwicklung nicht mehrmals täglich mit Merge-Konflikten?

Wie sich zeigt, liegt der Grund für die schmerzhaften Merge-Konflikte bei Feature-Branches eben an ihrer Langlebigkeit. Sind die Branches kurzlebig, ist die Menge an Merge-Konflikten wesentlich geringer. Nehmen wir zum Beispiel ein Repo mit 10.000 Dateien und zwei Entwicklern, die an unterschiedlichen Branches arbeiten. Nach einem Tag hat jeder Entwickler vielleicht zehn Dateien geändert, und beim Merge sind die Chancen, dass sie diese 20 Dateien (von 20.000) in die Quere kommen, recht gering. Doch wenn die Entwickler drei Monate an den Branches arbeiten und in jedem Branch 500 Dateien ändern, ist die Gefahr, dass sich 1.000 Dateien überschneiden und es zu Konflikten kommt, wesentlich größer.

Doch selbst wenn Konflikte entstehen, ist es leichter, damit umzugehen, wenn die Merges regelmäßig erfolgen. Pflegt man zwei Branches ein, die gerade einen Tag alt sind, sind die Konflikte relativ gering, und Korrekturen gehen deutlich schneller, weil der Code einfach zu verstehen und gerade mal einen Tag alt ist. Führen Sie hingegen mehrere Monate alten Code zusammen, sind die Konflikte größer, da Sie in dieser Zeit viel mehr Änderungen vornehmen, und die Änderungen sind schwerer zu verstehen, weil sie schon mehrere Monate her sind.

Es ist wichtig, dass sie Folgendes verstehen: Wenn mehrere Entwickler gleichzeitig an einer Codebasis arbeiten, sind Merge-Konflikte unvermeidbar. Die Frage ist also nicht, wie man Merge-Konflikte vermeidet, sondern wie man mit Merge-Konflikten so schmerzlos wie möglich umgeht. Das ist bei der Softwarebereitstellung eine der vielen Gelegenheiten, für die dieses Zitat von Martin Fowler gilt:

> If it hurts, do it more often.
> Wenn es weh tut, mach es öfter.
>
> *– Martin Fowler, »Frequency Reduces Difficulty« (https://oreil.ly/O8Fqa)*

Merge-Konflikte tun weh. Damit sie weniger weh tun, müssen Sie öfter zusammenführen.

Ausfälle durch selbsttestende Builds verhindern

Die zweite Frage, die Neulinge bei der Trunk-basierten Entwicklung häufig stellen, ist, ob man nicht ständig mit Ausfällen zu kämpfen hat. Schließlich kann es bei Feature-Branches Wochen dauern, alle auftretenden Probleme zu beheben und das System zu stabilisieren, aber wenigstens muss man sich damit nur alle paar Monate beschäftigen. Hat man bei der Trunk-basierten Entwicklung nicht mehrmals täglich mit Ausfällen zu kämpfen?

Das ist genau die Stelle, an der Ihnen die Techniken zum automatisierten Testen, die Sie in kennengelernt haben, zu Hilfe kommen. CI und Trunk-basierte Entwicklung nutzende Unternehmen konfigurieren einen *selbsttestenden Build*, der nach jedem Commit automatisierte Tests durchführt. Sobald ein Entwickler einen PR öffnet, um einen Branch in `main` einzupflegen, sollten automatisierte Tests über diesen Branch laufen und die Testergebnisse direkt im Pull-Request-UI anzeigen (wie man so etwas einrichtet, sehen Sie weiter unten in diesem Kapitel). Auf diese Weise wird Code, der die Testsuite nicht fehlerfrei durchläuft, erst mal nicht in `main` eingepflegt. Und sollte doch etwas durchschlüpfen, was `main` beschädigt, besteht die übliche Lösung darin, den Commit automatisch rückgängig zu machen, sobald ein Problem erkannt wird. Auf diese Weise ist `main` schnell wieder arbeitsfähig, und der Entwickler mit dem fehlerhaften Code kann ihn später erneut committen, sobald er den Fehler behoben hat.

Der übliche Weg, einen selbsttestenden Build einzurichten, besteht darin, einen *CI-Server* zu betreiben. Diese Software integriert sich in Ihr Versionskontrollsystem, um als Reaktion auf neue Commits, Branches etc. verschiedene Automatisierungen durchzuführen (etwa automatisierte Tests). Heutzutage können Sie unter vielen CI-Servern wählen (vollständige Liste (*https://oreil.ly/LXs-E*)): Einige wurden für den Betrieb auf eigenen Servern entwickelt, etwa Jenkins und TeamCity, andere für Ihr Kubernetes-Cluster, etwa Jenkins X und Tekton, und wieder andere wurden für Managed Services entwickelt, etwa CircleCI, GitLab und GitHub Actions. (Einige dieser Managed Services haben auch Angebote, die Sie auf eigenen Servern betreiben können, z.B. GitHub Enterprise Server). Jenkins, eine der ältesten CI-Lösungen (die 2005 unter dem Namen Hudson startete), war früher die beliebteste Lösung, doch heutzutage setzen die meisten Teams auf GitLab oder GitHub Actions.

CI-Server sind ein so integraler Bestandteil der CI, dass die beiden Begriffe für die meisten Entwickler synonym sind. Das liegt daran, dass ein CI-Server und eine gute Suite automatisierter Tests völlig die Art und Weise verändert, wie Sie Software bereitstellen:

> Without continuous integration, your software is broken until somebody proves it works, usually during a testing or integration stage. With continuous integration, your software is proven to work (assuming a sufficiently comprehensive set of automated tests) with every new change—and you know the moment it breaks and can fix it immediately.
>
> Ohne Continuous Integration läuft Ihre Software nicht, bis jemand explizit belegt, dass sie funktioniert, üblicherweise während einer Test- oder Integrationsphase. Mit Continuous Integration funktioniert Ihre Software nachweislich (einen ausreichend umfassenden Satz an Tests vorausgesetzt) bei jeder Änderung – und Sie wissen genau, wann sie abstürzt, und können das sofort beheben.
>
> *– Jez Humble und David Farley, Continuous Delivery: Reliable Software Releases through Build, Test, and Deployment Automation (Addison-Wesley Professional)*

Der Wechsel von standardmäßig defekt zu standardmäßig funktionsfähig ist eine grundlegende Veränderung. Anstelle eines mehrtägigen Merge-Prozesses, der Ihren Code für die Freigabe vorbereitet, ist Ihr Code *immer* in einem releasefähigen Zustand, was wiederum bedeutet, dass Sie ihn bereitstellen können, wann immer Sie wollen. In gewissem Maße ist die Rolle eines CI-Servers die eines Torwächters, der Ihren Code vor jeglicher Änderung schützt, die das jederzeitige Deployment verhindert.

Kernaussage 2

Nutzen Sie einen selbsttestenden Build nach jedem Commit, um sicherzustellen, dass der Code jederzeit in einem funktions- und einsatzfähigen Zustand ist.

Im Abschnitt »Die Auswirkungen erstklassiger Softwarebereitstellung« auf Seite 13 haben Sie gesehen, wie Unternehmen mit Weltklasseprozessen zur Softwarebereitstellung in der Lage sind, Deployments täglich tausendfach durchzuführen. Continuous Integration – einschließlich eines CI-Servers und einer sorgfältig automatisierten Testsuite – ist ein Schlüsselelement, das das möglich macht. Andere Elemente werden Sie im Verlauf dieses Kapitels noch kennenlernen.

Große Änderungen vornehmen

Die dritte Frage, die Neulinge in Trunk-basierter Entwicklung häufig stellen, ist, wie man lange Zeit währende Änderungen vornimmt. CI klingt gut bei kleineren Änderungen, doch wie bindet man täglich unvollständige Arbeiten ein, ohne den Build zu beschädigen oder Nutzern unfertige Features vorzusetzen?

Sie können hier zwischen zwei Ansätzen wählen: Branch by Abstraction und Feature-Toggles. Sehen wir uns beide mal an.

Kernaussage 3

Nutzen Sie Branch by Abstraction und Feature-Toggles, um große Änderungen vorzunehmen, während Sie Ihre Arbeit weiterhin regelmäßig einpflegen.

Branch by Abstraction

Branch by Abstraction ist eine Technik, die es Ihnen erlaubt, große Änderungen an Ihrem Code über viele Commits hinweg schrittweise vorzunehmen, ohne Builds zu gefährden oder Nutzern unfertige Features freizugeben. Nehmen wir zum Beispiel an, Sie hätten Hunderte von Modulen in Ihrer Codebasis, die die Bibliothek X nutzen (siehe Abbildung 5.2).

Sie möchten Bibliothek X durch Bibliothek Y ersetzen, was aber die Aktualisierung Hunderter Module verlangt und Monate dauern kann. Wenn Sie diese Arbeit in einem Feature-Branch vornehmen, sind die Chancen hoch, dass beim Einpflegen in den Hauptzweig Merge-Konflikte mit vielen aktualisierten Modulen auftreten und dass in der Zwischenzeit neue Nutzungsmöglichkeiten hinzugekommen sind, sodass Sie noch mehr Arbeit haben.

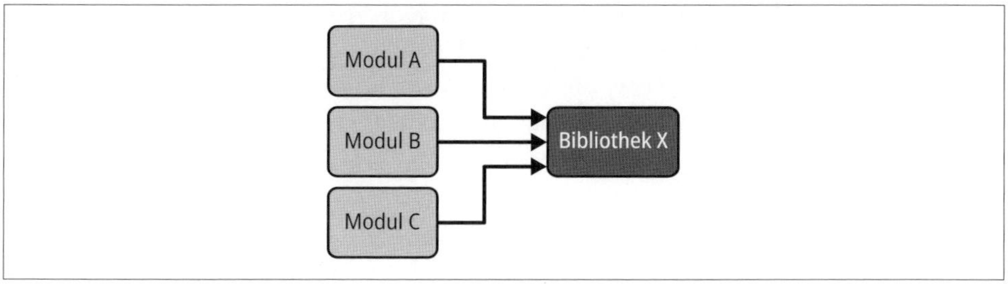

Abbildung 5.2: Bibliothek X wird von vielen Modulen der Codebasis genutzt.

Anstelle eines Feature-Branch besteht die Idee bei Branch by Abstraction darin, weiterhin an `main` zu arbeiten, aber eine neue *Abstraktion* in die Codebasis einzuführen. Die Art der verwendeten Abstraktion hängt von der jeweiligen Programmiersprache ab: ein Interface, ein Protokoll, eine Klasse etc. Der Punkt ist, dass zum einen die Abstraktion anfänglich Bibliothek X verwendet, sodass keine Änderung am Verhalten auftritt, und dass zum anderen eine weitere Abstraktionsschicht (*Indirection*) zwischen den Modulen und Bibliothek X eingeführt wird (siehe Abbildung 5.3).

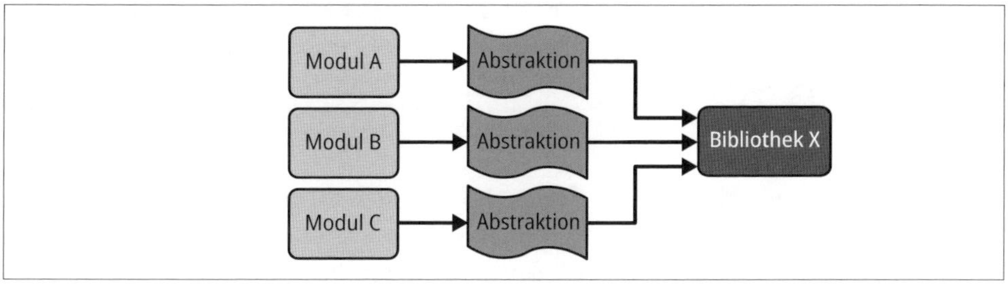

Abbildung 5.3: Einführen einer Abstraktionsschicht zwischen den Modulen und Bibliothek X

Sie können die Module schrittweise über viele Commits in `main` so aktualisieren, dass sie die Abstraktion nutzen. Sie haben keine Eile, und es besteht auch kein Risiko, etwas unter der Haube zu beschädigen. Die Abstraktion nutzt nach wie vor Bibliothek X. Irgendwann werden alle Module die Abstraktion nutzen, und Sie können sogar einen Test hinzufügen, der fehlschlägt, falls jemand Bibliothek X direkt verwendet.

An diesem Punkt können Sie damit beginnen, die Abstraktion so zu ändern, dass in manchen Fällen Bibliothek Y anstelle von Bibliothek X genutzt wird (siehe Abbildung 5.4).

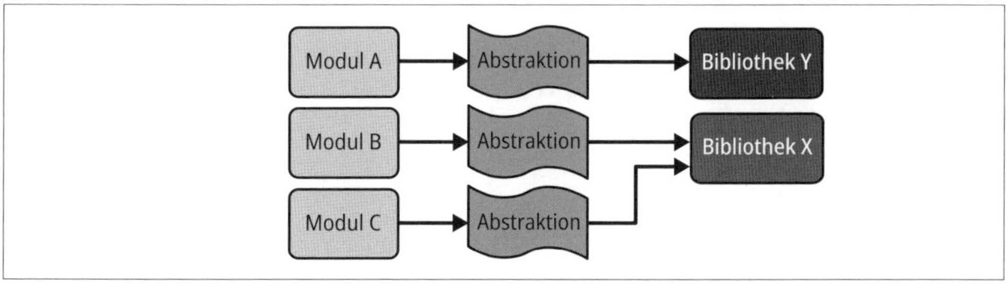

Abbildung 5.4: Die Module beginnen schrittweise, Bibliothek Y zu nutzen.

Sie können Ihre Module schrittweise aktualisieren, um die Abstraktion über mehrere Commits hinweg in den Hauptzweig zu integrieren. Sie sollten den Code für die Abstraktion auch so anpassen, dass neue Verwendungen der Abstraktion standardmäßig Bibliothek Y nutzen. Irgendwann, wenn die Verwendung aller Module aktualisiert ist, können Sie Bibliothek X, wie in Abbildung 5.5 gezeigt, vollständig entfernen.

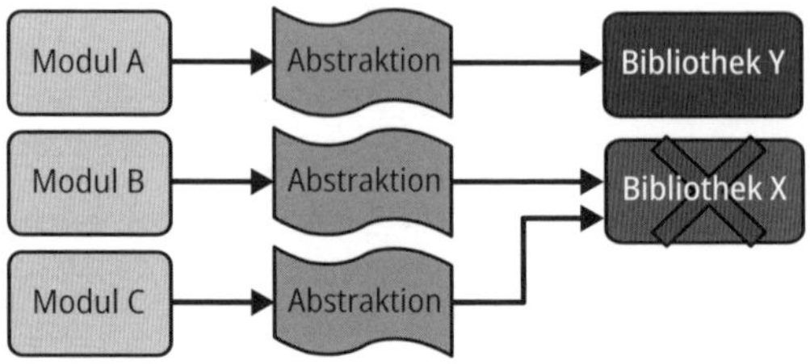

Abbildung 5.5: Nachdem alle Module aktualisiert sind, können Sie Bibliothek X entfernen.

Branch by Abstraction ist ein großartige Technik für große Refaktorierungen. Doch was tun, wenn Sie ganze neue Funktionalitäten einführen müssen? Wie kann man die Änderungen regelmäßig in `main` einpflegen, wenn die Implementierung dieser Funktionalität Wochen oder Monate dauert, ohne versehentlich unfertige Features zu veröffentlichen? Hier kommt der zweite Ansatz ins Spiel: Feature-Toggles.

Feature-Toggles

Die Idee hinter *Feature-Toggles* (auch *Feature-Flags*) besteht darin, die neue Funktionalität an eine Bedingung zu koppeln, die das Feature wie ein Kippschalter (engl. *Toggle*) dynamisch ein- und ausschaltet. Nehmen wir einmal an, Sie wollten die Node.js-Beispiel-App, die wir im gesamten Buch genutzt haben, so aktualisieren, dass sie eine richtige Homepage zurückliefert und nicht das wenig interessante »Hello, World!«. Allerdings dauert es mehrere Monate, diese neue Homepage zu implementieren. Daher ergänzen Sie Ihren Code um eine Bedingung, wie in Beispiel 5.1 zu sehen.

Beispiel 5.1: Ein Feature-Toggle nutzen (ch5/sample-app/app.js)

```
app.get('/', (req, res) => {
  if (lookupFeatureToggle(req, "HOME_PAGE_FLAVOR") === "v2") { ❶
    res.send(newFancyHomepage());                              ❷
  } else {
    res.send('Hello, World!');                                 ❸
  }
});
```

Dieser Code macht Folgendes:

❶ Er nutzt die Funktion `lookupFeatureToggle`, um den Wert des Feature-Toggles `HOME_PAGE_FLAVOR` zu ermitteln.

❷ Hat das Feature-Toggle den Wert `v2`, wird mit der neuen Homepage geantwortet.

❸ Andernfalls wird die ursprüngliche Homepage zurückgegeben.

Was macht also die Funktion `lookupFeatureToggle`? Typischerweise prüft sie, ob das Feature-Toggle aktiv ist, indem sie einen dedizierten *Feature-Toggle-Service* abfragt, der die Werte für Feature-Toggles speichert (z. B. `HOME_PAGE_FLAVOR` auf `v2` setzt). Der Service stellt eine Weboberfläche oder eine API bereit, über die Sie die Werte schnell ändern können, ohne neuen Code entwickeln zu müssen. Sie können einen eigenen Feature-Toggle-Service entwickeln, einen Open-Source-Feature-Service wie GrowthBook oder Flagsmith nutzen oder einen gemanagten Feature-Service wie Split oder LaunchDarkly (vollständige Liste (*https://oreil.ly/pSJh6*)) verwenden.

Es mag nicht offensichtlich sein, doch die einfache `if`-Anweisung in Kombination mit der Feature-Toggle-Prüfung setzt eine Superkraft frei: Sie können Code regelmäßig committen und einpflegen, noch bevor er fertig ist. Das liegt an einer wesentlichen Eigenschaft von Feature-Toggles:

> Alle Feature-Toggles sind standardmäßig aus.

Wenn Sie ein neues Feature in einen Feature-Toggle-Check packen und der Code syntaktisch korrekt ist (was sich mit einfachen automatisierten Tests prüfen lässt), können Sie neue Features in `main` einpflegen, lange bevor das Feature fertig ist. Da das Feature-Toggle standardmäßig aus ist, haben die Änderungen keine Auswirkungen auf andere Entwicklerinnen oder Nutzer. Auf diese Weise können Sie große neue Features entwickeln und gleichzeitig CI nutzen. Aber das ist nur eine Superkraft von Feature-Toggles. Sie werden später in diesem Kapitel noch weitere kennenlernen.

Da Sie nun die Grundlagen der CI kennengelernt haben, wollen wir uns der Praxis zuwenden und die Technik einrichten, die sie ermöglicht – namentlich einen selbsttestenden Build.

Beispiel: Automatisierte Tests für Apps in GitHub Actions ausführen

Beispielcode

Denken Sie daran, dass Sie alle Codebeispiele im GitHub-Repo (*https://github.com/brikis98/devops-book*) zu diesem Buch finden.

In Kapitel 4 haben Sie die Node.js-Beispiel-App um automatisierte Tests ergänzt. In diesem Abschnitt richten Sie einen CI-Server ein, um diese Tests automatisch nach jedem Commit auszuführen. Die Ergebnisse können Sie sich in den PRs ansehen. Da Sie den Code in Kapitel 4 auf GitHub abgelegt haben, nutzen wir GitHub Actions als CI-Server, um keine weiteren Tools einführen zu müssen.

Wechseln Sie in den Ordner, in dem Sie an den Codebeispielen zu diesem Buch gearbeitet haben, und stellen Sie sicher, dass Sie sich im `main`-Branch mit dem neuesten Code befinden:

```
$ cd fundamentals-of-devops
$ git switch main
$ git pull origin main
```

Legen Sie nun einen neuen Ordner *ch5* für die Beispiele dieses Kapitels an und kopieren Sie den *sample-app*-Ordner aus Kapitel 4 (wo die Node.js-App um automatisierte Tests ergänzt wurde) in diesen Ordner:

```
$ mkdir -p ch5
$ cp -r ch4/sample-app ch5/sample-app
```

Erstellen Sie jetzt einen neuen Ordner namens *.github/workflows* in diesem Repo:

```
$ mkdir -p .github/workflows
```

In diesem Ordner legen Sie die Datei *app-tests.yml* mit dem Inhalt aus Beispiel 5.2 an.

Beispiel 5.2: Automatisierter Test-Workflow für die Beispiel-App (.github/workflows/app-tests.yml)

```
name: Sample App Tests

on: push                                    ❶

jobs:                                       ❷
  sample_app_tests:                         ❸
    name: "Run Tests Using Jest"
    runs-on: ubuntu-latest                  ❹
    steps:
      - uses: actions/checkout@v2           ❺

      - name: Install dependencies          ❻
        working-directory: ch5/sample-app
        run: npm install

      - name: Run tests                     ❼
        working-directory: ch5/sample-app
        run: npm test
```

Bei GitHub Actions nutzen Sie YAML zur Definition von *Workflows*, d.h. konfigurierbare, automatisierte Prozesse, die basierend auf bestimmten *Triggern* einen oder mehrere Jobs ausführen. Der obige Workflow macht Folgendes:

❶ Der `on`-Block definiert die Trigger, die den Workflow anstoßen. Der Code konfiguriert die Ausführung des Workflows bei jedem `git push` in dieses Repo.

❷ Der `jobs`-Block definiert einen oder mehrere Jobs (Automatisierungen), die für diesen Workflow ausgeführt werden sollen. Standardmäßig werden die Jobs nacheinander ausgeführt, aber Sie können auch nebenläufige Jobs sowie Abhängigkeiten definieren und Daten zwischen den Jobs austauschen.

❸ Dieser Workflow definiert nur einen einzigen Job, der die Tests für die Beispiel-App ausführt.

❹ Jeder Job läuft unter einem bestimmten Typ von *Runner*. Auf diese Weise konfigurieren Sie die Hardware (CPU, Speicher) und die Software (Betriebssystem und Abhängigkeiten), die für den Build verwendet werden sollen. Der Code nutzt den Runner `ubuntu-latest` (*https://oreil.ly/bt0dw*), der einen von GitHub gehosteten Server in der normalen Hardwarekonfiguration (im Jahr 2025 2 CPUs und 7 GB RAM) bereitstellt, sowie eine Softwarekonfiguration aus Ubuntu und den gängigen Tools zur Softwareentwicklung (inklusive Node.js).

5. Jeder Job besteht aus einer Reihe von Schritten, die nacheinander ausgeführt werden. Der erste Schritt dieses Jobs führt einen anderen Workflow über das Schlüsselwort `uses` aus. Das ist eines der besten Features von GitHub Actions: Sie können Workflows teilen und wiederverwenden, einschließlich öffentlicher Open-Source-Workflows (die Sie im GitHub Actions Marketplace (*https://oreil.ly/BQRSW*) finden) sowie privater, interner Workflows Ihrer Organisation. Der Code nutzt den öffentlichen `actions/checkout`-Workflow, um den Code für Ihr Repo auszuchecken.

6. Der zweite Schritt dieses Jobs nutzt das Schlüsselwort `run` (mit dem Sie beliebige Shell-Befehle ausführen können), der `npm install` im Ordner *ch5/sample-app* ausführt, um die Abhängigkeiten der App zu installieren.

7. Der dritte Schritt des Jobs führt mit `run` den Befehl `npm test` aus, der die automatisierten Tests der App ausführt.

Sind alle Schritte erfolgreich erledigt, wird der Job als erfolgreich (grün) markiert. Schlägt ein Schritt fehl (z. B. weil `npm test` aufgrund eines fehlgeschlagenen Tests mit einem Exitcode ungleich null beendet wird), wird der Job als fehlgeschlagen (rot) markiert.

Um das auszuprobieren, müssen Sie die Beispiel-App und den Workflow-Code zuerst committen und in Ihr Repo pushen:

```
$ git add ch5/sample-app .github/workflows/app-tests.yml
$ git commit -m "Add sample-app and workflow"
$ git push origin main
```

Nun legen Sie einen neuen Branch namens `test-workflow` an:

```
$ git switch -c test-workflow
```

Ändern Sie die Beispiel-App jetzt so ab, dass Sie statt `Hello, World!` einen anderen Text zurückgibt (siehe Beispiel 5.3).

Beispiel 5.3: Response-Text der App ändern (ch5/sample-app/app.js)

```
res.send('Fundamentals of DevOps!');
```

Committen und pushen Sie diese Änderung in den `test-workflow`-Branch:

```
$ git add ch5/sample-app/app.js
$ git commit -m "Change response text"
$ git push origin test-workflow
```

Nachdem `git push` ausgeführt wurde, zeigt das Log die GitHub-URL für einen PR an. Öffnen Sie diese URL in Ihrem Browser, geben Sie einen Titel und eine Beschreibung ein und klicken Sie dann auf *Create pull request*. Sie sehen nun eine Seite, die etwa so aussieht wie die in Abbildung 5.6.

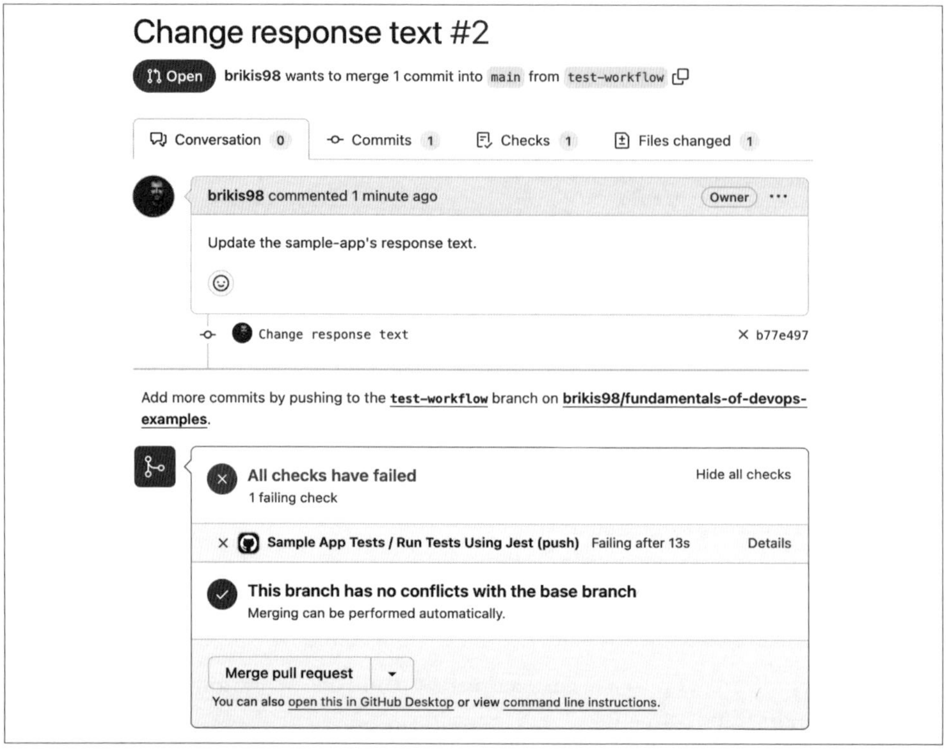

Abbildung 5.6: Automatisierte Tests in einem Pull Request

Am unteren Rand des PR sehen Sie, dass der Workflow *Sample App Tests* ausgeführt wurde, doch, ups, es scheint ein Fehler aufgetreten zu sein. Klicken Sie den *Details*-Links rechts vom Workflow an und schauen Sie sich an, was schiefgelaufen ist. Sie sehen eine Seite, die in etwa so aussieht wie die in Abbildung 5.7.

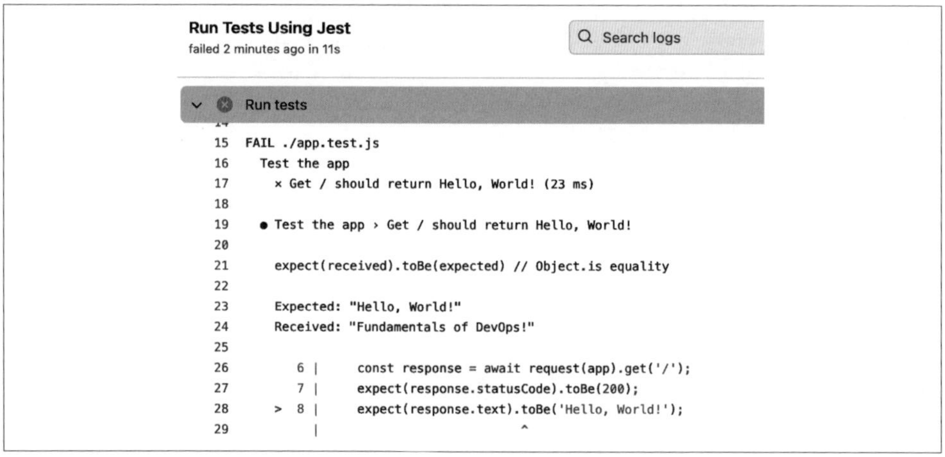

Abbildung 5.7: Die Ursache für den fehlgeschlagenen Test ansehen

Aha! Der automatisierte Test erwartet immer noch `Hello, World!` als Response-Text. Um das zu korrigieren, ändern Sie in *app.test.js* den Response-Text in `Fundamentals of DevOps!` (siehe Beispiel 5.4).

Beispiel 5.4: Test an die neue Response anpassen (ch5/sample-app/app.test.js)

```
expect(response.text).toBe('Fundamentals of DevOps!');
```

Committen und pushen Sie diese Änderungen in den `test-workflow`-Branch:

```
$ git add ch5/sample-app/app.test.js
$ git commit -m "Update response text in test"
$ git push origin test-workflow
```

Dies aktualisiert den offenen PR und führt die Tests automatisch erneut aus. Wenn Sie nach ein paar Sekunden wieder in den Browser wechseln und sich den PR ansehen, sollten alle Tests durchgelaufen sein (siehe Abbildung 5.8).

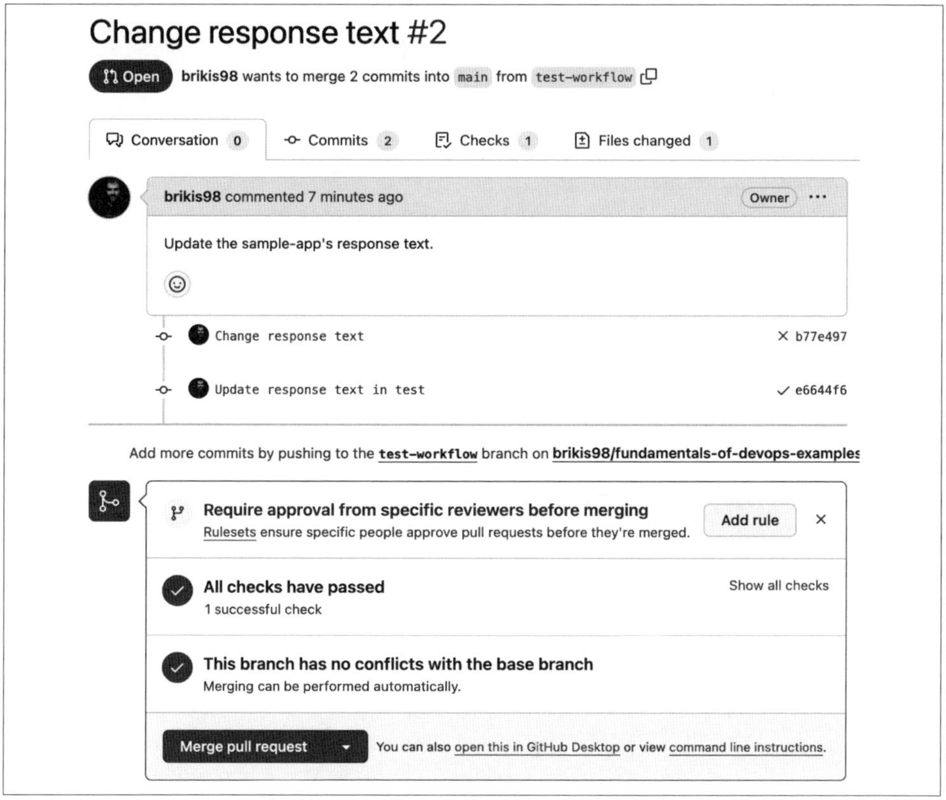

Abbildung 5.8: Die automatisierten Tests laufen nun durch.

Glückwunsch, Sie besitzen jetzt einen selbsttestenden Build, der nach jedem Commit automatisch die Tests ausführt und die Ergebnisse im PR anzeigt.

Machen Sie sich die Hände schmutzig

Hier einige Übungen, mit denen Sie zu Hause tiefer einsteigen können:

- Um Bugs abzufangen, ergänzen Sie den GitHub-Actions-Workflow um einen JavaScript-Linter wie ESLint.
- Um den Code konsistent zu formatieren, ergänzen Sie den Workflow um einen Codeformatierer wie Prettier.

Führen Sie den PR mit den automatisierten Tests des Anwendungscodes zusammen, und dann wenden wir uns den automatisierten Tests für den Infrastrukturcode zu.

Maschinen-Credentials und automatisch provisionierte Credentials

Da Sie nun wissen, wie man einen CI-Server so konfiguriert, dass er die automatisierten Tests für die Beispiel-App ausführt, werden Sie auch die automatisierten Infrastrukturtests ausführen wollen, um die Sie Ihren OpenTofu-Code in Kapitel 4 ergänzt haben. Da diese Tests reale Ressourcen in einem realen AWS-Account bereitstellen, müssen Sie Ihrem CI-Server die Möglichkeit geben, sich gegenüber AWS zu authentifizieren.

Das ist eine etwas heikle Angelegenheit. Muss ein Mensch sich gegenüber einer Maschine authentifizieren, können Sie davon ausgehen, dass er sich irgendeine Form von Secret, etwa ein Passwort, merken kann. Doch was tun, wenn sich eine Maschine, etwa ein CI-Server, gegenüber einer anderen Maschine authentifizieren muss? Wie kann sich diese Maschine ein Secret »merken«, ohne dass es irgendwie publik wird?

Zuerst muss Ihnen klar sein, dass Sie *niemals* die Credentials eines realen Nutzers verwenden dürfen, um dieses Problem zu lösen. Nutzen Sie *nicht* die Credentials Ihres eigenen AWS-Accounts oder Ihr persönliches GitHub-Zugriffstoken oder andere Credentials eines Menschen für einen CI-Server oder andere Formen der Automatisierung. Hier die Gründe:

Abgänge
: Verlässt eine Person das Unternehmen, wird sein Zugang üblicherweise gesperrt. Nutzen Sie seine Credentials für die Automatisierung, ist der Zugang nicht mehr möglich.

Zugriffsrechte
: Die von Menschen benötigten Zugriffsrechte unterscheiden sich üblicherweise von denen einer Maschine.

Audit-Logs
: Die meisten Systeme pflegen ein *Audit-Log*, das festhält, wer welche Aktionen durchgeführt hat. Das hilft beim Debugging und bei der Untersuchung von Sicherheitsvorfällen. Wird ein einzelner Nutzer-Account von einem Menschen und einer Maschine genutzt, ist es im Audit-Log nur noch schwer möglich, zu ermitteln, wer was getan hat.

Verwaltung
: Üblicherweise sollen in einem Unternehmen mehrere Entwickler in der Lage sein, die eingerichteten Automatisierungen zu verwalten. Nutzen Sie den Account eines Entwicklers für diese Automatisierungen, können andere Entwickler auf diesen Account nicht zugreifen.

Also was tun, wenn man die Credentials eines realen Nutzers nicht verwenden kann? Sie haben zwei Möglichkeiten: Maschinen-Credentials oder automatisch provisionierte Credentials.

Kernaussage 4

Nutzen Sie Maschinen-Credentials oder automatisch provisionierte Credentials, um sich von einem CI-Server oder anderen Automatisierungssysteme zu authentifizieren.

Maschinen-Credentials

Eine Möglichkeit der Authentifizierung automatisierter Tools ist das Anlegen eines *Maschinennutzers*, d.h. eines Nutzer-Accounts, der *nur* zur Automatisierung (und nicht von Menschen) verwendet wird. Sie legen den Nutzer an, erzeugen die Credentials (z.B. Zugriffsschlüssel) und kopieren diese Credentials in die verwendeten Tools (wie z.B. GitHub).

Maschinennutzer haben mehrere Vorteile: Sie verlassen das Unternehmen niemals. Sie können ihnen genau die Rechte zuweisen, die sie benötigen. Kein Mensch loggt sich jemals unter einem Maschinen-Account ein, d.h., sie erscheinen in den Logs nur dann, wenn sie für die Automatisierung genutzt wurden. Sie können den Zugriff auf einen einzelnen Maschinen-Account mit Ihrem Team teilen, indem Sie ein Tool zum Secrets-Management nutzen (worüber Sie in Kapitel 8 mehr erfahren werden).

Allerdings haben Maschinen-Accounts auch zwei gravierende Nachteile. Zum einen müssen Sie die Credentials händisch kopieren, was lästig und fehleranfällig ist. Zum anderen sind die verwendeten Credentials üblicherweise *langlebig*, d.h., dass sie lange Zeit missbraucht werden können, sollten die Credentials publik werden.

Bei einigen Tools sind Maschinennutzer die beste Wahl, doch es gibt Systeme, die eine bessere Option unterstützen: automatisch provisionierte Credentials.

Automatisch provisionierte Credentials

Eine zweite Möglichkeit der Authentifizierung automatisierter Tools sind *automatisch provisionierte Credentials*, die das System automatisch generieren kann, ohne dass Sie Maschinennutzer anlegen oder Credentials kopieren und einfügen müssen. Dazu muss sowohl das System, von dem Sie sich authentifizieren (z.B. ein CI-Server), als auch das System, bei dem Sie sich authentifizieren (z.B. AWS), automatisch provisionierte Credentials unterstützen.

Eine Form automatisch provisionierter Credentials haben Sie in diesem Buch bereits kennengelernt: IAM-Rollen. Einige der von Ihnen in AWS bereitgestellten Ressourcen wie das EKS-Cluster in Kapitel 3 haben IAM genutzt, um sich zu authentifizieren und API-Aufrufe mit Ihrem AWS-Account durchzuführen (z.B. um EC2-Instanzen als EKS-Worker-Nodes bereitzustellen). Damit das funktioniert, mussten Sie die Credentials nicht händisch pflegen. Vielmehr hat AWS automatisch Credentials bereitgestellt, die das EKS-Cluster nutzen konnte.

Bei IAM-Rollen sind das Objekt, mit dem Sie sich authentifizieren, und das Objekt, bei dem Sie sich identifizieren, beides AWS-Dienste, doch einige Systeme unterstützen automatisch provisionierte Credentials über verschiedene Unternehmen und Dienste hinweg. Sehr verbreitet ist *OpenID Connect* (OIDC), ein offenes Protokoll für die Authentifizierung. Nicht alle Dienste unterstützen OIDC, doch wenn es unterstützt wird, ist es üblicherweise eine sicherere Wahl als Maschinen-Credentials, da OIDC nicht nur automatisch provisionierte Credentials bereitstellt (also kein händisches Kopieren und Einfügen), sondern auch *kurzlebige Credentials*, die nach einem konfigurierbaren Zeitraum (z. B. einer Stunde) auslaufen.

Praktisch für uns ist, dass AWS die OIDC-Authentifizierung mit GitHub unterstützt. Um das einzurichten, konfigurieren Sie Ihren AWS-Account so, dass er einem sogenannten *Identity-Provider* (IdP) wie GitHub vertraut, dessen Identität AWS kryptografisch verifizieren kann. Dann geben Sie diesem Provider bestimmten Regeln unterliegende Rechte für bestimmte IAM-Rollen, etwa welche Repos und Branches die IAM-Rollen nutzen dürfen. (Mehr über GitHub-OIDC erfahren Sie hier (*https://oreil.ly/7bICa*)). Da OIDC sicherer ist als Maschinen-Credentials, wollen wir es ausprobieren.

Beispiel: OIDC für AWS und GitHub Actions konfigurieren

Lassen Sie uns einen OIDC-Provider und IAM-Rollen einrichten, damit sich die automatisierten Tests für das OpenTofu-Modul `lambda-sample` aus Kapitel 4 von GitHub Actions gegenüber AWS authentifizieren können. Der erste Schritt besteht darin, GitHub als OIDC-Provider zu konfigurieren, was mit dem OpenTofu-Modul `github-aws-oidc` aus dem Beispiel-Repo zu diesem Buch im Ordner *ch5/tofu/modules/github-aws-oidc* möglich ist.

In Ihrem *fundamentals-of-devops*-Repo wechseln Sie zurück in den `main`-Branch, ziehen die neuesten Änderungen herunter (den gerade eingepflegten PR) und legen einen neuen Branch namens `opentofu-tests` an:

```
$ cd fundamentals-of-devops
$ git switch main
$ git pull origin main
$ git switch -c opentofu-tests
```

Nun erstellen Sie für ein Root-Modul einen neuen Ordner namens *ci-cd-permissions*:

```
$ mkdir -p ch5/tofu/live/ci-cd-permissions
$ cd ch5/tofu/live/ci-cd-permissions
```

In diesem Ordner legen Sie die Datei *main.tf* mit dem Inhalt aus Beispiel 5.5 an.

Beispiel 5.5: OIDC-Provider (ch5/tofu/live/ci-cd-permissions/main.tf)

```
provider "aws" {
  region = "us-east-2"
}

module "oidc_provider" {
  source  = "brikis98/devops/book//modules/github-aws-oidc"
  version = "1.0.0"

  provider_url = "https://token.actions.githubusercontent.com" ❶
}
```

Dieser Code legt nur einen Parameter fest:

❶ `provider_url`: Die URL des IdP. Im obigen Code die URL, die GitHub für OIDC nutzt.

Neben dem OIDC-Provider müssen Sie auch eine IAM-Rolle anlegen, die Sie von GitHub Actions (per OIDC) zum Testen anfordern. Im Code-Repo zu diesem Buch finden Sie auch dafür ein Modul. Es heißt `gh-actions-iam-roles`, liegt im Ordner *ch5/tofu/modules/gh-actions-iam-roles* und weiß, wie man verschiedene IAM-Rollen für CI/CD mit GitHub Actions anlegt. Beispiel 5.6 zeigt, wie Sie `ci-cd-permissions` anpassen müssen, um das `gh-actions-iam-roles`-Modul zu nutzen.

Beispiel 5.6: IAM-Rollen (ch5/tofu/live/ci-cd-permissions/main.tf)

```
module "oidc_provider" {
  # ... (andere Parameter weggelassen) ...
}

module "iam_roles" {
  source  = "brikis98/devops/book//modules/gh-actions-iam-roles"
  version = "1.0.0"

  name              = "lambda-sample"                           ❶
  oidc_provider_arn = module.oidc_provider.oidc_provider_arn    ❷

  enable_iam_role_for_testing = true                            ❸

  # TODO: Hier den eigenen Repo-Namen eintragen!
  github_repo      = "brikis98/fundamentals-of-devops-examples" ❹
  lambda_base_name = "lambda-sample"                            ❺
}
```

Der Code konfiguriert die folgenden Parameter:

❶ `name`: Der Basisname für die IAM-Rollen und alle anderen von diesem Modul erzeugten Ressourcen. Der Code legt ihn mit `lambda-sample` fest, d.h., die IAM-Rolle für das Testen heißt `lambda-sample-tests`.

❷ `oidc_provider_arn`: Legt den OIDC-Provider fest, den die durch dieses Modul angelegten IAM-Rollen in ihre *Trust Policy* aufnehmen. Das erlaubt dem Provider, diese IAM-Rollen bereitzustellen. Der Code legt hier den OIDC-Provider fest, den Sie gerade mit dem `github-aws-oidc`-Modul angelegt haben.

❸ `enable_iam_role_for_testing`: Ist dieser Wert auf `true` gesetzt, wird die IAM-Rolle für das automatisierte Testen angelegt. Welche IAM-Rollen das Modul noch anlegen kann, sehen Sie gleich.

❹ `github_repo`: Das GitHub-Repo, das die IAM-Rollen per OIDC annehmen darf. Sie müssen hier den Namen Ihres eigenen Repos eintragen. Das Format lautet *<BENUTZERNAME>/<REPONAME>* (z.B. `brikis98/fundamentals-of-devops`). Hinter den Kulissen legt das `gh-actions-iam-roles`-Modul die Bedingungen der *Trust Policies* für jede IAM-Rolle fest, um zu definieren, welche Repos und Branches in GitHub diese IAM-Rolle akzeptieren. Für die testende IAM-Rolle akzeptieren alle Branches des festgelegten Repos die IAM-Rolle.

❺ `lambda_base_name`: Der Basisname für das `lambda-sample`-Modul und alle von ihm angelegten Ressourcen. Muss den gleichen Wert haben wie der `name`-Parameter in diesem Modul. Das ist notwendig, damit das `gh-actions-iam-roles`-Modul IAM-Rollen anlegen kann, deren Rechte nur die `lambda-sample`-Ressourcen umfassen und keine andere Ressourcen.

Sie müssen auch eine Datei namens *outputs.tf* anlegen, die den *Amazon Resource Name* (ARN) der testenden IAM-Rolle ausgibt (siehe Beispiel 5.7).

Beispiel 5.7: Die Ausgabevariablen für das »ci-cd-permissions«-Modul (ch5/tofu/live/ci-cd-permissions/outputs.tf)

```
output "lambda_test_role_arn" {
  description = "The ARN of the IAM role for testing"
  value       = module.iam_roles.lambda_test_role_arn
}
```

Stellen Sie das Modul wie üblich bereit, d. h., authentifizieren Sie sich gegenüber AWS und führen Sie `init` und `apply` aus:

```
$ tofu init
$ tofu apply
```

Nachdem `apply` durchgelaufen ist, sehen Sie eine Ausgabevariable:

```
Outputs:

lambda_test_role_arn = "arn:aws:iam::111111111111:role/lambda-tests"
```

Merken Sie sich den Wert von `lambda_test_role_arn`. Sie werden ihn gleich brauchen. OIDC-Provider und IAM-Rolle sind nun bereit, d. h., Sie können Ihren Infrastrukturcode jetzt automatisch testen.

Beispiel: Automatisierte Infrastrukturtests in GitHub Actions ausführen

Um die automatisierten Tests für Ihren Infrastrukturcode in GitHub Actions ausführen zu können, benötigen Sie zuerst den Infrastrukturcode selbst. Kopieren Sie das `lambda-sample`-Modul mit den automatisierten Tests aus Kapitel 4:

```
$ cd fundamentals-of-devops
$ cp -r ch4/tofu/live/lambda-sample ch5/tofu/live
```

Sie verfügen nun über Testcode, müssen aber noch einige Änderungen vornehmen, bevor Sie diese Tests in einer CI-Umgebung ausführen können. In einer CI-Umgebung können viele Tests gleichzeitig laufen, was eine gute Sache ist, weil sich die Testzeit reduziert. Allerdings sind im `lambda-sample`-Modul momentan die Namen aller Ressourcen fest codiert (d. h. der Name der Lambda-Funktion und der IAM-Rolle). Lassen mehrere Entwickler die Tests gleichzeitig laufen, kommt es zu Fehlern aufgrund von Namenskonflikten.

Um dieses Problem zu beheben, legen Sie im ersten Schritt für `lambda-sample` eine Datei namens *variables.tf* mit dem Inhalt aus Beispiel 5.8 an.

Beispiel 5.8: Definition einer Eingabevariablen für das »lambda-sample«-Modul (ch5/tofu/live/lambda-sample/variables.tf)

```
variable "name" {
  description = "The base name for the function and all other resources"
  type        = string
  default     = "lambda-sample"
}
```

Das definiert die Variable name, mit deren Hilfe Sie einen Namensraum für alle durch das Modul erzeugten Ressourcen schaffen. Der `default`-Wert ist `lambda-sample`, also genau der Wert, den das Modul vorher genutzt hat, weshalb sich das Standardverhalten nicht ändert. Da Sie den Wert nun aber über eine Eingabevariable bereitstellen, können Sie ihn zur Testzeit überschreiben.

Nun aktualisieren Sie *main.tf* so, dass die Datei `var.name` anstelle des fest codierten Namen nutzt (siehe Beispiel 5.9).

Beispiel 5.9: Das »lambda-sample«-Modul nutzt die Eingabevariable »name« anstelle des fest codierten Namens. (ch5/tofu/live/lambda-sample/main.tf)

```
module "function" {

  # ... (andere Parameter weggelassen) ...

  name = var.name
}
```

Nun können Sie in *.github/workflows* einen neuen Workflow namens *infra-tests.yml* mit dem Inhalt aus Beispiel 5.10 anlegen.

Beispiel 5.10: Workflow für automatisierten Infrastrukturtest (.github/workflows/infra-tests.yml)

```
name: Infrastructure Tests

on: push

jobs:
  opentofu_test:
    name: "Run OpenTofu tests"
    runs-on: ubuntu-latest
    permissions:                                                          ❶
      id-token: write
      contents: read
    steps:
      - uses: actions/checkout@v2

      - uses: aws-actions/configure-aws-credentials@v3                    ❷
        with:
          # TODO: ARN Ihrer IAM-Rolle eintragen!
          role-to-assume: arn:aws:iam::111111111111:role/lambda-sample-tests  ❸
          role-session-name: tests-${{ github.run_number }}-${{ github.actor }} ❹
          aws-region: us-east-2

      - uses: opentofu/setup-opentofu@v1                                  ❺

      - name: Tofu Test
        env:
          TF_VAR_name: lambda-sample-${{ github.run_id }}                 ❻
        working-directory: ch5/tofu/live/lambda-sample
        run: |                                                            ❼
          tofu init -backend=false -input=false
          tofu test -verbose
```

Dieser Workflow, der bei jedem `push` ausgeführt wird, definiert einen Job, der die OpenTofu-Tests ausführt:

❶ Standardmäßig hat jeder Job bei GitHub Actions das Zugriffsrecht `contents: read` für Ihr Repo, was dem Job erlaubt, den Code im Repo auszuchecken. Um OIDC nutzen zu können, müssen Sie das Zugriffsrecht `id-token: write` ergänzen. Das erlaubt dem Workflow, ein *OIDC-Token* für die Authentifizierung gegenüber AWS in ❷ zu übergeben.

❷ Authentifizierung gegenüber AWS per OIDC. Ruft die `AssumeRoleWithWebIdentity`-API auf, um das OIDC-Token für temporäre AWS-Credentials auszutauschen.

❸ Die zu nutzende IAM-Rolle. Hier tragen Sie die ARN der IAM-Rolle der `lambda_test_role_arn`-Ausgabe des vorherigen Abschnitts ein.

❹ Der Name der Session für diese IAM-Rolle. Erscheint im Audit-Log, sodass der obige Code nützliche Informationen im Session-Namen enthält, etwa die Laufnummer (die sich jedes Mal ändert, wenn Sie die Tests ausführen) und den GitHub-Nutzer, der den Workflow angestoßen hat.

❺ OpenTofu installieren.

❻ Setzt den Wert der Eingabevariablen `name` auf einen Wert, der sich bei jedem Testlauf ändert. Auf diese Weise können Tests gleichzeitig ablaufen.

❼ Stößt die Tests an, indem `tofu init` und `tofu test` ausgeführt werden. Beachten Sie, dass der `init`-Befehl `backend=false` setzt, um die Backend-Initialisierung zu überspringen. Später in diesem Kapitel werden Sie Backends mit dem `lambda-sample`-Modul starten, was für Deployments nützlich ist, während des Testens aber nicht benötigt wird.

Übernehmen Sie alle Änderungen und committen und pushen Sie alles in den `opentofu-tests`-Branch. Öffnen Sie dann einen PR. Sie sehen so etwas wie das in Abbildung 5.9.

Glückwunsch. Wie Sie unten im PR sehen, verfügen Sie nun über automatisierte Tests für den App- und den Infrastrukturcode. Ist alles richtig konfiguriert und laufen die Tests durch, können Sie den PR nach ein oder zwei Minuten einfügen.

Machen Sie sich die Hände schmutzig

Hier einige Übungen, mit denen Sie zu Hause tiefer einsteigen können:

- Ergänzen Sie den GitHub-Actions-Workflow um `tofu validate`, das den OpenTofu-Code auf syntaktische Korrektheit prüft, und um `tofu fmt`, um den Code einheitlich zu formatieren.
- Führen Sie `tofu validate` und `tofu fmt` als *Precommit-Hooks* aus, sodass die Prüfungen auf Ihrem eigenen Computer ausgeführt werden, *bevor* Sie einen Commit vornehmen. Ziehen Sie die Nutzung des pre-commit-Frameworks (*https://pre-commit.com*) in Betracht.

Sie verfügen nun über einen selbsttestenden Build, der Ihre Anwendungs- und Infrastrukturtests bei jedem Commit ausführt. Wenn Sie Ihre Testsuite weiter ausbauen und alle Entwicklerinnen und Entwickler ihre Arbeit regelmäßig integrieren, ist Ihr Code immer in einem einsatzfähigen Zustand. Doch wie stellt man ihn tatsächlich bereit? Das ist das Thema des nächsten Abschnitts.

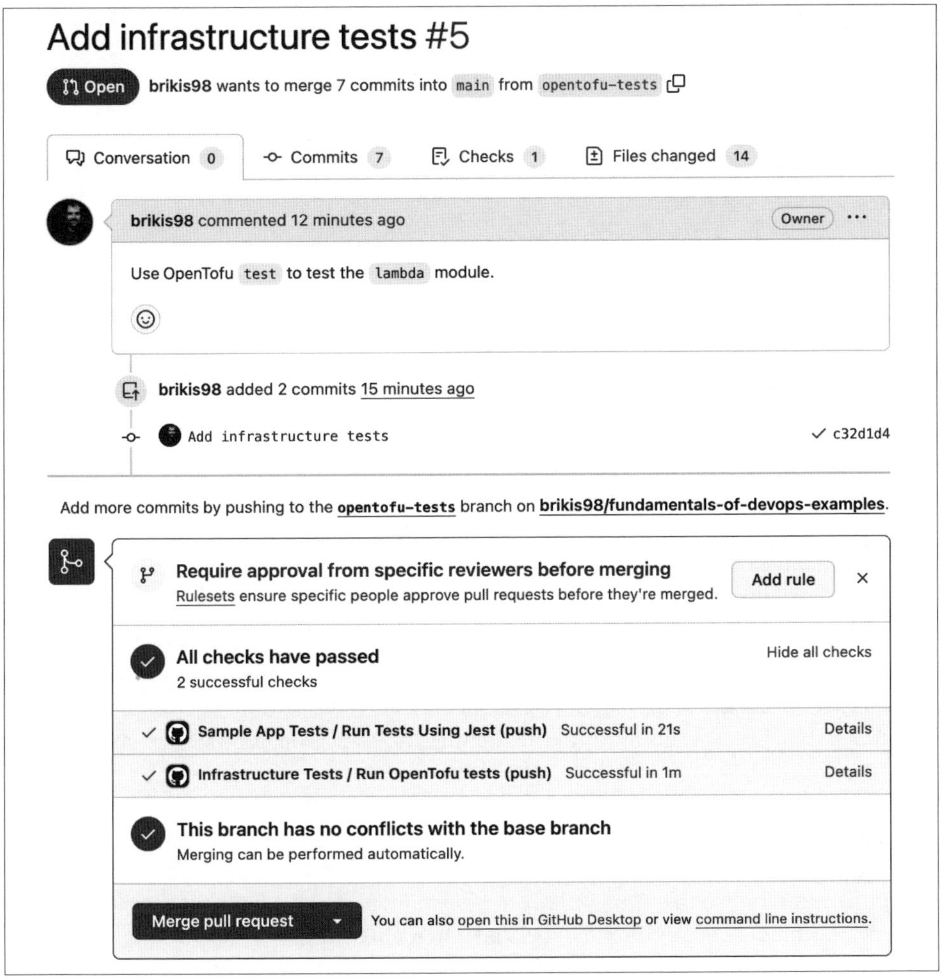

Abbildung 5.9: PR mit laufenden Tests für die Beispiel-App und OpenTofu

Continuous Delivery

Continuous Delivery (CD), also die kontinuierliche Bereitstellung, ist eine Technik der Softwareentwicklung, die sicherstellt, dass Software schnell, zuverlässig und nachhaltig für die Produktion bereitgestellt werden kann. Das Deployment kann täglich, mehrmals täglich, tausendmal täglich oder (bei erfolgreich ausgeführten automatisierten Tests) sogar nach jedem Commit durchgeführt werden. Der letzte Ansatz wird auch als *Continuous Deployment* bezeichnet. Der Punkt bei CD ist aber nicht, wie oft das Deployment erfolgt, sondern dass es sich um eine rein unternehmerische Entscheidung handelt, die nicht durch Ihre Technik eingeschränkt ist.

Kernaussage 5

Stellen Sie ein Deployment für die Produktion sicher, das schnell, zuverlässig und nachhaltig ist.

Wenn Sie den schmerzhaften Deployment-Prozess gewohnt sind, der nur alle paar Wochen oder Monate erfolgt, hört sich die Bereitstellung mehrmals täglich nach einem Albtraum an, und das tausendfache Deployment klingt unmöglich. Doch auch hier muss man es öfter machen, wenn es weh tut.

Um ein häufiges Deployment zu ermöglichen, genauer gesagt jederzeit, müssen Sie üblicherweise zwei Anforderungen erfüllen:

Der Code ist immer in einem einsatzfähigen Zustand.
: Sie haben im vorherigen Abschnitt gesehen, dass das der wesentliche Vorteil von CI ist. Wenn jeder seine Arbeit regelmäßig integriert und der selbsttestende Build eine gute Testsuite besitzt, kann Ihr Code jederzeit bereitgestellt werden.

Der Deployment-Prozess ist ausreichend automatisiert.
: Um CD zu praktizieren, müssen Deployments schnell, zuverlässig und nachhaltig sein. Sie können diese Anforderungen nicht erfüllen, wenn Ihr Deployment-Prozess zu viele manuelle Schritte enthält, d.h., CD verlangt die Automatisierung Ihres Deployment-Prozesses.

Dieser Abschnitt konzentriert sich auf den zweiten Punkt, also die Automatisierung des Deployment-Prozesses. Die Verwaltung von Infrastructure as Code mit den Tools aus Kapitel 2 ist ein Teil des Wegs dorthin. Der Rest dieses Wegs verlangt die Automatisierung des Prozesses um IAC herum. Dazu gehört die Implementierung von Deployment-Strategien und einer Deployment-Pipeline.

Deployment-Strategien

Sie können unter vielen *Deployment-Strategien* wählen, um Änderungen auszurollen. Bei manchen kommt es zu Ausfallzeiten, bei anderen nicht. Einige sind leicht zu implementieren, während andere etwas komplizierter sind. Ein paar funktionieren nur mit *zustandslosen Apps*, die keine Daten vorhalten müssen, die auf der lokalen Festplatte gespeichert sind (die meisten Web-Frontends arbeiten zustandslos), während andere auch mit *zustandsorientierten Apps* funktionieren, die Daten auf der lokalen Festplatte vorhalten, die über Deployments hinweg erhalten bleiben müssen (z.B. jede Art von Datenbank oder verteilte Datensysteme).

Dieser Abschnitt behandelt zwei Arten von Deployment-Strategien, die ich als Kernstrategien und ergänzende Strategien bezeichne. *Kernstrategien* sind die Hauptstrategien, die Sie zum Deployment Ihres Codes nutzen, *ergänzende Strategien* können nur zusammen mit einer Kernstrategie verwendet werden.

Kernstrategien für das Deployment

Nachfolgend finden Sie eine Liste der gängigsten Strategien für das Deployment von Apps:

Downtime-Deployment

Bei dieser einfachsten Deployment-Strategie nehmen Sie Ausfallzeiten (engl. *Downtime*) in Kauf, um Änderungen auszurollen (siehe Abbildung 5.10).

1. Sie beginnen mit mehreren Replikaten der Version 1 (v1) Ihrer App.
2. Sie fahren alle v1-Nodes herunter, um sie auf v2 zu aktualisieren. Während des Updates kommt es bei den Nutzern zu einer Unterbrechung.
3. Sobald das Deployment abgeschlossen ist, läuft v2 überall, und die Nutzer können wieder auf die App zugreifen.

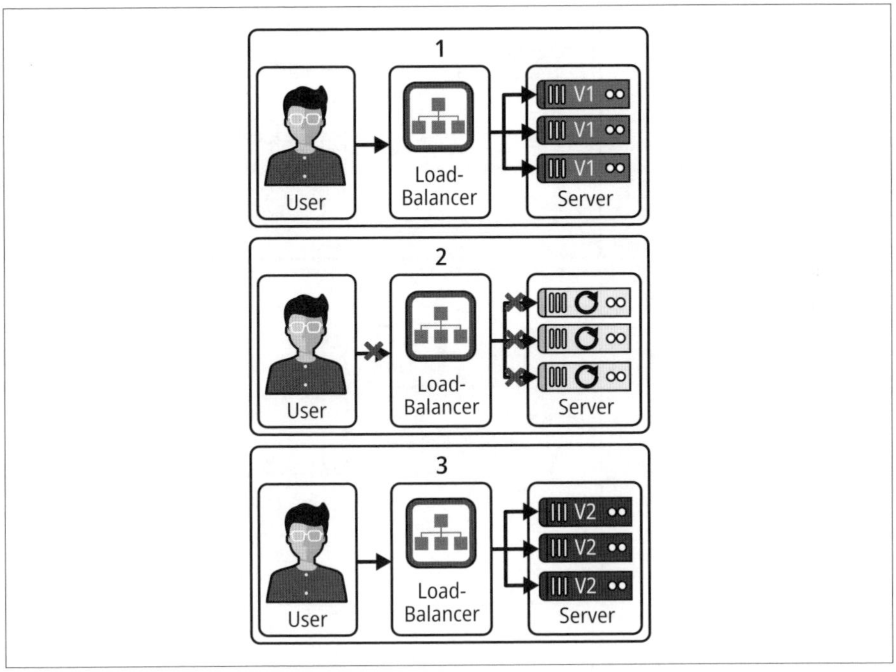

Abbildung 5.10: Downtime-Deployment

Rollierendes Deployment ohne Ersetzung

Diese Deployment-Strategie haben Sie in Kapitel 3 kennengelernt. Sie rollen neue Versionen Ihrer App auf neuen Servern aus, und sobald die neuen Versionen der App die Health-Checks durchlaufen haben, entfernen Sie die alten Versionen (siehe Abbildung 5.11).

1. Sie starten mit mehreren Replikaten von v1 Ihrer App.
2. Sie beginnen mit der Bereitstellung von v2 Ihrer App auf *neuen* Servern. Sobald die v2-Apps hochgefahren sind und die Health-Checks durchlaufen haben, schickt der Load-Balancer ihnen Anfragen, und die Nutzer sehen eine Zeit lang v1 und v2 der App.
3. Sobald die v2-Apps die Health-Checks durchlaufen haben, fahren Sie schrittweise die v1-Apps herunter, bis zum Schlusse nur noch v2-Apps laufen.

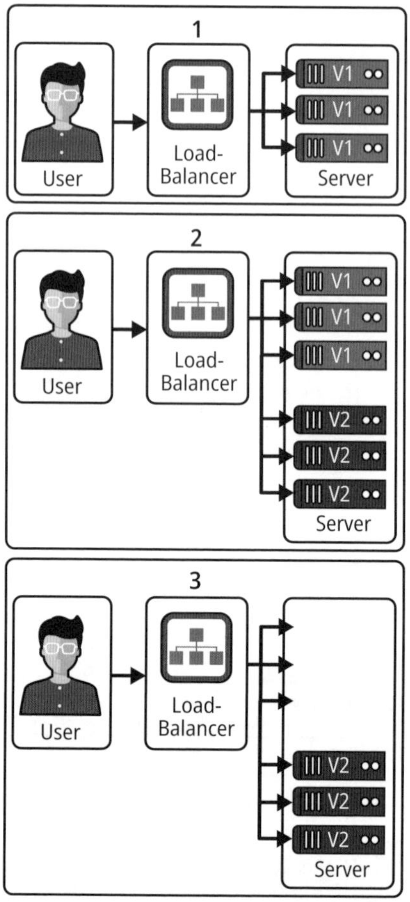

Abbildung 5.11: Rollierendes Deployment ohne Ersetzung

Rollierendes Deployment mit Ersetzung

Das entspricht der vorherigen Strategie, nur dass die alte Version der App beendet wird, *bevor* die neue Version hochgefahren wird. Das eignet sich besonders für zustandsorientierte Apps. Abbildung 5.12 zeigt, wie sich das Deployment nicht nur auf die Server, sondern auch auf die Festplatten auswirkt.

1. Sie starten mit mehreren Replikaten der v1-App, die alle mit einer Festplatte verbunden sind.
2. Sie fahren ein v1-Replikat herunter und starten dann ein v2-Replikat mit der Festplatte des v1-Replikats. Das ist bei veränderlicher Infrastruktur möglich, wenn auf dem die v1-App ausführenden Server die v2-App ausgeführt wird. Bei unveränderlicher Infrastruktur starten Sie einen neuen Server mit der v2-App und übernehmen die Festplatte vom v1-Server (üblicherweise ein Netzwerkspeicher). Wie das funktioniert, lernen Sie in Kapitel 9.
3. Sie wiederholen diesen Prozess, bis alle v1-Replikate durch v2-Apps ersetzt sind.

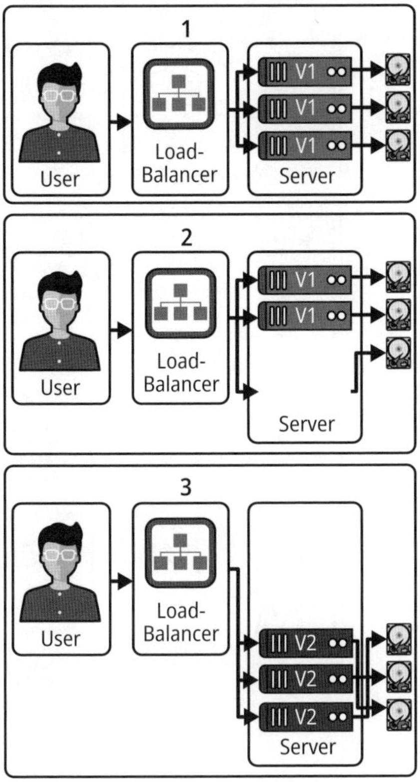

Abbildung 5.12: Rollierendes Deployment mit Ersetzung

Blau/Grün-Deployment

Bei dieser Strategie fahren Sie die neue Version Ihrer App hoch (grün), warten, bis alle bereit sind, und schalten dann den Traffic von der alten Version (blau) auf die neue Version (grün) um (siehe Abbildung 5.13).

1. Sie starten mit mehreren Replikaten der v1-App (blau).
2. Sie beginnen damit, die v2-App (grün) auf neuen Servern bereitzustellen. Die v2-Apps stehen dem Load-Balancer nach dem Durchlaufen der Health-Checks zur Verfügung, erhalten von diesem aber *noch keinen* Traffic.
3. Haben *alle* v2-Replikate die Health-Checks durchlaufen, schalten Sie den gesamten Traffic von v1 (blau) auf v2 (grün) um. Abschließend fahren Sie alle v1-Server herunter (Sie können alternativ einen v1-Server aber noch eine Zeit lang laufen lassen, sollte ein Rollback nötig werden).

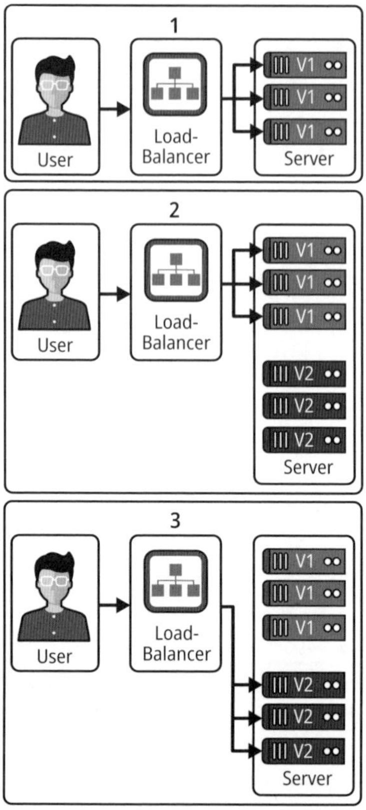

Abbildung 5.13: Blau/Grün-Deployment

Lassen Sie uns die vorgestellten Kernstrategien miteinander vergleichen.

Vergleich der Kernstrategien

Die Kernstrategien lassen sich über die folgenden Dimensionen miteinander vergleichen:

Nutzererfahrung
: Kommt es während des Deployments zu Ausfällen für den Benutzer? Sehen Nutzende abwechselnd alte und neue Versionen der App (eine verwirrende Erfahrung, die zu Fehlern führen kann), oder wird direkt von der alten Version auf die neue Version umgeschaltet?

Funktioniert mit zustandslosen Apps
: Kann die Strategie für die Bereitstellung zustandsloser Apps genutzt werden?

Funktioniert mit zustandsorientierten Apps
: Kann die Strategie für die Bereitstellung zustandsorientierter Apps genutzt werden?

Ressourcen-Overhead
: Hat die Strategie einen erhöhten Bedarf an Ressourcen (z. B. zusätzliche Server)?

Orchestrierungsunterstützung
: Wird die Strategie von Orchestrierungstools unterstützt?

Tabelle 5.1 vergleicht die Deployment-Strategien anhand dieser Gesichtspunkte.

Tabelle 5.1: Vergleich der Kernstrategien

	Downtime-Deployment	Rollierend ohne Ersetzung	Rollierend mit Ersetzung	Blau/Grün
Nutzer-erfahrung	**Schlecht**	**Gut**	**Gut**	**Sehr gut**
Zustandslose Apps	**Sehr gut**	**Sehr gut**	**Sehr gut**	**Sehr gut**
Zustandsorien-tierte Apps	**Sehr gut**	**Schlecht**	**Sehr gut**	**Schlecht**
Ressourcen-Overhead	**Sehr gut**	**Okay**	**Sehr gut**[a]	**Schlecht**
Orchestrie-rungsunterstüt-zung	**Sehr gut**	**Sehr gut**	**Gut**[b]	**Okay**

[a] Der veränderliche Ansatz benötigt keine zusätzlichen Ressourcen. Der unveränderliche Ansatz verlangt zumindest einen zusätzlichen Server.

[b] Die Unterstützung der automatischen Verschiebung von Festplatten ist bei zustandsorientierten Systemen eingeschränkt.

Beim Deployment zustandsloser Apps bieten Blau/Grün-Deployments üblicherweise die beste Erfahrung für den Nutzer. Allerdings unterstützen nicht alle Orchestrierungstools diese Strategie, und nicht alle Unternehmen können sich die Verdopplung der Ressourcennutzung bei jedem Deployment leisten (insbesondere in On-Prem-Umgebungen). In diesen Fällen sind rollierende Deployments ohne Ersetzung die beste Wahl. Beim Deployment zustandsorientierter Apps, bei denen jedes Replikat einen eigenen Datensatz auf der lokalen Festplatte vorhält, der über die Deployments hinweg erhalten werden muss (z. B. verteilte Datenspeicher wie Consul, Elasticsearch und ZooKeeper), sind rollierende Deployments mit Ersetzung üblich. Downtime-Deployments nutzen Sie in der Regel nur, wenn eine Datenmigration notwendig ist, da eine kurze Ausfallzeit die Migration um den Faktor 10 günstiger und weniger fehleranfällig macht (im Vergleich zum unterbrechungsfreien Deployment, das komplizierte Prozesse wie doppelte Schreiboperationen verlangt).

Alle bisher vorgestellten Strategien können unabhängig angewandt werden. Nun wollen wir uns Strategien ansehen, die mit anderen Strategien kombiniert werden müssen.

Ergänzende Strategien für das Deployment

Nachfolgend finden Sie eine Liste der gängigsten Strategien, die Sie ergänzend zu den Kernstrategien nutzen können, um das Deployment sicherer und effektiver zu machen. Diese schließen sich nicht gegenseitig aus. Vielmehr können und werden Sie häufig mehrere ergänzende Strategien zusammen nutzen:

Canary-Deployment

Der Name *Canary* stammt vom englischen Sprichwort »canary in the coal mine« ab, also dem »Kanarienvogel in der Kohlenmine«. Diese Vögel haben die Bergarbeiter als Frühwarnindikator für toxische Gase mit ins Bergwerk genommen. Da Kanarienvögel empfindlicher auf giftige Gase reagieren als Menschen, war das das Signal für die Bergarbeiter, so schnell wie möglich aus dem Bergwerk zu verschwinden. Die Idee bei Canary-Deployments ist ähnlich: Sie stellen zuerst nur ein Replikat des neuen Codes bereit, und falls es irgendwelche Probleme gibt, rollen Sie das Deployment zurück, bevor es größere Schäden verursachen kann (siehe Abbildung 5.14).

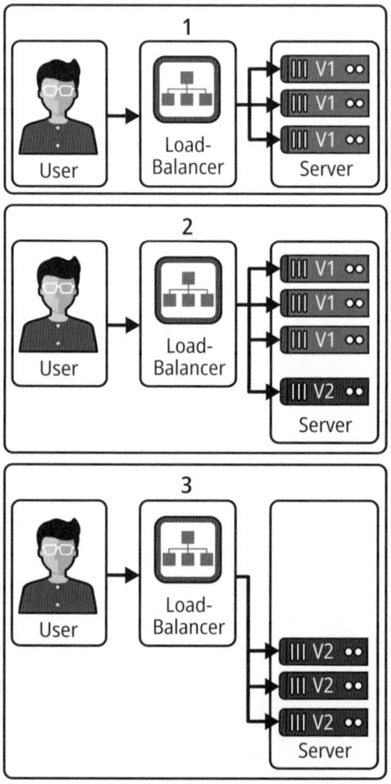

Abbildung 5.14: Canary-Deployment

1. Sie starten mit mehreren Replikaten der v1-App.
2. Sie stellen ein einzelnes Replikat der v2-App bereit, den sogenannten *Canary-Server*, und senden diesem Traffic. Sie vergleichen dann den Canary-Server mit den v1-Replikaten (*Control*). Wenn Sie Unterschiede erkennen (z. B. höhere Fehlerraten oder höhere Speichernutzung des Canary-Servers), ist das ein früher Hinweis auf Probleme, und Sie können ein Rollback durchführen, bevor zu viel Schaden angerichtet wird.

3. Finden Sie keine unerwünschten Unterschiede zwischen Canary und Control, können Sie v2 über eine der anderen Strategien wie rollierende Deployments bereitstellen.

Feature-Toggle-Deployment

Sie haben Feature-Toggles in diesem Kapitel bereits als Technik kennengelernt, mit deren Hilfe Sie Code selbst bei großen Änderungen regelmäßig in `main` einpflegen können. Feature-Toggles können sich, wie Sie gleich sehen werden, auch tiefgreifend auf die Softwarebereitstellung auswirken. Abbildung 5.15 zeigt, wie Feature-Toggle-Deployments funktionieren.

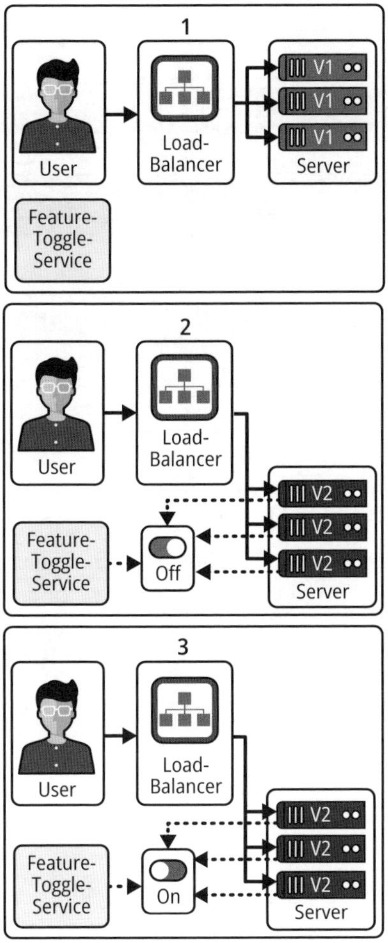

Abbildung 5.15: Feature-Toggle-Deployment

1. Sie starten mit mehreren Replikaten der v1-App.
2. Sie stellen die v2-App über eine der anderen Strategien (z. B. rollierendes Deployment) bereit, doch mit einem wesentlichen Unterschied: Jedes neue Feature der

neuen Version ist in einem Feature-Toggle verpackt, das standardmäßig deaktiviert ist. Daher sehen Sie, selbst wenn v2 läuft, keinen Unterschied.

3. Nach dem Deployment können Sie über Ihren Feature-Toggle-Service neue Features in v2 freigeben, und nur dann werden die Nutzer neue Funktionalitäten sehen.

Promotion-Deployment

Bei *Promotion-Deployments* (auch *Promotion-Workflows*) stellen Sie den Code über mehrere Umgebungen hinweg bereit (diesem Thema widmen wir uns in Kapitel 6). Das beginnt in den Vorproduktionsumgebungen (z.B. dev, stage) und endet in der Produktionsumgebung. Sie hoffen, Probleme abzufangen, bevor diese die Produktion erreichen (siehe Abbildung 5.16).

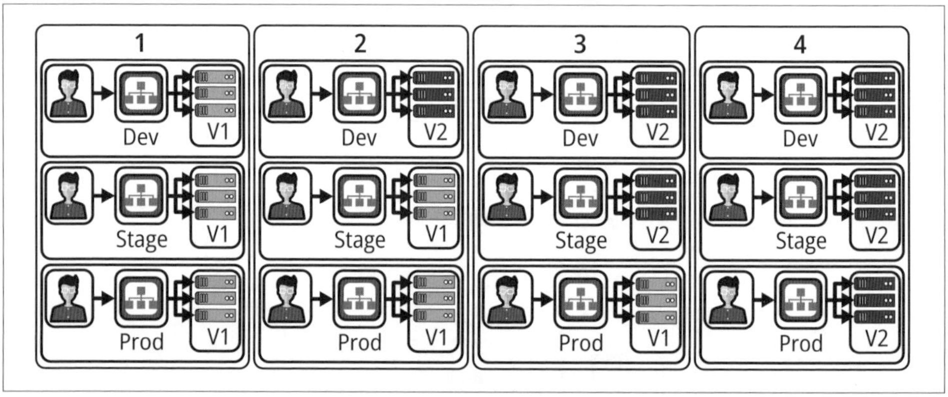

Abbildung 5.16: Promotion-Deployment

1. Nehmen wir an, Sie arbeiteten mit den drei Umgebungen dev, stage und prod. Zu Beginn läuft die v1-App in allen drei Umgebungen.
2. Sie nutzen eine der anderen Deployment-Strategien (z.B. rollierende Deployments), um die v2-App in dev bereitzustellen, und führen dort eine Reihe von Tests durch.
3. Funktioniert in dev alles gut, wird *exakt* der gleiche v2-Code nach stage »befördert« (engl. *promote*), und Sie führen eine weitere Reihe von Tests durch.
4. Funktioniert auch in stage alles, befördern Sie v2 nach prod.

Da Sie nun alle ergänzenden Deployment-Strategien kennen, wollen wir sie miteinander vergleichen.

Vergleich der ergänzenden Deployment-Strategien

Canary-Deployments bieten eine Möglichkeit, den Schaden durch fehlgeschlagene Deployments zu minimieren. Einer der Gründe, warum die in vorgestellten Unternehmen geringere Fehlerraten haben, ist, dass sie Canary-Deployments nutzen, um Probleme früh abzufangen, bevor sie sich zu größeren Ausfällen auswachsen.

Feature-Toggles reduzieren mögliche Schäden noch weiter. Tatsächlich sind Feature-Toggles so mächtig, dass ich sie häufig als »Superkraft« für DevOps bezeichne. Hier nur einige der Superkräfte, die Sie durch Feature-Toggles erhalten:

Trennung von Deployment und Release
: Ohne Feature-Toggles erfolgt bei jedem *Deployment* neuen Codes (z. B. beim Ausrollen eines neuen Docker-Images in einem Kubernetes-Cluster) automatisch auch ein *Release* jedes neuen Features in diesem Code. Mit Feature-Toggles werden Deployment und Release getrennt, was das Risiko von Deployments deutlich reduziert. Das ist ein weiteres wesentliches Schlüsselelement, das es Weltklasseunternehmen ermöglicht, tausendfach täglich Deployments durchzuführen.

Probleme beheben, ohne neuen Code bereitzustellen
: Feature-Toggles erlauben nicht nur die Veröffentlichung neuer Features unabhängig von der Bereitstellung neuen Codes, sondern erlauben auch das *Zurückziehen* von Features, ohne den Code zu ändern. Wenn Sie ein Feature-Toggle aktivieren und einen schwerwiegenden Fehler erkennen, können Sie das Feature-Toggle ausschalten, um das Feature zu deaktivieren. Funktioniert das Feature korrekt, Sie sind aber mit der Last überfordert, können Sie das Feature-Toggle für eine Gruppe von Nutzern deaktivieren, bis Sie die Last unter Kontrolle haben. Feature-Toggles ermöglichen also ein reduziertes Service-Level (in Form eines Teilausfalls, engl. *Graceful Degradation*), das üblicherweise einem vollständigen Ausfall vorzuziehen ist. Sie haben so die Möglichkeit, Fehler deutlich schneller zu beheben, als das mit dem Schreiben und Bereitstellen neuen Codes möglich wäre. Das ist einer der Hauptgründe dafür, dass Weltklasseunternehmen Ausfälle 2.293 Mal schneller beheben können.

Hochfahren neuer Features
: Ein wesentlicher Vorteil der Trennung von Deployment und Release ist, dass Sie neue Features schrittweise *hochfahren* können, statt sie allen Nutzern gleichzeitig zur Verfügung stellen zu müssen. Zum Beispiel bestand bei LinkedIn eine der Änderungen durch Project Inversion darin, dass alle neuen Features in ein Feature-Toggle gepackt und schrittweise hochgefahren werden mussten. Meta, Google und viele andere Unternehmen nutzen ähnliche Prozesse. Jedes neue Feature ist standardmäßig deaktiviert. Ist es bereit zum Testen, wird es zuerst nur für Mitarbeiterinnen und Mitarbeiter freigegeben, sodass es intern getestet werden kann. Wenn Sie für Unternehmen wie LinkedIn, Meta oder Google arbeiten, kann sich Ihre Erfahrung mit deren Produkten sehr von der Erfahrung der Öffentlichkeit unterscheiden. Sehen die Dinge bei den internen Tests gut aus, kann das neue Feature schrittweise hochgefahren werden, z. B. für einen zufällig ausgewählten Prozentsatz der Nutzer. Sie beobachten dann die Fehlerraten bei diesen Nutzern, um sicherzustellen, dass es keine Probleme gibt. Sieht alles okay aus, öffnen Sie das Feature für 10%, dann 50% und schließlich für 100% der Nutzer. Stoßen Sie an irgendeinem Punkt auf Probleme, unterbrechen Sie das Hochfahren oder fahren wieder runter.

A/B-Tests
: Feature-Toggles bieten Ihnen auch die Möglichkeit, *A/B-Tests* durchzuführen, um zu sehen, wie sich verschiedene Versionen Ihres Produkts schlagen. Die gewonnenen

Daten fließen wieder in die Produktentwicklung ein – das bezeichnet man als *datengetriebene Produktentwicklung*. Diesem Thema widmen wir uns in Kapitel 10.

Die Fähigkeit, Deployment und Release zu trennen, neue Features langsam hochzufahren und Features bei Problemen schnell wieder herunterzufahren, ist ein riesiger Agilitätsvorteil. Sobald Ihr Unternehmen eine gewisse Größe erreicht hat, sollten Sie daher in Erwägung ziehen, alle neuen Features in Feature-Toggles zu verpacken. Fairerweise muss man sagen, dass Feature-Toggles auch Nachteile haben. Um Feature-Toggles nutzen zu können, müssen Sie einen zusätzlichen Feature-Toggle-Service betreiben und pflegen oder für einen Drittanbieter bezahlen. Je mehr `if`-Anweisungen mit Feature-Toggle-Lookups Sie einfügen, desto mehr Forks hat Ihr Code, was die Wartung und das Testen erschwert. Wenn Sie Feature-Toggles einsetzen wollen, müssen Sie eine gewisse Disziplin (und Automatisierung) entwickeln, die sicherstellt, dass `if`-Anweisungen für Feature-Toggles automatisch entfernt werden, wenn sie sich nicht mehr ändern (z.B. mehr als ein Jahr alte Feature-Toggles). Doch das ist nur ein kleiner Preis, den Sie für die Superkräfte zahlen. Wenn man Sie das erste Mal um drei Uhr morgens wegen eine Problems weckt und Sie dieses Problem innerhalb weniger Minuten lösen können, weil Sie ein Feature-Toggle ausschalten, und wenn Sie sich dann wieder schlafen legen, werden Sie verstehen, was ich meine.

Promotion-Workflows lohnen sich für die meisten Unternehmen auch, da sie mehrere Chancen bieten, Fehler abzufangen, bevor diese es in die Produktion schaffen. Und während alle bisher vorgestellten Deployment-Strategien nur *Anwendungscode* (in Java, Ruby, Python, JavaScript etc. geschriebene Apps) bereitstellen, können Promotion-Workflows auch für *Infrastrukturcode* (OpenTofu, Pulumi, CloudFormation) genutzt werden. Bei Infrastrukturcode gibt es für Deployments nur zwei Möglichkeiten: Entweder Sie ändern den Infrastrukturcode oder eben nicht. Entweder erzeugen (oder löschen!) Sie die Datenbank oder nicht. Es gibt keine schrittweisen Roll-outs, keine Feature-Toggles, keine Canaries. Das macht Infrastruktur-Deployments schwieriger und riskanter. Um diesen Risiken entgegenzuwirken, nutzen Sie üblicherweise Promotion-Workflows, um die Deployments in Vorproduktionsumgebungen auszuprobieren und Ausführungspläne (z.B. die Ausgaben von `tofu plan`) zu überprüfen. Ein Beispiel werden Sie gleich im Abschnitt »Deployment-Pipelines« auf Seite 216 sehen.

Deployment-Pipelines

Eine *Deployment-Pipeline* ist der Prozess, den Sie von der Idee bis zum fertigen Code durchlaufen und der Ihre Nutzer betrifft. Er besteht aus allen Schritten, die Sie auf dem Weg zum Release durchgehen müssen. Deployment-Pipelines sind für jedes Unternehmen unterschiedlich, da sie die Unternehmensprozesse, Policies und Anforderungen abbilden müssen, doch die meisten Pipelines umfassen Folgendes:

Commit
: Wie gelangt Ihr Code in die Versionskontrolle? PRs? Trunk-basierte Entwicklung?

Build
: Welche Kompilierungs- und Build-Schritte benötigen Sie? Wie wird der Code paketiert?

Test
: Welche automatisierten Tests führen Sie für den Code aus? Welche manuellen Tests?

Review
: Welche Review-Prozesse nutzen Sie? Wer genehmigt Merges und Deployments?

Deploy
: Wie gelangt der Code in die Produktion? Wie werden neue Funktionalitäten veröffentlicht?

Typischerweise wird eine Deployment-Pipeline auf einem *Deployment-Server* ausgeführt und nicht auf dem Computer eines Entwicklers (warum, werden Sie später in diesem Kapitel noch sehen). Eine Möglichkeit ist, die gleichen Server zu nutzen wie für die CI, z.B. jene, die Sie weiter oben in diesem Kapitel kennengelernt haben (GitHub Actions, CircleCI, GitLab). Eine weitere Möglichkeit ist die Nutzung von Deployment-Servern, die für eine bestimmte Technik entworfen wurden. Für OpenTofu und Terraform können Sie etwa HashiCorp Cloud Platform, Gruntwork Pipelines oder env0 verwenden (vollständige Liste (*https://oreil.ly/HID-9*)) und für Kubernetes Argo CD oder Flux (vollständige Liste (*https://oreil.ly/Crl5e*)).

Sie müssen auch eine Sprache wählen, um Ihre Pipeline als Code zu definieren. Üblicherweise entscheidet man sich für die Workflow-Definitionssprache des genutzten CI-Servers (GitHub-Actions-Workflows werden beispielsweise in YAML definiert). Andere Optionen sind die Definition der Workflows in Skriptsprachen (z.B. Ruby, Python, Bash) oder der Sprache des Build-Systems (z.B. npm, Maven, Make). Ein relativ neuer Ansatz sind Tools zur Definition von Workflows, die auf verschiedenen Plattformen laufen, etwa auf Ihrem eigenen Computer (für einfachere Tests). Beispiele sind Dagger oder Common Workflow Language (vollständige Liste (*https://oreil.ly/WS6lT*)). In vielen Fällen wird die Deployment-Pipeline mehrere Tools und Sprachen verwenden.

Selbst nachdem Sie sich für einen Deployment-Server und eine Sprache entschieden haben, gibt es viele Möglichkeiten, die Pipeline zu definieren. Der wohl beliebteste Ansatz ist *GitOps*, eine Reihe von Tools und Prozessen für Git, die den folgenden Prinzipien folgen:[2]

Deklarativ
: GitOps-Systeme definieren ihren Zustand deklarativ. Sie trennen die *Konfiguration*, die den gewünschten Endzustand definiert, von der *Implementierung*, die alle Skripte, API-Aufrufe etc. umfasst, die zur Erreichung dieses Endzustands genutzt werden. In der Praxis bedeutet das üblicherweise, dass Sie die gesamte Infrastructure as Code mit deklarativen Tools wie OpenTofu verwalten (wie in Kapitel 2 gesehen) und alle Apps-als-Code mit deklarativen Tools wie Kubernetes (wie in Kapitel 3 gezeigt).

Versioniert und unveränderlich
: Der gewünschte Zustand wird in einer Weise gespeichert, die Unveränderlichkeit und Versionierung erzwingt und eine vollständige Versionshistorie vorhält. In der Praxis bedeutet das üblicherweise, den gesamten Code in Git zu speichern.

2 Diese Prinzipien basieren auf den Definitionen in OpenGitOps.

Automatische Pulls
: Softwareagenten ziehen automatisch die gewünschten Zustandsdeklarationen aus der Quelle. In der Praxis bedeutet das, dass alles in der Pipeline auf Code basiert, der aus Git bezogen wird. Einmalskripte oder manuelle Aktionen sind nicht erlaubt. Das stellt sicher, dass der gewünschte Zustand und die vollständige Änderungshistorie in Git nachgehalten werden. Es stellt außerdem sicher, dass die Pipeline jederzeit durchlaufen werden kann, was für das nächste Prinzip wichtig ist.

Kontinuierlicher Ausgleich
: Softwareagenten überwachen kontinuierlich den Systemzustand und versuchen, den gewünschten Zustand herzustellen. Kommt es zu einer Abweichung vom gewünschten Zustand (dem sogenannten *Drift*), da sich der gewünschte Zustand geändert hat (z. B. weil neuer Code eingefügt wurde) oder da sich der Zustand der realen Systeme geändert hat (z. B. weil ein Server abgestürzt ist), unternimmt die Pipeline Aktionen, um die Unterschiede *auszugleichen*. Viele Pipelines, die sich selbst als GitOps beschreiben, erreichen dieses Prinzip nicht, da sie lediglich die erste Variante verarbeiten (d. h., sie reagieren nur auf Änderungen in Git, etwa einen Commit). Die Pipelines, die beide Arten von Änderungen verarbeiten, basieren in der Regel auf Systemen mit sogenannten *Ausgleichsschleifen* (engl. *Reconciliation Loops*), wie beispielsweise Kubernetes und den verschiedenen auf Kubernetes aufbauenden Continuous-Delivery-Tools (z. B. Argo CD und Flux), sowie bestimmten Continuous-Delivery-Tools für IaC, die eine *Drift-Erkennung* besitzen (z. B. Terraform Cloud, env0 und Gruntwork Pipelines).

Die beste Möglichkeit, die GitOps-Pipeline zu verstehen, ist, sich ein Beispiel anzusehen; das folgt in den nächsten Abschnitten. Danach lernen Sie Deployment-Pipeline-Muster kennen, die ich für die meisten Unternehmen empfehle.

Beispiel: Konfiguration einer automatisierten GitOps-Pipeline in GitHub Actions

Um nicht zu viele neue Tools vorstellen zu müssen, wollen wir GitHub Actions als Deployment-Server und GitHub-Actions-YAML-Workflows als primäre Sprache für die Definition der grundlegenden GitOps-Pipeline verwenden. Das Ziel ist die Implementierung der folgenden Pipeline für das `lambda-sample`-Modul:

1. **Commit von Code in einen Branch:** Der erste Schritt besteht darin, Codeänderungen in einem Branch vorzunehmen.
2. **Einen Pull Request öffnen:** Sobald die Änderungen zur Prüfung bereit sind, öffnen Sie einen PR.
3. **Automatisierte Tests für den Pull Request ausführen:** Der Deployment-Server führt automatisierte Tests über den offenen PR aus. Das umfasst die Kompilierung, die statische Analyse, Unit-Tests und Integrationstests.
4. **Generierung eines Ausführungsplans für den Pull Request:** Der Deployment-Server führt `tofu plan` aus, um einen Ausführungsplan für den PR zu erzeugen.
5. **Review und Merge des Pull Request:** Ihre Teammitglieder überprüfen den PR, die Testergebnisse und den Ausführungsplan. Sieht alles gut aus, wird der PR eingepflegt.

6. **Automatisiertes Deployment für den Request ausführen:** Abschließend führt Ihr Deployment-Server die automatisierten Deployment-Schritte aus. Das kann eine weitere Runde automatisierter Tests nach sich ziehen, gefolgt von `tofu apply` zum Deployment der Änderungen.

Vorsicht vor den Schlangen: Das ist eine vereinfachte Pipeline

Der hier beschriebenen Pipeline fehlen wichtige Teile einer realen GitOps-Pipeline:[3]

App-Build
: Während das `lambda-sample`-Modul nur eine minimale »Hello, World«-App enthält, müssen Pipelines für reale Apps üblicherweise die App generieren, paketieren und so weiter.

Mehrere Umgebungen
: In diesem Kapitel erfolgt das Deployment des `lambda-sample`-Moduls in einem einzelnen Test-Account. Unter realen Bedingungen muss Ihre Deployment-Pipeline üblicherweise mehrere Umgebungen unterstützen (ein Thema, dem wir uns in Kapitel 6 widmen werden).

Sicherheit
: Das vereinfachte Beispiel in diesem Kapitel kümmert sich nicht besonders um den Schutz der Deployment-Pipeline. Unter realen Bedingungen werden Sie Zugriffsrechte konfigurieren (wer kann Workflows editieren, und welche Branches dürfen welche Workflows ausführen), Sicherheitsscans durchführen und vieles mehr.

Reihenfolge und Freigabe
: Die Pipeline zeigt eine `plan`-Ausgabe in einem PR, doch wenn andere PRs eingepflegt oder bereitgestellt werden, bevor Ihr PR eingepflegt wird, dann ist die `plan`-Ausgabe möglicherweise veraltet. Unter realen Bedingungen müssen Sie sich um die Reihenfolge von Deployments und die Freigabe von Workflows kümmern.

Ausgleich
: Die vereinfachte Pipeline führt keinen kontinuierlichen Ausgleich durch. Dieser läuft nur als Reaktion auf Git-Events.

Einen Großteil dieser Pipeline haben Sie bereits implementiert, als Sie im ersten Teil dieses Kapitels automatisierte Tests und CI eingerichtet haben. Sie müssen jetzt nur noch Folgendes tun:

- Wenn Sie einen PR öffnen, führen Sie `plan` für das `lambda-sample`-Modul aus.
- Wenn Sie einen PR einpflegen, führen Sie `apply` für das `lambda-sample`-Modul aus.

Dafür ist Folgendes nötig:

- Ein Backend für den OpenTofu-Zustand nutzen.
- IAM-Rollen für Infrastruktur-Deployments in GitHub Actions hinzufügen.
- Definition einer Pipeline für Infrastruktur-Deployments.

Sehen wir uns jeden dieser Schritte an.

3 Für ein Beispiel einer GitOps-Pipeline, die einen Großteil dieser Funktionalität implementiert, finden Sie hier: Gruntwork Pipelines (*https://gruntwork.io/products/pipelines*).

Beispiel: Ein Backend für den OpenTofu-Zustand nutzen

In Kapitel 2 haben Sie gelernt, dass OpenTofu standardmäßig das lokale Backend nutzt, um den OpenTofu-Zustand in *.tfstate*-Dateien auf Ihrer lokalen Festplatte abzulegen. Für persönliche Projekte reicht das, doch bei professionellen Projekten im Team müssen Sie Zustände verwalten, die Zusammenarbeit, Locking, Verschlüsselung und mehrere Umgebungen unterstützen. Hier kommen die anderen von OpenTofu unterstützten Backends (*https://oreil.ly/F48M0*) ins Spiel, etwa Amazon Simple Storage Service (S3), Azure Storage und Google Cloud Storage (GCS). In diesem Buch wollen wir S3 als Backend nutzen.

> **Sie müssen S3 als OpenTofu-Backend verstehen, um fortfahren zu können!**
>
> Die nächsten Abschnitte benötigen ein grundlegendes Verständnis von OpenTofu-Backends und insbesondere des S3-Backends. Wenn das für Sie Neuland ist, sollten Sie sich die Einführung »How to Manage State and Environments with OpenTofu« (*https://oreil.ly/DYdTD*) auf der Website zu diesem Buch ansehen. Es zeigt, wie man ein S3-Bucket und eine Amazon-DynamoDB-Tabelle zur Speicherung des Zustands anlegt und wie man OpenTofu so konfiguriert, dass es sie als Backend nutzt.

Um das `lambda-sample`-Modul so zu konfigurieren, dass es S3 als Backend nutzt, legen Sie ein S3-Bucket sowie eine DynamoDB-Tabelle an und fügen die Datei *backend.tf* mit dem Inhalt aus Beispiel 5.11 in das `lambda-sample`-Modul ein.

Beispiel 5.11: S3 als Backend nutzen (ch5/tofu/live/lambda-sample/backend.tf)

```
terraform {
  backend "s3" {
    # TODO: Tragen Sie hier Ihr eigenes Bucket ein!
    bucket         = "fundamentals-of-devops-tofu-state"           ❶
    key = "ch5/tofu/live/lambda-sample/terraform.tfstate"          ❷
    region         = "us-east-2"                                   ❸
    encrypt        = true                                          ❹
    # TODO: Tragen Sie hier Ihre eigene DynamoDB-Tabelle ein!
    dynamodb_table = "fundamentals-of-devops-tofu-state"           ❺
  }
}
```

Der Code macht Folgendes:

❶ Das als Backend zu verwendende S3-Bucket. Tragen Sie hier den Namen Ihres eigenen S3-Buckets ein.

❷ Der Dateipfad innerhalb des S3-Buckets, an den die Zustandsdatei geschrieben werden soll.

❸ Die AWS-Region, in der Sie Ihr S3-Bucket erzeugt haben.

❹ Serverseitige Verschlüsselung für das S3-Bucket aktivieren.

❺ Die für das Locking zu nutzende DynamoDB-Tabelle. Tragen Sie hier den Namen Ihrer eigenen Tabelle ein.

Führen Sie `tofu init` im `lambda-sample`-Modul aus, um die Nutzung des neuen Backends zu konfigurieren:

```
$ tofu init

Initializing the backend...
Do you want to copy existing state to the new backend?
  Pre-existing state was found while migrating the previous "local" backend
  to the newly configured "s3" backend. No existing state was found in the
  newly configured "s3" backend. Do you want to copy this state to the new
  "s3" backend? Enter "yes" to copy and "no" to start with an empty state.

  Enter a value:
```

OpenTofu erkennt automatisch, dass Sie bereits eine lokale Zustandsdatei besitzen, und fragt Sie, ob Sie sie in das neue S3-Backend kopieren wollen. Wenn Sie mit **yes** antworten und Enter drücken, erscheint Folgendes:

```
Successfully configured the backend "s3"! OpenTofu will automatically
use this backend unless the backend configuration changes.
```

Ist das Backend aktiv, zieht sich OpenTofu automatisch den aktuellen Zustand aus dem S3-Bucket, bevor es einen Befehl ausführt, und speichert den aktuellen Zustand im S3-Bucket, wenn ein Befehl ausgeführt wurde. Dabei wird DynamoDB zum Locking genutzt. Committen Sie die Änderungen im `lambda-sample`-Modul und pflegen Sie sie in `main` ein.

Nachdem das Backend eingerichtet ist, können Sie sich dem nächsten Schritt zuwenden: der Einrichtung der IAM-Rollen, die es Ihnen erlauben, Deployments in GitHub Actions durchzuführen.

Beispiel: IAM-Rollen für Infrastruktur-Deployments in GitHub Actions hinzufügen

Weiter oben in diesem Kapitel haben Sie einen OIDC-Provider konfiguriert, um GitHub Actions für automatisierte Tests Zugriff auf Ihren AWS-Account zu gewähren. Nun benötigen Sie eine Möglichkeit, GitHub Actions den Zugriff auf Ihren AWS-Account für Deployments zu ermöglichen. Normalerweise würde das Deployment in eine separate Umgebung (einen separaten AWS-Account) erfolgen, über den man automatisierte Tests durchführen würde, d.h., Sie müssten einen neuen OIDC-Provider für die Umgebung konfigurieren. Um den Prozess in diesem Kapitel einfach zu halten, wollen wir den gleichen AWS-Account mit dem gleichen OIDC-Provider sowohl für das Deployment als auch zum Testen nutzen. (Wie man zusätzliche Umgebungen einrichtet, erfahren Sie in Kapitel 6.) Beachten Sie aber, dass Sie aus den folgenden Gründen dennoch neue IAM-Rollen anlegen müssen:

- Die für Tests benötigten Zugriffsrechte unterscheiden sich von denen für Deployments.
- Die Zugriffsrechte für das Deployment sollten über zwei separate IAM-Rollen vergeben werden: eine für `plan` und eine für `apply`. Der Grund ist, dass `plan` für jeden Branch laufen soll, *bevor* ein PR eingepflegt wird, d.h., möglicherweise bevor jemand die Chance hat, die Änderungen zu überprüfen. Deshalb sollte die `plan`-Rolle nur Leserechte besitzen – gerade genug, um die `plan`-Ausgabe zu sehen, aber nicht genug, um irgendwelche Änderungen vornehmen zu können. Die `apply`-Rolle wird hingegen nur genutzt, nachdem ein PR überprüft und in `main` eingepflegt wurde, weshalb die Vergabe von Schreibrechten unproblematisch ist.

Öffnen Sie *main.tf* im Modul `ci-cd-permissions` und fügen Sie den Code aus Beispiel 5.12 ein, um das Anlegen von IAM-Rollen für `plan` und `apply` zu ermöglichen.

Beispiel 5.12: IAM-Rollen im »ci-cd-permissions«-Modul für »plan« und »apply« aktivieren (ch5/tofu/live/ci-cd-permissions/main.tf)

```
module "iam_roles" {

  # ... (andere Parameter weggelassen) ...

  enable_iam_role_for_plan  = true                                   ❶
  enable_iam_role_for_apply = true                                   ❷

  # TODO: Eigenes Bucket und Tabellennamen eintragen!
  tofu_state_bucket         = "fundamentals-of-devops-tofu-state" ❸
  tofu_state_dynamodb_table = "fundamentals-of-devops-tofu-state" ❹
}
```

Dieser Code macht Folgendes:

❶ Aktivieren der IAM-Rolle für `plan`. Diese IAM-Rolle erhält nur Leserechte. Der OIDC-Provider darf diese Rolle für jeden Branch nutzen.

❷ Aktivieren der IAM-Rolle für `apply`. Diese IAM-Rolle erhält sowohl Schreib- als auch Leserechte. Der OIDC-Provider darf diese Rolle nur für den `main`-Branch nutzen. Das stellt sicher, dass nur eingepflegte PRs bereitgestellt werden können.

❸ Legt fest, welches S3-Bucket für den OpenTofu-Zustand verwendet werden soll. Tragen Sie hier den Namen Ihres eigenen S3-Buckets ein. Die `plan`-Rolle erhält Leserecht für dieses Bucket, die `apply`-Rolle erhält Schreib- und Leserechte.

❹ Legt fest, welche DynamoDB-Tabelle für den OpenTofu-Zustand verwendet werden soll. Tragen Sie hier den Namen Ihrer eigenen DynamoDB-Tabelle ein. Die `plan`-Rolle erhält nur Leserechte auf diese Tabelle, die `apply`-Rolle Schreib- und Leserechte.

Nun fügen wir *outputs.tf* neue Ausgabevariablen hinzu, wie in Beispiel 5.13 zu sehen.

Beispiel 5.13: Ausgabevariablen hinzufügen (ch5/tofu/live/ci-cd-permissions/outputs.tf)

```
output "lambda_deploy_plan_role_arn" {
  description = "The ARN of the IAM role for plan"
  value       = module.iam_roles.lambda_deploy_plan_role_arn
}

output "lambda_deploy_apply_role_arn" {
  description = "The ARN of the IAM role for apply"
  value       = module.iam_roles.lambda_deploy_apply_role_arn
}
```

Führen Sie `apply` aus, um die neuen IAM-Rollen anzulegen, und beachten Sie die Ausgaben von `lambda_deploy_plan_role_arn` und `lambda_deploy_apply_role_arn`, die die ARNs dieser IAM-Rollen enthalten. Sie werden diese ARNs in Kürze benötigen.

Committen Sie Ihre Änderungen am `ci-cd-permissions`-Modul und pflegen Sie es in `main` ein. Nun sind Sie so weit, die Deployment-Pipeline selbst zu definieren.

Machen Sie sich die Hände schmutzig

Hier einige Übungen, mit denen Sie zu Hause tiefer einsteigen können:

- Öffnen Sie den Code des `gh-actions-iam-roles`-Moduls und gehen Sie ihn durch. Welche Rechte gewährt dieses Modul den IAM-Rollen genau? Warum?
- Entwickeln Sie eine eigene Version des `gh-actions-iam-roles`-Moduls, mit der Sie nicht nur Lambda-Funktionen, sondern auch andere Arten von Infrastruktur bereitstellen können. Versuchen Sie zum Beispiel, IAM-Rollen für das Deployment von EKS-Clustern zu entwickeln.

Beispiel: Eine Pipeline für Infrastruktur-Deployments definieren

Nachdem alle Voraussetzungen erfüllt sind, können wir endlich eine Deployment-Pipeline für das `lambda-sample`-Modul implementieren, die Folgendes macht:

- Wenn Sie einen PR öffnen, wird `plan` für das `lambda-sample`-Modul ausgeführt.
- Wenn Sie einen PR einpflegen, wird `apply` für das `lambda-sample`-Modul ausgeführt.

Wir wollen zuerst den Workflow für den `plan` festlegen. Legen Sie eine neue Datei namens *.github/workflows/tofu-plan.yml* mit dem Inhalt aus Beispiel 5.14 an.

Beispiel 5.14: Tofu-Plan-Workflow (.github/workflows/tofu-plan.yml)

```
name: Tofu Plan

on:
  pull_request:                                                    ❶
    branches: ["main"]
    paths: ["ch5/tofu/live/lambda-sample/**"]

jobs:
  plan:
    name: "Tofu Plan"
    runs-on: ubuntu-latest
    permissions:
      pull-requests: write                                         ❷
      id-token: write
      contents: read
    steps:
      - uses: actions/checkout@v2

      - uses: aws-actions/configure-aws-credentials@v3
        with:
          # TODO: Tragen Sie hier Ihre ARN der IAM-Rolle ein!
          role-to-assume: arn:aws:iam::111111111111:role/lambda-sample-plan ❸
          role-session-name: plan-${{ github.run_number }}-${{ github.actor }}
          aws-region: us-east-2

      - uses: opentofu/setup-opentofu@v1
```

```
- name: tofu plan                                                    ❹
  id: plan
  working-directory: ch5/tofu/live/lambda-sample
  run: |
    tofu init -no-color -input=false
    tofu plan -no-color -input=false -lock=false

- uses: peter-evans/create-or-update-comment@v4                      ❺
  if: always()
  env:
    RESULT_EMOJI: ${{ steps.plan.outcome == 'success' && '?' || '??' }}
  with:
    issue-number: ${{ github.event.pull_request.number }}
    body: |
      ## ${{ env.RESULT_EMOJI }} `tofu plan` output
      ```${{ steps.plan.outputs.stdout }}```
```

Dieser Workflow weist einige Details auf, die Sie noch nicht gesehen haben:

❶ Statt bei einem Push wird dieser Workflow bei einem Pull Request ausgeführt – genauer gesagt nur bei PRs des `main`-Branch mit Änderungen am *ch5/tofu/live/lambda-sample*-Ordner.

❷ Ergänzt das Zugriffsrecht `pull-request: write`, das in ❺ verwendet wird.

❸ Akzeptiert die `plan`-IAM-Rolle. Tragen Sie hier Ihren ARN für die IAM-Rolle aus der Ausgabevariablen `lambda_deploy_plan_role_arn` ein.

❹ Führt `tofu init` und `tofu plan` mit einigen Flags aus, die sicherstellen, dass die Befehle in der CI-Umgebung sauber laufen (z.B. Terminalfarben und interaktive Prompts deaktivieren). Es gibt auch ein Flag zur Deaktivierung des Lockings, da Sie das für `plan` nicht benötigen.

❺ Postet einen Kommentar in den PR, der die `plan`-Ausgabe enthält. Der Kommentar ist mit Markdown formatiert und enthält die `plan`-Ausgabe und ein Emoji, mit dessen Hilfe Sie direkt erkennen, ob der `plan`-Befehl erfolgreich war.

Nun legen wir den Workflow für `apply` in einer neuen Datei namens *.github/workflows/tofu-apply.yml* mit dem Inhalt aus Beispiel 5.15 an.

*Beispiel 5.15: Tofu-Apply-Workflow (.github/workflows/tofu-apply.yml)*

```
name: Tofu Apply
on:
  push: ❶
    branches: ["main"]
    paths: ["ch5/tofu/live/lambda-sample/**"]
jobs:
  apply:
    name: "Tofu Apply"
    runs-on: ubuntu-latest
    permissions:
      pull-requests: write
      id-token: write
      contents: read
```
```

```
    steps:
      - uses: actions/checkout@v2

      - uses: aws-actions/configure-aws-credentials@v3
        with:
          # TODO: fill in your IAM role ARN!
        role-to-assume: arn:aws:iam::111111111111:role/lambda-sample-apply ❷
          role-session-name: apply-${{ github.run_number }}-${{ github.actor }}
          aws-region: us-east-2

      - uses: opentofu/setup-opentofu@v1

      - name: tofu apply                                                     ❸
        id: apply
        working-directory: ch5/tofu/live/lambda-sample
        run: |
          tofu init -no-color -input=false
          tofu apply -no-color -input=false -lock-timeout=60m -auto-approve

      - uses: jwalton/gh-find-current-pr@master                              ❹
        id: find_pr
        with:
          state: all

      - uses: peter-evans/create-or-update-comment@v4                        ❺
        if: steps.find_pr.outputs.number
        env:
          RESULT_EMOJI: ${{ steps.apply.outcome == 'success' && '?' || '??' }}
        with:
          issue-number: ${{ steps.find_pr.outputs.number }}
          body: |
            ## ${{ env.RESULT_EMOJI }} `tofu apply` output
            ```${{ steps.apply.outputs.stdout }}```
```

Der Workflow ähnelt dem von plan, doch es gibt einige wichtige Unterschiede:

❶ Läuft nur bei Pushs in den main-Branch.

❷ Akzeptiert die apply-IAM-Rolle. Tragen Sie hier die eigene ARN der IAM-Rolle der Ausgabevariablen lambda_deploy_apply_role_arn ein.

❸ Führt tofu init und tofu apply wieder mit ein paar neuen Flags aus, damit die Befehle sauber in einer CI-Umgebung laufen. Beachten Sie -lock-timeout=60m, das sicherstellt, dass der Befehl bis zu 60 Minuten wartet, falls der Lock schon vergeben ist (z. B. an ein simultan laufendes apply durch einen früheren Merge).

❹ Stammt dieser Push von einem PR, nutzen wir eine Open Source GitHub Action, die die ID dieses PR ermittelt, um die Ausgabe von apply als Kommentar in ❺ einfügen zu können.

❺ Hat ❹ einen PR gefunden, posten wir einen Kommentar an diesen PR mit der Ausgabe von apply.

Committen Sie diesen neuen Workflow direkt in den main-Branch und pflegen Sie ihn dann in GitHub ein:
```

```
$ git add .github/workflows
$ git commit -m "Add plan and apply workflows"
$ git push origin main
```

Nun wollen wir diese Deployment-Pipeline ausprobieren. Zuerst legen wir einen neuen Branch namens `deployment-pipeline-test` an:

```
$ git switch -c deployment-pipeline-test
```

Ändern Sie jetzt das `lambda-sample`-Modul, etwa den zurückgegebenen Text (siehe Beispiel 5.16).

Beispiel 5.16: Response-Text der App ändern (ch5/tofu/live/lambda-sample/src/index.js)

```
callback(null, {statusCode: 200, body: "Fundamentals of DevOps!"});
```

Ändern Sie auch den entsprechenden Assert in den automatisierten Tests in *deploy.tftest.hcl* (siehe Beispiel 5.17).

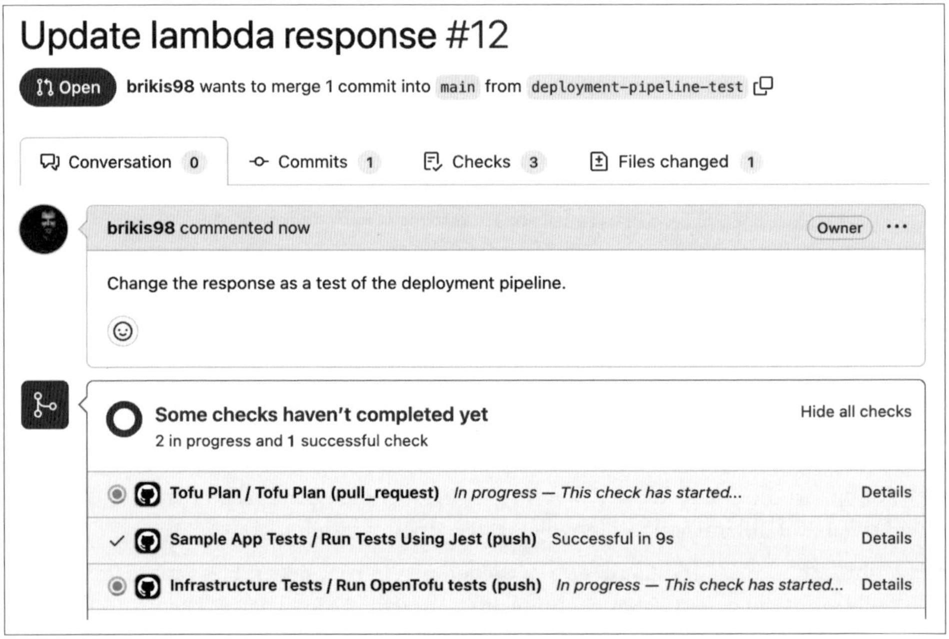

Abbildung 5.17: Die Deployment-Pipeline in einem GitHub-PR

Beispiel 5.17: Response-Text in den Tests ändern (ch5/tofu/live/lambda-sample/deploy.tftest.hcl)

```
  assert {
    condition     = data.http.test_endpoint.response_body == "Fundamentals of
DevOps!"
    error_message = "Unexpected body: ${data.http.test_endpoint.response_body}"
  }
```

Committen Sie beide Änderungen, pflegen Sie sie in den `deployment-pipeline-test` ein, öffnen Sie einen Pull Request, und es erscheint eine Seite wie die in Abbildung 5.17.

Drei Dinge sollten in Ihrer Pipeline laufen:

- automatisierte Tests für Ihre Beispiel-App
- `tofu test` für Ihren Infrastrukturcode
- `tofu plan` für das `lambda-sample`-Modul

Ist alles durchgelaufen, sollte der PR automatisch mit einem Kommentar aktualisiert werden, der die `plan`-Ausgabe enthält (siehe Abbildung 5.18).

Abbildung 5.18: Die Pipeline fügt einen Kommentar mit der »plan«-Ausgabe in offene PRs ein.

Sie können nun die Codeänderungen, die Testergebnisse und die `plan`-Ausgabe überprüfen und, wenn alles gut aussieht, den PR einpflegen. Das stößt den `apply`-Workflow an, und nach ein oder zwei Minuten sollte ein Kommentar mit der `apply`-Ausgabe gepostet werden (siehe Abbildung 5.19).

Abbildung 5.19: Die Pipeline ergänzt gemergte Pull Requests um einen Kommentar, der die Ausgabe des Apply-Vorgangs enthält.

Glückwunsch, Sie haben eine grundlegende Deployment-Pipeline für Ihr `lambda-sample`-Modul eingerichtet! Es führt Tests aus, es führt `plan` aus, und es führt `apply` aus. Um nach Ihren Tests alles aufzuräumen, führen Sie `tofu destroy` in den Ordnern *lambda-sample* und *ci-cd-permissions* aus und löschen entweder die YAML-Workflow-Datei im *.github/workflows*-Ordner oder deaktivieren die Workflows im GitHub-UI (*https://oreil.ly/aihcr*).

Machen Sie sich die Hände schmutzig

Hier einige Übungen, mit denen Sie zu Hause tiefer einsteigen können:

- Ändern Sie die Pipeline so ab, dass sie Änderungen an *jedem* Ordner mit OpenTofu-Code automatisch erkennt (nicht nur im *lambda-sample*-Ordner). Führen Sie dann automatisch `plan` und `apply` in jedem Ordner aus (siehe changed-files (*https://oreil.ly/X2vxL*)).
- Nutzen Sie eine Matrixstrategie (*https://oreil.ly/f_XpB*), um `plan` und `apply` über mehrere Ordner hinweg gleichzeitig auszuführen, wenn ein PR mehrere Ordner aktualisiert.

Da Sie nun die Grundlagen von Deployment-Pipelines erfahren und beispielhaft eine implementiert haben, möchte ich ein paar Empfehlungen aussprechen, um die Pipelines effektiver zu machen.

Empfehlungen für Deployment-Pipelines

Eine Deployment-Pipeline kann entweder ein nützliches Werkzeug sein, das das Unternehmen weiterbringt, oder ein zerbrechlicher, verwirrender Haufen Spaghetticode, der alles aufhält. Um sie zu einem nützlichen Werkzeug zu machen, empfehle ich drei Muster für den Aufbau von Pipelines:

- Automatisieren Sie alle Schritte, die sich automatisieren lassen.
- Führen Sie Deployments nur über einen Deployment-Server durch.
- Schützen Sie die Deployment-Server.

Sehen wir uns diese Punkte genauer an.

Automatisieren Sie alle Schritte, die sich automatisieren lassen

CD ist es nur dann, wenn es schnell, zuverlässig und nachhaltig funktioniert. Sie können diese drei Ziele kaum erreichen, wenn Ihr Deployment-Prozess auf einer Reihe manueller Schritte basiert. Wir kleinen Menschen sind üblicherweise nicht so schnell, machen ständig Fehler und sind müde und frustriert, wenn wir den gleichen lästigen Prozess immer und immer wieder durchgehen müssen. Andererseits sind diese drei Eigenschaften die Stärken des Computers: Sie erledigen Dinge schnell sowie ohne Fehler und ohne Murren. Lassen Sie die Computer also tun, was sie am besten können, und automatisieren Sie jeden Schritt, der sich automatisieren lässt (also fast alles außer Entwicklung und Code-Review).

Beachten Sie, dass ich wirklich *jeden* Schritt meine. Das Ziel ist, Deployments so weit es geht »auf Knopfdruck« durchführen zu können. Es gibt einen erstaunlich großen Unterschied zwischen einer *größtenteils* automatisierten Pipeline, die hier und da noch ein händisches Eingreifen verlangt, und einer *vollständig* automatisierten Pipeline. Selbst wenige manuelle

Schritte können die Effektivität der Pipeline und die Leistungsfähigkeit der Softwarebereitstellung *dramatisch* einschränken. Es passiert etwas Magisches, wenn Sie die vollständige Automatisierung erreichen. Nur wenn die gesamte Pipeline auf Knopfdruck durchlaufen wird, erhalten Sie ein schnelles, zuverlässiges und nachhaltiges System, wirklich reproduzierbare Umgebungen und Ergebnisse wie die Unternehmen, die in erwähnt werden und tausendfach täglich Deployments vornehmen.

Führen Sie Deployments nur über einen Deployment-Server durch

Ihre Deployment-Pipeline sollte nicht nur vollständig automatisiert sein, sondern in den meisten Fällen auch nur von einem dedizierten Deployment-Server erfolgen und *nicht* von irgendeinem Entwicklungsrechner. Dafür gibt es drei Gründe:

Vollständige Automatisierung
: Wie im vorherigen Abschnitt diskutiert, ist es keine CD, wenn es nicht schnell, zuverlässig und nachhaltig ist. Und das kann es nicht sein, wenn ein Entwickler von Hand irgendetwas auf seinem Computer machen muss. Zu erzwingen, dass die Pipeline auf einem dedizierten Deployment-Server läuft, stellt sicher, dass alle Schritte automatisiert werden, die automatisiert werden können.

Reproduzierbarkeit
: Führen Entwickler Deployments über den eigenen Computer aus, kann es aufgrund unterschiedlicher Konfigurationen zu Problemen kommen: unterschiedliche Betriebssysteme, unterschiedliche Versionen der Abhängigkeiten (z. B. lokal installierte unterschiedliche Versionen von OpenTofu oder Node.js), unterschiedliche Konfigurationen und Unterschiede beim tatsächlichen Deployment (z. B. wenn der Entwickler versehentlich eine Änderung bereitstellt, die nicht in die Versionskontrolle eingepflegt wurde). Sie können solche Probleme vermeiden, indem Sie alle Deployments über einen dedizierten Deployment-Server vornehmen, der eine konsistente und reproduzierbare Umgebung bereitstellt.

Rechteverwaltung
: Statt den Entwicklern Deployment-Rechte zu geben, erhält nur der Deployment-Server diese Rechte (insbesondere für die Produktionsumgebung). Gute Sicherheitspraktiken lassen sich für einen einzelnen Server leichter durchsetzen als für viele Entwickler mit Zugriff auf die Produktion.

Schützen Sie den Deployment-Server

Um Deployments automatisiert über einen Server ausführen zu können, müssen Sie diesem Server Zugriff auf sensible Daten gewähren, etwa auf AWS-Credentials. Um beliebige Infrastrukturänderungen durchführen zu können (z. B. `tofu apply` für beliebige OpenTofu-Module), benötigen Sie tatsächlich entsprechende »Admin-Rechte«. Das bedeutet, dass Deployment-Server erstens Zugriff auf wichtige sensible Daten bieten, zweitens für jeden Entwickler des Unternehmens zugänglich sind und drittens beliebigen Code ausführen können. Unter Sicherheitsgesichtspunkten ist das eine furchteinflößende Kombination, weshalb Deployment-Server für Hacker ein verlockendes Ziel (*https://oreil.ly/Adqq-*) sind.

Hier einige Maßnahmen, die Sie zum Schutz Ihres Deployment-Servers treffen können:

Verriegeln Sie Ihren Deployment-Server.
: Machen Sie den Server nur über HTTPS zugänglich, verlangen Sie von allen Nutzerinnen und Nutzern eine Authentifizierung, halten Sie alle Aktionen in Logs fest und so weiter. Wenn möglich, sollten Deployment-Server nur innerhalb des Unternehmens zugänglich sein oder über eine VPN-Verbindung (mehr über Netzwerke erfahren Sie in Kapitel 7).

Verriegeln Sie Ihr Versionskontrollsystem.
: Weil Deployment-Server üblicherweise Workflows oder Code aus Ihrem Versionskontrollsystem ausführen, können Angreifer, die bösartigen Code in eines Ihrer Repos einschmuggeln, alle anderen Schutzmechanismen aushebeln. Daher ist der Schutz Ihres VCS besonders wichtig, was in erläutert wird.

Erzwingen Sie einen Genehmigungs-Workflow.
: Konfigurieren Sie die Deployment-Pipeline so, dass jedes Deployment durch mindestens eine weitere Person genehmigt werden muss. Das stellt sicher, dass immer ein zweites Paar Augen bösartigen Code erkennen kann, wenn ein Entwickler-Account kompromittiert wurde.

Schränken Sie die Rechte vor der Genehmigung/dem Merge ein.
: Ein gängiger Workflow besteht darin, `plan` auszuführen, wenn ein PR geöffnet wird, und `apply`, sobald der PR eingepflegt wurde. Bei diesem Workflow müssen Sie sicherstellen, dass der `plan`-Schritt nur über Leserechte verfügt, während der `apply`-Schritt Schreib- und Leserechte besitzt. Haben beide die gleichen Rechte, kann ein bösartiger Akteur einen PR öffnen, der die Schreibrechte sofort für jedwede Änderung nutzen kann, um den normalen Review- und Genehmigungs-Workflow zu umgehen.

Geben Sie dem Deployment-Server keine langlebigen Credentials.
: Wann immer möglich, sollten Sie automatisch gemanagte kurzlebige Credentials (z. B. OIDC) anstelle händisch gepflegter langlebiger Credentials (z. B. Zugriffsschlüssel für Maschinennutzer) verwenden. Gelangt ein bösartiger Akteur in den Besitz eines solchen Schlüssels, kann er ihn nur in einem eingeschränkten Zeitfenster missbrauchen.

Schränken Sie die Rechte jeder Pipeline ein.
: Anstelle einer einzelnen Deployment-Pipeline, die beliebigen Code bereitstellt und daher entsprechende (Admin-)Rechte braucht, sollten Sie mehrere Pipelines für bestimmte Aufgaben anlegen. Sie könnten Pipelines basierend auf ihren Aufgaben aufteilen (z. B. Deployment von Apps, Datenbanken, Netzwerken) oder nach Teams (z. B. Suche, Analyse, Netzwerk). Die Idee ist, jeder Pipeline nur die Rechte zu gewähren, die sie für die Aufgaben benötigt. Das schränkt den Schaden ein, den ein Angreifer mit der Kompromittierung einer einzelnen Pipeline anrichten kann.

Schränken Sie ein, was die Pipeline mit ihren Rechten anstellen kann.
: Neben der Einschränkung der Rechte, die Sie jeder Pipeline gewähren, können Sie auch einschränken, was die Entwicklerinnen und Entwickler mit diesen Rechten machen können. Zum Beispiel könnten Sie verhindern wollen, dass Entwickler beliebigen Code in Pipelines mit mächtigen Rechten ausführen können. Sie können festlegen (mit Tools wie OPA), dass Entwickler nur bestimmte Befehle (wie `tofu apply`) für

Code in bestimmten Repos, Branches und Ordnern ausführen können. Sie sollten auch die Workflow-Definitionen selbst verriegeln, damit nur bestimmte Admins sie ändern können – und auch das nur mit einer PR-Genehmigung von mindestens einem weiteren Admin (GitHubs Push-Regeln (*https://oreil.ly/zCKvd*) zeigen, wie man es so einrichten kann, dass bestimmte Personen nur bestimmte Dateipfade bearbeiten dürfen).

Das Anlegen zuverlässiger Deployment-Pipelines ist viel Arbeit. Das sollte Sie nicht weiter überraschen, da Sie versuchen, die Prozesse, Regeln und die Kultur Ihres Unternehmens in Bash-Skripte und YAML-Workflows festzuhalten. Das ist nicht einfach. Aber es ist es wert. Sehen Sie es so: Ihr Infrastrukturcode und Ihre CI/CD-Pipeline sind im Grunde genommen die API Ihres Unternehmens zur Auslieferung von Software. Wie Sie in gesehen haben, macht die richtige API Ihr Unternehmen um den Faktor 10, 100 oder mehr schneller.

Fazit

In diesem Kapitel haben Sie durch CI/CD große Fortschritte bei der Automatisierung Ihres gesamten SDLC gemacht. Ihre Teams können entsprechend den fünf Kernaussagen dieses Kapitels miteinander arbeiten und kooperieren:

- Stellen Sie sicher, dass alle Entwickler ihre Arbeit regelmäßig einpflegen, üblicherweise täglich oder mehrmals täglich.
- Nutzen Sie selbsttestende Builds nach jedem Commit, um sicherzustellen, dass sich Ihr Code immer in einem funktionierenden und einsatzbereiten Zustand befindet.
- Nutzen Sie Branch by Abstraction und Feature-Toggles, um große Änderungen durchzuführen und Ihre Arbeit dennoch regelmäßig einzupflegen.
- Nutzen Sie Maschinen-Credentials oder automatisch provisionierte Credentials, um sich gegenüber einem CI-Server oder anderen Automatisierungen zu authentifizieren.
- Stellen Sie sicher, dass ein Deployment in die Produktion jederzeit schnell, zuverlässig und nachhaltig möglich ist.

Eine überraschende Erkenntnis realer Systeme ist, dass *Agilität Sicherheit verlangt*. Bei Autos wird die Geschwindigkeit kaum durch den Motor eingeschränkt – viele Autos können über 200 km/h fahren –, unterstützt durch die vorhandenen Sicherheitsmechanismen (Bremsen, Stoßstangen, Sicherheitsgurte). Das Gleiche gilt auch für die Softwarebereitstellung. Wie schnell Sie Software bereitstellen können, hängt üblicherweise nicht davon ab, wie schnell die Entwickler neue Features entwickeln können, sondern wie schnell Sie diese neuen Features den Nutzern zur Verfügung stellen können, ohne Bugs, Ausfälle, Sicherheitslücken und andere Probleme zu verursachen.

Dabei geht es CI/CD hauptsächlich darum, Sicherheitsmechanismen zu etablieren, etwa automatisierte Tests, Code-Reviews und Feature-Toggles, sodass Sie Software schneller veröffentlichen können, *ohne* das Produkt und die Nutzer einem Risiko auszusetzen. Je mehr Sie das Risiko einschränken können, desto sicherer ist es für die Entwickler, neue Features zu veröffentlichen, und desto schneller sind Sie. Das ist der Grund, warum nahezu alle in genannten Unternehmen CI/CD nutzen.

Während Ihr Unternehmen wächst, werden sich neue Flaschenhälse auftun, die ein schnelles Voranschreiten verhindern. Einige dieser Flaschenhälse werden durch Kräfte außerhalb Ihres Unternehmens bestimmt: mehr Nutzer, mehr Last, höhere Anforderungen. Einige liegen innerhalb des Unternehmens: mehr Produkte, mehr Teams, mehr Entwickler. Um diese neuen Anforderungen bewältigen zu können, müssen Sie lernen, wie man mit mehreren Umgebungen und Teams arbeitet. Darauf wollen wir uns in Kapitel 6 konzentrieren.

KAPITEL 6

Wie man mit mehreren Teams und Umgebungen arbeitet

In Kapitel 5 haben Sie gelernt, wie die Einrichtung von CI/CD-Entwicklern eine effiziente und sichere Zusammenarbeit ermöglicht. Damit haben Sie es weit gebracht, doch wenn Ihr Unternehmen wächst, werden Sie auf Probleme stoßen, die CI/CD allein nicht lösen kann. Einige dieser Probleme entstehen durch Druck von außen: mehr Nutzer, mehr Traffic, mehr Daten und mehr lokale Gesetze und Verordnungen. Andere Probleme entstehen durch Druck von innen: mehr Entwickler, mehr Teams, mehr Produkte. All das macht es schwerer, zu programmieren, zu testen und bereitzustellen, ohne auf viele Bugs, Ausfälle und Flaschenhälse zu stoßen.

All das sind *Skalierungsprobleme*, und die sind größtenteils gut, weil sie zeigen, dass Ihr Unternehmen erfolgreich ist. Doch um den Philosophen The Notorious B.I.G. zu zitieren: Mehr Geld bedeutet auch mehr Probleme. Unternehmen lösen solche Probleme üblicherweise durch *Teilen und Herrschen*. Sie teilen die Dinge in mehrere kleine Teile auf, sodass jedes einzelne Teil einfacher zu verwalten ist. Typischerweise verfolgen sie dabei die folgenden Ansätze:

Aufteilen der Deployments
: Sie teilen die Software in mehrere isolierte Umgebungen auf.

Aufteilen der Codebasis
: Sie teilen Ihre Codebasis in mehrere Bibliotheken und/oder Dienste auf.

In diesem Kapitel lernen Sie die Vor- und Nachteile dieser Ansätze kennen und wie man sie implementiert. Wir werden verschiedene Beispiele durchgehen, darunter die Einrichtung mehrerer AWS-Accounts und den Betrieb von Microservices mit Kubernetes. Wir wollen mit dem Ansatz beginnen, den Sie in nahezu jedem Unternehmen finden werden: dem Aufteilen der Deployments.

Aufteilen der Deployments

Im Verlauf dieses Buchs haben Sie nahezu alles – Server, Kubernetes-Cluster, Serverless-Funktionen und so weiter – in einem einzigen AWS-Account bereitgestellt. Das ist zum Lernen und Testen in Ordnung, doch im richtigen Leben ist es üblich, mehrere Deployment-*Umgebungen* zu nutzen, jede mit einer eigenen, isolierten Infrastruktur. In diesem Abschnitt werden Sie lernen, warum man sich das Deployment über mehrere Umgebungen wünscht und wie man mehrere Deployment-Umgebungen einrichtet. Sie werden einige der Herausforderungen bei mehreren Umgebungen kennenlernen und abschließend mehrere Umgebungen in AWS einrichten.

Warum ein Deployment über mehrere Umgebungen?

Die gängigsten Gründe für ein Deployment über mehrere Umgebungen sind:

- Tests isolieren.
- Produkte und Teams isolieren.
- Latenz reduzieren.
- Lokale Gesetze und Vorschriften einhalten.
- Resilienz erhöhen.

Sehen wir uns die einzelnen Gründe genauer an.

Tests isolieren

Sie benötigen üblicherweise eine Möglichkeit, Änderungen an der Software zu testen, bevor die Änderungen den Nutzern zur Verfügung gestellt werden sowie in einer Form, die mögliche Schäden so gering wie möglich hält. Das heißt, wenn etwas während des Testens schiefgeht, wird der Schaden eingedämmt und trifft nicht die Nutzerinnen und Nutzer.

Als Sie Ihre App auf einem Server bereitstellten (in Kapitel 1), hatten Sie in gewisser Weise schon zwei Umgebungen: Ihre *lokale Entwicklungsumgebung* (*Local Development Environment*, LDE), also Ihren eigenen Computer, und die *Produktion*, also den Server. In der Regel sind die Unterschiede zwischen LDE und Produktion so groß, dass das Testen auf der LDE allein nicht ausreicht. Was Sie brauchen, sind eine oder mehrere Umgebungen, die die Produktion so genau wie möglich nachbilden, aber vollständig isoliert sind. Ein typisches Setup, das Sie in vielen Unternehmen sehen werden, verwendet die drei folgenden Umgebungen:

Produktion
: Die den Nutzern bereitgestellte Umgebung.

Staging
: Diese Umgebung ist mehr oder weniger mit der Produktion identisch, üblicherweise aber etwas kleiner, um Kosten zu sparen. Staging und Produktion haben die gleiche Architektur, doch Staging nutzt weniger und kleinere Server. Die Staging-Umgebung steht nur den Mitarbeitenden des Unternehmens (und manchmal einer Handvoll vertrauenswürdiger Partner oder Kunden) zur Verfügung. Neue Versionen der Software können so getestet werden, bevor sie in der Produktion bereitgestellt werden. Sie geben der Software quasi eine Bühne (engl. *Stage*), auf der sie zeigt, was sie kann, bevor sie in der Produktion bereitgestellt wird.

Entwicklung
: Die Entwicklungsumgebung (engl. *Development*, kurz *dev*) ist ebenfalls eine verkleinerte Kopie der Produktion und steht nur dem Entwicklerteam zur Verfügung. Das Team nutzt es zum Testen von Änderungen während des Entwicklungsprozesses, be-

vor diese Änderungen an das Staging übergeben werden. Deployments in dev erfolgen häufig. Beispielsweise könnte jeder eingepflegte PR automatisch in dev bereitgestellt werden.

Dieses Trio aus Entwicklung, Staging und Produktion (das häufig mit *dev*, *stage* und *prod* abgekürzt wird) ist in den meisten Unternehmen zu finden, wenn auch mit etwas anderen Namen. Stage wird manchmal *QA* genannt, vom englischen Quality Assurance, also Qualitätssicherung. Hier führt das QA-Team seine Tests durch oder *UATs* (*User Acceptance Testing*, also Nutzerakzeptanztests), bei denen Nutzer und Stakeholder die Anwendung darauf prüfen, ob ihre Erwartungen erfüllt werden.

Produkte und Teams isolieren

Größere Unternehmen haben häufig mehrere Produkte und mehrere Produktteams. Ab einer gewissen Größe kann es zu Problemen kommen, wenn alle in der gleichen Umgebung oder dem gleichen Satz von Umgebungen arbeiten, da unterschiedliche Produkte unterschiedliche Anforderungen an Sicherheit, Compliance, Uptime und die Häufigkeit von Deployments stellen. Daher ist es in größeren Unternehmen üblich, jedem Team oder Produkt einen eigenen isolierten Satz von Umgebungen zur Verfügung zu stellen.

Zum Beispiel könnte das Suchteam seine Software in den Umgebungen *search-dev*, *search-stage* und *search-prod* bereitstellen, während das Profile-Team *profile-dev*, *profile-stage* und *profile-prod* nutzt. Das stellt sicher, dass jedes Team seine Umgebungen nach seinen eigenen Bedürfnissen einrichten kann, dass bei Problemen Schäden bei einem Team oder Produkt gering bleiben und dass die Teams meist unabhängig voneinander arbeiten können.

Kernaussage 1

Das Aufteilen Ihrer Deployments in mehrere Umgebungen erlaubt Ihnen, Tests von der Produktion zu trennen und Teams voneinander zu isolieren.

Latenz reduzieren

Sind Ihre Nutzer über verschiedene Orte auf der ganzen Welt verteilt, könnten Sie Ihre Software in Rechenzentren betreiben wollen, die geografisch näher an den Nutzern liegen. Einer der Hauptgründe dafür ist die *Latenz*, also die Zeit, die es braucht, um Daten zwischen dem Rechenzentrum und dem Gerät des Nutzers zu übertragen. Die übertragene Information bewegt sich nahezu mit Lichtgeschwindigkeit, doch wenn Ihre Software über den ganzen Globus verteilt genutzt wird, ist Lichtgeschwindigkeit vielleicht zu langsam! Tabelle 6.1 zeigt die Latenz gängiger Computeroperationen.

Tabelle 6.1: Typische Latenzen gängiger Computeroperationen[a]

Operation	Zeit in ns
Zufälliges Lesen aus dem CPU-Cache (L1)	1
Zufälliges Lesen aus dem Hauptspeicher (DRAM)	100
1 KB mit Zippy komprimieren	2.000

Tabelle 6.1: Typische Latenzen gängiger Computeroperationen[a] (Forts.)

Operation	Zeit in ns
1 MB sequenziell aus dem DRAM lesen	3.000
Zufälliges Lesen von einer Solid State Disk (SSD)	16.000
1 MB sequenziell von SSD lesen	49.000
Round-Trip eines TCP-Pakets innerhalb des Rechenzentrums	500.000
Zufälliges Lesen von einer rotierenden Festplatte	2.000.000
1 MB sequenziell von einer rotierenden Festplatte lesen	5.000.000
Round-Trip eines TCP-Pakets zwischen Kalifornien und New York	40.000.000
Round-Trip eines TCP-Pakets zwischen Kalifornien und Australien	183.000.000

[a] Diese Daten wurden ursprünglich von Peter Norvig (*https://oreil.ly/oWWyD*) zusammengestellt und von Jeff Dean (*https://oreil.ly/7m0KH*) bekannt gemacht. Die Werte dieser Tabelle basieren auf Daten von Colin Scott (*https://oreil.ly/nFk6q*) und *Systems Performance: Enterprise and the Cloud* (Pearson Education) von Brendan Gregg.

Diese Werte eignen sich gut für Überschlagsrechnungen. Zum Beispiel zeigt eine einfache Überschlagsrechnung, dass die Nutzung mehrerer über den Globus verteilter Rechenzentren die Latenz Ihrer Nutzer um etwa 100.000.000 ns (100 ms) reduziert. Das mag nicht nach viel klingen, doch denken Sie daran, dass das nur der Overhead für ein einzelnes TCP-Paket mit einer typischen Größe von etwa einem KB ist. Die meisten Apps senden heutzutage Hunderte oder Tausende Kilobytes an Daten, sodass sich die Latenz zu vielen Sekunden zusätzlichen Overheads für jede geladene Seite und jeden Klick auf einen Button aufsummiert.

Daher stellen Unternehmen mit globaler Reichweite ihre Software über weltweit verteilte Rechenzentren bereit. Zum Beispiel könnte eine Produktionsumgebung in Irland (`prod-ie`) stehen, um die Latenzen für Nutzer in der Europäischen Union gering zu halten, und eine andere Produktionsumgebung in den Vereinigten Staaten (`prod-us`), damit auch nordamerikanische Nutzer von geringeren Latenzen profitieren.

Lokale Gesetze und Vorschriften einhalten

Wenn Sie in bestimmten Ländern, für bestimmte Industrien oder für bestimmte Kunden arbeiten, können Sie Gesetzen und Vorschriften unterliegen, die den Aufbau der Umgebungen nach bestimmten Regeln verlangen. Wenn Sie zum Beispiel Kreditkarteninformationen speichern und verarbeiten, müssen Sie den PCI DSS (*https://oreil.ly/MJr-w*) einhalten. Sollten Sie in den USA Gesundheitsdaten verarbeiten, unterliegen Sie dem HIPAA (*https://oreil.ly/cu-W2*) (*Health Insurance Portability and Accountability Act*) und HITRUST (*https://hitrustalliance.net*). Entwickeln Sie Software für die US-Regierung, unterliegen Sie dem *Federal Risk and Authorization Management Program* (FedRAMP (*https://fedramp.gov*)), während die Entwicklung von Software in bestimmten Ländern *Datenspeicherungsgesetzen* unterliegen, etwa den Datenschutzregeln der EU (*Global Data Protection Regulation*, GDPR (*https://gdpr-info.eu*)). Diese Regeln verlangen, dass Unternehmen, die in

EU-Ländern operieren oder Kunden aus der EU betreuen, Daten auf Servern speichern und verarbeiten müssen, die in diesen Ländern betrieben werden.

Ein gängiges Muster besteht darin, dedizierte Umgebungen aufzubauen, die den rechtlichen Vorgaben und Vorschriften entsprechen. Unterliegen Sie zum Beispiel dem PCI DSS, können Sie eine prod-Umgebung schaffen, die diese Anforderungen erfüllt und nur der Zahlungsverarbeitung dient. Andere prod-Umgebungen können weniger abgeriegelt sein und andere Software ausführen. Auf diese Weise reduzieren Sie den administrativen Aufwand, den Sie für die Einhaltung der höheren Anforderungen betreiben müssen, und sparen damit Zeit und Geld.

Resilienz erhöhen

In Kapitel 3 haben Sie gesehen, wie sich ein einzelner Server zu einem Single Point of Failure auswachsen kann. Die Lösung bestand darin, mehrere Server bereitzustellen. Stehen Ihre Server aber in einem einzigen Rechenzentrum (einer einzelnen Umgebung), kann auch das Rechenzentrum zu einem Single Point of Failure werden. Stromausfälle, Probleme mit der Kühlung, Probleme mit der Netzwerkanbindung und eine Vielzahl weiterer Probleme können das gesamte Rechenzentrum und damit alle dort stehenden Server lahmlegen. Benötigen Unternehmen einen höheren Grad an Resilienz, nutzen sie mehrere Rechenzentren, die sich über die ganze Welt verteilen (z. B. `prod-ie` und `prod-us` aus dem vorherigen Abschnitt).

Da Sie nun einige Gründe kennen, warum man Deployments auf mehrere Umgebungen verteilt, wollen wir uns ansehen, wie man das macht.

Mehrere Umgebungen einrichten

Sie können »Umgebung« auf unterschiedliche Weise definieren:

Logische Umgebungen
: Logische Umgebungen werden nur über die Software definiert (durch Namensgebung und Zugriffsrechte), während die zugrunde liegende Hardware (Server, Netzwerke, Rechenzentren) unverändert bleibt. Sie können beispielsweise mit *Namensräumen* (*Namespaces*) mehrere logische Umgebungen innerhalb eines einzelnen Kubernetes-Clusters definieren. Da wir in Kapitel 3 keinen Namensraum definiert haben, wurde in Kubernetes alles unter `default` bereitgestellt, aber man kann auch eigene Namensräume definieren. Zum Beispiel können Sie einen dev-Namensraum definieren, indem Sie `kubectl create namespace dev` ausführen. Das Deployment in diesen Namensraum erfolgt dann mittels `kubectl apply --namespace dev`.

Separate Server
: Eine Stufe über logischen Umgebungen ist die Einrichtung der Umgebungen auf separaten Servern. Zum Beispiel könnten Sie anstelle eines einzelnen Kubernetes-Clusters ein Cluster für dev, eins für stage und so weiter bereitstellen.

Separate Netzwerke
: In einer Stufe über separaten Servern packen Sie die Server für jede Umgebung in ein separates, isoliertes Netzwerk (z. B. eins für dev, eins für stage und so weiter). Ein Beispiel für die Einrichtung separater Netzwerke finden Sie in Kapitel 7.

Separate Accounts
: Bei Deployments in der Cloud erlauben viele Cloud-Anbieter das Anlegen mehrerer *Accounts*. Beachten Sie, dass die verschiedenen Cloud-Anbieter hier unterschiedliche Terminologien nutzen, etwa *Projekte* (*Projects*) bei Google Cloud und *Abonnements* (*Subscriptions*) in Azure. Ich verwende in diesem Buch durchgehend den Begriff *Account*. Standardmäßig sind Accounts vollständig voneinander isoliert, einschließlich der Server, der Netzwerke und der von Ihnen vergebenen Zugriffsrechte. Ein gängiger Ansatz ist daher, eine Umgebung pro Account zu definieren (z. B. ein Account für dev, ein Account für stage und so weiter).

Separate Rechenzentren in der gleichen geografischen Region
: Die nächste Stufe sind verschiedene Umgebungen in unterschiedlichen Rechenzentren innerhalb der gleichen geografischen Region (z. B. Rechenzentren an der amerikanischen Ostküste).

Separate Rechenzentren in verschiedenen geografischen Regionen
: Die letzte Stufe sind unterschiedliche Umgebungen in unterschiedlichen Rechenzentren in unterschiedlichen geografischen Regionen (z. B. ein Rechenzentrum an der amerikanischen Ostküste, eines an der amerikanischen Westküste, eines in Europa und so weiter).

Alle diese Ansätze haben ihre Vor- und Nachteile. Ein Aspekt ist die Frage, wie isoliert die Umgebungen voneinander sind. Kann sich beispielsweise ein Bug in dev irgendwie auf prod auswirken? Ein anderer Aspekt ist die Resilienz. Wie gut kann der Ansatz zum Beispiel damit umgehen, wenn ein Server, ein Netzwerk oder gar ein ganzes Rechenzentrum ausfällt? Die obige Liste ist von der niedrigsten zur höchsten Isolation und Resilienz sortiert. Logische Umgebungen bieten die geringste Isolation und Resilienz, während getrennte Rechenzentren in unterschiedlichen Regionen die höchste bieten. Separate Rechenzentren in mehreren Regionen sind außerdem die einzige Möglichkeit, die Latenz für die Nutzer zu verringen, und erlauben Ihnen, die lokalen Gesetze und Vorschriften einzuhalten.

Die Kehrseite der Medaille ist der operative Mehraufwand: Wie viele zusätzliche Server, Netzwerke, Accounts und Rechenzentren müssen Sie einrichten, pflegen und bezahlen? Die obige Liste ist auch vom niedrigsten zum höchsten Overhead sortiert. Bei logischen Umgebungen ist der Mehraufwand am geringsten, während mehrere Rechenzentren in mehreren Regionen viel Zeit und Geld kosten. Separate Rechenzentren in mehreren Regionen verlangen möglicherweise auch eine Überarbeitung der Architektur. Diesem Thema widmen wir uns im nächsten Abschnitt.

Herausforderungen bei mehreren Umgebungen

Mehrere Umgebungen zu besitzen, hat seine Vorteile, bringt aber auch neue Herausforderungen mit sich:

- erhöhter operativer Aufwand
- erhöhte Komplexität bei der Datenspeicherung
- erhöhte Komplexität bei der Konfiguration der Anwendung

Sehen wir die einzelnen Punkte mal genauer an.

Erhöhter operativer Aufwand

Die wohl offensichtlichste Herausforderung bei mehreren Umgebungen besteht darin, dass es jetzt mehr bewegliche Komponenten gibt, die eingerichtet und gepflegt werden müssen. Sie müssen mehr Server betreiben, mehr Rechenzentren einrichten und auf der ganzen Welt neue Leute einstellen. Die Nutzung der Cloud erlaubt es Ihnen, einen Großteil dieses Mehraufwands auf den Cloud-Anbieter abzuwälzen, doch die Verwaltung mehrerer Cloud-Accounts führt dennoch zu mehr Overhead, da jeder Account mit Authentifizierung, Autorisierung, Netzwerk und Sicherheitstools konfiguriert werden will. Doch auch das ist ein Klacks im Vergleich zu dem Mehraufwand, den Sie betreiben müssen, damit Ihre gesamte Architektur über geografisch getrennte Umgebungen hinweg funktioniert.

Erhöhte Komplexität bei der Datenspeicherung

Der über die ganze Welt verteilte Betrieb von Rechenzentren in der Nähe Ihrer Kunden reduziert die Latenz zwischen Rechenzentren und Nutzern, kann aber auch die Latenz zwischen den verschiedenen Teilen Ihrer Software erhöhen, die in unterschiedlichen Rechenzentren laufen. Das kann Sie dazu zwingen, Ihre Architektur zu überdenken, insbesondere wenn es um die Datenspeicherung geht.

Nehmen wir zum Beispiel eine Webanwendung, die eine Datenbank abfragen muss. Liegt die Datenbank im gleichen Rechenzentrum wie die App, dann liegt der Netzwerk-Overhead für die Abfrage laut Tabelle 6.1 bei etwa 500.000 ns (0,5 ms) pro Paket-Round-Trip, was für die meisten Webanwendungen vernachlässigbar ist. Sind aber mehrere Rechenzentren über die ganze Welt verteilt und liegt die abgefragte Datenbank auf einem anderen Kontinent, liegt der Round-Trip pro Paket bei nunmehr 183.000,000 ns (183 ms). Jedes gesendete Paket braucht also 366-mal länger. Selbst eine einzige Datenbankabfrage braucht üblicherweise mehrere Pakete, sodass sich dieser zusätzliche Overhead schnell aufsummiert und die Anwendung so langsam wird, dass mit ihr nicht mehr vernünftig gearbeitet werden kann.

Kein Problem, werden Sie sagen. Man muss nur sicherstellen, dass die Datenbank immer im gleichen Rechenzentrum liegt wie die Webanwendung. Doch nun benötigen Sie mehrere Datenbanken und müssen möglicherweise die Art und Weise überdenken, wie Daten gespeichert und abgerufen werden, aber auch, wie primäre Schlüssel generiert werden (automatisch inkrementierte primäre Schlüssel funktionieren bei mehreren Datenspeichern nicht), wie die Konsistenz der Daten gewährleistet werden kann (Einschränkungen bei Einmaligkeit, Fremdschlüsseln und Transaktionen sind bei mehreren Datenbanken schwer zu handhaben),wie man Daten abruft (Queries und Joins sind bei mehreren Datenbanken kompliziert) und so weiter (mehr zu diesen Themen erfahren Sie in Kapitel 9).

Einige Unternehmen vermeiden diese Herausforderungen, indem sie nur im *Aktiv/Stand-by*-Modus laufen: Ein Rechenzentrum ist *aktiv* und verarbeitet den aktuellen Datenverkehr, während der andere im *Stand-by*-Modus ist und erst aktiv wird, wenn das aktive Rechenzentrum nicht mehr erreichbar ist. Auf diese Weise werden immer nur an einem Ort Daten gelesen und geschrieben. Das erhöht die Resilienz, hilft aber weder bei der Latenz noch bei der Einhaltung lokaler Gesetze und Vorschriften. Müssen mehrere Rechenzentren gleichzeitig live sein (*Aktiv/Aktiv*), müssen Sie sehr wahrscheinlich die Datenspeicherungsmuster überarbeiten, damit diese über mehrere geografische Standorte hinweg funktionieren.

Kernaussage 2

Das Aufteilen Ihrer Deployments auf mehrere Regionen reduziert die Latenz, erhöht die Resilienz und erfüllt lokale Gesetze und Vorschriften, doch Sie müssen möglicherweise die gesamte Architektur überarbeiten.

Erhöhte Komplexität bei der Konfiguration der Anwendung

Bei mehreren Umgebungen müssen Sie jede App möglicherweise für jede Umgebung anders konfigurieren. Die Einstellungen können sich in den Umgebungen unterscheiden, etwa in den Performanceeinstellungen (CPU, Speicher, Festplatten, Garbage Collection), den Sicherheitseinstellungen (Datenbankpasswörter, API-Schlüssel, TLS-Zertifikate), den Netzwerkeinstellungen (IP-Adressen, Ports, Domainnamen), den Diensterkennungseinstellungen (IP-Adressen, Ports und Domainnamen der benötigten Dienste) und den Features (zu (de)aktivierende Features).

In der frühen Phase eines Unternehmens mit einer kleinen Anzahl von Apps und Umgebungen ist die Verwaltung dieser Konfigurationen noch recht einfach. Wenn das Unternehmen wächst und Apps, Umgebungen und Komplexität anwachsen, kann die Zahl der Konfigurationseinstellungen explodieren. Bei großen Unternehmen ist die Verwaltung Tausender Einstellungen nicht ungewöhnlich, was eine echte Herausforderung sein kann. Tatsächlich sind bei Google Konfigurationsänderungen die Hauptursache für Ausfälle (siehe Tabelle 6.2).

Tabelle 6.2: Ursachen für Ausfälle bei Google 2010–2017[a]

Ursache	Ausfälle in Prozent
Binärer Push	37 %
Konfigurations-Push	31 %
Verhaltensänderung des Nutzers	9 %
Verarbeitungspipeline	6 %
Änderung des Service-Providers	5 %
Performanceabfall	5%
Kapazitätsmanagement	5 %
Hardware	2 %

[a] *Site Reliability Engineering: How Google Runs Production Systems* (*https://learning.oreilly.com/library/view/site-reliability-engineering/9781491929117/*), herausgegeben von Betsy Beyer et al. (O'Reilly).

Google hat herausgefunden, dass Konfigurationsänderungen genauso riskant sind wie Codeänderungen (Pushen neuer Binaries), und je länger ein System läuft, desto mehr sind Konfigurationsänderungen für Ausfälle verantwortlich.

Kernaussage 3

Konfigurationsänderungen sind ebenso wahrscheinlich die Ursache für einen Ausfall wie Codeänderungen.

Wie sollte man die Konfiguration der Anwendung also handhaben, um diese Probleme zu minimieren? Einfach gesagt, gibt es zwei Methoden für die Konfiguration von Anwendungen:

Beim Build: Einpflegen der Konfigurationsdateien in das Versionskontrollsystem
: Der übliche Weg, die Konfiguration zu handhaben, besteht darin, die *Konfigurationsdateien* mit dem gesamten anderen Code der App in die Versionskontrolle einzupflegen. Diese Dateien können in der gleichen Sprache geschrieben sein wie die App selbst. Zum Beispiel nutzt Ruby on Rails in Ruby definierte Konfigurationsdateien. Da Konfigurationsdateien aber häufig von in verschiedenen Sprachen geschriebener Software genutzt werden, ist es üblich, sprachunabhängige Formate wie JSON oder YAML zu nutzen oder sogar speziell für die Konfiguration entworfene Sprachen wie Cue oder Jsonnet (vollständige Liste (*https://oreil.ly/O3WLt*)).

Zur Laufzeit: aus einem Datenspeicher ausgelesene Konfigurationsdaten
: Eine weitere Möglichkeit, Ihre App zu konfigurieren, besteht darin, dass die App zur Laufzeit Daten aus einem Datenspeicher liest. Eine Option ist die Nutzung von Allzweckdatenspeichern wie MySQL, PostgreSQL oder Redis. Die gängigere Variante ist allerdings ein speziell für Konfigurationsdaten entwickelter Datenspeicher, genauer gesagt ein Datenspeicher, der Ihre App darüber informiert, wenn sich Konfigurationswerte ändern. Zum Beispiel können Sie bei Datenspeichern wie Consul oder etcd (vollständige Liste (*https://oreil.ly/2TSKc*)) Änderungen *abonnieren*, sodass die Anwendung die neuesten Daten erhält, sobald sich die Konfiguration ändert.

Ich empfehle, so oft es geht auf die Konfiguration während des Builds zu setzen. Auf diese Weise können Sie sie wie den Rest des Codes behandeln. Sie können sicher sein, dass jede Konfigurationsänderung in der Versionskontrolle landet, dass der Code geprüft wird und die gesamte CI/CD-Pipeline durchläuft (einschließlich aller automatisierten Tests). Ich empfehle die Laufzeitkonfiguration nur dann, wenn sich die Konfiguration häufig ändert (z.B. bei der Diensterkennung und den Feature-Toggles) und das Deployment neuen Codes für die neuesten Konfigurationswerte zu langsam ist.

Sie kennen nun die Gründe, warum mehrere Umgebungen genutzt werden, welche Optionen Sie bei der Einrichtung mehrerer Umgebungen haben und vor welchen Herausforderungen Sie bei mehreren Plattformen stehen. Nun wollen wir beispielhaft mehrere AWS-Accounts einrichten.

Beispiel: Mehrere AWS-Accounts einrichten

Wenn Sie mit AWS beginnen, legen Sie einen einzelnen Account an und stellen unter diesem alles bereit. Das funktioniert bis zu einem gewissen Punkt gut, doch wenn Ihr Unternehmen wächst, werden Sie aus den oben genannten Gründen mehrere Accounts einrichten wollen: isolierte Tests, Trennung von Produkten und Teams, verbesserte Resilienz und

Latenz und so weiter. Zwar lassen sich einige dieser Forderungen auch mit einem einzelnen AWS-Account erfüllen (z. B. können Sie einfach mehrere Verfügbarkeitszonen und Regionen mit einem einzelnen AWS-Account nutzen, um eine bessere Latenz und Resilienz zu erzielen), doch bei einigen anderen Anforderungen wird das schwierig.

Insbesondere die Trennung von Tests, Produkten und Teams ist mit nur einem Account schwierig. Das liegt daran, dass nahezu alles bei AWS-Accounts per API-Aufruf geregelt wird. Außerdem kennen AWS-Accounts, oder genauer gesagt IAMs, das Konzept einer Umgebung *nicht*, d.h., die API-Aufrufe wirken sich auf alle Elemente innerhalb des Accounts aus. Wenn Sie einem Team zum Beispiel das Recht geben, EC2-Instanzen zu verwalten, kann das Team versehentlich die EC2-Instanzen anderer Teams ändern. Oder vielleicht können Ihre automatisierten Tests EC2-Instanzen starten und beenden, und aufgrund eines Fehlers im Testcode fahren Sie versehentlich die EC2-Instanzen der Produktion herunter.

Verstehen Sie mich nicht falsch: IAMs sind mächtig, und die Verwendung verschiedener IAM-Features wie Tags, Bedingungen, Permission-Boundaries und *Service Control Policies* (SCPs) ermöglichen die Entwicklung einer eigenen Idee von Umgebungen, die selbst bei nur einem Account eine Trennung erlauben. Doch eben weil IAMs so mächtig sind, ist es schwierig, alles richtig zu machen (einen kleinen Vorgeschmack auf die Komplexität von IAM bietet die AWS-Dokumentation zur IAM Policy Evaluation Logic (*https://oreil.ly/rx6PJ*)). Viele Teams haben IAM-Rechte falsch verstanden – insbesondere die IAM-Rechte zur Verwaltung von IAM-Rechten –, was zu katastrophalen Ergebnissen geführt hat.

Zwar können Sie IAM nicht völlig vermeiden, doch für den gängigen Fall separater Umgebungen gibt es eine einfachere Alternative: separate AWS-Accounts. Standardmäßig gelten die in einem AWS-Account vergebenen Rechte nicht in anderen Accounts. Mit anderen Worten: Die Nutzung mehrerer AWS-Accounts bietet Ihnen *standardmäßig* die Trennung zwischen den Umgebungen, sodass die Wahrscheinlichkeit für Fehler sinkt.

Daher empfiehlt AWS selbst eine Multi-Account-Strategie (*https://oreil.ly/VGd6Q*). Bei dieser Strategie nutzen Sie *AWS-Organisationen*, um Ihre AWS-Accounts anzulegen und zu verwalten. Einer dieser Accounts ist dabei der Stamm der Organisation. Dieser sogenannte *Management-Account* bildet den Ausgangspunkt für alle *Child-Accounts* (z. B. dev, stage, prod) (siehe Abbildung 6.1).

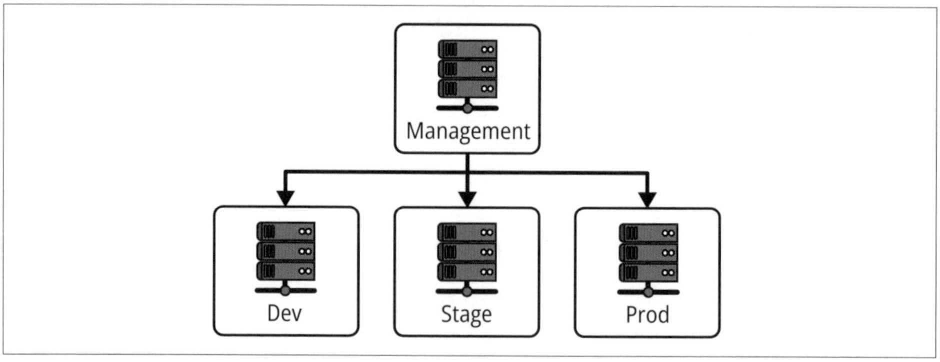

Abbildung 6.1: AWS-Multi-Account-Struktur

Ein Vorteil dieses Ansatzes ist die zentrale Verwaltung, da Sie auf alle Child-Accounts über den Management-Account zugreifen und diese verwalten können. Ein weiterer Vorteil ist die zentrale Rechnungsstellung, d.h., alle Kosten für die Child-Accounts laufen im Management-Account auf. Lassen Sie uns das ausprobieren und einige Child-Accounts anlegen.

Child-Accounts anlegen

Ihren ersten AWS-Account haben Sie wahrscheinlich angelegt, indem Sie sich über die AWS-Website angemeldet haben. Um weitere AWS-Accounts anzulegen, müssen Sie sich nicht immer wieder über die AWS-Website anmelden. Stattdessen nutzen Sie den ersten AWS-Account als Management-Account und verwenden AWS-Organisationen, um die anderen Accounts als Child-Accounts anzulegen.

Da der Management-Account üblicherweise sehr weitreichende Zugriffsrechte besitzt, nutzen Sie ihn *nur* zum Anlegen und Verwalten anderer AWS-Accounts, d.h., es werden keine anderen Aufgaben damit erledigt. Daher fahren Sie in Ihrem AWS-Account im ersten Schritt alles herunter, was Sie in den früheren Kapiteln bereitgestellt haben: Führen Sie `tofu destroy` für alle bisher bereitgestellten OpenTofu-Module aus und nutzen Sie die AWS-Konsole, um händisch alles herunterzufahren, was Sie per Ansible, Bash etc. bereitgestellt haben (siehe auch AWS Resource Explorer (*https://oreil.ly/bigKC*) und CloudNuke (*https://oreil.ly/IVncN*)). Wenn Sie damit durch sind, haben Sie prinzipiell einen leeren AWS-Account.

Beispielcode

Denken Sie daran, dass Sie alle Codebeispiele im GitHub-Repo (*https://github.com/brikis98/devops-book*) zu diesem Buch finden.

Nun können Sie das `aws-organizations`-Modul nutzen, das im Code-Repo zu diesem Buch im Ordner *ch6/tofu/modules/aws-organizations* liegt, um drei Child-Accounts (development, staging und production) über AWS-Organisationen anzulegen. Wechseln Sie in den Ordner, in dem Sie am Beispielcode zu diesem Buch arbeiten, und nutzen Sie den `main`-Branch mit dem neuesten Code:

```
$ cd fundamentals-of-devops
$ git switch main
$ git pull origin main
```

Legen Sie einen neuen Ordner namens *ch6* für die Codebeispiele dieses Kapitels an und innerhalb des *ch6*-Ordners noch den Ordner *tofu/live/child-accounts*:

```
$ mkdir -p ch6/tofu/live/child-accounts
$ cd ch6/tofu/live/child-accounts
```

Innerhalb dieses Ordners legen Sie die Datei *main.tf* mit dem Inhalt aus Beispiel 6.1 an.

Beispiel 6.1: Child-Accounts anlegen (ch6/tofu/live/child-accounts/main.tf)

```
provider "aws" {
  region = "us-east-2"
}
```

```
module "child_accounts" {
  source  = "brikis98/devops/book//modules/aws-organizations"
  version = "1.0.0"

  create_organization = true                    ❶

  # TODO: fill in your own account emails!
  accounts = {                                  ❷
    development = "username+dev@email.com"
    staging     = "username+stage@email.com"
    production  = "username+prod@email.com"
  }
}
```

Der obige Code nutzt das `aws-organizations`-Modul wie folgt:

❶ Bevor Sie AWS-Organisationen nutzen können, müssen Sie sie in Ihrem AWS-Account aktivieren. Sind sie bereits aktiviert, setzen Sie `create_organization` auf `false`. Andernfalls setzen Sie den Wert auf `true`, und das `aws-organizations`-Modul übernimmt das für Sie.

❷ Konfigurieren Sie die E-Mail-Adressen für die Root-Nutzer von dev, stage und prod. Jeder AWS-Account ist mit einem *Root-Nutzer* verknüpft, der uneingeschränkten Zugriff auf den Account hat. Tragen Sie hier Ihre eigenen E-Mail-Adressen ein und beachten Sie, dass die E-Mail-Adressen unterschiedlich sein müssen, da AWS eine global eindeutige E-Mail-Adresse für den Root-Nutzer jedes AWS-Accounts verlangt.

> **Mehrere E-Mail-Aliasse per Subaddressing anlegen**
>
> Einige E-Mail-Anbieter wie Gmail unterstützen das sogenannte *Subaddressing* (RFC 5233 (*https://oreil.ly/wQsAd*), auch Plus-Adressierung), d.h., sie ignorieren jeglichen Text, der in einer E-Mail-Adresse auf ein Pluszeichen folgt. Auf diese Weise können Sie mehrere Aliasse für eine einzelne E-Mail-Adresse anlegen. Lautet Ihre E-Mail-Adresse zum Beispiel *benutzername@gmail.com*, können Sie *benutzername+dev@gmail.com*, *benutzername+stage@gmail.com* und *benutzername+prod@gmail.com* als drei getrennte, eindeutige E-Mail-Adressen für AWS verwenden, während alle E-Mails an den gleichen zugrunde liegenden Gmail-Account gehen.

Als Nächstes legen Sie eine *outputs.tf*-Datei mit den Ausgabevariablen aus Beispiel 6.2 an.

Beispiel 6.2: Ausgabevariablen (ch6/tofu/live/child-accounts/outputs.tf)

```
output "accounts" {
  description = "A map of accounts: {account_name = {id, iam_role_arn}}."
  value       = module.child_accounts.accounts
}
```

Der obige Code fügt eine Ausgabevariable namens `accounts` hinzu, die (wie Sie gleich noch sehen werden) Daten zu den neu angelegten AWS-Accounts enthält. Stellen Sie das `child-accounts`-Modul wie üblich bereit, indem Sie sich bei AWS authentifizieren und `init` und `apply` ausführen:

```
$ tofu init
$ tofu apply
```

Nachdem `apply` durchgelaufen ist, sehen Sie die Ausgabevariable `accounts`, die eine `id` und eine `iam_role_arn` für jeden Child-Account enthält:

```
Outputs:

accounts = {
  development = {
    iam_role_arn = "arn:aws:iam::222222222222:role/
      OrganizationAccountAccessRole"
    id = "222222222222"
  }
  production = {
    iam_role_arn = "arn:aws:iam::444444444444:role/
      OrganizationAccountAccessRole"
    id = "444444444444"
  }
  staging = {
    iam_role_arn = "arn:aws:iam::333333333333:role/
      OrganizationAccountAccessRole"
    id = "333333333333"
  }
}
```

Die `id` ist die ID des Child-Accounts. Die `iam_role_arn` ist die ARN einer IAM-Rolle mit Admin-Rechten, die AWS Organizations automatisch für jeden Child-Account anlegt. Wie Sie im nächsten Abschnitt sehen werden, ist diese IAM-Rolle eine Möglichkeit, auf den neuen Child-Account zuzugreifen. Glückwunsch. Sie haben gerade neue AWS-Accounts per Code angelegt!

Machen Sie sich die Hände schmutzig

Hier einige Übungen, mit denen Sie zu Hause tiefer einsteigen können:

- Wenn Sie einen Child-Account über AWS Organizations anlegen, konfiguriert dies einen Root-Nutzer für den Account mit der von Ihnen festgelegten E-Mail-Adresse, doch der Root-Nutzer erhält *kein* Passwort. Um auf den Root-Nutzer zugreifen zu können, müssen Sie ein Passwort-Reset für den Root-Nutzer durchführen (*https://oreil.ly/4c7QH*). Aktivieren Sie außerdem die Multifaktorauthentifizierung (MFA) für den Root-Nutzer (*https://oreil.ly/bp8Fg*).
- Neben den *Workload-Accounts* wie dev, stage und prod empfiehlt AWS (*https://oreil.ly/ihmni*) verschiedene *grundlegende Accounts* wie etwa einen Logarchiv-Account für Logs und einen Audit-Account für Daten von Sicherheitstools. Ergänzen Sie Ihren Code um das Anlegen und Konfigurieren dieser grundlegenden Accounts.

Sie besitzen nun einige neue AWS-Accounts, doch diese sind nicht besonders nützlich, wenn Sie keine Infrastruktur über sie bereitstellen. Um das zu tun, müssen Sie wissen, wie man auf sie zugreift.

Auf die Child-Accounts zugreifen

Nachdem die Child-Accounts angelegt sind, können Sie auf unterschiedliche Weise auf sie zugreifen. Ich empfehle die Verwendung des AWS IAM Identity Center, um Nutzern Zugriff mit passenden Rechten auf die neu angelegten Child-Accounts zu gewähren. Wählen Sie im AWS-CLI dann *Profile*, um sich in Ihrem Terminal gegenüber diesen Accounts zu authentifizieren (entsprechende Anweisungen finden Sie in »How to Authenticate to AWS with IAM Identity Center« (*https://oreil.ly/S1ce7*)). Wenn Sie einen IAM-Nutzer besitzen, können Sie alternativ Profile für das AWS-CLI anlegen, die die IAS-Rollen (basierend auf den `iam_role_arn`-Werten) akzeptieren, die AWS Organizations für jeden Account angelegt hat (Anweisungen finden Sie in »Switch to an IAM role (AWS CLI)« (*https://oreil.ly/Bi6QH*)).

Ich gehe davon aus, dass Sie (egal ob IAM Identity Center oder IAM-Rollen) Profile für das AWS-CLI namens `dev-admin`, `stage-admin` und `prod-admin` angelegt haben, um auf die Accounts dev, stage und prod zuzugreifen. Die meisten Tools, die mit AWS-APIs kommunizieren, stellen Möglichkeiten bereit, um das zu nutzende Profil anzugeben. Eine Möglichkeit ist die Umgebungsvariable `AWS_PROFILE`. Beispiel 6.3 zeigt, wie Sie das Profil `dev-admin` nutzen, um auf den dev-Account zuzugreifen.

Beispiel 6.3: Das AWS-CLI mit dem »dev-admin«-Profil nutzen

```
$ AWS_PROFILE=dev-admin aws sts get-caller-identity
{
    "UserId": "<USER>",
    "Account": "<ACCOUNT_ID>",
    "Arn": "<ARN>"
}
```

Der Befehl `get-caller-identity` gibt Informationen zum authentifizierten Nutzer zurück. Ist das `dev-admin`-Profil korrekt konfiguriert, enthält *`ACCOUNT_ID`* die ID des dev-Accounts. Als Nächstes wollen wir Profile nutzen, um Infrastruktur in den Accounts dev, stage und prod bereitzustellen.

Deployment in den Child-Accounts

Lassen Sie uns das `lambda-sample`-Modul aus früheren Kapiteln in den dev-, stage- und prod-Accounts bereitstellen. Kopieren Sie das `lambda-sample`-Modul aus Kapitel 5 in einen neuen Ordner namens *ch6/tofu/*:

```
$ cd fundamentals-of-devops
$ cp -r ch5/tofu/live/lambda-sample ch6/tofu/live
$ cd ch6/tofu/live/lambda-sample
```

Nehmen Sie nun die folgenden Änderungen am `lambda-sample`-Modul vor:

1. **Fügen Sie neue Eingabevariablen hinzu**. Aktualisieren Sie *variables.tf*, wie in Beispiel 6.4 zu sehen.

   Beispiel 6.4: Eingabevariablen hinzufügen (ch6/tofu/live/lambda-sample/variables.tf)

   ```
   variable "environment" {
     description = "The name of the environment to deploy into"
   ```

```
  type        = string
}

variable "memory_size" {
  description = "The amount of memory, in MB, to assign the function"
  type        = number
}
```

Dieser Code fügt zwei neue Eingabevariablen ein: `environment` erlaubt Ihnen, einen Namen für die aktuelle Umgebung festzulegen, und mit `memory_size` können Sie in jeder Umgebung unterschiedlich viel Speicher für die Lambda-Funktion bereitstellen.

2. **Aktualisieren Sie die backend-Konfiguration**. Aktualisieren Sie *backend.tf*, wie in Beispiel 6.5 zu sehen.

Beispiel 6.5: Use the local backend (ch6/tofu/live/lambda-sample/backend.tf)

```
terraform {
  backend "local" {                                ❶
    path = "${var.environment}.tfstate"            ❷
  }
}
```

Dieser Code nimmt zwei Änderungen an der `backend`-Konfiguration vor:

❶ Da Sie dieses Beispiel zu Lernzwecken nur für sich selbst ausführen, wechseln Sie aus dem `S3`-Backend zurück in das `local`-Backend, damit Sie nicht in jedem Child-Account ein S3-Bucket und eine DynamoDB-Tabelle anlegen müssen (was im richtigen Leben der Fall wäre).

❷ Statt den Zustand immer in *terraform.tfstate* abzuspeichern, erhält jede Umgebung ihre eigene Zustandsdatei namens *<ENV>.tfstate*, wobei *<ENV>* der Name der aktuellen Umgebung basierend auf der Eingabevariablen `environment` ist (z. B. *development.tfstate*, *production.tfstate*). Beachten Sie, dass die Nutzung von Variablen in einer `backend`-Konfiguration momentan nur von OpenTofu unterstützt wird. Für Terraform müssen Sie einen anderen Ansatz (*https://oreil.ly/5XRhE*) verfolgen.

3. **Aktualisieren Sie die Lambda-Funktion**. Aktualisieren Sie *main.tf*, wie in Beispiel 6.6 zu sehen.

Beispiel 6.6: Die neuen Eingabvariablen nutzen (ch6/tofu/live/lambda-sample/main.tf)

```
module "function" {
  source  = "brikis98/devops/book//modules/lambda"
  version = "1.0.0"

  # ... (andere Parameter weggelassen) ...

  memory_size = var.memory_size  ❶
  timeout = 5

  environment_variables = {
    NODE_ENV = "production"
    ENV_NAME = var.environment  ❷
  }
```

```
    create_url = true
  }
```

Der Code aktualisiert die Lambda-Funktion an zwei Stellen:

❶ Legt `memory_size` mit dem Wert der Eingabevariablen `memory_size` fest.

❷ Übergibt eine neue Umgebungsvariable `ENV_NAME` an die Lambda-Funktion. Wie sie genutzt wird, sehen Sie gleich.

4. **Aktualisieren Sie den JavaScript-Code**. Aktualisieren Sie *src/index.js*, wie in Beispiel 6.7 gezeigt.

Beispiel 6.7: Ausgabe der Umgebungsvariablen (ch6/tofu/live/lambda-sample/src/index.js)

```
exports.handler = (event, context, callback) => {
  callback(null, {statusCode: 200, body: `Hello from
${process.env.ENV_NAME}!`});
};
```

Die einzige Änderung ist, den Namen der Umgebung im Response-Text mit auszugeben, wozu wir die neu hinzugefügte Umgebungsvariable `ENV_NAME` nutzen.

Sie sind nun so weit, die Funktion über mehrere Umgebungen hinweg bereitzustellen. Um jede Umgebung zu konfigurieren, legen Sie eine *Variablendefinitionsdatei* an, die die Erweiterung *.tfvars* und die Eingabevariablen für die jeweilige Umgebung festlegt. Zur Konfiguration der dev-Umgebung legen Sie zum Beispiel die Datei *dev.tfvars* mit dem Inhalt aus in Beispiel 6.8 an.

Beispiel 6.8: Variablendefinitionsdatei für dev (ch6/tofu/live/lambda-sample/dev.tfvars)

```
environment = "development"
memory_size = 128
```

Das legt den Namen der Umgebung mit `development` fest und konfiguriert 128 MB Speicher für die Lambda-Funktion. Legen Sie analog eine *stage.tfvars*-Datei für die Staging-Umgebung mit dem Inhalt aus Beispiel 6.9 an.

Beispiel 6.9: Variablendefinitionsdatei für staging (ch6/tofu/live/lambda-sample/stage.tfvars)

```
environment = "staging"
memory_size = 128
```

Abschließend legen Sie *prod.tfvars* mit dem Inhalt aus Beispiel 6.10 an.

Beispiel 6.10: Variablendefinitionsdatei für prod (ch6/tofu/live/lambda-sample/prod.tfvars)

```
environment = "production"
memory_size = 256
```

Beachten Sie, dass die Produktionsumgebung mehr Speicher für die Lambda-Funktion bereitstellt. Das ist ein übliches Muster, bei dem Vorproduktionsumgebungen weniger Ressourcen erhalten (um Geld zu sparen) und Produktionsumgebungen über mehr Ressourcen verfügen (um die Last verarbeiten zu können).

Um die dev-Umgebung bereitzustellen, führen Sie `tofu init` aus und übergeben mit dem Flag `-var-file` die Variablendefinitionsdatei. Zusätzlich weisen Sie OpenTofu mit dem Flag `-reconfigure` an, ein neues Backend zu konfigurieren und alle vorherigen Konfigurationen zu ignorieren:

```
$ tofu init -var-file=dev.tfvars -reconfigure
```

OpenTofu ist nun so konfiguriert, dass es den Zustand in *development.tfstate* abspeichert. Als Nächstes authentifizieren Sie sich gegenüber dem dev-Account, indem Sie in der Umgebungsvariablen `AWS_PROFILE` das dev-Profil angeben, das Sie im vorherigen Abschnitt definiert haben, und führen dann `tofu apply` aus:

```
$ AWS_PROFILE=dev-admin tofu apply -var-file=dev.tfvars
```

Es erscheint die Plan-Ausgabe für das Anlegen der Lambda-Funktion, der URL der Lambda-Funktion und so weiter. Sieht alles gut aus, geben Sie **yes** ein und drücken Enter. Ist `apply` durchgelaufen, sehen Sie die Ausgabevariable `function_url`, die die URL enthält, über die Sie auf die Lambda-Funktion zugreifen können. Probieren wir diese URL aus:

```
$ curl <DEV_URL>
Hello from development!
```

Glückwunsch. Sie betreiben nun eine serverlose Web-App in Ihrem dev-Account! Für das Deployment in staging wiederholen Sie den Prozess, nutzen aber die Variablendefinitionsdatei für staging und authentifizieren sich gegenüber dem Staging-Account:

```
$ tofu init -var-file=stage.tfvars -reconfigure
$ AWS_PROFILE=stage-admin tofu apply -var-file=stage.tfvars
```

Die Plan-Ausgabe zeigt, dass OpenTofu alle Ressourcen (Lambda-Funktion, Lambda-Funktions-URL etc.) wieder neu anlegt. Das liegt daran, dass Sie für jede Umgebung eine eigene Zustandsdatei verwenden. Befinden Sie sich in der staging-Umgebung (*staging.tfstate*), schaut sich OpenTofu keine in der dev-Umgebung (*development.tfstate*) bereitgestellte Infrastruktur an. Sieht alles gut aus, geben Sie **yes** ein und drücken Enter. Sobald `apply` fertig ist, können Sie die andere URL ausprobieren:

```
$ curl <STAGE_URL>
Hello from staging!
```

Bitte schön! Sie haben nun eine zweite Umgebung in einem zweiten AWS-Account laufen! Schließen Sie die Sache ab und bringen Sie auch noch die dritte Umgebung, production, an den Start:

```
$ tofu init -var-file=prod.tfvars -reconfigure
$ AWS_PROFILE=prod-admin tofu apply -var-file=prod.tfvars
```

Wenn Sie damit fertig sind, sollten Sie `Hello from production!` sehen. An diesem Punkt laufen drei Umgebungen unter drei AWS-Accounts. In jeder Umgebung läuft eine separate Kopie der serverlosen Web-App sowie der OpenTofu-Code, der sie alle verwaltet.

Sie verfügen nun über drei Kopien der serverlosen Web-App, die alle genau gleich konfiguriert sind. Im nächsten Abschnitt lernen Sie, wie man jede App anders konfiguriert.

Machen Sie sich die Hände schmutzig

Hier einige Übungen, mit denen Sie zu Hause tiefer einsteigen können:

- Wechseln Sie zurück auf S3 als Backend. Dazu müssen Sie ein S3-Bucket und eine DynamoDB-Tabelle in jedem Child-Account anlegen. Sie können für jedes S3-Bucket den gleichen Basisnamen verwenden und den Namen der Umgebung anhängen (z. B. `my-bucket-dev`, `my-bucket-stage`). Auf diese Weise können Sie das richtige Bucket in der Backend-Konfiguration per `var.environment` auswählen.
- Ändern Sie die CI/CD-Konfigurationen aus Kapitel 5 so ab, dass sie mit mehreren AWS-Accounts funktionieren. Dazu müssen Sie einen OIDC-Provider und IAM-Rollen in jedem Child-Account bereitstellen, und die CI/CD-Konfiguration muss sich je nach Codeänderung am richtigen Account anmelden.

Unterschiedliche Konfigurationen für unterschiedliche Umgebungen

Wir wollen die Lambda-Funktion für jede Umgebung unterschiedlich konfigurieren. Damit der Code einfach bleibt, nutzen wir in die Versionskontrolle eingepflegte JSON-Konfigurationsdateien. Zuerst legen Sie für die Konfigurationsdateien den Ordner *config* an:

```
$ mkdir -p src/config
```

Innerhalb des *config*-Ordners legen Sie die Datei *development.json* mit dem Inhalt aus Beispiel 6.11 an.

Beispiel 6.11: dev-Konfiguration (ch6/tofu/live/lambda-sample/src/config/development.json)

```
{
  "text": "development config"
}
```

Diese Datei enthält einen einzigen Konfigurationseintrag, `text`, der den Text festlegt, den die Web-App in dieser Umgebung zurückliefern soll. Legen Sie entsprechende *config/staging.json*- und *config/production.json*-Dateien an, die für die jeweilige Umgebung den passenden `text` zurückliefern.

Nun passen Sie *index.js* so an, dass sie die Konfigurationsdatei für die aktuelle Umgebung einliest und in der Response den entsprechenden `text`-Wert zurückliefert (siehe Beispiel 6.12).

Beispiel 6.12: Konfiguration laden (ch6/tofu/live/lambda-sample/src/index.js)

```
const config = require(`./config/${process.env.ENV_NAME}.json`)          ❶

exports.handler = (event, context, callback) => {
  callback(null, {statusCode: 200, body: `Hello from ${config.text}!`}); ❷
};
```

Dieser Code nimmt zwei Änderungen an der App vor:

1. Einlesen der Umgebungsvariablen `ENV_NAME` und Laden der *.json*-Datei mit dem entsprechenden Namen aus dem *config*-Ordner. In der Entwicklungsumgebung wird also *development.json* genutzt, *staging.json* in der Staging-Umgebung und so weiter.
2. Einlesen des `text`-Werts aus der Konfigurationsdatei und Rückgabe in der HTTP-Response.

Nun ist es an der Zeit, diese Änderung in jeder Umgebung bereitzustellen. Wir beginnen mit der dev-Umgebung und führen `init` und `apply` mit den entsprechenden `-var-file`- und `AWS_PROFILE`-Einstellungen aus:

```
$ tofu init -var-file=dev.tfvars -reconfigure
$ AWS_PROFILE=dev-admin tofu apply -var-file=dev.tfvars
```

Sobald `apply` durchgelaufen ist, öffnen Sie die URL der Ausgabevariablen `function_url` und sehen `Hello from development config!`. Führen Sie entsprechende `init`- und `apply`-Befehle auch für staging und production durch. Wenn Sie die URLs für diese Umgebungen testen, sehen Sie die entsprechenden `text`-Werte für diese Konfigurationen (`Hello from staging config!` und `Hello from production config!`). Glückwunsch. Sie laden nun unterschiedliche Konfigurationsdateien für unterschiedliche Umgebungen!

Die Child-Accounts schließen

Sobald Sie mit dem Testen und Experimentieren mit mehreren AWS-Accounts fertig sind, werden Sie einen oder alle neuen Child-Accounts beenden wollen. Im weiteren Verlauf dieses Buchs erfolgt die Bereitstellung über einen einzelnen Account (um die Beispiele einfach zu halten), d.h., es müssen nicht alle Accounts laufen. Beachten Sie, dass AWS zusätzliche Accounts selbst *nicht* in Rechnung stellt. Dennoch werden Sie aufräumen wollen, um der Sicherheit halber die mögliche Angriffsfläche klein zu halten und um nicht versehentlich Ressourcen in diesen Accounts laufen zu lassen (z.B. EC2-Instanzen), da AWS diese üblicherweise berechnet.

Zuerst pflegen Sie die gesamten Codeänderungen in Git ein. Auf diese Weise können Sie immer auf den Code zurückgreifen, falls Sie die drei Accounts reaktivieren wollen.

Danach fahren Sie die Infrastruktur für jeden Account herunter. Dazu führen Sie `tofu init` und `tofu destroy` in jedem Account aus und übergeben die jeweils passenden Werte für `-var-file` und `AWS_PROFILE`. Die Infrastruktur für dev fahren Sie zum Beispiel wie folgt herunter:

```
$ tofu init -var-file=dev.tfvars -reconfigure
$ AWS_PROFILE=dev-admin tofu destroy -var-file=dev.tfvars
```

Wiederholen Sie die entsprechenden Befehle für die staging- und production-Umgebungen.

Zum Schluss führen Sie `tofu destroy` für das `child-accounts`-Modul aus, um das Schließen der Child-Accounts anzustoßen:

```
$ cd ../child-accounts
$ tofu destroy
```

Wenn Sie `destroy` ausführen, kennzeichnet AWS die Child-Accounts zunächst für 90 Tage als gesperrt. Das gibt Ihnen die Möglichkeit, alles wiederherzustellen, falls Sie etwas in diesen Accounts vergessen haben, bevor diese Accounts für immer geschlossen werden. Nach 90 Tagen schließt AWS die Accounts automatisch.

> **Destroy kann bei neuen AWS-Organisationen temporär fehlschlagen**
>
> Haben Sie `create_organization` im `child-accounts`-Modul auf `true` gesetzt, schlägt `destroy` zuerst fehl, da Sie AWS-Organisationen nicht schließen können, bis alle Child-Accounts der Organisation geschlossen sind. Doch trotz des Fehlers werden die Accounts als gesperrt markiert, und nach 90 Tagen sollte `destroy` durchlaufen (oder Sie ignorieren das, da AWS-Organisationen nicht berechnet werden).

Die Codebasis aufteilen

Da Sie nun wissen, wie man Deployments auf mehrere Umgebungen aufteilt, wollen wir darüber reden, wie man die Codebasis aufteilt. In diesem Abschnitt lernen Sie, warum man die Codebasis aufteilen will und wie das geht. Dann lernen Sie einige der damit einhergehenden Herausforderungen kennen. Abschließend gehen wir beispielhaft das Deployment mehrerer Microservices unter Kubernetes durch.

Warum man die Codebasis aufteilt

Nachfolgend die häufigsten Gründe für eine Aufteilung der Codebasis:

- Komplexität
- Produkte und Teams trennen
- unterschiedliche Skalierungsanforderungen
- unterschiedliche Programmiersprachen

Sehen wir uns die einzelnen Punkte genauer an.

Komplexität

> Software development doesn't happen in a chart, an IDE, or a design tool; it happens in your head.
>
> Softwareentwicklung passiert nicht in einem Diagramm, einer IDE oder einem Designtool. Sie passiert in Ihrem Kopf.
>
> – *Venkat Subramaniam und Andy Hunt, Practices of an Agile Developer (Pragmatic Programmers)*

Sobald eine Codebasis groß genug ist, kann einer allein nicht mehr alles verstehen. Man muss einfach zu viele Teile, zu viele Interaktionen und zu viele Konzepte nachhalten. Müssen Sie alles gleichzeitig im Blick behalten, bricht das Entwicklungstempo ein, und die Zahl der Bugs explodiert. Tabelle 6.3 zeigt die Zahl von Fehlern in Softwareprojekten unterschiedlicher Größe.

Tabelle 6.3: Bug-Dichte in Softwareprojekten unterschiedlicher Größe[a]

Projektgröße (Codezeilen)	Bug-Dichte (Bugs pro 1.000 Codezeilen)
< 2K	0–25
2K–6K	0–40
16K–64K	0.5–50
64K–512K	2–70
> 512K	4–100

[a] *Code Complete: A Practical Handbook of Software Construction* von Steve McConnell (Microsoft Press).

Es ist keine Überraschung, dass größere Softwareprojekte mehr Fehler enthalten, doch Tabelle 6.3 zeigt, dass größere Projekte auch eine höhere *Bug-Dichte* aufweisen, also die Zahl von Fehlern pro 1.000 Codezeilen. Um das zu relativieren, nehmen wir an, dass ein Entwickler 100 Codezeilen in ein kleines Softwareprojekt (< 2K Codezeilen) einfügt. Im Schnitt wird dieser neue Code zu keinen neuen Fehlern führen, höchstens einem oder zwei. Fügt derselbe Entwickler 100 Codezeilen in ein großes Softwareprojekt ein (> 512K Codezeilen), wird er durchschnittlich bis zu 10 neue Bugs einführen. Derselbe Entwickler, die gleiche Anzahl neuer Codezeilen, aber fünf- bis zehnmal mehr Fehler. Das ist der Preis der Komplexität.

Die Komplexität, mit der ein Mensch umgehen kann, ist beschränkt. In seinem Buch *Code Complete* (die Quelle für Tabelle 6.3) definiert Steve McConnell den Umgang mit Komplexität als »wichtigstes technisches Thema der Softwareentwicklung«. Es gibt viele Techniken zum Umgang mit Komplexität, doch meistens läuft es auf ein Prinzip hinaus: teile und herrsche. Finden Sie eine Möglichkeit, den Code so zu organisieren, dass Sie sich auf jeweils einen kleinen Teil konzentrieren und gleichzeitig den Rest *gefahrlos* ignorieren können. Ein Hauptziel der meisten Softwareabstraktionen (objektorientierte Programmierung, funktionale Programmierung, Bibliotheken und Microservices) besteht darin, die Codebasis in eigenständige Teile zu zerlegen. So können Sie sich auf eine einfache Schnittstelle für diesen Teil konzentrieren und nicht auf die Komplexität der zugrunde liegenden Implementierung.

Produkte und Teams trennen

Ein weiterer typischer Grund für die Aufteilung der Codebasis ist ein unabhängigeres Arbeiten der Teams. Während das Unternehmen wächst, werden unterschiedliche Teams unterschiedliche Praktiken für die Produktentwicklung präferieren, etwa wie sie Systeme und Architekturen entwerfen, Code testen und überprüfen, wie oft sie neuen Code bereitstellen und wie tolerant sie gegenüber Bugs und Ausfällen sind.

Werden alle Arbeiten in einer einzigen, eng gekoppelten Codebasis erledigt, kann sich ein Problem bei einem Team auf andere Teams und Produkte auswirken, was natürlich niemand möchte. Wenn Sie zum Beispiel einen PR öffnen und ein automatisierter Test in einem ganz anderen Produkt fehlschlägt, sollte das Ihren Merge verhindern? Wenn Sie neuen Code bereitstellen, der Änderungen an zehn verschiedenen Produkten vornimmt, und eine davon hat einen Bug, sollten Sie dann die anderen neun wieder zurücknehmen? Wenn ein Team mehrmals täglich Deployments vornehmen will, während ein anderes Team für eine stark regulierte Industrie arbeitet, bei der Deployments nur einmal im Quartal erlaubt sind, müssen sich dann alle an den langsameren Deployment-Zyklus halten? Diese Fragen sind für eine einzelne Codebasis nicht leicht zu beantworten, doch wenn Sie die Codebasis aufteilen, kann jedes Team die Prozesse nutzen, die ihren Anforderungen entsprechen.

Bitte beachten Sie: Wenn man von unabhängig arbeitende Teams spricht, bedeutet das nicht, dass diese Teams nicht miteinander arbeiten oder ihre Arbeit nicht einbinden. Die Einbindung ist nur auf wohldefinierte Schnittstellen beschränkt (z. B. auf die API einer Bibliothek oder einen Webservice). Auf diese Weise profitieren Sie von den *Ergebnissen* (dem Output) des Teams (z. B. von den durch deren API zurückgelieferten Daten), ohne sich um die *Inputs* kümmern zu müssen, die für ihre Arbeit benötigt werden. Tatsächlich machen Sie ständig, wenn Sie eine Abhängigkeit eines Drittanbieters hinzufügen, etwa eine Open-Source-Bibliothek oder die API eines Anbieters. Sie können alle Leistungen dieser Arbeit nutzen und gleichzeitig Ihre Coding-Praktiken (Tests, Code-Reviews, Deployment-Zyklen) größtenteils trennen.

Unterschiedliche Skalierungsanforderungen

Während Ihre Nutzerbasis wächst, werden Sie immer wieder Probleme haben, die Last zu verarbeiten. Sie werden herausfinden, dass einige Features ganz andere Skalierungsanforderungen stellen als andere. Zum Beispiel könnte ein Feature davon profitieren, dass Sie die Arbeit auf eine große Zahl von CPUs auf vielen Servern verteilen, während ein anderes Feature von sehr viel Speicher auf einem einzelnen Server profitiert. Liegt alles in einer Codebasis oder, genauer gesagt, wird alles über eine Codebasis bereitgestellt, wird es schwierig, diese sich widersprechenden Skalierungsanforderungen zu erfüllen. Daher teilen viele Unternehmen ihre Codebasis so auf, dass unterschiedliche Features unabhängig voneinander bereitgestellt und skaliert werden können.

Unterschiedliche Programmiersprachen

Die meisten Unternehmen beginnen mit einer einzelnen Programmiersprache, doch während sie wachsen, kommen neue Programmiersprachen dazu. Manchmal bevorzugen unterschiedliche Entwickler im Unternehmen unterschiedliche Programmiersprachen. Manchmal wird ein Unternehmen gekauft, das eine andere Programmiersprache nutzt. Und manchmal nutzen Sie verschiedene Programmiersprachen, weil diese für bestimmte Aufgaben jeweils besser geeignet sind. Sobald eine neue Programmiersprache eingeführt wird, muss eine neue App bereitgestellt, konfiguriert und aktualisiert werden. Mit anderen Worten, Sie müssen nun (wie Sie gleich sehen werden) mehrere Dienste verwalten.

Da Sie jetzt wissen, warum man die Codebasis aufteilt, wollen wir uns ansehen, wie man das tatsächlich macht.

Aufteilen der Codebasis

Vereinfacht gesagt, gibt es zwei Ansätze für das Aufteilen einer Codebasis:

- Aufteilen in mehrere Bibliotheken
- Aufteilen in mehrere Dienste

Diese Optionen schließen sich nicht gegenseitig aus. Viele Unternehmen nutzen beide. Sehen wir uns die Details an.

Aufteilen einer Codebasis in mehrere Bibliotheken

Nahezu jede Codebasis nutzt (je nach verwendeter Programmiersprache) verschiedene Abstraktionen wie Funktionen, Interfaces, Klassen und Module. Wird die Codebasis größer, werden Sie sie noch weiter in Bibliotheken aufteilen wollen. Wir sprechen von einer *Bibliothek*, wenn Sie nicht mehr direkt vom Quellcode der Abstraktion abhängig sind, sondern von einem *versionierten Artefakt*, das Sie für diese Abstraktion veröffentlichen. Der genaue Typ des Artefakts hängt von der Programmiersprache ab: Bei Java zum Beispiel ist es eine JAR-Datei, bei Ruby ein Ruby Gem und bei JavaScript ein npm-Modul.

Nehmen wir an, Ihre Codebasis besteht anfänglich aus den drei Teilen `A`, `B` und `C`. Zunächst ist Teil `A` direkt vom Quellcode von `B` und `C` abhängig (siehe Abbildung 6.2).

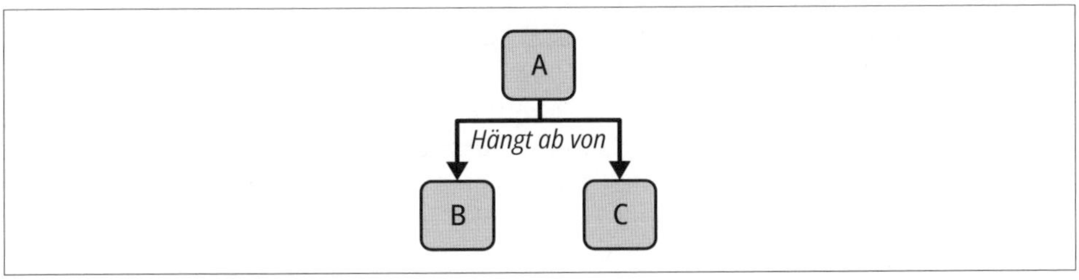

Abbildung 6.2: Teil A ist vom Quellcode der Teile B und C abhängig.

Sie können diese Codebasis aufteilen, indem Sie aus `B` und `C` Bibliotheken machen, die Artefakte veröffentlichen (bei Java z.B. die Artefakte *b.jar* und *c.jar*) und `A` so anpassen, dass es von einer bestimmten Version dieser Artefakte abhängig ist und nicht mehr vom Quellcode (siehe Abbildung 6.3).

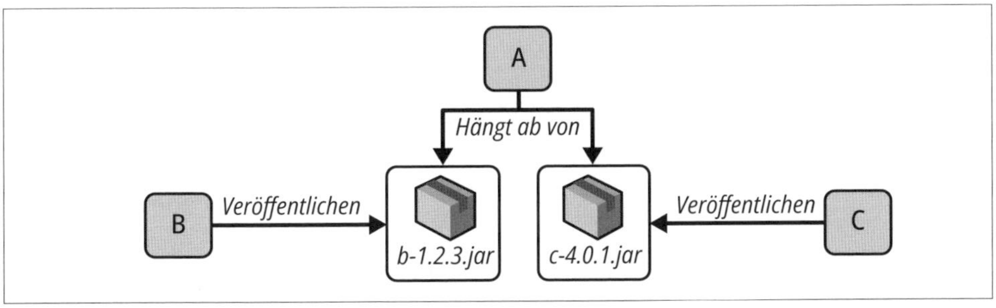

Abbildung 6.3: Teil A ist von Artefakten abhängig, die von den Bibliotheken B und C veröffentlicht werden.

Solange Sie Artefaktabhängigkeiten nutzen, können A, B und C weiterhin in einem einzigen Repo liegen, oder Sie können sie auf mehrere Repos verteilen. Die Nutzung mehrerer Repos ist gängiger, weil das erstens sicherstellt, dass Sie nicht versehentlich wieder auf Quellcodeabhängigkeiten zurückfallen, weil es zweitens eine unabhängige Versionierung der Repos (z. B. über Tags) erlaubt und drittens Ihren Teams mehr Unabhängigkeit bietet.

Das Aufteilen Ihres Codes in Bibliotheken hat mehrere Vorteile. Erstens können Sie sich auf einen kleinen Teil Ihrer Codebasis (die Bibliothek) konzentrieren und alles andere bedenkenlos ignorieren. Zweitens kann jedes Team die Interna seiner Bibliotheken so handhaben, wie es das will (z. B. Tests oder Code-Reviews). Und drittens können die Teams unabhängiger arbeiten. Während sich Änderungen an Quellcode-Abhängigkeiten unmittelbar auf alle auswirken, die auf diesen Code angewiesen sind, haben Änderungen an Bibliotheken erst dann Auswirkungen, wenn Sie ein neues, versioniertes Artefakt veröffentlicht haben und die Nutzer Ihrer Bibliothek sich ausdrücklich und bewusst dafür entschieden haben, diese neue Version einzubinden.

Kernaussage 4

Das Aufteilen der Codebasis erlaubt den Entwicklerinnen und Entwicklern, sich auf kleinere Teile der Codebasis zu konzentrieren.

Nahezu alle Softwareprojekte sind von Bibliotheken – namentlich Open-Source-Bibliotheken – abhängig. Zum Beispiel ist die Node.js-Beispiel-App, die Sie in diesem Buch durchgängig genutzt haben, von Express abhängig, einem Open-Source-Web-Framework, das Sie über ein versioniertes Artefakt (ein npm-Modul) einbinden. Die Maintainer von Express können die Bibliothek völlig unabhängig von den Projekten entwickeln, die Express nutzen, und können dabei den eigenen Coding-Konventionen, Testpraktiken und Release-Zyklen folgen. Der Punkt ist nicht, dass Sie Ihren Code als Open Source veröffentlichen müssen, sondern dass die Aufteilung der Codebasis in Bibliotheken Ihnen erlaubt, jede Bibliothek unabhängig zu entwickeln.

Wenn Sie Ihre Codebasis in Bibliotheken aufteilen, empfehle ich die folgenden Praktiken:

Semantische Versionierung

Semantische Versionierung (SemVer) ist ein Regelsatz zur Vergabe von Versionsnummern für Ihren Code. Ziel ist es, die Nutzerinnen und Nutzer darüber zu informieren, ob eine neue Version der Bibliothek *zu älteren Versionen nicht kompatible Änderungen* enthält (sogenannte *Breaking Changes*). Bisher funktionierender Code schlägt mit der neuen Version der Bibliothek also fehl oder verhält sich nicht korrekt. Das passiert üblicherweise, wenn Sie Änderungen an der API vornehmen, z. B. etwas entfernen oder etwas Neues hinzufügen. SemVer verwendet Versionsnummern im Format *MAJOR.MINOR.PATCH*, die wie folgt erhöht werden:

- Erhöhen Sie die MAJOR-Version, wenn Sie inkompatible Änderungen an der API vornehmen.
- Erhöhen Sie die MINOR-Version, wenn Sie rückwärtskompatible Funktionalität einfügen.
- Erhöhen Sie die PATCH-Version, wenn Sie rückwärtskompatible Fehlerkorrekturen einfügen.

Liegt Ihre Bibliothek beispielsweise in Version `1.2.3` vor und nehmen Sie eine nicht rückwärtskompatible Änderung an der API vor, dann kommunizieren Sie das den Nutzern mit der Version `2.0.0`. Bei einem rückwärtskompatiblen Bugfix wäre hingegen `1.2.4` die nächste Version. Die Version `1.0.0` wird dabei typischerweise als erstes Release betrachtet, das Kompatibilität verspricht. Bei einer Neuentwicklung zeigen Sie mit `0.x.y` an, dass es noch keine Garantien bezüglich der Kompatibilität gibt.

Automatische Updates

Sie sollten *automatische Updates* einrichten, um die Abhängigkeiten auf dem neuesten Stand zu halten. Ein Vorteil von Bibliotheksabhängigkeiten ist, dass Änderungen an dieser Bibliothek Sie nur betreffen, wenn Sie explizit und bewusst eine neue Version dieser Bibliothek nutzen. Doch diese Stärke ist auch eine Schwäche. Man vergisst leicht, die Bibliothek über einen längeren Zeitraum zu aktualisieren. Das wird eventuell zum Problem, weil die ältere Version Bugs und Sicherheitslücken haben kann, und wenn sie länger nicht aktualisiert wurde, kann es schwierig werden, zur neuesten Version aufzuschließen, insbesondere wenn es seit dem letzten Update inkompatible Änderungen gab.

Auch hier gilt: Wenn es weh tut, müssen Sie es öfter machen. Vor allem wollen Sie einen Prozess einrichten, der Ihre Abhängigkeiten automatisch aktualisiert und diese Updates in der Produktion ausrollt (was man *Software-Patch* nennt). Eine mögliche Lösung bieten Tools wie Dependabot, Renovate oder Patcher (Kapitel 5) automatisch bereit.

Die Codebasis in mehrere Services aufteilen

Betrachten wir noch einmal die Teile `A`, `B` und `C` aus dem vorigen Abschnitt: Egal ob Sie Quellcode- (Abbildung 6.2) oder Bibliotheksabhängigkeiten (Abbildung 6.3) nutzen, alle Teile Ihrer Codebasis laufen in einem einzelnen Prozess und kommunizieren über In-Memory-Funktionsaufrufe miteinander. Eine weitere Möglichkeit, Ihre Codebasis aufzuteilen, besteht darin, diese einzelne *monolithische* Anwendung auf mehrere *Dienste* (Services) aufzuteilen. Jeder Service ist Teil Ihres Codes, den Sie unabhängig entwickeln und in einem separaten Prozess bereitstellen (üblicherweise auf einem eigenen Server). Die gesamte Kommunikation zwischen den Services erfolgt durch das Senden von Nachrichten über das Netzwerk (siehe Abbildung 6.4).

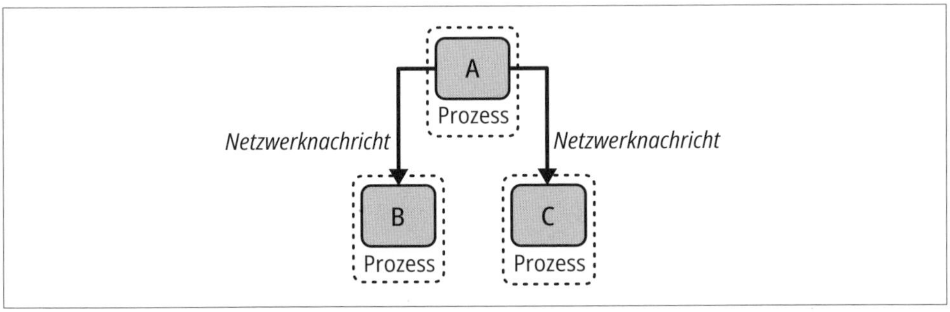

Abbildung 6.4: Service A kommuniziert mit den Services B und C über Netzwerknachrichten.

Über die Jahre wurden viele Ansätze zum Aufbau von Services entwickelt mit ebenso vielen Schlagwörtern und Modeerscheinungen, weshalb sich konkrete Definitionen nur schlecht festlegen lassen. Ein Ansatz ist die *serviceorientierte Architektur* (SOA), bei der relativ große Services aufgebaut werden, die die gesamte Logik eines Geschäftszweigs oder eines Produkts innerhalb des Unternehmens verarbeiten. Es wurde manchmal auch als *Web 2.0* bezeichnet, wenn die Services über Unternehmen hinweg angeboten wurden (z.B. APIs von Twitter, Facebook, Google). Ein etwas anderer Ansatz ist etwa zur gleichen Zeit wie DevOps aufgekommen: die sogenannten *Microservices*, die typischerweise kleinere Services beschreiben, die einen bestimmten Bereich innerhalb des Unternehmens abbilden (z.B. ein Microservice für Benutzerprofile, einer für die Suche, einer für die Betrugserkennung und so weiter). Ein weiterer Ansatz ist die *ereignisgesteuerte* (Event-driven) Architektur, bei der Services asynchron miteinander kommunizieren (Sie lernen diesen Ansatz in Kapitel 9 kennen).

Unabhängig vom gewählten Modell bietet die Aufteilung des Codes auf Services üblicherweise drei wesentliche Vorteile:

Trennung der Teams
: Ein gängiges Muster ist, jeden Service einem anderen Team zuzuweisen. Dieses Team kann sich auf einen kleinen Teil der Codebasis – ihren Service – konzentrieren, dabei die Praktiken nutzen (Tests, Code-Reviews etc.), die für die Anforderungen des Service am besten geeignet sind, und den Rest einfach ignorieren.

Nutzung mehrerer Programmiersprachen
: Da die Services in separaten Prozessen laufen, können Sie sie in verschiedenen Programmiersprachen entwickeln. Sie können also die Programmiersprache wählen, die für ein bestimmtes Problem am besten geeignet ist. Dieser Ansatz erleichtert auch die Integration der Codebasen anderer Unternehmen (z.B. Akquisitionen), die andere Programmiersprachen genutzt haben, ohne den gesamten Code neu schreiben zu müssen.

Unabhängige Skalierung der Services
: Da die Services in unabhängigen Prozessen laufen, können sie auf separaten Servern betrieben und unabhängig voneinander skaliert werden. Zum Beispiel können Sie einen Service *horizontal* skalieren und auf mehreren Servern bereitstellen, wenn die CPU-Last steigt, und einen anderen Service *vertikal* skalieren, indem Sie ihn auf einem einzelnen Server mit mehr RAM bereitstellen.

Fast alle großen Unternehmen sind letztlich aufgrund dieser drei Vorteile auf Services umgestiegen. Der Hauptgrund war allerdings die Möglichkeit, die Teams zu trennen. Bis zu einem gewissen Grad können die Teams bei Services wie unabhängige Unternehmen operieren, was für die Skalierung wesentlich ist.

Kernaussage 5

Die Aufteilung der Codebasis in Services erlaubt verschiedenen Teams, jeden Teil unabhängig zu besitzen, zu entwickeln und zu skalieren.

Der Umstieg auf Services kann für ein Unternehmen ein wesentlicher Faktor für die Skalierung sein, hat aber auch seinen Preis und ganz eigene Herausforderungen. Die meisten Unternehmen sollten diesen Umstieg daher vermeiden, solange die Vorteile nicht ganz klar den nachfolgend beschriebenen Preis überwiegen.

Herausforderungen bei der Aufteilung Ihrer Codebasis

In den letzten Jahren wurde es Mode, die Codebasis insbesondere in Microservices aufzuteilen, und »Monolith« wurde fast schon zum Schimpfwort. Ab einer bestimmten Größe ist der Wechsel auf Services unausweichlich: Jedes große Unternehmen hat seine eigene Geschichte bei der Aufteilung seines Monolithen. Doch bis diese Größe erreicht ist, ist der Monolith eine *gute Sache*. Denn das Aufteilen der Codebasis bringt seine ganz eigenen Herausforderungen mit sich:

- Herausforderungen bei der Verwaltung mehrerer Codebasen
- Herausforderungen bei der Integration
- Herausforderungen bei der Verwaltung mehrerer Services

Sehen wir uns diese Herausforderungen näher an.

Herausforderungen bei der Verwaltung mehrerer Codebasen

Sowohl Bibliotheken als auch Services bestehen aus zwei Teilen: einer öffentlichen API und einer internen Implementierung. Das Aufteilen der Codebasis ermöglicht Ihnen, Änderungen an der Implementierung schneller vorzunehmen, da jedes Team sie pflegen kann, wie es will. Allerdings sind Änderungen an der öffentlichen API langsamer und schwieriger, da man sich um die Rückwärtskompatibilität Gedanken machen muss. Nicht rückwärtskompatible Änderungen an einer Bibliothek oder einem Service können bei jedem zu Kopfschmerzen, Fehlern und Ausfällen führen, der die Bibliothek oder den Service nutzt, weshalb Sie bei Änderungen an der öffentlichen API besonders vorsichtig sein müssen.

Nehmen wir zum Beispiel an, dass Sie in Teil `B` Ihrer Codebasis eine Funktion namens `foo` in `bar` umbenennen wollen. Liegt der gesamte Code, der von `B` abhängig ist, in einer Codebasis, ist die Sache einfach:

1. Benennen Sie `foo` in `B` in `bar` um.
2. Finden Sie alle Stellen, die `foo` nutzen, und ersetzen Sie sie durch `bar`. Viele IDEs können diese Umbenennung automatisch durchführen. Müssen zu viele Stellen aktualisiert werden, nutzen Sie Branch by Abstraction (siehe Kapitel 5).
3. Fertig.

Ist `B` eine separate Bibliothek, ist der Prozess komplizierter:

1. Diskutieren Sie mit Ihrem Team, ob Sie wirklich eine nicht rückwärtskompatible Änderung vornehmen wollen. Ein paar Bibliotheken machen Zusagen zur Kompatibilität und brechen diese nur selten. Zum Beispiel fassen einige Bibliotheken inkompatible Änderungen in Releases zusammen, die einmal pro Quartal oder einmal im Jahr erscheinen, d. h., Sie müssen mit der Umbenennung möglicherweise lange warten.
2. Benennen Sie `foo` in `B` in `bar` um.
3. Legen Sie ein neues Release von `B` an, aktualisieren Sie die `MAJOR`-Versionsnummer, um auf eine inkompatible Änderung hinzuweisen, und schreiben Sie Anweisungen zur Migration.

4. Jedes von `B` abhängige Team kann jetzt entscheiden, wann es auf die neue Version umsteigt. Bei einer inkompatiblen Änderung kann es mit dem Update länger dauern. Und wenn diese Teams sich schließlich für ein Update entscheiden, müssen sie jedes Vorkommen von `foo` finden und durch `bar` ersetzen.
5. Fertig.

Ist `B` ein separater Service, ist der Prozess noch komplizierter:

1. Diskutieren Sie mit Ihrem Team, ob Sie wirklich eine nicht rückwärtskompatible Änderung vornehmen wollen. Solche Änderungen an einem Service haben einen hohen Preis, weshalb Sie sich dagegen entscheiden könnten, oder Sie könnten lange warten müssen, bevor die Umbenennung erfolgen kann.
2. Fügen Sie eine neue Version Ihrer API und/oder einen neuen Endpunkt mit `bar` ein. Achten Sie darauf, `foo` an diesem Punkt *nicht* zu entfernen. Falls doch, könnten Sie Bugs und Ausfälle bei den Services verursachen, die `foo` nutzen.
3. Stellen Sie die neue Version Ihres Diensts mit den beiden Endpunkten `bar` und `foo` bereit.
4. Informieren Sie alle Nutzerinnen und Nutzer darüber (und aktualisieren Sie die Dokumentation), dass es einen neuen Endpunkt `bar` gibt und dass `foo` veraltet (*deprecated*) ist.
5. Warten Sie, bis alle Teams von `foo` auf `bar` gewechselt sind und eine neue Version ihrer Dienste bereitstellen. Sie könnten auch die Logs von `B` überwachen, um zu prüfen, ob der `foo`-Endpunkt immer noch verwendet wird. Identifizieren Sie die entsprechenden Teams und verhandeln Sie mit ihnen den Wechsel zu `bar`. Je nach Unternehmen und konkurrierenden Prioritäten kann das Wochen oder Monate dauern. Manchmal, insbesondere wenn die inkompatiblen Änderungen besonders kostspielig sind, müssen Sie über Jahre hinweg mehrere Versionen der API betreiben, weil Nutzer der alten Version das Update auf die neue Version ablehnen.
6. An irgendeinem Punkt geht die Nutzung von `foo` gegen null, und Sie können es endlich aus Ihrem Code entfernen und eine neue Version Ihres Service bereitstellen. Manchmal, insbesondere bei öffentlichen APIs, müssen Sie den alten `foo`-Endpunkt möglicherweise für immer behalten.
7. Fertig.

Puh, das ist viel Arbeit. Wenn Sie eine Bibliothek oder einen Service lange genug gepflegt haben, werden Sie schnell lernen, wie wichtig eine gut konzipierte API ist, und Sie werden viel Zeit darauf verwenden, über das Design Ihrer öffentlichen API nachzudenken. Doch egal, wie viel Zeit Sie investieren, Sie werden es nie sauber hinbekommen. Rechnen Sie also damit, dass die Pflege der öffentlichen API ein Teil des Mehraufwands ist, den Sie bei der Aufteilung Ihrer Codebasis stemmen müssen.

Die Pflege einer öffentlichen API in einer Bibliothek oder einem Service ist schwierig, weil das ein Ort ist, an dem Sie mit vielen anderen Teams Ihres Unternehmens zusammenarbeiten müssen. Wie sich herausstellt, ist dies nur eine bestimmte Art von Änderung, die schwieriger wird, wenn Sie die Codebasis aufteilen. Ein größeres, generelles Problem ist, dass jede *globale* Änderung – die ein Update mehrerer Bibliotheken oder Services verlangt – deutlich schwieriger wird.

Zum Beispiel hat LinkedIn, wie nahezu alle Unternehmen, mit einer monolithischen Anwendung begonnen. Sie hieß Leo und war in Java geschrieben. Leo wurde bei der Skalierung schließlich zu einem Flaschenhals, weil sie sowohl mit mehr Entwicklern als auch mit mehr Nutzern zurechtkommen musste, weshalb man damit begann, sie in Dutzende von Bibliotheken und Services aufzuteilen. Das war überwiegend ein großer Gewinn, weil jedes Team die Features innerhalb seiner Bibliothek oder seines Service schneller überarbeiten konnte, als das innerhalb eines gemeinsamen Systems möglich gewesen wäre. Doch auch hier musste gelegentlich eine globale Änderung vorgenommen werden.

Besonders schmerzhaft war es, Änderungen an einer Bibliothek namens *util-security.jar* vorzunehmen, in der Sicherheits-Utilities enthalten waren, die nahezu jeder einzelne Service verwendete. Wurde in dieser Bibliothek eine Sicherheitslücke entdeckt, war das Ausrollen der neuen Version an alle Services eine gigantische Aufgabe. Zuerst mussten wir uns durch Dutzende Dienste arbeiten, von denen viele in unterschiedlichen Repos lagen, um jeden Service zu ermitteln, der auf *util-security.jar* angewiesen war. Als Nächstes mussten wir jeden dieser Services auf die neue Version aktualisieren. Manchmal war das einfach nur der Wechsel auf die neue Versionsnummer. Manchmal nutzte der Service eine veraltete Version von *util-security.jar*, sodass wir über mehrere inkompatible Änderungen hinweg aktualisieren mussten. Manchmal hing der Service über eine Reihe von Abhängigkeiten indirekt von *util-security.jar* ab, sodass wir zuerst die Abhängigkeiten innerhalb der Kette aktualisieren mussten und erst dann den Service selbst. Jedes Update verlangte das Öffnen eines PR, das Warten auf Code-Reviews und das Verhandeln mit dem zuständigen Team darüber, eine neue Version bereitzustellen.

Was bei einem Monolithen ein einzelner Commit und ein einzelnes Deployment ist, wird bei der Arbeit mit Dutzenden von Microservices zu einer wochenlangen Plackerei. Zu einem gewissen Teil ist das dem Design geschuldet: Der wesentliche Punkt bei der Aufteilung Ihrer Codebasis ist, dass Änderungen in anderen Codeteilen Sie nicht betreffen sollen.

Kernaussage 6

Wenn Sie Ihre Codebasis aufteilen, optimieren Sie das Tempo von Änderungen *innerhalb* der Teile Ihrer Codebasis. Der Preis dafür ist, dass es länger dauert, Änderungen über die gesamte Codebasis *hinweg* vorzunehmen und zu integrieren.

Die Herausforderung bei der Aufteilung der Codebasis sind die *Nahtstellen*. Wenn Sie es richtig hinbekommen, erfolgen die meisten Änderungen innerhalb der Codebasis Ihres Teams, und Sie sind schneller. Bekommen Sie es nicht richtig hin, sind häufiger globale Änderungen über die gesamte Codebasis vonnöten, und Sie werden langsamer.

Häufig geht es schief, wenn die Codebasis zu früh aufgeteilt wird. Wenn Sie jahrelang an einer Codebasis gearbeitet haben, können Sie nach den folgenden Mustern suchen, um zu ermitteln, wo die Codebasis aufgeteilt werden könnte:

Dateien, die sich zusammen ändern
: Wenn Sie bei der Änderung von Typ X immer die gleiche Gruppe von Dateien `A` anpacken müssen und bei jeder Änderung von Typ Y eine Gruppe von Dateien `B`, dann sind `A` und `B` gute Kandidaten für separate Bibliotheken oder Services.

Dateien, auf die sich das Team konzentriert
: Wenn 90% der Änderungen von Team X in einer Gruppe von Dateien `A` erfolgen und 90% der Änderungen von Team Y in einer Gruppe von Dateien `B`, dann sind `A` und `B` gute Kandidaten für separate Bibliotheken oder Services.

Teile, die Open Source sein könnten
: Gibt es Teile Ihres Code, die Sie sich als eigenständige Open-Source-Projekte vorstellen könnten? Oder Teile Ihres Codes, die eigenständige Web-APIs sein könnten? Ich möchte damit nicht sagen, dass Sie Ihren Code als Open Source veröffentlichen oder Ihre APIs öffnen müssen. Betrachten Sie das vielmehr als Lackmustest. Alles, was als Open-Source-Projekt funktionieren würde, ist ein guter Kandidat für eine separate Bibliothek. Alles, was als eigenständige Web-API funktionieren würde, ist ein guter Kandidat für einen separaten Service.

Performance-Flaschenhälse
: Wenn Sie wissen, dass 90% der Zeit mit der Beantwortung eines Requests in Teil `A` Ihres Codes zugebracht wird und diese hauptsächlich durch den Speicher beschränkt wird, ist das ein guter Kandidat für einen separaten Service, den Sie eigenständig skalieren können.

All das kann man nur selten genau prognostizieren. Das gilt besonders für Performance-Flaschenhälse, die sich ohne Profiler mit echtem Code und realen Daten kaum vorhersagen lassen. Aus diesem Grund ist es immer besser, mit einem Monolithen zu starten und so lange zu wachsen, wie es geht. Erst wenn die Skalierung nicht mehr funktioniert und die Nahtstellen offensichtlich sind, sollten Sie damit beginnen, alles in kleinere Bereiche aufzuteilen.

Ich kann nur den Kopf schütteln, wenn ein kleines Start-up mit einem drei Personen großen Entwicklerteam ihr Produkt mit zwölf Microservices startet. Sie zahlen nicht nur einen hohen Preis für den operativen Overhead (worüber Sie gleich mehr erfahren), sondern setzen die Nahtstellen garantiert an den falschen Stellen. Diese Teams werden unausweichlich feststellen, dass bei der kleinsten Änderung am Produkt sieben Microservices aktualisiert und in der richtigen Reihenfolge bereitgestellt werden müssen. Gleichzeitig stellt das Start-up mit dem auf Ruby on Rails basierenden Monolithen sie technisch in den Schatten und liefert Änderungen zehnmal schneller.

Herausforderungen bei der Integration

In Kapitel 5 haben Sie alles über CI gelernt und warum es für schnellere Teams von zentraler Bedeutung ist. Nun, hier eine interessante Tatsache: *Das Aufteilen Ihrer Codebasis in Bibliotheken oder Dienste ist das Gegenteil von CI.* Ob Sie einen langlebigen Feature-Branch nur alle acht Monate in `main` einpflegen oder eine Bibliotheksabhängigkeit nur alle acht Monate aktualisieren, macht wohl keinen großen Unterschied.

Mit der Aufteilung der Codebasis folgt effektiv die späte Integration, und das liegt am Design: Ein Hauptgrund für die Aufteilung der Codebasis ist, dass die Teams unabhängiger voneinander arbeiten können, was wiederum bedeutet, dass ihre Arbeit weniger oft integriert wird.

Kernaussage 7

Das Aufteilen der Codebasis bedeutet eine spätere Integration anstelle einer fortlaufenden Integration und sollte nur erfolgen, wenn diese Teile wirklich unabhängig voneinander sind.

Das ist ein guter Kompromiss, wenn die Teams wirklich voneinander entkoppelt sind (z. B. an verschiedenen Produkten innerhalb des Unternehmens arbeiten). Sind die Teams hingegen eng miteinander verbunden und müssen sie häufig miteinander interagieren, kann das Aufteilen in getrennte Codebasen zu Problemen führen. Entweder versuchen die Teams, möglichst unabhängig voneinander zu arbeiten, und es kommt aufgrund von fehlender Integration und fehlenden sauberen Tests zu vielen Konflikten, Bugs und Ausfällen, oder die Teams versuchen, ihre Arbeit laufend zu integrieren, was häufig globale Änderungen an mehreren Teilen der Codebasis verlangt, was wiederum die Entwicklung verlangsamt.

Eine Herausforderung bei der Integration von Bibliotheken ist die sogenannte *Abhängigkeitshölle* (*Dependency Hell*), die bei der Verwendung versionierter Abhängigkeiten zu den folgenden Problemen führen kann:

Zu viele Abhängigkeiten
: Sind Sie von Dutzenden Bibliotheken abhängig, die wiederum von weiteren Bibliotheken abhängig sind und diese wiederum von weiteren Bibliotheken, kann allein der Download Ihrer Abhängigkeiten sehr viel Zeit, Plattenplatz und Bandbreite beanspruchen.

Lange Abhängigkeitsketten
: Manchmal kommt es zu einer langen Kette von Abhängigkeiten. Zum Beispiel hängt Bibliothek `A` von `B` ab, `B` von `C`, `C` von `D` und so weiter, bis Sie schließlich bei Bibliothek `Z` landen. Nehmen Sie ein Korrektur an `Z` vor und wollen diese `A` bereitstellen, müssen Sie `Z` ändern, eine neue Version veröffentlichen, dann `Y` aktualisieren und eine neue Version veröffentlichen, dann `X` – und so weiter, bis Sie sich durch die gesamte Kette bis zu `A` durchgearbeitet haben.

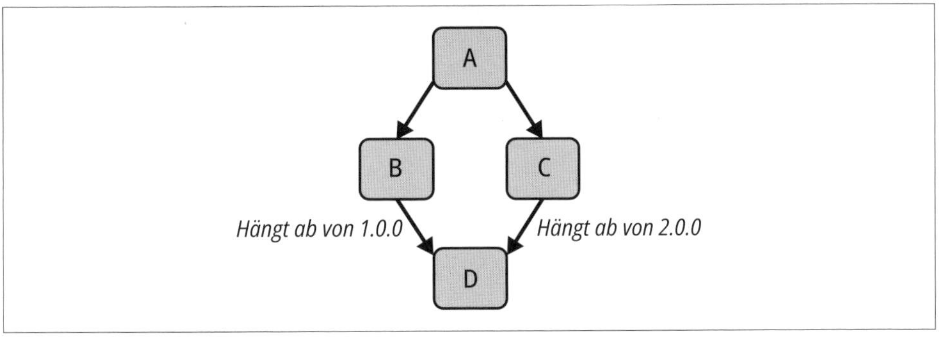

Abbildung 6.5: Diamant-Abhängigkeiten

Diamant-Abhängigkeiten
: Stellen Sie sich vor, dass `A` von `B` und `C` abhängt und `B` und `C` wiederum von `D` abhängig sind. Das geht in Ordnung, solange `B` und `C` nicht von unterschiedlichen, inkompatib-

len Versionen von D abhängig sind, etwa wenn B die D-Version `1.0.0` benötigt, während C die D-Version `2.0.0` braucht (siehe Abbildung 6.5). Sie können nicht mit zwei abweichenden Versionen gleichzeitig umgehen und hängen in der Luft, bis B oder C aktualisiert worden ist. Dabei kann es sich um Bibliotheken handeln, die Sie nicht selbst kontrollieren.

Fast jede Codebasis trifft von Zeit zu Zeit auf dieses Problem, da sie von Open-Source-Bibliotheken abhängig ist. Doch wenn Sie Ihre Codebasis in viele Bibliotheken aufteilen, nehmen diese Probleme deutlich zu.

Herausforderung bei der Verwaltung mehrerer Services

Wenn Sie einen Monolithen in Services aufteilen, müssen Sie nicht mehr eine, sondern viele verschiedene Arten von Apps verwalten. Jede App kann in einer anderen Sprache geschrieben sein und eigene Mechanismen zum Testen, Bereitstellen, Überwachen und Konfigurieren nutzen. Das ist schon eine ganze Menge an operativem Overhead, doch es kommt noch einiges hinzu:

Overhead durch die Bereitstellungsreihenfolge

Bei n Services müssen Sie nicht nur n Dinge bereitstellen und verwalten, sondern müssen auch die Interaktionen zwischen den Services berücksichtigen, die im Verhältnis n^2 anwachsen. Nehmen wir zum Beispiel an, dass ein Service A von einem Service B abhängt. Als Teil der Entwicklung eines neuen Features fügen Sie den neuen Endpunkt `foo` in B und in A Aufrufe des `foo`-Endpunkts ein. Stellen Sie sich nun vor, was beim Deployment passiert. Stellen Sie die neue Version von A bereit, bevor die neue Version von B läuft, schlägt A beim Zugriff auf `foo` fehl, weil die alte Version von B diesen Endpunkt noch nicht kennt. Sie müssen nun also eine *Bereitstellungsreihenfolge* erzwingen: B muss vor A bereitgestellt werden. Doch natürlich kann B selbst von neuen Funktionen in den Services C und D abhängen, und diese Services können wiederum von neuen Funktionen anderer Services abhängen – und so weiter. Sie müssen jetzt also einen *Bereitstellungsgraphen* pflegen, um sicherzustellen, dass die richtigen Services in der richtigen Reihenfolge bereitgestellt werden. Und das kann recht chaotisch werden, wenn einer dieser Services einen Bug hat und Sie diesen Service und alle seine Abhängigkeiten zurückrollen müssen.

Eine Möglichkeit, diesem Problem zu begegnen, besteht darin, die Bereitstellungsreihenfolge vollständig auszuschalten. Dazu müssen Sie Code schreiben, der die Bereitstellung der Services in einer beliebigen Reihenfolge erlaubt und bei dem ein Rollback jederzeit möglich ist. Dazu können Sie Feature-Flags nutzen, die Sie in Kapitel 5 kennengelernt haben. Zum Beispiel packen Sie die neue Funktionalität in A – der Teil des Codes, der den neuen `foo`-Endpunkt in B aufruft – in eine `if`-Anweisung, die standardmäßig aus ist. Auf diese Weise können Sie A und B zu einem beliebigen Zeitpunkt in beliebiger Reihenfolge bereitstellen, ohne dass die neue Funktionalität für die Nutzer sichtbar wird. Sobald Sie sicher sind, dass die neuen Versionen von A und B laufen, können Sie das Feature-Toggle aktivieren, und die neue Funktion steht bereit. Kommt es mit der neuen Funktionalität zu einem Problem oder muss B zurückgerollt werden, schalten Sie das Feature-Toggle wieder aus.

Debugging-Overhead

Melden Nutzer bei einer monolithischen App einen Fehler, wissen Sie, dass der Fehler in der App liegen muss. Wenn Sie Dutzende Dienste betreiben und Nutzer einen Fehler melden, müssen Sie herausfinden, in welchem Service der Fehler liegt. Das ist aus verschiedenen Gründen deutlich schwieriger. Zum einen neigt jedes Team dazu, sofort andere Teams verantwortlich zu machen, sodass keiner die Verantwortung für den Fehler übernehmen will. Zum anderen kommt es bei Services, die über das Netzwerk miteinander kommunizieren (anders als bei Monolithen, bei denen alles in einem einzelnen Prozess passiert), zu vielen neuen, komplizierten Fehlerbedingungen, die sich nur schwer debuggen lassen (mehr dazu gleich).

Drittens kann das Debugging einer einzelnen App zwar schwierig sein, über Dutzende unterschiedlicher Services aber zu einem Albtraum werden. Sie können nicht länger die Logs einer einzelnen App untersuchen, sondern müssen sich nun die Logs Dutzender Apps anschauen, die an unterschiedlichen Orten und in verschiedenen Formaten vorliegen (Sie lernen mehr über das Logging, und wie man diese Probleme vermeidet, in Kapitel 10). Sie können den Fehler nicht länger reproduzieren, indem Sie eine einzelne App auf Ihrem Computer ausführen, sondern müssen nun Dutzende Services lokal betreiben. Sie können nicht länger den Debugger an einen einzelnen Prozess koppeln und den Code Schritt für Schritt durchgehen, sondern müssen nun unterschiedliche Arten von Tracking-Tools nutzen (ein Thema, dem wir uns in Kapitel 10 widmen), um Dutzende von Services zu identifizieren, die einen einzelnen Request verarbeiten. Ein Bug, den man in einem Monolithen innerhalb einer Stunde findet, kann bei einer Microservice-Architektur vielleicht erst nach Wochen gefunden werden.

Infrastruktur-Overhead

> The bureaucracy is expanding to meet the needs of the expanding bureaucracy.
>
> Die Bürokratie wächst, um den Anforderungen der wachsenden Bürokratie gerecht zu werden.
>
> – *Oscar Wilde*

Beim Wechsel von einem Monolithen auf mehrere Services geht es nicht nur darum, ein paar Services bereitzustellen. Sie müssen üblicherweise auch zusätzliche Infrastruktur bereitstellen, die diese Services unterstützt – und je mehr Services Sie haben, desto mehr unterstützende Infrastruktur brauchen Sie. Um beispielsweise anstelle eines Monolithen zwölf Services zu verwalten, könnte es nötig sein, ein komplizierteres Orchestrierungstool (wie Kubernetes) zu nutzen. Damit Ihre Services sicher mit anderen Services kommunizieren können, könnten Sie ein Service-Mesh-Tool (wie Istio) nutzen müssen. Damit Ihre Services asynchron mit anderen Services kommunizieren können, könnte eine Streaming-Plattform (wie Apache Kafka) nötig sein. Und um das Debugging und Monitoring Ihrer Microservice-Architektur zu erleichtern, könnten Sie ein verteiltes Tracing-Tool (wie Jaeger) bereitstellen müssen.

Performance-Overhead

Ein Vorteil von Services ist, dass Sie uns dabei helfen, Performanceprobleme zu lösen, indem Sie Teile der Codebasis unabhängig voneinander skalieren. Ein Nachteil von Services ist, dass die Performance in nahezu allen Punkten *schlechter* wird. Das liegt am Netzwerk- und Serialisierungs-Overhead.

Der *Netzwerk-Overhead* mehrerer Services ergibt sich, weil alle Teile Ihrer Codebasis in separaten Prozessen laufen, die miteinander über das Netzwerk kommunizieren, und nicht, wie bei einem Monolithen, einfach über Funktionsaufrufe. Wenn Sie sich Tabelle 6.1 noch einmal ansehen, erkennen Sie, dass eine zufällige Leseoperation aus dem Hauptspeicher etwa 100 ns dauert, während der Round-Trip eines einzelnen TCP-Pakets innerhalb eines Rechenzentrums bei 500.000 ns liegt. Indem Sie Ihren Code in einen separaten Dienst verlagern, machen Sie ihn mindestens 5.000-mal langsamer!

Der *Serialisierungs-Overhead* ergibt sich nicht nur, weil die Übertragung einer Nachricht über das Netzwerk länger dauert, sondern auch aufgrund der ganzen *Serialisierung*, die für das Senden dieser Nachricht nötig ist: packen, codieren, decodieren, entpacken. Das umfasst das Format der Nachricht (z.B. JSON), das Format des Protokolls der Anwendungsschicht (z.B. HTTP), das Format der Verschlüsselung (z.B. TLS) und das Format der Komprimierung (z.B. Zippy). In Tabelle 6.1 können Sie sehen, dass die Komprimierung von 1 KB mit Zippy etwa 2.000 ns dauert, d.h., allein der Komprimierungsschritt ist mindestens 20-mal langsamer als eine zufällige Leseoperation aus dem Hauptspeicher.

Sie können dem Netzwerk- und Serialisierungs-Overhead teilweise entgegenwirken, indem Sie Nebenläufigkeit, Caching, Batching und De-Duping nutzen, doch das macht den Code deutlich komplizierter und ist immer noch langsamer, als alles in einem einzelnen Prozess vorzuhalten.

Komplexität verteilter Systeme

Das Aufteilen eines Monolithen in Services macht aus einer einzelnen App ein *verteiltes System*. Verteilte Systeme sind kompliziert. Die Arbeit mit verteilten Systemen führt zu neuen Herausforderungen, etwa der Datenspeicherung (worüber Sie in Kapitel 9 mehr erfahren), sowie zu neuen Fehlermodi und zu erhöhter Komplexität der Ein-/Ausgabe.

Die neuen *Fehlermodi* treten auf, weil Sie von einem einzelnen Prozess, der über Funktionsaufrufe mit einer kleineren Anzahl möglicher Fehler kommuniziert (z.B. kann eine Funktion einen erwarteten Fehler zurückliefern, einen unerwarteten Fehler zurückgeben oder den ganzen Prozess zum Absturz bringen), auf mehrere Prozesse umsteigen, die über das Netzwerk miteinander kommunizieren und deshalb völlig neue Arten von Fehlern ermöglichen. Zum Beispiel kann ein Netzwerk-Request fehlschlagen, weil das Netzwerk nicht läuft oder weil das Netzwerk falsch konfiguriert ist und der Request am falschen Ort landet oder weil der angesprochene Service nicht erreichbar ist oder zu lange für eine Antwort braucht, oder er antwortet und bricht dann ab, oder er sendet mehrere Antworten, oder die Responses sind nicht so serialisiert, wie Sie es erwarten.

Die *I/O-Komplexität* ergibt sich ebenfalls aus der Nutzung des Netzwerks zur Kommunikation. Netzwerk-Requests sind eine Art Ein-/Ausgabe (*Input/Output*, I/O), und da die meisten Arten von I/O mehrere Größenordnungen langsamer sind als Speicheroperationen (siehe Tabelle 6.1), müssen Sie Ihren Code so umschreiben, dass er andere Arbeiten erledigt, während er auf I/O wartet. Ein gängiger Ansatz der Nebenläufigkeit ist die Nutzung eines *Thread-Pools*: Sie führen den Code in mehreren nebenläufigen Threads aus, und innerhalb eines Threads nutzen Sie *synchronen I/O*, der den Thread *blockiert*, bis die I/O-Operation abgeschlossen ist. Auf diese Weise bleibt die Struktur Ihres Codes nahezu unverändert, doch die Herausforderung ist die Größe des Thread-Pools: Bei zu vielen Threads verbringt Ihre CPU die meiste Zeit mit Kontext-Switching zwischen den Threads (engl. *Thrashing*), während Sie bei zu wenigen Threads zu viel Zeit mit Warten verbringen, was den Durchsatz verringert. Ein anderer gängiger Ansatz der Nebenläufigkeit ist *asynchroner I/O*, der *nicht blockiert*, d.h., der Code kann während der I/O-Operation weiter ausgeführt werden, und Sie werden benachrichtigt, wenn die Operation abgeschlossen ist (so macht es Node.js). Auf diese Weise vermeiden Sie den Kampf mit der Größe des Thread-Pools, müssen den Code aber so umschreiben, dass er alle Benachrichtigungen über Mechanismen wie Callbacks, Promises oder `async/await` verarbeitet.

Da Sie nun die Herausforderungen kennen, die Sie bei der Aufteilung Ihres Codes erwarten, sind Sie vielleicht nicht mehr so begeistert von den sexy Microservices-Architekturen, die Sie bei Google oder Netflix gesehen haben. Wenn das so ist, ist das gut so. Da Sie wahrscheinlich nicht bei Google oder Netflix arbeiten, sollten Sie auch nicht blind deren Architektur kopieren, da diese für Aufgaben außerordentlicher Größe entworfen wurde. Wenn Sie solche Aufgaben nicht bewältigen müssen, behindert Sie diese Architektur eher, als dass sie Ihnen hilft.

Kernaussage 8

Die Aufteilung der Codebasis in Bibliotheken und Services hat einen erheblichen Preis. Sie sollten das nur tun, wenn die Vorteile die Kosten überwiegen, was üblicherweise nur im großen Maßstab der Fall ist.

Nehmen wir an, dass Sie in einem Unternehmen arbeiten, das groß genug ist, um die Codebasis aufzuteilen, und sehen wir uns an, wie man mehrere Services in Kubernetes betreibt.

Beispiel: Microservices in Kubernetes bereitstellen

Kubernetes ist ein beliebtes Orchestrierungstool zu Verwaltung von Microservices, und deshalb wollen auch wir es nutzen. Wir werden die einfache Node.js-Beispiel-App, die wir im gesamten Buch genutzt haben, wie in Abbildung 6.6 gezeigt in zwei Apps aufteilen.

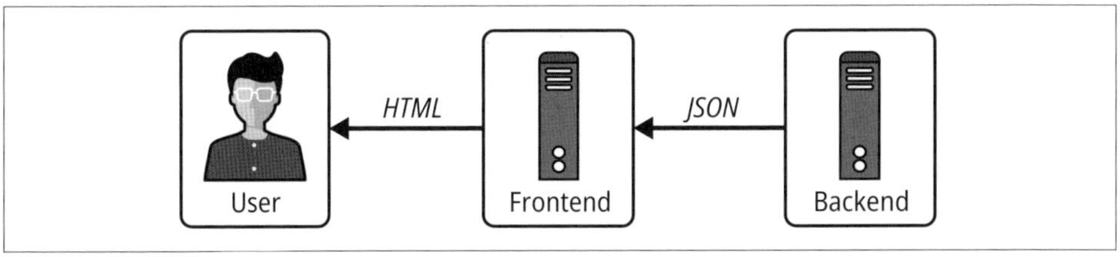

Abbildung 6.6: Ein Frontend-Microservice ruft Daten von einem Backend-Microservice ab und liefert sie dem Nutzer zurück.

Die beiden Apps sind:

Die Backend-Beispiel-App
: Diese App repräsentiert einen *Backend*-Microservice, der für das *Datenmanagement* verantwortlich ist, einschließlich der Speicherung und Verarbeitung von Daten für einen Bereich innerhalb des Unternehmens. Sie stellt diese Daten über eine API (z.B. JSON über HTTP) anderen Microservices innerhalb des Unternehmens zur Verfügung (nicht aber den Nutzern).

Die Frontend-Beispiel-App
: Diese App repräsentiert einen *Frontend*-Microservice, der für die *Präsentation* verantwortlich ist. Sie sammelt Daten von den Backends ein und stellt diese den Nutzerinnen und Nutzern in irgendeiner Art Benutzerschnittstelle (z.B. HTML in einem Webbrowser) zur Verfügung.

Wir gehen nun die Schritte durch, die zum Anlegen und Bereitstellen dieser Services in Kubernetes notwendig sind, und beginnen mit der Backend-App.

Die Backend-Beispiel-App anlegen

Im ersten Schritt kopieren Sie die Node.js-Beispiel-App aus Kapitel 5 in einen neuen Ordner namens *sample-app-backend*:

```
$ cd fundamentals-of-devops
$ cp -r ch5/sample-app ch6/sample-app-backend
```

Da Sie dieses Backend in einem Kubernetes-Cluster bereitstellen, kopieren Sie auch die Kubernetes-Deployment- und Servicekonfigurationen aus Kapitel 3 nach *sample-app-backend*:

```
$ cp ch3/kubernetes/*.yml ch6/sample-app-backend/
```

Als Nächstes aktualisieren Sie die Dateien in *sample-app-backend* wie folgt:

app.js
: Das Backend soll nur einen einzigen Endpunkt bereitstellen, der auf HTTP-Requests mit JSON antwortet, wie in Beispiel 6.13 zu sehen.

Beispiel 6.13: JSON zurückliefern (ch6/sample-app-backend/app.js)

```
app.get('/', (req, res) => {
  res.json({text: "backend microservice"});
});
```

Normalerweise würde ein Backend-Microservice Daten in irgendeiner Datenbank nachschlagen, doch wir wollen das Beispiel einfach halten, weshalb die Beispiel-App `res.json` verwendet, um statisches JSON zurückzuliefern, das in einem Feld namens `text` gespeichert ist.

package.json
: Benennen Sie die App in `sample-app-backend` um, wie in Beispiel 6.14 zu sehen.

Beispiel 6.14: Umbenennen der App (ch6/sample-app-backend/package.json)

```
"name": "sample-app-backend",
"description": "Backend app for 'Fundamentals of DevOps and
  Software Delivery'",
```

sample-app_deployment.yml
: Aktualisieren Sie den Namen der App, wie in Beispiel 6.15 zu sehen.

Beispiel 6.15: Aktualisieren des Namens der App (ch6/sample-app-backend/sample-app-deployment.yml)

```
metadata:
  name: sample-app-backend-deployment      ❶
spec:
  replicas: 3
  template:
    metadata:
      labels:
        app: sample-app-backend-pods       ❷
    spec:
      containers:
        - name: sample-app-backend         ❸
          image: sample-app-backend:0.0.1 ❹
          ports:
            - containerPort: 8080
          env:
            - name: NODE_ENV
              value: production
  selector:
    matchLabels:
      app: sample-app-backend-pods         ❺
```

❶ Wir ändern den Namen des Deployments in `sample-app-backend-deployment`.

❷ Wir ändern die Label der Pods in `sample-app-backend-pods`.

❸ Wir ändern den Namen des Containers in `sample-app-backend`.

❹ Das bereitzustellende Docker-Image ist `sample-app-backend` in der Version 0.0.1. Das Image werden Sie in Kürze erzeugen.

❺ Wie legen `sample-app-backend-pods` als Ziel für die Pods fest.

sample-app_service.yml
: Wie in Beispiel 6.16 ändern wir den Namen der App und wechseln zum `ClusterIP`-Service. Dieser Service ist nur innerhalb des Kubernetes-Clusters erreichbar, nicht von außen.

Beispiel 6.16: App umbenennen und auf »ClusterIP« wechseln (ch6/sample-app-backend/sample-app-service.yml)

```
metadata:
  name: sample-app-backend-service ❶
spec:
  type: ClusterIP                  ❷
  selector:
    app: sample-app-backend-pods   ❸
```

```
ports:
  - protocol: TCP
    port: 80
    targetPort: 8080
```

1. Wir ändern den Namen des Service in `sample-app-backend-service`.
2. Wir wechseln vom Service-`type` `LoadBalancer` zu `ClusterIP`.
3. Wir legen `sample-app-backend-pods` als Ziel für die Pods fest.

Erzeugen Sie ein Docker-Image für die Backend-App mithilfe des `dockerize`-Befehls, den Sie in Kapitel 4 hinzugefügt haben:

```
$ cd ch6/sample-app-backend/
$ npm run dockerize
```

Dieser Befehl erzeugt ein neues Docker-Image namens `sample-app-backend` in der Version 0.0.1. Wir wollen dieses Docker-Image nun in einem Kubernetes-Cluster bereitstellen. Das lässt sich am einfachsten testen, indem man Kubernetes lokal über Docker Desktop ausführt, so wie wir das in Kapitel 3 getan haben. Sie authentifizieren sich gegenüber dem Kubernetes-Cluster in Docker Desktop wie folgt:

```
$ kubectl config use-context docker-desktop
```

Sie können nun `kubectl apply` ausführen, um Deployment und Service bereitzustellen:

```
$ kubectl apply -f sample-app-deployment.yml
$ kubectl apply -f sample-app-service.yml
```

Wenn Sie `kubectl get services` ausführen, sehen Sie den Service für das Backend:

```
$ kubectl get services
NAME                        TYPE        CLUSTER-IP     EXTERNAL-IP PORT(S)
sample-app-backend-service  ClusterIP   10.99.156.12   <none>      80/TCP
```

Beachten Sie den Namen des Backend-Service. Sie benötigen ihn in der Frontend-App, die wir uns im nächsten Abschnitt ansehen.

Die Frontend-Beispiel-App anlegen

Sie legen die Frontend-App in einem Prozess an, der dem für die Backend-App ähnelt. Zuerst kopieren Sie die Node.js-Beispiel-App aus Kapitel 5 und die Kubernetes-Konfigurationen für Deployment und Service aus Kapitel 3 in einen neuen Ordner namens *sample-app-frontend*:

```
$ cd fundamentals-of-devops
$ cp -r ch5/sample-app ch6/sample-app-frontend
$ cp ch3/kubernetes/*.yml ch6/sample-app-frontend/
```

Als Nächstes aktualisieren Sie die Dateien in *sample-app-frontend* wie folgt:

app.js
: Das Frontend soll nur einen einzelnen Endpunkt bereitstellen, der einen HTTP-Request mit dem Backend durchführt und die Response per HTML zurückliefert (siehe Beispiel 6.17).

Beispiel 6.17: Backend aufrufen und HTML zurückliefern (ch6/sample-app-frontend/app.js)

```
const backendHost = 'http://sample-app-backend-service'; ❶

app.get('/', async (req, res) => {
  const response = await fetch(backendHost);            ❷
  const responseBody = await response.json();           ❸
  res.render('hello', {name: responseBody.text});       ❹
});
```

❶ Hier sehen Sie ein Beispiel für die Diensterkennung (*Service-Discovery*) in Kubernetes. Sobald Sie in Kubernetes einen Service namens `foo` anlegen, erzeugt Kubernetes einen DNS-Eintrag für diesen Service, sodass Requests an `http://foo` automatisch an diesen Service weitergereicht werden. Mehr zu Service-Discovery und DNS erfahren Sie in Kapitel 7.

❷ Nutzen Sie die Funktion `fetch`, um einen HTTP-Request an den Backend-Microservice abzusetzen. Sie nutzen dazu den Hostnamen aus ❶.

❸ Lesen Sie den Body der Backend-Response und verarbeiten Sie ihn im JSON-Format.

❹ Rendern Sie das EJS-Template `hello` und übergeben Sie dann den `text` aus der JSON-Response des Backends.

views/hello.ejs
: Aktualisieren Sie das EJS-Template `hello`, wie in Beispiel 6.18 zu sehen.

Beispiel 6.18: HTML-Markup hinzufügen (ch6/sample-app-frontend/views/hello.ejs)

```
<p>Hello from <b><%= name%></b>!</p>
```

package.json
: Benennen Sie die App in `sample-app-frontend` um, wie in Beispiel 6.19 zu sehen.

Beispiel 6.19: Die App umbenennen (ch6/sample-app-frontend/package.json)

```
  "name": "sample-app-frontend",
  "description": "Frontend app for 'Fundamentals of DevOps and
    Software Delivery'",
```

sample-app_deployment.yml
: Aktualisieren Sie den Namen der App, wie in Beispiel 6.20 zu sehen.

Beispiel 6.20: Aktualisieren des Namens der App (ch6/sample-app-frontend/sample-app-deployment.yml)

```
metadata:
  name: sample-app-frontend-deployment      ❶
spec:
  replicas: 2                               ❷
  template:
    metadata:
      labels:
        app: sample-app-frontend-pods       ❸
    spec:
      containers:
```

```
        - name: sample-app-frontend           ❹
          image: sample-app-frontend:0.0.1    ❺
          ports:
            - containerPort: 8080
          env:
            - name: NODE_ENV
              value: production
  selector:
    matchLabels:
      app: sample-app-frontend-pods           ❻
```

❶ Ändern Sie den Namen des Deployments in `sample-app-frontend-deployment`.

❷ Setzen Sie die Anzahl der Replikate auf 2. Das ist ein Beispiel für die unabhängige Skalierung zweier Services (`sample-app-backend` hat drei Replikate).

❸ Ändern Sie die Labels der Pods in `sample-app-frontend-pods`.

❹ Ändern Sie den Namen des Containers in `sample-app-frontend`.

❺ Ändern Sie das bereitzustellende Docker-Image in `sample-app-frontend` in der Version 0.0.1. Dieses Docker-Image erzeugen Sie gleich.

❻ Legen Sie `sample-app-frontend-pods` als Ziel der Pods fest.

sample-app_service.yml
Aktualisieren Sie den Namen der App, wie in Beispiel 6.21 zu sehen.

Beispiel 6.21: Die App umbenennen (ch6/sample-app-frontend/sample-app-service.yml)

```
metadata:
  name: sample-app-frontend-loadbalancer     ❶
spec:
  type: LoadBalancer                         ❷
  selector:
    app: sample-app-frontend-pods            ❸
```

❶ Ändern Sie den Namen des Service in `sample-app-frontend-service`.

❷ Sie behalten den Service-`type` `LoadBalancer` bei, damit dieser Service von außen zugänglich ist (was Sie bei einem Frontend üblicherweise wollen).

❸ Legen Sie `sample-app-frontend-pods` als Ziel für die Pods fest.

Erzeugen Sie ein Docker-Image für die Frontend-App mithilfe des `dockerize`-Befehls:

```
$ cd ch6/sample-app-frontend
$ npm run dockerize
```

Das erzeugt ein neues Docker-Image namens `sample-app-frontend` in der Version 0.0.1. Um dieses Docker-Image in einem Kubernetes-Cluster bereitzustellen, nutzen Sie `kubectl apply`:

```
$ kubectl apply -f sample-app-deployment.yml
$ kubectl apply -f sample-app-service.yml
```

Wenn Sie `kubectl get services` ausführen, sehen Sie die Services sowohl für das Backend als auch für das Frontend:

```
$ kubectl get services
NAME                               TYPE           EXTERNAL-IP   PORT(S)
kubernetes                         ClusterIP      <none>        443/TCP
sample-app-backend-service         ClusterIP      <none>        80/TCP
sample-app-frontend-loadbalancer   LoadBalancer   localhost     80:32081/
TCP
```

Beachten Sie, dass `EXTERNAL-IP` für das Frontend auf `localhost` gesetzt ist und an Port 80 horcht. Sie können es also testen, indem Sie sich *http://localhost* ansehen. Öffnen Sie die URL in einem Webbrowser, dann sehen Sie die HTML-Response wie in Abbildung 6.7.

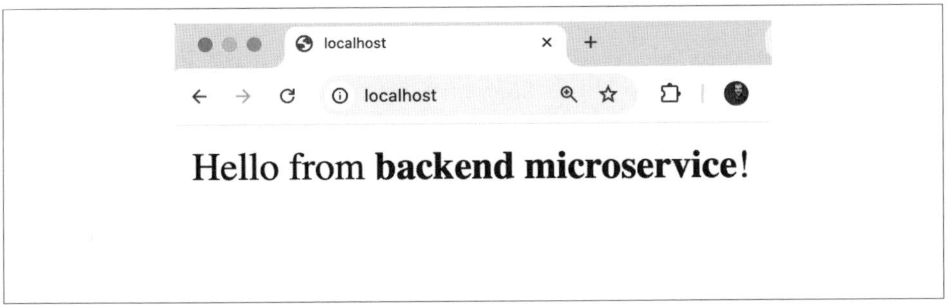

Abbildung 6.7: Die HTML-Response des Frontends

Glückwunsch, Sie betreiben nun zwei Microservices unter Kubernetes, die miteinander reden! Separate Teams können die jeweiligen Services völlig unabhängig voneinander entwickeln, bereitstellen und skalieren.

Machen Sie sich die Hände schmutzig

Hier einige Übungen, mit denen Sie zu Hause tiefer einsteigen können:

- Frontend und Backend horchen beide an Port 8080. Das funktioniert, wenn Sie die Apps in Docker-Containern betreiben, doch wenn Sie die Apps ohne Docker testen wollen, funktioniert das nicht mehr. Ändern Sie die Apps so ab, dass sie andere Ports verwenden.
- Nach all diesen Updates funktionieren die automatisierten Tests in *app.test.js* für Frontend und Backend nicht mehr. Beheben Sie das.
- Schlägt ein Request des Frontends mit dem Backend fehl, stürzt das Frontend ab. Fangen Sie Fehler sauber ab.

Wenn Sie mit Ihren Tests durch sind, sollten Sie `kubectl delete` für alle Deployments und Services ausführen, um sie aus dem Kubernetes-Cluster zu entfernen. Sie sollten alle Änderungen auch in Git einpflegen, da Sie in nachfolgenden Kapiteln auf diesem Code noch aufbauen werden.

Fazit

Sie haben nun gesehen, wie man einige Probleme löst, die mit der Skalierung einhergehen, wenn ein Unternehmen wächst. Das umfasst das Aufteilen Ihres Deployments in mehrere Umgebungen und das Aufteilen der Codebasis in mehrere Bibliotheken und Services. Wie

Sie anhand der acht Kernaussagen dieses Kapitels gelernt haben, haben diese Ansätze ihre Vorteile, aber auch ihren Preis:

- Das Aufteilen des Deployments in mehrere Umgebungen erlaubt Ihnen, Tests von der Produktion zu trennen und Teams voneinander zu isolieren.
- Das Aufteilen des Deployments in mehrere Regionen reduziert die Latenz, erhöht die Resilienz und erfüllt lokale Gesetze und Vorschriften, doch Sie müssen möglicherweise die gesamte Architektur umarbeiten.
- Konfigurationsänderungen sind ebenso wahrscheinlich die Ursache für Ausfälle wie Codeänderungen.
- Das Aufteilen der Codebasis in Bibliotheken erlaubt den Entwicklerinnen und Entwicklern, sich auf kleinere Teile zu konzentrieren.
- Das Aufteilen der Codebasis in Services erlaubt verschiedenen Teams die unabhängige Entwicklung und Skalierung der einzelnen Teile.
- Beim Aufteilen der Codebasis können Änderungen *innerhalb* jedes Teils der Codebasis schneller durchgeführt werden. Der Preis dafür ist aber, dass es länger dauert, Änderungen *über die gesamte Codebasis hinweg* vorzunehmen und zu integrieren.
- Das Aufteilen der Codebasis in mehrere Teile bedeutet, dass Sie sich bei dieser Aufteilung für eine späte anstelle einer kontinuierlichen Integration entscheiden. Machen Sie das also nur, wenn diese Teile wirklich unabhängig voneinander sind.
- Das Aufteilen einer Codebasis in Bibliotheken und Services hat einen erheblichen Preis. Machen Sie das nur, wenn die Vorteile die Kosten überwiegen, was normalerweise lediglich im großen Maßstab der Fall ist.

Wenn Sie sich mehrere Umgebungen und Dienste anschauen, spielt ein Thema immer wieder eine Schlüsselrolle: die Vernetzung. Das betrifft sowohl die Kommunikation der Dienste als auch die Definition der Umgebungen. Die Vernetzung spielt auch bei der Sicherheit eine wesentliche Rolle. Nahezu alles, was Sie in diesem Buch bislang bereitgestellt haben – alle EC2-Instanzen, EKS-Cluster und so weiter –, waren direkt über das öffentliche Internet zugänglich. Das ist für das Lernen und Testen praktisch, doch das kleinste Versäumnis bei der Sicherheit (z. B. der versehentlich offene Port einer Firewall oder der Betrieb veralteter Software mit Sicherheitslücken) kann von bösartigen Akteuren sofort missbraucht werden.

In Kapitel 7 werden Sie lernen, wie Sie Ihr Netzwerk mit zusätzlichen Schutzschichten versehen, damit Sie nicht nur einen Schritt von einer Katastrophe entfernt sind. Sie werden auch erfahren, wie man Netzwerke nutzt, um Umgebungen zu definieren, wie man Services erkennt, sich mit Servern für das Debugging verbindet, und vieles mehr.

KAPITEL 7

Wie man das Netzwerk einrichtet

In Kapitel 6 haben Sie gelernt, wie Sie Ihre Deployments in mehrere Umgebungen und Ihre Codebasis in mehrere Dienste aufteilen. Beide Aktionen hängen stark vom Netzwerk ab. Services müssen in der Lage sein, mit anderen Services über das Netzwerk zu kommunizieren, und Umgebungen müssen voneinander isoliert werden, damit sie *nicht* miteinander über das Netzwerk sprechen können. Das Netzwerk übernimmt also zwei Schlüsselaufgaben: Konnektivität und Sicherheit.

In diesem Kapitel tauchen wir tiefer in Netzwerke ein. Sie werden übergeordnete Konzepte kennenlernen, die Sie benötigen, um Ihre Anwendungen miteinander zu verbinden und abzusichern. Im Besonderen geht dieses Kapitel mit Ihnen die Konzepte und Beispiele aus Tabelle 7.1 durch.

Tabelle 7.1: Konzepte und Beispiele in diesem Kapitel

Konzept	Beschreibung	Beispiel
Öffentliches Netzwerk	Zugriff auf Ihre Apps über das öffentliche Internet mit öffentlichen IP-Adressen und Domainnamen.	Server mit öffentlichen IPs über AWS bereitstellen und deren Domainnamen bei Route 53 registrieren.
Privates Netzwerk	Betrieb Ihrer Apps in einem privaten Netzwerk, um sie vor dem Zugriff aus dem öffentlichen Internet zu schützen.	Ein VPC in AWS anlegen und darin Server bereitstellen.
Netzwerkzugriff	Wie man sicher per SSH, RDP und VPN auf private Netzwerke zugreift.	Verbindung zu einem Server in einem VPC unter AWS über einen Bastion-Host und SSH.
Servicekommunikation	Apps in einer Microservice-Architektur sicher miteinander verbinden.	Istio als Service-Mesh für unter Kubernetes laufende Microservices nutzen.

Sehen wir uns zuerst die öffentlichen Netzwerke an.

Öffentliche Netzwerke

Nahezu alles, was Sie in diesem Buch bisher bereitgestellt haben, war direkt über das öffentliche Internet zugänglich. Zum Beispiel konnten Sie auf die EC2-Instanz, die Sie in Kapitel 1 bereitgestellt haben, über eine öffentliche IP-Adresse wie `3.22.99.215` und durch den in Kapitel 3 bereitgestellten Load-Balancer über einen Domainnamen wie `*xx*.us-east-2.elb.amazonaws.com` zugreifen. Wo kamen die IP-Adresse und der Domainname her, und wie funktioniert das? Auf diese Fragen konzentrieren wir uns in diesem Abschnitt.

Öffentliche IP-Adressen

Das ganze Internet baut auf dem *Internet Protocol* (IP) auf, das eine Reihe von Regeln für die Weiterleitung (das sogenannte *Routing*) und die Adressierung von Daten über das Netzwerk definiert. Die erste Hauptversion von IP, *IPv4*, existiert seit den 1980ern und ist bis heute das dominierende Protokoll. Sein Nachfolger, *IPv6*, kam um das Jahr 2006 herum heraus und gewinnt allmählich an Bedeutung.

IP-Adressen sind ein zentraler Bestandteil des IP. Jede Adresse identifiziert einen Endpunkt im Netzwerk und gibt die Lage dieses Endpunkts an, damit Daten an ihn gesendet werden können. IPv4-Adressen sind 32-Bit-Zahlen, die üblicherweise in Form von vier durch Punkte getrennte Dezimalzahlen wie etwa `11.22.33.44` dargestellt werden. Mit nur 32 Bit ist die Zahl eindeutiger IP-Adressen auf 2^{32} beschränkt, also etwa 4 Milliarden. Das ist ein Problem, da es bereits seit Langem weit mehr als 4 Milliarden mit dem Internet verbundene Geräte gibt.[1]

Dass uns die IP-Adressen ausgehen, ist einer der Gründe, warum auf IPv6 gewechselt wird. Es nutzt 128-Bit-Adressen, die üblicherweise mit acht durch Punkte getrennte Hexadezimalzahlen wie `2001:0db8:85a3:0000:0000:8a2e:0370:7334` dargestellt werden. Mit 128 Bit sind 2^{128}, also etwa 340 Sextillionen (340 gefolgt von 36 Nullen) eindeutige Adressen möglich. Freie Adressen werden uns da wohl nicht ausgehen.

Leider liegt die weltweite Nutzung von IPv6 immer noch bei unter 50%.[2] Viele ältere Netzwerkgeräte unterstützen IPv6 nicht, sodass die Anpassung lange dauert, weil Software und Hardware bei Tausenden Geräten und Netzwerken auf der ganzen Welt aktualisiert werden müssen. Aus diesem Grund haben Sie es heutzutage meist immer noch mit IPv4 zu tun, weshalb wir uns in diesem Kapitel darauf konzentrieren wollen.

Wie bekommt man eine öffentliche IP-Adresse? Der *Internet Assigned Numbers Authority* (IANA) gehören alle öffentlichen IP-Adressen, und sie weist sie hierarchisch zu. Auf der obersten Ebene weist die IANA Blöcke von IP-Adressen den *Internet Registries* zu, die bestimmte geografische Regionen abdecken. Diese Registries vergeben Blöcke von IP-Adressen wiederum an *Netzwerkbetreiber* innerhalb ihrer Region, etwa *Internet Service Provider*

1 Statista schätzt, dass es über 5 Milliarden Internetnutzer gibt, doch selbst das ist nur ein Tropfen auf den heißen Stein verglichen mit der Zahl der Geräte, die IP-Adressen benötigen, einschließlich Nutzern mit mehreren Geräten (Computer, Telefon, Tablet, Fernseher, Pkw), Netzwerkgeräten (Router, Switches) und Geräten im Internet der Dinge (Internet of Things, IoT).

2 Basierend auf Daten von Google und Cloudflare

(ISPs), Cloud-Anbieter (z. B. AWS, Azure, Google Cloud) und Großunternehmen. Die Netzwerkbetreiber wiederum weisen die IPs schließlich bestimmten Geräten zu. Wenn Sie zum Beispiel zu Hause die Verbindung mit Ihrem Internetanbieter herstellen, weist dieser ISP Ihnen eine IP-Adresse aus seinem IP-Block zu. Stellen Sie eine EC2-Instanz bei AWS bereit, weist Ihnen AWS eine IP-Adresse aus seinem IP-Block zu.[3]

Kernaussage 1
Sie erhalten öffentliche IP-Adressen von Netzwerkbetreibern wie Cloud-Anbietern und ISPs.

IP-Adressen sind ein grundlegender Baustein des Internets und funktionieren gut, wenn Computer miteinander kommunizieren müssen, sie sind allerdings nicht besonders menschenfreundlich. Wenn Sie sich ständig eine Reihe zufälliger Zahlen merken müssten (die sich gelegentlich auch noch ändern), nur um auf Ihre Server zugreifen zu können, hätten es Internet und World Wide Web wohl nicht so weit gebracht. Glücklicherweise gibt es das Domain Name System.

Das Domain Name System

Das *Domain Name System* (DNS) ist ein Service, der es Ihnen erlaubt, einen leicht(er) zu merkenden, gleichbleibenden und menschenfreundlichen *Domainnamen* anstelle einer IP-Adresse zu verwenden, um auf einen Internetdienst zuzugreifen. Zum Beispiel können Sie *www.google.com* statt `172.253.116.139` nutzen, um auf Googles Server zuzugreifen. DNS bildet Namen auf IP-Adressen ab und verwendet dabei eine weltweit verteilte Hierarchie von *Nameservern* (siehe Abbildung 7.1).

Wenn Sie einen *vollständig qualifizierten Domainnamen* (*Fully Qualified Domain Name*, FQDN) wie *www.google.com* in Ihrem Webbrowser eingeben, wird dieser wie folgt aufgelöst:

1. **Ihr Computer sendet einen Request an den lokalen *DNS-Resolver*.** Bei Ihnen zu Hause fungiert der ISP üblicherweise selbst als DNS-Resolver, in der Cloud der Cloud-Anbieter.
2. **Der DNS-Resolver sendet eine Reihe von Abfragen (Queries) an die Nameserver-Hierarchie.** Er verarbeitet den FQDN in umgekehrter Reihenfolge in den folgenden Schritten:
    a. **Abfrage der *Root-Nameserver* nach der *Top-Level-Domain* (TLD).** Die Root-Nameserver werden von der IANA betrieben. Sie laufen an 13 bekannten

3 Standardmäßig sind das *dynamische IP-Adressen*, die zufällig aus einem Pool von IP-Adressen des Cloud-Anbieters ausgewählt werden, d. h., die Adressen können sich bei jedem erneuten Deployment ändern. Wollen Sie die gleiche IP-Adresse über eine längere Zeit nutzen, können Sie üblicherweise gegen eine zusätzliche Gebühr eine *statische IP-Adresse* verwenden (z. B. bietet AWS Elastic IPs [EIPs] (*https://oreil.ly/f5ZNu*), Google Cloud bietet statische externe IP-Adressen, (*https://oreil.ly/Spigf*) und Azure bietet statische öffentliche IP-Adressen (*https://oreil.ly/gXpFX*)).

IP-Adressen, die fest in die DNS-Resolver eingetragen sind. Sie antworten mit den IP-Adressen der TLD-Nameserver für die TLD (z. B. *.com*).

b. **Abfrage der *TLD-Nameserver* nach der *Second-Level-Domain* (SLD)**. Die TLD-Nameserver werden ebenfalls von der IANA betrieben und antworten mit den IP-Adressen der autoritativen Nameserver für diese SLD (z. B. *google*).

c. **Abfrage der *autoritativen Nameserver* nach der *Subdomain*.** Die autoritativen Nameserver werden von unterschiedlichen Unternehmen wie Amazon Route 53, GoDaddy und Namecheap (vollständige Liste (*https://oreil.ly/yxD56*)) betrieben und antworten mit den DNS-Records für diese Subdomain (z. B. *www*). Es gibt unterschiedliche Arten von *DNS-Records*, die unterschiedliche Arten von Informationen speichern. Zum Beispiel sind *DNS A-Records* und *DNS AAAA-Records* Adress-Records, die IPv4- bzw. IPv6-Adressen enthalten. *DNS CNAME-Records* enthalten kanonische Namen, d. h., sie enthalten Aliasse für Domainnamen, und *DNS TXT-Records* sind Records, die beliebigen Text enthalten können.

3. **Ihr Computer nutzt die IP-Adressen der DNS-Records**. Der Browser ruft üblicherweise A- oder AAAA-Records ab und nutzt die zurückgelieferten Adressen, um die angeforderte Website abzurufen.

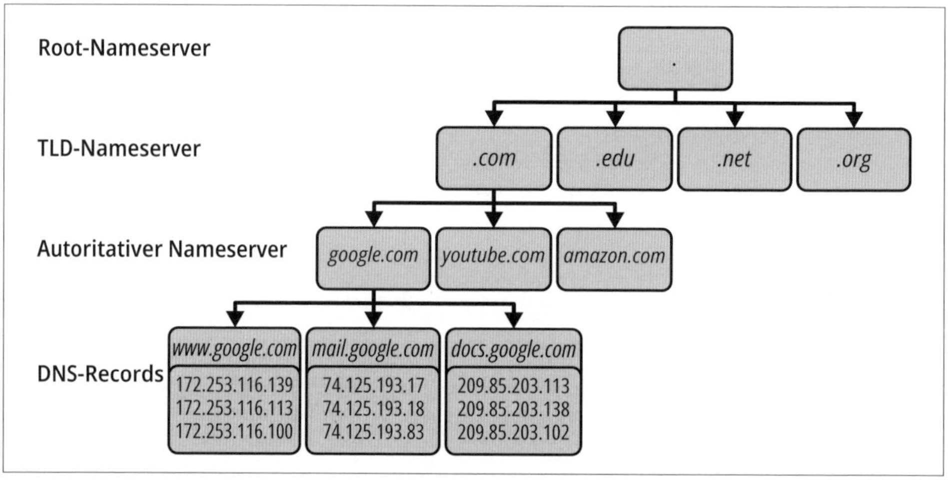

Abbildung 7.1: Die Hierarchie der DNS-Server

So viele Requests für ein paar DNS-Records scheint etwas ineffizient, doch tatsächlich ist DNS ziemlich schnell, und es wird sehr viel zwischengespeichert (z. B. halten Browser, Betriebssystem und DNS-Resolver Records eine Weile im Cache vor, um die Zahl der Lookups zu reduzieren).

Kernaussage 2

DNS erlaubt den Zugriff auf Internetdienste über leicht(er) zu merkende, menschenfreundliche und gleichbleibende Namen.

So erfolgt also der Lookup von DNS-Records, aber wie kommen sie da überhaupt hin? Wer entscheidet, wem eine Domain gehört? Wie bei den meisten Dingen, die mit dem Internet zu tun haben, kommt auch hier wieder die IANA ins Spiel, der alle Domainnamen gehören und die alle Domainnamen verwaltet. Die IANA delegiert die Verwaltung dieser Domains an akkreditierte *Registrare*, die Domainnamen an Endnutzer verkaufen dürfen. Diese Registrare sind häufig (aber nicht immer) die gleichen Unternehmen, die autoritative Nameserver betreiben (etwa Route 53, GoDaddy und Namecheap). Beachten Sie, dass Ihnen ein Domainname technisch gesehen nie gehört. Sie können ihn nur mieten und bezahlen eine jährliche Gebühr. Wenn Sie die Gebühr nicht mehr bezahlen, kann der Registrar den Domainnamen weitervermieten.

Sobald Sie einen Domainnamen gemietet haben, haben Sie das Recht, die DNS-Records dieser Domain in dessen autoritativen Nameservern zu konfigurieren, was es Nutzenden auf der ganzen Welt ermöglicht, über diesen Domainnamen auf Ihre Server zuzugreifen. DNS ist ein wundervolles, skalierbares System, und den ersten Domainnamen zum Laufen zu bringen, hat etwas Magisches. Wir wollen ein Beispiel für diese Magie ausprobieren und einen Domainnamen bei Route 53 registrieren und konfigurieren.

Beispiel: Einen Domainnamen bei Amazon Route 53 registrieren und konfigurieren

In diesem Abschnitt werden Sie eine Web-App bereitstellen und einen Domainnamen für sie einrichten. Wir nutzen Route 53 als Registrar, und die Web-App ist ein einfacher HTTP-Server, der auf verschiedenen EC2-Instanzen läuft und mit `Hello, World!` antwortet. Hierzu sind drei Schritte nötig: Registrieren des Domainnamens, Bereitstellung der EC2-Instanzen und Konfiguration der DNS-Records.

Registrieren eines Domainnamens

Der erste Schritt ist die Registrierung des Domainnamens. Zwar verwalten Sie in diesem Buch einen Großteil Ihrer Infrastruktur als Code, doch die Registrierung von Domainnamen verlangt mehrere manuelle Schritte, weshalb ich üblicherweise eine Webschnittstelle nutze.

> **Vorsicht vor den Schlangen: Die Registrierung von Domainnamen kostet Geld!**
>
> Während die meisten Beispiele in diesem Buch unter AWS' kostenlosem Angebot laufen, kostet die Registrierung von Domainnamen Geld. Die Preise (*https://oreil.ly/IotUF*) hängen vom zu registrierenden Domainnamen ab. Zum Beispiel kosten die meisten *.com*-Adressen in den USA 2025 etwa 14 Dollar.

Wechseln Sie in das Route-53-Dashboard (*https://oreil.ly/sQp81*), wählen Sie *Register a domain* und klicken Sie auf *Get started*. Auf der nächsten Seite nutzen Sie die Suche, um einen Domainnamen zu finden, den Sie kaufen können. Wie in Abbildung 7.2 zu sehen, war *fundamentals-of-devops-example.com* noch verfügbar. Sie werden nach anderen Domains suchen müssen, da ich diese bereits registriert habe. Viel Spaß dabei. Sie können eine Vielzahl von Domainnamen registrieren, darunter Standard-Domains wie *.com*, *.net* und *.org*, aber auch eher ungewöhnliche wie *.agency*, *.beer*, *.expert*, *.games*, *.me* und *.fail*. Also werden Sie kreativ.

Abbildung 7.2: Einen verfügbaren Domainnamen finden

Sobald Sie einen passenden und verfügbaren Domainnamen gefunden haben, klicken Sie auf *Select*, um ihn in den Warenkorb zu legen, scrollen dann zum Ende der Seite und klicken auf *Proceed to checkout*. Auf der nächsten Seite legen Sie fest, wie viele Jahre Sie die Domain behalten wollen und ob die Registrierung automatisch erneuert werden soll, und klicken dann auf *Next*. Sie landen anschließend auf einer Seite, auf der Sie die Kontaktdaten für die Domain eintragen müssen. Die IANA verlangt Kontaktdaten für jede Domain, und jeder kann die Kontaktdaten für jede Domain mit `whois` nachschlagen, wie in Beispiel 7.1 zu sehen.

Beispiel 7.1: Kontaktdaten zu einer Domain über »whois« nachschlagen

```
$ whois fundamentals-of-devops-example.com
Registrant Organization: Identity Protection Service
Registrant Street: PO Box 786
Registrant City: Hayes
Registrant State/Province: Middlesex
Registrant Email: f7cbd7cd-401a-44fb-xxxx@identity-protect.org
(... gekürzt ...)
```

Wenn Sie Ihre Daten schützen wollen, können Sie am Ende der Seite die Datenschutzoption (*Privacy Protection*) aktivieren. Amazon schützt Ihre Daten, indem es seine eigenen Kontaktdaten aufführt, und leitet Nachrichten für die Domain an Sie weiter. Sobald Sie die Kontaktdaten eingetragen haben, klicken Sie auf *Next*, und es erscheint eine Zusammenfassung dessen, was Sie gekauft haben. Stimmen Sie den Vertragsbedingungen zu und klicken Sie auf *Submit*, um den Registrierungsprozess zu starten.

Die Registrierung dauert 5 bis 30 Minuten, also haben Sie etwas Geduld. Sie können den Prozess auf der Registrierungsseite (*https://oreil.ly/pT2eq*) verfolgen. Während des Prozesses sendet Route 53 eine Bestätigung an die E-Mail-Adresse, die Sie im Kontaktformular angegeben haben. Sobald Sie diese Mail erhalten haben, klicken Sie auf den darin enthaltenen Link und bestätigen Ihre eigene E-Mail-Adresse. Ist der Registrierungsprozess abgeschlossen, finden Sie Ihre Domain auf der Seite mit den registrierten Domains (*https://oreil.ly/i0DC5*). Klicken Sie sie an, und in den Details sollten Sie eine Liste mit Nameservern sehen. Registrieren Sie eine Domain bei Route 53, werden automatisch deren eigene Server als autoritative Nameserver für diese Domain konfiguriert. Route 53 legt auch automatisch eine *gehostete Zone* (*Hosted Zone*) für die Domain an, einen Container mit den DNS-Records dieser Domain. Sie werden gleich sehen, wie man DNS-Records zu dieser gehosteten Zone hinzufügt.

EC2-Instanzen bereitstellen

> **Beispielcode**
> Denken Sie daran, dass Sie alle Codebeispiele im GitHub-Repo (*https://github.com/brikis98/devops-book*) zu diesem Buch finden.

Der nächste Schritt besteht darin, einige EC2-Instanzen bereitzustellen, die die »Hello, World«-Web-App ausführen. Wechseln Sie in den Ordner, in dem Sie an den Codebeispielen zu diesem Buch gearbeitet haben, und erstellen Sie einen neuen Ordner für dieses Kapitel. Innerhalb dieses neuen Ordners legen Sie ein neues OpenTofu-Root-Modul namens `ec2-dns` an:

```
$ cd fundamentals-of-devops
$ mkdir -p ch7/tofu/live/ec2-dns
$ cd ch7/tofu/live/ec2-dns
```

Innerhalb des `ec2-dns`-Root-Moduls können Sie mehrere EC2-Instanzen anlegen, indem Sie das Modul `ec2-instances` nutzen, das Sie im Code-Repo zu diesem Buch im Ordner *ch7/tofu/modules/ec2-instances* finden. Dieses Modul ähnelt dem OpenTofu-Code zum Deployment einer EC2-Instanz aus Kapitel 2, nur das `ec2-instances` mehrere EC2-Instanzen bereitstellen kann. Außerdem stellt es kein eigenes Benutzerdatenskript bereit; stattdessen können Sie festlegen, welches ausgeführt werden soll. Um dieses Modul zu nutzen, legen Sie eine Datei namens *main.tf* im Ordner *ec2-dns* mit dem Inhalt aus Beispiel 7.2 an.

Beispiel 7.2: Mehrere EC2-Instanzen erzeugen (ch7/tofu/live/ec2-dns/main.tf)

```
provider "aws" {
  region = "us-east-2"
}

module "instances" {
  source  = "brikis98/devops/book//modules/ec2-instances"
  version = "1.0.0"

  name          = "ec2-dns-example"
  num_instances = 3                                 ❶
  instance_type = "t2.micro"
  ami_name = "sample-app-packer-*"                  ❷
  http_port     = 8080                              ❸
  user_data     = file("${path.module}/user-data.sh") ❹
}
```

Dieser Code nutzt das `ec2-instances`-Modul wie folgt:

❶ Bereitstellung dreier EC2-Instanzen.

❷ Verwendet das `sample-app-packer`-AMI aus Kapitel 3, das Node.js, PM2 und eine »Hello, World!«-App installiert. Wenn Sie dieses AMI noch besitzen, können Sie es wiederverwenden. Wenn nicht, zeigt »Beispiel: Ein VM-Image mittels Packer erzeugen« auf Seite 109, wie Sie es erzeugen können.

❸ Erlaubt den Instanzen den Empfang von HTTP-Requests an Port 8080.

❹ Lässt jede Instanz das nachfolgend beschriebene Nutzerdatenskript ausführen.

Für das Nutzerdatenskript kopieren Sie das Skript aus dem Root-Modul `asg-sample` nach Kapitel 3. Es nutzt PM2, um die Node.js-»Hello, World!«-App zu starten:

```
$ cp ../../../../ch3/tofu/live/asg-sample/user-data.sh .
```

Abschließend legen Sie *outputs.tf* mit dem Inhalt aus Beispiel 7.3 an, um die öffentlichen IP-Adressen der EC2-Instanzen auszugeben.

Beispiel 7.3: Ausgabevariablen (ch7/tofu/live/ec2-dns/outputs.tf)

```
output "instance_ips" {
  description = "The IPs of the EC2 instances"
  value       = module.instances.public_ips
}
```

Das Deployment erfolgt wie üblich durch Authentifizierung gegenüber AWS und die Ausführung von `init` und `apply`:

```
$ tofu init
$ tofu apply
```

Ist `apply` durchgelaufen, erscheinen die IP-Adressen der Instanzen in der Ausgabevariablen `instance_ips`:

```
instance_ips = [
  "3.145.172.12",
  "18.118.205.155",
  "18.224.38.87",
]
```

Geben Sie den Instanzen ein oder zwei Minuten zum Hochfahren, kopieren Sie eine der IP-Adressen und stellen Sie sicher, dass die Web-App funktioniert:

```
$ curl http://3.145.172.12:8080
Hello, World!
```

DNS-Records konfigurieren

Die Web-App läuft nun auf mehreren Servern, und Sie können jetzt den Domainnamen auf sie verweisen lassen, indem Sie den Code aus Beispiel 7.4 in das `ec2-dns`-Modul einfügen.

Beispiel 7.4: Ein DNS A-Record konfigurieren (ch7/tofu/live/ec2-dns/main.tf)

```
data "aws_route53_zone" "zone" {                    ❶
  # TODO: fill in your own domain name!
  name = "fundamentals-of-devops-example.com"
}

resource "aws_route53_record" "www" {
  zone_id = data.aws_route53_zone.zone.id           ❷
  # TODO: Tragen Sie hier Ihren Domainnamen ein!
  name    = "www.fundamentals-of-devops-example.com" ❸
  type    = "A"                                      ❹
  records = module.instances.public_ips             ❺
```

```
  ttl     = 300                                  ❻
}
```

Der Code fügt ein DNS A-Record in die von Route 53 gehostete Zone ein:

❶ Lookup der von AWS automatisch erzeugten gehosteten Zone für die registrierte Domain. Sie müssen hier Ihren eigenen Domainnamen eintragen.

❷ Anlegen eines DNS-Records für die in ❶ gefundene Zone.

❸ Das DNS-Record für *www.<IHRE-DOMAIN>*. Tragen Sie hier Ihre Domain ein.

❹ Das ist ein A-Record, das auf IPv4-Adressen verweist.

❺ Das A-Record zeigt auf die IPv4-Adressen der bereitgestellten EC2-Instanzen.

❻ Legt die *Time-to-Live* (TTL) für das Record mit 300 Sekunden (5 Minuten) fest. Dieser Wert gibt vor, wie lange DNS-Resolver das Record im Cache vorhalten sollen. Das Erhöhen der TTL reduziert die Latenz für die Nutzer und die Last für Ihre DNS-Server, es dauert aber länger, bis Updates übernommen werden.

Fügen Sie den Domainnamen als Ausgabevariable zu *outputs.tf* hinzu, wie in Beispiel 7.5 gezeigt.

Beispiel 7.5: Ausgabevariable für den Domainnamen hinzufügen (ch7/tofu/live/ec2-dns/outputs.tf)

```
output "domain_name" {
  description = "The domain name for the EC2 instances"
  value       = aws_route53_record.www.name
}
```

Führen Sie `apply` erneut aus. Sobald es durchgelaufen ist, testen Sie Ihren Domainnamen, wobei Sie `http://` und Port 8080 explizit angeben müssen. (Wie Sie Domainnamen mit `https://` betreiben und auf die Portangabe verzichten können, erfahren Sie in Kapitel 8):

```
$ curl http://www.<YOUR-DOMAIN>:8080
Hello, World!
```

Es scheint zu funktionieren! Etwas mehr Einblick verschafft uns der `dig`-Befehl:

```
$ dig www.<IHRE-DOMAIN>
```

Die Ausgabe ist recht lang (mehr zur Ausgabe von `dig` (*https://oreil.ly/KLezY*)), doch die wichtigen Elemente finden Sie in den Abschnitten `QUESTION` und `ANSWER`:

```
;; QUESTION SECTION:
;www.fundamentals-of-devops-example.com. IN A

;; ANSWER SECTION:
www.fundamentals-of-devops-example.com. 85 IN A 3.145.172.12
www.fundamentals-of-devops-example.com. 85 IN A 18.118.205.155
www.fundamentals-of-devops-example.com. 85 IN A 18.224.38.87
```

Der Fragen-Abschnitt zeigt den abgefragten Domainnamen und den Record-Typ. Der Antwort-Abschnitt zeigt die zur Abfrage zurückgelieferten Daten, in diesem Fall die IP-Adressen Ihrer EC2-Instanzen. Wenn Sie das sehen, Glückwunsch, Sie haben gerade einen Domainnamen für Ihre Web-App konfiguriert! Sie verfügen nun über einen einzelnen, menschenfreundlichen Endpunkt, den Sie den Nutzern bekannt geben können und der hinter den Kulissen automatisch in die IP-Adressen Ihrer Server umgewandelt wird. Wenn Sie mit dem Testen und Experimentieren fertig sind, pflegen Sie Ihren Code ein und führen `tofu destroy` aus, um alles aufzuräumen.

> **Machen Sie sich die Hände schmutzig**
>
> Hier einige Übungen, mit denen Sie zu Hause tiefer einsteigen können:
>
> - Der Code nutzt einzelne EC2-Instanzen, damit Sie ein Beispiel für ein DNS A-Record mit separaten IP-Adressen sehen. Versuchen Sie, einen ALB bereitzustellen und ein *alias*-Record für den ALB einzurichten (*https://oreil.ly/RnQHm*).
> - Leiten Sie Ihre *Root-Domain* (z.B. *foo.com*) auf eine Subdomain (z.B. *www.foo.com*) um, damit Sie nicht versehentlich Cookies ausgeben, die von allen Subdomains gelesen werden können (*https://oreil.ly/-8Ygm*).
> - Aktivieren Sie *DNS Security Extensions* (DNSSEC) (*https://oreil.ly/uEOp8*) für Ihre Domain, um sich vor gefälschten oder manipulierten DNS-Daten zu schützen.

Sie wissen nun, wie man öffentliche IP-Adressen und Domainnamen verwaltet, doch es ist wichtig, zu verstehen, dass nicht alles über das Internet öffentlich zugänglich sein darf. Ein Grund ist, dass es nicht genug IP-Adressen gibt, um alles öffentlich zu machen. Wie Sie vorhin gesehen haben, sind IPv4-Adressen bereits knapp, und IPv6 wird nur langsam angenommen. Ein weiterer Grund ist die Sicherheit. Viele Geräte sind nicht ausreichend geschützt, um öffentlich zugänglich zu sein. Daher ist ein Großteil der Netzwerke privat, womit wir uns im nächsten Abschnitt beschäftigen wollen.

Private Netzwerke

Private Netzwerke sind Teil einer *mehrstufigen Verteidigungsstrategie* (*Defense-in-Depth*), die mehrere redundante Sicherheitsstufen aufbaut. Sehen Sie sich die Burg in Abbildung 7.3 an.

Die Erbauer der Burg haben sich nicht darauf verlassen, dass eine einzige Burgmauer sie schützt. Sie haben mehrere Verteidigungslinien errichtet: Wassergraben, konzentrische Mauern, Tore, Türme, Burgfriede, Soldaten und Fallen. Wurde eine Schicht überwunden, konnte man auf die anderen zurückgreifen und war immer noch sicher. Sie sollten Ihre Softwarearchitektur ähnlich aufbauen. Wird bei mehreren Verteidigungsschichten eine überwunden, sind Sie durch die anderen immer noch geschützt.

Zum Beispiel waren alle bisher in diesem Buch bereitgestellten Server über das öffentliche Internet zugänglich. Sie wurden nur durch die Firewalls (Sicherheitsgruppen) geschützt, die standardmäßig den Zugriff auf alle Ports verhindern. Das ist eine recht dünne Schutzschicht. Ein Fehler reicht, ein offener Port, der nicht offen sein sollte, und Ihre Server sind verwundbar. Im richtigen Leben *werden* Sie früher oder später einen Fehler machen. Bösartige Akteure suchen permanent nach offenen Ports und anderen Lücken. Viele Sicherheitsvorfälle sind nicht das Ergebnis brillanter Hacker-Algorithmen, stattdessen werden einfache Schwachstellen ausgenutzt, die entstehen, weil jemand einen Fehler gemacht hat. Wenn es ausreicht, dass der Fehler einer Person zu einem Sicherheitsvorfall führt, liegt die Schuld nicht bei dieser Person, sondern bei den von Ihnen getroffenen Sicherheitsvorkehrungen.

Abbildung 7.3: Beaumaris Castle (Foto von Llywelyn2000 (https://oreil.ly/q6LXF))

Kernaussage 3

Nutzen Sie eine mehrstufige Sicherheitsstrategie, um sicherzustellen, dass Sie nicht nur einen Schritt von einer Katastrophe entfernt sind.

Ein besserer Ansatz besteht darin, nahezu alle Server in *private Netzwerke* zu verlagern. Diese Netzwerke werden von Organisationen rein für den eigenen Gebrauch eingerichtet, etwa Büro-, Universitäts-, Rechenzentrums- und Heimnetzwerke. Üblicherweise sind private Netzwerke so abgesichert, dass der Zugriff auf autorisierte Personen innerhalb der Organisation beschränkt ist. Dieser Ansatz hat die folgenden Vorteile:

Mehrstufige Verteidigung
: Server in privaten Netzwerken verfügen über mindestens zwei Schutzschichten: Zuerst muss der bösartige Akteur in das private Netzwerk gelangen und muss dann zweitens eine Sicherheitslücke bei einem Server finden, etwa eine falsch konfigurierte Firewall. Wie wir später in diesem Kapitel noch sehen werden, liefert ein gut eingerichtetes privates Netzwerk sogar mehr als zwei Schutzschichten.

Workloads isolieren
: Sie haben in Kapitel 6 gesehen, dass Umgebungen auf unterschiedliche Art eingerichtet werden können: verschiedene Server, verschiedene Accounts, verschiedene Rechenzentren und (das Thema dieses Kapitels) verschiedene Netzwerke. Private Netzwerke geben Ihnen die Möglichkeit, unterschiedliche Arten von Workloads zu isolieren. Ein gängiges Muster ist die Bereitstellung unterschiedlicher Produkte und Teams in getrennten

privaten Netzwerken. Ein anderes typisches Muster ist das Deployment von Datenspeichern und Anwendungsservern in separaten privaten Netzwerken. Sie können den gesamten Datenverkehr zwischen den verschiedenen Workloads unterbinden oder Traffic nur über bestimmte IPs und Ports erlauben. So oder so reduzieren Sie die Chancen, dass ein Workload versehentlich, oder bösartig, Probleme bei einem anderen Workload verursacht.

Bessere Kontrolle und Überwachung

Private Netzwerke ermöglichen Ihnen die genaue Steuerung des Routings, einschließlich der Datentransfermuster für *Nord/Süd*-Traffic (zwischen Ihren Servern und der Außenwelt) und *Ost/West*-Traffic (zwischen den Servern innerhalb Ihres Netzwerks). Private Netzwerke erlauben auch die Konfiguration von Sicherheitskontrollen und die Einrichtung eines Monitorings, etwa die Verfolgung von *Datenströmen* (*Flow-Logs*), sodass Sie den gesamten durch das private Netzwerk laufenden Datenverkehr beobachten können.

Aufgrund dieser Vorteile sollten private Netzwerke Ihre erste Wahl sein.

Kernaussage 4

Stellen Sie alle Ihre Server standardmäßig in privaten Netzwerken bereit und nur eine Handvoll gesicherter Server im öffentlichen Internet zur Verfügung.

Als Nächstes wollen wir uns mit den Grundlagen privater Netzwerke vertraut machen. Wir sehen uns physische Netzwerke in On-Prem-Rechenzentren an und danach virtuelle Netzwerke in der Cloud.

Physische private Netzwerke

Zunächst betrachten wir, wie physische Netzwerke funktionieren. Netzwerke sind ein großes Thema, weshalb wir die Menge an Informationen etwas komprimieren müssen. Was Sie hier sehen, ist ein vereinfachtes Bild, das einige Details auslässt. Wir wollen uns zuerst anschauen, wie man Computer miteinander verbindet. Zwei Computer miteinander zu verbinden, ist einfach: Wie in Abbildung 7.4 gezeigt, benötigen Sie nur ein Kabel.

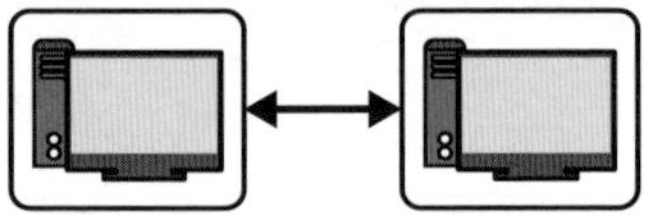

Abbildung 7.4: Zwei Computer miteinander verbinden

Die Verbindung von *n* Computern ist etwas komplizierter. Wenn Sie jeden Computer mit jedem anderen Computer verbinden müssten, wären n^2 Kabel nötig, was unübersichtlich und teuer wäre. Die Lösung besteht darin, alle Computer mit einem einzelnen *Switch* zu verbinden, der Daten zwischen den Computern weiterleiten kann, wofür nur N Kabel benötigt werden (siehe Abbildung 7.5).

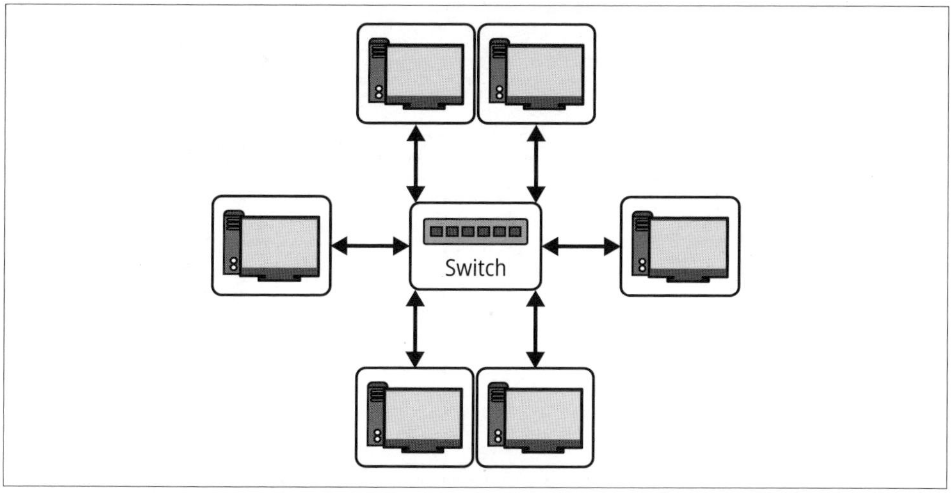

Abbildung 7.5: Mehrere Computer über einen Switch verbinden

Die so verbundenen Computer bilden ein *Netzwerk*. Zwei Netzwerke miteinander zu verbinden, ist einfach: Üblicherweise nutzen Sie dazu einen *Router*, wie in Abbildung 7.6 zu sehen.

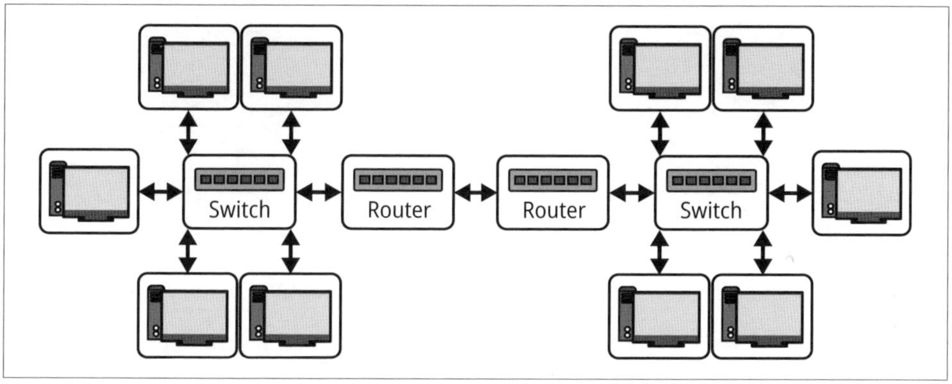

Abbildung 7.6: Zwei Netzwerke über einen Router verbinden

Die Verbindung von *n* Netzwerken ist schwieriger, da Sie wieder vor dem n^2-Problem stehen. Die Lösung besteht darin, diese Router über das Internet zu verbinden, wie in Abbildung 7.7 zu sehen.

Das Wort *Internet*ist eine Kurzform des Begriffs »*Inter*connected *Net*works«, also eines Netzwerks aus Netzwerken. Viele dieser Netzwerke sind privat. Zum Beispiel haben Sie zu Hause ein privates Netzwerk oder ein privates Netzwerk in Ihrem Rechenzentrum. Bei Ihrem Heimnetzwerk erhalten Sie üblicherweise einen Router von Ihrem ISP. Tatsächlich handelt es sich dabei um einen Router und einen Switch, der ein privates Netzwerk aufbaut, in dem Sie zu Hause alle Geräte (Computer, Laptop, Handy, Tablet, Drucker, Fernseher) miteinander verbinden können. Bei einem Netzwerk in einem Rechenzentrum richten die Techniker verschiedene Switches und Router ein und bauen so ein privates Netzwerk auf, das den Servern in diesem Rechenzentrum erlaubt, miteinander zu kommunizieren.

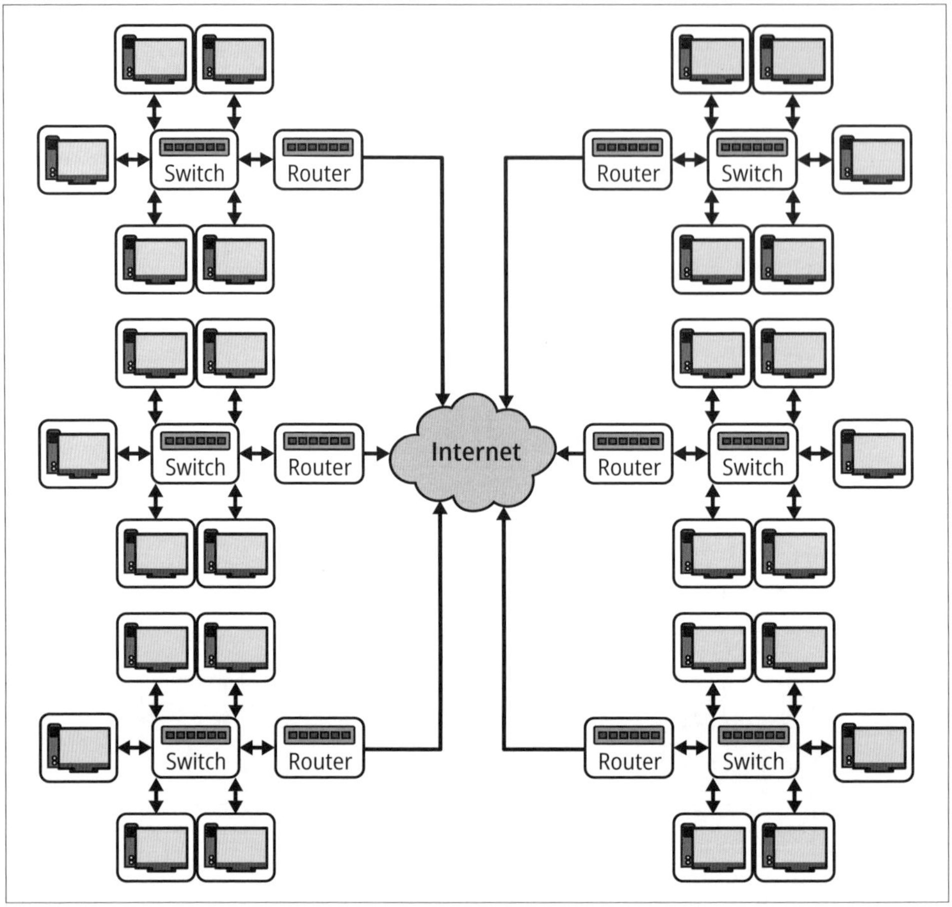

Abbildung 7.7: Viele Netzwerke über das Internet miteinander verbinden

Die meisten privaten Netzwerke weisen verschiedene Kerncharakteristika auf:

- Nur autorisierte Geräte können sich mit dem privaten Netzwerk verbinden.
- Das private Netzwerke nutzt private IP-Adressbereiche.
- Das private Netzwerk definiert Verbindungsregeln.
- Die meisten Geräte innerhalb eines privaten Netzwerks greifen über ein Gateway auf das öffentliche Internet zu.

Sehen wir uns das etwas genauer an.

Nur autorisierte Geräte können sich mit dem privaten Netzwerk verbinden

Während sich jeder mit dem öffentlichen Internet verbinden kann, besteht eine wesentliche Eigenschaft privater Netzwerke darin, dass sich nur Geräte einbinden können, denen Sie das explizit erlauben. Zum Beispiel besteht die einzige Möglichkeit, sich mit einem privaten Netzwerk in einem Rechenzentrum zu verbinden, darin, die Computer direkt im Rechenzentrum per Kabel mit den Routern und Switches zu verbinden. Bei einem privaten Netzwerk innerhalb Ihres Hauses ist es genauso: Sie müssen die Computer über ein Ethernet-Kabel physisch mit dem ISP-Router verbinden oder, falls der Router Wi-Fi unterstützt, in Reichweite der Antennen sein und das Passwort kennen.

Das private Netzwerk nutzt private IP-Adressbereiche

IPv4 reserviert die folgenden IP-Adressen für private Netzwerke (RFC 1918 (*https://oreil.ly/2syTc*)):

```
10.0.0.0 - 10.255.255.255
172.16.0.0 - 172.31.255.255
192.168.0.0 - 192.168.255.255
```

Sie können IP-Adressbereiche mittels *CIDR-Notation* (*Classless Inter-Domain Routing*) kompakter formulieren. Die CIDR-Notation definiert *CIDR-Blöcke* der Form `a.b.c.d/e`. Dabei repräsentiert `a.b.c.d` eine IP-Adresse und `e` eine Dezimalzahl, die festlegt, wie viele Bits der IP-Adresse (im Binärformat) unverändert bleiben. Der IP-Bereich wird also durch die Bits definiert, die sich ändern können. Zum Beispiel repräsentiert `0.0.0.0/0` alle möglichen IP-Adressen, da kein einzelnes Bit unverändert bleibt, während `1.2.3.4/32` nur die IP-Adresse `1.2.3.4` repräsentiert, da sich die 32 Bits nicht ändern. `10.0.0.0/24` repräsentiert die IPs `10.0.0.0` bis `10.0.0.255`, da die ersten 24 Bits unverändert bleiben, während sich die letzten 8 Bits ändern können. Mithilfe der CIDR-Notation lassen sich die drei privaten IP-Adressbereiche aus RFC 1918 wie folgt angeben:

```
10.0.0.0/8
172.16.0.0/12
192.168.0.0/16
```

Während jede öffentliche IP-Adresse eindeutig sein muss, können private IPs in allen privaten Netzwerken immer wieder verwendet werden, da sie *ausschließlich* für private Netzwerke verwendet werden dürfen. Wenn Sie sich zum Beispiel die Wi-Fi- oder Ethernet-Einstellungen in Ihrem Heimnetzwerk ansehen, werden Sie üblicherweise IP-Adressen im Bereich `192.168.`*`xxx`*`.`*`yyy`* vorfinden. In Rechenzentren nutzen die meisten Netzwerke `10.0.0.0/8` oder `172.16.0.0/12`.

Das private Netzwerk definiert Verbindungsregeln

In Ihrem Heimnetzwerk definieren Sie in der Regel (abhängig vom Router) einige Verbindungsregeln. Sie sperren beispielsweise ausgehend den Zugriff auf bestimmte Webseiten oder von bestimmten IP-Adressen eingehende Requests. In einem Rechenzentrumsnetzwerk haben Sie die vollständige Kontrolle über diese Konnektivität. Für jedes Gerät in diesem Netzwerk legen Sie dessen IP-Adresse fest, welche Ports es nutzen darf, mit welchen anderen Geräten es kommunizieren kann und wie der ein- und ausgehende Traffic für dieses Gerät geroutet wird. Einen Teil dieses Verhaltens können Sie durch die Verkabelung über die Hardware steuern. Den Rest steuern Sie über die Konfiguration der Switches und Router per Software.

Da es in Rechenzentren Hunderte oder Tausende von Servern geben kann, ist es üblich, private Netzwerke in sogenannte *Subnetze* (Subnetzwerke) aufzuteilen und Regeln für diese Subnetze festzulegen statt für jedes einzelne Gerät. Zum Beispiel besteht ein gängiger Ansatz darin, eine kleine Zahl von Servern, etwa Load-Balancer, in einem einzigen Subnetz, der sogenannten *demilitarisierten Zone* (DMZ), zu betreiben. Der Zugriff auf diese Server ist direkt über das öffentliche Internet möglich, während alle anderen Server in einem anderen privaten Subnetz laufen, das stärker gesichert und über das öffentliche Internet nicht zugänglich ist.

Die meisten Geräte innerhalb eines privaten Netzwerks greifen über ein Gateway auf das öffentliche Internet zu

Geräte in einem privaten Netzwerk sind aus dem öffentlichen Internet nicht zugänglich. Aus der Sicherheitsperspektive ist das eine gute Sache, doch was tun, wenn die Geräte begrenzten Zugriff auf das Internet benötigen (z.B. eine API aufrufen müssen)? Eine Möglichkeit wäre, diesen Geräten eine öffentliche IP-Adresse zuzuweisen. Zum Beispiel könnten Sie einem Server in Ihrem DMZ eine öffentliche IP-Adresse zuweisen. Dieser Server hätte dann zwei IP-Adressen, eine für die Kommunikation mit dem Internet und eine private, über die er mit den anderen Geräten im privaten Netzwerk kommuniziert.

Allerdings untergräbt die Zuweisung einer öffentlichen IP für jedes Gerät im privaten Netzwerk den eigentlichen Zweck privater Netzwerke. Diese Geräte sollen nicht öffentlich sein, und Sie wollen keine IPv4-Adressen verschwenden. Ein Großteil der Geräte in einem privaten Netzwerk greift daher über ein *Gateway* auf das Internet zu. Hier die gängigsten Arten von Gateways:

Load-Balancer
: Ein Ihnen bereits bekannter Typ Gateway ist der Load-Balancer. Basierend auf den Regeln, die für den Load-Balancer definiert wurden, leitet er Requests aus dem Internet an App-Server innerhalb Ihres privaten Netzwerks weiter. Zum Beispiel könnte ein Nutzer einen Request an den Load-Balancer für die Domain *foo.com* an Port 80 senden, der diesen Request dann an eine festgelegte Gruppe von Servern an Port 8080 weitergibt.

NAT-Gateway
: Ein *NAT-Gateway (Network Address Translation)* erlaubt es, von einem privaten Netzwerk ausgehende Requests in das Internet weiterzuleiten. Hinter den Kulissen übersetzen viele NAT-Gateways auch die Ports (*Port Address Translation, PAT*). Um eine API bei *irgendein-service.com* aufzurufen, sendet ein Server im privaten Netzwerk einen Request an das NAT-Gateway. Dieses leitet den Request an *irgendein-service.com* weiter, wobei der Request so modifiziert (übersetzt, *translated*) wird, dass es so aussieht, als würde er von der öffentlichen IP-Adresse und dem Port des NAT-Gateways kommen. Geht die Response von *irgendein-service.com* an diesem Port ein, weiß das NAT-Gateway, wohin sie weitergeleitet werden muss, und lässt es so aussehen, als käme die Antwort direkt von *irgendein-service.com*.

Forward-Proxy
: Ein *Forward-Proxy* verhält sich wie ein spezialisiertes NAT-Gateway, das Servern ausgehende Requests an eine sorgfältig gepflegte Liste vertrauensvoller Endpunkte erlaubt. Bei Netzwerken geht es immer um Verteidigungslinien, und während die meisten Verteidigungslinien die Angreifer draußen halten, hält ein Forward-Proxy sie drinnen. Wenn es jemand schafft, die anderen Linien zu durchbrechen und in Ihr Sys-

tem einzubrechen, wollen Sie es dem Angreifer so schwer wie möglich machen, mit wertvoller Beute (z.B. Nutzerdaten) zu entkommen. Viele Angreifer versuchen, gestohlene Daten an eigene Server zu senden, und das Ziel des Forward-Proxy ist, diesen Datenabfluss (engl. *Data Exfiltration*) zu verhindern.

ISP-Router
: In Ihrem Heimnetzwerk konfiguriert sich der Router, den Sie vom ISP bekommen, üblicherweise selbst als NAT-Gateway. Alle Geräte in Ihrem Heimnetzwerk senden für das Internet gedachte Requests über den Router, der PAT für die Response nutzt, während die Geräte unsichtbar bleiben.

Gateways haben drei wesentliche Vorteile. Erstens erlauben sie den Geräten in einem privaten Netzwerk die Kommunikation mit dem öffentlichen Internet. Zweitens verbergen Gateways die Geräte des privaten Netzwerks, bieten so zusätzlichen Schutz und erlauben nur explizit von Ihnen freigegebenen Traffic. Und drittens kann ein Gateway eine kleine Anzahl öffentlicher IP-Adresse(n) mit Tausenden Geräten innerhalb des privaten Netzwerks teilen. Aus diesem Grund können wir (trotz der Grenzen von IPv4) mehr als vier Milliarden Geräte im Internet betreiben.

Nachdem Sie die Grundlagen privater Netzwerke in der physischen Welt kennengelernt haben, wollen wir uns private Netzwerke in der Cloud ansehen, in der alles virtualisiert ist.

Virtuelle private Netzwerke

Erfolgt Ihr Deployment in der Cloud, hat der Cloud-Provider sich bereits um das gesamte physische Netzwerk gekümmert. Alle Server, Switches, Router sind verkabelt und laufen in irgendeiner Form, die Sie weder sehen noch kontrollieren können. Was Sie kontrollieren können, ist ein *virtuelles Netzwerk*, das sich vollständig per Software konfigurieren lässt (weshalb man auch von *softwaredefinierten Netzwerken* spricht). In diesem Abschnitt lernen Sie virtuelle Netzwerke in der Cloud sowie Tools zur Orchestrierung virtueller Netzwerke kennen und werden beispielhaft ein virtuelles Netzwerk in AWS einrichten.

Virtuelle Netzwerke in der Cloud

Jeder Cloud-Provider bietet leicht unterschiedliche Features für sein Netzwerk an, doch die folgenden grundlegenden Charakteristika sind üblich:

Sie können eine VPC anlegen.
: Die meisten Cloud-Provider erlauben Ihnen das Anlegen eines privaten Netzwerks, das als *virtuelle private Cloud* (VPC) bezeichnet wird. Dieser Name wird von AWS und Google Cloud verwendet, und ich nutze ihn in diesem Buch, Azure spricht dagegen von *virtuellen Netzwerken* (VNets).

Die VPC besteht aus Subnetzen.
: Jede VPC enthält ein oder mehrere Subnetze. Jedes Subnetz verwendet einen IP-Adressraum gemäß RFC 1918 (z.B. `10.0.0.0/24`).

Die Subnetze weisen IP-Adressen zu.
: Die Ressourcen, die Sie in einem Subnetz bereitstellen, erhalten eine IP-Adresse aus dem Adressraum des Subnetzes. Wenn Sie zum Beispiel drei Server in einem Subnetz

mit dem IP-Adressraum `10.0.0.0/24` bereitstellen, könnten diese Server die IPs `10.0.0.20`, `10.0.0.21` und `10.0.0.22` erhalten.

Sie schaffen Konnektivität über Routingtabellen.

Jedes Subnetz besitzt eine *Routingtabelle*, die das Routing des Datenverkehrs steuert. Jede Zeile in einer Routingtabelle definiert üblicherweise ein Ziel und wohin Traffic für dieses Ziel gesendet werden soll. Muss eine VPC ein Paket weiterleiten, geht es die Routingtabelle durch und wählt die spezifischste Route aus, die es für das Ziel finden kann. Betrachten wir zum Beispiel die Routingtabelle in Tabelle 7.2.

Tabelle 7.2: Eine Routingtabelle

Ziel	Routingziel
10.0.0.0/16	VPC Foo
10.1.0.0/16	VPC Bar
0.0.0.0/0	NAT-Gateway

Diese Routingtabelle leitet den gesamten Traffic für `10.0.0.0/16` an eine VPC namens Foo weiter, den gesamten Traffic für `10.1.0.0/16` an eine VPC namens Bar und den gesamten anderen Traffic (`0.0.0.0/0`) an das NAT-Gateway (d. h. ins Internet). Für ein Paket mit dem Ziel `10.0.0.8` ist VPC Foo die spezifischste Route. Für ein Paket mit dem Ziel `3.4.5.6` passt keine der VPC-Routen, weshalb auf die Route `0.0.0.0/0` zum NAT-Gateway zurückgegriffen wird.

Sie verhindern Konnektivität mit Firewalls.

Jeder Cloud-Provider bietet unterschiedliche Arten von Firewalls an, um Traffic zu blockieren. Einige Firewalls sind für einzelne Ressourcen wie Server gedacht und blockieren üblicherweise standardmäßig den gesamten Traffic. Zum Beispiel haben Sie in früheren Kapiteln gesehen, dass jede EC2-Instanz bei AWS einer Sicherheitsgruppe angehört, und Sie müssen bestimmte Ports innerhalb dieser Sicherheitsgruppe öffnen, um den Zugriff zu ermöglichen. Andere Firewalls gelten für ganze Subnetze oder VPCs und leiten standardmäßig den gesamten Traffic weiter. Sie können dann festlegen, welcher Traffic blockiert werden soll. Zum Beispiel gibt es bei AWS eine Netzwerk-Firewall, mit deren Hilfe Sie den gesamten ein- und ausgehenden Traffic einer ganzen VPC filtern können.

Sie greifen über Gateways auf das Internet zu.

Genau wie in einem Rechenzentrum können Sie verschiedene Arten von Gateways betreiben, die den Servern in der VPC den Zugriff auf das Internet ermöglichen. Zum Beispiel bieten alle Cloud-Provider Load-Balancer und NAT-Gateways an.

Um den Einstieg zu erleichtern, erlauben einige Cloud-Provider das Deployment von Ressourcen, ohne eine VPC anlegen zu müssen, indem sie eine Standard-VPC bereitstellen (wie bei AWS gesehen). Wenn Sie höhere Sicherheit und Kontrolle für Ihr Netzwerk wünschen, müssen Sie eine eigene VPC aufbauen, was wir gleich in »Beispiel: Eine VPC in AWS bereitstellen« auf Seite 294 noch tun werden.

Virtuelle Netzwerke in Orchestrierungstools

Einige Orchestrierungstools wie Kubernetes Networking (*https://oreil.ly/K682q*) und Red Hat OpenShift Networking (*https://oreil.ly/_LL76*) legen eigene virtuelle Netzwerke an. Das liegt daran, dass viele Orchestrierungstools (insbesondere die Open-Source-Varianten) entworfen wurden, um in jedem Rechenzentrum und jeder Cloud zu laufen. Um dabei die Netzwerk-Kernprobleme der Orchestrierung (siehe Kapitel 3) portabel lösen zu können (z. B. Load-Balancing und Servicekommunikation), bauen diese Tools eigene virtuelle Netzwerke auf. Diese virtuellen Netzwerke sind üblicherweise verantwortlich für das *IP-Adressmanagement* (IP-Adressen an Apps zuweisen, die innerhalb des Orchestrierungstools laufen), die *Servicekommunikation* (damit Apps miteinander kommunizieren können) und *Ingress* (damit Apps Requests von der Außenwelt empfangen können).

Wenn Sie ein Orchestrierungstool verwenden, das eigene virtuelle Netzwerke nutzt, müssen Sie verstehen, dass Sie zwei Arten von Netzwerktechnologien integrieren: eine des Orchestrierungstools und eine des Rechenzentrums oder des Cloud-Providers. Da das Deployment dieser Orchestrierungstools üblicherweise in verschiedenen Umgebungen möglich ist, bieten sie meist Plug-ins an, die diese Integration übernehmen. Zum Beispiel unterstützt Kubernetes *Container-Network- Interface* (CNI)-Plug-ins zur Verwaltung von Netzwerk-Clustern und *Ingress-Controller* für die Ingress-Verwaltung. Tabelle 7.3 zeigt die typischen CNI-Plug-ins und Ingress-Controller, die Sie nutzen, wenn Sie Kubernetes bei verschiedenen Cloud-Providern verwenden. Sie zeigt auch, wie Sie das Kubernetes-Netzworking (IP-Adressmanagement, Servicekommunikation und Ingress) mit dem Netzwerk des Cloud-Providers integrieren können.

Tabelle 7.3: Vergleich des Verhaltens von Netzwerk-Plug-ins für Kubernetes in verschiedenen Clouds

Cloud	Typisches CNI-Plug-in	Typischer Ingress-Controller	IP-Adressmanagement	Servicekommunication	Ingress
AWS	Amazon-VPC-CNI-Plug-in (*https://docs.aws.amazon.com/eks/latest/userguide/managing-vpc-cni.html*)	AWS-ELB-Controller (*https://kubernetes-sigs.github.io/aws-load-balancer-controller*)	IP-Adressen aus AWS-VPC-Subnetzen zuweisen	AWS-VPC-Routing nutzen	AWS-Load-Balancer bereitstellen
Google Cloud	Cilium-GKE-Plug-in (*https://docs.cilium.io/en/latest/network/concepts/ipam/gke*)	GKE-Ingress-Controller (*https://cloud.google.com/kubernetes-engine/docs/concepts/ingress*)	IP-Adressen aus Cloud-VPC-Subnetzen zuweisen	Cloud-VPC-Routing nutzen	Cloud-Load-Balancer bereitstellen
Azure	Azure-CNI-Plug-in (*https://github.com/Azure/azure-container-networking/tree/master*)	nginx-Ingress-Controller (*https://learn.microsoft.com/en-us/azure/aks/app-routing?tabs=default%2Cdeploy-app-default*)	IP-Adressen aus VNet-Subnetzen zuweisen	VNet-Routing nutzen	nginx bereitstellen

Da Sie nun die beiden gängigsten Arten virtueller Netzwerke kennen, wollen wir beispielhaft eines in AWS bereitstellen.

Beispiel: Eine VPC in AWS bereitstellen

Jetzt wollen wir eine eigene VPC in AWS bereitstellen und darin einige EC2-Instanzen laufen lassen. Im Code-Repo zu diesem Buch im Ordner *ch7/tofu/modules/vpc* finden Sie ein `vpc`-Modul, das die in Abbildung 7.8 gezeigte VPC erzeugen kann.

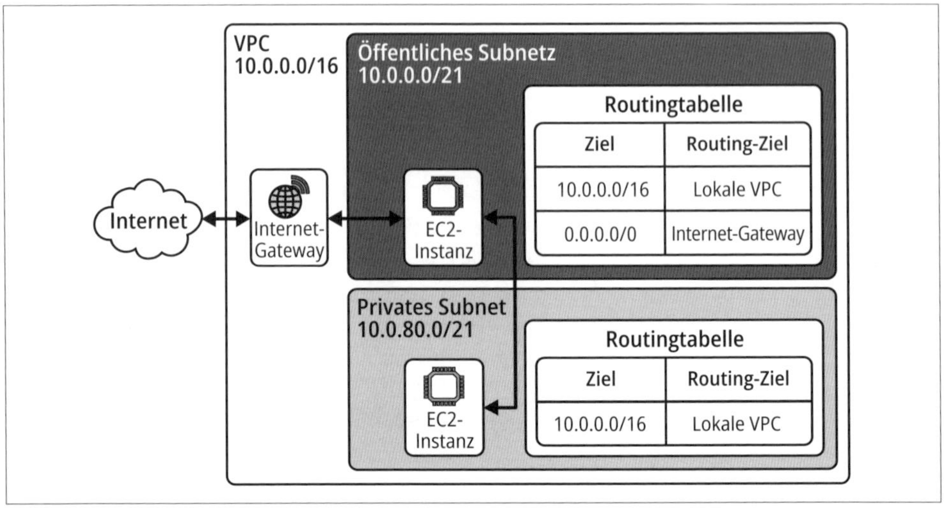

Abbildung 7.8: Diagramm der VPC

Diese VPC hat die folgende Konfiguration:

IP-Adressraum
: Die VPC erlaubt die Angabe des zu verwendenden IP-Adressraums (CIDR-Block). Wie in Abbildung 7.8 zu sehen, können Sie beispielsweise `10.0.0.0/16` (einen privaten Adressraum gemäß RFC 1918) nutzen, wobei `/16` der größte CIDR-Block ist, den AWS erlaubt. Damit sind bis zu 65.536 IP-Adressen möglich, was in den meisten Fällen ausreichen sollte. Das `vpc`-Modul teilt diesen Adressraum automatisch in zwei Subnetze (ein privates und ein öffentliches) auf, was nachfolgend erläutert wird.

Öffentliches Subnetz
: Die VPC enthält ein *öffentliches Subnetz*, das über das Internet direkt zugänglich ist (eine DMZ). Sie setzen öffentliche Subnetze üblicherweise ein, um Server wie Load-Balancer zu betreiben, die für die Nutzerinnen und Nutzer direkt zugänglich sein sollen. Um ein Subnetz bei AWS öffentlich zu machen, müssen Sie drei Dinge tun (die das `vpc`-Modul für Sie erledigt). Zuerst müssen Sie ein *Internet-Gateway* anlegen. Diese AWS-spezifische Komponente erlaubt die Kommunikation zwischen öffentlichem Internet und Ihrer VPC. Zweitens legen Sie eine Route in der Routingtabelle des Subnetzes an, die Traffic an das Internet-Gateway sendet. Hierzu nutzen Sie üblicherweise die »Sammelroute« `0.0.0.0/0`, die zu anderen Zielen der Tabelle nicht passenden Traffic an das Internet weiterleitet. Drittens müssen Sie die VPC so konfigurieren, dass sie jeder bereitgestellten EC2-Instanz eine öffentliche IP-Adresse zuweist. Das öffentliche Subnetz weist den EC2-Instanzen auch private IP-Adressen aus dem IP-Adressraum der VPC zu (z.B. `10.0.0.0/21`).

Privates Subnetz

Die VPC umfasst auch ein *privates Subnetz*, das nicht direkt über das Internet erreichbar ist. Private Subnetze nutzen Sie üblicherweise für Ihre restlichen Server (insbesondere Datenspeicher) in einer besser geschützten Umgebung. Bei AWS sind Subnetze standardmäßig privat. Server in diesen Subnetzen können mit anderen Ressourcen innerhalb des VPC kommunizieren, doch von außerhalb der VPCs sind die Server nicht zu erreichen. Wenn Sie kein NAT-Gateway einrichten (was dieses `vpc`-Modul *nicht* macht), können diese Server auch nicht außerhalb der VPC kommunizieren (z. B. mit dem Internet). Dieses Setup erschwert es Angreifern, in Ihre Server einzudringen, und sollte das doch irgendwie geschehen, erschwert es das Ausschleusen von Daten. Der fehlende Internetzugriff verhindert ebenfalls, dass versehentlich (oder böswillig) Software aus dem Internet installiert wird (die Sie nicht benötigen, wenn Sie Server-Templating und unveränderliche Infrastrukturen nutzen, die in Kapitel 2 vorgestellt wurden).

Um das `vpc`-Modul zu nutzen, legen Sie ein neues OpenTofu-Root-Modul namens `vpc-ec2` an:

```
$ cd fundamentals-of-devops
$ mkdir -p ch7/tofu/live/vpc-ec2
$ cd ch7/tofu/live/vpc-ec2
```

Innerhalb des *vpc-ec2*-Ordners legen Sie die Datei *main.tf* mit dem Inhalt aus Beispiel 7.6 an.

Beispiel 7.6: Das »vpc«-Modul einsetzen(ch7/tofu/live/vpc-ec2/main.tf)

```
provider "aws" {
  region = "us-east-2"
}

module "vpc" {
  source  = "brikis98/devops/book//modules/vpc"
  version = "1.0.0"

  name       = "example-vpc"   ❶
  cidr_block = "10.0.0.0/16"   ❷
}
```

Der obige Code nutzt das `vpc`-Modul wie folgt:

❶ Legt den Namen der VPC mit `example-vpc` fest.

❷ Konfiguriert `10.0.0.0/16` als CIDR-Block für die VPC.

Für sich genommen, macht eine VPC nicht viel, weshalb wir einige EC2-Instanzen in der VPC bereitstellen wollen. Zuerst ändern Sie *main.tf* so ab, dass es eine EC2-Instanz im öffentlichen Subnetz bereitstellt (siehe Beispiel 7.7):

Beispiel 7.7: EC2-Instanz im öffentlichen Subnetz (ch7/tofu/live/vpc-ec2/main.tf)

```
module "public_instance" {
  source  = "brikis98/devops/book//modules/ec2-instances"
  version = "1.0.0"

  name          = "public-instance"                    ❶
  num_instances = 1                                    ❷
```

```
  instance_type = "t2.micro"
  ami_name      = "sample-app-packer-*"                ❸
  http_port     = 8080
  user_data     = file("${path.module}/user-data.sh") ❹
  vpc_id        = module.vpc.vpc.id                    ❺
  subnet_id     = module.vpc.public_subnet.id          ❻
}
```

Der Code nutzt das schon weiter oben in diesem Kapitel eingesetzte `ec2-instances`-Modul, um eine EC2-Instanz wie folgt bereitzustellen:

❶ Der Name der Instanz ist `public-instance`.

❷ Nur eine einzelne EC2-Instanz bereitstellen.

❸ Sie nutzen erneut das `sample-app-packer`-AMI aus Kapitel 3.

❹ Die Instanz führt ein Nutzerdatenskript aus, auf das wir gleich eingehen.

❺ Die Instanz führt die von Ihnen erzeugte VPC aus.

❻ Die Instanz läuft im öffentlichen Subnetz der von Ihnen erzeugten VPC.

Kopieren Sie das Nutzerdatenskript aus Kapitel 3.

```
$ cp ../../../../ch3/tofu/live/asg-sample/user-data.sh .
```

Da Sie nun über eine Instanz im öffentlichen Subnetz verfügen, ergänzen Sie *main.tf* um das Deployment einer Instanz im privaten Subnetz (siehe Beispiel 7.8).

Beispiel 7.8: EC2-Instanz im privaten Subnetz (ch7/tofu/live/vpc-ec2/main.tf)

```
module "private_instance" {
  source  = "brikis98/devops/book//modules/ec2-instances"
  version = "1.0.0"

  name          = "private-instance"                       ❶
  num_instances = 1
  instance_type = "t2.micro"
  ami_name =      "sample-app-packer-*"
  http_port =     8080
  user_data =     file("${path.module}/user-data.sh")
  vpc_id =        module.vpc.vpc.id
  subnet_id =     module.vpc.private_subnet.id             ❷
}
```

Der Code ist bis auf die folgenden Ausnahmen identisch mit dem Code für die öffentliche Instanz:

❶ Der Name der Instanz lautet `private-instance`.

❷ Die Instanz wird im privaten Subnetz der von Ihnen erzeugten VPC angelegt.

Legen Sie eine Datei namens *outputs.tf* mit dem Inhalt aus Beispiel 7.9 an.

Beispiel 7.9: Ausgabevariablen (ch7/tofu/live/vpc-ec2/outputs.tf)

```
output "public_instance_public_ip" {
  description = "The public IP of the public instance"
  value       = module.public_instance.public_ips[0]
}
```

```
output "public_instance_private_ip" {
  description = "The private IP of the public instance"
  value       = module.public_instance.private_ips[0]
}

output "private_instance_public_ip" {
  description = "The public IP of the private instance"
  value       = module.private_instance.public_ips[0]
}

output "private_instance_private_ip" {
  description = "The private IP of the private instance"
  value       = module.private_instance.private_ips[0]
}
```

Dieser Code gibt die öffentlichen und privaten IP-Adressen der EC2-Instanzen aus. Stellen Sie das `vpc-ec2`-Modul wie üblich bereit, indem Sie sich gegenüber AWS authentifizieren und `init` sowie `apply` ausführen:

```
$ tofu init
$ tofu apply
```

Sobald `apply` durchgelaufen ist, sollten Sie einige Ausgaben sehen:

```
private_instance_private_ip = "10.0.80.65"
private_instance_public_ip = ""
public_instance_private_ip = "10.0.5.100"
public_instance_public_ip = "3.144.105.254"
```

Die Ausgaben umfassen die privaten IP-Adressen beider Instanzen (die im CIDR-Block `10.0.0.0/16` der VPC liegen) sowie die öffentliche IP der öffentlichen Instanz, aber *keine* öffentliche IP für die private Instanz. Das ist kein Fehler: Da Sie eine private Instanz in einem privaten Subnetz bereitgestellt haben, darf diese Instanz keine öffentliche IP-Adresse haben!

Um zu prüfen, ob die Instanzen funktionieren, senden Sie einen HTTP-Request an die öffentliche IP und Port 8080 der öffentlichen Instanz:

```
$ curl http://3.144.105.254:8080
Hello, World!
```

Sie sehen das vertraute `Hello, World!`. Wenn das funktioniert, Glückwunsch. Sie betreiben nun eine Instanz in einer eigenen VPC!

Machen Sie sich die Hände schmutzig

Hier einige Übungen, mit denen Sie zu Hause tiefer einsteigen können:

- Stellen Sie im VPC-Modul ein NAT-Gateway bereit, damit im privaten Subnetz laufende Ressourcen auf das Internet zugreifen können. Erwägen Sie den Einsatz des Managed NAT-Gateways (*https://oreil.ly/I2gnq*) (das *kein* Teil des kostenlosen AWS-Angebots ist).
- Ergänzen Sie das VPC-Modul um das Deployment jeder Art von Subnetz (öffentlich und privat) über mehrere AZs, sodass Ihre Architektur gegenüber Fehlern einzelner AZs resilienter wird.

Sie konnten prüfen, dass die öffentliche Instanz funktioniert, doch wie testen Sie die private Instanz? Es gibt keine öffentliche IP, und wenn wir den Request von unserem Computer an die private IP senden, funktioniert das nicht:

```
$ curl http://10.0.80.65:8080
curl: (7) Failed to connect to 10.0.80.65 port 80 after 19 ms
```

Um die Instanz im privaten Subnetz testen zu können, müssen Sie lernen, wie man auf private Netzwerke zugreift, womit wir uns im nächsten Abschnitt beschäftigen wollen.

Auf private Netzwerke zugreifen

Die Bereitstellung eines Servers in einem privaten Netzwerk stellt sicher, dass dieser Server über das Internet nicht erreichbar ist. Das ist üblicherweise eine gute Sache, da es bösartige Akteure schwerer haben, auf Ihre Server zuzugreifen. Da aber auch Sie nicht auf diese Server zugreifen können, ist das ein Problem. Wie Sie im vorherigen Abschnitt erfahren haben, hat ein Server in einem privaten Subnetz keine öffentliche IP-Adresse. Er kann laufen, doch wenn Sie nicht auf ihn zugreifen, ihn testen und debuggen können, wird die Entwicklung schwierig.

Glücklicherweise gibt es Möglichkeiten, sicheren und kontrollierten Zugriff auf Ihre privaten Netzwerke zu gewähren. Vereinfacht gesagt, gibt es dazu zwei primäre Möglichkeiten: das Castle-and-Moat-Modell und die Zero-Trust-Architektur.

Castle-and-Moat-Modell

Der von vielen Unternehmen genutzte traditionelle Ansatz der Verwaltung des Zugangs zu privaten Netzwerken ist das sogenannte *Castle-and-Moat-Modell*. Er basiert auf der Analogie zu einer Burg (*Castle*) mit einer gesicherten Umgebung (Mauern, Gräben [engl. *Moat*], Zugbrücken etc.) und einem »weichen« Inneren. Es ist schwer, in die Burg zu gelangen, doch sobald Sie einmal drin sind, können Sie sich nach Herzenslust frei bewegen. Ein solches privates Netzwerk verhindert von außerhalb den Zugriff, doch sobald Sie »im« Netzwerk sind, können Sie auf alles zugreifen.

Bei einem physischen Netzwerk nach dem Castle-and-Moat-Modell sind Sie schon »drin«, sobald Sie mit dem Netzwerk verbunden sind. So können Sie zum Beispiel in vielen Unternehmensnetzwerken auf alles zugreifen, sobald Sie per Kabel physisch mit dem Netzwerk verbunden sind: auf alle Wiki-Seiten sowie Ticketsystem, IT-Helpdesk und so weiter. Doch wie stellt man eine Verbindung her, wenn man sich außerhalb des physischen Netzwerks befindet? Wie können Sie zum Beispiel auf das Unternehmensnetzwerk zugreifen, wenn Sie von zu Hause arbeiten? Oder wie können Sie auf die privaten Subnetze zugreifen, wenn Sie die Infrastruktur in einer VPC in der Cloud betreiben?

Eine gängige Lösung ist der Einsatz eines sogenannten *Bastion-Hosts*. Bei einer Burg ragt die Bastion aus der Burgmauer heraus und sorgt für Verstärkung sowie zusätzliche Bewaffnung, sodass Angriffe besser abgewehrt werden können. Bei einem Netzwerk ist der Bastion-Host ein außerhalb des Netzwerks sichtbarer Server (d.h., er liegt in der DMZ), und dieser Server wird besonders gehärtet und überwacht, damit er Angriffen besser widerstehen kann. Die Idee ist, dass Sie einen Großteil Ihrer Server privat vorhalten, wobei das Netzwerk als sichere Schutzumgebung fungiert (wie eine Mauer oder ein Graben) und der Bastion-Host den einzigen Zugang zu diesem Netzwerk bildet. Da es nur eine Bastion gibt, können Sie viel Aufwand in deren Absicherung stecken. Nutzer stellen die Verbindung mit dem Bastion-Host über Protokolle wie SSH, RDP oder VPN her, was wir uns später in diesem Kapitel noch ansehen werden. Da der Bastion-Host »im« Netzwerk liegt, sind Sie nach der erfolgreichen Verbindung mit dem Bastion-Host ebenfalls »drin« und können auf alles innerhalb des Netzwerks zugreifen, wie in Abbildung 7.9 zu sehen.

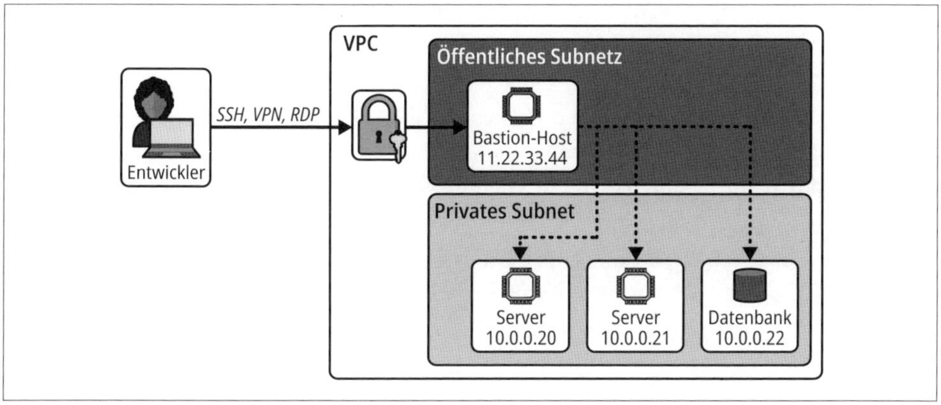

Abbildung 7.9: Castle-and-Moat-Modell mit Bastion-Host als einzigem Zugangspunkt

Wenn es zum Beispiel möglich ist, die Verbindung mit dem Bastion-Host in Abbildung 7.9 herzustellen, können Sie innerhalb dieser VPC auf alle privaten Subnetze zugreifen, einschließlich der privaten Server und der Datenbank mit den IPs `10.0.0.20`, `10.0.0.21` und `10.0.0.22`. Der Castle-and-Moat-Ansatz hat in der Vergangenheit funktioniert, führt in der modernen Welt aber zu Problemen, die wir als Nächstes diskutieren wollen.

Zero-Trust-Architekturen

Der Castle-and-Moat-Ansatz stammt aus einer Welt, in der:

- es ein physisches Netzwerk (Router, Switches, Kabel) in einem Büro gab,
- Sie physisch im Büro sein mussten, um auf das Netzwerk zugreifen zu können,
- und einen Firmenrechner nutzen mussten, um sich mit dem Netzwerk verbinden zu können.

Kurz gesagt, Ihr *Standort* im Netzwerk war von Belang. Einige Standorte waren vertrauenswürdig, andere nicht. Das ist heutzutage zunehmend nicht mehr die Welt, in der wir leben, weil:

- viele Netzwerke virtuell sind, wie etwa VPCs in einem AWS-Account,
- viele Mitarbeiter remote arbeiten und auf das Netzwerk von zu Hause, über Coworking-Spaces, Cafés, Flughäfen und so weiter zugreifen und
- viele persönliche Geräte (Laptops, Tablets, Handys) mit dem Netzwerk verbunden werden müssen.

Daher ergibt für viele Unternehmen die Vorstellung eines sicheren Perimeters und eines »weichen« Inneren keinen Sinn mehr. Es gibt keine klare Trennung mehr zwischen »Perimeter« und »Innerem«, und keinem Ort innerhalb des Netzwerks kann noch implizit vertraut werden. Das führte zum Aufkommen von *Zero-Trust-Architekturen* (ZTAs), die dem Konzept »vertraue niemandem, verifiziere immer« folgen: Sie vertrauen keinem Nutzer oder Gerät, nur weil es auf das Netzwerk zugreifen kann. Die wesentlichen Prinzipien von ZTAs lassen sich wie folgt zusammenfassen:

Authentifizierung jedes Nutzers
: Jede Verbindung verlangt vom Nutzer eine Authentifizierung, üblicherweise per *Single Sign-on* (SSO) und *Multi-Faktor-Authentifizierung* (MFA).

Authentifizierung jedes Geräts
: Sie können sich über jedes Gerät (Laptop, Tablet, Handy) verbinden, solange der Sicherungsprozess (z.B. die Installation von Sicherheitsscannern) des Unternehmens durchlaufen wurde und das Gerät genehmigt und im Geräteinventar eingetragen ist.

Verschlüsselung jeder Verbindung
: Die gesamte Netzwerkkommunikation erfolgt über verschlüsselte Kanäle. Mehr zur Verschlüsselung erfahren Sie in Kapitel 8.

Definition von Regeln (Policies) für die Authentifizierung und Autorisierung
: Jede Software im Netzwerk kann Regeln definieren, die festlegen, wer auf die Software zugreifen darf und welche Rechte er dabei hat. Diese Policies können verschiedene Datenquellen nutzen, etwa den Standort des Nutzers (z.B. Homeoffice oder ein anderer Kontinent), die aktuelle Zeit (z.B. normale Arbeitszeiten oder mitten in der Nacht) und wie oft die Verbindung hergestellt wird (heute zum ersten Mal oder 5.000-mal in den letzten 30 Sekunden).

Erzwingen des Geringste-Rechte-Prinzips
: Beim Castle-and-Moat-Modell haben Sie, sobald Sie im Netzwerk sind, Zugang zu allem. Haben Sie sich beispielsweise am Bastion-Host angemeldet, können Sie auf alle Wiki-Seiten, das Ticketsystem, den IT-Helpdesk etc. zugreifen. Mit ZTA folgen Sie dem *Prinzip der geringsten Rechte*, was bedeutet, dass Sie nur auf die Ressourcen zugreifen dürfen, die Sie benötigen, um Ihren Job zu erledigen. Der Zugriff auf das interne Wiki beschränkt sich also allein auf das Wiki und *nicht* auf das Ticketsystem, den IT-Helpdesk oder irgendetwas anderes.

Kontinuierliche Überwachung und Validierung
: ZTA geht davon aus, dass man ständig angegriffen wird, weshalb der gesamte Traffic geloggt und überwacht werden muss, um verdächtiges Verhalten zu erkennen.

Wichtige Publikationen zum ZTA-Modell sind unter anderem »No More Chewy Centers: Introducing the Zero Trust Model of Information Security« (*https://oreil.ly/fGn1B*) von John Kindervag, in der er den Begriff »Zero Trust Model« prägt, »Zero Trust Architecture« (*https://oreil.ly/6sxJJ*) vom NIST und »BeyondCorp: A New Approach to Enterprise Security« (*https://oreil.ly/37w62*) von Rory Ward und Betsy Beyer von Google. Googles BeyondCorp-Dokument hat ZTA wohl bekannt gemacht, obwohl es den Begriff selbst gar nicht verwendet.

Ein überraschendes Prinzip des BeyondCorp-Dokuments ist, dass remote arbeitende Mitarbeiterinnen und Mitarbeiter bei Google kein VPN mehr nutzen müssen, um auf die internen Ressourcen zuzugreifen. Stattdessen sind diese Ressourcen direkt über das Internet zugänglich. Das hört sich paradox an: Wie können öffentlich bereitgestellte interne Ressourcen die Sicherheit erhöhen? Googles Ansatz ist, dass die öffentliche Bereitstellung interner Tools Sie dazu zwingt, mehr in deren Sicherheit zu investieren, statt sich bei der Sicherheit nur auf den Netzwerk-Perimeter zu verlassen. Abbildung 7.10 zeigt eine vereinfachte Version der Architektur, die Google in BeyondCorp vorstellt.

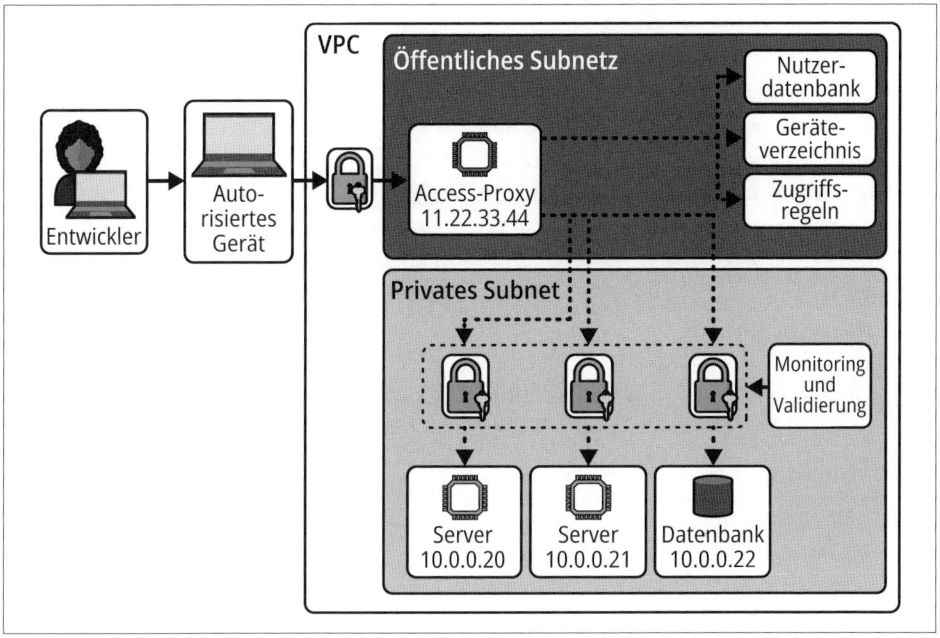

Abbildung 7.10: Zero-Trust-Architektur

Die Idee besteht darin, interne Ressourcen über einen *Access-Proxy* im Internet zugänglich zu machen. Dieser Proxy verwendet die Nutzerdatenbank, das Geräteverzeichnis und Zugriffsregeln zur Authentifizierung, Autorisierung und Verschlüsselung jeder Verbindung. Auf den ersten Blick unterscheidet sich der Zero-Trust-Ansatz in Abbildung 7.10 nicht besonders vom Castle-and-Moat-Ansatz in Abbildung 7.9: Beide basieren auf einem einzelnen Zugangspunkt zum Netzwerk (Bastion-Host oder Access-Proxy), der Zugriff auf die privaten Ressourcen gewährt. Der Hauptunterschied ist, dass beim Castle-and-Moat-Ansatz nur der Bastion-Host geschützt ist, während alle privaten Ressourcen offen zugänglich sind. Wenn Sie die Bastion überwinden, können Sie auf alle privaten Ressourcen zugreifen. Beim Zero-Trust-Ansatz wird hingegen jede einzelne private Ressource geschützt, d.h., Sie müssen den Autorisierungsprozess für jede Ressource mit dem Access-Proxy durchlaufen. Anstelle eines einzelnen Perimeters für alle Ressourcen des Netzwerks baut der Zero-Trust-Ansatz separate Perimeter um jede einzelne Ressource auf.

Bei Zero-Trust nutzen Sie daher nicht ein einzelnes Tool, sondern integrieren es in jeden Teil der Architektur:

Nutzer- und Gerätemanagement
Einer der ersten Schritte beim Einsatz von ZTA besteht darin, eine bessere Kontrolle über Nutzer und Geräte zu erhalten. Üblicherweise stellen Sie dabei sicher, dass jede Software (E-Mail, Versionskontrolle, Ticketsystem, Cloud-Accounts und so weiter) einen MFA einsetzenden Identity-Provider (SSO) nutzt. In diesem Bereich hilfreiche Tools sind unter anderem JumpCloud, Okta und OneLogin (vollständige Liste (*https://oreil.ly/GsGmv*)). Sie müssen sich auch darüber klar werden, welche Geräte Ihre Nutzer verwenden dürfen und wie Sie diese in einem Geräteinventar (Registry) nachhalten, sichern und authentifizieren. Das ist die Domäne des Mobilgerätemanagements (*Mobile Device Management*, MDM). Einige bedeutende Akteure in diesem Bereich sind JumpCloud, Rippling und Microsoft Intune (vollständige Liste (*https://oreil.ly/Y1qNm*)).

Zugriff auf die Infrastruktur
Eine knifflige Aufgabe ist die Verwaltung des Zugriffs auf Infrastrukturtools, die sich im Hinblick auf unterstützte Protokolle, Authentifizierung und Verschlüsselung stark unterscheiden, etwa Server (z.B. SSH), Datenbanken (z.B. PostgreSQL-Client), Container (z.B. der Betrieb unter Kubernetes) und Netzwerke (z.B. eine VPC in AWS). Tools wie Teleport und Tailscale (vollständige Liste (*https://oreil.ly/ioNRa*)) können da helfen.

Servicekommunikation
Zum Schluss müssen Sie die Kommunikation Ihrer Microservices untereinander überarbeiten. In Kapitel 6 haben Sie einen Frontend- und einen Backend-Microservice unter Kubernetes bereitgestellt. Das Frontend konnte dabei ohne Authentifizierung, Autorisierung und Verschlüsselung mit dem Backend kommunizieren. Viele Microservice-Architekturen folgen diesem Design und verlassen sich auf den Netzwerk-Perimeter zum Schutz dieser Services (das Castle-and-Moat-Modell). In der ZTA-Welt benötigen Sie einen besseren Ansatz, wie Sie in »Service-Mesh« auf Seite 319 noch sehen werden.

Die Implementierung einer echten ZTA ist unglaublich viel Arbeit, und nur wenige Unternehmen werden sie vollständig aufbauen. Diesem Ziel sollte zwar jedes Unternehmen folgen, doch wie weit der ZTA-Weg gegangen wird, hängt von der Unternehmensgröße ab. Kleine Start-ups verfolgen üblicherweise den Castle-and-Moat-Ansatz, mittelgroße Unternehmen übernehmen eine Handvoll ZTA-Prinzipien wie SSO und eine abgesicherte Microservice-Kommunikation. Große Unternehmen gehen den ZTA-Weg am weitesten. Wie Sie in »Die Evolution von DevOps« auf Seite 43 gesehen haben, müssen Sie die Architektur an die Bedürfnisse und Möglichkeiten Ihres Unternehmens anpassen.

Kernaussage 5

Beim Castle-and-Moat-Modell bauen Sie einen starken Netzwerk-Perimeter auf, um alle Ressourcen in Ihrem privaten Netzwerk zu schützen. Bei der Zero-Trust-Architektur bauen Sie einen starken Perimeter um jede einzelne Ressource auf.

Nachdem Sie den Castle-and-Moat- sowie den Zero-Trust-Ansatz kennengelernt haben, wollen wir uns einige der gängigsten Tools zum Zugriff auf private Netzwerke ansehen: SSH, RDP und VPN.

SSH

Secure Shell (SSH) ist ein *Client/Server*-Protokoll, mit dessen Hilfe Sie über das Netzwerk eine Verbindung mit einem Computer herstellen und Befehle ausführen können (siehe Abbildung 7.11).

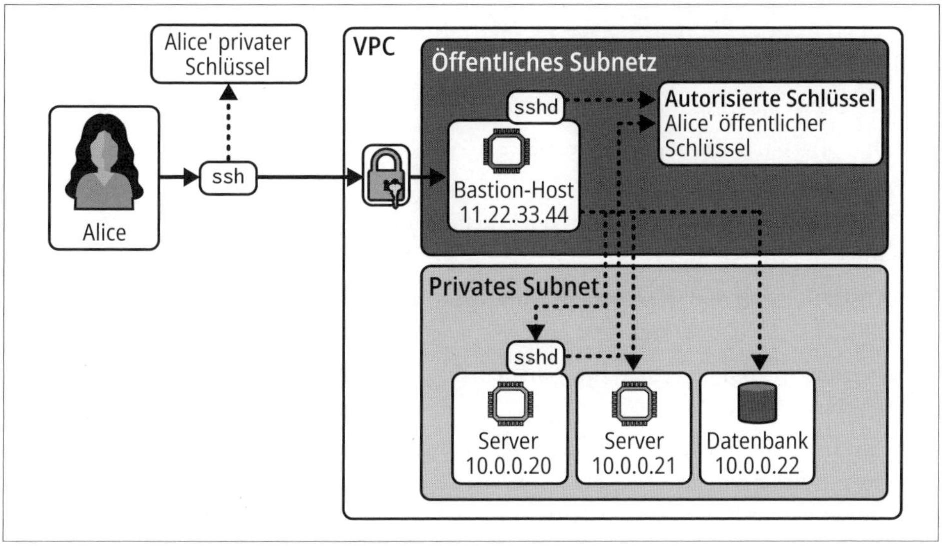

Abbildung 7.11: SSH zur Verbindung mit einem Bastion-Host nutzen

Zum Beispiel könnte der Client der Computer einer Entwicklerin namens Alice aus Ihrem Team sein und der Server der Bastion-Host. Stellt Alice die Verbindung mit dem Bastion-Host über SSH her, erhält sie ein entferntes Terminal, in dem sie Befehle ausführen und auf das private Netzwerk zugreifen kann, als würde sie den Bastion-Host direkt nutzen.

SSH ist allgegenwärtig: Nahezu jede moderne Linux-, Unix- und macOS-Distribution unterstützt SSH von Haus aus, und es gibt mehrere Clients für Windows. SSH wird darüber hinaus als ausgereiftes und sicheres Protokoll betrachtet, da es sich um einen offenen Standard mit Open-Source-Implementierungen handelt. Es existiert seit etwa 30 Jahren, und es gibt eine sehr große Community.

Unter der Haube nutzt SSH die *Public-Key-Kryptografie* zur Authentifizierung und Verschlüsselung. Mehr zu diesen Themen erfahren Sie in Kapitel 8. Für den Augenblick müssen Sie nur wissen, dass SSH auf einem *Schlüsselpaar* basiert, das aus einem *öffentlichen Schlüssel* und einem *privaten Schlüssel* besteht. Einen einzelnen Server so zu konfigurieren, dass er den öffentlichen Schlüssel eines Nutzers akzeptiert, ist kein Problem, doch im großen Maßstab wird das zur Herausforderung. Wenn Sie eine große Zahl von Entwicklerinnen, Entwicklern und Servern, Rotation und Widerruf von Schlüsseln (wenn ein Entwickler das Unternehmen verlässt) sowie unterschiedliche Levels von Rechten und Zugriffen (auch temporären Zugriffen) unterstützen müssen, werden die Dinge sehr viel komplizierter. Eine Lösung sind Managed Services der Cloud-Provider wie Amazon EC2 Instance Connect bei AWS oder Metadaten-gemanagte SSH-Verbindungen bei Google Cloud (vollständige Liste (*https://oreil.ly/rgWSc*)). Eine andere Lösung bieten allgemeine Connectivity-Tools wie die von mir vorhin erwähnten Teleport und Tailscale.

Sehen wir uns kurz an, wie man SSH nutzt.

Wie SSH verwendet wird

Um SSH nutzen zu können, müssen Sie zuerst den Client (z.B. Alice' Computer) wie folgt konfigurieren:

1. Erzeugen eines öffentlichen und eines privaten Schlüssels für Alice.
2. Den privaten Schlüssel sicher auf Alice' Computer speichern, sodass nur sie auf ihn zugreifen kann.

Als Nächstes konfigurieren Sie einen oder mehrere Server, etwa den Bastion-Host, oder die Server in den privaten Subnetzen aus Abbildung 7.11 wie folgt:

1. Ausführen von SSH als Hintergrundprozess, auch *Daemon* genannt. Dazu nutzen Sie üblicherweise das `sshd`-Binary. Auf vielen Servern ist es standardmäßig aktiviert.
2. Freigabe von SSH-Verbindungen in der Server-Firewall, normalerweise an Port 22.
3. Konfigurieren Sie die Authentifizierung am Server durch Eintragen des öffentlichen Schlüssels in der *Autorisierte-Schlüssel-Datei* (üblicherweise *~/.ssh/authorized_keys*) für einen Nutzer des Servers. Soll beispielsweise Alice SSH als Nutzer `ec2-user` mit dem Home-Verzeichnis */home/ec2-user* nutzen dürfen, müssen Sie Alice' öffentlichen Schlüssel in */home/ec2-user/.ssh/authorized_keys* eintragen.

Sobald Clients und Server konfiguriert sind, können Sie mit einem SSH-Client auf einen Server zugreifen. Sie erhalten ein Terminal und können Befehle ausführen, als würden Sie direkt vor dem Server sitzen. Sie können auch auf das Netzwerk des Servers zugreifen. Stellt Alice zum Beispiel die Verbindung mit dem Bastion-Host aus Abbildung 7.11 her, könnte Sie im Terminal den `curl`-Befehl ausführen, um auf den Server `10.0.0.20` im privaten Subnetz zuzugreifen.

Lassen Sie uns SSH mit einem realen Beispiel in AWS ausprobieren.

Beispiel: SSH-Bastion-Host in AWS

Weiter oben in diesem Kapitel haben Sie eine VPC und zwei EC2-Instanzen bereitgestellt, eine Instanz mit einem öffentlichen Subnetz, auf das Sie zugreifen konnten, und eine in einem privaten Subnetz, auf das Sie nicht zugreifen konnten. Wir wollen das Beispiel so anpassen, dass Sie auf beide Instanzen per SSH zugreifen können. Wir nutzen dazu ein *EC2-Schlüsselpaar*, das AWS erzeugen und verwalten kann.

Vorsicht vor den Schlangen: EC2-Schlüsselpaare sind für die Produktion nicht zu empfehlen

Dieses Beispiel nutzt EC2-Schlüsselpaare, damit Sie praktische Erfahrungen mit dem `ssh`-Client und einem privaten Schlüssel auf Ihrem Computer sammeln können. Allerdings verknüpft AWS während der Provisionierung nur ein einzelnes, permanentes, händisch gepflegtes EC2-Schlüsselpaar mit jeder EC2-Instanz, weshalb ich diesen Mechanismus in der Produktion nicht als primäre Strategie für die SSH-Schlüsselverwaltung empfehle. Stattdessen sollten Sie die bereits genannten Tools, wie EC2 Instance Connect, Teleport oder Tailscale, nutzen.

Wechseln Sie auf die EC2-Schlüsselpaar-Seite (*https://oreil.ly/MW7dL*) und klicken Sie auf *Create key pair*. Geben Sie einen Namen für das Schlüsselpaar ein, lassen Sie alle anderen Werte unverändert und klicken Sie auf *Create key pair*. AWS speichert den öffentlichen Schlüssel des Schlüsselpaars in seiner eigenen Datenbank, speichert den privaten Schlüssel aber *nicht*. Stattdessen werden Sie aufgefordert, den privaten Schlüssel auf Ihren Computer herunterzuladen. Speichern Sie ihn an einem sicheren Ort, etwa in Ihrem *~/.ssh*-Ordner.

Als Nächstes fügen Sie dem privaten Schlüssel eine Passphrase hinzu, damit nur Sie auf ihn zugreifen können:

```
$ ssh-keygen -p -f <SCHLÜSSELPAAR>.pem
Enter new passphrase (empty for no passphrase):
Enter same passphrase again:
```

Abschließend legen Sie die Zugriffsrechte für den privaten Schlüssel so fest, dass nur der Nutzer darauf zugreifen kann (`ssh` lässt Sie andernfalls nicht auf den privaten Schlüssel zugreifen):

```
$ chmod 400 <SCHLÜSSELPAAR>.pem
```

Der private Schlüssel ist jetzt sicher auf Ihrer Festplatte gespeichert. Nun müssen Sie nur noch auf jeder EC2-Instanz Ihren öffentlichen Schlüssel in der jeweiligen Autorisierte-Schlüssel-Datei ablegen. AWS macht das automatisch für Sie, wenn Sie beim Start der EC2-Instanz ein Schlüsselpaar angeben. Fügen Sie zum Beispiel beim Start eines Amazon Linux AMI einen öffentlichen Schlüssel in die Autorisierte-Schlüssel-Datei ein, fügt AWS den öffentlichen Schlüssel in die Autorisierte-Schlüssel-Datei des Nutzers `ec2-user` ein. Aktualisieren Sie *main.tf* im `vpc-ec2`-Root-Modul, wie in Beispiel 7.10 zu sehen, um den Namen Ihres Schlüsselpaars festzulegen.

Beispiel 7.10: Schlüsselpaar festlegen (ch7/tofu/live/vpc-ec2/main.tf)

```
module "public_instance" {
  key_name = "<SCHLÜSSELPAAR>" # TODO: Den Namen Ihres EC2-Schlüsselpaars
                               # eintragen

  # ... (weitere Parameter weggelassen) ...
}

module "private_instance" {
  key_name = "<SCHLÜSSELPAAR>" # TODO: Den Namen Ihres EC2-Schlüsselpaars
                               # eintragen

  # ... (weitere Parameter weggelassen) ...
}
```

Stellen Sie sicher, dass der `key_name`-Parameter für beide Instanzen (öffentlich und privat) gesetzt ist. Sobald `key_name` festgelegt wurde, öffnet das `ec2-instances`-Modul automatisch Port 22 in der Sicherheitsgruppe, und Sie können auf diese Instanzen über SSH zugreifen.

Um die Änderungen zu übernehmen, führen Sie `apply` aus:

```
$ tofu apply
```

Sie sehen in der Plan-Ausgabe, dass OpenTofu zwei Instanzen bereitstellen will. Das war zu erwarten, da AWS die Autorisierte-Schlüssel-Datei nur beim ersten Start aktualisieren kann, sodass die Instanzen ersetzt werden müssen. Sobald `apply` durchgelaufen ist, verfügen Sie über zwei neue EC2-Instanzen mit neuen IP-Adressen:

```
private_instance_private_ip = "10.0.80.242"
private_instance_public_ip = ""
public_instance_private_ip = "10.0.1.26"
public_instance_public_ip = "18.226.187.40"
```

Merken Sie sich die öffentliche IP-Adresse der öffentlichen Instanz aus der Ausgabevariablen `public_instance_public_ip` und stellen Sie die Verbindung zum Server per SSH wie folgt her:

```
$ ssh -i <SCHLÜSSELPAAR>.pem ec2-user@<PUBLIC_IP>
The authenticity of host <PUBLIC_IP> can't be established.
ED25519 key fingerprint is SHA256:v+MXP6xY/
031GxlyywpBhEmr+qFwS0H2ASy77XPodNY.
Are you sure you want to continue connecting (yes/no/[fingerprint])?
```

Bei der ersten SSH-Verbindung mit einem neuen Server sehen Sie die Warnung `authenticity of host can't be established`, da der SSH-Client nicht sicher ist, ob das wirklich der Server ist, mit dem Sie kommunizieren wollen, oder ein bösartiger Akteur, der Ihren Request abgefangen hat. Wenn Sie sorgfältig sein wollen, wechseln Sie in die EC2-Konsole (*https://oreil.ly/EIwI-*), klicken auf die Checkbox neben der gewünschten Instanz und wählen aus dem oberen Menü *Actions → Monitor and troubleshoot → Get system log*. Sie sehen eine Log-Ausgabe ähnlich der in Abbildung 7.12.

```
cloud-init: #############################################################
cloud-init: -----BEGIN SSH HOST KEY FINGERPRINTS-----
cloud-init: 256 SHA256:CNHBiFQhZCPMHFKGt8amkllW/GC6CzEpGhcMZ2x5XTM
cloud-init: 256 SHA256:v+MXP6xY/031GxlyywpBhEmr+qFwS0H2ASy77XPodNY
cloud-init: -----END SSH HOST KEY FINGERPRINTS-----
cloud-init: #############################################################
```

Abbildung 7.12: System-Log einer EC2-Instanz

Das System-Log ist nützlich, um Ihre EC2-Instanzen direkt im Webbrowser zu debuggen. Am unteren Teil des System-Logs sollten Sie den Text `BEGIN SSH HOST KEY FINGERPRINTS` sehen, und der Fingerprint darunter sollte dem aus der `ssh`-Warnung entsprechen. Ist das der Fall, geben Sie **yes** im Terminal ein und drücken Enter. `ssh` speichert diesen Fingerprint in Ihrer *~/.ssh/known_hosts*-Datei und fragt Sie zukünftig nicht mehr nach dieser IP-Adresse, solange sich der Fingerprint nicht ändert (in diesem Fall erhalten Sie eine Fehlermeldung, da das auf bösartige Aktivitäten hindeutet).

Nach der Prüfung des Fingerprints fragt `ssh` Sie nach dem Passwort für den SSH-Schlüssel. Geben Sie ihn ein und drücken Sie Enter. Nach ein oder zwei Sekunden sollten Sie per SSH mit dem Server verbunden werden, und Sie sehen den Terminal-Prompt der EC2-Instanz:

```
Amazon Linux 2023
https://aws.amazon.com/linux/amazon-linux-2023
[ec2-user@ip-10-0-1-26 ~]$
```

Ab diesem Punkt können Sie Befehle auf dieser EC2-Instanz ausführen. Zum Beispiel können Sie überprüfen, ob die einfache Web-App lokal funktioniert:

```
[ec2-user@ip-10-0-1-26 ~]$ curl localhost:8080
Hello, World!
```

Da Sie nun »im« Netzwerk sind, können Sie jetzt auch prüfen, ob die Web-App auf der privaten Instanz funktioniert! Nehmen Sie die IP-Adresse der privaten Instanz aus der Ausgabevariablen `private_instance_private_ip` und probieren Sie es aus:

```
[ec2-user@ip-10-0-1-26 ~]$ curl <PRIVATE_IP>:8080
Hello, World!
```

Glückwunsch, Sie können nun auf eine Instanz im privaten Netzwerk zugreifen! Tatsächlich nutzen Sie die öffentliche Instanz als Bastion-Host. Ist es möglich, sich per SSH auch mit der privaten Instanz zu verbinden? Dabei würden wir den Bastion-Host als »Sprungbrett« (*Jump Host*) nutzen, von dem aus man sich zu anderen Servern innerhalb des privaten Netzwerks bewegt. Probieren wir es aus.

Drücken Sie Strg-D, um die Verbindung mit der öffentlichen Instanz zu beenden, und Sie landen wieder in einem Terminal auf Ihrem eigenen Computer. Wenn Sie SSH häufig nutzen, wird die Eingabe eines privaten Schlüssels und des Passworts auf Dauer lästig. Daher wird üblicherweise `ssh-agent` eingesetzt, eine Schlüsselverwaltung für SSH, die Ihren privaten Schlüssel (unverschlüsselt) temporär im Speicher vorhält, damit Sie sich ohne einen Schlüssel oder ein Passwort authentifizieren können. Nutzen Sie `ssh-add`, um einen Schlüssel in `ssh-agent` einzufügen:

```
$ ssh-add <SCHLÜSSELPAAR>.pem
```

Geben Sie erneut Ihr Passwort ein und drücken Sie Enter. Nun führen Sie SSH erneut aus, lassen aber den Parameter `-i` weg, da Ihr privater Schlüssel bereits in `ssh-agent` vorliegt. Geben Sie stattdessen den Parameter `-A` an, der das *Agent-Forwarding* aktiviert. Dadurch können Sie sich über einen zwischengeschalteten Server wie den Bastion-Host mit `ssh-agent` authentifizieren, ohne Ihren privaten Schlüssel kopieren oder offenlegen zu müssen

```
$ ssh -A ec2-user@<PUBLIC_IP>
```

Nach ein paar Sekunden landen Sie in einem Terminal auf der EC2-Instanz, diesmal aber, ohne den Hostschlüssel oder Ihr SSH-Passwort eingeben zu müssen. Führen Sie als Nächstes SSH erneut aus, jetzt mit der IP-Adresse der privaten Instanz:

```
[ec2-user@ip-10-0-1-26 ~]$ ssh ec2-user@<PRIVATE_IP>
```

Sie sehen erneut die Host-Key-Warnung, da Sie bisher keine Verbindung mit der privaten Instanz hergestellt haben. Geben Sie **yes** ein und drücken Sie Enter. Nach ein oder zwei Sekunden landen Sie ohne weitere Abfragen in einem Terminal auf der privaten Instanz, da die Authentifizierung durch das `ssh-agent`-Forwarding erledigt wurde. Sie können nun Befehle innerhalb der privaten Instanz ausführen, z.B. prüfen, ob die Web-App lokal funktioniert:

```
[ec2-user@ip-10-0-80-242 ~]$ curl localhost:8080
Hello, World!
```

Glückwunsch, Sie haben eine öffentliche Instanz als *Jump Host* genutzt, um sich per SSH bei einer privaten Instanz anzumelden! Um die Verbindung zu beenden, drücken Sie Strg-D *zweimal*, einmal für die private und einmal für die öffentliche Instanz.

> **Machen Sie sich die Hände schmutzig**
>
> Hier einige Übungen, mit denen Sie zu Hause tiefer einsteigen können:
>
> - Versuchen Sie es anstelle von EC2-Schlüsselpaaren mit EC2 Instance Connect oder Session Manager. Wie sehen diese Optionen im Vergleich aus?
> - Probieren Sie das SSH-Port-Forwarding (*https://oreil.ly/Rkmya*) aus. Um beispielsweise Port 8080 auf Ihrem Computer auf Port 8080 der privaten EC2-Instanz weiterzuleiten, führen Sie `ssh -L 8080:<PRIVATE_IP>:8080 ec2-user@<PUBLIC_IP>` aus und öffnen dann *http://localhost:8080* in Ihrem Browser.
> - Probieren Sie den SSH-SOCKS-Proxy (*https://oreil.ly/8i9zm*) aus. Um beispielsweise einen Proxy an Port 8080 zu betreiben, der den gesamten Traffic über die öffentliche EC2-Instanz leitet, führen Sie `ssh -D 8080 ec2-user@<PUBLIC_IP>` aus und konfigurieren in Ihrem Browser *localhost:8080* als SOCKS-Proxy. Ihr gesamtes Surfen im Web läuft dann durch die EC2-Instanz.

Wenn Sie mit dem Testen fertig sind, committen Sie Ihren Code und führen `tofu destroy` aus, um Ihren AWS-Account aufzuräumen.

Für Entwickler ist SSH eine tolle Sache, für alle anderen Mitarbeitenden wohl eher nicht. Produktmanager, Designerinnen oder Vertriebsmitarbeiter zu bitten, per SSH auf das firmeninterne Tooling zuzugreifen, kommt wahrscheinlich nicht gut an. Aber auch Entwickler wünschen sich häufig eine einfache Möglichkeit, auf private Netzwerke zuzugreifen, ohne sich mit CLI-Befehlen, Tunneln und Proxies irgendwohin durchhangeln zu müssen. Manchmal wünscht man sich eine einfach zu nutzende Benutzerschnittstelle. Genau da kommt RDP ins Spiel, das wir uns als Nächstes ansehen wollen.

RDP

Remote Desktop Protocol (RDP) bietet die Möglichkeit, sich remote mit einem Windows-Server zu verbinden und ihn über die gewohnte Windows-Oberfläche zu verwalten (siehe Abbildung 7.13). Es fühlt sich so an, als würden Sie direkt vor dem Computer sitzen: Sie können Maus, Tastatur und alle Desktop-Apps nutzen.

Da man die Windows-Oberfläche wie gewohnt nutzen kann, eignet sich RDP für alle Rollen innerhalb des Unternehmens (nicht nur für die Entwicklung), und die Erfahrung ist sicher angenehmer als die Arbeit in einem Terminal (etwa per SSH). Allerdings funktioniert RDP nur mit Windows-Servern und ist berüchtigt für seine Sicherheitslücken – deshalb können Sie es nicht im Internet bereitstellen (wie Sie gleich noch sehen werden).

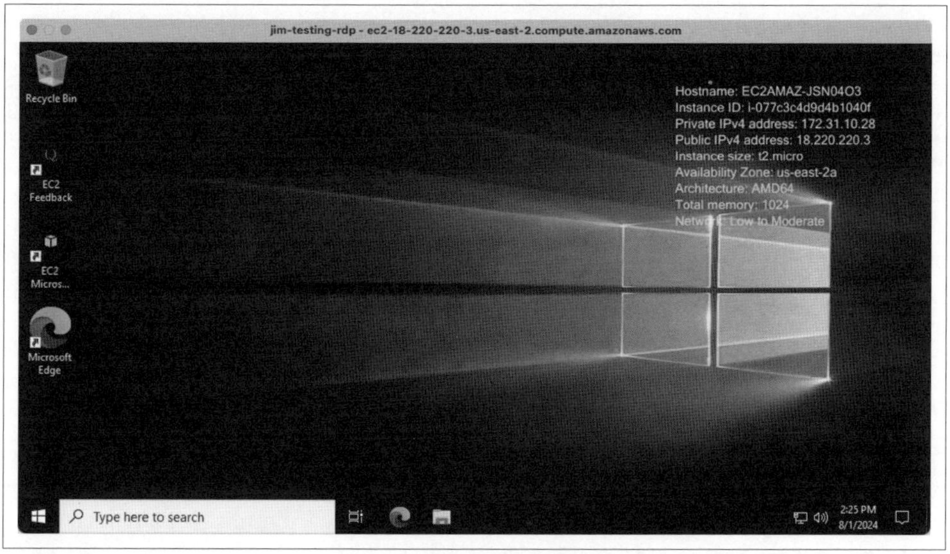

Abbildung 7.13: RDP zur entfernten Verwaltung eines Windows-Servers nutzen

Sehen wir uns kurz an, wie man RDP nutzt.

Wie SSH nutzt auch RDP eine Client/Server-Architektur. Zuerst konfigurieren Sie den Server:

1. Aktivieren Sie RDP in den Windows-Einstellungen.
2. Erlauben Sie RDP-Verbindungen in der Server-Firewall, üblicherweise an Port 3389. Beachten Sie, dass RDP gemeinhin nicht als sicher betrachtet wird, da es über die Jahre *sehr viele* Sicherheitslücken gab. Port 3389 direkt über das Internet bereitzustellen, ist daher *nicht* zu empfehlen. Stattdessen sollte der Port nur innerhalb Ihres Netzwerks für eines der beiden folgenden Geräte zugänglich sein.
3. Stellen Sie entweder ein VPN (mehr dazu im nächsten Abschnitt) oder ein *Remote Desktop Gateway* (RD Gateway) für die Server bereit, auf denen RDP läuft. Das schützt die Server vor dem direkten Zugriff und bietet eine bessere Authentifizierung und Verschlüsselung.

Als Nächstes konfigurieren Sie den Client:

1. Installieren Sie den RDP-Client. Er ist bei den meisten Windows-Installationen direkt verfügbar, muss für Mac und Linux aber separat installiert werden.
2. Besorgen Sie sich die Credentials, um sich gegenüber dem Windows-Server zu authentifizieren. Wie Sie das machen, hängt vom Server ab. Wenn Sie zum Beispiel eine Windows-EC2-Instanz unter AWS über das Standard-Windows-AMI starten, stellt AWS einen Administrator-Account mit einem zufällig generierten Passwort bereit, das Sie über die EC2-Konsole abrufen können. Führen Sie einen Windows-Server unter Azure aus, geben Sie den Nutzer und das Passwort beim Start an. Verwalten Sie Windows-Nutzer mit einem Identity-Provider (wie Active Directory, Microsoft 365), verwenden Sie das Log-in dieses Identity-Providers.

Nachdem Client und Server konfiguriert sind, öffnen Sie den RDP-Client, geben die IP-Adresse des gewünschten Servers ein (möglicherweise eine RD-Gateway-IP), geben den Benutzernamen und das Passwort ein und sind nach ein oder zwei Minuten angemeldet. Sie haben nun Zugriff auf die volle Windows-Oberfläche (siehe Abbildung 7.13) und darüber Zugriff auf das private Netzwerk.

Eine Benutzeroberfläche für den Zugriff auf das private Netzwerk nutzen zu können, ist eine gute Sache, doch diese Benutzeroberfläche liegt auf einem anderen Computer. Manchmal wollen Sie auf das private Netzwerk direkt über die Benutzerschnittstelle des eigenen Computers zugreifen, da dort Ihre Apps und Daten liegen. Hier können VPNs ihre Stärken ausspielen, was wir uns als Nächstes betrachten werden.

VPN

Ein *virtuelles privates Netzwerk* (VPN) erweitert ein privates Netzwerk auf mehrere Netzwerke oder Geräte. Die Tatsache, dass Sie sich in einem VPN bewegen, ist für die auf diesen Geräten laufende Software völlig transparent. Die Software kann mit dem privaten Netzwerk kommunizieren, als ob das Gerät physisch an das Netzwerk angeschlossen wäre, ohne dass die Software das VPN wahrnimmt oder etwas anders ausführen muss.

VPN-Clients sind für nahezu jedes Betriebssystem verfügbar (auch für Smartphones). Sie erlauben den Zugriff auf private Netzwerke mit dem eigenen Gerät in einer Weise, die für jeden innerhalb eines Unternehmens zugänglich ist (nicht nur für Entwickler). Die meisten VPN-Tools basieren entweder auf *Internet Protocol Security* (IPsec) oder auf *Transport Layer Security* (TLS). Beide Protokolle gelten als ausgereift und sicher, da es sie seit über 30 Jahren gibt, sie allgegenwärtig sind und durch große Communitys unterstützt werden.

IPsec und TLS nutzen üblicherweise *Zertifikate*, die auf Public-Key-Kryptografie basieren (wie SSH) und eine wechselseitige Authentifizierung erlauben. Der Client kann über das Serverzertifikat verifizieren, dass der VPN-Server wirklich der ist, der er vorgibt zu sein, und der Server kann über das Clientzertifikat verifizieren, dass der Nutzer der ist, der er zu sein behauptet. Das ist für die Sicherheit eine tolle Sache, doch im großen Stil Zertifikate verwalten zu müssen, kann zu einer Herausforderung werden (mehr über IPsec, TLS und Zertifikate lernen Sie in Kapitel 8). Eine weitere Herausforderung bei VPNs ist, dass das Routing Ihres Netzwerk-Traffics durch die VPN-Server die Latenz erhöhen und den Durchsatz verringern kann.

Heutzutage gibt es für VPNs drei gängige Anwendungsfälle:

Remote arbeitende Mitarbeiter mit dem Büro- oder Rechenzentrumsnetzwerk verbinden
: Wenn Sie von zu Hause aus arbeiten, stellen Sie die Verbindung mit dem VPN her und können auf das Netzwerk im Büro zugreifen, als würden Sie im Büro sitzen. Genauso ist es mit einer VPN-Verbindung zu einem Rechenzentrum (egal ob On-Prem oder über eine VPC in Ihrem Cloud-Account): Sie können auf alles innerhalb dieses privaten Netzwerks zugreifen, als wären Sie vor Ort im Rechenzentrum. Bei diesem Anwendungsfall dient das VPN als Bastion-Host. Einige große Player in diesem Bereich sind Cisco, Palo Alto Networks und Juniper Networks (vollständige Liste (*https://oreil.ly/0YC3N*)).

Zwei Rechenzentren miteinander verbinden

Sie können *Site-to-Site-VPNs* nutzen, um zwei Rechenzentren miteinander zu verbinden, etwa zwei On-Prem-Rechenzentren oder ein On-Prem-Rechenzentrum mit einer VPC in der Cloud. Das VPN fungiert als Proxy zwischen den Rechenzentren und leitet bestimmten Traffic aus einem privaten Netzwerk sicher an bestimmte Endpunkte in einem anderen privaten Netzwerk weiter. Die VPN-Anbieter für die On-Prem-Seite sind größtenteils dieselben wie bei einem Büronetzwerk (Cisco, Palo Alto, Juniper). Auf Cloud-Seite nutzen Sie üblicherweise die Site-to-Site-VPN-Dienste des Cloud-Anbieters, z.B. AWS Virtual Private Gateways (*https://oreil.ly/cWAIn*) oder Google Cloud VPN (*https://oreil.ly/2W0rA*).

Surfverhalten im Internet verbergen

Sie können Ihren Internet-Traffic durch ein VPN in ein anderes Land durchleiten, um geografische Grenzen oder Zensur zu umgehen oder um Ihre Surfhistorie zu anonymisieren. Für diesen Anwendungsfall sind die meisten Büronetzwerk-VPNs zu groß, weshalb man dann üblicherweise auf Endverbraucher-VPN-Dienste wie NordVPN, ExpressVPN und Proton VPN zurückgreift. Ich erwähne diesen Anwendungsfall nur der Vollständigkeit halber. Da er außerhalb des Rahmens dieses Buchs liegt, werde ich nicht mehr dazu sagen.

Sehen wir uns kurz an, wie man VPNs für die beiden ersten Anwendungsfälle nutzt.

Um Mitarbeiter remote mit einem Büro oder einem Rechenzentrum zu verbinden, nutzen Sie in der Regel eine Client/Server-Architektur. Zuerst konfigurieren Sie den VPN-Server:

1. Stellen Sie einen VPN-Server als Bastion-Host bereit und konfigurieren Sie darauf die VPN-Software.
2. Erlauben Sie VPN-Verbindungen in der Server-Firewall. Die zu nutzenden Ports hängen vom verwendeten VPN-Tool ab. IPsec nutzt üblicherweise mehrere Ports (500, 4500, 50, 51), während TLS normalerweise Port 443 einsetzt.
3. Konfigurieren Sie den VPN-Server so, dass er Nutzer authentifizieren kann. Wie das geht, hängt vom verwendeten VPN-Tool ab. OpenVPN erlaubt beispielsweise die Authentifizierung von Nutzern mit einem Zertifikat, während sich Nutzer bei Tailscale über Identity-Provider wie Active Directory, Google oder Okta authentifizieren können (hinter den Kulissen nutzt Tailscale ebenfalls Zertifikate, verwaltet diese aber automatisch).

Als Nächstes konfigurieren Sie den Client:

1. Installieren Sie den VPN-Client. Welchen Client Sie nehmen, hängt vom verwendeten VPN-Tool ab.
2. Nutzen Sie den VPN-Client, um sich gegenüber dem Server zu authentifizieren.
3. Sobald Sie authentifiziert sind, stellt der VPN-Client einen verschlüsselten Tunnel mit dem VPN-Server her und konfiguriert die Netzwerkeinstellungen auf Ihrem Gerät so um, dass der gesamte Netzwerk-Traffic durch diesen Tunnel läuft. Das wird als *Full-Tunnel*-Konfiguration bezeichnet. Die gesamte Software auf Ihrem Gerät – Webbrowser, E-Mail-Client, alle Apps – erhalten nun transparenten Zugriff auf das private Netzwerk, als wäre das Gerät physisch an diesem Netzwerk angeschlossen. Die Full-

Tunnel-Konfiguration hat aber auch Nachteile. Wenn die Mitarbeiter zum Beispiel viele Videos auf Netflix oder YouTube schauen, läuft der gesamte Traffic durch das VPN und kann hohe Kosten für die Bandbreite verursachen. Daher bieten einige VPN-Softwarepakete einen sogenannten *Split-Tunnel*-Modus an, bei dem nur bestimmter Traffic über das VPN geroutet wird. Zum Beispiel könnten Sie bestimmte Domainnamen und CIDR-Blöcke für interne Tools definieren, die über den VPN-Tunnel laufen, während alles andere über die normale Internetverbindung des Nutzers läuft.

Bei der Verbindung zweier Rechenzentren hängen die Details von den verwendeten Geräten ab, doch ganz allgemein machen Sie in beiden Rechenzentren Folgendes:

1. **Einrichten eines Site-to-Site-VPN-Geräts.** On-Prem könnten Sie eine physische Appliance von Cisco, Palo Alto Networks oder Juniper nutzen. In der Cloud kann das eine virtuelle Konfiguration sein, etwa ein *virtuelles privates Gateway* (VPG) unter AWS.
2. **Konfiguration des Routings.** Üblicherweise wollen Sie bestimmte CIDR-Blöcke durch die VPN-Verbindung an das andere Rechenzentrum routen. Nutzt Ihr Rechenzentrum zum Beispiel den CIDR-Block `172.16.0.0/12`, konfigurieren Sie die Routingtabelle Ihrer AWS-VPC so, dass der gesamte Traffic an `172.16.0.0/12` zum VPG durchgeleitet wird.
3. **Konfiguration der Konnektivität und der Authentifizierung.** Für die VPNs in den jeweiligen Rechenzentren müssen Sie die verwendeten IP-Adressen festlegen sowie verschiedene identifizierende Informationen. Sie müssen auch eine Möglichkeit schaffen, die Verbindung zu authentifizieren und zu verschlüsseln, was üblicherweise durch Zertifikate oder vorab geteilte Schlüssel geschieht.
4. **Erzeugen des VPN-Tunnels.** An diesem Punkt bauen Sie einen verschlüsselten Tunnel auf, und der gesamte an Ihr VPN geroutete Traffic wird über diesen Tunnel ausgetauscht.

Da Sie nun erfahren haben, wie man von außen auf ein privates Netzwerk zugreift, wollen wir uns ansehen, wie die Services innerhalb eines privaten Netzwerks kommunizieren können.

Servicekommunikation in privaten Netzwerken

In Kapitel 6 haben Sie gesehen, dass ein typischer Ansatz bei Skalierungsproblemen (mehr Traffic oder mehr Mitarbeiter) darin besteht, die Codebasis in mehrere Services aufzuteilen, die unabhängig voneinander bereitgestellt werden können und über Nachrichten miteinander kommunizieren. Zur Unterstützung der Servicekommunikation müssen Sie drei technische Entscheidungen treffen:

Service-Discovery
: Wie kann ein Service den oder die Endpunkte für andere Dienste ermitteln?

Servicekommunikationsprotokoll
: In welchem Format werden Nachrichten dieser Dienste gesendet?

Service-Mesh
: Wie handhaben Sie Sicherheit, Resilienz, Beobachtbarkeit und Traffic-Management?

Jeder, der Services bereitstellt, muss für die beiden ersten Fälle, Service-Discovery und Kommunikationsprotokoll, eine Entscheidung treffen. Die dritte Entscheidung, Service-Mesh, müssen Sie üblicherweise nur für große Dimensionen treffen. Dieser Abschnitt behandelt diese Probleme und diskutiert Tools und Ansätze für deren Lösung.

Service-Discovery

Sobald Sie einen Service A betreiben, der mit einem anderen Service B kommuniziert, müssen Sie sich mit *Service-Discovery*, also der Diensterkennung, auseinandersetzen: Wie kann A die richtige IP-Adresse ermitteln, um mit B zu kommunizieren? Das kann eine knifflige Aufgabe sein, da von jedem Service mehrere Replikate auf mehreren Servern laufen können. Die Zahl der Replikate und die Server, auf denen sie laufen, können sich häufig ändern, wenn Sie neue Versionen bereitstellen, Replikate abstürzen und ersetzt werden oder Sie die Zahl der Replikate basierend auf der Last hoch- oder runterskalieren.

Kernaussage 6

Sobald Sie mehr als einen Service betreiben, müssen Sie sich für eine Service-Discovery-Lösung entscheiden.

Sehen wir uns einige Tools an, die man zur Service-Discovery nutzen kann.

Service-Discovery-Tools

Ein Ansatz der Service-Discovery ist die Wiederverwendung der folgenden generischen Tools:

Konfigurationsdateien
: Die einfache Lösung besteht darin, die IP-Adressen der Server in Konfigurationsdateien einzutragen, wobei Sie jedes der in Kapitel 6 vorgestellten Konfigurationstools wie JSON, YAML, Cue oder Jsonnet nutzen können. Zum Beispiel könnte Service A eine Konfigurationsdatei mit den fest codierten IP-Adressen der Server nutzen, auf denen B bereitgestellt wird. Das funktioniert, solange sich die von B verwendeten IP-Adressen nicht allzu oft ändern, etwa in einem On-Prem-Rechenzentrum mit einer relativ fixen Zahl von Servern für B.

Load-Balancer
: Statt die IP-Adressen für jeden Server fest einzutragen, können Sie einen *internen Load-Balancer* (der nur innerhalb des privaten Netzwerks zugänglich ist) vor Ihre Services schalten. Sie können dazu die Load-Balancer nutzen, die Sie in Kapitel 3 kennengelernt haben (AWS-ELB, Google Cloud Load Balancer oder nginx) und in jeder Umgebung nur die Endpunkte eintragen. Jeder Service kann dann den Load-Balancer-Endpunkt in seiner Konfiguration nachschlagen und andere Services über eine Konvention ansprechen (z.B. weiß Service A, dass er Service B über den Pfad `/B` des Load-Balancers erreicht).

DNS

Wenn Sie darüber nachdenken, werden Sie erkennen, dass es bei der Service-Discovery darum geht, einen Namen (den eines Service) auf einen Satz von IP-Adressen abzubilden. Tatsächlich verfügen wir über ein System, das genau das macht: DNS! Es ist üblich, innerhalb eines Rechenzentrums *private DNS-Server* zu betreiben, und die meisten Cloud-Provider bieten private DNS-Dienste an, etwa privat gehostete Zonen in AWS (*https://oreil.ly/4JotT*), private Zonen in Google Cloud (*https://oreil.ly/KIjAl*) und privates DNS in Azure (*https://oreil.ly/R0dBS*). Sie können dann DNS-Records mit den IP-Adressen aller Dienste anlegen und eine Konvention für die Service-Discovery nutzen (z. B. weiß Service A, dass er mit Service B über die Domain `B.internal` kommunizieren kann).

Ein zweiter Ansatz besteht darin, speziell für die Service-Discovery entwickelte Tools zu nutzen, die sich in zwei Kategorien aufteilen lassen:

Bibliothek

Tools wie Consul (wenn Sie den Consul-Client direkt nutzen) und Eureka (vollständige Liste (*https://oreil.ly/3rhP6*)) bestehen aus zwei Schlüsselelementen: einem Serviceverzeichnis, der sogenannten Service-Registry, und einer Service-Discovery-Bibliothek. Die *Service-Registry* ist ein Datenspeicher, der die Endpunktdaten für Ihre Dienste enthält und Health-Checks durchführt, um die Funktionsfähigkeit der Endpunkte zu überwachen. Am wichtigsten ist aber, dass Sie Updates *abonnieren* können, um sofort informiert zu werden, wenn Endpunkte aktualisiert werden. Sie binden dann eine *Service-Discovery-Bibliothek* in Ihren Anwendungscode ein, um zum einen Ihre Serviceendpunkte während des Starts in die Registry einzufügen und zum anderen die Endpunktdaten aller anderen Dienste in der Registry zu abonnieren (und in einem Cache vorhalten). Um einen Service aufzurufen, schlagen Sie die Endpunktdaten des Service im Cache nach und senden den Request direkt an einen dieser Endpunkte.

Lokaler Proxy

Tools wie Consul (wenn Sie Consul DNS oder Consul Template nutzen), gRPC mit etcd und Envoy sowie die in Orchestrierungstools wie Kubernetes integrierten Service-Discovery-Mechanismen (vollständige Liste (*https://oreil.ly/y-LvQ*)) verwenden ebenfalls zwei Schlüsselelemente: eine Service-Registry und einen lokalen Proxy. Sie betreiben den lokalen Proxy auf den gleichen Servern, auf denen auch die Apps laufen. Die Bereitstellung erfolgt entweder als sogenannter *Sidecar-Container* (ein Container, der immer zusammen mit den Anwendungscontainern ausgeführt wird) oder als *Daemon* (ein Hintergrundprozess auf jedem Server Ihres Clusters). Der lokale Proxy macht genau das Gleiche wie die Service-Discovery-Bibliothek: Er trägt Ihren Service beim Start in die Registry ein und abonniert und speichert die Endpunktdaten aus der Registry. Der Unterschied ist, dass Sie keine Änderungen am Anwendungscode vornehmen müssen. Stattdessen überschreibt der Proxy die Netzwerkeinstellung aller Container oder Server. Der gesamte Traffic läuft dann entweder durch den Proxy, oder der Proxy fungiert als lokaler DNS-Server. Die im Cache liegenden Endpunktdaten werden dann genutzt, um die Requests Ihrer Apps transparent an die richtigen Endpunkte zu senden.

Sie haben nun die verschiedenen Optionen für Service-Discovery-Tools kennengelernt, und es stellt sich die Frage, wie man das richtige Tool auswählt.

Vergleich der Service-Discovery-Tools

Hier finden Sie einige der wesentlichen Punkte, die Sie bei der Wahl eines Service-Discovery-Tools berücksichtigen müssen:

Manuelle Fehler
: Jede Lösung mit fest codierten Daten ist fehleranfällig. Wo auch immer ich gearbeitet habe: Wenn fest codierte IP-Adressen genutzt wurden (sei es auf den Servern oder den Load-Balancern), kam es häufig zu Bugs und Ausfällen aufgrund von fehlerhaften Konfigurationsdateien.

Update-Geschwindigkeit
: Einer der größten Vorteile dedizierter Service-Discovery-Tools ist die Möglichkeit, Updates der Service-Registry abonnieren zu können, sodass die aktuellen Endpunktdaten schnell zur Verfügung stehen (üblicherweise nach weniger als einer Sekunde). Im Gegensatz dazu müssen fest codierte IP-Adressen von Hand aktualisiert werden, was langsam ist (Stunden oder Tage). DNS liegt, je nach Caching-Einstellungen, irgendwo dazwischen: Eine kleinere TTL bedeutet schnellere Updates auf Kosten einer höheren Latenz.

Skalierbarkeit
: Wenn Sie IPs in Konfigurationsdateien fest codieren, wird die Skalierung zum Flaschenhals, wenn mehr als eine Handvoll Services genutzt wird. Auch die Skalierung von Load-Balancern kann schwierig werden, wenn ein Request von außen zu Dutzenden interner Serviceaufrufe führt, die durch den Load-Balancer laufen. Bei viel Traffic kann das ebenfalls zu einem Flaschenhals werden.

Transparenz
: Bei einigen Service-Discovery-Lösungen müssen Sie Service-Discovery-Logik in Ihren App-Code einbinden, etwa in Form einer Service-Discovery-Bibliothek. Andere Lösungen sind transparent und benötigen keine Aktualisierung des App-Codes, etwa lokale Proxies. Man muss fairerweise anmerken, dass Service-Discovery niemals völlig transparent sein kann, da der App-Code *irgendeinen* Mechanismus benötigt, um den Service aufrufen zu können. Die Idee einer transparenten Lösung ist aber, dass die App kein bestimmtes Service-Discovery-Tool erwartet, sondern generische, portable Ansätze wie Domainnamen nutzt.

Latenz
: *Serverseitige Service-Discovery-Tools* wie Load-Balancer verlangen bei jedem Serviceaufruf zusätzliche Netzwerk-Hops, was die Latenz deutlich erhöht (siehe Tabelle 6.1). DNS ergibt durch die Abfrage des DNS-Servers einen zusätzlichen Hop. Wenn Sie die DNS-Response im Cache vorhalten, können Sie diesen Hop für die meisten Requests vermeiden, wodurch allerdings die Update-Geschwindigkeit sinkt. Bei *clientseitigen Service-Discovery-Tools* wie Service-Discovery-Bibliotheken werden Endpunktdaten lokal gecacht, sodass Requests ohne zusätzliche Netzwerk-Hops direkt an diese Endpunkte gesendet werden können. Der lokale Proxy liegt irgendwo dazwischen: Es gibt

einen zusätzlichen Hop zum Proxy, doch die Latenz ist im Vergleich zur Kommunikation mit einem anderen Server nur minimal höher.

Performance
Beim lokalen Proxy muss auf jedem Container und jedem Server zusätzliche Software laufen, was zusätzlichen Overhead bei der CPU- und Speichernutzung bedeutet.

Infrastruktur
Einige Service-Discovery-Tools verlangen zusätzliche Infrastruktur wie Load-Balancer oder Service-Registries. Das kann viel zusätzlichen operativen Aufwand bedeuten, insbesondere bei Service-Registries, weil sie auf verteilten Datenspeichern (z.B. Consul, etcd, ZooKeeper) basieren, deren Verwaltung herausfordernd sein kann.

Tabelle 7.4 fasst unseren Vergleich der Service-Discovery-Tools zusammen.

Tabelle 7.4: Vergleich der Service-Discovery-Tools

	Konfigurationsdateien	Load-Balancer	DNS	Registry und Bibliothek	Lokaler Proxy
Manuelle Fehler	**Schlecht**	**Okay**	**Sehr gut**	**Sehr gut**	**Sehr gut**
Update-Geschwindigkeit	**Schlecht**	**Gut**	**Okay**	**Sehr gut**	**Sehr gut**
Skalierbarkeit	**Schlecht**	**Okay**	**Gut**	**Sehr gut**	**Sehr gut**
Transparenz	**Okay**	**Okay**	**Sehr gut**	**Schlecht**	**Sehr gut**
Latenz	**Sehr gut**	**Schlecht**	**Okay**	**Sehr gut**	**Gut**
Performance	**Sehr gut**	**Sehr gut**	**Sehr gut**	**Sehr gut**	**Schlecht**
Infrastruktur	**Sehr gut**	**Schlecht**	**Gut**	**Schlecht**	**Schlecht**

Da Sie nun alle Optionen für die Service-Discovery gesehen haben, wollen wir uns der nächsten Herausforderung zuwenden: den Servicekommunikationsprotokollen.

Servicekommunikationsprotokolle

Wie Sie in Kapitel 6 erfahren haben, besteht das Aufteilen Ihres Codes in Services hauptsächlich in der Definition einer API und deren langfristige Pflege. Eine wesentliche Entscheidung, die Sie dabei treffen müssen, ist, welches *Protokoll* Sie für die API nutzen wollen. Hier gibt es im Wesentlichen zwei Möglichkeiten:

Nachrichtencodierung
Wie serialisieren Sie die Daten?

Netzwerkcodierung
: Wie senden Sie die Daten über das Netzwerk?

Als Nächstes wollen wir einige der heutzutage am häufigsten genutzten Protokolle betrachten und uns dann die wesentlichen Faktoren ansehen, die Sie bei der Wahl eines Protokolls berücksichtigen müssen.

Gängige Protokolle

Einige der heutzutage gängigsten Protokolle sind:

REST-APIs: HTTP + JSON
: REST steht für *Representational State Transfer* und ist der De-facto-Standard bei der Entwicklung von Web-APIs. Die Details von REST-APIs würden den Rahmen dieses Buchs sprengen, doch zwei Schlüsselelemente sind die Netzwerkcodierung in HTTP und die Nachrichtencodierung über eine »einheitliche Schnittstelle«. Der Teil mit der einheitlichen Schnittstelle war schon immer etwas vage: Sehr wahrscheinlich bezieht es sich auf so etwas wie HTML (*https://oreil.ly/aj0E2*), doch die meisten Teams nutzen bei der Entwicklung von APIs heutzutage JSON.

Serialisierungsbibliotheken
: Zahlreiche Serialisierungsbibliotheken unterstützen die Schema-Definition und die Erzeugung von Stubs für unterschiedliche Programmiersprachen. Dazu gehören Protocol Buffers, Cap'n Proto und FlatBuffers (vollständige Liste (*https://oreil.ly/zwMmN*)). Die Daten werden manchmal per HTTP gesendet, doch einer der Gründe für die Nutzung einer Serialisierungsbibliothek für die Nachrichtencodierung (anstelle von JSON) ist die bessere Performance. Üblicherweise wählt man dann auch eine Netzwerkcodierung mit einer besseren Performance, etwa HTTP/2 oder TCP.

RPC-Bibliotheken
: Eine Ebene über den Serialisierungsbibliotheken angesiedelt sind RPC-Bibliotheken (*Remote Procedure Calls*). Sie ermöglichen einer Prozedur auf einem Computer die Ausführung einer Prozedur auf einem anderen Computer (z.B. ein Service, der einen Request an einen anderen Service sendet). Der Code sieht dabei häufig so aus, als würde man ihn lokal ausführen. Einige beliebte Tools in diesem Bereich sind gRPC und Connect (vollständige Liste (*https://oreil.ly/Fwx5V*)). Die meisten dieser Tools definieren sowohl die Nachrichtencodierung (typischerweise über eine Serialisierungsbibliothek wie Protocol Buffers) als auch die Netzwerkcodierung (häufig etwas Performantes wie HTTP/2). Diese Tools können Client- und Server-Stubs generieren, die bei der Implementierung des Service helfen.

Welches Protokoll soll man also verwenden? Sehen wir uns die wesentlichen Faktoren an, die Sie bei Ihrer Entscheidung einbeziehen müssen.

Schlüsselfaktoren

Wenn Sie sich für ein Servicekommunikationsprotokoll entscheiden müssen, sollten Sie einige Schlüsselfaktoren berücksichtigen:

Unterstützte Programmiersprachen
: Welche Programmiersprachen werden in Ihrem Unternehmen genutzt? Wie viele davon unterstützen die gewählte Nachrichtencodierung? JSON wird von nahezu jeder Programmiersprache unterstützt, während das bei anderen Serialisierungsprotokollen eher Glückssache ist, auch wenn die etwas ausgereifteren üblicherweise von den meisten populären Programmiersprachen unterstützt werden.

Clientunterstützung
: Welche Clients muss Ihre API unterstützen? Werden Webbrowser direkt mit Ihren Services kommunizieren? Mobile Apps? IoT? Welche Protokolle der Nachrichten- und Netzwerkcodierung unterstützen diese Clients? HTTP + JSON werden von nahezu jedem Client unterstützt und in alle Webbrowser integriert. Bei anderen Serialisierungsprotokollen ist das eher Glückssache, insbesondere bei Webbrowsern.

Schema- und Codegenerierung
: Unterstützt die Nachrichtencodierung die Schema-Definition? Können Sie automatisch Client-Stubs für unterschiedliche Programmiersprachen für dieses Schema generieren? Können Sie automatisch eine Dokumentation generieren? In diesem Bereich sind Serialisierungsbibliotheken und RPC-Bibliotheken üblicherweise leistungsfähiger als HTTP + JSON, auch wenn Tools wie OpenAPI diese Lücke für HTTP + JSON füllen können.

Debugging
: Wie schwer ist es, eine mit diesem Tool entwickelte API zu testen oder bei Problemen zu debuggen? Mit HTTP + JSON ist das üblicherweise einfach, da Sie jeden HTTP-Client nutzen können (z.B. `curl`). Serialisierungs- und RPC-Bibliotheken benötigen zum Testen häufig spezielle Tools.

Performance
: Wie effizient sind Nachrichten- und Netzwerkcodierung in Bezug auf Bandbreite, Speicher und CPU-Nutzung? In diesem Bereich liegen Serialisierungs- und RPC-Bibliotheken deutlich vor HTTP + JSON.

Ökosystem
: Wie groß ist das Ökosystem um die Nachrichtencodierung? Wie ist die Dokumentation? Wie oft gibt es Updates und neue Releases? Wie viele Tools, Plug-ins und verwandte Projekte gibt es? Wie schwierig ist es, Entwickler zu finden, die wissen, wie man diese Nachrichtencodierung nutzt? Wie schwierig ist es, Antworten bei Stack Overflow zu finden? HTTP + JSON haben das mit Abstand größte Ökosystem. Protocol Buffers und gRPC (das intern Protocol Buffers nutzt) liegen mit großem Abstand dahinter.

In der Regel verwende ich standardmäßig HTTP + JSON für die meisten APIs und ziehe Alternativen nur in besonderen Fällen in Erwägung. Zum Beispiel kann sich bei großen Systemen mit Hunderten von Services und Zehntausenden von Queries pro Sekunde die bessere Performance und Standardisierung von gRPC auszahlen.

Nachdem Sie wissen, wie man APIs für Ihre Services definiert, wollen wir uns ansehen, wie man Services im großen Maßstab mit Service-Meshes verwaltet.

Service-Mesh

Ein *Service-Mesh* ist eine Netzwerkschicht, die bei der Kommunikation zwischen Anwendungen in einer Microservice-Architektur hilft, indem sie eine einzelne, einheitliche Lösung für die folgenden Probleme bereitstellt:

Sicherheit
: In Kapitel 6 haben Sie Microservices in Kubernetes bereitgestellt, die über HTTP-Requests miteinander kommunizieren konnten. Tatsächlich konnten nicht nur diese Microservices miteinander kommunizieren, sondern *jeder*, da die Services blind auf jeden eingehenden HTTP-Request geantwortet haben. Diese Microservices in einem privaten Netzwerk zu betreiben, bietet einen gewissen Schutz (Castle-and-Moat-Modell), doch wenn Ihr Unternehmen wächst, werden Sie die Sicherheit um Ihre Services erhöhen wollen (ZTA), indem Sie Verschlüsselung, Authentifizierung und Autorisierung erzwingen.

Beobachtbarkeit
: Wie Sie in Kapitel 6 gesehen haben, führen Microservice-Architekturen viele neue Arten von Fehlern ein, und durch die Verschiebung der einzelnen Teile wird das Debugging im Vergleich zu einem Monolithen schwieriger. Bei einer großen Servicearchitektur kann es eine Herausforderung sein, die Verarbeitung eines einzelnen Requests zu verstehen, da dieser Request zu Dutzenden von API-Aufrufen bei Dutzenden von Services führen kann. Hier werden Tools zur Beobachtung (*Observability*) wie verteiltes Tracing, Metriken und Logging essenziell. Mehr zu diesen Themen erfahren Sie in Kapitel 10.

Resilienz
: Wenn Sie mehrere Services betreiben, bewegen Sie sich in einem Bereich, in dem Bugs, Performanceprobleme und andere Fehler mehrmals täglich auftreten. Müssten Sie diese Probleme manuell lösen, bekämen Sie keinen Schlaf mehr. Für eine wartbare und resiliente Microservice-Architektur können Sie Tools und Techniken wie Retries, Time-outs, Sicherungsschalter und Rate Limiting nutzen, um Fehler automatisch zu vermeiden oder das System wiederherzustellen.

Traffic-Management
: Wie Sie in Kapitel 6 gesehen haben, bedeutet das Aufteilen eines Monolithen in Services, dass Sie nun ein verteiltes System betreiben. Bei verteilten Systemen ist häufig eine genaue Kontrolle über den Netzwerk-Traffic nötig, einschließlich Load-Balancing zwischen Services, Canary-Deployments (wie in Kapitel 5 gezeigt) und Traffic-Mirroring (bei dem Sie ein Duplikat des Traffics zu Analyse- und Testzwecken an einen weiteren Endpunkt senden).

Nahezu alle diese Probleme haben etwas mit der Größe zu tun. Wenn Sie nur zwei oder drei Services betreiben, ein kleines Team sind und es nicht viel Last gibt, werden Sie diese Probleme kaum betreffen, und ein Service-Mesh wäre nur unnötiger Mehraufwand. Betreiben Sie dagegen Hunderte von Services bei hoher Last, die von Dutzenden Teams gepflegt werden, haben Sie täglich mit diesen Problemen zu kämpfen. Versuchen Sie, jedes dieser Probleme eines nach dem anderen zu lösen, werden Sie feststellen, dass eine Lösung auch die anderen beeinflusst (z.B. wie sich die Verschlüsselung auf Tracing und Traffic-Mirroring auswirkt). Außerdem werden die einfachen Lösungen, die Sie wohl zuerst ausprobieren werden, Codeänderungen in allen Apps notwendig machen, und wie Sie in Kapitel 6 gelernt haben, kann das Roll-out globaler Änderungen über viele Services hinweg sehr lange dauern.

Hier kommt das Service-Mesh ins Spiel. Es bietet eine integrierte Komplettlösung dieser Probleme, und – viel wichtiger – es kann die meisten dieser Probleme transparent lösen, ohne dass Änderungen am App-Code nötig sind.

Kernaussage 7

Ein Service-Mesh kann die Sicherheit, die Beobachtbarkeit, die Resilienz und das Traffic-Management in einer Microservice-Architektur verbessern, ohne dass der Anwendungscode für die Services geändert werden muss.

Wenn die Dinge laufen, fühlt sich ein Service-Mesh wie eine magische Möglichkeit an, die Sicherheit und das Debugging der Microservice-Architektur zu verbessern. Laufen die Dinge allerdings nicht, kann das Service-Mesh selbst schwer zu debuggen sein, da es neue »bewegliche Teile« einführt (Verschlüsselung, Authentifizierung, Autorisierung, Routing, Firewalls). Darüber hinaus ist das Verstehen, Installieren, Konfigurieren und Verwalten eines Service-Mesh ein erheblicher Mehraufwand. Wenn eine Größe erreicht ist, bei der Sie Lösungen für die vorhin aufgeführten Probleme benötigen, ist das ein Service-Mesh wert. Bei einem kleinen Start-up bremst es Sie nur aus.

Service-Mesh-Tools lassen sich in drei Klassen einteilen. Die erste Klasse bilden Service-Mesh-Tools für den Einsatz mit Kubernetes, inklusive Linkerd (das Projekt, das den Begriff *Service-Mesh* geprägt hat), Istio und Cilium. Die zweite Klasse bilden gemanagte Service-Mesh-Tools von Cloud-Providern wie AWS App Mesh und Google Cloud Service Mesh. Die dritte Klasse bilden Service-Mesh-Tools, die Sie mit beliebigen Orchestrierungsansätzen nutzen können (z.B. Kubernetes, EC2 und On-Prem-Server) wie Consul Service Mesh und Kuma (vollständige Liste (*https://oreil.ly/ygknH*)).

Die beste Möglichkeit, ein Gefühl für ein Service-Mesh zu entwickeln, ist, eines auszuprobieren. Lassen Sie uns also beispielhaft die Nutzung von Istio mit Kubernetes durchgehen.

Beispiel: Istio-Service-Mesh mit Kubernetes-Microservices

Istio ist ein beliebtes Service-Mesh für Kubernetes, das ursprünglich von Google, IBM und Lyft entwickelt und 2017 als Open Source veröffentlicht wurde. Sehen wir uns an, wie Istio Ihnen bei der Verwaltung zweier Microservices helfen kann, die Sie über Kubernetes in Kapitel 6 bereitgestellt haben. Einer dieser Microservices war die Backend-App, die eine einfache JSON-über-HTTP-REST-API bereitgestellt hat. Der andere Microservice war die Frontend-App, die mithilfe der in Kubernetes integrierten Service-Discovery-Mechanismen Serviceaufrufe an das Backend gesendet und die Daten in HTML ausgegeben hat. Legen Sie zuerst eine Kopie dieser beiden Beispiel-Apps in dem Ordner an, den Sie für die Beispiele in diesem Buch verwenden:

```
$ cd fundamentals-of-devops
$ cp -r ch6/sample-app-frontend ch7/
$ cp -r ch6/sample-app-backend ch7/
```

Nun benötigen Sie ein Kubernetes-Cluster. Die zu Test- und Lernzwecken einfachste Lösung ist das bei Docker Desktop mitgelieferte Cluster. Starten Sie es also wie in Kapitel 3 und stellen Sie sicher, dass Sie authentifiziert sind:

```
$ kubectl config use-context docker-desktop
```

Jetzt laden und installieren Sie das neueste Istio-Release (*https://oreil.ly/vxXvL*) (ab Version 1.22). Die Version liegt in einem Ordner namens *istio-<VERSION>*, wobei *<VERSION>* die installierte Istio-Version ist. Dieser Ordner enthält den Unterordner *samples*, der einige nützliche Beispiele enthält (die Sie gleich nutzen werden). In diesem Ordner finden Sie auch `istioctl`, ein CLI-Tool mit nützlichen Hilfsfunktionen für die Arbeit mit Istio (Sie sollten es in den `PATH` aufnehmen). Nutzen Sie `istioctl` wie folgt, um Istio in Ihrem Kubernetes-Cluster zu installieren:

```
$ istioctl install --set profile=minimal -y
```

Wir nutzen ein Minimalprofil für die Installation von Istio, was zu Lern- und Testzwecken ausreicht (Profile für den Einsatz in der Produktion finden Sie in den Installationsanweisungen (*https://oreil.ly/s2Gsu*)). Istio funktioniert, indem es einen eigenen Sidecar in jedes per Kubernetes bereitgestellte Pod einschleust. Dieser Sidecar enthält alle Features für die Sicherheit, die Beobachtbarkeit, die Resilienz und das Traffic-Management, ohne dass Sie Ihren Anwendungscode ändern müssen. Das Einfügen des Istio-Sidecars in alle Pods, die im Standardnamensraum bereitgestellt werden, konfigurieren Sie mit dem folgenden Befehl:

```
$ kubectl label namespace default istio-injection=enabled
```

Istio unterstützt die Integration (*https://oreil.ly/5qZ4I*) einer Vielzahl von Observability-Tools. In diesem Beispiel wollen wir das mit dem Istio-Release mitgelieferte Beispiel-Add-on nutzen. Es umfasst ein Istio-Dashboard namens Kiali (*https://oreil.ly/iqyHk*), eine Datenbank zur Datenüberwachung namens Prometheus (*https://prometheus.io*), eine Benutzerschnittstelle zur Visualisierung der Überwachungsdaten namens Grafana (*https://grafana.com*) und ein Tool zum verteilten Tracing namens Jaeger (*https://jaegertracing.io*):

```
$ cd istio-<VERSION>
$ kubectl apply -f samples/addons
$ kubectl rollout status deployment/kiali -n istio-system
```

An diesem Punkt können Sie überprüfen, ob alles korrekt installiert wurde, indem Sie den Befehl `verify-install` ausführen:

```
$ istioctl verify-install
```

Sieht alles gut aus, stellen Sie die Frontend- und Backend-Apps wie gewohnt bereit:

```
$ cd ../sample-app-backend
$ kubectl apply -f sample-app-deployment.yml
$ kubectl apply -f sample-app-service.yml
$ cd ../sample-app-frontend
$ kubectl apply -f sample-app-deployment.yml
$ kubectl apply -f sample-app-service.yml
```

Nach einigen Sekunden sollten Sie einen Request an das Frontend senden können:

```
$ curl localhost
<p>Hello from <b>backend microservice</b>!</p>
```

Bis hierhin funktioniert alles genau wie vorher. Macht Istio irgendwas? Eine Möglichkeit, das herauszufinden, bietet das vorhin installierte Kiali-Dashboard:

```
$ istioctl dashboard kiali
```

Dieser Befehl öffnet das Dashboard in Ihrem Webbrowser. Klicken Sie links im Menü auf *Traffic Graph*, und Sie sehen so etwas wie in Abbildung 7.14.

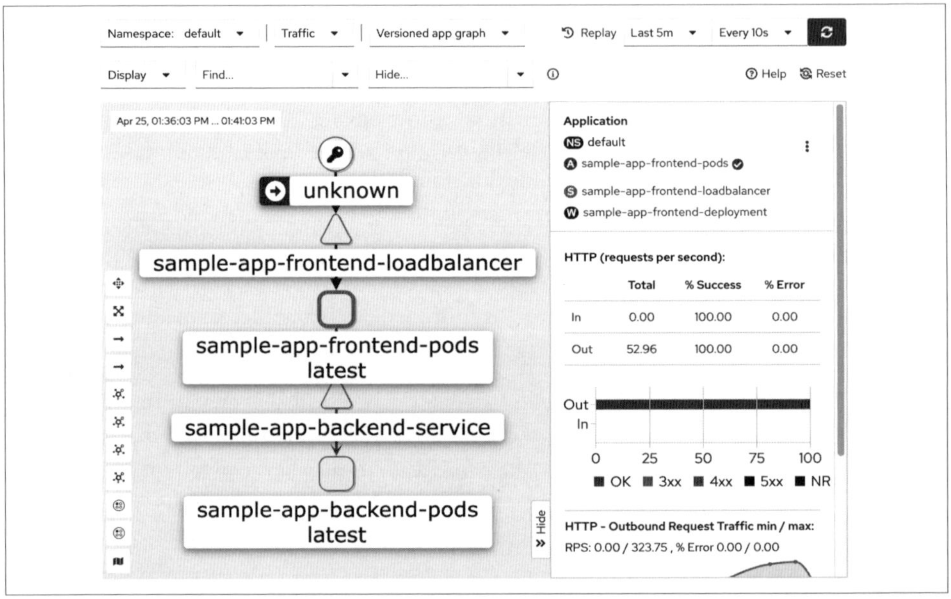

Abbildung 7.14: Der Traffic-Graph in Istios Kiali-Dashboard

Falls der Traffic-Graph nichts anzeigt, führen Sie `curl localhost` wiederholt aus und klicken dann auf den *Refresh*-Button oben rechts im Dashboard. Sie sehen nun eine Visualisierung des Pfads, den Ihre Requests durch die Microservices nehmen, einschließlich der Services und Pods. Sie erkennen sofort einen der Vorteile eines Service-Mesh: Beobachtbarkeit. Sie erhalten nicht nur die Visualisierung, sondern auch aggregierte Logs (klicken Sie im linken Menü auf *Workloads*, wählen Sie *sample-app-backend* aus und klicken Sie den *Logs*-Tab an), Metriken (`istioctl dashboard grafana`) und verteilte Traces (`istioctl dashboard jaeger`). Wenn Sie Ihre Experimente abgeschlossen haben, beenden Sie Kiali mit Strg-C.

Ein weiterer wesentlicher Vorteil eines Service-Mesh ist die Sicherheit, einschließlich einer automatische Verschlüsselung, einer Authentifizierung und einer Autorisierung aller Requests innerhalb des Service-Mesh. Um eine Installation von Istio zu erlauben, ohne etwas zu beschädigen, lässt Istio zunächst unverschlüsselte, nicht authentifizierte und nicht autorisierte Requests durch. Sie können das aber ändern, indem Sie entsprechende Policies für

Istio konfigurieren. Legen Sie einen neuen Ordner namens *istio* an und innerhalb dieses Ordners eine Datei namens *istio-auth.yml* mit dem Inhalt aus Beispiel 7.11.

Beispiel 7.11: Istio-Policies zur Authentifizierung und Autorisierung (ch7/istio/istio-auth.yml)

```
apiVersion: security.istio.io/v1beta1
kind: PeerAuthentication                ❶
metadata:
  name: require-mtls
  namespace: default
spec:
  mtls:
    mode: STRICT

---                                     ❷
apiVersion: security.istio.io/v1
kind: AuthorizationPolicy               ❸
metadata:
  name: allow-nothing
  namespace: default
spec:
  {}
```

Dieser Code macht Folgendes:

❶ Anlegen einer *Authentifizierungs-Policy*, die von allen Serviceaufrufen die Nutzung von *Mutual TLS* (mTLS) verlangt. Das erzwingt die Verschlüsselung und Authentifizierung jeder Verbindung (mehr über TLS erfahren Sie in Kapitel 8). Ein Vorteil von Istio ist, dass es mTLS völlig transparent für Sie abwickelt.

❷ Beachten Sie die Nutzung von `---`: Dies dient als Trennsymbol und erlaubt mehrere Kubernetes-Konfigurationen in einer einzelnen YAML-Datei.

❸ Anlegen einer *Autorisierungs-Policy*, die standardmäßig alle Serviceaufrufe blockiert, damit Ihre Services nicht auf jeden reagieren, der zufällig Netzwerkzugriff hat. Sie können dann zusätzliche Autorisierungs-Policies festlegen, die nur die gewünschte Servicekommunikation ermöglichen.

Sie stellen diese Policies wie folgt bereit:

```
$ cd ../istio
$ kubectl apply -f istio-auth.yml
```

Sehen Sie sich jetzt an, was passiert, wenn Sie versuchen, auf die Frontend-App zuzugreifen:

```
$ curl localhost
curl: (52) Empty reply from server
```

Da Ihr Request kein mTLS nutzte, wurde die Verbindung von Istio sofort abgelehnt. Die Verwendung von mTLS ist für Backends sinnvoll, da diese nur für andere Services zugänglich sein sollten. Ihr Frontend sollte aber auch für Nutzer außerhalb des Unternehmens zugänglich sein, weshalb wir mTLS für das Frontend deaktivieren können (siehe Beispiel 7.12).

Beispiel 7.12: Authentifizierungs-Policy für die Deaktivierung von mTLS im Frontend (ch7/sample-app-frontend/kubernetes-config.yml)

```
apiVersion: security.istio.io/v1beta1
kind: PeerAuthentication
metadata:
  name: allow-without-mtls
  namespace: default
spec:
  selector:
    matchLabels:
      app: sample-app-frontend-pods ❶
  mtls:
    mode: DISABLE                 ❷
```

Diese Authentifizierungs-Policy funktioniert wie folgt:

❶ Gilt für die Frontend-Pods.

❷ Deaktiviert mTLS für die Frontend-Pods.

Sie können den YAML-Code aus Beispiel 7.12 in eine neue YAML-Datei eintragen, doch die Arbeit mit zu vielen YAML-Dateien für das Frontend ist lästig und fehlerträchtig. Setzen wir daher `---` ein, um *sample-app-deployment.yml*, *sample-app-service.yml* und den YAML-Code aus Beispiel 7.12 in einer einzelnen Datei namens *kubernetes-config.yml* für das Frontend zusammenzufassen. Wir nutzen dabei die in Beispiel 7.13 gezeigte Struktur.

Beispiel 7.13: Mehrere Kubernetes-Konfigurationen in einer einzelnen YAML-Datei zusammenfassen (ch7/sample-app-frontend/kubernetes-config.yml)

```
apiVersion: apps/v1
kind: Deployment
# ... (andere Parameter weggelassen) ...

---
apiVersion: v1
kind: Service
# ... (andere Parameter weggelassen) ...


---
apiVersion: security.istio.io/v1beta1
kind: PeerAuthentication
# ... (andere Parameter weggelassen) ...
```

Da der gesamte YAML-Code nun in *kubernetes-config.yml* zusammengefasst wurde, können Sie *sample-app-deployment.yml* und *sample-app-service.yml* löschen und Änderungen an der Frontend-App mit einem einzigen Aufruf von `kubectl apply` bereitstellen:

```
$ cd ../sample-app-frontend
$ kubectl apply -f kubernetes-config.yml
```

Versuchen Sie jetzt erneut, auf das Frontend zuzugreifen. Nutzen Sie dabei nun das Flag `--write-out`, damit `curl` nach dem Body auch den HTTP-Response-Code ausgibt:

```
$ curl --write-out '\n%{http_code}\n' localhost
RBAC: access denied
403
```

Sie erhalten wieder eine Fehlermeldung, doch diesmal eine andere. Das liegt daran, dass hier zwei Policies im Spiel sind: eine für die Authentifizierung und eine für die Autorisierung. Sie haben eine Authentifizierungs-Policy festgelegt, die den Zugriff auf das Frontend ohne mTLS erlaubt, sodass Istio Ihren Request nicht mehr vollständig blockiert. Doch Sie erhalten dennoch die Response `403` (Forbidden), weil die Autorisierungs-Policy `allow-nothing` alle Requests blockiert. Um das zu beheben, müssen Sie Backend und Frontend um Autorisierungs-Policies ergänzen.

Dazu muss es Istio möglich sein, das Frontend und das Backend zu identifizieren. Istio nutzt Kubernetes' *Service-Accounts* zur Identifikation, stellt jeder Anwendung basierend auf den Service-Accounts automatisch TLS-Zertifikate bereit und nutzt mTLS zur gegenseitigen (*mutual*) Authentifizierung (d.h., das Backend prüft, ob der Request vom Frontend kommt, und das Frontend prüft, ob es wirklich mit dem Backend kommuniziert). Istio übernimmt das ganze TLS-Handling für Sie, d.h., Sie müssen nur noch das Frontend und das Backend mit deren Service-Accounts verknüpfen und um eine Autorisierungs-Policy ergänzen.

Wir beginnen mit dem Frontend und aktualisieren *kubernetes-config.yml* wie in Beispiel 7.14 zu sehen.

Beispiel 7.14: Frontend mit einem Service-Account und einer Autorisierungs-Policy konfigurieren (ch7/sample-app-frontend/kubernetes-config.yml)

```
apiVersion: apps/v1
kind: Deployment
spec:
  replicas: 2
  template:
    metadata:
      labels:
        app: sample-app-frontend-pods
    spec:
      serviceAccountName: sample-app-frontend-service-account ❶
      containers:
        - name: sample-app-frontend
# ... (other params omitted) ...

---
apiVersion: v1
kind: ServiceAccount
metadata:
  name: sample-app-frontend-service-account                  ❷

---
apiVersion: security.istio.io/v1
kind: AuthorizationPolicy                                     ❸
metadata:
  name: sample-app-frontend-allow-http
spec:
  selector:
    matchLabels:
      app: sample-app-frontend-pods                           ❹
  action: ALLOW                                               ❺
  rules:                                                      ❻
```

```
  - to:
    - operation:
        methods: ["GET"]
```

Hier die am Frontend vorgenommenen Änderungen:

❶ Das Frontend-Deployment nutzt den in ❷ angelegten Service-Account.

❷ Einen Service-Account für das Frontend anlegen.

❸ Eine Autorisierungs-Policy für das Frontend hinzufügen.

❹ Die Autorisierungs-Policy gilt für die Frontend-Pods.

❺ Die Autorisierungs-Policy erlaubt Requests, die die Regeln in ❻ erfüllen.

❻ Definiert Regeln für die Autorisierungs-Policy. Jede Regel kann optional Quellen (`from`) und Ziele (`to`) abgleichen. Der obige Code erlaubt dem Frontend den Empfang von `HTTP GET`-Requests aus allen Quellen.

Führen Sie `apply` aus, um die Änderungen im Frontend bereitzustellen:

```
$ kubectl apply -f kubernetes-config.yml
```

Nun wechseln wir ins Backend und fassen genau wie im Frontend die Deployment- und Servicedefinitionen durch `---` getrennt in einer einzigen *kubernetes-config.yml*-Datei zusammen (und löschen dann *sample-app-deployment.yml* und *sample-app-service.yml*). Sobald das erledigt ist, aktualisieren wir *kubernetes-config.yml* im Backend, wie in Beispiel 7.15 zu sehen.

Beispiel 7.15: Backend mit Service-Account und Autorisierungs-Policy konfigurieren (ch7/sample-app-backend/kubernetes-config.yml)

```
apiVersion: apps/v1
kind: Deployment
spec:
  replicas: 3
  template:
    metadata:
      labels:
        app: sample-app-backend-pods
    spec:
      serviceAccountName: sample-app-backend-service-account ❶
      containers:
        - name: sample-app-backend
# ... (other params omitted) ...

---
apiVersion: v1
kind: ServiceAccount
metadata:
  name: sample-app-backend-service-account                  ❷

---
apiVersion: security.istio.io/v1                            ❸
kind: AuthorizationPolicy
metadata:
  name: sample-app-backend-allow-frontend
spec:
```

```
selector:
  matchLabels:
    app: sample-app-backend-pods                     ❹
action: ALLOW
rules:                                               ❺
- from:
  - source:
      principals:
        - "cluster.local/ns/default/sa/sample-app-frontend-service-account"
  to:
  - operation:
      methods: ["GET"]
```

Hier die im Backend vorgenommenen Änderungen:

❶ Das Backend-Deployment nutzt den in ❷ angelegten Service-Account.

❷ Einen Service-Account für das Backend anlegen.

❸ Eine Autorisierungs-Policy für das Backend hinzufügen.

❹ Die Autorisierungs-Policy gilt für die Backend-Pods.

❺ Definiert Regeln, die `HTTP GET`-Requests zum Backend vom Service-Account des Frontends erlauben.

Führen Sie `apply` aus, um die Änderungen im Backend bereitzustellen:

```
$ cd ../sample-app-backend
$ kubectl apply -f kubernetes-config.yml
```

Jetzt testen wir noch einmal das Frontend:

```
$ curl --write-out '\n%{http_code}\n' localhost
<p>Hello from <b>backend microservice</b>!</p>
200
```

Glückwunsch, Sie erhalten den Response-Code `200` (OK) und die erwartete HTTP-Response, was bedeutet, dass Sie nun Microservices in Kubernetes betreiben, Service-Discovery nutzen und sicher über ein Service-Mesh kommunizieren! Mit Authentifizierungs- und Autorisierungs-Policies haben Sie die Sicherheit stark erhöht. Die gesamte Kommunikation zwischen den Services (wie der erfolgreiche Request zwischen Frontend und Backend) erfolgt nun verschlüsselt, authentifiziert und autorisiert, ohne dass Sie den Node.js-Quellcode der Apps hätten ändern müssen. Darüber hinaus stehen Ihnen alle anderen Vorteile eines Service-Mesh zur Verfügung: Beobachtbarkeit, Resilienz und Traffic-Management.

Machen Sie sich die Hände schmutzig

Hier einige Übungen, mit denen Sie zu Hause tiefer einsteigen können:

- Probieren Sie Istios Traffic-Management-Funktionalität (*https://oreil.ly/zmh2k*) wie Request-Time-outs, Sicherungsschalter und Traffic-Shifting aus.
- Überlegen Sie, ob Istios Ambient-Modus (*https://oreil.ly/s9UBe*) für Ihre Workloads eine bessere Wahl ist als der standardmäßige Sidecar-Modus.

Wenn Sie mit Ihren Tests fertig sind, führen Sie `delete` für die *kubernetes-config.yml*-Dateien im Frontend und im Backend aus, um die Apps zu beenden. Wenn Sie Istio deinstallieren wollen, entfernen Sie zuerst die globalen Autorisierungs- und Authentifizierungs-Policies:

```
$ cd ../istio
$ kubectl delete -f istio-auth.yml
```

Als Nächstes deinstallieren Sie die Add-ons:

```
$ cd ../istio-<VERSION>
$ kubectl delete -f samples/addons
```

Zum Schluss deinstallieren Sie Istio selbst, einschließlich seines Namensraums und des Standard-Labeling-Verhaltens:

```
$ istioctl uninstall -y --purge
$ kubectl delete namespace istio-system
$ kubectl label namespace default istio-injection-
```

Ein Vorteil softwaredefinierter Netzwerke ist, dass man unterschiedliche Ansätze schnell und einfach ausprobieren kann. Statt Stunden oder Tage mit der Einrichtung physischer Router, Switches und Kabel zu verbringen, können Sie ein Tool wie Istio innerhalb von Minuten ausprobieren – und wenn es nicht passt, können Sie Istio innerhalb von Minuten wieder deinstallieren und etwas anderes ausprobieren.

Fazit

Sie haben gesehen, welche zentrale Rolle die Vernetzung bei Konnektivität und Sicherheit spielt. Die sieben Kernaussagen dieses Kapitels machen das deutlich:

- Sie erhalten öffentliche IP-Adressen von Netzwerkbetreibern wie Cloud-Providern und ISPs.
- DNS erlaubt den Zugriff auf Webdienste über einprägsame, benutzerfreundliche und konsistente Namen.
- Nutzen Sie eine mehrstufige Sicherheitsstrategie, um sicherzustellen, dass Sie nicht nur einen Schritt von einer Katastrophe entfernt sind.
- Stellen Sie alle Ihre Server standardmäßig in privaten Netzwerken bereit und stellen Sie nur eine Handvoll gesicherter Server im öffentlichen Internet zur Verfügung.
- Beim Castle-and-Moat-Modell bauen Sie einen starken Netzwerk-Perimeter auf, um alle Ressourcen in Ihrem privaten Netzwerk zu schützen. Bei der Zero-Trust-Architektur bauen Sie einen starken Perimeter um jede einzelne Ressource auf.
- Sobald Sie mehr als einen Service betreiben, müssen Sie sich für eine Service-Discovery-Lösung entscheiden.
- Ein Service-Mesh kann die Sicherheit, die Beobachtbarkeit, die Resilienz und das Traffic-Management in einer Microservice-Architektur verbessern, ohne dass der Anwendungscode für die Services geändert werden muss.

Fügen Sie alles zusammen, sollten Sie die angestrebte Netzwerkarchitektur erkennen können (siehe Abbildung 7.15). Innerhalb Ihres Rechenzentrums betreiben Sie ein privates Netzwerk, etwa eine VPC. Innerhalb dieses privaten Netzwerks liegen fast alle Server in privaten Subnetzen. Die einzige Ausnahme bilden stark abgesicherte Server, die Traffic direkt vom Kunden akzeptieren, etwa Load-Balancer und stark gesicherte Bastion-Hosts für die Mitarbeitenden, wie z. B. ein Access-Proxy.

Besucht ein Kunde Ihre Website, schlägt sein Computer den Domainnamen per DNS nach und erhält die öffentliche IP-Adresse Ihres Load-Balancers. Er sendet Requests an diese IPs, und der Load-Balancer leitet die Requests an einen App-Server im privaten Subnetz weiter. Der App-Server verarbeitet die Requests, kommuniziert dabei mit anderen Services und liefert eine Antwort zurück. Er nutzt dabei die Service-Discovery, um diese Services zu finden, und ein Service-Mesh, um Authentifizierung, Autorisierung und Verschlüsselung zu erzwingen. Muss ein Mitarbeiter auf etwas innerhalb des internen Netzwerks zugreifen (z. B. das Wiki), authentifiziert er sich gegenüber dem Access-Proxy, der den Nutzer, sein Gerät und die Zugriffs-Policies überprüft und den Zugriff auf z. B. das Wiki nur gewährt, wenn der Mitarbeiter dazu autorisiert ist.

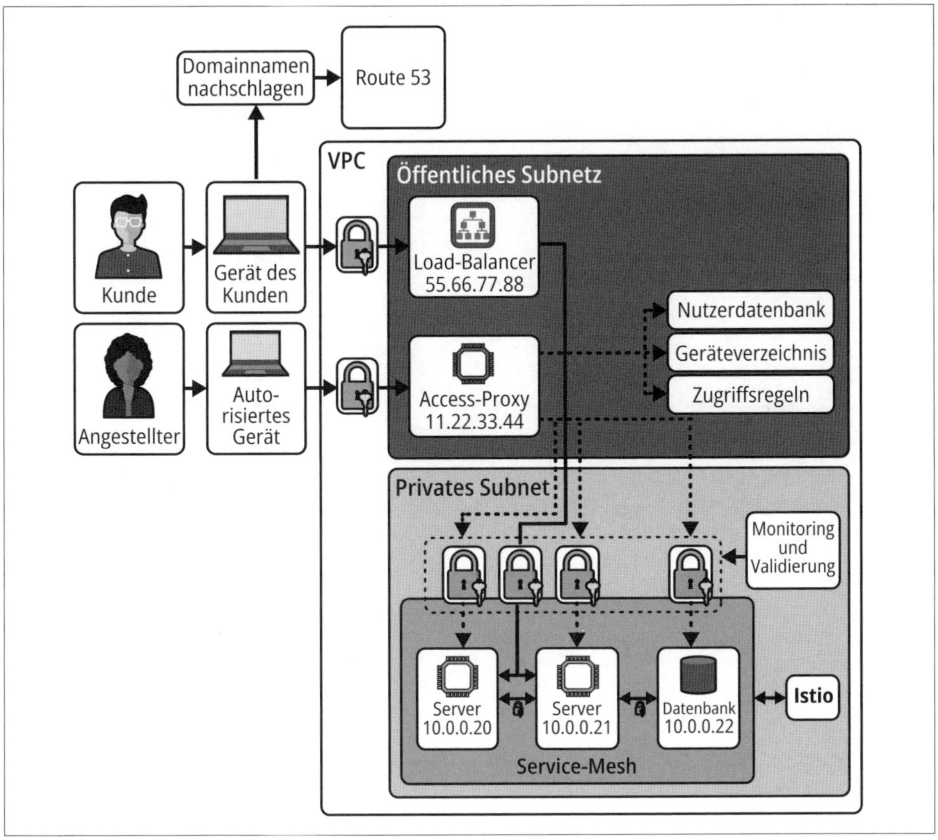

Abbildung 7.15: Vollständige Netzwerkarchitektur

Im Verlauf dieses Kapitels sind Ihnen immer wieder Sicherheitskonzepte wie Authentifizierung und Secrets begegnet. Diese Konzepte wirken sich nicht nur auf die Vernetzung aus, sondern auf alle Aspekte der Softwarebereitstellung, weshalb wir uns in Kapitel 8 mit der Sicherheit beschäftigen wollen.

KAPITEL 8

Kommunikation und Datenspeicher absichern

In Kapitel 7 haben Sie die Rolle des Netzwerks für die Sicherheit kennengelernt, insbesondere die Bedeutung privater Netzwerke, Bastion-Hosts, VPCs und Service-Meshes. Doch was passiert, wenn es einem bösartigen Akteur gelingt, die über das Netzwerk gesendeten Daten abzufangen? Oder wenn er es schafft, auf die Daten auf Ihrer Festplatte zuzugreifen? Das Netzwerk ist eine wichtige Verteidigungsschicht, doch wie Sie in Kapitel 7 gesehen haben, benötigen Sie mehrere Schichten, damit ein einzelner Fehler nicht zur Katastrophe führt (mehrstufige Sicherheitsstrategie). In diesem Kapitel lernen Sie zwei weitere Verteidigungsschichten kennen:

Sicherer Datenspeicher
: Schützen Sie Ihre Daten vor Spionage oder Manipulation, indem Sie während der Speicherung verschlüsseln, Passwörter speichern und Secrets sowie Schlüssel verwalten.

Sichere Kommunikation
: Schützen Sie die Kommunikation über das Netzwerk vor Spionage und Manipulation, indem Sie Daten bei der Übertragung verschlüsseln und sichere Transportprotokolle nutzen.

Während wir diese Themen durchgehen, werden wir auch praktische Beispiele zeigen, etwa die Datenverschlüsselung mit AES und RSA, die Verifikation der Dateiintegrität mit SHA-256, HMAC und digitalen Signaturen, die Speicherung von Secrets im AWS Secrets Manager und die Bereitstellung von Daten per HTTPS mittels TLS-Zertifikaten von Let's Encrypt. Doch zuerst müssen wir einige Grundlagen zur Kryptografie vermitteln, die das alles erst möglich macht.

Einführung in die Kryptografie

Die Kryptografie beschäftigt sich mit dem Schutz von Daten vor unberechtigtem Zugriff und bietet dabei drei wesentliche Vorteile, die manchmal mit dem englischen Akronym *CIA* bezeichnet werden:[1]

Vertraulichkeit (engl. Confidentiality)
: Daten geheim halten, damit nur die sie sehen, die sie sehen sollen.

1 Verwechseln Sie Kryptografie nicht mit *Crypto*, was heutzutage für digitale Währungen (*Cryptowährungen*) steht.

Integrität
: Sicherstellen, dass die Daten durch unautorisierte Parteien nicht verändert werden können.

Authentizität
: Sicherstellen, dass Sie wirklich mit den gewünschten Parteien kommunizieren.

Um das zu erreichen, kombiniert die moderne Kryptografie unterschiedlichstes Fachwissen aus z.B. Mathematik, Informatik und Informationssicherheit. Das Thema ist faszinierend, aber auch hochkomplex, und der wesentliche Punkt, den Sie aus diesem Kapitel mitnehmen sollten, lautet: Entwickeln Sie die Kryptografie *nicht* selbst (es sei denn, Sie wissen genau, was Sie tun).

> Anyone, from the most clueless amateur to the best cryptographer, can create an algorithm that he himself can't break. It's not even hard. What is hard is creating an algorithm that no one else can break, even after years of analysis.
>
> Jeder, vom ahnungslosesten Amateur bis zur besten Kryptografin, kann einen Algorithmus entwickeln, den er selbst nicht mehr knacken kann. Das ist nicht einmal besonders schwierig. Schwierig ist es, einen Algorithmus zu entwickeln, den auch sonst niemand knacken kann, selbst nach vielen Jahren der Analyse.
>
> – *Bruce Schneier, »Memo to the Amateur Cipher Designer« (https://oreil.ly/t5rDj)*

Kryptografie ist mit anderer Software nicht zu vergleichen. Beim Großteil der Software haben Sie es mit Nutzerinnen und Nutzern zu tun, die kaum engagiert sind, und die meisten Bugs sind unbedeutend. Bei der Kryptografie haben Sie es mit entschlossenen Gegnern zu tun, die alles tun, um Sie zu schlagen, und jeder von diesen Gegenspielern gefundene Bug kann katastrophale Folgen haben. Sie könnten in der Lage sein, einige dieser Gegenspieler eine Zeit lang auszutricksen, doch Sie werden wahrscheinlich nicht in der Lage sein, alle Gegner die ganze Zeit über in Schach zu halten. Jedes Konzept, das sich ein Amateur ausdenkt, hält sehr wahrscheinlich den brillanten und raffinierten kryptografischen Angriffen (*https://oreil.ly/9mm87*) (Seitenkanalangriffen, Timing-Angriffen, Man-in-the-Middle-Angriffen, Replay-Angriffen, Injection-Angriffen) nicht stand, die sich clevere Menschen in den vielen Jahrhunderten ausgedacht haben, seit es die Kryptografie gibt.

Wenn Sie einen kleinen Eindruck davon gewinnen wollen, wie schwierig es mit der Sicherheit ist, abonnieren Sie einfach eine Sicherheitshinweis-(Security-Advisory-)Mailingliste. Ich verfolge diese Listen seit Jahren, und es ist gleichermaßen erschreckend und demütigend, zu erkennen, dass kaum ein Tag vergeht, an dem nicht mindestens eine schwerwiegende Sicherheitslücke bei Windows, Linux, OpenSSL, PHP, Jenkins, WordPress und anderer von uns genutzter Software gefunden wird. In mancher Hinsicht ist das eine gute Sache: Jede Software hat Schwachstellen, doch es sind viele Jahre der Nutzung und der Angriffe nötig, um sie aufzuspüren und zu beheben. Das gilt auch für die Kryptografie: Es gibt Sicherheitslücken, und erst wenn sie nach vielen Jahren der Nutzung Angriffen widerstanden hat, kann man sie als sicher betrachten.

Kernaussage 1

Entwickeln Sie keine eigene Kryptografie. Nutzen Sie immer ausgereifte, kampferprobte und bewährte Algorithmen und Implementierungen.

Kryptografie und die zugrunde liegende Mathematik sind zu komplex, um in diesem Buch tiefer in das Thema einzusteigen (sehen Sie sich bei Interesse die Literaturempfehlungen (*https://oreil.ly/K3p6m*) an). In diesem Abschnitt möchte ich deshalb zwei Kernkonzepte der Kryptografie vorstellen:

- Verschlüsselung
- Hashing

Wenn Sie verstehen, was sie bedeuten, und wir (ebenso wichtig) einige Missverständnisse ausgeräumt haben, können Sie die Kryptografie so weit nutzen, um den in diesem Kapitel vorgestellten Anwendungsfällen (sichere Kommunikation und Datenspeicherung) zu folgen. Sehen wir uns zuerst die Verschlüsselung an.

Verschlüsselung

Die Verschlüsselung ist der Prozess, bei der Daten so transformiert werden, dass sie nur von autorisierten Parteien verstanden werden können. Sie nehmen die Daten in ihrer ursprünglichen Form, dem sogenannten *Klartext* (engl. *Plaintext*), und lassen sie, zusammen mit einem geheimen *Codierungsschlüssel*, durch einen als *Chiffre* (engl. *Cipher*) bezeichneten Algorithmus laufen. Dabei werden die Daten zu einem *Chiffretext* (engl. *Ciphertext*) *verschlüsselt*. Der Chiffretext sollte völlig unverständlich und von einem zufällig generierten String nicht zu unterscheiden sein. Für jemanden ohne Chiffreschlüssel ist er nutzlos. Die einzige Möglichkeit, den ursprünglichen Klartext wiederherzustellen, ist, die Chiffre mit dem Codierungsschlüssel zu nutzen, um den Chiffretext wieder in den Klartext zu *entschlüsseln*.

Die meisten modernen Kryptografiesysteme bauen auf dem *Kerckhoff'schen Prinzip* auf, das besagt, dass das System auch dann sicher sein muss, wenn man (abgesehen vom Codierungsschlüssel) alles über das System weiß. Das ist genau das Gegenteil der *Security through Obscurity* (etwa »Sicherheit durch Undurchsichtigkeit«), bei der Ihr System nur so lange sicher ist, wie der Gegner nicht weiß, wie das System unter der Haube funktioniert. Im richtigen Leben funktioniert dieser Ansatz kaum. Sie wollen vielmehr kryptografische Systeme nutzen, die es für den Angreifer undurchführbar machen, den Ciphertext (ohne Codierungsschlüssel) wieder in Klartext zu verwandeln, selbst wenn er jedes Detail des Systems kennt.

Beachten Sie, dass ich »undurchführbar« statt »unmöglich« geschrieben habe. Sie können »unmöglich« nur auf die kleine Gruppe von Chiffren anwenden, die *perfekte Sicherheit* (d. h. *informationstechnische Sicherheit*) bieten, also auch bei Angreifern mit unbegrenzten Ressourcen und beliebig viel Zeit noch sicher sind. Zum Beispiel hat Claude Shannon in den 1940ern bewiesen, dass man eine Einmalverschlüsselung (engl. One-Time Pad (*https://oreil.ly/Kp85F*)) nicht knacken kann, wenn der Codierungsschlüssel dieser Chiffre mindestens genauso lang ist wie der Klartext, wirklich zufällig ist und niemals ganz oder teilweise wiederverwendet wird. Solche Codierungsschlüssel zu verteilen und gleichzeitig geheim zu halten, ist eine echte Herausforderung, weshalb solche Chiffren nur in besonderen Situationen (z.B. kritischer militärischer Kommunikation) genutzt werden.

Anstelle perfekter Sicherheit setzt ein Großteil der Chiffren daher auf *rechnergestützte Sicherheit* (engl. *Computational Security*), bei der die zum Brechen der Chiffre benötigten Ressourcen so groß sind und Zeit reichlich vorhanden ist, dass sie in der realen Welt nicht durchführbar sind. Um das zu relativieren, sei erwähnt, dass ein kryptografisches System als *stark* betrachtet wird, wenn man es nur mit *Brute-Force*-Algorithmen knacken kann, die jeden möglichen Codierungsschlüssel durchprobieren müssen. Ist der Schlüssel n Bits lang, müssen Sie 2^n Möglichkeiten ausprobieren. Die Möglichkeiten wachsen überraschend stark an, und bei einem 128-Bit-Schlüssel würde der stärkste Supercomputer mehr Zeit für alle Schlüssel benötigen, als das Universum alt ist.[2]

Diese 2^{128} Möglichkeiten müssten Sie übrigens nur durchprobieren, wenn der Schlüssel wirklich zufällig ist und die *Informationsentropie* tatsächlich bei 128 Bit liegt. Die Zahl der Entropie-Bits eines Schlüssels der Länge L , die zufällig aus einem Alphabet der Länge S generiert worden ist, ist $log_2 S^L$. Wenn Sie also einen zufälligen Schlüssel generieren und das Alphabet dabei auf die 26 Kleinbuchstaben des englischen Alphabets beschränken, dann liegt die Entropie selbst bei einem 128 Bit langen Schlüssel (16 Zeichen) nur bei $log_2 26^{16} = 75$ Bit. Und wird dieser Schlüssel nicht zufällig generiert, z.B. wenn das Passwort eines Nutzers Wörter eines Wörterbuchs enthält, dann ist die Zahl der Entropie-Bits noch deutlich geringer. Aus diesem Grund sollten Sie wann immer möglich zufällig generierte Schlüssel und Passwörter verwenden.

Allgemein gesagt, gibt es drei Arten von Verschlüsselungen:

- symmetrische Verschlüsselung
- asymmetrische Verschlüsselung
- hybride Verschlüsselung

Sehen wir uns diese mal genauer an.

Symmetrische Verschlüsselung

Die *symmetrische Verschlüsselung* verwendet einen einzelnen Codierungsschlüssel sowohl zu Ver- als auch zur Entschlüsselung. Wie Sie in Abbildung 8.1 sehen können, nutzt Alice den Codierungsschlüssel, um den Klartext »Hello, World« in den Chiffretext zu verschlüsseln, bevor er an Bob gesendet wird. Bob kann dann den gleichen Schlüssel nutzen, um den Chiffretext wieder in den Klartext umzuwandeln. Wenn der bösartige Akteur namens Mallory irgendwie an den Chiffretext gelangt, kann er ihn nicht lesen, weil er keinen Zugriff auf den Codierungsschlüssel hat.

2 2024 ist das Frontier-System am Oak Ridge National Laboratory der schnellste Computer der Welt. Er kann 1,2 exaFLOPS, also etwa 1,2 × 10^{18} Fließkommaoperationen pro Sekunde ausführen. Das ist eine erstaunliche Leistung, doch selbst wenn man großzügig annimmt, dass man einen Schlüssel pro Fließkommaoperation testen könnte, würde das System etwa 9 Billionen Jahre brauchen, um 2^{128} Fließkommaoperationen durchzuführen. Das ist etwa 650-mal länger, als das Universum alt ist (etwa 13,8 Milliarden Jahre).

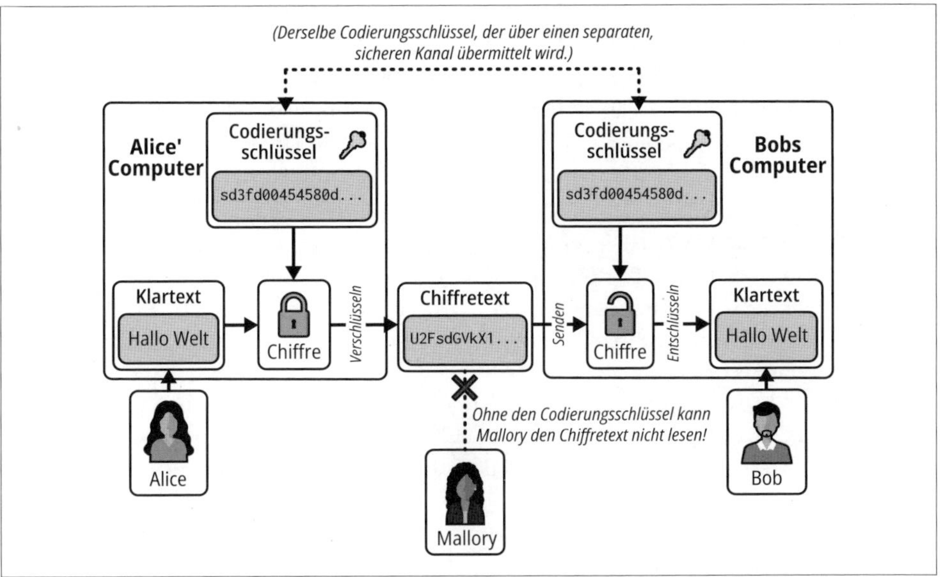

Abbildung 8.1: Symmetrische Verschlüsselung

Symmetrische Verschlüsselungsalgorithmen nutzen den Codierungsschlüssel zur Transformation des Klartexts hauptsächlich für Substitutionen und Transpositionen. Bei einer *Substitution* ersetzen Sie ein Symbol durch ein anderes. Ihnen werden bestimmt schon einfache Substitutionschiffren begegnet sein, bei denen ein Buchstabe des Alphabets durch einen anderen Buchstaben ersetzt wird, indem man beispielsweise jeden Buchstaben um eins verschiebt, d.h., A wird zu B, B wird zu C und so weiter. Bei einer *Transposition* wird die Reihenfolge der Symbole neu angeordnet. Einfachen Transpositionschiffren werden Sie ebenfalls schon begegnet sein, etwa in Form von Anagrammen, bei denen die Buchstaben eines Worts zufällig neu angeordnet werden, sodass aus »Hallo« »laoHl« wird. Moderne Verschlüsselungsalgorithmen nutzen ebenfalls Substitutionen und Transpositionen, verwenden dabei aber kompliziertere, ungleichmäßige Muster, die von den Codierungsschlüsseln abhängen.

Einige namhafte symmetrische Verschlüsselungsalgorithmen sind DES, 3DES, RC2, RC4, RC5, RC6, Blowfish, Twofish, AES, Salsa20 und ChaCha. Viele dieser Algorithmen gelten mittlerweile als veraltet und unsicher, weshalb Sie Stand 2025 in dem meisten Fällen nur die folgenden nutzen sollten:

AES

Der *Advanced Encryption Standard* (AES) ist der Gewinner eines vom NIST organisierten Wettbewerbs. Er wird von der US-Regierung offiziell empfohlen, kann für jegliche Zwecke frei genutzt werden, wird von vielen Programmiersprachen und Bibliotheken unterstützt, ist extrem schnell (einige CPUs besitzt sogar fest eingebaute AES-Befehlssätze) und gilt auch nach zwei Jahrzehnten intensiver Nutzung und Analyse als sicher. Sie sollten normalerweise *AES-GCM* nutzen, eine AES-Version, die auch MAC (*Message Authentication Code*) einschließt, den Sie in »Hashing« auf Seite 340 kennenlernen werden.

ChaCha

Diese neuere Chiffre hat ihre Wurzeln ebenfalls im Gewinn eines Wettbewerbs (der von eSTREAM organisiert wurde), kann für jegliche Zwecke frei genutzt werden und ist extrem schnell (schneller als AES auf normaler Hardware, aber langsamer als AES auf CPUs mit AES-Befehlssatz). Im Vergleich zu AES ist ChaCha bei bestimmten Angriffen theoretisch sicherer, wird aber nicht so breit unterstützt. Sie sollten üblicherweise *ChaCha20-Poly1305* nutzen, das MAC einschließt.

Der Hauptvorteil symmetrischer Verschlüsselung gegenüber asymmetrischer Verschlüsselung ist die Geschwindigkeit. Der Hauptnachteil der symmetrischen Verschlüsselung ist, dass es schwierig ist, die Codierungsschlüssel sicher zu verteilen. Wird er im Klartext übertragen, kann eine Drittpartei die Nachricht abfangen, den Schlüssel stehlen und später alle verschlüsselten Nachrichten entschlüsseln. Sie können den Schlüssel verschlüsseln, aber dafür benötigen Sie einen weiteren Codierungsschlüssel, und schon drehen Sie sich im Kreis. Bis in die 1970er bestand die einzige Lösung darin, die Schlüssel über andere Kanäle, etwa die persönliche Übergabe, zu verteilen, was nicht gut skaliert. Dann lieferte die asymmetrische Verschlüsselung eine neue Lösung dieses Problems, die wir uns als Nächstes betrachten wollen.

Asymmetrische Verschlüsselung

Die *asymmetrische Verschlüsselung*, auch als *Public-Key-Verschlüsselung* bekannt, verwendet ein Paar zusammengehöriger Schlüssel: einen *öffentlichen Schlüssel* (engl. *Public Key*), der mit jedermann geteilt werden kann und zur Verschlüsselung von Daten verwendet wird, sowie einen *privaten Schlüssel*, der geheim gehalten werden muss und zur Entschlüsselung von Daten genutzt wird. Wie in Abbildung 8.2 zu sehen, kann Alice zum Beispiel Bobs öffentlichen Schlüssel nutzen, um den Klartext »Hello, World« in Chiffretext zu verschlüsseln, bevor sie ihn an Bob sendet.

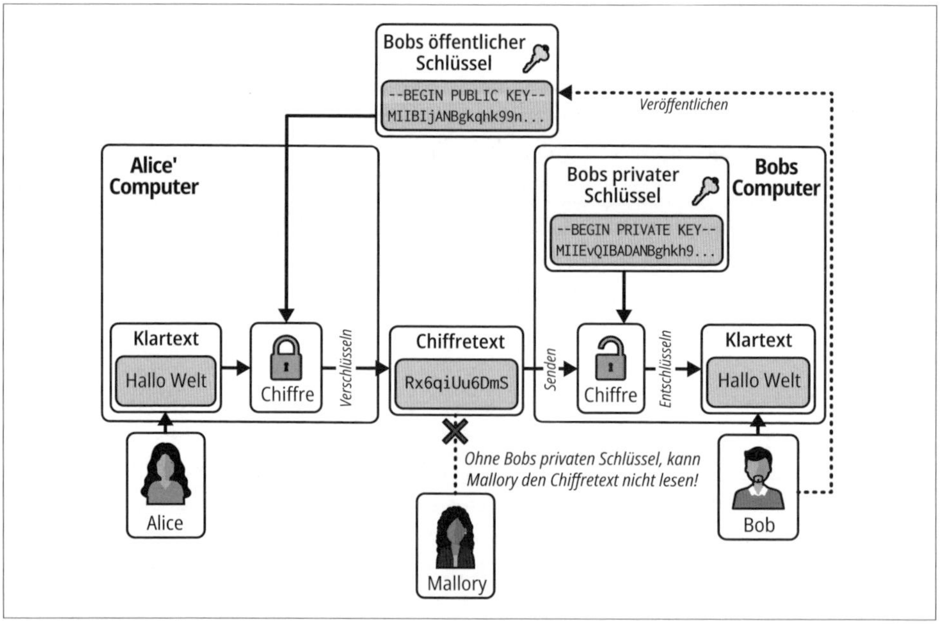

Abbildung 8.2: Asymmetrische Verschlüsselung

Bob kann dann seinen privaten Schlüssel nutzen, um den Chiffretext wieder in Klartext umzuwandeln. Wenn der bösartige Akteur namens Mallory irgendwie an den Chiffretext gelangt, kann er ihn nicht entschlüsseln, weil er keinen Zugriff auf Bobs privaten Schlüssel hat.

Der öffentliche und der private Schlüssel sowie die Verschlüsselung und Entschlüsselung basieren auf mathematischen Funktionen. Die Mathematik dahinter ist wunderschön, und es lohnt sich, sie zu lernen, doch würde das den Rahmen dieses Buchs sprengen (sehen Sie sich bei Interesse die Literaturempfehlungen (*https://oreil.ly/5zsTx*) an). Für den Augenblick müssen Sie nur wissen, dass diese Funktionen einen privaten und einen öffentlichen Schlüssel miteinander verknüpfen, sodass die mit dem öffentlichen Schlüssel verschlüsselten Daten nur mit dem passenden privaten Schlüssel entschlüsselt werden können. Dabei können Sie den öffentlichen Schlüssel beliebig (ver-)teilen, da es keine Möglichkeit gibt, den dazugehörigen privaten Schlüssel daraus abzuleiten (Brute Force ist für die großen Zahlen, die bei asymmetrischer Verschlüsselung verwendet werden, nicht geeignet). Die beiden gängigsten asymmetrischen Verschlüsselungsalgorithmen sind:

RSA
: Der Name RSA leitet sich aus den Nachnamen der Erfinder ab (*Rivest*, *Shamir*, *Adleman*), und RSA war einer der ersten asymmetrischen Verschlüsselungsalgorithmen. Die zugrunde liegende Mathematik basiert auf der Primfaktorzerlegung und ist relativ einfach zu verstehen, weshalb der Algorithmus häufig das kanonische Beispiel für die asymmetrische Verschlüsselung ist. RSA gibt es seit den 1970ern, er ist daher allgegenwärtig, doch mittlerweile zeigt er Alterserscheinungen, und in früheren Versionen wurden sowohl im Algorithmus als auch in den Implementierungen Schwachstellen aufgedeckt. Heutzutage sollten Sie üblicherweise RSA-OAEP (*Optimal Asymmetric Encryption Padding*) nutzen, da es bekannte Schwachstellen behebt.

Elliptische-Kurven-Kryptografie
: Dieser jüngere asymmetrische Ansatz basiert auf der Mathematik elliptischer Kurven und wird sowohl vom Design als auch bei der Implementierung als sicherer betrachtet. Sie sollten normalerweise *Elliptic Curve Integrated Encryption Scheme* (ECIES) nutzen, da dieser hybride Ansatz asymmetrische und symmetrische Verschlüsselung kombiniert; das wollen wir als Nächstes diskutieren.

Der Vorteil der asymmetrischen Verschlüsselung besteht darin, dass Sie im Vorfeld keine Codierungsschlüssel teilen müssen. Stattdessen teilt jeder Nutzer seinen öffentlichen Schlüssel, und alle anderen Nutzer können diesen verwenden, um Daten zu verschlüsseln. Auf diese Weise wurde es möglich, selbst mit Fremden sicher über das Internet zu kommunizieren, wo es keine Out-of-Band-Kanäle gibt, über die Codierungsschlüssel ausgetauscht werden können. Doch die asymmetrische Verschlüsselung hat auch zwei gravierende Nachteile. Erstens ist sie deutlich langsamer als die symmetrische Verschlüsselung, und zweitens ist die Größe der Nachricht, die Sie verschlüsseln können, üblicherweise beschränkt. Daher nutzt man nur selten ausschließlich die asymmetrische Verschlüsselung, sondern setzt stattdessen auf einen hybriden Ansatz.

Hybride Verschlüsselung

Die *hybride Verschlüsselung* kombiniert asymmetrische und symmetrische Verfahren. Sie nutzt die asymmetrische Verschlüsselung zum initialen Austausch eines Codierungsschlüssels und dann die symmetrische Verschlüsselung für alle nachfolgenden Nachrichten. Möchte Alice beispielsweise Bob eine Nachricht senden, generiert sie zuerst einen zufälligen Codierungsschlüssel für diese Session, verschlüsselt ihn mit Bobs öffentlichem Schlüssel und sendet diese so verschlüsselte Nachricht dann an Bob. Das bietet einige Vorteile:

Keine Abhängigkeit von Out-of-Band-Kanälen
: Sie können symmetrische Verschlüsselung nutzen, *ohne* vorher einen sicheren Out-of-Band-Kanal zum Austausch des Codierungsschlüssels aufbauen zu müssen.

Performance
: Ein Großteil der Verschlüsselung erfolgt symmetrisch. Das ist schnell, effizient, und die Größe der Nachrichten ist nicht beschränkt.

Forward Secrecy
: Die hybride Verschlüsselung kann *Forward Secrecy* (also eine »vorwärts gerichtete Sicherheit«) erreichen: Selbst für den katastrophalen Fall, dass ein bösartiger Akteur Alice' privaten Schlüssel kompromittiert, kann er Daten vorheriger Konversationen nicht lesen, weil jede Kommunikation mit einem anderen zufällig generierten Codierungsschlüssel geführt wird, den Alice nie speichert. Teilt Alice diesen Codierungsschlüssel mit anderen Nutzern, verschlüsselt sie diese Nachrichten mit den öffentlichen Schlüsseln der Nutzer, was bedeutet, dass die Kompromittierung von Alice' privatem Schlüssel die älteren Nachrichten nicht kompromittieren kann.

Das im vorherigen Abschnitt erwähnte ECIES ist ein solcher hybrider Ansatz. Es handelt sich um einen vertrauenswürdigen Standard, bei dem zuerst ein Codierungsschlüssel per Elliptische-Kurven-Kryptografie sicher ausgetauscht wird, gefolgt von symmetrischer Verschlüsselung mit einem von mehreren konfigurierbaren Algorithmen (z. B. AES).

Sie haben nun ein paar Grundlagen der Kryptografie kennengelernt. Es ist an der Zeit, sich einige reale Beispiele in der Praxis anzusehen.

Beispiel: Ver- und Entschlüsselung mit OpenSSL

Vorsicht vor den Schlangen: Nutzen Sie OpenSSL nicht in der Produktion

Das OpenSSL-Binary steht auf den meisten Systemen zur Verfügung, was zu Lernzwecken und für Experimente praktisch ist. Ich empfehle es allerdings *nicht* für die Verschlüsselung von Daten für die Produktion. Die unterstützten Algorithmen sind veraltet und unvollständig (z. B. wird AES-GCM nicht unterstützt), und die Standardeinstellungen sind unsicher und fehleranfällig. In der Produktion sollten Sie ausgereifte Kryptografiebibliotheken der jeweiligen Programmiersprache nutzen, z. B. die Bibliothek Go crypto, oder CLI-Tools wie GPG oder age (vollständige Liste (*https://oreil.ly/5DhTI*)).

Wir wollen Daten beispielhaft mit OpenSSL über die Kommandozeile ver- und entschlüsseln, da es bei den meisten Unix-, Linux- und macOS-Systemen standardmäßig zur Verfügung steht. Wir beginnen mit der symmetrischen Verschlüsselung. Der folgende Befehl verschlüsselt den Text »Hello, World« mit AES:

```
$ echo "Hello, World" | openssl aes-128-cbc -base64 -pbkdf2
U2FsdGVkX19V9Ax8Y/AOJT4nbRwr+3W7cyGgUIunkac=
```

`openssl` fragt Sie (zweimal) nach einer Passphrase. Wenn Sie Daten zwischen zwei automatisierten Systemen austauschen, werden Sie anstelle eines Passworts einen zufällig generierten 128-Bit-Schlüssel verwenden. In diesem Fall nutzen wir aber das menschliche Gedächtnis und verwenden ein Passwort, das sich jemand ausgedacht hat. Da von Menschen beigesteuerte Passwörter üblicherweise nicht 128 Bit lang sind, nutzt OpenSSL eine *Schlüsselableitungsfunktion* namens PBKDF2, um einen 128-Bit-Schlüssel aus diesem Passwort abzuleiten. Der Ableitungsprozess fügt *keine* Entropie hinzu, d. h., wenn das Passwort nicht zufällig generiert wird, ist es (per Brute Force) leichter zu knacken als ein zufällig erzeugter 128-Bit-Schlüssel. Wenn Sie sich auf Ihr Gedächtnis verlassen, müssen Sie mit diesem Risiko leben.

Sobald Sie die Passphrase eingegeben haben, erhalten Sie einen base64-codierten String wie den `U2Fsd...`-Text in der obigen Ausgabe zurück. Das ist der Chiffretext! Wie Sie sehen können, gibt es keinerlei Hinweise darauf, dass dieser Wust aus Zeichen und Ziffern vom Text »Hello, World« stammt. Sie können diese Nachricht bedenkenlos an jemanden senden, und selbst wenn sie abgefangen wird, kann ein bösartiger Angreifer sie ohne den Codierungsschlüssel nicht verstehen. Die einzige Möglichkeit, den Klartext wiederherzustellen, ist die Entschlüsselung mit dem gleichen Algorithmus und dem gleichen Schlüssel:

```
$ echo "<CHIFFRETEXT>" | openssl aes-128-cbc -d -base64 -pbkdf2
Hello, World
```

Sie werden erneut nach der Passphrase gefragt, und OpenSSL entschlüsselt dann (wenn das Passwort stimmt) den Chiffretext und stellt den ursprünglichen Klartext »Hello, World« wieder her. Glückwunsch, Sie haben gerade erfolgreich Daten per AES verschlüsselt und entschlüsselt!

Probieren wir nun die asymmetrische Verschlüsselung aus. Zuerst erzeugen wir ein Schlüsselpaar:

```
$ openssl genrsa -out private-key.pem 2048
$ openssl rsa -in private-key.pem -pubout -out public-key.pem
```

Das erzeugt einen privaten 2.048-Bit-RSA-Schlüssel in der Datei *private-key.pem* und den dazugehörigen öffentlichen Schlüssel in *public-key.pem*. Sie können den öffentlichen Schlüssel nun wie folgt nutzen, um den Text »Hello, World« zu verschlüsseln:

```
$ echo "Hello, World" | \
  openssl pkeyutl -encrypt -pubin -inkey public-key.pem | \
  openssl base64
YAYUStgMyv0OH7ZPSMcibbouNwLfTWKr...
```

Das Ergebnis ist der base64-codierte Chiffretext. Auch dieser Chiffretext ist von einem zufällig erzeugten String nicht zu unterscheiden. Sie können ihn bedenkenlos versenden, und niemand wird den ursprünglichen Klartext ohne den privaten Schlüssel lesen können. Um diesen Text zu entschlüsseln, führen Sie den folgenden Befehl aus:

```
$ echo "<CHIFFREEXT>" | \
  openssl base64 -d | \
  openssl pkeyutl -decrypt -inkey private-key.pem
Hello, World
```

Der Befehl decodiert zuerst den base64-Text und verwendet dann den privaten Schlüssel, um Ihnen »Hello, World« zurückzuliefern. Glückwunsch, Sie haben gerade erfolgreich Daten per RSA verschlüsselt und entschlüsselt! Zeit für einen meiner Lieblingswitze:

> Perl – The only language that looks the same before and after RSA encryption.
>
> Perl – Die einzige Sprache, die vor und nach der RSA-Verschlüsselung gleich aussieht.
>
> – *Keith Bostic*

Nachdem Sie nun die Möglichkeit hatten, mit der Verschlüsselung zu experimentieren, wollen wir uns dem nächsten wichtigen Thema der Kryptografie zuwenden: dem Hashing.

Hashing

Eine *Hashfunktion* erwartet einen String als Eingabe und wandelt diesen in einen *Hashwert* (auch *Digest* oder einfach *Hash* genannt) fester Länge um. Das Ganze erfolgt deterministisch, d.h., bei gleicher Eingabe wird immer die gleiche Ausgabe erzeugt. Zum Beispiel erzeugt die Hashfunktion SHA-256 immer eine 256 Bit große Ausgabe, egal ob Sie eine Datei von 1 Bit oder 5 Millionen Bit übergeben. Und wenn Sie die gleiche Datei übergeben, erhalten Sie immer die gleiche 256-Bit-Ausgabe.

Hashfunktionen sind *Einwegtransformationen*: Sie liefern eine Eingabe und erhalten eine Ausgabe, doch es gibt keine Möglichkeit, aus der Ausgabe die ursprüngliche Eingabe wiederherzustellen. Das ist ein wesentlicher Unterschied zu Verschlüsselungsfunktionen, bei denen es sich um *Zweiwegetransformationen* handelt: Eine gegebene Ausgabe kann mit dem Codierungsschlüssel immer in die ursprüngliche Eingabe zurückverwandelt werden.

Nicht kryptografische Hashfunktionen werden in Anwendungen genutzt, die keine besonderen Anforderungen an die Sicherheit stellen. Sie kennen solche Hashfunktionen wahrscheinlich aus den meisten Programmiersprachen, sie werden aber auch für Fehlererkennungscodes, zyklische Redundanzprüfungen, Bloomfilter und viele weitere Dinge genutzt. *Kryptografische Hashfunktionen*, mit denen wir uns in diesem Abschnitt hauptsächlich beschäftigen, haben spezielle Eigenschaften, die für die Kryptografie wünschenswert sind, darunter:

Urbildresistenz (Pre-image Resistance)
: Aus einem gegebenen Hashwert (der Ausgabe) kann der ursprüngliche String (die Eingabe) nicht wiederhergestellt werden. Sie müssten per Brute Force jeden möglichen Wert durchgehen, was nicht praktikabel ist.

Zweite Urbildresistenz
: Für einen gegebenen Hashwert (die Eingabe) gibt es keine Möglichkeit, *irgendeinen* String (Original oder eine andere Eingabe) zu finden, der die gleiche Ausgabe erzeugt.

Kollisionsresistenz
: Es gibt keine Möglichkeit, zwei Strings (zwei beliebige Eingaben) zu finden, die den gleichen Hashwert (die gleiche Ausgabe) erzeugen.

Gebräuchliche kryptografische Hashalgorithmen sind MD5, SHA-0, SHA-1, SHA-2, SHA-3, SHAKE und cSHAKE. Viele dieser Algorithmen gelten heutzutage nicht mehr als sicher, in den meisten Fällen sollten deshalb nur noch die folgenden genutzt werden:

SHA-2 und SHA-3
: Die Familie der *Secure-Hash-Algorithm*en (SHA) ist eine von der amerikanischen *National Security Agency* (NSA) entwickelte Reihe kryptografischer Hashfunktionen. Während die SHA-1-Familie nicht länger als sicher betrachtet wird, gelten SHA-2 (inklusive SHA-256 und SHA-512) sowie SHA-3 (inklusive SHA3-256 und SHA3-512) nach wie vor als sicher und sind Teil des NIST-Standards.

SHAKE und cSHAKE
: Während die meisten Hashfunktionen Ausgaben gleicher Länge erzeugen (SHA-256 erzeugt immer 256 Bit lange Ausgaben), sind *SHAKE* (*Secure Hash Algorithm and KECCAK*) und *cSHAKE* (*customizable SHAKE*) auf SHA-3 basierende kryptografische Hashfunktionen, die Ausgaben mit von Ihnen festgelegter Länge erzeugen können, was für bestimmte Anwendungsfälle nützlich ist.

Kryptografische Hashfunktionen haben eine Vielzahl von Anwendungsbereichen:

- Prüfung der Integrität von Nachrichten und Dateien
- Message Authentication Codes (MACs)
- authentifizierte Verschlüsselung
- digitale Signaturen

Sehen wir uns diese Anwendungsfälle kurz an. Wir beginnen mit der Prüfung der Integrität von Nachrichten und Dateien.

Prüfung der Integrität von Nachrichten und Dateien

Stellt man eine Datei zum Download bereit, teilt man üblicherweise auch einen Hash des Dateiinhalts. Machen Sie zum Beispiel ein Binary namens *my-app* über unterschiedliche Quellen verfügbar (z.B. APT für Ubuntu, MacPorts für macOS, Chocolatey für Windows), können Sie auch einen SHA-256-Hash von *my-app* berechnen und diesen Wert auf Ihrer Website bereitstellen. Wenn jemand *my-app* herunterlädt, kann er den SHA-256-Wert der heruntergeladenen Datei berechnen und mit dem offiziellen Hashwert auf Ihrer Website vergleichen. Stimmen die Werte überein, kann die Person sicher sein, dass sie exakt die gleiche Datei heruntergeladen hat und nichts beschädigt oder verändert wurde. Selbst wenn sich nur ein einzelnes Bit in der Datei geändert hätte, würde das zu einem völlig anderen Hashwert führen.

Message Authentication Codes

Ein *Message Authentication Code* (MAC) (zu Deutsch etwa »Nachrichten-Authentifizierungscode«) kombiniert einen Hash mit einem geheimen Schlüssel zu einem *Authentifizierungs-Tag* für die Daten. Das erlaubt nicht nur die Verifikation der Datenintegrität (niemand hat sie modifiziert), sondern auch deren Authentizität (die Daten stammen wirklich von der erwarteten Partei). Zum Beispiel können Sie einen MAC nutzen, um die Integrität und Authentizität der Cookies Ihrer Website sicherzustellen. Loggt sich ein Nutzer ein, könnten Sie ein Cookie mit dem Benutzernamen im Browser speichern, damit er sich nicht wieder einloggen muss. Wenn Sie dabei naiv vorgehen und *nur* den Benutzernamen speichern, kann ein bösartiger Akteur einfach ein Cookie fälschen und vorgeben, ein beliebiger Nutzer zu sein.

Die Lösung besteht darin, nicht nur den Benutzernamen, sondern auch ein Authentifizierungs-Tag im Cookie zu speichern, das aus dem Benutzernamen und einem geheimen Schlüssel berechnet wird. Sobald Sie ein Cookie empfangen, berechnen Sie das Authentifizierungs-Tag für den Benutzernamen, und wenn dieser Wert mit dem im Cookie übereinstimmt, können Sie sicher sein, dass dieses Cookie nur von Ihrer Website stammen kann und nicht modifiziert wurde. Selbst wenn nur ein einziges Bit des Benutzernamens geändert wird, erhalten Sie ein völlig anderes Authentifizierungs-Tag, und ohne den geheimen Schlüssel kann ein bösartiger Akteur nicht herausfinden, wie das neue Tag aussehen muss.

Sie sollten die folgenden Standard-MAC-Algorithmen verwenden:

HMAC
: Ein *hashbasierter MAC* (HMAC) ist ein NIST-Standard zur MAC-Berechnung mit unterschiedlichen Hashfunktionen (z.B. nutzt HMAC-SHA256 SHA-256 als Hashfunktion).

KMAC
: Ein auf cSHAKE basierender MAC.

Der gängigste Anwendungsfall von MACs ist die Erhöhung der Sicherheit bei der symmetrischen Verschlüsselung, was wir uns als Nächstes ansehen wollen.

Authentifizierte Verschlüsselung

Die symmetrische Verschlüsselung kann verhindern, dass nicht autorisierte Parteien Ihre Daten *sehen*, doch wie würden Sie erkennen, ob sie diese Daten *modifiziert* haben (z.B. indem Rauschen eingefügt oder der Chiffretext vollständig ausgetauscht wird)? Die Antwort darauf lautet, dass Sie nicht allein die symmetrische Verschlüsselung einsetzen, sondern die *authentifizierte Verschlüsselung*, die die symmetrische Verschlüsselung mit einem MAC kombiniert. Die symmetrische Verschlüsselung verhindert, dass nicht autorisierte Parteien Ihre Daten lesen können (Vertraulichkeit), und der MAC verhindert, dass diese Daten verändert werden (Integrität und Authentizität).

Für jede verschlüsselte Nachricht nutzen Sie einen MAC, um ein Authentifizierungs-Tag zu berechnen, und fügen diese *assoziierten Daten* (AD) als Klartext in die Nachricht ein. Empfangen Sie eine Nachricht mit AD, nutzen Sie den gleichen MAC und den gleichen geheimen Schlüssel, um ein eigenes Authentifizierungs-Tag zu berechnen. Stimmt es mit dem Authentifizierungs-Tag im AD überein, können Sie sicher sein, dass die verschlüsselten

Daten in keiner Weise verändert wurden. Wird auch nur ein einziges Bit der verschlüsselten Daten verändert, ist das Authentifizierungs-Tag ein ganz anderes, und niemand kann das neue Tag ohne den geheimen Schlüssel bestimmen.

Beide von mir in empfohlenen Verschlüsselungsalgorithmen, AES-GCM und ChaCha20-Poly1305, sind tatsächlich AEAD-Protokolle (*authentifizierte Verschlüsselung mit assoziierten Daten*), die einen MAC mit Verschlüsselung kombinieren. Das ist auf jeden Fall sicherer als die symmetrische Verschlüsselung allein.

Digitale Signaturen

Wenn Sie eine Hashfunktion mit asymmetrischer Verschlüsselung kombinieren, erhalten Sie eine *digitale Signatur*, die die Prüfung der Integrität und Authentizität einer Nachricht erlaubt. Zum Beispiel kann Bob eine Nachricht wie »Hello, World« nehmen und seinen privaten Schlüssel und eine Hashfunktion nutzen, um eine *Signatur* dieser Nachricht zu erzeugen. Diese kann er dann, wie in Abbildung 8.3 zu sehen, mit der Nachricht an Alice senden. Alice kann dann Bobs öffentlichen Schlüssel verwenden, um die Signatur zu validieren. Ist die Signatur gültig, kann Alice sicher sein, dass die Nachricht von Bob stammt, da er der Einzige ist, der Zugriff auf den passenden privaten Schlüssel hat. Hätte ein bösartiger Akteur wie Mallory auch nur ein einzelnes Bit der Nachricht verändert, würde die Validierung der Signatur fehlschlagen, und ohne Bobs privaten Schlüssel hat Mallory keine Möglichkeit, eine neue, gültige Signatur zu generieren.

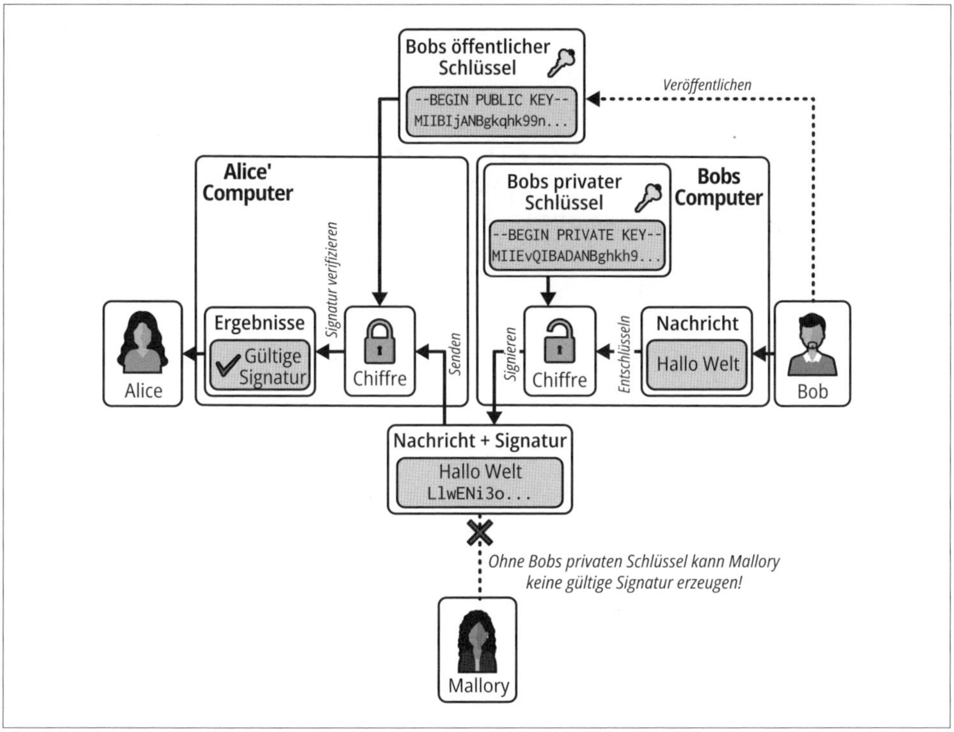

Abbildung 8.3: Digitale Signatur

Sie haben nun die gängigen Anwendungsgebiete für Hashfunktionen kennengelernt. Um ein besseres Gefühl dafür zu bekommen, wollen wir einige reale Beispiele durchprobieren.

Beispiel: Datenintegrität, HMAC und Signaturen mit OpenSSL

Wir wollen mit einem Beispiel beginnen, das Hashfunktionen nutzt, um die Integrität von Dateien zu prüfen. Zuerst legen wir eine Datei namens *file.txt* an, die den Text `Hello, World` enthält:

```
$ echo "Hello, World" > file.txt
```

Als Nächstes nutzen wir OpenSSL, um einen Hash für die Datei mittels SHA-256 zu berechnen:

```
$ openssl sha256 file.txt
SHA2-256(file.txt)= 8663bab6d124806b...
```

Sie sollten genau den gleichen Hashwert erhalten (der mit `8663bab6d124806b...` beginnt), weil die Hashfunktion bei gleicher Eingabe immer das gleiche Ergebnis erzeugt. Sehen wir uns nun an, was passiert, wenn wir in der Datei auch nur einen einzigen Buchstaben ändern, indem wir das `W` in `World` kleinschreiben:

```
$ echo "Hello, world" > file.txt
```

Berechnen Sie den SHA-256-Hash jetzt neu:

```
$ openssl sha256 file.txt
SHA2-256(file.txt)= 37980c33951de6b0...
```

Wie Sie sehen können, erhalten Sie einen komplett anderen Hash!

Im nächsten Beispiel wollen wir einen MAC nutzen, um Integrität und Authentizität einer Datei zu prüfen. Sie verwenden dazu den gleichen `openssl`-Befehl, ergänzen diesmal aber das Argument `-hmac` *`<PASSWORT>`* mit irgendeinem Passwort, das wir als geheimen Schlüssel nutzen, und erhalten ein Authentifizierungs-Tag zurück:

```
$ openssl sha256 -hmac password file.txt
HMAC-SHA2-256(file.txt)= 3b86a735fa627cb6...
```

Bei gleichem Inhalt der *file.txt* und mit dem gleichen Passwort erhalten Sie das gleiche Authentifizierungs-Tag zurück wie ich (das mit `3b86a735fa627cb6...` beginnt). Doch erneut stellt sich die Frage, was passiert, wenn wir *file.txt* verändern, indem wir dieses Mal das `H` in `Hello` kleinschreiben:

```
$ echo "hello, world" > file.txt
```

Generieren Sie ein neues Authentifizierungs-Tag:

```
$ openssl sha256 -hmac password file.txt
HMAC-SHA2-256(file.txt)= 1b0f9f561e783df6...
```

Und wieder führt die Änderung eines einzigen Zeichens zu einer völlig anderen Ausgabe. Doch diesmal können Sie die Ausgabe *nur* lesen, wenn Sie den geheimen Schlüssel (das Passwort) kennen. Mit einem anderen geheimen Schlüssel wie `password1` ändert sich auch die Ausgabe:

```
$ openssl sha256 -hmac password1 file.txt
HMAC-SHA2-256(file.txt)= 7624161764169c4e...
```

Zum Schluss wollen wir eine digitale Signatur ausprobieren, wobei wir die öffentlichen und privaten Schlüssel aus dem Verschlüsselungsbeispiel weiter oben in diesem Kapitel wiederverwenden werden. Zuerst berechnen wir die Signatur für *file.txt* mithilfe des privaten Schlüssels und schreiben die Ausgabe in die Datei *file.txt.sig*:

```
$ openssl sha256 -sign private-key.pem -out file.txt.sig file.txt
```

Als Nächstes validieren wir die Signatur mithilfe des öffentlichen Schlüssels:

```
$ openssl sha256 -verify public-key.pem -signature file.txt.sig file.txt
Verified OK
```

Wenn Sie *irgendetwas* ändern – die Signatur in *file.txt.sig*, den Inhalt von *file.txt*, Ihren privaten oder öffentlichen Schlüssel –, schlägt die Signaturprüfung fehl. Entfernen Sie zum Beispiel das Komma in *file.txt* und verifizieren Sie die Signatur erneut:

```
$ echo "hello world" > file.txt
$ openssl sha256 -verify public-key.pem -signature file.txt.sig file.txt
Verification failure
```

Sie haben nun die Verschlüsselung und das Hashing in Aktion gesehen und sollten die Grundbausteine verstanden haben, die eine sichere Datenspeicherung und Kommunikation ermöglichen. Wenden wir uns also möglichen Anwendungen zu, beginnend mit der sicheren Datenspeicherung.

Sichere Datenspeicherung

Die erste Kryptografieanwendung, die wir uns ansehen wollen, ist die sichere Speicherung von Daten. Wie schreibt man also Daten auf eine Festplatte, sodass Vertrauenswürdigkeit, Integrität und Authentizität garantiert sind? Die Antwort besteht (wie Sie sich nach der Kryptografieeinführung sicher denken können) größtenteils aus Verschlüsselung. Tatsächlich spricht man bei der sicheren Datenspeicherung häufig von *Verschlüsselung bei Speicherung* (engl. *Encryption at Rest*). Demgegenüber steht die *Verschlüsselung bei der Übertragung* (engl. *Encryption in Transit*), der wir uns in »Sichere Kommunikation« auf Seite 356 widmen.

Verschlüsselung basiert immer auf einem geheimen Schlüssel. Um Daten sicher speichern zu können, müssen Sie daher in der Lage sein, Secrets (inklusive Codierungsschlüsseln, Passwörtern, Tokens und Zertifikaten) sicher zu verwalten. Wir wenden uns daher zuerst dem Thema Secrets-Management zu, bevor wir uns wieder auf die Verschlüsselung bei Speicherung konzentrieren können.

Secrets-Management

An irgendeinem Punkt werden Sie und Ihre Software es mit einer Vielzahl von Secrets wie Codierungsschlüsseln, Datenbankpasswörtern und TLS-Zertifikaten zu tun haben. Das sind alles sensible Daten, die, wenn sie in die falschen Hände geraten, viel Schaden für Ihr

Unternehmen und Ihre Kunden anrichten können. Wenn Sie Software entwickeln, liegt es in Ihrer Verantwortung, dass diese Secrets sicher verwahrt werden. Dazu müssen Sie etwas über das *Secrets-Management* lernen.

Die erste Regel des Secrets-Managements lautet:

> Speichern Sie Secrets nicht im Klartext ab.

Die zweite Regel des Secrets-Managements lautet:

> SPEICHERN SIE SECRETS NICHT IM KLARTEXT AB.

Speichern Sie Secrets im Klartext *nicht* direkt im Code und pflegen Sie sie auch *nicht* in die Versionskontrolle ein. Senden Sie Secrets *nicht* im Klartext per E-Mail oder im Chat. Speichern Sie Klartextpasswörter *nicht* in einer *.txt*-Datei auf Ihrem Desktop oder bei Google Docs.

Speichern Sie Secrets im Klartext auf einer Festplatte, können Kopien dieser Secrets auf Tausenden Computern landen. Wenn Sie zum Beispiel meinen Rat ignorieren und Secrets im Klartext in die Versionskontrolle einpflegen, landen Kopien dieser Secrets auf den Computern der Entwickler Ihres Teams, auf den von der Versionskontrolle selbst genutzten Computern (z.B. GitHub), den für die CI genutzten Computern (z.B. GitHub Actions), den für das Deployment genutzten Computern (z.B. HashiCorp Cloud Platform), den zum Hosting Ihrer Software genutzten Computern (z.B. AWS), den zur Datensicherung genutzten Computern (z.B. iCloud) und so weiter. Eine Sicherheitslücke in irgendeiner Software auf einem dieser Computer kann Ihre Secrets der ganzen Welt offenlegen.

Kernaussage 2
Speichern Sie Secrets nicht im Klartext ab.

Eine sichere Lösung zur Speicherung von Secrets bieten *Secrets-Management-Tools*. Welches Tool Sie genau nutzen, hängt von der Art des Secrets ab, das Sie speichern müssen. Allgemein gesagt, lassen sich Secrets in drei Kategorien aufteilen:

Persönliche Secrets
: Diese Secrets gehören einer einzelnen Person oder werden von mehreren Personen geteilt. Beispiele sind Passwörter für Websites, SSH-Schlüssel und Kreditkartennummern.

Infrastruktur-Secrets
: Diese Secrets müssen auf den Servern bereitgestellt werden, auf denen Ihre Software betrieben wird. Beispiele sind Datenbankpasswörter, API-Schlüssel und TLS-Zertifikate.

Kunden-Secrets
: Diese Secrets gehören Kunden, die Ihre Software nutzen. Beispiele: Benutzernamen und Passwörter, mit denen sich Ihre Kunden bei Ihrer Software anmelden, *persönlich identifizierbare Informationen* (*Personally Identifiable Information*, PII) Ihrer Kun-

den und *geschützte Gesundheitsinformationen* (*Protected Health Information*, PHI) Ihrer Kunden.

Die meisten Secrets-Management-Tools sind für genau einen Typ Secrets entworfen worden, und andere Arten von Secrets darin zu speichern, ist üblicherweise keine gute Idee. Zum Beispiel unterscheidet sich das sichere Speichern von Infrastrukturpasswörtern völlig vom sicheren Speichern von Kunden-Secrets. Den falschen Ansatz zu wählen, kann unter Sicherheitsgesichtspunkten katastrophale Folgen haben.

Die beste Möglichkeit, solche Katastrophen zu vermeiden, besteht darin, Secrets gar nicht erst zu speichern. Hier einige gängige Alternativen:

Single Sign-on
: Statt Passwörter sicher zu speichern, können Sie das *Single Sign-on* (SSO), also die Einmalanmeldung verwenden, die es Nutzerinnen und Nutzern erlaubt, sich über *Identity Provider* (IdP) anzumelden. Dabei werden Standards wie *Security Assertion Markup Language* (SAML), *Open Authorization* (OAuth), OpenID, *Lightweight Directory Access Protocol* (LDAP) oder Kerberos genutzt. Zum Beispiel können Sie den Nutzern erlauben, sich über einen vorhandenen Account mit einem IdP wie Active Directory oder Google Workspaces anzumelden. Oder Sie können den Nutzern die Anmeldung über existierende Social-Media-Accounts erlauben, wobei Facebook, X oder GitHub als IdP fungieren. Sie können auch mit *magischen Links* arbeiten: Bei jeder Anmeldung senden Sie dem Nutzer einen temporären Einmal-Link, sodass der existierende E-Mail-Account als IdP dient.

Drittanbieterdienste
: Statt sensible Daten selbst zu speichern, können Sie diese Arbeit an vertrauenswürdige Drittanbieter auslagern. Beispielsweise speichern heutzutage die meisten Unternehmen keine Kreditkartendaten, um nicht den PCI-Compliance-Standards zu unterliegen, sondern nutzen dazu Zahlungsdienste von Drittanbietern wie Stripe oder Chargebee (vollständige Liste (*https://oreil.ly/LjJ4V*)). Statt Nutzerpasswörter zu verwalten, können Sie Authentifizierungsdienste von Drittanbietern wie Auth0 oder Okta (vollständige Liste (*https://oreil.ly/5vYq8*)) nutzen.

Keine Daten speichern
: Manchmal müssen Sie überhaupt keine Daten speichern. Tatsächlich wünschen sich viele, dass die Unternehmen weniger Daten über uns speichern würden, insbesondere PII und PHI. Wenn Sie die Daten für Ihr Geschäft nicht unbedingt benötigen, dann speichern Sie sie auch nicht. Was Sicherheit und Compliance angeht, ersparen Sie sich sofort einiges an Kopfschmerzen.

Diese Ansätze sparen Ihrem Unternehmen Geld, bieten den Nutzern eine bessere Nutzererfahrung und machen alles sicherer. Setzen Sie sie ein – wann immer möglich.

Kernaussage 3

Vermeiden Sie das Speichern von Secrets so weit wie möglich. Nutzen Sie SSO, Drittanbieterdienste oder speichern Sie die Daten gar nicht erst.

Natürlich können Sie diesen Ansätzen in einigen Fällen nicht folgen und sind gezwungen, Daten zu speichern. Hier müssen Sie sicherstellen, das richtige Tool für den Job zu verwenden. Sehen wir uns also die verschiedenen Tools und Techniken für die verschiedenen Arten von Secrets genauer an.

Persönliche Secrets

Um persönliche Secrets sicher zu speichern, nutzen Sie üblicherweise die symmetrische Verschlüsselung, damit die Secrets auf der Festplatte verschlüsselt sind und nur mit dem Codierungsschlüssel entschlüsselt werden können. Wie Sie wissen, ist die Entwicklung eigener Kryptografie keine gute Idee. Stattdessen sollten Sie ausgereifte *Passwort-Manager*-Standardlösungen verwenden. Diese Software bietet die sichere Speicherung persönlicher Secrets. Das umfasst nicht nur Passwörter, sondern auch Kreditkartennummern, Identitätsdokumente (z.B. Pass, Personalausweis), API-Tokens und mehr. Einige bedeutende Akteure in diesem Bereich umfassen eigenständige Passwort-Manager wie 1Password und Bitwarden, in die Betriebssysteme integrierte Passwort-Manager wie den macOS-Passwort-Manager und den Windows Credential Manager sowie in Webbrowser integrierte Passwort-Manager wie Google Password Manager und Firefox Password Manager (vollständige Liste (*https://oreil.ly/WY2p2*)).

Kernaussage 4

Schützen Sie persönliche Secrets wie Passwörter und Kreditkartennummern, indem Sie sie in einem Passwort-Manager speichern.

Generell lässt sich sagen, dass der Einsatz jedes halbwegs vernünftigen Passwort-Managers besser ist, als keinen zu nutzen. Da Sie dem Passwort-Manager aber einige Ihrer wertvollsten Daten anvertrauen, sollten Sie einen wählen, dessen Sicherheitspraktiken transparent sind (siehe 1Password-Sicherheitspraktiken (*https://oreil.ly/87V5p*) und die Bitwarden-Sicherheits-FAQ (*https://oreil.ly/5dX5o*)), der regelmäßig Audits von Drittparteien durchläuft (siehe die Sicherheits-Audits bei 1Password (*https://oreil.ly/TQBkN*) und Bitwarden Compliance, Audits und Zertifizierungen (*https://oreil.ly/bDc7Y*)), MFA und bequeme Log-in-Methoden wie Touch ID, Face ID und Passkeys unterstützt, eine Möglichkeit bietet, Secrets mit anderen zu teilen (z.B. Familien- oder Teampläne) und auf allen von Ihnen genutzten Plattformen funktioniert (Desktop, Mobil, CLI, Webbrowser).

Der wohl wichtigste Punkt ist aber, dass der Passwort-Manager die *Ende-zu-Ende-Verschlüsselung* nutzt. Sie werden in »Ende-zu-Ende-Verschlüsselung« auf Seite 369 mehr darüber lernen, doch für den Moment besteht der wesentliche Punkt darin, dass es dem Anbieter des Passwort-Managers (und jedem anderen) unmöglich sein muss, Ihre Daten zu lesen, selbst wenn die Daten auf deren Servern liegen oder wenn die Daten kompromittiert wurden. Ihre Daten müssen also verschlüsselt werden, bevor sie das Gerät verlassen, und das dafür genutzte Passwort wird nirgendwo gespeichert (außer in Ihrem Kopf).

Das für den Passwort-Manager gewählte Passwort ist wohl das wichtigste Passwort Ihres Lebens. Es ist daher wesentlich, dass Sie ein *starkes Passwort* wählen. Hier einige wichtige Faktoren, die ein Passwort stark machen:

Einzigartig

Nutzen Sie für mehrere Accounts das gleiche Passwort und wird auch nur einer dieser Accounts kompromittiert (das schwächste Glied), kann ein bösartiger Akteur dieses Passwort nutzen, um auf alle anderen Accounts zuzugreifen. Datenpannen sind an der Tagesordnung, und das Letzte, was Sie gebrauchen können, ist eine Lücke in einer Website, die Sie vor Jahrzehnten gebraucht haben und die nun einem Hacker erlaubt, Ihre wichtigsten Accounts zu übernehmen (z. B. Ihr Bankkonto), weil Sie das Passwort mehrfach genutzt haben. Daher muss jedes Passwort einzigartig sein.

Länge

Je länger das Passwort, desto mehr Entropie und desto schwieriger ist es zu knacken. Um ein typisches acht Zeichen langes Passwort zu knacken, braucht es ein paar Stunden, während es bei einem 15-Zeichen-Passwort schon mehrere Jahrhunderte sind. Ich empfehle, das längste Passwort zu nutzen, das Sie sich merken können, wobei 15 Zeichen das *absolute Minimum* sind.

Schwer zu erraten

Gängige Phrasen und Muster enthaltende Passwörter sind leichter zu knacken. Sehen Sie sich die Liste der gängigsten Passwörter (*https://oreil.ly/O8sWh*) an, um bestimmte Muster zu vermeiden, etwa 123456, Passwort, qwertz, 111111 und so weiter.

Doch wie gelangt man nun an ein einzigartiges, langes und schwer zu erratendes Passwort, das man sich auch noch merken kann? Die beste Strategie, die mir bisher begegnet ist, ist der Einsatz von Diceware: Sie nehmen eine Liste mit Tausenden leicht zu merkenden englischen (deutschen) Wörtern, würfeln vier bis sechs dieser Wörter aus und setzen sie zu einem einzigartigen, langen und schwer zu erratenden Passwort zusammen, das dennoch leicht zu merken ist (wie »correct-horse-battery-staple« in XKCD #936 (*https://xkcd.com/936*)). Sie können den Anweisungen auf der Diceware-Website (*https://oreil.ly/gyARE*) folgen, um ein Diceware-Passwort von Hand zu erzeugen, oder Sie nutzen den webbasierten Diceware Password Generator (*https://diceware.dmuth.org*), das CLI-Tool diceware (*https://oreil.ly/LxNYV*) oder in Ihr Passwort-Management-Tool integrierte Passwortgeneratoren (von denen viele ebenfalls auf Diceware basieren).

Das sieht nach viel Arbeit für ein Passwort aus, aber sobald Sie einen Passwort-Manager nutzen, ist es das *einzige* Passwort, das Sie sich noch merken müssen. Alle anderen Passwörter werden im Passwort-Manager gespeichert, sodass Sie sich diese nicht merken müssen. Tatsächlich ist es sogar besser, wenn Sie sie sich nicht merken *können*. Nutzen Sie den Passwortgenerator Ihres Passwort-Managers, um verschiedene zufällige und starke Passwörter für jede genutzte Website zu erzeugen. Auf diese Weise ist bei der Kompromittierung einer Website nur dieses eine Passwort betroffen und sonst nichts.

Da Sie nun wissen, wie man persönliche Secrets speichert, wollen wir uns den Infrastruktur-Secrets zuwenden.

Infrastruktur-Secrets

Um Infrastruktur-Secrets sicher zu speichern, etwa Datenbankpasswörter oder TLS-Zertifikate, nutzen Sie wieder die symmetrische Verschlüsselung und verlassen sich erneut auf ausgereifte Standardsoftware. Allerdings sind Passwort-Manager in diesem Fall nicht die richtige Wahl, da sie üblicherweise dauerhafte Secrets speichern, die von Menschen genutzt werden (die sich ein Passwort merken können). Bei der Infrastruktur müssen hingegen temporäre Secrets unterstützt werden (die nach einer gewissen Zeit ablaufen) sowie der Zugriff auf Secrets durch automatisierte Software (bei der kein Mensch anwesend ist, um ein Passwort einzugeben). Für diesen Anwendungsfall müssen Sie einen Secret-Speicher nutzen, der Infrastruktur-Secrets schützt, sich in Ihre Infrastruktur integriert und die Authentifizierung durch Menschen und Maschinen unterstützt. Menschliche Nutzer authentifizieren sich gegenüber dem Secret-Speicher durch Passwörter oder per SSO. Maschinennutzer authentifizieren sich über einen der Mechanismen, die Sie in »Maschinen-Credentials und automatisch provisionierte Credentials« auf Seite 198 kennengelernt haben.

Es gibt im Wesentlichen zwei Arten von Secret-Speichern für Infrastruktur-Secrets:

Schlüsselmanagementsysteme (Key Management Systems, KMS)

Diese Art Secret-Speicher wurde entworfen, um Codierungsschlüssel sicher zu verwahren. Bei den meisten handelt es sich um Services: Sie senden Daten, die Verschlüsselungsoperationen erfolgen auf dem KMS-Server, und Sie erhalten das Ergebnis zurück, ohne dass der Codierungsschlüssel den KMS-Server verlässt (was die Kompromittierung erschwert). Eine Option für ein KMS ist die Nutzung eines *Hardwaresicherheitsmoduls* (*Hardware Security Module*, HSM) wie das von Thales oder Yubico. Die Software- und Hardware-Features dieser physischen Geräte schützen Ihre Secrets und verhindern deren Manipulation. Eine weitere Option sind gemanagte Services wie das *AWS Key Management Service* (KMS) oder Azure Key Vault (vollständige Liste (*https://oreil.ly/NSIse*)), von denen viele hinter den Kulissen ebenfalls HSMs nutzen.

Beachten Sie, dass für ein KMS Sicherheit wichtiger ist als Geschwindigkeit, weshalb es nur selten zur Verschlüsselung großer Datenmengen verwendet wird. Der gängigere Ansatz ist die sogenannte *Umschlagverschlüsselung* (*Envelope-Verschlüsselung*): Sie generieren einen oder mehrere Codierungsschlüssel, die sogenannten *Datenschlüssel*, die Ihre App im Speicher vorhält und für den Großteil der Ver- und Entschlüsselung einsetzt. Sie nutzen das KMS dann, um einen *Root-Schlüssel* zu pflegen, den Sie zur Verschlüsselung der Datenschlüssel nutzen, wenn diese auf der Platte gespeichert werden, sowie zu deren Entschlüsselung, wenn sie in den Speicher geladen werden (d.h. beim Start der App).

Allzweck-Secret-Speicher

Diese Art Datenspeicher wurde entworfen, um eine Vielzahl verschiedener Secrets wie Codierungsschlüssel, Datenbankpasswörter und TLS-Zertifikate sicher zu speichern und eine Vielzahl kryptografischer Funktionen durchzuführen, etwa Verschlüsselung, Hashing und Signieren. Große Akteure in diesem Umfeld sind eigenständige Secret-Speicher wie HashiCorp Vault/OpenBao,[3] Secret-Speicher von Cloud-Providern wie AWS Secrets Manager und Google Cloud Secret Manager (von denen viele die KMS der jeweiligen Cloud zur Verwaltung von Codierungsschlüsseln verwenden) sowie in Orchestrierungstools integrierte Secret-Speicher wie Kubernetes Secrets (vollständige Liste (*https://oreil.ly/2YBJo*)).

---

3 OpenBao ist ein Open-Source-Fork von Vault. Die Abspaltung erfolgte, nachdem Vault sich von seiner Open-Source-Lizenz abgewandt hatte.

Kernaussage 5

Schützen Sie Infrastruktur-Secrets wie Datenbankpasswörter und TLS-Zertifikate per KMS und/oder Allzweck-Secret-Speicher.

Allzweck-Secret-Speicher werden immer beliebter, da sie alle Secrets an einem zentralen Ort vorhalten. Diese Zentralisierung hat einige Vorteile:

Audit-Logging

Jeder Zugriff auf ein Secret kann bei einem zentralisierten Secret-Speicher in einem Audit-Log festgehalten werden. Ein KMS kann den Zugriff auf Codierungsschlüssel ebenfalls festhalten, doch es weiß nicht, was mit den Codierungsschlüsseln ver- oder entschlüsselt wird, und bei der Envelope-Verschlüsselung kann das KMS nicht nachhalten, was mit den Datenschlüsseln gemacht wird.

Widerruf und Rotation von Secrets

Gelegentlich muss ein Secret widerrufen werden (z. B. wenn es kompromittiert wurde). Die regelmäßige automatische *Rotation*, bei der alte Secrets durch neue ersetzt werden, ist ebenfalls eine gute Praxis. Auf diese Weise reduzieren Sie das Zeitfenster deutlich, in dem ein kompromittiertes Secret Schaden anrichten kann. Widerruf und Rotation sind einfacher zu erreichen, wenn alle Secrets in einem zentralen Speicher vorliegen.

On-Demand- und kurzlebige Secrets

Noch besser als rotierende Secrets ist es, überhaupt keine langlebigen Secrets zu nutzen. Stattdessen generieren Sie Secrets *on demand*, also bei Bedarf, wenn jemand aktiv ein Secret benötigt. Solche Secrets können auch *kurzlebig* sein, d. h., dass sie nach einer kurzen Zeitspanne und/oder nach einer gewissen Nutzung automatisch ablaufen. Statt zum Beispiel jedem Entwickler einen permanenten SSH-Schlüssel zu geben, können Sie Tools wie Teleport nutzen, die sogenannte Just-in-Time-Access-Requests (*https://oreil.ly/sFYj3*) unterstützen. Entwickler können über eine Webschnittstelle oder ein CLI bei Bedarf SSH-Zugriff anfordern, und Admins können eine Webschnittstelle oder ein CLI nutzen, um diesen Zugriff zu gewähren oder zu verweigern. Jeder gewährte SSH-Zugriff läuft dann automatisch nach einer konfigurierbaren Zeitspanne (z. B. 24 Stunden) ab. On-Demand- und kurzlebige Secrets lassen sich mit einem zentralisierten Secret-Speicher leichter implementieren, der in die Infrastruktur integriert ist.

Sie haben nun erfahren, wie man mit Secrets umgeht, die Ihrem Unternehmen gehören. Nun wollen wir uns ansehen, wie man Secrets verwaltet, die Ihren Kunden gehören.

Kunden-Secrets und -Passwörter speichern

Um die Secrets der Kunden sicher speichern zu können, müssen Sie zuerst wissen, welche Art von Secret Sie speichern. Sie haben es mit zwei Kategorien zu tun: zum einen mit den Nutzerpasswörtern und zum anderen mit dem ganzen Rest (z. B. Finanzdaten, Gesundheitsdaten und so weiter). Die erste Kategorie, Nutzerpasswörter, verlangt besondere Techniken, die wir uns nachfolgend ansehen wollen.

Nutzerpasswörter müssen aus zwei Gründen anders gehandhabt werden als die anderen Nutzer-Secrets. Erstens versuchen Angreifer *permanent*, Passwörter zu kompromittieren. Forbes schätzt, dass von 46% der Amerikaner allein in 2023 das Passwort gestohlen wurde (*https://oreil.ly/v-sK7*), und 2024 hat ein Nutzer nahezu 10 *Milliarden* einmalige Passwörter (*https://oreil.ly/RYsdR*) in einem Hacker-Forum veröffentlicht (der sogenannte RockYou2024-Leak). Zweitens *müssen Sie das Originalpasswort des Nutzers gar nicht speichern*, weder verschlüsselt noch sonst wie (was bedeutet, dass alle Passwort-Leaks vermeidbar gewesen wären)! Stattdessen verwaltet man Kundenpasswörter wie folgt:

Den Hash des Passworts speichern
: Wenn ein Nutzer ein Passwort erzeugt, übergeben Sie es an eine kryptografische Hashfunktion, speichern den Hashwert und schmeißen das Original weg. Versucht der Nutzer, sich einzuloggen, übergeben Sie das Passwort an die gleiche Hashfunktion und vergleichen den Wert mit dem gespeicherten Hash. Sind beide identisch, hat der Nutzer das richtige Passwort eingegeben. Die Verwendung der Hashfunktion erlaubt es, den Nutzer zu authentifizieren, ohne sein Passwort zu speichern! Das ist ein großer Gewinn, da bei einem Einbruch der Angreifer zwar Zugriff auf den Hashwert erhält, daraus aber nicht das eigentliche Passwort ableiten kann, da Hashfunktionen Einwegfunktionen sind. Seine einzige Möglichkeit ist ein Brute-Force-Angriff. Andererseits sind Hacker clever und greifen anstelle eines naiven Brute-Force-Angriffs mit jedem String jeder möglichen Länge auf bekannte Wörter aus einem Wörterbuch gängiger Wörter oder bekannter Passwörter zurück (ein sogenannter *Dictionary-Angriff*). Dabei werden alles Hashes des Wörterbuchs vorab berechnet und in einer Tabelle zusammen mit dem jeweiligen Passwort festgehalten (ein sogenannter *Rainbow-Table-Angriff*). Das erlaubt den schnellen Abgleich der gestohlenen Hashes mit den Originalpasswörtern. Um solche Angriffe zu verhindern, sind zwei Schritte nötig, die wir uns nachfolgend ansehen wollen.

Nutzung spezialisierter Passwort-Hashfunktionen
: Anstelle der üblichen kryptografischen Hashfunktionen wie SHA-2 müssen Sie spezialisierte *Passwort-Hashfunktionen* nutzen. Die empfehlenswertesten sind (in absteigender Reihenfolge) Argon2 (insbesondere die Variante Argon2id), scrypt, bcrypt und PBKDF2. Diese Funktionen laufen bewusst langsam und verbrauchen viele Ressourcen, um Brute-Force-Angriffe zu erschweren. Während SHA2 mit moderner Hardware für ein typisches Passwort weniger als eine Millisekunde benötigt, braucht Argon2 ein bis zwei Sekunden (ist also etwa 1.000-mal langsamer) und benötigt wesentlich mehr Speicher.

»Salz und Pfeffer« nutzen
: Das *Salz* (engl. *Salt*) ist ein eindeutiger, zufälliger String, den Sie für jeden Nutzer generieren und zusammen mit anderen Daten im Klartext in der Nutzerdatenbank abspeichern. *Pfeffer* (engl. *Pepper*) ist ein zwischen allen Nutzern geteilter String, den Sie in verschlüsselter Form abseits der Nutzerdatenbank (z.B. zusammen mit anderen Infrastruktur-Secrets in einem Secrets-Speicher) speichern. Beim Hashing des Nutzerpassworts hashen Sie tatsächlich die Kombination aus Nutzerpasswort, eindeutigem Salt und geteiltem Pepper: `hash(passwort + salt + pepper)`. Auf diese Weise können Sie Dictionary- und Rainbow-Table-Angriffe verhindern, da Angreifer für nützliche Tabellen in zwei Systeme einbrechen müssten: in die Nutzerdatenbank für Hashes und

Salts und in den Secrets-Speicher für das Pepper. Sie müssen außerdem nicht nur eine Tabelle vorausberechnen, sondern eine Tabelle für jeden Nutzer (für jedes Salt), was bei langsamen Passwort-Hashfunktionen nicht praktikabel ist. Ein zusätzlicher Bonus ist, dass selbst Nutzer mit gleichen Passwörtern verschiedene Hashes erhalten.

Die Verwaltung von Passwörtern ist kompliziert, ich wiederhole es also gerne noch einmal: Entwickeln Sie keine eigene Kryptografie. Nutzen Sie ausgereifte, kampferprobte Bibliotheken, die die Kryptografie für Sie übernehmen.

Kernaussage 6

Speichern Sie Nutzerpasswörter (verschlüsselt oder sonst wie) niemals ab. Nutzen Sie stattdessen eine Passwort-Hashfunktion, um den Hash jedes Passworts mit Salt und Pepper zu berechnen, und speichern Sie diesen Hash ab.

Wenden wir unsere Aufmerksamkeit nun der anderen Kategorie zu, also der Speicherung aller anderen Arten von Kunden-Secrets, etwa Finanzdaten (z. B. Kreditkarten) und Gesundheitsdaten (z. B. PHI). Bei diesen Anwendungsfällen müssen Sie (im Gegensatz zu Nutzerpasswörtern) üblicherweise die Originaldaten speichern. Das bringt uns zur Verschlüsselung bei der Speicherung.

Verschlüsselung bei der Speicherung

Wenn Sie Daten auf einer Festplatte speichern, werden sie zu einem attraktiven Ziel für Angreifer. Das hat verschiedene Gründe:

Viele Kopien der Daten
: Bei einer typischen Softwarearchitektur werden die Daten nicht nur in der ursprünglichen Datenbank gespeichert, sondern auch in Datenbankreplikaten, Caches, Queues, Streaming-Plattformen und Backups (mehr über Datenspeicher erfahren Sie in Kapitel 9). Daher bieten gespeicherte Daten viele Angriffspunkte, und eine einzelne Sicherheitslücke in einer dieser Kopien kann zum Diebstahl der Daten führen.

Lange Zeitfenster, wenig Überwachung
: Die von Ihnen gespeicherten Daten und alle Kopien können jahrelang auf verschiedenen Festplatten liegen (da die Daten selten, wenn überhaupt, gelöscht werden). Häufig wissen die Unternehmen gar nicht mehr, dass es diese Daten gibt. Daher stehen Angreifern große Zeitfenster zur Verfügung, in denen sie nach Sicherheitslücken suchen können, und die Gefahr, entdeckt zu werden, ist gering.

Viele Datendiebstähle hatten nichts mit brillanten Hacks der aktiven Datenbank zu tun. Oft stolperten Hacker über eine alte Kopie der Daten in einem drittrangigen, schlecht geschützten Datensystem. Häufig bleiben diese Lücken jahrelang unentdeckt. Aus diesem Grund benötigen Sie eine mehrstufige Sicherheitsstrategie für die zu speichernden Daten.

Ein Teil dieser Strategie besteht darin, eine sichere Hosting-Option zu wählen, die nicht autorisierten Personen den physikalischen Zugriff auf Ihre Server verwehrt (wie in Kapitel 1 gezeigt). Eine weitere Schicht bildet die Einrichtung einer sicheren Netzwerkumgebung, die es nicht autorisierten Personen unmöglich macht, über das Netzwerk auf Ihre Server zuzugreifen (wie in Kapitel 7 gezeigt). Doch wenn beides fehlschlägt, bildet die Verschlüsselung bei der Speicherung eine letzte Schutzschicht. Selbst wenn nicht autorisierten Personen der Zugriff gelingt, können sie die Daten nicht lesen.

Sie können Daten bei der Speicherung auf mehreren Ebenen verschlüsseln:

- vollständige Verschlüsselung der Festplatte
- Verschlüsselung des Datenspeichers
- Verschlüsselung auf Anwendungsebene

Sehen wir uns diese Möglichkeiten genauer an.

Vollständige Verschlüsselung der Festplatte

Die meisten modernen Betriebssysteme unterstützen die vollständige Verschlüsselung von Festplatten (z. B. macOS FileVault, Windows BitLocker, vollständige Liste (*https://oreil.ly/5YX43*)), bei der alle Daten auf der Festplatte verschlüsselt werden (z. B. per AES). Üblicherweise wird dabei ein aus dem Log-in-Passwort abgeleiteter Codierungsschlüssel verwendet. Darüber hinaus unterstützen selbstverschlüsselnde Laufwerke (*Self-encrypting Drives*, SEDs) die Festplattenverschlüsselung direkt durch die Hardware. Cloud-Provider unterstützen die vollständige Festplattenverschlüsselung üblicherweise auch – normalerweise mit der zusätzlichen Möglichkeit, einen Codierungsschlüssel des KMS des Cloud-Anbieters zu nutzen (z. B. können AWS-EBS-Volumes mit AWS-KMS-Schlüsseln verschlüsselt werden (*https://oreil.ly/h2mbA*) und Google Cloud Compute Volumes mit Cloud-KMS-Schlüsseln (*https://oreil.ly/nyMrb*)).

Die vollständige Festplattenverschlüsselung ist eine Art transparente Datenverschlüsselung (*Transparent Data Encryption, TDE*): Sobald Sie am Computer angemeldet sind, werden alle gelesenen und geschriebenen Daten automatisch ver- und entschlüsselt, ohne dass Ihnen das überhaupt bewusst ist. Daher hilft Ihnen die vollständige Verschlüsselung der Festplatte nicht, wenn ein Angreifer Zugriff auf ein (authentifiziertes) Live-System erlangt. Vielmehr schützt sie Sie vor Angreifern, denen der physische Diebstahl einer Platte gelingt, da die Daten ohne den Codierungsschlüssel nicht gelesen werden können.

Verschlüsselung des Datenspeichers

Einige Datenspeicher unterstützen TDE ebenfalls (z. B. MySQL Enterprise Transparent Data Encryption (*https://oreil.ly/R13n4*) und pg_tde für PostgreSQL (*https://oreil.ly/AIzJT*)), üblicherweise mithilfe eines Codierungsschlüssels, den Sie beim Hochfahren des Datenspeichers angeben. Mit dem Schlüssel kann der gesamte Datenspeicher oder können Teile des Datenspeichers (z. B. eine Spalte der Datenbanktabelle) verschlüsselt werden. Die meisten Cloud-Provider unterstützen ebenfalls die Verschlüsselung ihrer gemanagten Datenspeicher über Codierungsschlüssel des jeweiligen KMS. Zum Beispiel nutzt die AWS-RDS-Verschlüsselung AWS-KMS-Schlüssel (*https://oreil.ly/g7nL3*), und die Azure-SQL-Datenbankverschlüsselung nutzt Schlüssel des Azure Key Vault (*https://oreil.ly/AylY6*).

Die Verschlüsselung des Datenspeichers bietet einen größeren Schutz als die Verschlüsselung der Festplatte, und die Datenspeichersoftware übernimmt die Verschlüsselung, nicht das Betriebssystem. Sie schützen sich daher nicht nur vor Angreifern, die eine Festplatte stehlen können, sondern auch vor Angreifern, denen der Zugriff auf ein (authentifiziertes) Live-System gelingt, weil alle Daten, die der Datenspeicher auf die Festplatte schreibt, ohne den Codierungsschlüssel nicht gelesen werden können. Allerdings schützt Sie die Verschlüsselung des Datenspeichers nicht vor bösartigen Akteuren, denen es gelingt, sich gegenüber dem Datenspeicher zu authentifizieren (wenn es also einem bösartigen Akteur gelingt, den Account eines Datenbanknutzers zu übernehmen und Queries auszuführen).

Verschlüsselung auf Anwendungsebene

Neben den verschiedenen TDE-Optionen können Sie die Verschlüsselung auch in Ihre Anwendung integrieren, sodass Ihre Daten verschlüsselt werden, *bevor* sie auf die Platte geschrieben werden. Trägt ein Nutzer beispielsweise neue Daten ein, können Sie einen Codierungsschlüssel aus einem Secret-Store abrufen, dann AES zur Verschlüsselung der Daten nutzen und den resultierenden Chiffretext schließlich in einer Datenbank speichern.

Dieser Ansatz hat verschiedene Vorteile. Erstens bietet er einen höheren Schutz als die Verschlüsselung des Datenspeichers. Er schützt nicht nur vor dem Diebstahl einer Festplatte und dem Dateisystemzugriff bei (authentifizierten) Live-Betriebssystemen, sondern auch vor Angreifern, die sich gegenüber dem Datenspeicher authentifizieren können. Selbst wenn es einem Angreifer gelingt, einen Datenbanknutzer zu kompromittieren und Queries auszuführen, kann er die Daten nicht lesen, wenn er nicht auch den Codierungsschlüssel kompromittiert. Zweitens bietet er eine feinere Kontrolle über die Verschlüsselung, da Sie unterschiedliche Codierungsschlüssel für unterschiedliche Daten (Nutzer, Kunden, Tabellen) einsetzen können. Und drittens können Sie Daten selbst auf nicht vertrauenswürdigen Systemen sicher speichern oder auf Systemen, die nicht so sicher sind, wie sie sein könnten (etwa ein System ohne TDE-Unterstützung).

Dieser Ansatz hat auch verschiedene Nachteile. Zum einen müssen Sie nicht unerhebliche Änderungen an Ihrem Anwendungscode vornehmen, während TDE keine Änderungen an den Apps verlangt. Zum anderen sind die gespeicherten Daten für die Datenspeicher nicht mehr verständlich, was Queries erschwert. Zum Beispiel sind Sie möglicherweise nicht mehr in der Lage, Daten in bestimmten Spalten abzufragen oder Volltextsuchen vorzunehmen, wenn die Daten im Chiffretext vorliegen.

Da die TDE-Optionen transparent sind, wirken sie sich in den meisten Fällen kaum auf die Performance aus, weshalb es generell eine gute Idee ist, standardmäßig die Festplattenverschlüsselung für alle Computer und Server und die Datenspeicherverschlüsselung für alle Datenspeicher des Unternehmens zu aktivieren. Die Verschlüsselung auf Anwendungsebene bleibt üblicherweise höchsten Sicherheitsanforderungen vorbehalten und wenn keine anderen Arten der Verschlüsselung unterstützt werden.

Kernaussage 7

Sie können mittels Festplattenverschlüsselung, Datenspeicherverschlüsselung und Anwendungsverschlüsselung Daten bei der Speicherung verschlüsseln.

Nachdem Sie verschiedene Möglichkeiten kennengelernt haben, um Daten sicher zu speichern, wollen wir uns damit beschäftigen, wie man Daten sicher überträgt.

Sichere Kommunikation

Der zweite Anwendungsfall für die Kryptografie, den wir betrachten wollen, ist die sichere Übertragung von Daten, also wie man Daten über ein Netzwerk senden und dabei Vertraulichkeit, Integrität und Authentizität wahren kann. Die Antwort liefert erneut die Verschlüsselung, d.h., bei der sicheren Kommunikation geht es um die *Verschlüsselung während der Übertragung*.

Die Verschlüsselung während der Übertragung basiert üblicherweise auf einer hybriden Verschlüsselung, bei der die asymmetrische Kommunikation zur Anfangskommunikation und dem Austausch von Schlüsseln genutzt wird, während alle nachfolgenden Nachrichten die symmetrische Verschlüsselung verwenden. Die gängigsten Protokolle für eine Verschlüsselung während der Übertragung sind:

TLS
: Bekannt für das sichere Surfen im Web (HTTPS), wird aber auch zur Absicherung der Kommunikation zwischen Servern, beim Instant Messaging, bei einigen VPNs und vielen anderen Anwendungen genutzt.

SSH
: Bekannt für sichere Verbindungen mit entfernten Terminals (siehe Kapitel 7).

IPsec
: Bekannt für die Absicherung einiger Arten von VPN-Verbindungen (siehe Kapitel 7).

Tiefer in diese Protokolle einzusteigen, würde den Rahmen dieses Buchs sprengen, doch wir wollen uns TLS genauer ansehen, da Sie es verstehen müssen, um Software bereitstellen zu können (egal wo Sie arbeiten).

Transport Layer Security

Jedes Mal, wenn Sie im Web surfen und eine HTTPS-URL besuchen, sorgt *Transport Layer Security* (TLS) für eine sichere Kommunikation. TLS ist der Ersatz für *Secure Sockets Layer* (SSL), das Protokoll, das ursprünglich zum Schutz von HTTPS genutzt wurde. Der Begriff *SSL* wird immer noch vielerorts verwendet, doch da alle Versionen bekannte Sicherheitslücken aufweisen und als veraltet gelten, sollten Sie nur TLS nutzen – genauer gesagt, die TLS-Version 1.3 oder 1.2, da alle älteren Versionen Sicherheitslücken enthalten und veraltet sind. (Allerdings müssen Sie manchmal ältere Versionen weiterhin unterstützen, um die Kompatibilität mit älteren Clients zu wahren).

TLS sorgt für Vertrauenswürdigkeit, Integrität und Authentizität, insbesondere bei *Man-in-the-Middle-Angriffen* (MITM). Bei diesen Angriffen versucht ein bösartiger Akteur, Ihre Kommunikation abzufangen, zu lesen, zu verändern und und sich als eine der beiden Parteien in der Kommunikation auszugeben. Um die Vertraulichkeit sicherzustellen, nutzt TLS eine hybride Verschlüsselung für alle Nachrichten, damit bösartige Akteure diese Nachrichten nicht lesen können. Um die Integrität sicherzustellen, nutzt TLS die authentifizierte Verschlüsselung, d.h., jede Nachricht enthält einen MAC, sodass bösartige Akteure diese Nachrichten nicht modifizieren können. Zusätzlich enthält jede Nachricht eine sogenannte *Nonce*, d.h. eine Zahl, die sich mit jeder Nachricht erhöht. Auf diese Weise wird verhindert, dass bösartige Akteure Nachrichten umordnen oder erneut wiedergeben (*Replay*), da die Nonce der Nachricht nicht dem erwarteten Wert entspricht. Um die Authentizität sicherzustellen, nutzt TLS die asymmetrische Verschlüsselung (mehr dazu gleich).

TLS ist ein Client/Server-Protokoll. Zum Beispiel könnte Ihr Webbrowser der Client sein, und einer der *google.com*-Rechner könnte als Server fungieren. Client und Server könnten aber auch Anwendungen Ihrer Microservice-Architektur sein. Die erste Phase des Protokolls ist der *Handshake*, bei dem Client und Server Folgendes tun:

Aushandlung (Negotiation)
: Client und Server handeln aus, welche TLS-Version (z. B. 1.2, 1.3) und welche kryptografischen Algorithmen (z. B. RSA, AES) verwendet werden sollen. Dabei sendet der Client üblicherweise die von ihm unterstützten TLS-Versionen und -Algorithmen, und der Server wählt sich aus dieser Liste die passenden aus. Bei der TLS-Konfiguration Ihrer Server müssen Sie das richtige Maß unterstützter Versionen und Algorithmen finden, um einerseits die Sicherheit zu erhöhen und andererseits eine größere Zahl von Clients zu unterstützen.

Authentifizierung
: Zum Schutz vor MITM-Angriffen unterstützt TLS die Authentifizierung. Wenn Sie TLS zum Surfen im Web nutzen, erfolgt üblicherweise nur eine einseitige Authentifizierung, bei der der Browser den Server authentifiziert (aber nicht umgekehrt). Nutzen Sie TLS bei Anwendungen in einer Microservice-Architektur, verwenden Sie idealerweise die wechselseitige Authentifizierung (*mutual TLS*, mTLS), bei der jede Seite die andere authentifiziert (siehe). Wie die TLS-Authentifizierung funktioniert, sehen Sie gleich.

Schlüsselaustausch
: Client und Server nutzen die asymmetrische Verschlüsselung, um zufällig generierte Codierungsschlüssel sicher auszutauschen. An diesem Punkt beginnt die zweite Phase des Protokolls, in der alle Daten mit den zufällig generierten Codierungsschlüsseln per symmetrische Verschlüsselung übertragen werden.

Der kniffligste Teil des Handshakes ist die Authentifizierung. Wie kann Ihr Webbrowser beispielsweise sicher sein, dass er wirklich mit *google.com* spricht? Sie denken vielleicht, dass Sie die asymmetrische Verschlüsselung nutzen können, um dieses Problem zu lösen. Google signiert eine Nachricht mit seinem privaten Schlüssel, und der Browser validiert die Signatur über Googles öffentlichen Schlüssel. Das würde funktionieren, doch wo bekommen Sie Googles öffentlichen Schlüssel her? Sie könnten ihn über Googles Website bekommen, doch was hält einen bösartigen Akteur von einem MITM-Angriff ab, bei dem er Googles öffentlichen Schlüssel durch seinen eigenen ersetzt? Nun denken Sie erneut an Verschlüsselung, doch wie authentifizieren Sie *diese* Verschlüsselung? Wir drehen uns im Kreis.

TLS bricht diesen Kreis durch eine *Vertrauenskette* (engl. *Chain of Trust*) auf. Diese Kette beginnt damit, dass Daten über eine Reihe von Entitäten fest codiert werden, von denen Sie wissen, dass Sie ihnen vertrauen können. Diese Entitäten werden *Stammzertifizierungsstellen* (engl. *Root Certificate Authorities*, CAs) genannt. Die fest codierten Daten bestehen aus deren *Zertifikaten*, d. h. einer Kombination aus öffentlichem Schlüssel, Metadaten (wie Domainnamen einer Website und Informationen, die den Besitzer identifizieren) sowie einer digitalen Signatur. Wenn Sie im Web surfen, bringen Ihr Browser und Ihr Betriebssysteme eine Reihe von Zertifikaten vertrauenswürdiger Root-CAs mit. Das umfasst verschiedene Organisationen weltweit, wie Verisign, DigitCert, Let's Encrypt, Amazon und Google. Betreiben Sie Apps in einer Microservice-Architektur, betreiben Sie üblicherweise eine eigene Root-CA und tragen deren Details fest in Ihre Apps ein.

Wenn Sie eine eigene Domain betreiben, können Sie ein TLS-Zertifikat bei einem CA anfordern. Diesen Prozess stellt Abbildung 8.4 dar.

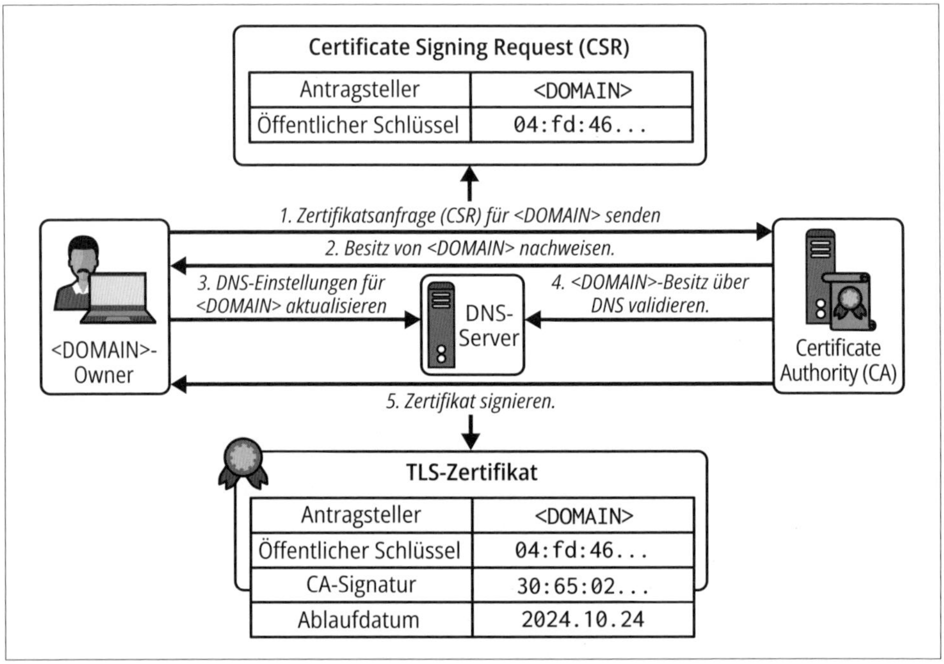

Abbildung 8.4: Wie man ein TLS-Zertifikat von einer CA erhält

Die dazu nötigen Schritte sind:

1. Sie fordern die Signierung eines Zertifikats (*Certificate-signing Request*, CSR) von einem CA an. Dabei geben Sie den Domainnamen, Details zu Ihrer Organisation (z.B. Firmenname, Kontaktdaten), den öffentlichen Schlüssel und eine Signatur (die beweist, dass Sie den zugehörigen privaten Schlüssel besitzen) an.
2. Die CA fordert Sie dann auf, zu beweisen, dass Ihnen die Domain gehört. Moderne CAs nutzen dazu das ACME-Protokoll (ACME, *Automatic Certificate Management Environment*). Zum Beispiel könnte die CA Sie auffordern, eine Datei mit einem bestimmten Inhalt an einer bestimmten URL innerhalb Ihrer Domain vorzuhalten (z.B. *ihre-domain.com/file.txt*), oder Sie müssen ein bestimmtes DNS-Record mit spezifischem Inhalt in Ihre Domain eintragen (z.B. ein TX-Record in *ihre-domain.com*).
3. Sie ergänzen Ihre Domain um den geforderten Nachweis.
4. Die CA prüft den Nachweis.

5. Akzeptiert die CA den Nachweis, sendet sie Ihnen ein Zertifikat zurück, das die Daten Ihres CSR enthält, sowie eine Signatur der CA. Mit dieser Signatur erweitert die CA die Vertrauenskette. Sie besagt: »Wenn Sie mir als Root-CA vertrauen, können Sie darauf vertrauen, dass der öffentliche Schlüssel dieses Zertifikats für diese Domain gültig ist.«

Die meisten TLS-Zertifikate haben ein Ablaufdatum. Sie müssen diesen Prozess also regelmäßig wiederholen, um Ihr Zertifikat zu erneuern. Abbildung 8.5 zeigt, wie das TLS-Zertifikat genutzt wird, sobald Sie es besitzen.

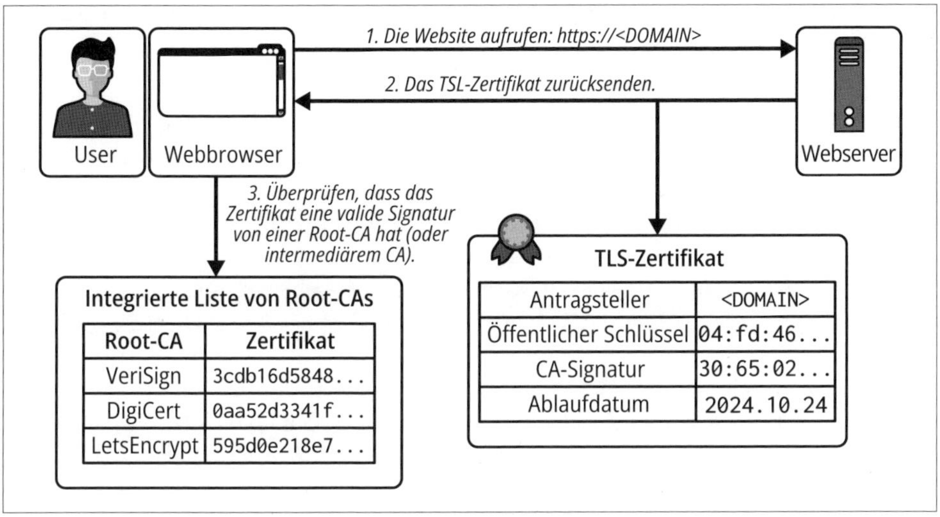

Abbildung 8.5: Verifikation des TLS-Zertifikats einer Website

Die dazu nötigen Schritte sind:

1. Sie besuchen mit Ihrem Browser die Website *https://<DOMAIN>*.
2. Während des TLS-Handshakes sendet der Webserver sein eigenes TLS-Zertifikat zurück, das den öffentlichen Schlüssel des Webservers und die Signatur einer CA enthält. Der Webserver signiert die Nachricht außerdem mit seinem privaten Schlüssel.
3. Ihr Browser überprüft, ob das TLS-Zertifikat für die Domain *<DOMAIN>* gilt und ob es von einer vertrauenswürdigen CA signiert wurde (mit deren öffentlichem Schlüssel). Der Browser stellt auch sicher, dass dem Webserver der öffentliche Schlüssel dieses Zertifikats gehört, indem er die Signatur der Nachricht prüft. Sind beide Prüfungen erfolgreich, können Sie sicher sein, dass Sie wirklich mit *<DOMAIN>* kommunizieren. Ein MITM-Angriff kann nicht stattfinden, da ein bösartiger Akteur keine Möglichkeit hat, eine ihm nicht gehörende Domain durch eine CA zertifizieren zu lassen, und weil ein einziges geändertes Bit des echten Zertifikats die Signaturen ungültig macht.

Einige Root-CAs signieren Website-Zertifikate nicht selbst. Stattdessen signieren sie Zertifikate für eine oder mehrere *intermediäre CAs* und erweitern so die Vertrauenskette. Eine dieser intermediären CAs signiert letztlich das Zertifikat für die Website. In diesem Fall gibt die Website die gesamte *Zertifikatskette* zurück. Solange diese Kette letztlich bei einer Root-CA

Ihres Vertrauens beginnt und jede Signatur innerhalb der Kette gültig ist, können Sie der ganzen Sache vertrauen.

Kernaussage 8

Sie können Daten während der Übertragung mittels TLS verschlüsseln. Ein TLS-Zertifikat erhalten Sie von einer Zertifizierungsstelle (*Certificate Authority*).

Dieses System aus CAs wird als *Public-Key-Infrastruktur* (PKI) bezeichnet. Üblicherweise haben Sie es mit zwei Arten von PKIs zu tun:

Web-PKI
: Ihr Webbrowser und die meisten HTTPS unterstützenden Bibliotheken wissen, wie man die *Web-PKI* nutzt, um HTTPS-URLs im Internet zu authentifizieren. Um ein TLS-Zertifikat für das Web zu bekommen, gibt es mehrere Möglichkeiten (vollständige Liste (*https://oreil.ly/u5DLJ*)). Eine Möglichkeit bieten freie CAs wie Let's Encrypt oder ZeroSSL, die in den letzten Jahren entstanden sind, um das Web sicherer zu machen. Eine andere Möglichkeit ist ein vom Cloud-Anbieter gemanagter Service wie *AWS Certificate Manager* (ACM) oder von Google gemanagte SSL-Zertifikate. Diese sind frei, sicher und werden automatisch erneuert (Sie haben keinen Zugang zum privaten Schlüssel, sodass er nicht kompromittiert werden kann). Der Nachteil ist, dass diese Zertifikate nur mit den gemanagten Services (z. B. den Load-Balancern) der jeweiligen Cloud-Provider genutzt werden können. Eine weitere Möglichkeit ist der Kauf von TLS-Zertifikaten von einem der traditionellen CAs und Domain-Registrierungsstellen wie DigiCert oder GoDaddy. Früher war das die einzige Lösung, doch heutzutage braucht man sie nur noch für Fälle, die die freien CAs nicht unterstützen (z. B. wenn Sie bestimmte Wildcard-Zertifikate benötigen oder spezifische Anforderungen an die Erneuerung und Verifikation haben).

Private PKI
: Für die Apps in einer Microservice-Architektur betreiben Sie üblicherweise eine eigene private PKI. Ein Vorteil eines Service-Mesh besteht darin, dass er die PKI für Sie abwickelt (siehe Kapitel 7). Wenn Sie keinen Service-Mesh betreiben, gibt es andere Lösungen (vollständige Liste (*https://oreil.ly/KMod9*)). Eine Möglichkeit besteht im Aufbau einer eigenen PKI mit selbst gehosteten Tools wie HashiCorp Vault/OpenBao, step-ca oder CFSSL. Eine weitere Möglichkeit ist eine gemanagte private PKI eines Cloud-Providers wie AWS Private CA oder Google CA Service. Eine dritte Möglichkeit ist eine gemanagte private PKI von Cloud-agnostischen Anbietern wie Keyfactor oder Entrust.

Da Sie nun verstehen, wie TLS funktioniert, wollen wir ein praktisches Beispiel durchgehen.

Beispiel: HTTPS mit Let's Encrypt und AWS Secrets Manager

In diesem Abschnitt wollen wir zwei Konzepte praktisch umsetzen, die Sie in diesem Kapitel kennengelernt haben: die Provisionierung von TLS-Zertifikaten und die Speicherung von Infrastruktur-Secrets. Sie werden auch sehen, wie man TLS-Zertifikate bei Webservern einsetzt, um die Inhalte einer Website über HTTPS bereitzustellen. Hierfür sind die folgenden Schritte notwendig:

1. Ein TLS-Zertifikat von Let's Encrypt beschaffen.
2. Das TLS-Zertifikat im AWS Secrets Manager speichern.
3. EC2-Instanzen bereitstellen, die dieses TLS-Zertifikat nutzen.

Gehen wir die einzelnen Schritte durch.

Ein TLS-Zertifikat von Let's Encrypt beschaffen

Let's Encrypt war eines der ersten Unternehmen, die kostenlose TLS-Zertifikate angeboten haben, und ist heute eine der größten CAs der Welt, die von über 300 Millionen Websites genutzt wird. Sie erhalten TLS-Zertifikate von Let's Encrypt über Certbot (*https://certbot.eff.org*). Die idiomatische Nutzung dieses Tools besteht darin, die Verbindung mit einem aktiven Webserver herzustellen (z. B. über SSH) und Certbot direkt auf diesem Server auszuführen. Certbot fordert das TLS-Zertifikat dann automatisch an, validiert die Eigentümerschaft an der Domain und installiert das TLS-Zertifikat für Sie. Dieser Ansatz eignet sich gut für von Hand gepflegte Websites mit einem einzelnen Server, funktioniert aber nicht besonders gut, wenn man mehrere Server automatisch bereitstellen muss, die jederzeit ausgetauscht werden können. Daher werden wir in diesem Beispiel Certbot im manuellen Modus betreiben, um das Zertifikat auf unseren eigenen Computer zu holen, und speichern das Zertifikat dann später im AWS Secrets Manager ab.

Installieren Sie Certbot auf Ihrem eigenen Computer (*https://oreil.ly/qFilx*) (ab Version 2.11). Zum Beispiel ist `brew install certbot` eine einfache Möglichkeit, Certbot unter macOS zu installieren. Als Nächstes legen Sie einen temporären Ordner an, in dem Sie die TLS-Zertifikate speichern:

```
$ mkdir -p /tmp/certs
$ cd /tmp/certs
```

Zuerst liegt das Zertifikat lokal vor (als Secret im Klartext auf der Festplatte!), doch sobald Sie es im AWS Secrets Manager gespeichert haben, löschen Sie die lokale Kopie (und falls Sie das vergessen, wird */tmp* in vielen Systemen beim Neustart automatisch gelöscht).

In Kapitel 7 haben Sie einen Domainnamen über Route 53 registriert. Sie fordern ein TLS-Zertifikat für diesen Domainnamen wie folgt an:

```
$ certbot certonly --manual \        ❶
    --config-dir . \                 ❷
    --work-dir . \
    --logs-dir . \
    --domain www.<IHRE-DOMAIN> \     ❸
    --cert-name example \            ❹
    --preferred-challenges=dns       ❺
```

Der Befehl macht Folgendes:

❶ Führt Certbot im manuellen Modus aus. Dabei wird nur das Zertifikat angefordert und lokal gespeichert. Es wird nicht auf dem Webserver installiert.

❷ Konfiguriert Certbot so, dass es das aktuelle Verzeichnis nutzt, also das gerade angelegte temporäre Verzeichnis, um die Zertifikate und andere erzeugte Dateien zu speichern.

❸ Tragen Sie hier Ihren Domainnamen ein.

❹ Konfiguriert Certbot so, dass es `example` als Name für den Unterordner verwendet, in dem die Zertifikate gespeichert werden. (Das hat keinen Einfluss auf den Inhalt des Zertifikats).

❺ Konfiguriert Certbot so, dass es DNS zur Validierung des Besitzes der Domain in ❸ nutzt. Wie nachfolgend erläutert wird, müssen Sie beweisen, dass Ihnen die Domain gehört.

Wenn Sie den obigen Befehl ausführen, fragt Certbot einige Informationen ab, etwa Ihre E-Mail-Adresse und ob Sie mit den Servicebedingungen einverstanden sind. Danach gibt Certbot Anweisungen dazu aus, wie Sie den Besitz an der angegebenen Domain nachweisen können, und legt eine Pause ein, damit Sie diesen Nachweis erbringen können:

```
Please deploy a DNS TXT record under the name: _acme-challenge.www.
<IHRE-DOMAIN>with the following value: <IRGENDEIN-WERT>
```

Um den Besitz Ihres Domainnamens nachzuweisen, müssen Sie ein DNS-TXT-Record mit dem zufällig generierten Wert *<IRGENDEIN-WERT>* anlegen. Wechseln Sie auf die Seite der von Route 53 gehosteten Zonen (*https://oreil.ly/Gsnsu*), klicken Sie die Zone für Ihre Domain an und klicken Sie dann auf den Button *Create record*. Auf der nächsten Seite geben Sie `_acme-challenge.www` als Namen des Records an, wählen *TXT* als Typ aus, tragen den zufällig generierten *<IRGENDEIN-WERT>* als Wert ein und klicken dann auf *Create records* (siehe Abbildung 8.6).

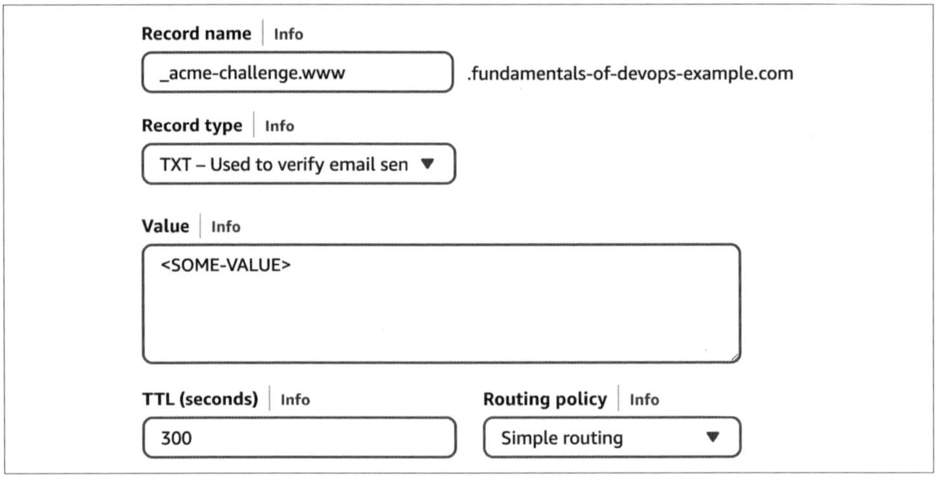

Abbildung 8.6: Besitz an einem Domainnamen über ein DNS-TXT-Record nachweisen

Nachdem Sie das Record eingetragen haben, müssen Sie ein bis zwei Minuten warten, bis die Änderungen propagiert wurden. Wechseln Sie dann zurück ins Terminal und drücken Sie Enter, um Certbot wissen zu lassen, dass das DNS-Record eingetragen ist. Let's Encrypt validiert Ihr DNS-Record, und wenn alles funktioniert hat, stellt es ein TLS-Zertifikat aus und liefert eine entsprechende Meldung zurück:

```
Successfully received certificate.
Certificate is saved at: /tmp/certs/live/example/fullchain.pem
Key is saved at:         /tmp/certs/live/example/privkey.pem
```

Glückwunsch, Sie haben gerade ein TLS-Zertifikat erhalten, das eine CA signiert hat! Das Zertifikat selbst finden Sie in *live/example/fullchain.pem* und den dazugehörigen privaten Schlüssel in *live/example/privkey.pem*. Sehen Sie sich den Inhalt dieser Dateien ruhig an. Eine Möglichkeit dazu bietet OpenSSL:

```
$ openssl x509 -noout -text -in /tmp/certs/live/example/fullchain.pem
Certificate:
    Data:
        Issuer: C=US, O=Let's Encrypt, CN=E6
        Validity
            Not After : Nov 18 14:24:35 2024 GMT
        Subject: CN=www.fundamentals-of-devops-example.com
    Signature Value:
        30:65:02:31:00:a3:25:e2:18:8e:06:80:5f:9c:05:df:f0:4e:
(... gekürzt ...)
```

Das spuckt eine ganze Reihe von Informationen zu diesem Zertifikat aus, etwa den Aussteller (`Let's Encrypt`), den Domainnamen (unter `Subject`), das Verfallsdatum (unter `Validity`) und die Signatur. Wenn Sie sich umgesehen haben, können Sie das TXT-Record unter Route 53 wieder löschen, da es nur während des Verifikationsprozesses benötigt wird.

Beachten Sie, dass der private Schlüssel eines TLS-Zertifikats ein Infrastruktur-Secret ist, d.h., Sie müssen es verschlüsselt abspeichern, idealerweise in einem Secret-Speicher. Das sehen wir uns als Nächstes an.

Das TLS-Zertifikat im AWS Secrets Manager speichern

Der AWS Secrets Manager ist ein Allzweck-Secrets-Speicher, der die Möglichkeit bietet, Secrets verschlüsselt zu speichern, per API, CLI und Web-UI auf die Secrets zuzugreifen und den Zugriff auf die Secrets per IAM zu kontrollieren. Unter der Haube werden die Secrets mit AES und Envelope-Verschlüsselung verschlüsselt und der Root-Schlüssel in AWS KMS gespeichert.

Vorsicht vor den Schlangen: AWS Secrets Manager ist nicht Teil des kostenlosen AWS-Angebots!

Während die meisten Beispiele in diesem Buch Teil des kostenlosen AWS-Angebots sind, ist es der Amazon Secrets Manager nicht. Sie können ihn 30 Tage kostenlos testen (*https://oreil.ly/71bje*), können diese Beispiele also kostenfrei ausprobieren, doch nach der Testphase kostet Sie jedes gespeicherte Secret (anteilig) 0,40 $ pro Monat.

Typischerweise speichert man Secrets im AWS Secrets Manager im JSON-Format. Das JSON-Format eines TLS-Zertifikats ist in Beispiel 8.1 zu sehen.

Beispiel 8.1: Das JSON-Format für TLS-Zertifikate

```
{"cert": "<ZERTIFIKAT>", "key": "<PRIVATER-SCHLÜSSEL>"}
```

Eine Möglichkeit, dieses JSON-Format zu erzeugen, bietet die Installation und Nutzung von jq (*https://jqlang.github.io/jq*), das auch Sonderzeichen für Sie konvertiert (z. B. Zeilenvorschübe in \n umwandelt):

```
$ CERTS_JSON=$(jq -n -c -r \
  --arg cert "$(cat live/example/fullchain.pem)" \
  --arg key "$(cat live/example/privkey.pem)" \
  '{cert:$cert,key:$key}')
```

Dieser Befehl legt eine Variable namens `CERTS_JSON` an, die das Zertifikat und den privaten Schlüssel im JSON-Format enthält. Nutzen Sie das AWS-CLI, um diesen JSON-Code im AWS Secrets Manager zu speichern:

```
$ aws secretsmanager create-secret \
  --region us-east-2 \
  --name certificate \
  --secret-string "$CERTS_JSON"
```

Der Befehl erzeugt ein Secret mit der ID `certificate` im AWS Secrets Manager. Wenn Sie zur AWS-Secrets-Manager-Konsole (*https://oreil.ly/bAETN*) wechseln, sollten Sie das Secret namens `certificate` in der Liste sehen. Klicken Sie es an und dann auf der nächsten Seite auf *Retrieve secret value*. Überprüfen Sie, ob die angezeigten `cert`- und `key`-Werte stimmen (siehe Abbildung 8.7).

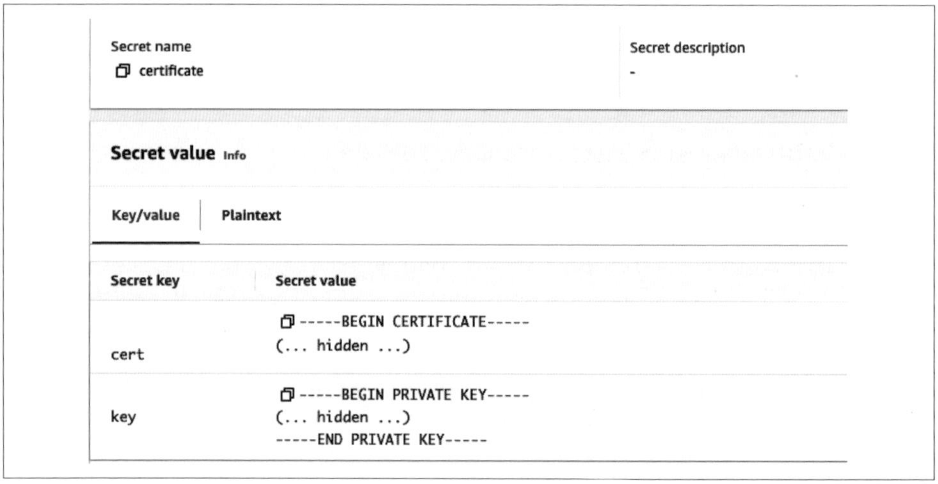

Abbildung 8.7: Überprüfen, ob das TLS-Zertifikat korrekt im AWS Secrets Manager gespeichert wurde

Wenn alles korrekt aussieht, löschen Sie das TLS-Zertifikat von Ihrer Festplatte:

```
$ certbot delete \
  --config-dir . \
  --work-dir . \
  --logs-dir .
```

Nun wollen wir Server bereitstellen, die diese TLS-Zertifikate einsetzen.

EC2-Instanzen bereitstellen, die dieses TLS-Zertifikat nutzen

Beispielcode

Denken Sie daran, dass Sie alle Codebeispiele im GitHub-Repo (*https://github.com/brikis98/devops-book*) zu diesem Buch finden.

In Kapitel 7 haben Sie mehrere EC2-Instanzen bereitgestellt, die auf HTTP-Requests an Port 8080 mit `Hello, World!` geantwortet haben. Den Domainnamen für diese Instanzen haben Sie in Route 53 konfiguriert. Wir wollen dieses Beispiel so erweitern, dass HTTPS-Requests an Port 443 (dem Standardport für HTTPS) beantwortet werden, wobei wir das TLS-Zertifikat im AWS Secrets Manager nutzen. Wechseln Sie in den Ordner, den Sie für die Beispiele in diesem Buch verwenden, und legen Sie einen neuen Unterordner für dieses Kapitel an:

```
$ cd fundamentals-of-devops
$ mkdir -p ch8/tofu/live
```

Als Nächstes kopieren Sie den Code aus Kapitel 7 in einen neuen Ordner namens *ec2-dns-tls*:

```
$ cp -r ch7/tofu/live/ec2-dns ch8/tofu/live/ec2-dns-tls
```

In *ec2-dns-tls/main.tf* nehmen Sie die Änderungen aus Beispiel 8.2 vor.

Beispiel 8.2: Neuer AMI-Name und Port 443 (ch8/tofu/live/ec2-dns-tls/main.tf)

```
module "instances" {
  source  = "brikis98/devops/book//modules/ec2-instances"
  version = "1.0.0"

  name          = "ec2-dns-example"
  num_instances = 3
  instance_type = "t2.micro"
  ami_name      = "sample-app-tls-packer-*" ❶
  http_port     = 443                       ❷
  user_data     = file("${path.module}/user-data.sh")
}
```

Dieser Code enthält zwei Änderungen:

❶ Nutzt den Namen `sample-app-tls-packer` für das AMI. Warum das Packer-Template einen neuen Namen verlangt, sehen Sie gleich.

❷ Wechsel von Port 8080 auf Port 443.

Ebenfalls in *main.tf* ergänzen Sie den Code aus Beispiel 8.3, damit die EC2-Instanzen die Daten des TLS-Zertifikats aus dem AWS Secrets Manager abrufen können.

Beispiel 8.3: Rechte für den AWS Secrets Manager (ch8/tofu/live/ec2-dns-tls/main.tf)

```
❶
resource "aws_iam_role_policy" "tls_cert_access" {
  role = module.instances.iam_role_name
  policy = data.aws_iam_policy_document.tls_cert_access.json
}
```

```
❷
data "aws_secretsmanager_secret" "certificate" {
  name = "certificate"
}

❸
data "aws_iam_policy_document" "tls_cert_access" {
  statement {
    effect    = "Allow"
    actions   = ["secretsmanager:GetSecretValue"]
    resources = [data.aws_secretsmanager_secret.certificate.arn]
  }
}
```

Dieser Code macht Folgendes:

❶ Die IAM-Rolle der EC2-Instanzen um eine neue IAM-Policy ergänzen. Die Policy selbst ist in ❸ definiert.

❷ Lookup des Secrets namens `certificate` im AWS Secrets Manager.

❸ Definition einer IAM-Policy, die es EC2-Instanzen erlaubt, das Zertifikat in ❷ vom AWS Secrets Manager einzulesen.

Nun wird es Zeit, die App so zu erweitern, dass sie das TLS-Zertifikat nutzt. Kopieren Sie das in Kapitel 3 angelegte Packer-Template:

```
$ cp -r ch3/packer ch8/packer
```

Um das TLS-Zertifikat aus dem AWS Secrets Manager abrufen zu können, muss die App das AWS-SDK für Node.js nutzen. Zur Installation des SDK fügen Sie zuerst eine minimale *package.json* in *packer/sample-app* ein (siehe Beispiel 8.4).

Beispiel 8.4: Minimale package.json (ch8/packer/sample-app/package.json)

```
{
  "name": "sample-app-packer",
  "version": "0.0.1",
  "description": "Sample app for 'Fundamentals of DevOps and Software Delivery'",
  "author": "Yevgeniy Brikman"
}
```

Als Nächstes führen Sie `npm install` aus, um die AWS-Secrets-Manager-Bibliothek aus dem AWS-SDK hinzuzufügen:

```
$ cd ch8/packer/sample-app
$ npm install --save @aws-sdk/client-secrets-manager
```

Ergänzen Sie den Beispielcode in *app.js* wie in Beispiel 8.5 gezeigt, um die Bibliothek einzubinden.

Beispiel 8.5: Beispiel-App um TLS ergänzen (ch8/packer/sample-app/app.js)

```
const https = require('https');                                              ❶

const secretsMgr = require('@aws-sdk/client-secrets-manager');
const client = new secretsMgr.SecretsManagerClient({region: 'us-east-2'});
```

```
(async () => {                                                          ❷
  const response = await client.send(new secretsMgr.GetSecretValueCommand({   ❸
    SecretId: 'certificate'
  }));

  const options = JSON.parse(response.SecretString);                     ❹

  const server = https.createServer(options, (req, res) => {             ❺
    res.writeHead(200, { 'Content-Type': 'text/plain' });
    res.end('Hello, World!\n');                                          ❻
  });

  const port = process.env.PORT || 443;                                  ❼
  server.listen(port,() => {
    console.log(`Listening on port ${port}`);
  });
})();
```

Folgende Änderungen müssen an der Beispiel-App vorgenommen werden:

❶ Anstelle der Node.js-Bibliothek `http` wird die Bibliothek `https` genutzt.

❷ Um das TLS-Zertifikat vom AWS Secrets Manager abrufen zu können, ist ein API-Aufruf nötig. Bei Node.js bedeutet das asynchronen I/O. Ich nutze gern `await` für diese Art von I/O, doch `await` kann nur innerhalb einer als `async` markierten Funktion genutzt werden, weshalb wir den Rest des Code in eine `async`-Funktion packen, die sich direkt selbst ausführt.

❸ Wir nutzen die AWS-Secrets-Manager-Bibliothek, um das TLS-Zertifikat abzurufen.

❹ Parsing der Daten aus ❸ im JSON-Format.

❺ Wir nutzen die `https`-Bibliothek, um einen HTTPS-Server auszuführen, und übergeben den JSON-Code aus ❹ als Konfiguration. Die Node.js-Bibliothek `https` sucht die TLS-Zertifikate in den `cert`- und `key`-Feldern dieser Konfiguration. Nicht ganz zufällig sind das genau die Feldnamen, die Sie zum Speichern der TLS-Zertifikate im AWS Secrets Manager verwendet haben.

❻ Wenn Ihre App immer noch mit dem Text »Fundamentals of DevOps!« Kapitel 3 antwortet, legen Sie die Response wieder mit »Hello, World!« fest.

❼ Wir horchen an Port 443, nicht an Port 8080. Wie Sie das der App erlauben, zeigen wir als Nächstes.

Aktualisieren Sie *install-node.sh*, wie in Beispiel 8.6 zu sehen.

Beispiel 8.6: Updates installieren (ch8/packer/install-node.sh)

```
sudo setcap 'cap_net_bind_service=+ep' "$(readlink -f "$(which node)")"   ❶

sudo adduser app-user
sudo mv /tmp/sample-app /home/app-user
sudo npm ci --only=production --prefix /home/app-user/sample-app          ❷
sudo chown -R app-user /home/app-user/sample-app
sudo npm install pm2@latest -g
eval "$(sudo -u app-user pm2 startup -u app-user | tail -n1)"
```

Am Skript sind zwei Änderungen nötig:

❶ In der Vergangenheit durften Apps an Port 443 (bzw. allen Ports kleiner 1024) nur mit Root-Rechten horchen. Heutzutage können Sie das Capabilities-System von Linux nutzen, um Apps feinkörnige Rechte zu gewähren, etwa die Bindung an niedrige Portnummern. Der obige Code verwendet das `setcap`-Utility, um dem node-Binary die Bindung an niedrige Portnummern zu erlauben. Normalerweise würden Sie diese Funktionalität nur für abgesicherte Load-Balancer (z.B. nginx) nutzen, doch zu Lern- und Testzwecken können Sie Ihrer App diese Rechte gewähren.

❷ Da unsere `sample-app` nun Abhängigkeiten aufweist, müssen wir diese über `npm ci` installieren.

Abschließend aktualisieren Sie das Packer-Template in *sample-app.pkr.hcl*, wie in Beispiel 8.7 zu sehen.

Beispiel 8.7: Den AMI-Namen aktualisieren (ch8/packer/sample-app.pkr.hcl)

```
source "amazon-ebs" "amazon-linux" {
  ami_name        = "sample-app-tls-packer-${uuidv4()}" ❶
  ami_description = "Amazon Linux AMI with a TLS Node.js sample app."
  instance_type   = "t2.micro"
  region          = "us-east-2"
  source_ami      = data.amazon-ami.amazon-linux.id
  ssh_username    = "ec2-user"
}
```

Hier ist nur eine Änderung nötig:

❶ Die Beispiel-App arbeitet nun mit TLS, während alle anderen Beispiele früherer Kapitel nicht für TLS konfiguriert waren. Der obige Code legt im Packer-Template daher einen neuen Namen fest, damit die Nicht-TLS-Beispiele nicht versehentlich ein TLS-AMI wählen und umgekehrt.

Erzeugen Sie das neue AMI, indem Sie sich gegenüber AWS authentifizieren und Packer ausführen:

```
$ cd ../
$ packer init sample-app.pkr.hcl
$ packer build sample-app.pkr.hcl
```

Ist das neue AMI erzeugt, stellen Sie es wie üblich bereit:

```
$ cd ../tofu/live/ec2-dns-tls
$ tofu init
$ tofu apply
```

Sobald `apply` durchgelaufen ist, geben Sie den Servern ein oder zwei Minuten zum Hochfahren und testen dann *https://www.<DOMAIN_NAME>*:

```
$ curl https://www.<DOMAIN_NAME>
Hello, World!
```

Wenn Sie den vertrauten `Hello, World!`-Text sehen, Glückwunsch! Sie verschlüsseln nun Daten bei der Übertragung mit TLS, und Sie verschlüsseln Daten bei der Speicherung per AWS Secrets Manager!

Machen Sie sich die Hände schmutzig

Hier einige Übungen, mit denen Sie zu Hause tiefer einsteigen können:

- Momentan laufen Let's Encrypt-Zertifikate nach 90 Tagen ab. Konfigurieren Sie Certbot so, dass es die Zertifikate planmäßig automatisch erneuert (geplante AWS-Lambda-Funktionen (*https://oreil.ly/jPrHf*) und das certbot-dns-route53-Plug-in (*https://oreil.ly/xqQ4K*) können helfen).
- Versuchen Sie, anstelle einzelner EC2-Instanzen eine ASG mit einem ALB bereitzustellen, und nutzen Sie AWS ACM, um ein kostenloses, automatisch erneuertes TLS-Zertifikat für Ihr ALS zu provisionieren.

Wenn Sie Ihre Experimente abgeschlossen haben, committen Sie die Änderungen in Git und fahren das Beispiel mit `tofu destroy` wieder herunter. Sie können das Secret `certificate` im AWS Secrets Manager auch zur Löschung vormerken (damit es Ihnen nach der Testphase nicht berechnet wird).

Da Sie nun gesehen haben, wie man Daten sicher per TLS überträgt, wollen wir als letztes Thema noch diskutieren, wie man die Verschlüsselung überall durchsetzt.

Ende-zu-Ende-Verschlüsselung

Die im vorherigen Abschnitt bereitgestellten Webserver sind typisch für Server wie etwa Load-Balancer, die Sie direkt im Internet (in einem DMZ) bereitstellen. Viele Unternehmen haben jahrelang nur die Verbindungen zwischen Außenwelt und Load-Balancer verschlüsselt und die TLS-Verbindung dann »terminiert«, d.h., alle Verbindungen innerhalb des Rechenzentrums waren unverschlüsselt (siehe Abbildung 8.8).

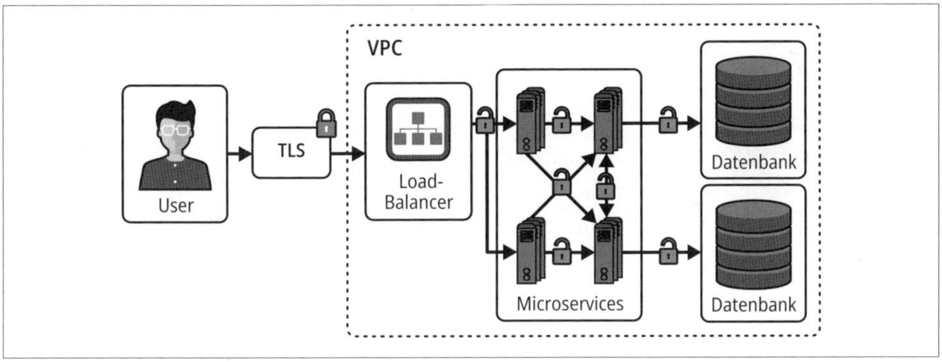

Abbildung 8.8: TLS-Terminierung am Load-Balancer

Sie erkennen hier den Castle-and-Moat-Ansatz aus Kapitel 7 mit all seinen Nachteilen für die Sicherheit. Der Wechsel innerhalb der Unternehmen hin zu Zero-Trust-Architekturen verlangte die Verschlüsselung aller Netzwerkverbindungen, was Abbildung 8.9 zeigt.

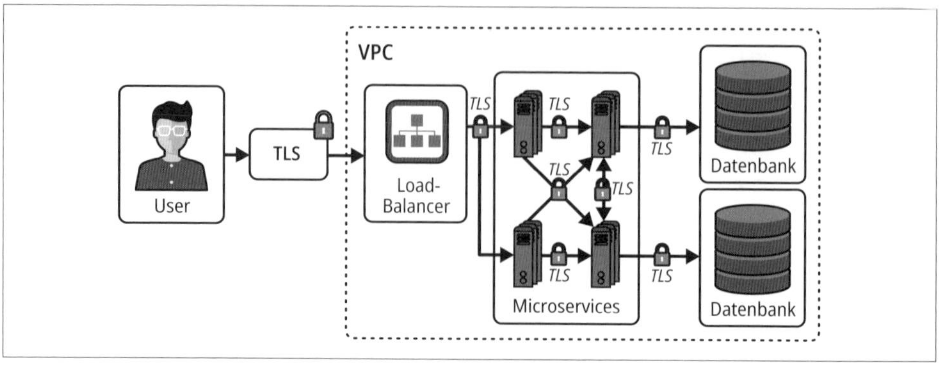

Abbildung 8.9: Alle Netzwerkverbindungen sind verschlüsselt.

An diesem Punkt wird überall die Verschlüsselung bei der Übertragung durchgeführt. Der nächste logische Schritt ist, überall auch die Verschlüsselung bei der Speicherung zu nutzen, was Abbildung 8.10 zeigt.

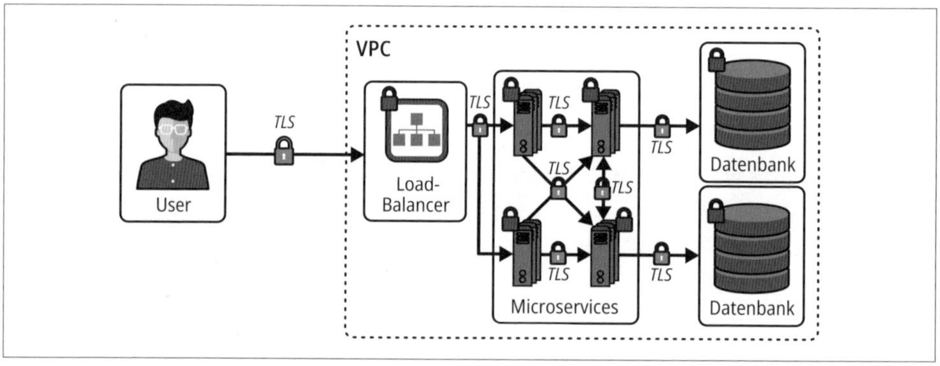

Abbildung 8.10: Alle Daten werden bei der Übertragung und bei der Speicherung verschlüsselt.

Die Verschlüsselung aller Daten bei der Übertragung und bei der Speicherung wird *Ende-zu-Ende-Verschlüsselung (E2E)* genannt. Wenn Sie die zugrunde liegenden kryptografischen Schlüssel schützen, stellen Sie so sicher, dass alle Kundendaten immer geschützt sind und dass bösartige Akteure keine Möglichkeit haben, sie zu stehlen. Doch Sie müssen noch an einen weiteren bösartigen Akteur denken: Sie – das heißt, Ihr Unternehmen und alle Mitarbeitenden. Die moderne Definition der E2E-Verschlüsselung lautet, dass nicht einmal das die Software stellende Unternehmen auf die Daten zugreifen kann. Diese Definition der E2E-Verschlüsselung ist zum Beispiel für Messaging-Apps wichtig, da das Unternehmen, das die Messaging-Software bereitstellt, üblicherweise nicht in der Lage sein soll, irgendwelche Nachrichten zu lesen. Sie ist, wie weiter oben in diesem Kapitel gesehen, auch für Passwort-Manager wichtig, da das Unternehmen, das die Passwort-Manager-Software liefert, auch keins Ihrer Passwörter lesen soll.

Bei dieser Definition der E2E-Verschlüsselung sind die einzigen Personen, die auf die Daten zugreifen dürfen, die Kunden, denen die Daten gehören. Das bedeutet, dass die Daten clientseitig verschlüsselt werden müssen, bevor sie das Gerät verlassen (siehe Abbildung 8.11).

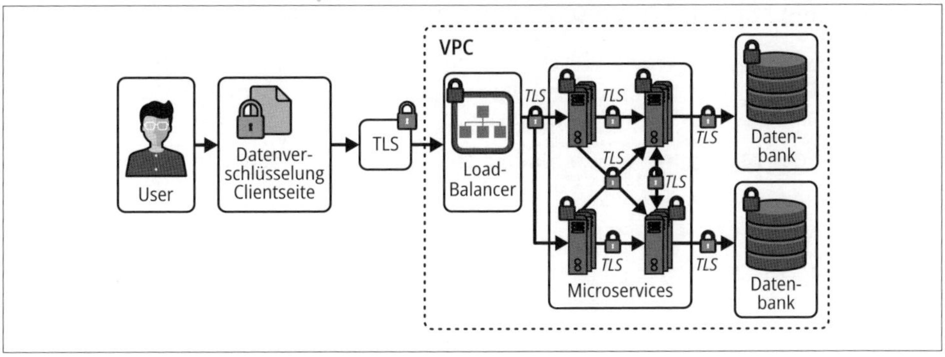

*Abbildung 8.11: E2E-*Verschlüsselung

Kernaussage 9

Nutzen Sie die E2E-Verschlüsselung, um Ihre Daten so zu schützen, dass sie nur vom vorgesehenen Nutzer verwendet werden können und nicht einmal vom Softwarehersteller.

Aus Sicherheits- und Datenschutzperspektive ist die E2E-Verschlüsselung großartig. Doch bevor Sie auf den Zug aufspringen und die neueste Messaging-App mit E2E-Verschlüsselung kaufen oder eigene E2E-verschlüsselte Software entwickeln, sollten Sie sich ein paar Fragen stellen:

- Welche Codierungsschlüssel nutzen Sie für die E2E-Verschlüsselung?
- Welche Daten müssen E2E-verschlüsselt sein und welche nicht?
- Wie bauen Sie Vertrauen in E2E-verschlüsselte Software auf?

Sehen wir uns das genauer an.

Welche Codierungsschlüssel nutzen Sie für die E2E-Verschlüsselung?

Das ist vielleicht die einfachste der drei Fragen: Ein Großteil der E2E-verschlüsselten Software nutzt die Envelope-Verschlüsselung. Der Root-Schlüssel wird üblicherweise aus der Authentifizierungsmethode abgeleitet, die Sie zum Zugriff auf die Software nutzen (z. B. das Passwort, das Sie zur Anmeldung nutzen). Dieser Root-Schlüssel wird zur Generierung eines oder mehrerer Datenschlüssel genutzt, die verschlüsselt auf dem Gerät des Nutzers oder auf den Servern des Softwareanbieters gespeichert werden. Die Software hält die Schlüssel dann üblicherweise im Speicher vor, um Daten clientseitig zu verschlüsseln und zu entschlüsseln.

Bei einigen Softwareprodukten sind die Datenschlüssel Codierungsschlüssel für die symmetrische Verschlüsselung. Zum Beispiel könnte ein E2E-verschlüsselnder Passwort-Manager AES zur Verschlüsselung und Entschlüsselung Ihrer Passwörter nutzen. Bei anderen Softwareprodukten könnten die Datenschlüssel private Schlüssel für die asymmetrische Verschlüsselung sein. Eine E2E-verschlüsselnde Messaging-App könnte beispielweise jedem Nutzer einen privaten Schlüssel zuweisen, der auf dem Gerät gespeichert und zur Verschlüsselung der Nachrichten genutzt wird, während ein öffentlicher Schlüssel mit anderen Nutzern geteilt werden kann, um Nachrichten zu entschlüsseln.

Welche Daten müssen E2E-verschlüsselt sein und welche nicht?

Diese Frage ist etwas schwerer zu beantworten, weil nicht alle Daten clientseitig verschlüsselt werden können. Ein Minimum an Daten muss für den Softwareanbieter immer sichtbar sein, da die Software sonst nicht funktionieren kann. Zum Beispiel muss bei einer E2E-verschlüsselnden Messaging-App zumindest der Empfänger für den Softwareanbieter sichtbar sein, damit er die Nachricht überhaupt zustellen kann.

Über dieses Minimum an Daten hinaus bewegt sich der Softwareanbieter auf einem schmalen Grat. Einerseits erhöht sich die Privatsphäre des Nutzers, je mehr Daten clientseitig verschlüsselt werden, andererseits geht die Verschlüsselung von mehr Daten auf der Client-Seite zu Lasten der Funktionalität, die man auf der Server-Seite bereitstellen kann. Wie Sie diese Frage beantworten, hängt also von Ihren Werten ab. Zum Beispiel wird die serverseitige Suche und das Werbe-Targeting schwieriger, je mehr clientseitig verschlüsselt wird. Ist es gut oder schlecht, dass eine werbefinanzierte Suche wie Google in einer E2E-verschlüsselten Welt nicht existieren kann?

Wie bauen Sie Vertrauen in E2E-verschlüsselte Software auf?

Das ist die am schwierigsten zu beantwortende Frage. Woher wissen Sie, dass Sie der Software vertrauen können, die behauptet, E2E-verschlüsselt zu arbeiten? Bedenken Sie, wie dieses Vertrauen verloren gehen kann:

Der Softwareanbieter könnte lügen.
: Einige Unternehmen, deren Software angeblich die E2E-Verschlüsselung nutzten, haben schlicht gelogen oder zumindest übertrieben. Zum Beispiel hat Zoom behauptet, für die Nutzerkommunikation E2E einzusetzen, während laut FTC (*https://oreil.ly/3f2LO*) »Zoom die kryptografischen Schlüssel gehalten hat, die Zoom den Zugriff auf die Meetings der Kunden ermöglicht hätten«.

Der Softwareanbieter könnte Hintertüren eingebaut haben.
: Manchmal möchten Anbieter eine saubere E2E-Verschlüsselung bereitstellen, werden aber von Behörden dazu gezwungen, *Hintertüren* (versteckte Methoden zum Zugriff auf die Daten) einzubauen. Zum Beispiel zeigen die von Edward Snowden im *Guardian* (*https://oreil.ly/3aBzE*) veröffentlichten Dokumente, dass Microsoft der NSA Hintertüren in Skype und Outlook bereitgestellt hat, obwohl diese Systeme angeblich E2E-verschlüsselt waren.

Die Software könnte Bugs haben.
: Selbst wenn der Anbieter nicht bewusst lügt oder Hintertüren einbaut, könnte die Software fehlerhaft sein und ungewollt Möglichkeiten bieten, die E2E-Verschlüsselung zu umgehen.

Die Software (oder Hardware!) könnte kompromittiert sein.
: Selbst wenn die Software keine Bugs hat, könnte sie von einem Angreifer kompromittiert worden sein. Woher wissen Sie zum Beispiel, ob eine von einer Website heruntergeladene Software nicht von einem Hacker abgefangen und durch eine kompromittierte Version ersetzt wurde? Wenn Sie sagen, dass die Website TLS nutzt, woher wissen Sie, dass Sie dem TLS-Zertifikat vertrauen können? Wenn Sie sagen, dass Sie

den Zertifikaten der Root-CAs vertrauen, woher wissen Sie, dass Sie der in Ihr Betriebssystem oder Ihren Webbrowser fest codierten Liste der Root-CAs trauen können? Was ist, wenn diese kompromittiert sind? Oder was ist, wenn andere Software auf Ihrem Computer kompromittiert ist? Oder sogar die Hardware?

Für dieses letzte Problem gibt es keine perfekte Lösung. Tatsächlich ist dieses Problem nicht E2E- oder softwarespezifisch. Die Frage, wie man Vertrauen aufbaut, ist fundamental und beschäftigt uns Menschen schon seit Anbeginn der Zeit. Technik hilft, ist aber nicht die alleinige Lösung. An irgendeinem Punkt werden Sie die Entscheidung treffen müssen, irgendwem oder auf irgendwas zu vertrauen, und darauf aufbauend weitermachen.

Fazit

Sie haben anhand der neun Kernaussagen dieses Kapitels gelernt, wie man die Datenspeicherung und Kommunikation absichert:

- Entwickeln Sie keine eigene Kryptografie. Nutzen Sie immer ausgereifte, kampferprobte und bewährte Algorithmen und Implementierungen.
- Speichern Sie Secrets nicht im Klartext ab.
- Vermeiden Sie das Speichern von Secrets so weit wie möglich. Nutzen Sie SSO, Drittanbieterdienste oder speichern Sie die Daten gar nicht erst.
- Schützen Sie persönliche Secrets wie Passwörter und Kreditkartennummern, indem Sie sie in einem Passwort-Manager speichern.
- Schützen Sie Infrastruktur-Secrets wie Datenbankpasswörter und TLS-Zertifikate per KMS und/oder einen Allzweck-Secret-Speicher.
- Speichern Sie Nutzerpasswörter (verschlüsselt oder sonst wie) niemals ab. Nutzen Sie stattdessen eine Passwort-Hashfunktion, um den Hash jedes Passworts mit Salt und Pepper zu berechnen, und speichern Sie diesen Hash ab.
- Sie können mittels Festplattenverschlüsselung, Datenspeicherverschlüsselung und Anwendungsverschlüsselung Daten bei der Speicherung verschlüsseln.
- Sie können Daten während der Übertragung mittels TLS verschlüsseln. Ein TLS-Zertifikat erhalten Sie von einer Zertifizierungsstelle (*Certificate Authority*).
- Nutzen Sie die E2E-Verschlüsselung, um Ihre Daten so zu schützen, dass sie nur vom vorgesehenen Nutzer verwendet werden können und nicht einmal vom Softwarehersteller.

Während Sie dieses Kapitel durchgegangen sind, haben Sie viele kryptografische Techniken und Tools kennengelernt. Tabelle 8.1 fasst all diese Informationen in einem »Spickzettel« (sortiert nach Anwendung) zusammen. Wenn Sie beim nächsten Mal den richtigen Ansatz für sichere Speicherung und sichere Kommunikation suchen, sehen Sie sich einfach diese Tabelle an.

Tabelle 8.1: Ein Spickzettel für gängige kryptografische Anwendungsfälle

Anwendungsfall	Lösung	Beispielhafte Tools
Speichern persönlicher Secrets	Nutzung eines Passwort-Managers	1Password, Bitwarden
Speichern von Infrastruktur-Secrets	Nutzung eines Secret-Speichers oder KMS	OpenBao, AWS Secrets Manager
Speichern von Kundenpasswörtern	Speichern des Hash aus (Passwort + Salt + Pepper)	Argon2id, scrypt, bcrypt
Daten bei der Speicherung verschlüsseln	Nutzung authentifizierter Verschlüsselung	AES-GCM, ChaCha20-Poly1305
Daten bei der Übertragung im Internet verschlüsseln	Nutzung von TLS mit dem Zertifikat einer öffentlichen CA	Let's Encrypt, ACM
Daten bei der Übertragung in einem privaten Netzwerk verschlüsseln	Nutzung von TLS mit dem Zertifikat einer privaten CA	Istio, step-ca
Validierung der Datenintegrität	Nutzung einer kryptografischen Hashfunktion	SHA-2, SHA-3
Validierung der Datenintegrität und Authentizität	Nutzung eines MAC	HMAC, KMAC

Ein Großteil dieses Kapitels hat sich darauf konzentriert, Daten sicher zu speichern. Wir wollen uns nun in Kapitel 9 den Datenspeichern zuwenden. Sie werden lernen, wie man SQL, NoSQL, Queues, Warehouses und Dateispeicher nutzt.

KAPITEL 9

Wie man Daten speichert

In Kapitel 8 haben Sie gelernt, wie man Daten bei der Übertragung und Speicherung schützt. In diesem Kapitel werden Sie andere Aspekte von Daten kennenlernen, einschließlich Speicherung, Abfrage und Replikation. Über welche Daten reden wir? Nahezu jede Software basiert auf Daten: Social-Media-Apps benötigen Profil-, Verbindungs- und Messaging-Daten. Shopping-Apps benötigen Bestands- und Verkaufsdaten. Fitness-Apps benötigen Workout- und Aktivitätsdaten.

Daten sind mit die wertvollsten und langlebigsten Assets. Sehr wahrscheinlich werden Ihre Daten Ihr Web-Framework, Ihr Orchestrierungstool, Ihr Service-Mesh, Ihre CI/CD-Pipeline, die meisten Kolleginnen und Kollegen und vielleicht auch das Unternehmen selbst überleben (und als Teil einer Akquisition ein neues Leben beginnen). Daten sind wichtig, und dieses Kapitel zeigt, wie Sie richtig mit Ihnen umgehen. Wir behandeln die folgenden Anwendungsfälle:

Lokaler Speicher
: Festplatten.

Primäre Datenspeicher
: Relationale Datenbanken.

Caching
: Schlüssel/Wert-Speicher und *Content Distribution Networks* (CDNs).

Dateispeicher
: Fileserver und Objektspeicher.

Semistrukturierte Daten und Suche
: Dokumentenspeicher.

Analytics
: Spaltenorientierte Datenbanken.

Asynchrone Verarbeitung
: Queues und Streams.

Skalierbarkeit und Verfügbarkeit
: Replikation und Partitionierung.

Backup und Recovery
: Snapshots, kontinuierliche Backups und Replikation.

Während wir in diesem Kapitel die verschiedenen Anwendungsfälle betrachten, arbeiten wir auch praktische Beispiele durch, darunter das Deployment einer PostgreSQL-Datenbank, automatische Schema-Migrationen, die Konfiguration von Backups und Replikation, das Bereitstellen von Dateien über S3 und die Nutzung von CloudFront als CDN. Wir beginnen mit den Festplatten.

Lokaler Speicher: Festplatten

Die einfachste Form der Datenspeicherung ist das Schreiben der Daten auf Ihre lokale Festplatte. Heute werden die folgenden Arten von Plattenlaufwerken am häufigsten genutzt:

Physische Festplatten On-Prem
: Wenn Sie Server physisch in einem Rechenzentrum betreiben, nutzen Sie üblicherweise auch Festplatten, die direkt an die Server angeschlossen sind. Tiefer in die Festplattentechnologie einzusteigen, würde den Rahmen dieses Buchs sprengen, Sie sollten sich dennoch die verschiedenen Arten von Festplatten ansehen (z.B. magnetisch, SSD), die möglichen Schnittstellen (z.B. SATA, NVMe) und die Techniken, die die Zuverlässigkeit und Performance erhöhen, etwa RAID (*Redundant Array of Independent Disks*).

Netzwerkfestplatten in der Cloud
: Wenn Sie die Cloud nutzen, binden Sie Festplatten üblicherweise über das Netzwerk an. Beispiele dieser Art von Festplatten sind *Amazon Elastic Block Store* (EBS) und *Google Persistent Disk* (vollständige Liste (*https://oreil.ly/3kcX4*)). Netzwerklaufwerke werden im lokalen Dateisystem »eingehängt« (*mount*) und stehen über einen Dateisystempfad zur Verfügung, über den Sie wie bei einer lokal angebundenen Festplatte lesen und schreiben können. Der Vorteil von Netzwerklaufwerken besteht darin, dass sie per Software (z.B. OpenTofu, Pulumi) getrennt und wieder angebunden werden können (z.B. als Teil eines Deployments). Der Nachteil ist eine höhere Latenz.

Geteilte (Shared) Festplatten in der Cloud und On-Prem
: Für einige Anwendungsfälle, etwa bei Fileservern (über die Sie in »Dateispeicher: Fileserver und Objektspeicher« auf Seite 397 mehr erfahren), kann das Teilen eines einzelnen Netzwerklaufwerks zwischen mehreren Servern vorteilhaft sein, sodass alle von derselben Festplatte lesen und auf sie schreiben können. Es gibt verschiedene beliebte Protokolle, um Festplatten über ein Netzwerk zu teilen: *Network File System* (NFS), *Common Internet File System* (CIFS) und *Server Message Block* (SMB). Einige Cloud-Provider bieten gemanagte Dienste an, die diese Protokolle unter der Haube nutzen, etwa *Amazon Elastic File System* (EFS) und *Google Cloud Filestore* (vollständige Liste list (*https://oreil.ly/SglXQ*)).

Volumes in Container-Orchestrierungstools
: Standardmäßig ist das Dateisystem eines Containers kurzlebig, d.h., alle darin geschriebenen Daten gehen verloren, wenn der Container ersetzt wird. Benötigen Sie langfristig konsistente Daten, müssen Sie das Orchestrierungstool so konfigurieren, dass es ein *persistentes Volume* anlegt und es an einen bestimmten Pfad innerhalb des Containers anbindet. Die Software innerhalb des Containers kann auf diesen Pfad wie auf eine normale, lokale Festplatte schreiben, und die Daten innerhalb des persistenten Volu-

mes bleiben auch erhalten, wenn der Container erneut bereitgestellt oder ersetzt wird. Hinter den Kulissen kann das Orchestrierungstool persistente Volumes je nach Deployment-Umgebung unterschiedlich handhaben. Wenn Sie zum Beispiel Kubernetes in AWS (EKS) nutzen, erhalten Sie ein EBS-Volume, unter Google Cloud (GKE) eine Google Persistent Disc und auf Ihrem lokalen Computer (Docker Desktop) einen Ordner Ihrer lokalen Festplatte.

Datenspeicher in Containern betreiben

Container wurden entworfen, um sich einfach verteilen, skalieren und löschen zu lassen (weshalb Festplatten kurzlebig sind). Das ist für zustandslose Apps und die lokale Entwicklung gut, aber nicht für Datenspeicher in der Produktion. Nicht alle Datenspeicher, Tools und Anbieter unterstützen den Betrieb in Containern, und nicht alle Orchestrierungstools unterstützen persistente Volumes (oder sie sind nicht ausgereift). Ich bevorzuge in der Produktion gemanagte Dienste wie Amazons Relational Database Service (wie Sie in »Beispiel: PostgreSQL, Lambda und Schema-Migrationen« auf Seite 385 noch sehen werden). Ich würde einen Dateispeicher in einem Container nur dann betreiben, wenn mein Unternehmen ganz auf Kubernetes setzt, da es die ausgereifteste Implementierung persistenter Volumes besitzt und wir umfangreiche operative Erfahrungen damit haben.

Die Tatsache, dass wir eine lokale Festplatte besitzen, bedeutet nicht, dass wir sie immer nutzen sollten. Als ich vor Jahren als Praktikant bei einem Finanzdienstleister arbeitete, sollte ich eine App zur Lastgenerierung entwickeln, mit der getestet werden sollte, wie die Finanzsoftware des Unternehmens unterschiedliche Traffic-Muster verarbeitet. Die App musste die von der Software gelieferten Antworten festhalten, und da ich zu dieser Zeit nichts über Speicherung von Daten wusste, entschied ich, die Daten in einem von mir entwickelten Dateiformat auf der lokalen Festplatte zu speichern. Das führte schnell zu Problemen:

Abfrage der Daten
: Sobald ich damit begann, Tests mit der App durchzuführen, stellte mir das Kollegenteam Fragen zu den Ergebnissen. Wie viel Prozent der Requests waren erfolgreich? Wie lange dauerte ein Request im Durchschnitt? Welche Response-Codes wurden zurückgeliefert? Um diese Fragen beantworten zu können, musste ich immer mehr Code entwickeln, der diese Erkenntnisse aus meinem Datenformat extrahierte.

Entwicklung des Dateiformats
: Gelegentlich musste ich das von der App verwendete Dateiformat aktualisieren, nur um später festzustellen, dass ich Dateien im alten Format nicht mehr verarbeiten konnte.

Nebenläufigkeit
: Um ausreichend Last erzeugen zu können, musste ich die App auf mehreren Computern ausführen. Mein Code konnte damit nicht umgehen, da er Daten nur auf einem Computer schreiben konnte und für die Nebenläufigkeit nicht ausgelegt war.

Der Sommer neigte sich dem Ende entgegen, und ich hatte keine Zeit mehr, alle Probleme zu beheben. Ich vermute, dass das Unternehmen meine Lastgenerator-App stillschweigend unter den Tisch fallen ließ. Die Probleme, vor denen ich stand – Abfrage von Daten, Entwicklung des Dateiformats und Nebenläufigkeit –, werden Sie immer lösen müssen, wenn

Sie Daten speichern müssen. Wie Sie gleich sehen werden, dauert das Lösen dieser Probleme viel Zeit (Jahrzehnte). Wenn Sie also Daten speichern müssen, sollten Sie kein selbst entwickeltes Dateiformat auf der lokalen Festplatte nutzen, sondern einen dedizierten, ausgereiften *Datenspeicher*.

Beispiele für Datenspeicher werden Sie im Verlauf dieses Kapitels noch sehen, etwa relationale Datenbanken, Dokumentenspeicher und Schlüssel/Wert-Speicher. Der wesentliche Punkt ist hier aber, dass diese dedizierten Datenspeicher die einzigen zustandsorientierten Systeme Ihrer Architektur sein sollten, d. h. die einzigen Systeme, die die lokalen Festplatten nutzen, um Daten langfristig zu speichern (*persistente Daten*). All Ihre Apps sollten zustandslos arbeiten und auf der lokalen Festplatte nur kurzlebige Daten festhalten, die verloren gehen können. Zustandslose Apps lassen sich einfacher bereitstellen, skalieren besser und stellen sicher, dass Daten in dafür entwickelten Datenspeichern (mit eingebauten Lösungen für Abfragen, Datenformate, Nebenläufigkeit und so weiter) festgehalten werden.

Kernaussage 1

Halten Sie Ihre Anwendungen zustandslos. Speichern Sie alle Daten in dedizierten Datenspeichern.

Wir wollen uns nun einigen dieser dedizierten Datenspeicher zuwenden und beginnen mit dem primären Datenspeicher der meisten Unternehmen: der relationalen Datenbank.

Primärer Datenspeicher: relationale Datenbanken

Relationale Datenbanken waren für Jahrzehnte die vorherrschende Datenspeicherlösung – und das aus gutem Grund. Sie sind flexibel, bieten ein hohes Maß an Datenintegrität und Konsistenz, eine bemerkenswerte Skalierbarkeit und Verfügbarkeit, ein starkes Sicherheitsmodell und ein riesiges Ökosystem aus Tools, Anbietern sowie Entwicklerinnen und Entwicklern. Sie speichern Daten effizient (temporär und räumlich) und stellen die ausgereifteste Technik zur Datenspeicherung dar.

Den letzten Punkt, die Reife relationaler Datenbanken, möchte ich noch separat betonen. Schauen Sie sich an, wann die ersten Versionen der beliebtesten relationalen Datenbanken erschienen sind (vollständige Liste (*https://oreil.ly/LEq8b*)): Oracle (1979), Microsoft SQL Server (1989), MySQL (1995), PostgreSQL (1996, obwohl die Codebasis aus den 1970ern stammt) und SQLite (2000). Diese Datenbanken werden seit 25 bis 50 Jahren entwickelt und auch heute noch aktiv weiterentwickelt.

Datenspeicher sind keine Technologie, die Sie schnell entwickeln können. Wie Joel Spolsky schrieb, dauert die Entwicklung guter Software *mindestens* ein Jahrzehnt (*https://oreil.ly/ad-Ba*), bei Datenbanken eher zwei Jahrzehnte. So lange braucht es, eine Software zu entwickeln, der Sie das wertvollste Asset Ihres Unternehmens anvertrauen können: Ihre Daten. Sie können sicher sein, dass keine Daten verloren gehen, nicht beschädigt werden und die Daten sicher verwahrt werden.

Eine der Kernaussagen aus Kapitel 8 lautet, dass Sie keine eigene Kryptografie entwickeln sollten, solange Sie keine umfassende Ausbildung und Erfahrung in diesem Bereich haben. Das Gleiche gilt für Datenspeicher. Eine Eigenentwicklung ist lediglich in den Fällen sinnvoll, die durch vorhandene Datenspeicher nicht abgedeckt werden können, was selten und nur in sehr großen Maßstäben (etwa bei Google, Meta oder X) der Fall ist. Und selbst dann sollten Sie es nur angehen, wenn Sie zwei Jahrzehnte erübrigen können.

Kernaussage 2

Entwickeln Sie keine eigenen Datenspeicher. Nutzen Sie immer ausgereifte, kampferprobte und bewährte Standardlösungen.

Relationale Datenbanken sind nicht nur ausgereifte Lösungen, sondern bieten auch (wie Sie gleich sehen werden) eine Reihe von Tools, die sie für eine bemerkenswerte Vielzahl von Anwendungsfällen geeignet machen. Das reicht von der direkten Einbettung in Ihre Anwendung (SQLite kann innerhalb eines Prozesses und sogar in einem Browser ausgeführt werden) bis hin zu Clustern von Tausenden Servern, die Petabytes an Daten speichern. Alle anderen in diesem Kapitel vorgestellten Datenspeicher sind wesentlich jünger und decken nur einen kleinen Teil möglicher Anwendungsfälle ab. Aus diesem Grund nutzen die meisten Unternehmen relationale Datenbanken als ihren *primären Datenspeicher* – der verlässlichen »Wahrheitsquelle« (*Source of Truth*) für ihre Daten.

In diesem Abschnitt wollen wir uns kurz ansehen, wie relationale Datenbanken die folgenden Konzepte handhaben:

- Lesen und Schreiben von Daten
- ACID-Transaktionen
- Schemata und Constraints

Später werden Sie vergleichen können, wie andere Datenspeicher diese Konzepte umsetzen. Beginnen wir mit dem Lesen und Schreiben von Daten.

Lesen und Schreiben von Daten

Eine relationale Datenbank speichert Daten in *Tabellen*, die eine Sammlung verwandter Elemente repräsentieren. Jedes Element wird in einer *Zeile* gespeichert, und jede Zeile der Tabelle enthält die gleichen *Spalten*. Wenn Sie zum Beispiel an einer Website für eine Bank arbeiten und Daten über die Kunden speichern müssen, könnten Sie eine Kundentabelle (`customers`) anlegen, die jeden Kunden in einer Zeile als Tupel aus ID (`id`), Namen (`name`), Geburtsdatum (`date_of_birth`) und Kontostand (`balance`) festhält (siehe Tabelle 9.1).

Tabelle 9.1: Die Kundentabelle »customers«

id	name	date_of_birth	balance
1	Brian Kim	1948-09-23	1500
2	Karen Johnson	1989-11-18	4853
3	Wade Feinstein	1965-02-29	2150

Bevor Sie Daten in eine Tabelle schreiben können, verlangen relationale Datenbanken von Ihnen die Definition eines *Schemas*, das die Struktur dieser Tabelle beschreibt. Wie man das Schema für die `customers`-Tabelle aus Tabelle 9.1 definiert, sehen Sie etwas später. Für den Augenblick stellen wir uns vor, dass das Schema bereits existiert, und konzentrieren uns auf das Schreiben und Lesen der Daten. Um mit einer relationalen Datenbank zu interagieren, nutzen Sie die *Structured Query Language* (SQL).

Vorsicht vor den Schlangen: SQL hat viele Dialekte

Theoretisch ist SQL als Sprache vom *American National Standards Institute* (ANSI) und der ISO standardisiert und über alle relationalen Datenbanken hinweg gleich. In der Praxis nutzt jede relationale Datenbank einen eigenen, leicht abgewandelten SQL-Dialekt. In diesem Buch konzentriere ich mich auf SQL-Konzepte, die für alle relationalen Datenbanken gelten, aber da ich meinen Code *irgendwo* testen musste, nutzen diese Beispiele den PostgreSQL-Dialekt.

Daten werden bei SQL mit der Anweisung `INSERT INTO` geschrieben. Die Anweisung umfasst den Namen der Tabelle, die genutzten Spalten und die Werte dieser Spalten. Beispiel 9.1 zeigt, wie man die drei Zeilen aus Tabelle 9.1 in die `customers`-Tabelle einfügt.

Beispiel 9.1: Daten in die »customers«-Tabelle einfügen (ch9/sql/bank-example.sql)

```
INSERT INTO customers (name, date_of_birth, balance)
VALUES                ('Brian Kim', '1948-09-23', 1500);

INSERT INTO customers (name, date_of_birth, balance)
VALUES                ('Karen Johnson', '1989-11-18', 4853);

INSERT INTO customers (name, date_of_birth, balance)
VALUES                ('Wade Feinstein', '1965-02-25', 2150);
```

Woher wissen Sie, dass diese `INSERT`-Anweisungen funktioniert haben? Eine Möglichkeit besteht darin, die Daten wieder auszulesen. Um Daten aus einer relationalen Datenbank abzurufen, nutzen Sie ebenfalls SQL, um Abfragen (*Queries*) zu formulieren. Die SQL-Syntax für Queries sind `SELECT`-Anweisungen. Diese umfassen die gewünschten Spalten (oder das Wildcard-Symbol `*` für alle Spalten), gefolgt von `FROM` und dem Namen der abzufragenden Tabelle. Beispiel 9.2 zeigt, wie man alle Daten aus der `customers`-Tabelle abruft.

Beispiel 9.2: Abfrage aller Daten der »customers«-Tabelle (ch9/sql/bank-example.sql)

```
SELECT * FROM customers;

 id |      name      | date_of_birth | balance
----+----------------+---------------+---------
  1 | Brian Kim      | 1948-09-23    |    1500
  2 | Karen Johnson  | 1989-11-18    |    4853
  3 | Wade Feinstein | 1965-02-25    |    2150
```

Wie erwartet, gibt diese Query die drei in Beispiel 9.1 eingefügten Zeilen zurück. Sie können die Ergebnisse filtern, indem Sie eine `WHERE`-Klausel mit den gewünschten Bedingungen einfügen. Beispiel 9.3 zeigt eine SQL-Query, die alle nach 1950 geborenen Kundinnen und Kunden ermittelt, weshalb nur zwei von drei Zeilen zurückgegeben werden.

Beispiel 9.3: Nach 1950 geborene Kunden zurückgeben (ch9/sql/bank-example.sql)

```
SELECT * FROM customers WHERE date_of_birth > '1950-12-31';

 id |      name      | date_of_birth | balance
----+----------------+---------------+---------
  2 | Karen Johnson  | 1989-11-18    |    4853
  3 | Wade Feinstein | 1965-02-25    |    2150
```

SQL ist in der Softwarewelt allgegenwärtig, daher lohnt es sich, sie zu lernen. Sie unterstützt Sie bei der Entwicklung von Anwendungen, beim Performance-Tuning, bei der Datenanalyse und vielem mehr. Allerdings würde ein tieferes Einsteigen in SQL den Rahmen dieses Buchs sprengen. Bei Interesse sehen Sie sich die Literaturempfehlungen (*https://oreil.ly/r7GFZ*) an. Ich möchte hier nur noch erwähnen, dass SQL und das relationale Modell ausgesprochen flexibel sind und die Abfrage Ihrer Daten in unzähligen Varianten ermöglichen. Zum Beispiel können Sie Daten mit `WHERE` filtern, mit `ORDER BY` sortieren, mit `GROUP BY` gruppieren, und Sie können mit `JOIN` mehrere Datenbanktabellen abfragen. Sie nehmen mit `COUNT`, `SUM`, `AVG` und einer Vielzahl weiterer *Aggregatfunktionen* Berechnungen mit den Daten vor, indizieren Daten für schnellere Queries und vieles mehr. Hätte ich damals eine relationale Datenbank für die Lastgenerator-App verwendet, hätte ich Tausende Zeilen Abfragecode durch ein Dutzend Zeilen SQL ersetzen können.

Die Flexibilität und die Ausdrucksstärke von SQL sind zwei von diversen Gründen, aus denen viele Unternehmen relationale Datenbanken als primäre Datenspeicher nutzen. Ein weiterer wesentlicher Grund sind ACID-Transaktionen, die wir uns als Nächstes ansehen wollen.

ACID-Transaktionen

Eine *Transaktion* ist ein Satz kohärenter Operationen, die als Einheit ausgeführt werden müssen. Bei relationalen Datenbanken müssen Transaktionen die folgenden vier Eigenschaften erfüllen:

Atomarität (Atomicity)
: Entweder werden alle Operationen einer Transaktion ausgeführt oder keine. Partieller Erfolg oder Fehler sind nicht erlaubt.

Konsistenz (Consistency)
: Die Operationen hinterlassen die Daten immer in einem Zustand, der entsprechend den in der Datenbank definierten Regeln und Beschränkungen (Constraints) gültig ist.

Isolation
: Selbst wenn Transaktionen nebenläufig ausgeführt werden, muss das Ergebnis der sequenziellen Ausführung entsprechen.

Langlebigkeit (Durability)
: Sobald eine Transaktion abgeschlossen ist, wird sie im persistenten Speicher (üblicherweise einer Festplatte) festgehalten, sodass die Transaktion selbst bei einem Systemfehler nicht verloren geht.

Diese vier Eigenschaften zusammen bilden das Akronym *ACID*, das eine der definierenden Eigenschaften nahezu aller relationalen Datenbanken ist. Kehren wir noch einmal zurück zu unserem Bank-Beispiel mit der `customers`-Tabelle und stellen wir uns vor, dass die Bank eine jährliche Gebühr von 100 $ von jedem Kunden verlangt. Wird die Gebühr fällig, können Sie wie in Beispiel 9.4 gezeigt eine `UPDATE`-Anweisung nutzen, um den Betrag von jedem Kunden einzuziehen.

Beispiel 9.4: 100 $ von jedem Kunden einziehen (ch9/sql/bank-example.sql)

```
UPDATE customers
SET balance = balance - 100;
```

Eine relationale Datenbank führt diese Änderung für alle Kunden in einer einzigen ACID-Transaktion durch. Entweder ist diese Transaktion erfolgreich und alle Kunden haben 100 $ weniger, oder es ändert sich bei keinem Kunden etwas. Das ist für Sie vielleicht offensichtlich, doch viele Datenspeicher, die Sie später in diesem Kapitel kennenlernen werden, unterstützen ACID-Transaktionen *nicht*, d. h., eine solche Transaktion könnte mittendrin fehlschlagen, sodass einige Kunden 100 $ weniger haben und einige nicht.

Relationale Datenbanken unterstützen Transaktionen auch über mehrere Anweisungen hinweg. Das kanonische Beispiel ist die Geldüberweisung, bei der 100 $ vom Kunden mit der ID 1 (Brian Kim) an den Kunden mit der ID 2 (Karen Johnson) transferiert werden (siehe Beispiel 9.5).

Beispiel 9.5: 100 $ von Kunde 1 an Kunde 2 überweisen (ch9/sql/bank-example.sql)

```
START TRANSACTION;
    UPDATE customers
    SET balance = balance - 100
    WHERE id = 1;

    UPDATE customers
    SET balance = balance + 100
    WHERE id = 2;
COMMIT;
```

Alle Anweisungen zwischen `START TRANSACTION` und `COMMIT` werden in einer einzigen ACID-Transaktion ausgeführt. Entweder wird einem Konto 100 $ abgezogen und dem anderen Konto 100 $ gutgeschrieben, oder beide Konten bleiben unverändert. Würden Sie einen der weiter unten in diesem Kapitel vorgestellten Datenspeicher nutzen, könnte das mit einem inkonsistenten Zustand enden. Wird zum Beispiel die erste Anweisung erfolgreich abgeschlossen und sind 100 $ abgebucht worden, während der Datenspeicher bei der zweiten Anweisung abstürzt, lösen sich die 100 $ einfach in Luft auf. Bei einer relationalen Datenbank sind solche Dinge trotz Abstürzen und Nebenläufigkeit nicht möglich. Das ist der Hauptgrund, warum relationale Datenbanken als *Source of Truth* für Unternehmen eine gute Wahl sind. Ein weiterer wesentlicher Grund ist die Unterstützung von Schemata und Constraints, die wir uns als Nächstes betrachten wollen.

Schemata und Constraints

Bei relationalen Datenbanken müssen Sie für jede Tabelle zuerst ein Schema definieren, bevor Daten gelesen und geschrieben werden können. Zur Definition eines Schemas nutzen Sie wieder SQL. Die Anweisung `CREATE TABLE` erwartet einen Namen für die Tabelle und eine Liste der Spalten. Beispiel 9.6 zeigt den SQL-Code zum Anlegen der Kundentabelle aus Tabelle 9.1.

Beispiel 9.6: Anlegen der Kundentabelle »customers« (ch9/sql/bank-example.sql)

```
CREATE TABLE customers (
   id            SERIAL PRIMARY KEY,
   name          VARCHAR(128),
   date_of_birth DATE,
   balance       INT
);
```

Dieser Code erzeugt eine Tabelle namens `customers` mit den Spalten `id`, `name`, `date_of_birth` und `balance`. Beachten Sie, dass das Schema auch *Integritätsbeschränkungen* (*Constraints*) enthält, um bestimmte Regeln durchzusetzen, beispielsweise:

Domänenbeschränkungen
: Domänenbeschränkungen schränken die Art der Daten ein, die in der Tabelle gespeichert werden können. Zum Beispiel besitzt jede Spalte einen Typ wie `INT`, `VARCHAR` und `DATE`, damit in die Datenbank keine Daten des falschen Typs eingefügt werden. Die Spalte `id` legt auch `SERIAL` fest, einen *Pseudotyp* (ein Alias), der eine bequeme Möglichkeit bietet, gleich drei Domänenbeschränkungen auf einmal festzulegen: Erstens wird der Typ der `id`-Spalte mit `INT` festgelegt, zweitens wird die Beschränkung `NOT NULL` hinzugefügt, der verhindert, dass eine Zeile eingefügt wird, wenn dieser Wert fehlt, und drittens wird der Standardwert dieser Spalte mit einer *automatisch inkrementierten Folge* definiert, was für jede neue ID eine eindeutige, aufsteigende ID garantiert. Aus diesem Grund haben die IDs der `id`-Spalte in Beispiel 9.2 die fortlaufenden Werte 1, 2 und 3.

Schlüsselbeschränkungen
: Der primäre Schlüssel (*Primary Key*) wird bei einer oder mehreren Spalten genutzt, um jede Zeile der Tabelle eindeutig zu identifizieren. Beispiel 9.6 macht `id` zum Primärschlüssel und stellt so sicher, dass jede Zeile in dieser Spalte einen eindeutigen Wert besitzt.

Fremdschlüsselbeschränkungen
: Fremdschlüssel ermöglichen einer Tabelle, eine andere Tabelle zu referenzieren. Zum Beispiel können Bankkunden mehrere Konten besitzen, jedes mit eigenem Kontostand. Anstelle einer einzelnen `balance`-Spalte in der Kundentabelle `customers` könnten Sie eine separate Kontotabelle `accounts` anlegen, wie in Beispiel 9.7 zu sehen.

Beispiel 9.7: Anlegen der Kontotabelle »accounts« (ch9/sql/bank-example.sql)

```
CREATE TABLE accounts (
    account_id      SERIAL PRIMARY KEY,                ❶
    account_type    VARCHAR(20),                       ❷
    balance         INT,                               ❸
    customer_id     INT REFERENCES customers(id)       ❹
);
```

Die `accounts`-Tabelle besteht aus den folgenden Spalten:

❶ Die eindeutige ID für jedes Konto (der Primärschlüssel).

❷ Die Art des Kontos (Girokonto, Sparkonto).

❸ Das Guthaben des Kontos.

❹ Die ID des Kunden, dem dieses Konto gehört. Das Schlüsselwort `REFERENCES` kennzeichnet diese Spalte als Fremdschlüssel für die `id`-Spalte der `customers`-Tabelle. Auf diese Weise wird verhindert, dass eine ungültige Kunden-ID in die `accounts`-Tabelle eingefügt wird.

Fremdschlüsselbeschränkungen sind eine weitere definierende Eigenschaft relationaler Datenbanken und einer der Hauptgründe dafür, dass diese eine gute Wahrheitsquelle darstellen. Die Beschränkungen erlauben Ihnen, Beziehungen (Relationen) zwischen Tabellen herzustellen und zu erzwingen (worauf sich das »relational« im Begriff *relationale Datenbank* bezieht), was im Wesentlichen bedeutet, dass Sie die *referenzielle Integrität* Ihrer Daten pflegen.

Kernaussage 3

Nutzen Sie relationale Datenbanken als primäre Datenspeicher (die »Wahrheitsquelle« oder auch *Source of Truth*). Sie sind sicher, zuverlässig, ausgereift und unterstützen Schemata, Integritätsbeschränkungen, Fremdschlüsselbeschränkungen, Joins, ACID-Transaktionen und eine flexible Abfragesprache (SQL).

Neben `CREATE TABLE` zur Schema-Definition neuer Tabellen können Sie `ALTER TABLE` nutzen, um das Schema bestehender Tabellen zu ändern (z. B. eine neue Spalte einzufügen). Die sorgfältige Definition und Modifikation eines Schemas erlaubt Ihrem Datenspeicher die zeitliche Weiterentwicklung ohne Probleme bei der Rückwärtskompatibilität, wie ich sie mit meiner Lastgenerator-App hatte.

Anfänglich werden Sie sich direkt mit der Datenbank verbinden und die Befehle `CREATE TABLE` und `ALTER TABLE` von Hand ausführen. Doch wie so oft bei händischer Arbeit wird das schnell lästig und fehleranfällig. Mit der Zeit wird die Zahl der `CREATE TABLE`- und `ALTER TABLE`-Befehle ansteigen, und die Datenbankschemata müssen in immer mehr Umgebungen (z. B. dev, stage, prod) gepflegt werden, weshalb Sie eine systematischere Möglichkeit zur Verwaltung Ihrer Datenbankschemata finden müssen. Die Lösung besteht – wie Sie in Kapitel 2 gesehen haben – darin, Ihre Schemata als Code zu verwalten.

Insbesondere Tools zur *Schema-Migration* wie Redgate Flyway, Liquibase und Knex.js (vollständige Liste (*https://oreil.ly/x58wd*)) können da helfen. Sie erlauben die Definition der anfänglichen Schemata und aller nachfolgenden Modifikationen als Code – üblicherweise in einer geordneten Folge von *Migrationsdateien*, die Sie in die Versionskontrolle einpflegen. Flyway nutzt beispielsweise Standard-SQL in *.sql*-Dateien (z. B. *v1_create_customers.sql*, *v2_create_accounts.sql* und *v3_update_customers.sql*), während Knex.js eine JavaScript-DSL in *.js*- Dateien (z. B. *20240825_create_customers.js*, *20240827_create_accounts.js* und *20240905_update_customers.js*) verwendet. Sie wenden die Migrationsdateien über das Schema-Migrationstool an, das nachhält, welche Migrationen bereits vorgenommen wurden und welche nicht. Egal, in welchem Zustand sich Ihre Datenbank befindet, und egal, wie oft Sie das Migrationstool ausgeführt haben: Sie können sicher sein, dass Ihre Datenbank das gewünschte Schema verwendet.

Während Sie Änderungen an Ihrem Code vornehmen, werden neue Versionen des App-Codes von neuen Versionen Ihres Datenbankschemas abhängen. Um sicherzustellen, dass diese Versionen automatisch in jeder Umgebung bereitgestellt werden, müssen Sie das Schema-Migrationstool in Ihre CI/CD-Pipeline integrieren (was Sie in Kapitel 5 gelernt haben). Ein Ansatz besteht darin, die Schema-Migration als Teil des Bootcodes Ihrer App auszuführen, bevor die App damit beginnt, eingehende Requests zu verarbeiten. Der Hauptvorteil dieser Lösung besteht darin, dass er nicht nur in gemeinsam genutzten Umgebungen funktioniert (z. B. dev, stage, prod), sondern auch in der lokalen Umgebung jedes Entwicklers. Das ist nicht nur praktisch, sondern stellt auch sicher, dass die Schema-Migrationen fortlaufend getestet werden. Der Hauptnachteil ist, dass Migrationen manchmal sehr lange brauchen. Bootet die App zu lange, gehen einige Orchestrierungstools von einem Problem aus und stellen die App erneut bereit, bevor die Migration abgeschlossen werden konnte. Bei Serverless-Apps, die ständig mit Neustarts zu kämpfen haben, sollten Sie nichts in den Bootcode aufnehmen, was die Dinge schlimmer macht. In diesen Fällen sollten Sie die Migrationen als eigenen Schritt der Deployment-Pipeline durchführen, bevor die App bereitgestellt wird.

Sie haben nun die Konzepte relationaler Datenbanken kennengelernt, die wir jetzt anhand eines praktischen Beispiels in Aktion erleben wollen.

Beispiel: PostgreSQL, Lambda und Schema-Migrationen

Das Beispiel in diesem Abschnitt stellt PostgreSQL bereit, eine beliebte relationale Open-Source-Datenbank. Wir nutzen dazu Amazons *Relational Database Service* (RDS), einen vollständig gemanagten Service, der unterschiedliche Arten relationaler Datenbanken wie PostgreSQL, MySQL, Microsoft SQL Server und Oracle Database sicher, zuverlässig und skalierbar bereitstellt. Wir verwalten dann das Schema für diese Datenbank mit Knex.js und stellen eine Lambda-Funktion bereit, die eine Node.js-App ausführt, die die Verbindung mit der PostgreSQL-Datenbank über TLS herstellt und Queries ausführt.

Um das einzurichten, sind die folgenden Schritte nötig:

1. Anlegen eines OpenTofu-Moduls.
2. Anlegen der Schema-Migrationen.
3. Anlegen der Lambda-Funktion.

Lassen Sie uns mit dem OpenTofu-Modul beginnen.

Anlegen eines OpenTofu-Moduls

Beispielcode

Ich möchte daran erinnern, dass Sie alle Codebeispiele im GitHub-Repo (*https://github.com/brikis98/devops-book*) zu diesem Buch finden.

Wechseln Sie in den Ordner mit den Beispielen zu diesem Buch. Legen Sie hier einen neuen Unterordner für dieses Kapitel an und innerhalb dieses Unterordners ein neues OpenTofu-Root-Modul namens `lambda-rds`:

```
$ cd fundamentals-of-devops
$ mkdir -p ch9/tofu/live/lambda-rds
$ cd ch9/tofu/live/lambda-rds
```

Das Deployment von PostgreSQL in RDS erfolgt über das wiederverwendbare Modul `rds-postgres`, das Sie im Code-Repo zu diesem Buch im Ordner *ch9/tofu/modules/rds-postgres* finden. Um dieses Modul zu verwenden, legen Sie eine Datei namens *main.tf* im `lambda-rds`-Modul mit dem Inhalt aus Beispiel 9.8 an.

Beispiel 9.8: PostgreSQL in RDS bereitstellen (ch9/tofu/live/lambda-rds/main.tf)

```
provider "aws" {
  region = "us-east-2"
}

module "rds_postgres" {
  source  = "brikis98/devops/book//modules/rds-postgres"
  version = "1.0.0"

  name              = "bank"            ❶
  instance_class    = "db.t4g.micro"    ❷
  allocated_storage = 20                ❸
  username          = var.username      ❹
  password          = var.password      ❺
}
```

Dieser Code stellt PostgreSQL in RDS mit folgender Konfiguration bereit:

❶ Legt den Namen der Datenbank mit bank fest, da Sie diese Datenbank für das weiter oben in diesem Kapitel vorgestellte Bank-Beispiel verwenden werden.

❷ Nutzt eine Micro-RDS-Instanz, die Teil des kostenfreien AWS-Angebots ist.

❸ Stellt 20 GB Plattenspeicher für die Datenbankinstanz bereit.

❹ Legt den Nutzernamen des Master-Nutzers mit der Inputvariablen fest, die Sie nachfolgend noch definieren.

❺ Legt das Passwort des Master-Nutzers mit der Inputvariablen fest, die Sie nachfolgend noch definieren.

Legen Sie eine *variables.tf*-Datei mit den in Beispiel 9.9 festgelegten Inputvariablen an.

Beispiel 9.9: Inputvariablen (ch9/tofu/live/lambda-rds/variables.tf)

```
variable "username" {
  description = "Username for master DB user."
  type        = string
}

variable "password" {
  description = "Password for master DB user."
  type        = string
  sensitive   = true
}
```

Diese Inputvariablen erlauben die Übergabe des Benutzernamens und des Passworts über Umgebungsvariablen, sodass Sie diese Secrets nicht direkt im Code angeben müssen. (Wie

Sie in Kapitel 8 gelernt haben, dürfen Sie keine Secrets im Klartext speichern!) Als Nächstes ergänzen wir *main.tf* mit dem Code aus Beispiel 9.10, um eine Lambda-Funktion bereitzustellen.

Beispiel 9.10: Lambda-Funktion bereitstellen (ch9/tofu/live/lambda-rds/main.tf)

```
module "app" {
  source  = "brikis98/devops/book//modules/lambda"
  version = "1.0.0"

  name        = "lambda-rds-app"
  src_dir     = "${path.module}/src"       ❶
  handler     = "app.handler"
  runtime     = "nodejs20.x"
  memory_size = 128
  timeout     = 5

  environment_variables = {                ❷
    NODE_ENV    = "production"
    DB_NAME     = module.rds_postgres.db_name
    DB_HOST     = module.rds_postgres.hostname
    DB_PORT     = module.rds_postgres.port
    DB_USERNAME = var.username
    DB_PASSWORD = var.password
  }

  create_url = true                        ❸
}
```

Dieser Code nutzt das gleiche `lambda`-Modul, das wir schon im gesamten Buch für das Deployment einer serverlosen Node.js-App einsetzen:

❶ Der Quellcode für die Funktion liegt im Ordner *src*. Den entsprechenden Code sehen Sie gleich.

❷ Wir nutzen Umgebungsvariablen, um der Lambda-Funktion alle Details zur Datenbank, wie Datenbankname, Hostname, Port, Nutzername und Passwort, zu übergeben.

❸ Wir legen eine Lambda-Funktion-URL an, die die Lambda-Funktion als Antwort auf HTTP(S)-Requests anstößt.

Abschließend fügen wir Ausgabevariablen für die Lambda-Funktion-URL sowie den Datenbanknamen, den Host und den Port in eine *outputs.tf*-Datei ein (siehe Beispiel 9.11).

Beispiel 9.11: Ausgabevariablen (ch9/tofu/live/lambda-rds/outputs.tf)

```
output "function_url" {
  description = "The URL of the Lambda function"
  value       = module.app.function_url
}

output "db_name" {
  description = "The name of the database"
  value       = module.rds_postgres.db_name
}
```

```
output "db_host" {
  description = "The hostname of the database"
  value       = module.rds_postgres.hostname
}

output "db_port" {
  description = "The port of the database"
  value       = module.rds_postgres.port
}
```

Nachdem der OpenTofu-Code definiert ist, wollen wir uns den Schema-Migrationen zuwenden.

Anlegen der Schema-Migrationen

Für die Schema-Migrationen legen wir einen Ordner namens *src* innerhalb des `lambda-rds`-Moduls an:

```
$ mkdir -p src
$ cd src
```

Als Nächstes erstellen wir die Datei *package.json* mit dem Inhalt aus Beispiel 9.12.

Beispiel 9.12: Minimale package.json (ch9/tofu/live/lambda-rds/src/package.json)

```
{
  "name": "lambda-rds-example",
  "version": "0.0.1",
  "description": "Example app 'Fundamentals of DevOps and Software Delivery'",
  "author": "Yevgeniy Brikman"
}
```

Nun können Sie die Abhängigkeiten installieren, indem Sie die folgenden Befehle im *src*-Ordner ausführen:

```
$ npm install knex pg --save
$ npm install knex --global
```

Diese Befehle installieren die folgenden Abhängigkeiten:

`knex`
: Die Knex.js-Bibliothek. Das erste `npm install` installiert sie für die Lambda-Funktion, und das zweite `npm install` mit dem Flag `--global` macht sie als CLI-Tool in Ihrem Terminal verfügbar.

`pg`
: Die `node-postgres`-Bibliothek, die Knex.js zur Kommunikation mit PostgreSQL nutzt.

Sie sind nun bereit, Knex.js so zu konfigurieren, dass es die Verbindung mit PostgreSQL herstellt. Knex.js kommuniziert mit PostgreSQL über das Netzwerk, und um diese Kommunikation zu schützen, verschlüsselt PostgresSQL Verbindungen per TLS (das Sie in Kapitel 8 kennengelernt haben). Um das TLS-Zertifikat der Datenbank zu validieren, sind die beiden folgenden Schritte nötig:

1. **Herunterladen des Zertifikats von einer CA, die das PostgreSQL-TLS-Zertifikat signiert hat:** Da Sie RDS nutzen, um PostgreSQL auszuführen, ist AWS die CA.

Laden Sie dessen Zertifikat für die `us-east-2`-Region über die AWS-Website (*https://oreil.ly/foDbC*) im PEM-Format herunter. Speichern Sie es in der Datei *rds-us-east-2-ca-cert.pem* im *src*-Ordner.

2. **Die App so konfigurieren, dass sie dem CA-Zertifikat vertraut:** Wir konfigurieren die Nutzung des CA-Zertifikats in Knex.js, indem wir eine Datei namens *knexfile.js* mit dem Inhalt aus Beispiel 9.13 anlegen.

Beispiel 9.13: Konfiguration von knex.js (ch9/tofu/live/lambda-rds/src/knexfile.js)

```
const fs = require('fs').promises;

module.exports = {
    ❶
    client: 'postgresql',

    connection: async () => {
    ❷
    const rdsCaCert = await fs.readFile('rds-us-east-2-ca-cert.pem');

    ❸
    return {
      database: process.env.DB_NAME,
      host: process.env.DB_HOST,
      port: process.env.DB_PORT,
      user: process.env.DB_USERNAME || process.env.TF_VAR_username,
      password: process.env.DB_PASSWORD || process.env.TF_VAR_password,
      ssl: {rejectUnauthorized: true, ca: rdsCaCert.toString()}
    }
  },

  ❹
  debug: true
};
```

Dieser Code konfiguriert Knex.js wie folgt:

❶ Nutzung der PostgreSQL-Bibliothek (`node-postgres`) zur Kommunikation mit der Datenbank.

❷ Einlesen des CA-Zertifikats, das Sie eben von der AWS-Website heruntergeladen haben.

❸ Dieses JSON-Objekt konfiguriert die Verbindung mit der Datenbank – Name, Host, Port, Benutzername und Passwort – über die Umgebungsvariablen, die Sie der Lambda-Funktion im OpenTofu-Code übergeben haben, und validiert das TLS-Zertifikat über das CA-Zertifikat aus ❷. Beachten Sie, dass Sie mit diesem Code auch den Nutzernamen und das Passwort der Datenbank über Umgebungsvariablen der Form `TF_VAR_`*`xxx`* übergeben können. Wie das geht, sehen Sie gleich.

❹ Aktiviert das Debug-Logging, damit Sie sehen können, welche Queries Knex.js ausführt.

Ihre erste Schema-Migration erzeugen Sie nun wie folgt:

```
$ knex migrate:make create_customers_tables
```

Das erzeugt einen *migrations*-Ordner und innerhalb dieses Ordners eine Datei namens *<TIMESTAMP>_create_customers_table.js*, wobei *TIMESTAMP* die Zeit angibt, zu der `knex migrate:make` ausgeführt wurde. Ersetzen Sie den Inhalt dieser Datei durch Beispiel 9.14.

Beispiel 9.14: Schema-Migrationen für die »customers«-Tabelle definieren (ch9/tofu/live/lambda-rds/src/migrations/20240828131226_create_customers_tables.js)

```
exports.up = async (knex) => {                               ❶
  await knex.schema
    .createTable('customers', (table) => {                   ❷
      table.increments('id').primary();
      table.string('name', 128);
      table.date('date_of_birth');
      table.integer('balance');
    });

  return knex('customers').insert([                          ❸
    {name: 'Brian Kim', date_of_birth: '1948-09-23', balance: 1500},
    {name: 'Karen Johnson', date_of_birth: '1989-11-18', balance: 4853},
    {name: 'Wade Feinstein', date_of_birth: '1965-02-25', balance: 2150}
  ]);
}

exports.down = async (knex) => {                             ❹
  return knex.schema.dropTable('customers');
}
```

Mit Knex.js verwalten Sie Ihre Schemata über sequenzielle *.js*-Dateien wie folgt:

❶ In der `up`-Funktion definieren Sie, wie das Datenbankschema zu aktualisieren ist.

❷ Sie legen die `customers`-Tabelle mit dem Schema aus Beispiel 9.6 an, nutzen dabei SQL aber nicht direkt (z.B. `CREATE TABLE`), sondern eine JavaScript-API (z.B. `createTable()`).

❸ Befüllen der Datenbank mit ersten Daten (den drei Kunden aus Beispiel 9.1). Anstelle von SQL wird wieder eine JavaScript-API genutzt.

❹ Die `down`-Funktion legt fest, wie Sie die Schema-Änderungen der `up`-Funktion wieder *rückgängig* machen. Das gibt Ihnen die Möglichkeit, Änderungen zurückzunehmen, falls es zu Bugs, Ausfällen oder Fehlern beim Testen kommt. Der obige Code löscht die `customers`-Tabelle.

Nachdem die Schema-Migrationen definiert sind, wollen wir uns der Lambda-Funktion widmen.

Anlegen der Lambda-Funktion

Wir möchten eine Lambda-Funktion anlegen, die die Verbindung mit der PostgreSQL-Datenbank über TLS herstellt, einige Queries durchführt und die Ergebnisse im JSON-Format zurückliefert. Legen Sie *app.js* (die als Einstiegspunkt für diese Funktion dient) mit dem Inhalt aus Beispiel 9.15 an.

Beispiel 9.15: Lambda-Funktion (ch9/tofu/live/lambda-rds/src/app.js)

```
const knex = require('knex');
const knexConfig = require('./knexfile.js');   ❶
const knexClient = knex(knexConfig);           ❷

exports.handler = async (event, context) => {
  const result = await knexClient('customers') ❸
    .select()
    .where('date_of_birth', '>', '1950-12-31');
  return {                                     ❹
    statusCode: 200,
    headers: {"Content-Type": "application/json"},
    body: JSON.stringify({result})
  };
};
```

Dieser Code macht Folgendes:

❶ Konfiguration der Datenbankverbindung aus *knexfile.js* laden.

❷ Knex.js-Client mit der Konfiguration aus ❶ anlegen.

❸ Mit dem Knex.js-Client die gleiche Datenbankabfrage durchführen wie in Beispiel 9.3, bei der alle nach 1950 geborenen Kunden abgefragt werden.

❹ Das Ergebnis der Query im JSON-Format zurückgeben.

Sie sind nun bereit für das Deployment. Zuerst legen Sie die Umgebungsvariablen `TF_VAR_username` und `TF_VAR_password` mit dem Nutzernamen und dem Passwort des Master-Nutzers fest:

```
$ export TF_VAR_username=(username)
$ export TF_VAR_password=(password)
```

Nun können Sie den Code wie üblich bereitstellen, d.h., Sie authentifizieren sich gegenüber AWS und führen `init` und `apply` im Ordner *lambda-rds* aus:

```
$ cd ..
$ tofu init
$ tofu apply
```

RDS kann für das Deployment fünf bis zehn Minuten benötigen, also haben Sie etwas Geduld. Sobald `apply` abgeschlossen ist, sehen Sie einige Ausgabevariablen:

```
function_url = "https://765syuwsz2.execute-api.us-east-2.amazonaws.com"
db_name = "bank"
db_port = 5432
db_host = "bank.c8kglmys7qwb.us-east-2.rds.amazonaws.com"
```

Nachdem die PostgreSQL-Datenbank bereitgestellt ist, können Sie das Knex-CLI nutzen, um die Schema-Migrationen durchzuführen. Normalerweise würden Sie diesen Schritt in Ihre CI/CD-Pipeline integrieren, doch für dieses Beispiel können Sie die Schema-Migrationen auch über Ihren eigenen Computer ausführen. Zuerst müssen Sie den Namen der Datenbank, den Host und den Port der obigen Ausgabe in den von *knexfile.js* erwarteten Umgebungsvariablen bereitstellen (den Benutzernamen und das Passwort haben Sie bereits über Umgebungsvariablen bereitgestellt):

```
$ export DB_NAME=bank
$ export DB_PORT=5432
$ export DB_HOST=(Wert der Ausgabevariablen db_host)
```

Als Nächstes führen Sie `knex migrate:latest` im *src*-Ordner aus, um die Schema-Migrationen anzuwenden:

```
$ cd src
$ knex migrate:latest
Batch 1 run: 1 migrations
```

Wenn die Migrationen erfolgreich angewandt sind, ist die Datenbank einsatzbereit. Um das zu testen, öffnen Sie die URL der Ausgabevariablen `function_url` und schauen, ob die Lambda-Funktion die nach 1950 geborenen Kunden zurückliefert:

```
$ curl https://<FUNKTIONS_URL>
{
  "result":[
    {"id":2,"name":"Karen Johnson","date_of_birth":"1989-11-18",
      "balance":4853},
    {"id":3,"name":"Wade Feinstein","date_of_birth":"1965-02-25",
      "balance":2150}
  ]
}
```

Wenn Sie diese JSON-Response sehen: Glückwunsch! Sie haben erfolgreich Schema-Migrationen für eine PostgreSQL-Datenbank angewandt und lassen eine Web-App in AWS laufen, die mit der PostgreSQL-Datenbank über TLS kommuniziert!

Machen Sie sich die Hände schmutzig

Hier einige Übungen, mit denen Sie zu Hause tiefer einsteigen können:

- Das `rds-postgres`-Modul stellt die Datenbank in öffentlichen Subnetzen der Standard-VPC bereit. Passen Sie den Code so an, dass die Bereitstellung in privaten Subnetzen einer eigenen VPC erfolgt (siehe Kapitel 7). Sie müssen die Verbindung mit der Datenbank in der Lambda-Funktion entsprechend ändern (siehe z.B. Amazon RDS Proxy (*https://aws.amazon.com/rds/proxy*)).
- Die Lambda-Funktion verwendet den Master-Nutzer, um die Datenbank abzufragen. Wechseln Sie zu einem Nutzer mit weniger Rechten.
- Da Ihr OpenTofu-Deployment jetzt ein Datenbankpasswort (ein Secret) enthält, sollten Sie die clientseitige Verschlüsselung für das Backend aktivieren (*https://oreil.ly/v6ei2*), RDS das Passwort verwalten lassen (*https://oreil.ly/gFME2*) oder IAM zur Datenbankauthentifizierung (*https://oreil.ly/l-X_k*) nutzen.

Sie sollten nun `tofu destroy` ausführen, um die Infrastruktur aufzuräumen und keine unnötigen Gebühren anzuhäufen. Sie können damit aber auch warten, bis wir den Code später in diesem Kapitel um Backups und Replikate der Datenbank erweitern. Auf jeden Fall sollten Sie den neuesten Code in Git einpflegen.

Nachdem Sie nun einen Anwendungsfall für den primären Datenspeicher kennengelernt haben, wollen wir uns dem nächsten Anwendungsfall zuwenden: Caching.

Caching: Schlüssel/Wert-Speicher und CDNs

Ein *Cache* erlaubt die Zwischenspeicherung einer Teilmenge Ihrer Daten, um diese schneller zurückliefern zu können (geringere Latenz). Der Cache erreicht diese geringere Latenz, indem er die Daten im Speicher vorhält und nicht auf die Festplatte (siehe Tabelle 6.1) schreibt und/oder indem er diese Daten in einem Format speichert, das für das schnelle Abrufen optimiert ist (z. B. in Form einer Hashtabelle). Auf flexible Abfragemechanismen (z. B. relationale Tabellen) wird dabei verzichtet. Ein Cache kann auch die Latenz des primären Datenspeichers reduzieren, indem er einen Teil der Last des primären Datenspeichers verlagert.

Die einfachste Form eines Caches ist eine direkt im Speicher (In-Memory) der Anwendung vorgehaltene Hashtabelle. Beispiel 9.16 zeigt ein vereinfachtes Beispiel eines solchen Caches.

Beispiel 9.16: Ein einfacher Cache (ch9/javascript/cache-example.js)

```
const cache = {};                          ❶

function query(key) {
  if (cache[key]) {                        ❷
    return cache[key];
  }

  const result = expensiveQuery(key);      ❸
  cache[key] = result;
  return result;
}
```

Dieser Code macht Folgendes:

❶ Der Cache ist eine im Speicher vorgehaltene Hashtabelle (eine Map oder ein Objekt).

❷ Überprüfung, ob die gewünschten Daten bereits im Cache liegen. Ist das der Fall, werden die Daten sofort zurückgeliefert, ohne die aufwendige Query durchzuführen.

❸ Liegen die Daten nicht im Cache, wird die aufwendige Query durchgeführt, das Ergebnis wird im Cache festgehalten (um zukünftige Abfragen zu beschleunigen) und das Ergebnis zurückgegeben. Das ist die sogenannte *Cache-Aside-Strategie*.

Ich bezeichne diesen Ansatz aus den folgenden Gründen als »vereinfacht«:

Speichernutzung
: Der obige Code lässt den Cache unendlich anwachsen, was bei ausreichend vielen eindeutigen Schlüsseln letztlich zu einem Speicherüberlauf führt. Reale Caching-Mechanismen müssen die maximale Cachegröße festlegen und Daten nach bestimmten Regeln aussortieren können (z. B. die ältesten oder am seltensten genutzten Einträge).

Nebenläufigkeit
: Je nach Programmiersprache müssen Sie Primitive zur Synchronisation nutzen (z. B. Locking), um nebenläufige Abfragen zu verarbeiten, die den Cache aktualisieren.

Kaltstarts
: Liegt der Cache nur im Speicher vor, fängt die App bei jedem Neustart mit einem leeren Cache an, was zu Performanceproblemen führen kann.

Cache-Invalidierung

Der obige Code verarbeitet Leseoperationen, aber keine Schreiboperationen. Sobald Sie etwas in den primären Datenspeicher schreiben, müssen Sie auch den Cache aktualisieren. Andernfalls liefern zukünftige Abfragen veraltete Daten zurück.

Die ersten beiden Probleme lassen sich mit besserem Code relativ einfach lösen. Die beiden anderen stellen eine größere Herausforderung dar. Insbesondere die Cache-Invalidierung ist viel schwerer zu lösen, als es scheint.[1] Wenn Sie beispielsweise 20 Replikate Ihrer App betreiben, die alle Code wie in diesem Beispiel nutzen, müssen Sie bei jeder Schreiboperation des primären Datenspeichers eine Möglichkeit finden, zum einen die erfolgte Änderung zu erkennen und zum anderen 20 Caches zu invalidieren oder zu aktualisieren.

Aus diesem Grund erfolgt bei den meisten Unternehmen, außer in den einfachsten Fällen, das Caching über einen zentralisierten, dedizierten Caching-Datenspeicher. Auf diese Weise vermeiden Sie Kaltstarts und müssen nur eine einzige Stelle aktualisieren, wenn der Cache ungültig wird. Zum Beispiel können Sie das *Write-Through-Caching* nutzen: Sobald Sie etwas in den primären Datenspeicher schreiben, aktualisieren Sie auch den Cache. Die beiden gängigsten Datenspeicher für das zentralisierte Caching sind Schlüssel/Wert-Speicher und CDNs.

Schlüssel/Wert-Speicher

Schlüssel/Wert-Speicher sind für einen einzigen Anwendungsfall optimiert: den schnellen Lookup eines bekannten Schlüssels. Letztlich handelt es sich um Hashtabellen, die auf mehrere Server verteilt sind. Die Idee besteht darin, die Schlüssel/Wert-Speicher zwischen Ihren App-Servern und dem primären Datenspeicher bereitzustellen, wie in Abbildung 9.1 dargestellt. Im Cache liegende Requests (*Cache Hit*) werden schnell zurückgeliefert, ohne den primären Datenspeicher ansprechen zu müssen. Nur Requests, die nicht im Cache liegen (*Cache Miss*) werden an den primären Datenspeicher weitergereicht und dann im Cache festgehalten, um zukünftige Queries zu beschleunigen.

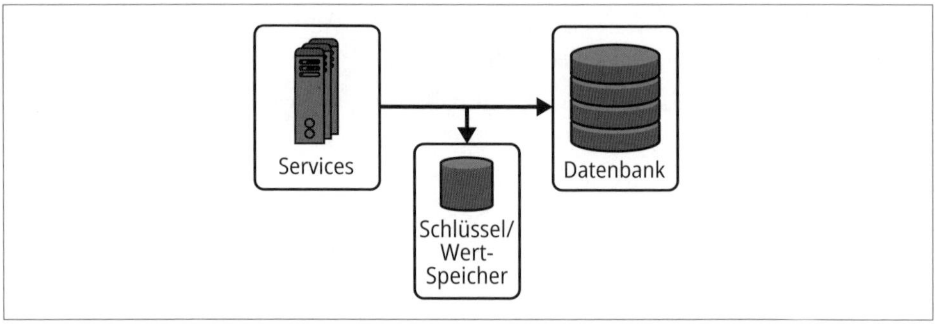

Abbildung 9.1: Schlüssel/Wert-Speicher fungieren als Cache zwischen App-Servern und primären Datenspeichern.

1 Ein berühmtes Zitat von Phil Karlton lautet (frei übersetzt): »Es gibt nur zwei schwere Probleme in der Informatik: Cache-Invalidierung und Dinge benennen.« Ich mag auch Leon Bambricks Version dieses Zitats: »Es gibt nur zwei schwere Probleme in der Informatik: Cache-Invalidierung, Dinge benennen und Off-by-one-Fehler.«

Einige große Anbieter von Schlüssel/Wert-Speichern sind Redis/Valkey[2] und Memcached (vollständige Liste (*https://oreil.ly/wS3LS*)). Die API der meisten Schlüssel/Wert-Speicher besteht im Wesentlichen aus zwei Funktionen: einer zum Einfügen eines Schlüssel/Wert-Paars und einer zum Abrufen eines Werts über den Schlüssel. Zum Beispiel verwendet Redis `SET`, um ein Schlüssel/Wert-Paar einzufügen, und `GET`, um den Wert eines Schlüssels abzurufen:

```
$ SET schlüssel wert
OK
$ GET schlüssel
wert
```

Bei Schlüssel/Wert-Speichern müssen Sie vorab kein Schema definieren (was manchmal *schemafrei* genannt wird, was aber nicht ganz stimmt, wie Sie in »Schemata und Constraints« auf Seite 382 noch sehen werden), d.h., Sie können einen beliebigen Wert speichern. Üblicherweise sind die Werte entweder einfache *Skalare* (wie Strings, Integerwerte) oder *Blobs*, die beliebige Daten enthalten, die für den Schlüssel/Wert-Speicher nicht erkennbar sind. Da der Datenspeicher üblicherweise nur Schlüssel und einfache Wertetypen kennt, ist die Funktionalität eingeschränkt. Sie können keine flexiblen Queries, Joins, Fremdschlüssel, ACID-Transaktionen oder andere mächtige Features relationaler Datenbanken erwarten.

Kernaussage 4

Nutzen Sie Schlüssel/Wert-Speicher zum Caching von Daten, um Queries zu beschleunigen und die Last für Ihren primären Datenspeicher zu reduzieren.

Sie können Schlüssel/Wert-Speicher selbst bereitstellen oder gemanagte Services wie Redis Cloud und Amazon ElastiCache (vollständige Liste (*https://oreil.ly/zBnLY*)) nutzen. Sobald Sie einen Schlüssel/Wert-Speicher bereitgestellt haben, können viele Bibliotheken sie automatisch zum Cache-Aside- und Write-Through-Caching nutzen, ohne dass Sie diese Strategien selbst implementieren müssen. Zum Beispiel können Sie WordPress-Inhalte automatisch mit den Redis- (*https://oreil.ly/L5YW_*) und Memcached- (*https://oreil.ly/7R6Vf*) Plugins cachen und über das Redis-Smart-Cache-Plug-in (*https://oreil.ly/TlfMd*) auch automatisch jeden Inhalt, auf den Sie über die Java-Database-Connectivity-(JDBC-)APIs zugreifen.

Sehen wir uns nun den anderen Datenspeicher an, der häufig für das Caching genutzt wird: CDNs.

CDNs

Ein *Content Delivery Network* (CDN) besteht aus über die ganze Welt verteilten Servern, sogenannte *Points of Presence* (PoPs), die Daten Ihrer *ursprünglichen Server* (Ihrer App-Server) cachen und diese Daten über einen PoP ausliefern, der so nahe am Nutzer ist wie mög-

2 Valkey ist ein Open-Source-Fork von Redis, nachdem Redis sich von seiner Open-Source-Lizenz abgewandt hat.

lich. Während Schlüssel/Wert-Speicher zwischen Ihren App-Servern und Ihrer Datenbank liegen, liegt ein CDN zwischen den Nutzern und Ihren App-Servern, wie Abbildung 9.2 zeigt.

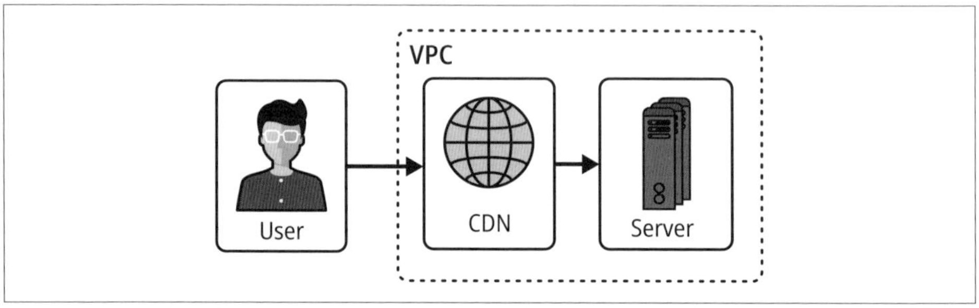

Abbildung 9.2: CDNs fungieren als Cache zwischen den Nutzern und den App-Servern.

Der Request eines Nutzers landet zuerst bei dem ihm nächstgelegenen PoP, und falls der Inhalt bereits im Cache vorliegt, erhält der Nutzer unmittelbar die Response. Liegt der Inhalt noch nicht im Cache, leitet der PoP den Request an den ursprünglichen Server weiter, speichert die Response im Cache (um zukünftige Requests zu beschleunigen) und gibt ihn dann an den Nutzer zurück. Einige wichtige Akteure in diesem Bereich sind CloudFlare, Akamai, Fastly und Amazon Cloudfront (vollständige Liste (*https://oreil.ly/YByBm*)). CDNs bieten mehrere Vorteile:

Reduzierte Latenz
: CDN-Server sind über die ganze Welt verteilt. Zum Beispiel betreibt Akamai über 4.000 PoPs in über 130 Ländern. Sie können so Inhalte über Orte ausliefern, die näher an Ihren Nutzern liegen, was die Latenz deutlich reduziert (siehe Tabelle 6.1), ohne dass Ihr Unternehmen Zeit und Ressourcen investieren muss, um App-Server auf der ganzen Welt bereitzustellen und zu pflegen.

Reduzierte Last
: Sobald das CDN eine Response für einen bestimmten Schlüssel zwischengespeichert hat, ist kein Request für diesen Schlüssel an den App-Server mehr nötig, solange die Daten im Cache nicht ablaufen oder invalidiert werden. Bei einer guten *Cache-Hit-Quote* (dem Prozentsatz von Requests, die im Cache liegen) reduziert das die Last für die App-Server deutlich.

Erhöhte Sicherheit
: Viele CDNs bieten zusätzliche Sicherheitsebenen an, etwa eine *Web-Application-Firewall* (WAF), die HTTP-Traffic untersucht und filtert, um bestimmte Arten von Angriffen (z. B. SQL-Injection, XSS) zu schützen und DDoS-Angriffe (*Distributed Denial-of-Service*) zu verhindern, bei denen bösartige Akteure Server mit künstlichen erzeugtem Traffic in die Knie zwingen wollen.

Weitere Vorteile
: CDNs haben schrittweise immer mehr Features integriert, mit denen Sie die Vorteile ihrer verteilten Netzwerke nutzen können. Hier nur einige Beispiele: Mit dem sogenannten *Edge-Computing* erlauben die CDNs die Ausführung kleiner Codeelemente

auf den PoPs so nah an den Nutzern wie möglich (nah an der »Grenze«, engl. *Edge*). Mit der *Komprimierung* nutzt das CDN automatisch Algorithmen wie gzip oder Brotli, um die genutzte Bandbreite zu minimieren, und wenn Sie wissen, welcher PoP verwendet wurde, können Sie per *Lokalisierung* die Sprache wählen, in der Inhalte ausgeliefert werden.

CDNs eignen sich am besten für Inhalte, die für alle Nutzer gleich sind und sich nur selten ändern. Zum Beispiel können Nachrichtenpublikationen einen Großteil Ihres Traffics auf CDNs auslagern, da nach der Veröffentlichung eines Artikels der Inhalt für alle Nutzer gleich ist und sich nicht oft ändert. Andererseits können soziale Netzwerke und kollaborative Software CDNs kaum zu ihrem Vorteil nutzen, da jeder Nutzer unterschiedliche Inhalte sieht und sich diese Inhalte häufig ändern.

Kernaussage 5

Nutzen Sie CDNs zum Caching statischer Inhalte und um die Latenz für die Nutzer sowie die Last für Ihre Server zu reduzieren.

Nahezu alle Unternehmen profitieren von CDNs, wenn sie vollständig *statische Inhalte* bereitstellen, etwa Bilder, Videos, Binaries, JavaScript und CSS. Statt Ihre App-Server CPU und Speicher verschwenden zu lassen, um statische Inhalte auszuliefern, können Sie diese Arbeit auf ein CDN auslagern. Tatsächlich liefern bei vielen Unternehmen die App-Server überhaupt keine statischen Inhalte aus, nicht einmal als ursprüngliche Server für ein CDN. Vielmehr werden alle statischen Inhalte auf dedizierte Fileserver und Objektspeicher ausgelagert, die wir uns im nächsten Abschnitt ansehen wollen.

Dateispeicher: Fileserver und Objektspeicher

Bestimmte Daten, mit denen die meisten Unternehmen umgehen müssen, liegen in Form statischer Dateien vor. Einige dieser Dateien werden von den Entwicklern innerhalb des Unternehmens entwickelt, etwa JavaScript, CSS und die auf einer Website genutzten Bilder. Andere Dateien werden von Kunden angelegt, etwa die Fotos und Videos, die Nutzer in einer Social-Media-App hochladen.

Sie können statische Dateien in einer Datenbank (z. B. als sogenannten Blob) speichern. Das hat den Vorteil, dass alle Daten in einem einzigen System vorgehalten werden, das bereits über Sicherheitskontrollen, Backups, Monitoring und so weiter verfügt. Allerdings hat die Nutzung einer Datenbank für statische Inhalte auch viele Nachteile:

Langsamere Datenbank
: Das Speichern von Dateien in einer Datenbank bläht die Datenbank auf, was alles langsamer macht. Datenbanken sind bereits ein typischer Flaschenhals bei der Skalierbarkeit und Verfügbarkeit (was Sie in »Skalierbarkeit und Verfügbarkeit« auf Seite 421 noch sehen werden). Dateien darin zu speichern, macht die Dinge nur schlimmer.

Langsamere und teurere Repliken und Backups
: Große Datenbanken zu replizieren und zu sichern, ist teuer und langsam.

Erhöhte Latenz
: Werden Dateien aus der Datenbank an einen Webbrowser ausgeliefert, laufen sie über einen App-Server, was die Latenz erhöht.

Overhead bei CPU, Speicher und Bandbreite
: Laufen Dateien aus einer Datenbank durch den App-Server, erhöhen sich die Bandbreite sowie die CPU- und Speichernutzung sowohl für den App-Server als auch für die Datenbank.

Statt statische Dateien in einer Datenbank zu speichern, nutzen Sie üblicherweise dedizierte Fileserver oder Objektspeicher, um Dateien zu speichern und abzurufen.

Fileserver

Ein *Fileserver* ist dazu gedacht, statische Inhalte wie Bilder, Videos, Binaries, JavaScript und CSS zu speichern und bereitzustellen, damit sich App-Server ganz auf die Auslieferung *dynamischer Inhalte* (die sich bei jedem Nutzer und jedem Request ändern) konzentrieren können. Requests landen zuerst bei einem CDN, das die Response sofort zurückgibt, wenn die Daten bereits im Cache vorliegen. Ist das nicht der Fall, nutzt das CDN die App- oder Fileserver als ursprüngliche Server für dynamische und statische Inhalte (siehe Abbildung 9.3).

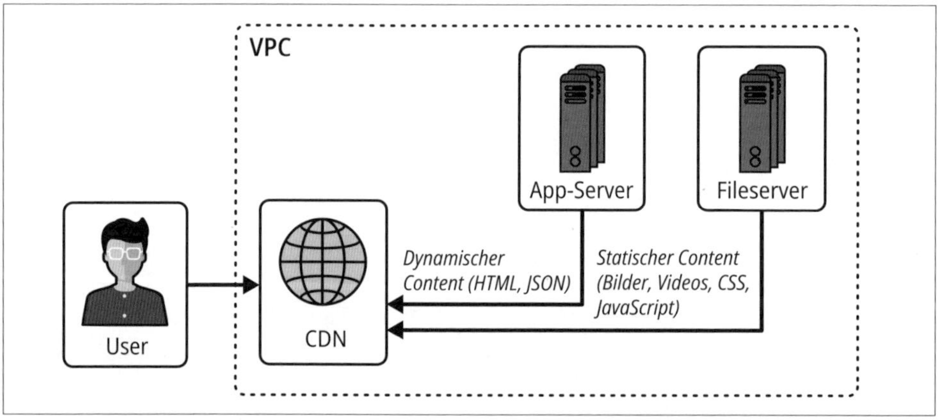

Abbildung 9.3: App-Server liefern dynamische Inhalte, Fileserver statische Inhalte, und das CDN hält so viel wie möglich im Cache vor.

Die meisten Webserver und Load-Balancer, einschließlich aller aus Kapitel 3 (Apache, nginx, HAProxy), lassen sich sehr leicht so konfigurieren, dass sie Dateien ausliefern. Die schwierigen Aspekte sind vielmehr:

Speicher
: Sie müssen ausreichend Plattenplatz für die Dateien bereitstellen.

Metadaten
: Üblicherweise müssen Sie auch Metadaten zu diesen Dateien festhalten, etwa den Eigentümer, das Datum des Hochladens und bestimmte Tags. Sie können die Daten zusammen mit den Dateien im Dateisystem speichern, doch in der Regel speichert man

sie in einem separaten Datenspeicher (z. B. einer relationalen Datenbank), was die Abfrage der Metadaten vereinfacht.

Sicherheit
: Sie müssen kontrollieren, wer Dateien erzeugen, lesen, aktualisieren und löschen kann. Möglicherweise müssen Sie die Dateien bei der Übertragung und bei der Speicherung auch verschlüsseln, wie Sie es in Kapitel 8 gelernt haben.

Skalierbarkeit und Verfügbarkeit
: Sie könnten alle Dateien auf einem einzelnen Server vorhalten, doch wie wir aus Kapitel 3 wissen, ist ein einzelner Server auch ein Single Point of Failure. Um viel Traffic zu unterstützen und die Resilienz vor Ausfällen zu erhöhen, nutzen Sie üblicherweise mehrere Server.

Solche Probleme für eine kleine Zahl von Dateien zu lösen, ist einfach, doch wenn Sie die Größe von Snapchat erreichen, dessen Nutzer mehr als vier Milliarden Bilder pro Tag (*https://oreil.ly/HWA4H*) hochladen, wird das zu einer echten Herausforderung, die spezielles Tooling und riesige Mengen an Servern und Festplatten, RAID, NFS und so weiter verlangt. Eine Möglichkeit, diese Herausforderungen zu meistern, besteht darin, einen Großteil dieser Aufgabe an einen Objektspeicher auszulagern.

Objektspeicher

Ein *Objektspeicher* (manchmal auch *Blob-Speicher* genannt) ist ein System zur Speicherung unbestimmter Objekte, sogenannter Blobs, häufig in Form von Dateien mit zugehörigen Metadaten. Üblicherweise handelt es sich um Cloud-Dienste, d. h., Sie können sich Objektspeicher als eine Art Fileserver als Service vorstellen. Große Akteure in diesem Bereich sind *Amazon Simple Storage Service* (S3), *Google Cloud Storage* (GCS) und *Azure Blog Storage* (vollständige Liste (*https://oreil.ly/sv2SV*)). Objektspeicher bieten fertige Lösungen für die Herausforderungen, die Sie im vorherigen Abschnitt für Fileserver kennengelernt haben:

Speicher
: Objektspeicher bieten nahezu unbegrenzten Plattenplatz, üblicherweise zu geringen Kosten. Amazon S3 kostet beispielsweise etwa 0,02 $ pro GB und Monat und bietet ein großzügiges kostenloses Kontingent.

Metadaten
: Die meisten Objektspeicher ermöglichen es Ihnen, Metadaten mit den hochgeladenen Objekten zu verknüpfen. Zum Beispiel können Sie bei S3 sowohl systemeigene Metadaten (z. B. Standard-HTTP-Header wie Entitäts-Tags und Inhaltstypen, was Sie in »Beispiel: Dateien mit S3 und CloudFront bereitstellen« auf Seite 400 noch sehen werden) als auch benutzerdefinierte Metadaten (beliebige Schlüssel/Wert-Paare) definieren.

Sicherheit
: Die meisten Objektspeicher stellen Zugriffskontrolle und Verschlüsselung bereit. S3 bietet zum Beispiel IAM für die Zugriffskontrolle, TLS für die Verschlüsselung während der Übertragung und AES für die Verschlüsselung bei der Speicherung.

Skalierbarkeit und Verfügbarkeit
: Objektspeicher bieten üblicherweise Skalierbarkeit und Verfügbarkeit auf einem Level, das nur wenige Unternehmen erreichen. S3 bietet zum Beispiel eine Langlebigkeit von 99,999999999% und eine Verfügbarkeit von 99,99%.

Viele Objektspeicher stellen außerdem eine Reihe nützlicher Features zur Verfügung, etwa die automatische Archivierung oder Löschung alter Dateien, Replikation über Rechenzentren in unterschiedlichen Regionen, Suche, Analyse und Integration.[3] Diese Kombination aus Features ist der Grund, warum sogar Unternehmen auf die Cloud und auf Objektspeicher zurückgreifen, die ihre Daten üblicherweise On-Prem in Fileservern vorhalten.

> **Kernaussage 6**
>
> Nutzen Sie Fileserver und Objektspeicher zur Bereitstellung statischer Inhalte, damit sich Ihr App-Server auf dynamische Inhalte konzentrieren kann.

Um Dateispeicher besser zu verstehen, wollen wir ein Beispiel durchgehen.

Beispiel: Dateien mit S3 und CloudFront bereitstellen

In diesem Abschnitt wollen wir ein skalierbares, hochverfügbares und global verteiltes Content-Hosting einrichten. Dazu sind drei Schritte nötig:

1. Anlegen eines S3-Buckets für das Website-Hosting.
2. Hochladen statischer Inhalte in das S3-Bucket.
3. CloudFront als CDN vor dem S3-Bucket.

Beginnen wir mit dem Anlegen des S3-Buckets.

Anlegen eines S3-Buckets für das Website-Hosting

Wechseln Sie in das Verzeichnis, das Sie für die Beispiele dieses Buchs nutzen, und legen Sie einen Ordner namens *static-website* für ein neues OpenTofu-Root-Modul an:

```
$ cd fundamentals-of-devops
$ mkdir -p ch9/tofu/live/static-website
$ cd ch9/tofu/live/static-website
```

Sie können eine Website auf S3 bereitstellen, indem Sie ein Modul namens `s3-website` nutzen, das Sie im Code-Repo zu diesem Buch im Verzeichnis *ch9/tofu/modules/s3-website* finden. Das `s3-website`-Modul legt ein S3-Bucket an, macht dessen Inhalt öffentlich zugänglich und konfiguriert es als Website, d. h., es unterstützt Redirects, Fehlerseiten und so weiter. Um das `s3-website`-Modul zu verwenden, legen Sie eine Datei namens *main.tf* im Modul `static-website` mit dem Inhalt aus Beispiel 9.17 an.

3 Für die Suche und Analyse können Sie mit Amazon Athena SQL nutzen, um unter S3 Abfragen über bestimmte Dateiformate hinweg durchzuführen (z. B. CSV, JSON, Avro). Zur Integration kann S3 automatisch eine Lambda-Funktion anstoßen, wenn eine Datei hochgeladen wird.

Beispiel 9.17: Deployment einer Website in S3 (ch9/tofu/live/static-website/main.tf)

```
provider "aws" {
  region = "us-east-2"
}

module "s3_bucket" {
  source  = "brikis98/devops/book//modules/s3-website"
  version = "1.0.0"

  # TODO: Hier den Namen Ihres Buckets eintragen!
  name           = "fundamentals-of-devops-static-website" ❶
  index_document = "index.html"                            ❷

}
```

Dieser Code konfiguriert das S3-Bucket wie folgt:

❶ Der Name des S3-Buckets. Die Namen von S3-Buckets müssen global eindeutig sein, d.h., Sie müssen hier den Namen Ihres Buckets eintragen.

❷ Das für Verzeichnis-Requests zu nutzende Suffix. Setzen Sie dieses beispielsweise auf *index.html*, liefert der Request für das Verzeichnis */foo* den Inhalt von */foo/index.html* zurück.

Nachdem Sie über ein S3-Bucket verfügen, wollen wir es mit Inhalt füllen.

Hochladen statischer Inhalte in ein S3-Bucket

Als Beispiel statischen Inhalts wollen wir eine HTML-Seite anlegen, die CSS und ein Bild enthält. Zuerst legen wir einen *content*-Ordner im *static-website*-Ordner an:

```
$ mkdir -p content
```

In diesem Ordner legen wir die Datei *index.html* mit dem Inhalt aus Beispiel 9.18 an.

Beispiel 9.18: Einfache HTML-Seite (ch9/tofu/live/static-website/content/index.html)

```
<html lang="en">
  <head>
    <title>Fundamentals of DevOps and Software Delivery</title>
    <link rel="stylesheet" href="styles.css">
  </head>
  <body>
    <h1>Hello, World!</h1>
    <p>This is a static website hosted on S3, with CloudFront as a CDN.</p>
    <img src="cover.png" alt="Fundamentals of DevOps and Software Delivery">
  </body>
</html>
```

Diese einfache HTML-Seite gibt ein Bild aus und hübscht die Ausgabe per CSS auf. Fügen Sie ein Bild Ihrer Wahl in den *content*-Ordner ein und nennen Sie es *cover.png*. Für das Stylesheet legen Sie eine Datei namens *styles.css* mit dem Inhalt aus Beispiel 9.19 an.

Beispiel 9.19: Ein einfaches Stylesheet (ch9/tofu/live/static-website/content/styles.css)

```
html {
    max-width: 70ch;
    margin: 3em auto;
}

h1, p {
    color: #1d1d1d;
    font-family: sans-serif;
}
```

Als Nächstes aktualisieren Sie *main.tf*, um diese Inhalte wie in Beispiel 9.20 gezeigt in das S3-Bucket hochzuladen.

Beispiel 9.20: Hochladen statischer Inhalte in S3 (ch9/tofu/live/static-website/main.tf)

```
resource "aws_s3_object" "content" {
  for_each = {                                          ❶
    "index.html" = "text/html"
    "styles.css" = "text/css"
    "cover.png" = "image/png"
  }

  bucket = module.s3_bucket.bucket_name                 ❷
  key           = each.key                              ❸
  source        = "content/${each.key}"                 ❹
  etag          = filemd5("content/${each.key}")        ❺
  content_type  = each.value                            ❻
  cache_control = "public, max-age=300"                 ❼
}
```

Dieser Code nutzt die Ressource `aws_s3_object`, um Dateien wie folgt hochzuladen:

❶ Lässt `aws_s3_object` über eine Map laufen. Der Schlüssel ist die hochzuladende Datei aus dem *content*-Ordner, und der Wert ist der Inhaltstyp (*Content Type*) dieser Datei.

❷ Hochladen der Dateien in das vorhin angelegte S3-Bucket.

❸ Für jede Datei nutzen wir den Schlüssel in der Map als Pfad innerhalb des S3-Buckets.

❹ Einlesen des Inhalts jeder Datei aus dem *content*-Ordner.

❺ Legt das Entitäts-Tag (*Entity Tag*, ETag) des HTTP-Response-Headers auf den MD5-Hash des jeweiligen Dateiinhalts. Das informiert die Webbrowser darüber, ob sich die Datei geändert hat und erneut heruntergeladen werden muss. OpenTofu nutzt diesen Wert ebenfalls, um zu bestimmen, ob die Datei erneut hochgeladen werden muss.

❻ Legt den Inhaltstyp (*Content Type*) des HTTP-Response-Headers für jede Datei mit dem Wert der Map fest. Das informiert die Webbrowser darüber, wie der Inhalt einer Datei darzustellen ist (z.B. wissen Webbrowser, dass sie `text/html` als HTML und `image/png` als PNG-Grafik darstellen müssen).

❼ Legt die Cachesteuerung (*Cache Control*) des HTTP-Response-Headers für jede Datei fest. Die Direktive `public` zeigt an, dass diese Ressource von gemeinsam genutzten Caches (wie CDNs) zwischengespeichert werden kann, während `max-age=300` festlegt, dass Caches und Webbrowser den Inhalt bis zu 300 Sekunden (fünf Minuten) zwischenspeichern können.

Vorsicht vor den Schlangen: Laden Sie Dateien in S3 nicht über OpenTofu hoch

Die Verwaltung einer großen Anzahl von Dateien über `aws_s3_object` ist nicht empfehlenswert, da es erstens zu Performance- und Throttling-Problemen kommt und zweitens keine Möglichkeit gibt, die Dateien zu bearbeiten (z. B. Minimierung, Fingerprinting, Komprimierung). Nutzen Sie stattdessen eine *Asset-Pipeline* (z. B. Rails Asset Pipeline (*https://oreil.ly/rHN1p*) per asset_sync-Gem (*https://oreil.ly/ROqtn*)) oder eine Bibliothek, die Dateien mit S3 synchronisiert (z. B. s3_website (*https://oreil.ly/dO6RD*)).

Abschließend fügen Sie Ausgabevariablen in *outputs.tf* ein (siehe Beispiel 9.21).

Beispiel 9.21: Ausgabevariablen (ch9/tofu/live/static-website/outputs.tf)

```
output "s3_website_endpoint" {
  description = "The endpoint for the website hosted in the S3 bucket"
  value       = module.s3_bucket.website_endpoint
}
```

Stellen Sie den Code wie üblich bereit, indem Sie sich gegenüber AWS authentifizieren und `init` und `apply` ausführen:

```
$ tofu init
$ tofu apply
```

Sobald `apply` abgeschlossen ist, sehen Sie die `s3_website_endpoint`-Ausgabe. Öffnen Sie *http://<S3_WEBSITE_ENDPOINT>* (S3-Websites unterstützen nur HTTP; CloudFront unterstützt HTTPS, wie Sie gleich sehen werden), und Sie sehen so etwas wie das in Abbildung 9.4.

Abbildung 9.4: Die statische Website in S3

Wenn die Seite korrekt erscheint, Glückwunsch. Sie nutzen S3 erfolgreich als Fileserver! Lassen Sie uns nun ein CDN davorschalten.

CloudFront als CDN vor dem S3-Bucket

Um CloudFront als CDN bereitzustellen, können Sie das Modul `cloudfront-s3-website` nutzen, das Sie im Code-Repo zu diesem Buch im Verzeichnis *ch9/tofu/modules/cloudfront-s3-website* finden. Das `cloudfront-s3-website`-Modul legt eine global verteilte CloudFront-Distribution an, konfiguriert Ihre statische Website in S3 als Ursprung, richtet den Domainnamen und die TLS-Zertifikate ein und nimmt ein paar grundlegende Caching-Einstellungen vor. Aktualisieren Sie *main.tf*, um das `cloudfront-s3-website`-Modul wie in Beispiel 9.22 gezeigt zu nutzen.

Beispiel 9.22: CloudFront als CDN bereitstellen (ch9/tofu/live/static-website/main.tf)

```
module "cloudfront" {
  source  = "brikis98/devops/book//modules/cloudfront-s3-website"
  version = "1.0.0"

  bucket_name             = module.s3_bucket.bucket_name       ❶
  bucket_website_endpoint = module.s3_bucket.website_endpoint  ❷

  min_ttl     = 0                                              ❸
  max_ttl     = 300
  default_ttl = 0

  default_root_object = "index.html"                           ❹
}
```

Dieser Code konfiguriert CloudFront wie folgt:

❶ Übergabe des S3-Bucketnamens. Wird hauptsächlich als eindeutige ID innerhalb der CloudFront-Distribution genutzt.

❷ Übergabe des Website-Endpunkts des S3-Buckets. CloudFront nutzt dies als Ursprung, um Inhalte abzurufen, die noch nicht im Cache liegen.

❸ Die *Time-to-Live* (TTL) teilt CloudFront mit, wie lange Inhalte im Cache vorgehalten werden sollen, bevor neue Requests an den ursprünglichen Server (das S3-Bucket) gesendet werden. Der obige Code setzt die minimale und die Standard-TTL auf 0, was CloudFront anweist, das Caching basierend auf den Content-Headern zu konfigurieren (z.B. Cachesteuerung). Die maximale TTL wird mit 300 Sekunden (fünf Minuten) festgelegt. CloudFront wird Inhalte, unabhängig von den Headern, nicht länger im Cache vorhalten (was zum Testen praktisch ist).

❹ Legt fest, dass CloudFront den Inhalt der *index.html* zurückgibt, wenn jemand den Stamm des Domainnamens Ihrer CloudFront-Distribution abruft.

Fügen Sie den Domainnamen der CloudFront-Distribution als Ausgabevariable in *outputs.tf* ein (siehe Beispiel 9.23).

Beispiel 9.23: Domainnamen der CloudFront-Distribution als Ausgabevariable einfügen (ch9/tofu/live/static-website/outputs.tf)

```
output "cloudfront_domain_name" {
  description = "The domain name of the CloudFront distribution"
  value       = module.cloudfront.domain_name
}
```

Führen Sie `init` und `apply` erneut aus:

```
$ tofu init
$ tofu apply
```

CloudFront braucht zwei bis zehn Minuten für das Deployment, also haben Sie etwas Geduld. Wenn `apply` abgeschlossen ist, erscheint die Ausgabevariable `cloudfront_domain_name`. Öffnen Sie *https://<CLOUDFRONT_DOMAIN_NAME>* (ja, diesmal HTTPS!) in Ihrem Webbrowser, und Sie sehen die gleiche Seite wie in Abbildung 9.4. Glückwunsch. Ihre statischen Inhalte werden nun über ein Netzwerk aus über 600 CloudFront-PoPs auf der ganzen Welt bereitgestellt und gecacht!

Machen Sie sich die Hände schmutzig

Hier einige Übungen, mit denen Sie zu Hause tiefer einsteigen können:

- Konfigurieren Sie CloudFront mit einem eigenen Domainnamen und TLS-Zertifikat (*https://oreil.ly/QdOks*). Nutzen Sie zum Beispiel `static.`*<IHRE-DOMAIN>* als Domainnamen (den Sie in Kapitel 7 registriert haben) und verwenden Sie ACM zur Provisionierung eines TLS-Zertifikats.
- Konfigurieren Sie das S3-Bucket so, dass es den Zugriff nur über CloudFront erlaubt (*https://oreil.ly/CvbNi*), sodass die Nutzer nicht direkt auf das S3-Bucket zugreifen können.

Wenn Sie mit dem Testen durch sind, committen Sie Ihre Änderungen in Git und führen `tofu destroy` aus, um alles wieder aufzuräumen. Nachdem Sie gesehen haben, wie man Dateien speichert, wollen wir uns dem nächsten Anwendungsfall zuwenden: dem Handling semistrukturierter Daten und der Suche.

Semistrukturierte Daten und Suche: Dokumentenspeicher

Relationale Datenbanken sind eine gute Wahl für eindeutige, konsistente und strukturierte Daten. Diese Daten können in Tabellen mit wohldefinierten Schemata gespeichert werden, und Abfragen können über eindeutig definierte Spaltennamen durchgeführt werden. Allerdings liegen Daten nicht immer in dieser Form vor. Wenn Sie zum Beispiel eine Software entwickeln, die einem Wiki ähnelt, bei der Nutzer beliebige Dokumente, Tags, Kategorien, Labels und so weiter anlegen können, wird es schwierig, alles in einem relationalen Schema abzubilden. Für diese Anwendungsfälle, bei denen mit *semistrukturierten Daten* gearbeitet wird, ist ein Dokumentenspeicher vielleicht die bessere Wahl.

Ein *Dokumentenspeicher* ähnelt einem Schlüssel/Wert-Speicher, nur dass die Werte umfangreichere Datenstrukturen, sogenannte *Dokumente*, sind, die der Dokumentenspeicher von Haus aus versteht und eine entsprechende Funktionalität für Abfragen und Updates dieser Daten bereitstellt.

Beliebte Allzweckdokumentenspeicher sind MongoDB und Couchbase (vollständige Liste (*https://oreil.ly/MVBO_*)). Einige Dokumentenspeicher sind für die Suche optimiert und bauen Suchindizes für die Dokumente auf, die eine Freitextsuche, eine Facettensuche und Ähnliches ermöglichen. Beliebte Suchoptionen sind Elasticsearch/OpenSearch[4] und Algolia (vollständige Liste (*https://oreil.ly/nLTC8*)).

In diesem Abschnitt werfen wir einen Blick auf Dokumentenspeicher und nutzen dabei die gleichen Datenspeicherkonzepte, die Sie bei relationalen Datenbanken gesehen haben:

- Lesen und Schreiben von Daten
- ACID-Transaktionen
- Schemata und Constraints

Wir beginnen mit dem Lesen und Schreiben von Daten.

Lesen und Schreiben von Daten

Um ein Gefühl dafür zu bekommen, wie Dokumentenspeicher arbeiten, wollen wir MongoDB als Beispiel einsetzen. MongoDB erlaubt das Speichern von JSON-Dokumenten in »Sammlungen«, sogenannten *Collections*, was in etwa dem entspricht, wie relationale Datenbanken Zeilen in Tabellen speichern. Bei MongoDB müssen Sie für die Dokumente kein Schema definieren, können also JSON-Daten in jedem beliebigen Format speichern. Um Daten zu lesen und zu schreiben, nutzen Sie die *MongoDB Query Language* (MQL), die JavaScript ähnelt. Beispiel 9.24 zeigt, wie Sie den Befehl `insertMany` nutzen, um JSON-Dokumente in einer Collection namens `bank` zu speichern.

Beispiel 9.24: Dokumente in die Collection »bank« einfügen (ch9/mongodb/bank.js)

```
db.bank.insertMany([
  {name: "Brian Kim", date_of_birth: new Date("1948-09-23"), balance: 1500},
  {name: "Karen Johnson", date_of_birth: new Date("1989-11-18"), balance: 4853},
  {name: "Wade Feinstein", date_of_birth: new Date("1965-02-25"), balance: 2150}
]);
```

Das entspricht unserem Bank-Beispiel für relationale Datenbanken an anderer Stelle in diesem Kapitel mit den gleichen drei Kunden wie in Tabelle 9.1. Um Daten abzurufen, nutzen Sie den `find`-Befehl wie in Beispiel 9.25.

Beispiel 9.25: Lookup aller Dokumente in der »bank«-Collection (ch9/mongodb/bank.js)

```
db.bank.find();

[
  {
    _id: ObjectId('66e02de6107a0497244ec05e'),
    name: 'Brian Kim',
    date_of_birth: ISODate('1948-09-23T00:00:00.000Z'),
    balance: 1500
  },
  {
    _id: ObjectId('66e02de6107a0497244ec05f'),
    name: 'Karen Johnson',
```

4 OpenSearch ist als Open-Source-Fork von Elasticsearch entstanden, nachdem Elasticsearch seine Open-Source-Lizenz aufgegeben hat.

```
    date_of_birth: ISODate('1989-11-18T00:00:00.000Z'),
    balance: 4853
  },
  {
    _id: ObjectId('66e02de6107a0497244ec060'),
    name: 'Wade Feinstein',
    date_of_birth: ISODate('1965-02-25T00:00:00.000Z'),
    balance: 2150
  }
]
```

Sie erhalten genau die Dokumente zurück, die Sie eingefügt haben, nur dass MongoDB automatisch ein `_id`-Feld in jedes Dokument eingefügt hat, eine eindeutige Kennung ähnlich einem Primärschlüssel. Wie in Beispiel 9.26 zu sehen, können Sie Dokumente über diese ID abrufen.

Beispiel 9.26: Lookup eines Dokuments nach ID (ch9/mongodb/bank.js)

```
db.bank.find({_id: ObjectId('66e02de6107a0497244ec05e')});

{
  _id: ObjectId('66e02de6107a0497244ec05e'),
  name: 'Brian Kim',
  date_of_birth: ISODate('1948-09-23T00:00:00.000Z'),
  balance: 1500
}
```

Der große Unterschied zwischen Schlüssel/Wert-Speichern und Dokumentenspeichern ist, dass Dokumentenspeicher die Inhalte jedes Dokuments verstehen und verarbeiten können, statt sie nur als Blobs zu betrachten. Dadurch sind umfangreichere Abfragen möglich. Beispiel 9.27 zeigt, wie man alle Kunden findet, die nach 1950 geboren wurden. Die gleiche Abfrage haben Sie als SQL in Beispiel 9.3 gesehen.

Beispiel 9.27: Lookup aller nach 1950 geborenen Kunden (ch9/mongodb/bank.js)

```
db.bank.find({date_of_birth: {$gt: new Date("1950-12-31")}});

[
  {
    _id: ObjectId('66e02de6107a0497244ec05f'),
    name: 'Karen Johnson',
    date_of_birth: ISODate('1989-11-18T00:00:00.000Z'),
    balance: 4853
  },
  {
    _id: ObjectId('66e02de6107a0497244ec060'),
    name: 'Wade Feinstein',
    date_of_birth: ISODate('1965-02-25T00:00:00.000Z'),
    balance: 2150
  }
]
```

Auch die Funktionalität beim Update von Dokumenten ist größer. Beispiel 9.28 zeigt, wie man `updateMany` nutzt, um 100 $ bei jedem Kunden abzuziehen. Das entspricht dem SQL-`UPDATE` aus Beispiel 9.4.

Beispiel 9.28: Allen Kunden 100 $ abziehen (ch9/mongodb/bank.js)

```
db.bank.updateMany({}, {$inc: {balance: -100}});
```

Die umfangreichere Query- und Update-Funktionalität ist schön, doch es gibt zwei wesentliche Einschränkungen. Erstens unterstützen Dokumentenspeicher die Arbeit mit mehreren Collections nicht, d.h., sie unterstützen keine Joins.[5] Und zweitens unterstützen die meisten Dokumentenspeicher keine ACID-Transaktion, wie Sie sie bereits kennengelernt haben.

ACID-Transaktionen

Der Code in Beispiel 9.28 hat ein schwerwiegendes Problem: Die meisten Dokumentenspeicher unterstützen keine ACID-Transaktionen.[6] Atomic Operations könnten für ein einzelnes Dokument möglich sein (z.B. wenn Sie ein Dokument mittels `updateOne` aktualisieren), aber nur selten bei Updates mehrerer Dokumente. Das bedeutet, dass bei einigen Kunden 100 $ abgezogen werden, bei anderen aber nicht (z.B. weil MongoDB mitten in einer `updateMany`-Operation abstürzt).

Das ist aus dem Code nicht ersichtlich, und viele Entwicklerinnen und Entwickler, die sich dessen nicht bewusst sind, werden kalt erwischt, wenn die Dokumentenspeicher nicht die erwarteten Ergebnisse liefern. Das ist einer der vielen Fallstricke bei der Nutzung nichtrelationaler Datenbanken, insbesondere als Wahrheitsquelle. Weitere Fallstricke sind die Wahrung der Konsistenz – wie Sie in noch sehen werden – sowie die fehlende Unterstützung für Schemata und Constraints, was wir als Nächstes diskutieren wollen.

Schemata und Constraints

Die meisten Dokumentenspeicher verlangen nicht, dass vorab ein Schema oder Constraints definiert werden. Das wird manchmal als *schemafrei* bezeichnet, ist aber etwas irreführend. Die Realität ist, dass es *immer* ein Schema gibt. Die einzige Frage ist, ob Sie dieses Schema beim Lesen oder Schreiben durchsetzen.

Relationale Datenbanken setzen das Schema beim Schreiben durch (*schema-on-write*), was bedeutet, dass Schema und Constraints vorab definiert werden müssen. Die Datenbank erlaubt nur das Schreiben von Daten, die dem Schema und den Constraints entsprechen. Bei den meisten Dokumentenspeichern wie MongoDB müssen Sie Schema und Constraints nicht vorab definieren, d.h., Sie können die Daten ganz nach Wunsch strukturieren, doch letztlich werden die Daten gelesen, und dieser Code muss ein Schema beim Lesen durchsetzen (*schema-on-read*), damit die Daten verarbeitet und sinnvoll genutzt werden können. Zur Verarbeitung der Daten aus der `bank`-Collection des vorherigen Abschnitts könnten Sie zum Beispiel den Java-Code aus Beispiel 9.29 verwenden.

---

5 Es gibt Ausnahmen wie MongoDB, das Joins über den lookup-Operator unterstützt. Allerdings ist dieser deutlich beschränkter als die Joins bei relationalen Datenbanken.

6 Auch hier gibt es einige Ausnahmen wie MongoDB, das verteilte Transaktionen unterstützt, auch wenn diese im Vergleich zu relationalen Datenbanken beschränkter sind. Darüber hinaus sind Transaktionen nicht der Standard. Sie müssen daran denken, sie zu nutzen, was fehleranfällig ist.

Beispiel 9.29: Java-Klasse für einen Kunden (ch9/java/Customer.java)

```
public class Customer {
    private String name;
    private int balance;
    private Date dateOfBirth;
}
```

Diese Java-Klasse definiert Schema und Constraints: Sie erwarten Feldnamen wie `name` und `balance` mit den Typen `String` und `int`. Genauer gesagt, ist das ein Beispiel für ein Schema beim Schreiben, da die Klasse das Schema definiert, das Sie vom Datenspeicher erwarten. Die eingelesenen Daten entsprechen entweder der Datenstruktur `Customer`, oder es kommt zu einem Fehler. Da Dokumentenspeicher keine Schemata oder Constraints erzwingen, können Sie wie in Beispiel 9.30 beliebige Daten in die Collection einfügen.

Beispiel 9.30: Einfügen eines Dokuments mit einem subtilen Fehler (ch9/mongodb/bank.js)

```
db.bank.insertOne(
  {name: "Jon Smith", birth_date: new Date("1991-04-04"), balance: 500}
);
```

Haben Sie den Fehler entdeckt? Der Code nutzt `birth_date` statt `date_of_birth`. Hoppla. MongoDB fügt die Daten ein, ohne sich zu beschweren, doch wenn Sie versuchen, die Daten mit der `Customer`-Klasse zu verarbeiten, erhalten Sie eine Fehlermeldung. Und das ist nur eine der vielen Arten von Fehlern, die bei Schema-on-Read möglich sind. Da die meisten Dokumentenspeicher keine Domänenbeschränkungen und Fremdschlüsselbeschränkungen unterstützen, müssen Sie auch auf Schreibfehler bei Feldnamen, falschen Feldtypen, IDs auf nicht existierende Dokumente in anderen Collections und so weiter achten.

Der Umgang mit diesen Fehlern beim Lesen von Daten ist schwierig, weshalb man diese Fehler besser im Vorfeld verhindert, indem man das Schreiben ungültiger Daten blockiert. In diesem Bereich hat Schema-on-Write deutliche Vorteile, da es durch Schemata und Constraints an einem Ort sauber geformte Daten erzwingt, statt das verteilt über Dutzende Teile Ihres Anwendungscodes, in jedem Skript und bei jeder Interaktion über die Konsole zu erreichen.

Schema-on-Read hat allerdings Vorteile, wenn Sie mit semistrukturierten oder uneinheitlichen Daten arbeiten. Ich würde Dokumentenspeicher nicht für hochstrukturierte Bankdaten nutzen, wohl aber bei nutzergenerierte Dokumente, Event-Tracking-Daten und Logs. Schema-on-Read kann auch vorteilhaft sein, wenn sich das Schema häufig ändert. Bei relationalen Datenbanken können bestimmte Arten von Schema-Änderungen lange dauern oder sogar einen Ausfall bedeuten. Bei Schema-on-Read muss der Anwendungscode nur das neue Datenformat und das alte verstehen, und fertig ist die Migration. Genauer gesagt, hat die Migration gerade erst begonnen, da das inkrementell erfolgt, wenn neue Daten geschrieben werden.

Kernaussage 7

Nutzen Sie Dokumentenspeicher für semistrukturierte und uneinheitliche Daten, für die Sie vorab kein Schema definieren können, oder für die Freitextsuche oder die Facettensuche etc.

Bedenken Sie auch noch einen weiteren Nachteil bei der Wahl von Schema-on-Read und Schema-on-Write: Performance. Bei Schema-on-Write, wie bei relationalen Datenbanken, kennt der Datenspeicher das Schema vorab, und dieses Schema ist für alle Daten innerhalb einer Tabelle gleich.

Der Datenspeicher kann diese Daten daher effizient speichern, sowohl was den Speicherbedarf als auch was die Lookup-Operationen auf der Festplatte betrifft. Bei Schema-on-Read wie beim Dokumentenspeicher kann jedes Dokument ein anderes Schema nutzen, weshalb der Datenspeicher das Schema mit im Dokument speichern muss, was weniger effizient ist. Das ist einer der Gründe, warum für Performance und Effizienz ausgelegte Datenspeicher üblicherweise Schema-on-Write nutzen. Dazu zählen auch Datenspeicher, die durch Analytik Erkenntnisse aus den Daten ziehen sollen. Das wollen wir im nächsten Abschnitt diskutieren.

Analytik: spaltenorientierte Datenbanken

Einige Datenspeichertechnologien sind dafür optimiert, Ihre Daten in einem Format zu speichern, das deren Analyse erleichtert und beschleunigt. Das ist Teil eines größeren Gebiets, das mittlerweile *Data Science* genannt wird, bei dem Statistik, Informatik, Informationstechnik, Software-Engineering und Visualisierung zusammengebracht werden, um Erkenntnisse aus den Daten zu gewinnen. Ein tieferer Einstieg in Data Science würde den Rahmen dieses Buchs sprengen, doch es lohnt sich, einen Blick auf die genutzten Datenspeichertechnologien zu werfen, da deren Deployment und Pflege häufig zum Aufgabenbereich der DevOps zählen.

Unter der Haube nutzen viele Analytiksysteme spaltenbasierte Datenbanken, weshalb wir uns in diesem Abschnitt die Grundlagen spaltenorientierter Datenbanken sowie einige Anwendungsfälle ansehen wollen.

Grundlagen spaltenorientierter Datenbanken

Oberflächlich betrachtet, ähneln *spaltenorientierte Datenbanken* relationalen Datenbanken. Sie speichern Daten in Tabellen, die aus Zeilen und Spalten bestehen, müssen üblicherweise vorab ein Schema definieren und unterstützen manchmal eine Abfragesprache, die an SQL erinnert. Allerdings gibt es einige kleinere Unterschiede. Erstens unterstützen spaltenorientierte Datenbanken üblicherweise weder ACID-Transaktionen noch Joins, Fremdschlüsselbeschränkungen oder viele weitere Features relationaler Datenbanken. Zweitens ist das wesentliche Entwurfsprinzip spaltenorientierter Datenbanken ihre *Spaltenorientierung* (daher der Name), d.h., sie sind für Operationen über Spalten optimiert, während relationale Datenbanken üblicherweise *zeilenorientiert* arbeiten, also für Operationen über Zeilen optimiert sind. Am einfachsten lässt sich das anhand eines Beispiels erklären. Sehen Sie sich die Buchtabelle `books` in Tabelle 9.2 an.

Tabelle 9.2: Die »books«-Tabelle

id	title	genre	year_published
1	Clean Code	tech	2008
2	Code Complete	tech	1993
3	The Giver	sci-fi	1993
4	World War Z	sci-fi	2006

Wie werden diese Daten auf der Festplatte gespeichert? Bei einer zeilenorientierten Datenbank werden die Werte jeder Zeile zusammengehalten, d. h., die serialisierten Daten können konzeptionell wie in Beispiel 9.31 aussehen.

Beispiel 9.31: Wie eine zeilenorientierte Datenbank Daten auf der Platte serialisiert

```
[1] Clean Code,tech,2008
[2] Code Complete,tech,1993
[3] The Giver,sci-fi,1993
[4] World War Z,sci-fi,2006
```

Vergleichen Sie das mit der spaltenorientierten Speicherung der gleichen Daten in Beispiel 9.32.

Beispiel 9.32: Wie eine spaltenorientierte Datenbank Daten auf der Platte serialisiert

```
[title] Clean Code:1,Code Complete:2,The Giver:3,World War Z:4
[genre] tech:1,2,sci-fi:3,4
[year_published] 2008:1,1993:2,3,2006:4
```

Bei diesem Format liegen alle Werte einer einzelnen Spalte hintereinander vor. Der Inhalt der Spalte bildet den Schlüssel (z. B. `Clean Code` oder `tech`) und die IDs die Werte (z. B. `1` oder `1,2`). Betrachten Sie nun die Query in Beispiel 9.33.

Beispiel 9.33: Alle 1993 veröffentlichten Bücher finden (ch9/sql/books-example.sql)

```
SELECT * FROM books WHERE year_published = 1993;

 id |     title     | genre  | year_published
----+---------------+--------+----------------
  2 | Code Complete | tech   |           1993
  3 | The Giver     | sci-fi |           1993
```

Weil diese Query `SELECT *` verwendet, muss sie jede Spalte einlesen, um passende Zeilen zu finden. Bei der zeilenorientierten Speicherung aus Beispiel 9.31 liegen die Daten aller Spalten einer Zeile hintereinander auf der Festplatte, während bei der spaltenorientierten Speicherung aus Beispiel 9.32 die Daten jeder Spalte über die Platte verteilt sind. Festplatten sind bei sequenziellen Leseoperationen schneller als beim wahlfreien Lesen, weshalb diese Art der Abfrage insbesondere bei sehr großen Datenmengen (mit Millionen oder Milliarden von Zeilen) mit einem spaltenorientierten Ansatz deutlich schneller ist. Vergleichen Sie das mit der Query aus Beispiel 9.34.

Beispiel 9.34: Zahl der 1993 veröffentlichten Bücher ermitteln (ch9/sql/books-example.sql)

```
SELECT COUNT(*) FROM books WHERE year_published = 1993;

 count
-------
     2
```

Die Query nutzt eine Aggregatfunktion, `SELECT COUNT(*)`, muss also nur die Werte der Spalte `year_published` lesen, um die `WHERE`-Klausel erfüllen zu können, und dann die Anzahl passender Einträge zählen. Bei der zeilenorientierten Speicherung aus Beispiel 9.31 muss auf der Festplatte hin und her gesprungen werden, um den `year_published`-Wert jeder Zeile zu lesen, während bei der spaltenorientierten Speicherung aus Beispiel 9.32 alle Daten für `year_published` hintereinander vorliegen. Diese Art Query ist daher (bei Millionen oder Milliarden von Zeilen) bei einem spaltenorientierten Ansatz deutlich schneller. In der Analytik haben Sie es ständig mit Aggregatfunktionen wie `COUNT`, `SUM` oder `AVG` zu tun, weshalb der spaltenorientierte Ansatz bei vielen Anwendungsfällen der Analytik zum Einsatz kommt. Das betrachten wir uns als Nächstes.

Anwendungsfälle in der Analytik

Hier einige der gängigsten Anwendungsfälle für spaltenorientierte Datenbanken:

Spaltenorientierte Allzweckdatenbanken
: Beliebte spaltenorientierte Datenbanken, die für eine Vielzahl von Anwendungsfällen genutzt werden können, sind Apache Cassandra, Google Bigtable und Apache HBase (vollständige Liste (*https://oreil.ly/ebVqy*)).

Zeitreihendatenbanken
: Viele der für die Speicherung und Analyse von *Zeitreihendaten* (z.B. Metriken und Logs) entwickelten Datenbanken nutzen spaltenorientierte Designs, da Queries mit Aggregatfunktionen bei dieser Art Daten üblich ist (z.B.: »Wie ist die durchschnittliche Response-Zeit meiner App«?). Beliebte Zeitreihendatenbanken sind unter anderem Prometheus und InfluxDB (vollständige Liste (*https://oreil.ly/ZjFgw*)).

Big Data
: *Big Data* ist ein etwas schwammiger Begriff für Datensätze, die viel zu groß sind, um mit traditionellen Systemen zur Datenanalyse (relationale Datenbanken, Dokumentenspeicher) verarbeitet werden zu können. Das ist eine große Herausforderung für Unternehmen, die in sehr großem Maßstab operieren, wie etwa Google, Meta und X. Im Jahr 2004 hat Google ein Paper zu MapReduce (*https://oreil.ly/Anoy-*) veröffentlicht, das deren Ansatz beschreibt, riesige Datenmengen mithilfe verteilter Systeme zu verarbeiten. Das führte zu einer Welle von Big-Data-Tools. Wichtige Akteure in diesem Bereich sind Apache Hadoop (eine Open-Source-MapReduce-Implementierung) und Cloudera (vollständige Liste (*https://oreil.ly/PB4lg*)).

Fast Data
: Big-Data-Systeme sind üblicherweise für den Batch-Betrieb ausgelegt, d.h., die Analyse großer Datenmengen erfolgt regelmäßig (z.B. einmal täglich) im Hintergrund. *Fast-*

Data-Systeme wurden für die *Verarbeitung von Streams* entwickelt (ein Thema, über das Sie in »Event-Streams« auf Seite 416 mehr erfahren). Die Analyse großer Datenmengen erfolgt durch eine fortlaufende inkrementelle Verarbeitung von Datenströmen nahezu in Echtzeit (z. B. in Millisekunden). Wichtige Akteure in diesem Bereich sind Apache Spark und Apache Flink (vollständige Liste (*https://oreil.ly/5E9zi*)).

Data Warehouse

Ein *Data Warehouse* ist ein zentrales Repository, das die Daten aller anderen Systeme integriert (siehe Abbildung 9.5). Liegen alle Daten an einem Ort vor, können Sie eine Vielzahl von Analysen vornehmen und Reports generieren. Data Warehouses sind häufig spaltenorientiert und nutzen spezialisierte Schemata (z. B. Stern- oder Schneeflockenschemata), die für die Analytik optimiert sind. Wichtige Akteure in diesem Bereich sind Snowflake, Amazon Redshift und Google BigQuery (vollständige Liste (*https://oreil.ly/ZObJj*)).

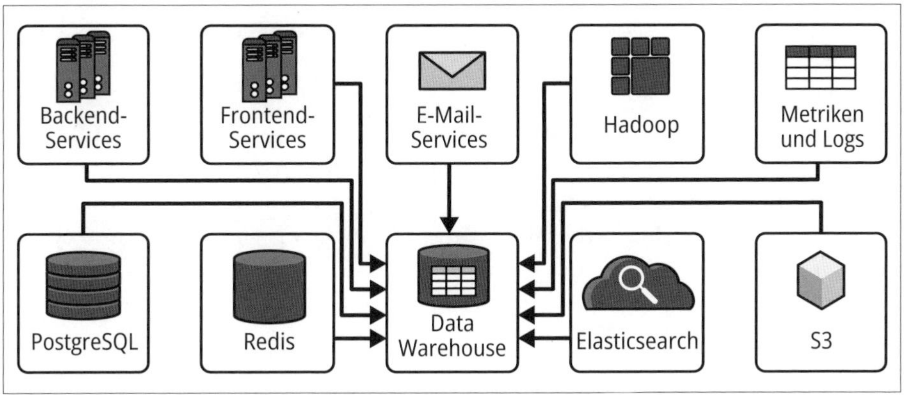

Abbildung 9.5: Integration aller Daten in einem Data Warehouse

Kernaussage 8

Nutzen Sie spaltenorientierte Datenbanken für Zeitreihen, Big Data, Fast Data sowie Data Warehouses und überall da, wo Sie Aggregatfunktionen über Spalten schnell durchführen müssen.

Abbildung 9.5 ist stark vereinfacht. Erstens sind die einfachen Pfeile der verschiedenen Systeme zum Data Warehouse tatsächlich komplizierte Hintergrundprozesse, die als »Extrahieren, Transformieren, Laden« (engl. extract, transform, load, kurz ETL) bezeichnet werden. Sie extrahieren Daten eines Systems aus einem Format, transformieren es in das Format eines anderen Systems (wobei die Daten gleichzeitig bereinigt und standardisiert werden) und laden sie dann in dieses andere System. Das ist so kompliziert, dass ein ganzes Ökosystem von ETL-Tools entstanden ist, einschließlich Apache Airflow, Stitch und Qlik (vollständige Liste (https://oreil.ly/GrbMS)). Zweitens gibt es nicht nur Pfeile jedes Systems zum Data Warehouse, sondern auch Pfeile zwischen den Systemen, die Hintergrundjobs, ereignisbasierte Kommunikation und so weiter darstellen. All das fällt in den Bereich der asynchronen Verarbeitung, die wir uns im nächsten Abschnitt ansehen wollen.

Asynchrone Verarbeitung: Queues und Streams

In Kapitel 7 haben Sie gelernt, wie Microservices dank Tools wie Diensteerkennung und Service-Meshes miteinander kommunizieren können. Dieser Ansatz nutzt üblicherweise die *synchrone* Kommunikation: Service A sendet einen Request an Service B und wartet auf die Response von Service B, bevor er weitermacht. Bei vielen Anwendungsfällen wünscht man sich aber *asynchrone Kommunikation*: Service A sendet eine Nachricht an Service B und macht dann weiter, ohne auf die Antwort zu warten. Service B verarbeitet den Request in seinem eigenen Tempo und sendet die Response dann als asynchrone Nachricht an Service A.

Diese asynchrone Kommunikation ist allerdings an eine Erwartung geknüpft: Sie wollen sicher sein, dass jede Nachricht letztlich verarbeitet wird. Der Verlust einer Nachricht oder die wiederholte Verarbeitung einer Nachricht kann negative Auswirkungen auf Ihr Geschäft haben. Daher sendet Service A seine Nachricht üblicherweise nicht direkt an Service B, der sie dann im Speicher vorhalten muss. Bei sehr vielen Nachrichten kann bei Service B der Speicher knapp werden, und wenn Service B abstürzt, gehen alle nicht verarbeiteten Nachrichten verloren.

Stattdessen sendet Service A Nachrichten an einen Datenspeicher, aus dem Service B sie dann abruft. Dieser Datenspeicher wurde speziell für diese Art der asynchronen Kommunikation entwickelt, speichert Nachrichten auf der Festplatte und hält den Status der Nachrichten nach (z. B. ob sie verarbeitet wurden). Vereinfacht gesagt, gibt es für diesen Zweck zwei Arten von Datenspeichern:

- Message-Queues
- Event-Streams

Sehen wir sie uns genauer an.

Message-Queues

Eine *Message-Queue* ist ein Datenspeicher, der der asynchronen Kommunikation dient zwischen einem »Erzeuger« (*Producer*), der Nachrichten in die Queue schreibt, und einem »Verbraucher« (*Consumer*), der Nachrichten aus der Queue liest (siehe Abbildung 9.6).

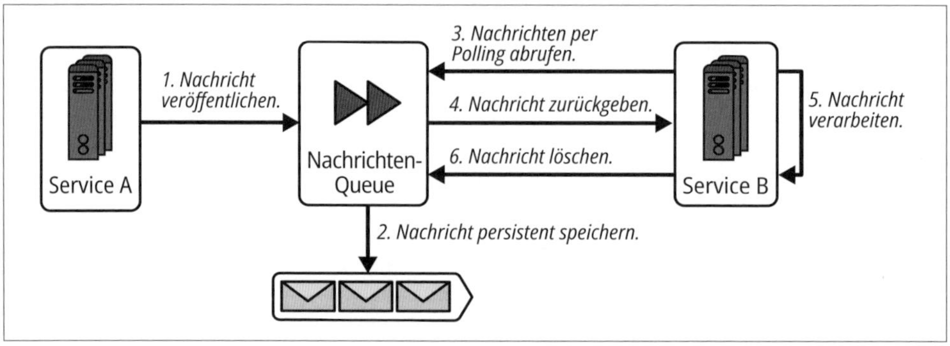

Abbildung 9.6: Schritte bei der Nutzung einer Message-Queue

Die Schritte bei der Nutzung einer Queue sehen üblicherweise wie folgt aus:

1. Ein Producer wie Service A veröffentlicht eine Nachricht in der Queue.
2. Die Queue speichert die Nachricht auf der Festplatte. Das stellt sicher, dass die Nachricht letztlich verarbeitet wird, auch wenn es bei der Queue oder einem Service zu einem Ausfall kommt.
3. Ein Consumer wie Service B fragt regelmäßig neue Nachrichten ab.
4. Liegt eine neue Nachricht vor, gibt die Queue sie an Service B zurück. Die Queue hält fest, dass die Nachricht »in Bearbeitung« ist, damit kein anderer Consumer die Nachricht lesen kann.
5. Service B verarbeitet die Nachricht.
6. Sobald die Nachricht erfolgreich verarbeitet ist, löscht Service B sie aus der Queue. Das stellt sicher, dass die Nachricht nur einmal verarbeitet wird.

Queues werden häufig von Aufgaben genutzt, die im Hintergrund laufen, und nicht so sehr bei Live-Requests eines Nutzers, etwa bei einer App, die Nutzern das Hochladen von Bildern erlaubt, die dann noch weiterverarbeitet werden müssen (z. B. Kopien der Bilder in verschiedenen Größen für Web-, Mobil- und Thumbnail-Ansichten).

Diese Aufgabe werden Sie lieber im Hintergrund erledigen wollen, statt die Nutzerinnen und Nutzer warten zu lassen. Dazu speichert Ihr Frontend-Server das Originalbild auf einem Fileserver und fügt der Queue eine Nachricht mit der Position des Bilds hinzu. Später liest ein separater Consumer-Prozess die Nachricht aus der Queue, lädt das Bild vom Fileserver herunter, verarbeitet das Bild und löscht die Nachricht aus der Queue, sobald er fertig ist. Weitere gängige Anwendungsfälle sind die Verarbeitung von Videos, das Versenden von E-Mail-Kampagnen, die Zustellung von Benachrichtigungen, das Generieren von Reports und die Auftragsbearbeitung.

Beliebte Message-Queues sind RabbitMQ, Apache ActiveMQ und ZeroMQ (vollständige Liste (*https://oreil.ly/6HCjR*)). Queues bieten verschiedene Vorteile:

Verarbeitung von Lastspitzen
: Eine Queue fungiert als Puffer zwischen den Services, was die Verarbeitung von Lastspitzen ermöglicht. Kommunizieren Service A und B synchron miteinander und kommt es zu einem zehnfachen Anstieg des Traffics, kann B die Last möglicherweise nicht verarbeiten, und es kommt zu Ausfällen und dem Verlust von Nachrichten. Ist eine Queue zwischengeschaltet, kann Service A so viele Nachrichten schreiben, wie er will, und Service B verarbeitet sie in der ihm möglichen Geschwindigkeit.

Entkopplung
: Bei synchroner Kommunikation muss jeder Service das Interface des anderen Service kennen, um kommunizieren zu können. In einem großen Unternehmen könnte ein Service JSON über HTTP verwenden, während ein anderer gRPC nutzt. Ein Service könnte ein Service-Mesh nutzen, das mTLS verlangt, während ein alter Service das Mesh gar nicht kennt – und so weiter. Viele unterschiedliche Services zu verbinden,

kann eine Mammutaufgabe sein. Mit der asynchronen Kommunikation über eine Message-Queue muss jeder Service nur wissen, wie er über die API mit der Message-Queue kommuniziert. Das gibt Ihnen einen entkoppelten, standardisierten Mechanismus zur Kommunikation.

Aufgaben werden garantiert abgeschlossen
: Was tun, wenn Service A eine synchrone Nachricht an Service B sendet, aber niemals eine Antwort oder eine Fehlermeldung erhält? Ein Großteil des Codes bricht mit einem Fehler ab. Ein Teil des Codes versucht es erneut, doch wenn Sie nicht vorsichtig sind, verarbeitet Service B die Nachricht mehrfach oder wird überlastet, was die Probleme noch schlimmer macht. Die asynchrone Kommunikation mittels Message-Queue garantiert, dass jede Aufgabe (letztendlich) abgeschlossen wird, selbst wenn es zu Ausfällen oder Abstürzen kommt, da die Queue Nachrichten und Metadaten (z.B. ob die Nachricht verarbeitet wurde) zwischenspeichert. Beachten Sie, dass es in der Theorie verteilter Systeme nachweislich unmöglich ist, zu garantieren, dass eine Nachricht *genau einmal* zugestellt wird (wenn Sie neugierig sind, sehen Sie sich das *Zwei-Generäle-Problem* an). In der Praxis stellen Message-Queues Nachrichten daher *mindestens einmal* bereit, und Sie entwickeln idempotente Consumer (die doppelte Nachrichten ignorieren).

Garantierte Reihenfolge und Priorität
: Einige Message-Queues garantieren, dass Nachrichten nicht nur mindestens einmal ausgeliefert werden, sondern auch in einer bestimmten Reihenfolge. *First-In/First-Out-Queues (FIFOs)* liefern Nachrichten zum Beispiel in der Reihenfolge aus, in der sie eingegangen sind, während *Priority-Queues* Nachrichten mit der höchsten Priorität zuerst ausliefern.

Kernaussage 9

Nutzen Sie Message-Queues, um Aufgaben im Hintergrund auszuführen. Das garantiert, dass Aufgaben abgeschlossen und in einer bestimmten Reihenfolge ausgeführt werden.

Während Message-Queues zur Eins-zu-eins-Kommunikation zwischen Producer und Consumer genutzt werden, setzt man Event-Streams zur Eins-zu-m-Kommunikation ein; das diskutieren wir als Nächstes.

Event-Streams

Event-Streaming-Tools erlauben Services eine asynchrone Kommunikation, die der einer Message-Queue ähnelt. Der Hauptunterschied besteht darin, dass eine Nachricht nicht für einen einzelnen Consumer gedacht ist, sondern von mehreren Consumern verarbeitet werden kann (siehe Abbildung 9.7). Zu den beliebtesten Event-Streaming-Tools zählen Apache Kafka, Amazon Kinesis und NATS (vollständige Liste (*https://oreil.ly/zIHSZ*)).

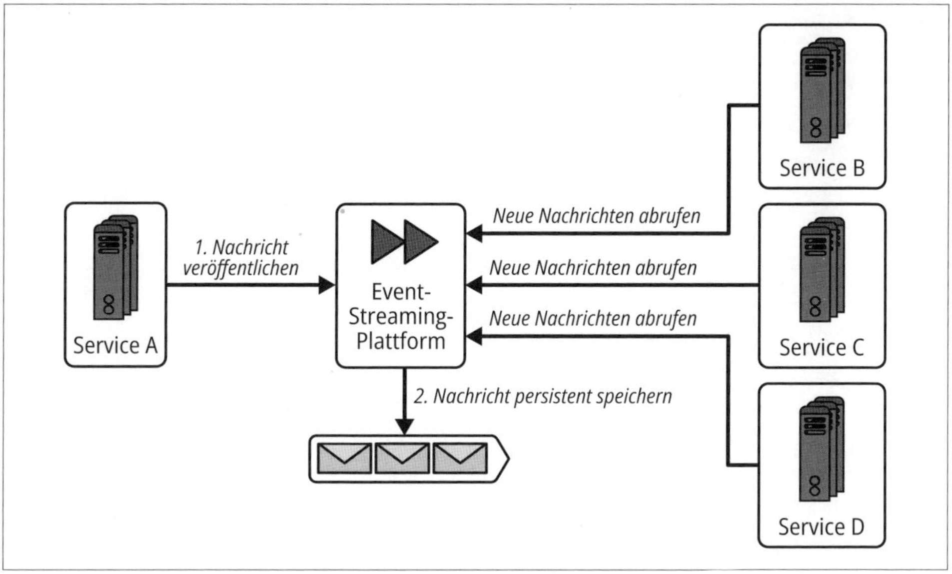

Abbildung 9.7: Schritte bei der Nutzung einer Event-Streaming-Plattform

Die Schritte für den Einsatz einer Event-Streaming-Plattform sind üblicherweise diese:

1. Ein Producer wie Service A veröffentlicht eine Nachricht im Event-Stream.
2. Der Event-Stream speichert die Nachricht auf der Festplatte. Das stellt sicher, dass die Nachricht letztlich verarbeitet wird, auch wenn es beim Event-Stream oder einem Service zu einem Ausfall kommt. Hinter den Kulissen werden die Nachrichten in einem *Log* festgehalten. Dabei handelt es sich um eine vollständig nach Zeit geordnete Folge von Einträgen (siehe Abbildung 9.8).

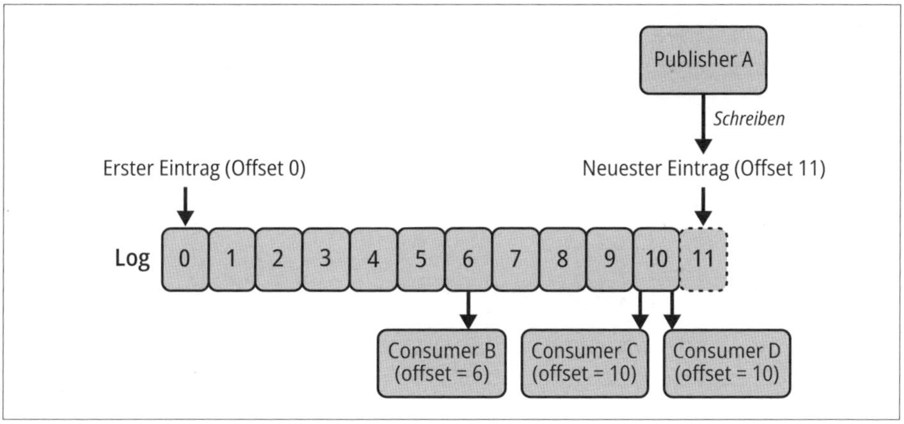

Abbildung 9.8: Event-Streaming-Log mit einem Publisher und drei Consumern

3. Ein oder mehrere Consumer wie Service B, C und D rufen neue Nachrichten von der Event-Streaming-Plattform ab.

4. Für jeden Consumer hält die Streaming-Plattform den *Offset* der letzten Nachricht im Log nach. Gibt es hinter diesem Offset eine neue Nachricht, gibt die Streaming-Plattform sie an den Consumer zurück.
5. Die Services B, C und D verarbeiten die jeweils empfangenen Nachrichten.
6. Sobald ein Service eine Nachricht erfolgreich verarbeitet hat, aktualisiert er seinen Offset im Log der Streaming-Plattform, um die gleiche Nachricht nicht noch einmal zu empfangen.

In seiner einfachsten Form kann das Event-Streaming als Ersatz für die asynchrone Kommunikation per Message-Queue eingesetzt werden. Allerdings ist das nicht der primäre Anwendungsfall. Eine Message-Queue wird üblicherweise genutzt, damit Service A speziell für Service B gedachte Nachrichten senden kann. Im Gegensatz dazu veröffentlicht beim Event-Streaming jeder Service einen Stream von »Ereignissen«, *Events*, die wichtige Datenpunkte oder Zustandsänderungen darstellen, aber nicht notwendigerweise für einen bestimmten Empfänger gedacht sind. Dieser Ansatz erlaubt verschiedenen anderen Services, diese Events zu abonnieren und je nach Bedarf darauf zu reagieren. Man bezeichnet das als *ereignisgesteuerte Architektur* (Event-gesteuerte Architektur, engl. *Event-driven Architecture*, EDA).

Der Unterschied zwischen Nachrichten in einer Message-Queue und Events in einem Event-Stream hat tiefgreifende Auswirkungen auf die Art und Weise, wie Sie Ihre Services entwickeln. In Abbildung 9.5 haben Sie eine vereinfachte Darstellung gesehen, in der alle Systeme ihre Daten an ein Data Warehouse senden. Abbildung 9.9 zeichnet ein etwas realistischeres Bild.

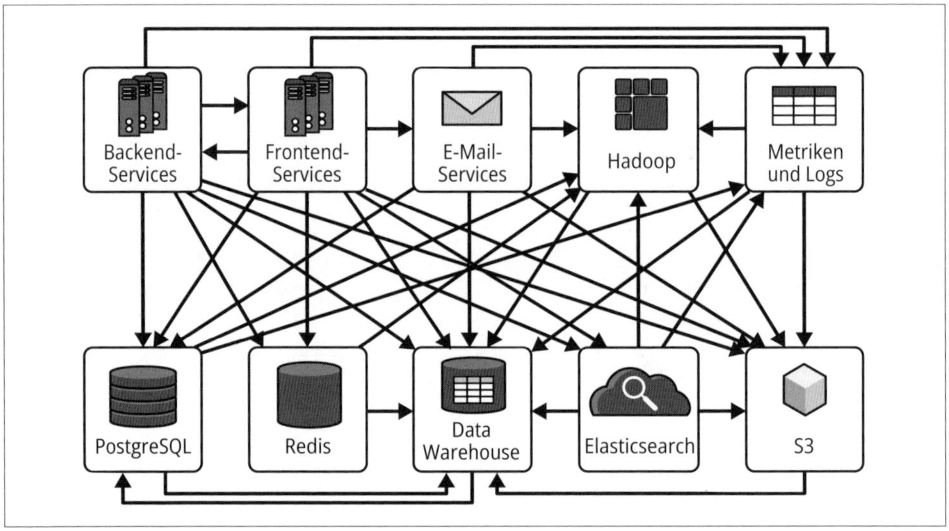

Abbildung 9.9: Eine Systemarchitektur ohne Event-Streaming hat n^2 Verbindungen.

Während die Zahl der Services wächst, wächst die Zahl der Verbindung zwischen diesen noch schneller. Bei n Services landen Sie bei etwa n^2 Verbindungen mit einer Vielzahl von Interfaces und Protokollen, die häufig ein komplexes ETL verlangen. Das Aufsetzen und

Pflegen dieser Verbindungen ist eine Mammutaufgabe. Event-Streaming bietet eine alternative Lösung, wie Abbildung 9.10 zeigt.

In Kapitel 7 haben Sie gesehen, dass ein Netzwerk-Switch n Computer mit n statt mit n^2 Kabeln verbindet (jeder Computer ist über ein Kabel mit dem Netzwerk verbunden). Analog erlaubt eine Event-Streaming-Plattform die Verbindung von n Services mit n statt mit n^2 Verbindungen (jeder Service hat eine Verbindung mit der Event-Streaming-Plattform). Die deutlich vereinfachte Konnektivität ist ein großer Vorteil ereignisgesteuerter Architekturen. Ein weiterer wesentlicher (wenn auch weniger offensichtlicher) Vorteil ist, dass bei ereignisgesteuerten Architekturen neue Services – neue Consumer – hinzugefügt werden können, *ohne die vorhandenen Producer modifizieren zu müssen*.

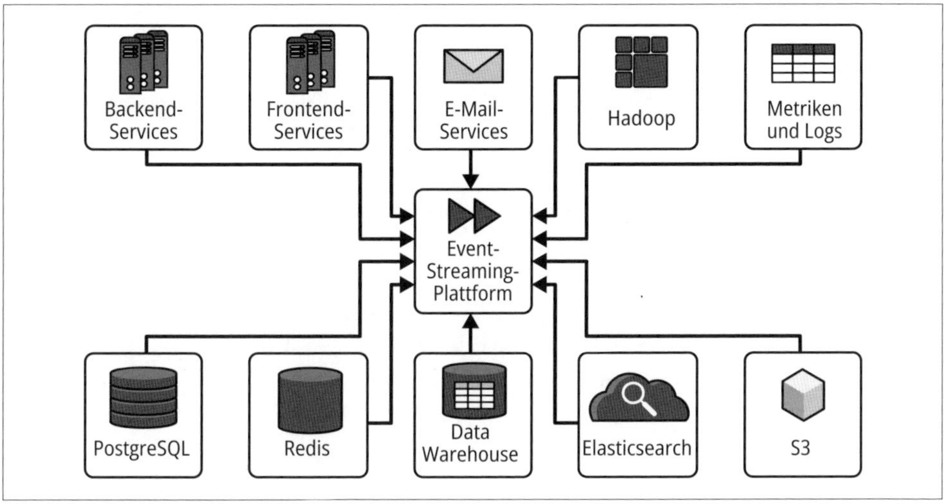

Abbildung 9.10: Eine Systemarchitektur mit Event-Streaming hat n Verbindungen.

Ein Beispiel macht die Leistungsfähigkeit dieses Konzepts deutlich. Stellen Sie sich eine Architektur vor, bei der die Services direkt miteinander kommunizieren. Service A könnte die Nachricht `ein neues Image wurde an X hochgeladen, bitte verarbeite das Image` an Service B senden. Sechs Monate später möchten Sie Service C hinzufügen, der Images auf unangemessene Inhalte untersucht. Damit dieser Service seine Aufgabe erledigen kann, müssen Sie Service A um eine zusätzliche Nachricht an Service C erweitern: `ein neues Image wurde an X hochgeladen, bitte untersuche es auf unangemessene Inhalte`.

Vergleichen wir das nun mit einer ereignisgesteuerten Architektur, bei der Service A von der Existenz anderer Dienste nichts wissen muss. Service A veröffentlicht nur wichtige Ereignisse wie `ein neues Image wurde an X hochgeladen`. Am ersten Tag kann Service B diesen Event-Stream abonnieren und jedes Image verarbeiten. Sechs Monate später fügen Sie Service C hinzu, der den gleichen Event-Stream abonniert und damit beginnt, Images auf unangemessene Inhalte zu untersuchen, ohne dass Service A angepasst werden muss. Sie können Dutzende weitere Services hinzufügen, die den Event-Stream von Service A nutzen, ohne dass A sich dieser Services bewusst ist.

Bei ereignisgesteuerten Architekturen veröffentlicht jeder Service wichtige Events wie `ein neuer Nutzer hat sich registriert`, `ein Nutzer hat einen Button angeklickt`, `eine Bestellung ist eingegangen`, `ein Server ist ausgefallen` und so weiter. Jeder andere Service kann jeden dieser Event-Streams abonnieren und unterschiedliche Aktionen ausführen (z. B. einen Suchindex aktualisieren, betrügerische Aktivitäten erkennen, Reports generieren oder eine Benachrichtigung senden). Darüber hinaus kann jeder Service, der einen Event-Stream abonniert, entscheiden, ob er bei Offset 0 dieses Streams beginnt (siehe Abbildung 9.8), also »die Uhr zurückdreht« und alle historischen Events dieses Streams verarbeitet (z. B. alle jemals hochgeladenen Images), bis er zum aktuellen Offset aufschließt, oder ob er direkt mit dem aktuellen Offset startet und nur neue Events verarbeitet.

Ereignisgesteuerte Architekturen haben viele Vorteile:

Alle Vorteile einer Message-Queue
: Event-Streams bieten im Wesentlichen die gleichen Vorteile wie die weiter oben vorgestellten Message-Queues: Sie bewältigen Lastspitzen, entkoppeln Services, garantieren den Abschluss und die richtige Reihenfolge von Aufgaben.

Noch stärkere Entkopplung
: Message-Queues bieten ein beschränktes Maß an Entkopplung, bei der Services nur über eine einzige Schnittstelle, die Queue, kommunizieren müssen. Eine gewisse Kopplung bleibt aber bestehen, da jeder Service sich der anderen Services bewusst sein muss, die ihm Nachrichten senden könnten. Event-Streams erlauben den Services ebenfalls die Interaktion über ein einziges Interface, die Event-Streaming-Plattform, sind aber noch weiter entkoppelt, da Publisher nichts über die Consumer wissen müssen. Das führt bei der Architektur zu einer beachtlichen Flexibilität und Skalierbarkeit.

Monitoring
: Event-Streams eignen sich hervorragend zum Monitoring, einschließlich Metriken und Logs. Der Event-Stream jedes Diensts bietet von Haus aus Einblick in alles, was der Service macht, und Sie können verschiedene Consumer einbinden, um Monitoring-Daten leichter zu visualisieren, zu durchsuchen und so weiter. Mehr zum Monitoring erfahren Sie in Kapitel 10.

ETL- und Stream-Verarbeitung
: In »Anwendungsfälle in der Analytik« auf Seite 412 haben Sie Big Data, Fast Data und Data Warehouses kennengelernt. Event-Streams spielen dabei eine Schlüsselrolle. Erstens bieten Event-Streams eine standardisierte Möglichkeit zur ETL-Verarbeitung. Zweitens habe ich erwähnt, dass es bei Fast Data um die Verarbeitung von Datenströmen geht, und die Event-Stream-Plattform stellt genau diese Datenströme bereit!

Kernaussage 10

Nutzen Sie Event-Streams zum Aufbau hochgradig skalierbarer, entkoppelter, ereignisgesteuerter Architekturen.

Nachdem Sie die Anwendungsfälle für bestimmte Datenspeicher kennengelernt haben, wollen wir uns dem etwas allgemeineren Problem der Skalierbarkeit und Verfügbarkeit zuwenden.

Skalierbarkeit und Verfügbarkeit

Für viele Unternehmen ist der Datenspeicher in Bezug auf Skalierbarkeit und Verfügbarkeit der größte Flaschenhals. Skalierbarkeit und Verfügbarkeit sind bei zustandsfreier Software relativ einfach zu erreichen, bei zustandsabhängiger Software ist das aber wesentlich schwieriger. Über die Jahre gab es viele Versuche, dieses Problem zu lösen, und die zentrale Erkenntnis war, dass es keine allgemeingültige Lösung gibt. Kein Datenspeicher und keine Architektur ist die Wunderwaffe, die alle Probleme der Skalierbarkeit und Verfügbarkeit auf magische Weise lösen könnte. Allerdings tauchen einige Muster immer wieder auf. Dieser Abschnitt sieht sich diese gängigen Muster in den folgenden Systemen an:

- relationale Datenbanken
- NoSQL- und NewSQL-Datenbanken
- verteilte Systeme

Sehen wir uns zuerst die Muster bei relationalen Datenbanken an.

Relationale Datenbanken

Die meisten relationalen Datenbanken wurden für den Betrieb auf einem einzelnen Server entwickelt. Doch wie Sie in Kapitel 3 gelernt haben, ist ein einzelner Server auch ein Single Point of Failure – ein Flaschenhals für die Skalierbarkeit und Verfügbarkeit. Das ist nichts, worüber Sie sich Gedanken machen müssen, solange Sie keine riesigen Mengen an Daten speichern oder sehr, sehr viel Traffic verarbeiten müssen. Bedenken Sie, dass, sollte es einmal so weit kommen, eine vertikale Skalierung der Datenbank durch einen leistungsfähigeren Server (größere CPU, mehr Speicher, mehr Plattenplatz) relativ einfach ist, die horizontale Skalierung über mehrere Server hinweg aber recht schwierig. Zur horizontalen Skalierung einer relationalen Datenbank (bzw. jedes Datenspeichers) gibt es zwei primäre Strategien: Replikation und Partitionierung.

Replikation

Bei der *Replikation* werden die gleichen Daten auf mehrere Server kopiert, die sogenannten *Replikate*. Ein wesentlicher Vorteil der Replikation ist die Fehlertoleranz. Server und Festplatten fallen ständig aus, weshalb eine Kopie der Daten dabei hilft, die Verfügbarkeit zu verbessern.

Eine Option ist, die Daten auf ein *Stand-by-Replikat* zu kopieren, das im Normalbetrieb keine Daten ausliefert, das aber schnell einspringt, wenn die primäre Datenbank ausfällt. Eine andere Option ist die Replikation der Daten auf ein oder mehrere *aktive Replikate*, die die Daten live bereitstellen. Sie können die Datenbank dann horizontal skalieren, indem Sie weitere Replikate hinzufügen.

Beachten Sie, dass es sich bei relationalen Datenbanken um *Lese-Replikate* handelt, die nur Leseoperationen verarbeiten, während alle Schreiboperationen über die primäre Datenbank laufen müssen. Damit können Sie alle Leseoperationen der primären Datenbank auslagern, was bei vielen Arten von Software hilft, die wesentlich mehr Daten lesen als schreiben.

Partitionierung

Während bei der Replikation alle Daten auf mehrere Server kopiert werden, kopiert man bei der *Partitionierung* (auch *Sharding*) verschiedene Teilmengen der Daten auf unterschiedliche Server, die sowohl Lese- als auch Schreiboperationen ausführen. Ziel der Partitionierung ist die deterministische Aufteilung Ihrer Daten auf *n* Server, sodass jeder nur 1/*n* der Gesamtlast tragen muss.

Wir kehren noch einmal zu unserem Bank-Beispiel zurück und nehmen an, dass die Datenbank auf zehn Millionen Kunden angewachsen ist. Wir könnten das auf zehn Server verteilen, sodass alle Daten der `customers`-Tabelle für Kunden mit den `id` 0 bis 1.000.000 auf Server 0 liegen, alle Daten für die Kunden 1.000.001 bis 2.000.000 auf Server 1 und so weiter. Betreibt die Bank eine Website, bei der die meisten Seiten nur die Daten eines Kunden enthalten, muss jede Datenbank nur etwa 10% der Last verarbeiten, was einen riesigen Gewinn darstellt.

Die Partitionierung macht aus einer einzelnen Datenbank-Node ein verteiltes System. Das hilft bei der Skalierbarkeit und Verfügbarkeit, hat aber auch seinen Preis. Wir sehen uns verteilte Systeme in genauer an, weshalb ich hier nur ein paar Beispiele nennen möchte. Mit der Partitionierung können Sie keine automatisch inkrementierten Folgen mehr nutzen, können Daten nicht über unterschiedliche Partitionen hinweg abfragen und keine Fremdschlüsselbeschränkungen über unterschiedliche Partitionen verwenden. Auch ACID-Transaktionen über unterschiedliche Partitionen hinweg sind nicht mehr möglich. Möchte ein Kunde mit der `id` 50 zum Beispiel Geld an einen Kunden mit der `id` 3.000.000 überweisen, können Sie dieses Update nicht in einer einzelnen Transaktion durchführen, da die Daten der Kunden in separaten Partitionen liegen. Wenn Sie Ihre Daten nicht korrekt partitionieren oder wenn sich die Zugriffsmuster ändern, kann es darüber hinaus zu *Hotspots* kommen, bei denen bestimmte Partitionen unverhältnismäßig viel Traffic verarbeiten müssen und überlastet werden. Um das zu beheben, müssen Sie die Partitionierungsstrategie neu ausrichten, auch *Rebalancing* genannt. Dies kann schwierig und teuer sein, weil möglicherweise sehr viele Daten verschoben werden müssen.

Kernaussage 11

Nutzen Sie Replikation und Partitionierung, um Skalierbarkeit und Verfügbarkeit relationaler Datenbanken zu erhöhen.

Replikation und Partitionierung bieten relationalen Datenbanken ein beachtliches Maß an Skalierbarkeit und Verfügbarkeit. Zum Beispiel nutzt Meta eine relationale Datenbank (MySQL) als primären Datenspeicher für seine über drei Milliarden Nutzer. Das Ausmaß des Deployments ist erstaunlich: Tausende Server auf mehreren Kontinenten hosten Millionen von Shards und speichern Daten im Petabyte-Bereich.[7] Allerdings wenden sich Unternehmen bei Problemen mit der Skalierbarkeit und der Verfügbarkeit ganz von relationalen Datenbanken ab, was wir im nächsten Abschnitt diskutieren wollen.

7 Diese Daten stammen aus dem Blogpost »Building and Deploying MySQL Raft at Meta«. Um dieses Ausmaß an Skalierung handhaben zu können, musste Meta MySQL Raft entwickeln, eine Konsens-Engine, die MySQL in ein »echtes verteiltes System« verwandelt, weshalb nicht ganz klar ist, ob man es noch eine relationale Datenbank nennen kann.

NoSQL- und NewSQL-Datenbanken

Mitte bis Ende der 2000er führten die Herausforderungen bei der Skalierung und der Verfügbarkeit relationaler Datenbanken zur Entwicklung nichtrelationaler Datenbanken, die häufig auch NoSQL-Datenbanken genannt werden. *NoSQL* stand zu unterschiedlichen Zeiten für Nicht-SQL oder Nicht-nur-SQL und ist ein schwammiger Begriff für Datenbanken, die kein SQL oder kein relationales Modell nutzen. Über die Jahre wurden viele Arten nichtrelationaler Datenbanken entwickelt, von denen aber die meisten keine große Verbreitung fanden (z. B. Objektdatenbanken in den 90ern, XML-Datenbanken in den frühen 2000ern). NoSQL bezeichnet heute insbesondere in den späten 2000ern primär von Internetunternehmen entwickelte Datenbanken, die relationale Datenbanken an noch nie da gewesene Anforderungen an Performance, Verfügbarkeit und Datenvolumen anpassen mussten.

Frühe Impulse für NoSQL lieferten Googles Paper zu Bigtable aus dem Jahr 2006 und Amazons 2007er-Paper zu Dynamo. Der Begriff NoSQL kam erst nach diesen Papers auf und geht auf einen Twitter-Hashtag (#NoSQL) für ein Meet-up im Jahr 2009 in San Francisco zurück, bei dem »verteilte, nichtrelationale Open-Source-Datenbanken« diskutiert werden sollten – noch immer die beste Definition für NoSQL, die wir haben. Die primären Arten von Datenspeichern, die unter den NoSQL-Schirm fallen, sind Schlüssel/Wert-Speicher, Dokumentenspeicher und spaltenorientierte Datenbanken, die Sie bereits in diesem Kapitel kennengelernt haben.[8]

Die meisten NoSQL-Datenbanken wurden von Grund auf für Skalierbarkeit und Verfügbarkeit entwickelt, weshalb das Deployment häufig die Replikation und die Partitionierung umfasst. Zum Beispiel wird MongoDB üblicherweise in einem Cluster mit mehreren Shards bereitgestellt. Jedes Shard nutzt eine primäre Datenbank und ein oder mehrere Replikate (für Leseoperationen) sowie dedizierte Server für Query-Routing, Auto-Sharding und Auto-Rebalancing. Der Vorteil ist ein hochgradig skalierbarer und hochverfügbarer Datenspeicher. Der Preis dafür ist ein kompliziertes verteiltes System mit ganz eigenen Herausforderungen, wie Sie im nächsten Abschnitt noch sehen werden. Im Moment möchte ich nur anmerken, dass die meisten NoSQL-Datenspeicher für die Skalierbarkeit und Verfügbarkeit auf Schlüsselmerkmale relationaler Datenbanken verzichten, etwa ACID-Transaktionen, referenzielle Integrität und Joins unterstützende, flexible Abfragesprachen.

Für einige Anwendungsfälle waren dies zu große Abstriche, was Mitte bis Ende der 2010er zur Entwicklung einer neuen Sorte relationaler Datenbanken führte, die häufig *NewSQL* genannt werden. Diese versuchen, die Stärken relationaler Datenbanken beizubehalten (z. B. ACID-Transaktionen, SQL) und gleichzeitig die Skalierbarkeit und Verfügbarkeit zu verbessern. Einige wichtige Akteure in diesem Bereich sind Google Spanner, Amazon Aurora und CockroachDB (vollständige Liste (*https://oreil.ly/K9MwV*)). Hinter den Kulissen handelt es sich um komplexe verteilte Systeme, die die Replikation und die Partitionierung nutzen, um eine höhere Skalierbarkeit und Verfügbarkeit zu erreichen, aber auch neue Techniken nutzen, um nicht auf zu viele Vorteile relationaler Datenbanken verzichten zu müssen. Die verfolgten Ansätze sind faszinierend, sprengen aber den Rahmen dieses Buchs,

8 Der einzige weitere Typ eines NoSQL-Datenspeichers ist die Graphdatenbank, der Sie in freier Wildbahn nur selten begegnen werden. Wenn Sie interessiert sind, sehen Sie sich diese Liste der Graphdatenbanken an: *https://oreil.ly/PtuXh*.

insbesondere weil viele frühe NewSQL-Anbieter nicht mehr existieren und die verbliebenen relativ jung und unausgereift sind.

Denken Sie daran, dass Datenspeichertechnologie mindestens ein Jahrzehnt zum Reifen braucht. Während diese Zeilen geschrieben werden, sind die meisten NoSQL-Datenspeicher 10 bis 15 Jahre alt, entwickeln sich also gerade erst zu ausgereiften und zuverlässigen Systemen. Die meisten NewSQL-Systeme sind nicht einmal zehn Jahre alt und damit relativ jung (zumindest in Bezug auf Datenspeichertechnologien). Dass sowohl NoSQL- als auch NewSQL-Datenbanken typischerweise komplexe verteilte Systeme sind, die einen vor Herausforderungen stellen, die auch nach einer Dekade noch nicht gelöst sind, wollen wir uns im nächsten Abschnitt ansehen.

Verteilte Systeme

Wie Sie aus Kapitel 6 wissen, sind verteilte Systeme kompliziert und verteilte Datenspeicher umso mehr. Eine der Herausforderungen ist, dass alle verteilten Systeme dem sogenannten CAP-Theorem (*https://oreil.ly/zF5qT*) unterliegen, dessen Name auf drei Eigenschaften zurückgeht:

Konsistenz (Consistency, C)
: Jede Leseoperation liefert die Daten der aktuellsten Schreiboperation zurück.

Verfügbarkeit (Availability, A)
: Jeder Request erhält eine Response, selbst wenn einige Server ausgefallen sind.

Partitionstoleranz (P)
: Das verteilte System funktioniert auch, wenn die Kommunikation zwischen einigen Servern ausfällt.

Alle drei Eigenschaften sind für ein verteiltes System wünschenswert, doch das CAP-Theorem besagt, dass nur jeweils zwei erfüllt werden können. Im richtigen Leben kann kein Netzwerk garantieren, dass es keine Partitionen gibt, alle realen verteilten Systeme bieten daher Partitionstoleranz (also P). Sie können sich also nur noch für einen Punkt entscheiden. Wählen Sie Konsistenz (C) oder Verfügbarkeit (A)?

Einige Systeme wie HBase und Redis wählen C, d. h., sie versuchen, die Daten auf allen Nodes konsistent zu halten. Im Fall der Netzwerkpartition geht also Verfügbarkeit verloren. Wenn Sie einen Datenspeicher nutzen, der C verwendet, müssen Sie akzeptieren, dass der Datenspeicher manchmal ausfällt. Andere Systeme wie Cassandra, Riak und CouchDB haben sich für A entschieden, sind also *schlussendlich konsistent*, d. h., während einer Netzwerkpartition bleiben sie verfügbar, doch unterschiedliche Nodes enthalten unterschiedliche Daten. Tatsächlich können schlussendlich konsistente Systeme selbst ohne Partition unterschiedliche Daten auf unterschiedlichen Nodes enthalten, zumindest für kurze Zeit. Bei einem A nutzenden Datenspeicher müssen Sie mit dem schlussendlich konsistenten Datenmodell leben, das für Entwickler und Nutzer gleichermaßen verwirrend sein kann (z. B. wenn Sie gerade Daten aktualisiert haben und nach dem Neuladen der Seite immer noch die alten Daten sehen).

Eine weitere Herausforderung verteilter Systeme besteht darin, dass sie neue Arten von Fehlern einführen. An irgendeinem Punkt kommt es bei allen Datenspeichern zu einem Fehler.

Die Frage ist, auf wie viele unterschiedliche Arten das System fehlschlagen kann und wie einfach es ist, den jeweiligen Fehler zu verstehen und zu beheben. Üblicherweise ist die Zahl und die Komplexität der Fehlermodi eines einzelnen Systems (z. B. einer relationalen Datenbank) deutlich kleiner als bei einem verteilten NoSQL- oder NewSQL-System mit mehreren Writern, Auto-Rebalancing, schlussendlicher Konsistenz, Konsensalgorithmen und so weiter. Das Handling zu vieler Fehler war einer der Hauptgründe, warum Pinterest Cassandra nicht mehr nutzt (*https://oreil.ly/bFV3q*) und Etsy MongoDB nicht mehr verwendet (*https://oreil.ly/b6Gvy*).

Eine andere Herausforderung verteilter Systeme besteht darin, ein passendes Geschäftsmodell zu finden. Der Aufbau eines zuverlässigen Datenspeichers dauert ein oder zwei Jahrzehnte. Eine nachhaltige Lösung zu finden und Entwickler während dieser Zeit zu bezahlen, kann schwierig sein. Viele Datenspeicherunternehmen haben dichtgemacht (z.B. RethinkDB (*https://oreil.ly/qpDpp*), FoundationDB (*https://oreil.ly/YvxGL*), GenieDB, ScaleDB und viele weitere), was ein riesiges Problem ist, wenn Ihr Unternehmen von diesen Technologien abhängig ist, um Ihr wertvollstes Gut zu speichern! Ein Datenspeicher, den es seit über 20 Jahren gibt, ist nicht nur ausgereifter als einer, der gerade mal ein paar Jahre auf dem Buckel hat, sondern er wird sehr wahrscheinlich auch noch weitere 20 Jahre überstehen (sogenannter *Lindy-Effekt*).

Das bedeutet nicht, dass Sie verteilte Systeme, NoSQL oder NewSQL meiden sollten. Es bedeutet nur, dass Sie verstehen müssen, wozu sie gut sind, wozu nicht und welche Risiken Sie eingehen. Wenn Sie beispielsweise extreme Anforderungen an die Skalierbarkeit und Verfügbarkeit haben sowie ein Team, das bereit ist, Zeit und Mühe in den Betrieb und die Pflege einer NoSQL- oder NewSQL-Datenbank zu stecken, dann gehen Sie es unbedingt an. Als kleines Start-up mit wenig Traffic ist der Einsatz eines komplexen verteilten Datenspeichers wohl nicht der richtige Weg, Ihre beschränkten Ressourcen einzusetzen.

Kernaussage 12

Nutzen Sie NoSQL- und NewSQL-Datenbanken, wenn Ihre Anforderungen an die Skalierbarkeit und Verfügbarkeit das übersteigen, was eine relationale Datenbank leisten kann, aber nur dann, wenn Sie die Zeit und die Expertise für den Betrieb und die Pflege eines verteilten Datenspeichers bereitstellen können.

Beachten Sie, dass Dinge auch mit den ausgereiftesten und kampferprobtesten Datenspeichern schiefgehen können. Daher ist das letzte Thema dieses Kapitels die Datensicherung und -wiederherstellung, um das Risiko eines Datenverlusts zu minimieren.

Backup und Recovery

Unabhängig vom gewählten Datenspeicher müssen Sie sich Gedanken um die Datensicherung und -wiederherstellung machen, also wie Sie Ihr Unternehmen vor Katastrophenszenarien, die zum Verlust Ihrer Daten führen, schützen. Ein solcher Datenverlust kann Ihrem Unternehmen immensen Schaden zufügen und sogar das Aus bedeuten. Ganz allgemein gesprochen, müssen Sie sich vor drei Arten von Katastrophenszenarien schützen:

Datenverlust
: Daten können durch Hardwarefehler verloren gehen, etwa aufgrund kaputter Server oder Festplatten, oder durch Softwarefehler, etwa wenn durch einen Bug im Code Daten versehentlich gelöscht werden.

Beschädigung von Daten
: Daten müssen nicht verloren gehen, können aber beschädigt werden. Das kann an Bugs in der Software, menschlichem Versagen oder bösartigen Akteuren liegen.

Unzugängliche Daten
: Daten müssen nicht verloren gehen oder beschädigt werden, können aber nicht mehr zugänglich sein. Das kann zum Beispiel passieren, wenn Sie den Codierungsschlüssel verlieren, der zum Verschlüsseln der Daten verwendet wurde.

Bis zu einem gewissen Grad ist die Lösung einfach: Sichern Sie Ihre Daten. Kopieren Sie Ihre Daten regelmäßig und legen Sie diese Kopien irgendwo sicher ab. Geht etwas schief, stellen Sie die Daten aus den Sicherheitskopien wieder her. Das ist nicht so einfach, wie es sich anhört, wie Sie in den folgenden Abschnitten noch sehen werden:

- Backup-Strategien
- Backup-Empfehlungen
- Beispiel: Backups und Lese-Replikate mit PostgreSQL

Wir beginnen mit den Backup-Strategien.

Backup-Strategien

Nachfolgend die gängigsten Strategien zur Datensicherung:

- planmäßige Festplatten-Backups
- planmäßige Datenspeicher-Backups
- fortlaufende Datenspeicher-Backups
- Datenspeicher-Replikation

Diese Strategien schließen sich nicht gegenseitig aus. Tatsächlich hat jede Strategie unterschiedliche Vor- und Nachteile und schützt vor unterschiedlichen Katastrophen. Es ist daher üblicherweise eine gute Idee, verschiedene Strategien zu nutzen, um den größtmöglichen Schutz zu erzielen. Sehen wir uns das genauer an.

Planmäßige Festplatten-Backups

Der einfachste Ansatz für Backups ist ein *Schnappschuss* der gesamten Festplatte in regelmäßigen Abständen (z.B. täglich) und das Speichern dieses Schnappschusses auf einem separaten Server.

Vorteile

- Schutz vor Datenverlust.
- Schutz vor beschädigten Daten.
- Moderate Portabilität. Einige Backup-Systeme liefern Snapshots, die Sie auf Server in anderen Hosting-Umgebungen übertragen können (z.B. On-Prem in die Cloud), andere hingegen nicht (z.B. funktionieren die Backups einiger Cloud-Provider nur bei diesem Cloud-Provider).

- Höchst zuverlässig. Festplatten-Snapshots speichern bei der Sicherung genau die aktuell vorliegende Konfiguration und Version des Datenspeichers, es funktioniert also wahrscheinlich genau wie vorher.

Nachteile

- Overhead beim Speicherplatz. Sie speichern viele Daten, die Sie eigentlich nicht benötigen (z.B. das Betriebssystem und andere Software), sodass Ihre Backups mehr Plattenplatz benötigen.
- CPU- und Speicher-Overhead. Während das Backup läuft, benötigen Sie bei mehr Daten auch mehr CPU-Leistung und Arbeitsspeicher.
- Inkonsistente Daten. Der Datenspeicher kann während des Snapshots Daten im Speicher gepuffert und nur zum Teil auf die Platte geschrieben haben, d.h., die Daten können unvollständig oder inkonsistent sein. Sie können das verhindern, indem Sie den Datenspeicher während des Snapshots herunterfahren, bezahlen das aber mit entsprechenden Ausfallzeiten.
- Das schützt *nicht* vor unzugänglichen Daten. Die Daten des Snapshots sind immer noch mit dem gleichen Schlüssel verschlüsselt, d.h., wenn der Schlüssel verloren geht, können Sie die Daten aus dem Snapshot nicht wiederherstellen.
- Verlorene Daten zwischen Snapshots. Kommt es zu einem Absturz, verlieren Sie die Daten zwischen den Snapshots. Sie können die Datensicherung häufiger durchführen, um den Datenverlust zu minimieren, benötigen dafür aber mehr Ressourcen und Plattenspeicher.

Die ersten drei Nachteile dieses Ansatzes (Festplatten-Overhead, CPU- und Speicher-Overhead sowie inkonsistente Daten) können mithilfe des nächsten Ansatzes gelöst werden.

Planmäßige Datenspeicher-Backups

Viele Datenspeicher bieten von Haus aus die Möglichkeit, nur die Daten (und nicht die gesamte Festplatte) zu sichern. Sie können diese Daten also planmäßig sichern und die Snapshots auf einem separaten Server ablegen. Zum Beispiel können viele relationale Datenbanken einen *SQL-Dump* ausführen, bei dem ein Snapshot der SQL-Anweisungen (`CREATE TABLE`, `INSERT INTO` etc.) erzeugt wird, der den Inhalt der Datenbank zu einem bestimmten Zeitpunkt repräsentiert.

Vorteile

- Schutz vor Datenverlust.
- Schutz vor beschädigten Daten.
- Schutz vor unzugänglichen Daten, wenn der Schnappschuss mit einem anderen Codierungsschlüssel verschlüsselt wird.
- Konsistente Daten. Datenspeicher-Snapshots sind garantiert konsistent.
- Weniger Festplatten-Overhead. Sie speichern nur die Daten im Datenspeicher und nicht das Betriebssystem und sonstige Software.
- Weniger CPU- und Speicher-Overhead. Wenn weniger Daten gespeichert werden müssen, benötigt der Backup-Prozess auch weniger CPU-Leistung und Arbeitsspei-

cher. Sie können den Backup-Prozess auch auf eine Replik auslagern, sodass es beim Primärspeicher keinen CPU- und Speicher-Overhead mehr gibt.

- Höchst portabel. Planmäßige Datenspeicher-Backups funktionieren üblicherweise auch auf anderen Servern, Betriebssystemen, Hosting-Umgebungen etc.
- Moderat zuverlässig. Können Sie den Datenspeicher nicht mit der gleichen Konfiguration und Version des Originals bereitstellen, besteht ein geringes Risiko, dass Sie nicht alle Daten wiederherstellen können. Das passiert meist, wenn Sie versuchen, alte Backups mit neueren (möglicherweise nicht rückwärtskompatiblen) Versionen der Datenspeichersoftware auszuführen.

Nachteile

- Verlorene Daten zwischen Snapshots. Kommt es zu einem Absturz, verlieren Sie die Daten zwischen den Snapshots. Sie können die Datensicherung häufiger durchführen, um den Datenverlust zu minimieren, benötigen dafür aber mehr Ressourcen und Plattenspeicher.

Viele Unternehmen nutzen diesen Ansatz, doch der letzte Nachteile, der Verlust von Daten zwischen den Snapshots, bringt einige Unternehmen zum nächsten Ansatz.

Fortlaufende Datenspeicher-Backups

Einige Datenspeicher erlauben Snapshots nach jeder einzelnen Änderung. Wie das funktioniert, hängt vom Datenspeicher ab. Eine weitverbreitete Implementierung eines Datenspeichers nutzt ein sogenanntes *Write-ahead-Log* (WAL). Jede angeforderte Änderung (jede `INSERT`- und `UPDATE`-Anweisung) wird dabei zuerst in diese »append-only« WAL-Datei geschrieben, bevor die angeforderte Änderung an den eigentlichen Daten vorgenommen wird. Wenn Sie jeden WAL-Eintrag auf einem separaten Server sichern, erhalten Sie *fortlaufende Backups*, bei denen ein Replay des WAL jeden beliebigen Zeitpunkt wiederherstellen kann.

Vorteile

- Schutz vor Datenverlust.
- Schutz vor beschädigten Daten.
- Schutz vor unzugänglichen Daten, wenn Sie Backups mit einem anderen Codierungsschlüssel verschlüsseln.
- Kein Datenverlust zwischen Snapshots.
- Konsistente Daten. Datenspeicher-Backups sind garantiert konsistent.
- Weniger Festplatten-Overhead. Sie speichern nur die Daten im Datenspeicher und nicht das Betriebssystem und sonstige Software. Allerdings sind fortlaufende Backups trotzdem größer, da jede einzelne Änderung gespeichert wird, während Datenspeicher-Backups nur das Ergebnis sichern. Ändert sich eine einzelne Zeile zum Beispiel 1.000-mal, sichert das fortlaufende Backup alle 1.000 Einträge, während das Datenspeicher-Backup nur einen einzelnen Eintrag mit dem neuesten Wert sichert.

Nachteile

- CPU- und Speicher-Overhead. Die Sicherung jeder Änderung erhöht die Datenbanklatenz ein wenig und benötigt insgesamt mehr CPU-Leistung und Speicherplatz (während der Overhead bei planmäßigen Snapshots nur während des Backup-Prozesses auftritt).

- Nicht alle Datenspeicher unterstützen fortlaufende Backups.
- Nicht so portabel. Der Umzug fortlaufender Backups auf andere Server, Betriebssysteme oder Hosting-Umgebungen wird nicht immer unterstützt.
- Können Sie den Datenspeicher nicht mit der gleichen Konfiguration und Version des Originals bereitstellen, besteht ein geringes Risiko, dass Sie nicht alle Daten wiederherstellen können. Das passiert meist, wenn Sie versuchen, alte Backups mit neueren (möglicherweise nicht rückwärtskompatiblen) Versionen der Datenspeichersoftware auszuführen.

Fortlaufende Backups sind der Goldstandard, d.h., wenn sie Ihnen zur Verfügung stehen, sollten Sie sie auch nutzen. Darüber hinaus kann der Mechanismus fortlaufender Backups auch für die Replikation genutzt werden.

Datenspeicher-Replikation

Weiter oben in diesem Kapitel haben Sie gesehen, dass Sie Replikate einer Datenbank anlegen können, die als Ausfallsicherung fungieren oder einen Teil der Last übernehmen. Die Replikation dient aber auch als Backup-Mechanismus. Tatsächlich basiert die Replikation häufig auf einem WAL. Jede angeforderte Änderung wird an die Replika-Server gesendet, die nach der Übernahme dieser Änderungen genau die gleichen Daten besitzen. Letztendlich handelt es sich also um eine Art fortlaufendes Backup.

Vorteile

- Schutz vor Datenverlust.
- Kein Datenverlust zwischen Snapshots.
- Konsistente Daten. Die Datenspeicher-Replikation ist garantiert konsistent.
- Weniger Festplatten-Overhead. Es werden nur die Daten des Datenspeichers gesichert, nicht das Betriebssystem und andere Software.
- Durch zusätzliche Replikate kann die Last verteilt und eine Ausfallsicherung bereitgestellt werden.

Nachteile

- Schützt nicht vor beschädigten Daten. Werden ungültige Daten in den primären Datenspeicher geschrieben, landen sie auch in den Replikaten!
- CPU- und Speicher-Overhead. Die Replikation jeder Änderung erhöht die Datenbanklatenz ein wenig und nutzt insgesamt mehr CPU-Leistung und Speicherplatz (während der Overhead bei planmäßigen Snapshots nur während des Backup-Prozesses auftritt).
- Bietet keinen Schutz vor unzugänglichen Daten, da die Replika üblicherweise den gleichen Schlüssel verwendet wie der primäre Datenspeicher.
- Teurer, da ein zusätzlicher Server (die Replika) laufen muss. Sie können diesen zusätzlichen Kosten ein wenig entgegenwirken, indem Sie eine Stand-by-Replika nutzen.

Nachdem Sie die grundlegenden Backup-Strategien kennengelernt haben, wollen wir uns einige Praktiken ansehen, die Ihre Backups effektiver machen.

Backup-Empfehlungen

Ich empfehle einige Praktiken für die Sicherung Ihrer Daten:

Die 3-2-1-Backup-Regel.
: Sie sollten mindestens drei Kopien Ihrer Daten besitzen, verteilt auf mindestens zwei Medien, von denen mindestens eine Kopie ausgelagert ist. Eine primäre Datenbank (SSD), eine Replika-Datenbank (SSD) und nächtliche Snapshots auf magnetischen Festplatten in einem anderen Rechenzentrum erfüllen zum Beispiel die 3-2-1-Anforderung. Diese einfach zu merkende Regel stellt sicher, dass Ihre Daten eine Vielzahl von Katastrophen überstehen – vom Verlust eines Servers in der Produktion bis hin zum Verlust einer ganzen Region.

Prüfen Sie Ihre Backups regelmäßig.
: Wenn Sie Ihre Backups nicht überprüfen, ist die Chance groß, dass sie nicht funktionieren. Dokumentieren Sie den Schritt-für-Schritt-Prozess der Wiederherstellung, damit Ihr Team das nicht mitten in einer Krise herausfinden muss. Gehen Sie den Prozess regelmäßig durch. Setzen Sie zum Beispiel einmal jährlich eine Trainingssitzung an, bei der der Prozess von Hand durchgegangen wird, und nutzen Sie automatisierte Tests, die ein System aus einem Backup wiederherstellen und die überprüfen, ob alles wie erwartet funktioniert (z.B. ob die Queries beim Backup die gleichen Daten zurückliefern wie der primäre Datenspeicher).

Schützen Sie Ihre Backups.
: Sie müssen Ihre Backups genauso sorgfältig schützen wie Ihre Originaldaten. Wie Sie in Kapitel 8 gelernt haben, basieren viele Einbrüche nicht auf brillanten Hacks, sondern auf alten Kopien unzureichend geschützter Daten, über die ein Hacker stolpert. Daher müssen Sie auch für Ihre Backups ein mehrstufiges Sicherheitssystem etablieren, einschließlich Verschlüsselung, privater Netzwerke, Authentifizierung und so weiter.

Kernaussage 13

Stellen Sie sicher, dass Ihre Datenspeicher ordentlich gesichert werden, um sich vor Datenverlust und beschädigten Daten zu schützen. Schützen Sie Ihre Backups, überprüfen Sie regelmäßig Ihre Backup-Strategie und folgen Sie der 3-2-1-Regel.

Nachdem Sie Backup-Strategien und empfohlene Muster kennengelernt haben, wollen wir das anhand eines Beispiels mit PostgreSQL in die Praxis umsetzen.

Beispiel: Backups und Read-Replikate mit PostgreSQL

Weiter oben in diesem Kapitel haben Sie ein `lambda-rds`-Root-Modul angelegt, das PostgreSQL in AWS mittels RDS bereitstellt. Wir wollen dieses Beispiel um die folgenden Dinge ergänzen:

Anlegen täglicher Snapshots
: Sicherung der Datenbank durch einen täglichen Snapshot.

Anlegen einer Read-Replika
: Anlegen einer weiteren Datenbankinstanz, die als Read-Replika fungiert. Das hilft bei der Skalierung des Lese-Traffics und fungiert als zusätzliches (fortlaufendes) Backup.

Wechseln Sie in das `lambda-rds`-Modul, öffnen Sie *main.tf*, finden Sie darin das `rds-postgres`-Modul und aktualisieren Sie den Teil, den Beispiel 9.35 zeigt.

Beispiel 9.35: Planmäßige Backups aktivieren (ch9/tofu/live/lambda-rds/main.tf)

```
module "rds_postgres" {
  source  = "brikis98/devops/book//modules/rds-postgres"
  version = "1.0.0"


  # ... (andere Parameter werggelassen) ...

  backup_retention_period = 14                          ❶
  backup_window           = "04:00-05:00"               ❷
}
```

Ein Vorteil verwalteter Services wie RDS ist, dass sich gängige Funktionalität wie Backups einfach aktivieren lässt:

❶ Das Setzen der Aufbewahrungsdauer (*Retention Period*) auf einen Wert größer null aktiviert tägliche Snapshots. Der obige Code konfiguriert RDS so, dass Snapshots 14 Tage aufbewahrt werden. Ältere Snapshots werden automatisch gelöscht, was Speicherkosten eindämmt.

❷ Dieser Code legt fest, dass der Snapshot-Prozess zwischen 4 und 5 Uhr koordinierter Weltzeit (UTC) erfolgt. Sie sollten hier eine Uhrzeit festlegen, in der die Datenbanklast gering ist. Denken Sie auch daran, dass zwischen den Snapshots geschriebene Daten verloren gehen können. Findet ein wichtiger Geschäftsprozess jeden Tag zu einer bestimmten Zeit statt, sollten Sie den Snapshot kurz nach diesem Prozess anstoßen.

Um eine Read-Replika hinzuzufügen, nutzen Sie `rds-postgres` wie in Beispiel 9.36 ein zweites Mal.

Beispiel 9.36: Bereitstellen einer Read-Replika (ch9/tofu/live/lambda-rds/main.tf)

```
module "rds_postgres_replica" {
  source  = "brikis98/devops/book//modules/rds-postgres"
  version = "1.0.0"

  name                 = "bank-replica"                       ❶
  replicate_source_db = module.rds_postgres.identifier        ❷
  instance_class       = "db.t4g.micro"
}
```

Erneut vereinfacht RDS die Nutzung gängiger Funktionalitäten wie Read-Replikate:

❶ Da die primäre Datenbank bank heißt, nennen wir die Replika `bank-replica`.

❷ Wir legen den Parameter `replicate_source_db` mit dem Bezeichner der primären Datenbank fest. Diese Einstellung konfiguriert diese Datenbankinstanz als Read-Replika.

Wie es der Name andeutet, unterstützt die Read-Replika nur Leseoperationen, während die primäre Datenbank Lese- und Schreiboperationen unterstützt. Um Schema-Migrationen durchführen zu können, müssen Sie sowohl lesen als auch schreiben können, weshalb Sie dafür weiterhin die URL des primären Datenspeicher nutzen sollten. Die Lambda-Funktion benötigt hingegen nur Lesezugriff für ihre Datenbankabfrage, d.h., sie kann anstelle des primären Datenspeichers mit der Read-Replika kommunizieren (siehe Beispiel 9.37).

Beispiel 9.37: Mit der Read-Replika kommunizieren (ch9/tofu/live/lambda-rds/main.tf)

```
module "app" {
  source  = "brikis98/devops/book//modules/lambda"
  version = "1.0.0"


  # ... (andere Parameter weggelassen) ...

  environment_variables = {
    DB_HOST = module.rds_postgres_replica.hostname

    # ... (andere Umgebungsvariablen weggelassen) ...
  }
}
```

Der Code setzt die Umgebungsvariable `DB_HOST` auf den Hostnamen der Replika anstelle des primären Datenspeichers. Führen Sie `init` und `apply` aus, um diese Änderungen bereitzustellen:

```
$ cd fundamentals-of-devops/ch9/tofu/live/lambda-rds
$ tofu init
$ tofu apply
```

Das Deployment einer RDS-Replika kann 5 bis 15 Minuten dauern, haben Sie also ein wenig Geduld. Ist `apply` abgeschlossen, wechseln Sie in die Lambda-Konsole (*https://oreil.ly/H0OkN*), klicken die Funktion `lambda-rds-app` an, wählen den *Configuration*-Tab und klicken auf der linken Seite auf *Environment variables*. Sie sehen so etwas wie das in Abbildung 9.11.

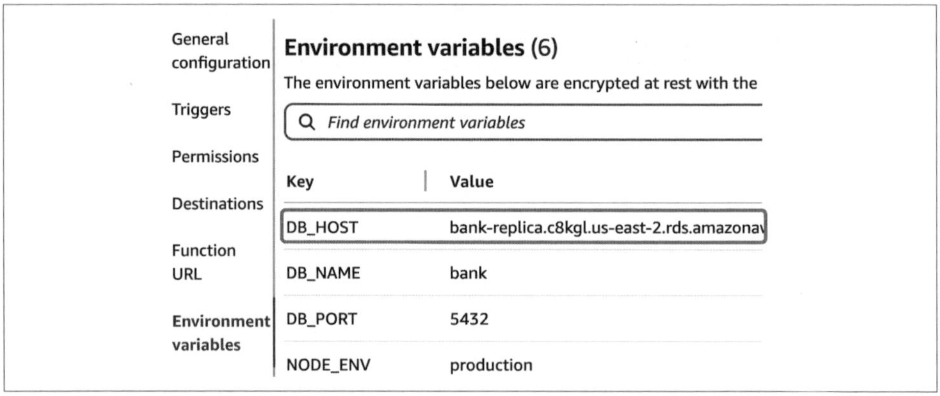

Abbildung 9.11: Die Lambda-Funktion kommuniziert mit der Replika.

Die Lambda-Funktion hat nun `DB_HOST` auf die URL der Replika gesetzt und verwendet nicht mehr den primären Datenspeicher. Sieht alles korrekt aus, testen Sie einmal mehr die URL der Ausgabevariablen `function_url`:

```
$ curl https://<FUNCTION_URL>
{
  "result":[
    {"id":2,"name":"Karen Johnson","date_of_birth":"1989-11-18",
       "balance":4853},
    {"id":3,"name":"Wade Feinstein","date_of_birth":"1965-02-25",
       "balance":2150}
  ]
}
```

Wenn Sie das gleiche Ergebnis sehen wie vorhin, Glückwunsch! Ihre Lambda-Funktion liest die Daten nun von der Replika! Darüber hinaus wird nun ein Backup Ihrer Datenbank sowohl über die Replika als auch über tägliche Snapshots angelegt.

Machen Sie sich die Hände schmutzig

Hier einige Übungen, mit denen Sie zu Hause tiefer einsteigen können:

- Überprüfen Sie Ihre Backups! Setzen Sie den Parameter `snapshot_identifier` des `rds-postgres`-Moduls, um Snapshots wiederherzustellen.
- Aktivieren Sie fortlaufende Backups (*https://oreil.ly/GcOO8*) für Ihre Datenbank.
- Replizieren Sie Ihre Backups in eine andere AWS-Region oder auf einen anderen Account (*https://oreil.ly/zCjeS*).

Wenn Sie mit dem Testen durch sind, committen Sie Ihren Code und räumen mit `destroy` alles auf. Als Teil des `destroy`-Prozesses legt RDS einen finalen Snapshot der Datenbank an – ein praktischer Ausfallschutz, falls Sie eine Datenbank versehentlich löschen.

Fazit

Lassen wir die Kernaussagen dieses Kapitels noch einmal Revue passieren. Hier die ersten drei:

- Halten Sie Ihre Anwendungen zustandslos. Speichern Sie alle Daten in dedizierten Datenspeichern.
- Entwickeln Sie keine eigenen Datenspeicher. Nutzen Sie immer ausgereifte, kampferprobte und bewährte Standardlösungen.
- Nutzen Sie relationale Datenbanken als primäre Datenspeicher (die »Wahrheitsquelle« oder auch *Source of Truth*). Sie sind sicher, zuverlässig, ausgereift und unterstützen Schemata, Integritätsbeschränkungen, Fremdschlüsselbeschränkungen, Joins, ACID-Transaktionen und eine flexible Abfragesprache (SQL).

Diese ersten Kernaussagen lassen sich in einer einfachen Idee zusammenfassen: Ihr Datenspeicher sollte standardmäßig eine relationale Datenbank sein. Das klingt möglicherweise langweilig. Vielleicht sind Sie versucht, diese sexy neue NoSQL-Datenbank auszuprobieren, über die Sie in den Hacker News gelesen haben. Sie passt perfekt zu Ihrem Anwendungsfall! Sie ist so clever! Sie ist so schnell und modern! Doch wenn es um Datenspeicher geht, ist modern üblicherweise *keine gute Idee*. Ja, modern kann Zugang zu neuen Features bedeuten, doch eigentlich bedeutet es, dass Sie der Erste sind, der Bugs entdeckt, Grenzfälle, fehlende Integrationen, Fehlermodi und so weiter. Ihr Datenspeicher soll aber zuverlässig, vorhersehbar und stabil sein. Das ist das Gegenteil von modern. Es ist langweilig. Doch wenn es um Datenspeicher geht, ist langweilig *gut*, und Sie sollten langweilige Technologien wählen (*https://boringtechnology.club*).

Das bedeutet nicht, dass Sie keine anderen Datenspeicher nutzen sollten. Doch setzen Sie sie nur ein, wenn eine relationale Datenbank Ihren Anwendungsfall nicht abdecken kann, was wiederum bedeutet, dass Sie wissen müssen, wozu diese anderen Datenspeicher gut sind – und wozu nicht. Die nächsten Kernaussagen dieses Kapitels decken typische Anwendungsfälle anderer Datenspeicher ab:

- Nutzen Sie Schlüssel/Wert-Speicher zum Caching von Daten, um Queries zu beschleunigen und die Last für Ihren primären Datenspeicher zu reduzieren.
- Nutzen Sie CDNs zum Caching statischer Inhalte sowie um die Latenz für die Nutzer und die Last für Ihre Server zu reduzieren.
- Nutzen Sie Fileserver und Objektspeicher zur Bereitstellung statischer Inhalte, damit sich Ihr App-Server auf dynamische Inhalte konzentrieren kann.
- Nutzen Sie Dokumentenspeicher für semistrukturierte und uneinheitliche Daten, für die Sie vorab kein Schema definieren können, oder für die Freitextsuche oder die Facettensuche etc.
- Nutzen Sie spaltenorientierte Datenbanken für Zeitreihen, Big Data, Fast Data sowie Data Warehouses und überall da, wo Sie Aggregatfunktionen über Spalten schnell durchführen müssen.
- Nutzen Sie Message-Queues, um Aufgaben im Hintergrund auszuführen. Das garantiert, dass Aufgaben abgeschlossen und in einer bestimmten Reihenfolge ausgeführt werden.
- Nutzen Sie Event-Streams zum Aufbau hochgradig skalierbarer, entkoppelter, ereignisgesteuerter Architekturen.

Neben diesen Anwendungsfällen könnten Sie den Datenspeicher entsprechend Ihren Anforderungen an die Skalierbarkeit und die Verfügbarkeit wählen:

- Nutzen Sie Replikation und Partitionierung, um Skalierbarkeit und Verfügbarkeit relationaler Datenbanken zu erhöhen.
- Nutzen Sie NoSQL- und NewSQL-Datenbanken, wenn Ihre Anforderungen an die Skalierbarkeit und Verfügbarkeit das übersteigen, was eine relationale Datenbank leisten kann, aber nur dann, wenn Sie die Zeit und die Expertise für den Betrieb und die Pflege eines verteilten Datenspeichers bereitstellen können.

Doch welchen Datenspeicher Sie auch wählen, denken Sie immer an die letzte Kernaussage:

- Stellen Sie sicher, dass Ihre Datenspeicher ordentlich gesichert werden, um sich vor Datenverlust und beschädigten Daten zu schützen. Schützen Sie Ihre Backups, überprüfen Sie regelmäßig Ihre Backup-Strategie und folgen Sie der 3-2-1-Regel.

Wenden wir uns nun Kapitel 10 zu, in dem es um das Monitoring Ihrer Systeme geht, einschließlich Logging, Metriken und Alerts.

KAPITEL 10

Wie Sie Ihre Systeme überwachen

In Kapitel 9 haben Sie gelernt, wie man Daten speichert, abfragt, repliziert und sichert. Dieses Kapitel hat sich primär auf Daten zu Ihren Kunden fokussiert, etwa Nutzerprofile, Käufe und Fotos. Dieses Kapitel konzentriert sich auf Daten, die Ihnen Einsicht in den Betrieb gewähren, auch als *Monitoring* bezeichnet.

Im Vorwort haben Sie von LinkedIns Problemen mit der Softwarebereitstellung gehört. Wir hatten ebenfalls Probleme mit dem Monitoring. Wir sammelten Metriken und Logs, doch die zum Verständnis der Daten genutzten Tools waren unbrauchbar. Wir waren häufig im Blindflug unterwegs, und Bugs und Ausfälle wurden übersehen. 2010 entwickelte ein Praktikant inGraphs (*https://oreil.ly/pHZHF*), eine Benutzerschnittstelle zur Visualisierung unserer Metriken. Das hatte tiefgreifende Auswirkungen auf das Unternehmen, da wir Probleme plötzlich früher erkannten und verstanden, was die Nutzerinnen und Nutzer taten. Wir überarbeiteten das Monitoring als Teil von Project Inversion noch weiter, und es dauerte nicht lange, bis inGraphs auf allen Bildschirmen im Büro lief. Wie David Henke, Senior Vice President Engineering and Operations, es gern formulierte: Wenn man es nicht messen kann, kann man es nicht reparieren.

Aber was soll man messen? Die folgenden vier Elemente sind die am häufigsten genutzten Tools und Techniken zum Monitoring:

- Logs
- Metriken
- Ereignisse (Events)
- Alarme (Alerts)

Dieses Kapitel taucht in diese Themen ein, und während wir sie durchgehen, werden Sie Beispiele dazu erhalten, etwa zur Nutzung strukturierter Loggings in Node.js, zum Aufbau eines Dashboards mit EC2-Metriken in Amazon CloudWatch und zur Konfiguration von Route-53-Health-Checks mit Alerts, die Sie informieren, wenn der Service ausgefällt. Beginnen wir mit den Logs.

Logs

```
// Wie echte Programmierer debuggen
console.log("************************** here")
```

Nahezu jede Software schreibt *Logs*, also Datensätze, die beschreiben, was in der Software passiert (z. B. interessante Events, Fehler, Debugging-Informationen und so weiter). Interaktive CLI-Tools schreiben Log-Nachrichten üblicherweise an das Terminal (die `stdout`- und `stderr`-Streams), während andere Arten von Software die Log-Nachrichten in der Regel in Dateien schreiben. Diese Log-Nachrichten sind für unterschiedlichste Zwecke nützlich:

Debugging bei Problemen
: Geht etwas schief, prüft man üblicherweise zuerst die Logs, um zu verstehen, was vorgeht. Mit gutem Logging sollten Sie in der Lage sein, die Events zu finden, die zu diesem Fehler geführt haben. Manchmal gibt es eine Fehlermeldung oder sogar einen *Stack Trace* (die Folge verschachtelter Funktionsaufrufe, die zu diesem Fehler führten) mit der genauen Codezeile, die das Problem verursacht hat.

Analyse Ihrer Software
: Die Analyse der Log-Dateien liefert Einblicke in das Nutzerverhalten, Performanceprobleme und andere Aspekte des Systems.

Auditierung Ihrer Software
: Logs bieten ein *Protokoll* der Ereignisse Ihres Systems, was für die Compliance und die Sicherheit (z. B. bei der Untersuchung eines Sicherheitsvorfalls) nützlich sein kann.

Kernaussage 1

Fügen Sie Logs in Ihren Code ein, um sichtbar zu machen, was in Ihren Systemen passiert.

Statt `console.log` (oder dem Äquivalent Ihrer Programmiersprache) sollten Sie eine dedizierte Logging-Bibliothek wie Log4j oder winston (vollständige Liste (*https://oreil.ly/2x3ZA*)) nutzen, die die folgenden Vorteile bieten:

- Log-Levels
- Formatierung von Logs
- strukturiertes Logging
- Log-Dateien und -Rotation
- Log-Aggregation

Sehen wir uns das genauer an.

Log-Levels

Die meisten Logging-Bibliotheken unterstützen unterschiedliche *Log-Levels*, die den Schweregrad einer Log-Nachricht angeben. Tabelle 10.1 zeigt in den meisten Bibliotheken genutzte Log-Levels (manchmal mit leicht abweichenden Namen), sortiert nach Schweregrad.

Tabelle 10.1: Typische Log-Levels der meisten Logging-Bibliotheken

Level	Zweck	Beispiel
Trace	Detaillierter Einblick in die schrittweise Ausführung des Codes.	Logging des Eintrittspunkts jeder Funktion zur Darstellung des vollständigen Codeausführungspfads.
Debug	Für das Debugging und die Fehlersuche nützliche Diagnoseinformationen.	Logging des Inhalts einer Datenstruktur, die beim Verstehen eines Bugs hilft.
Info	Wichtige Informationen, die Sie für jeden Nutzer und jeden Request festhalten wollen.	Logging jedes erfolgreich abgeschlossenen Einkaufs eines Nutzers.
Warn	Unerwartete Probleme, die die Software *nicht* zum Absturz bringen.	Logging einer Warnung, die besagt, dass in der Datenbank einige Daten fehlen, Sie aber auf andere Daten zurückgreifen können.
Error	Fehler, durch die gewisse Teile der Software fehlschlagen.	Logging eines Fehlers, bei dem ein Feature nicht genutzt werden kann, weil der Datenbank gewisse Daten fehlen.
Fatal	Fehler, die die gesamte Software zum Absturz bringen und sofort behoben werden müssen.	Logging eines fatalen Fehlers, wenn eine Datenbank ausgefallen ist und Sie keine Requests mehr verarbeiten können.

Beispiel 10.1 zeigt den Einsatz der winston-Bibliothek für das Logging unter JavaScript.

Beispiel 10.1: Logging mit der winston-Bibliothek (ch10/javascript/logging-examples.js)

```
const logger = winston.createLogger({                      ❶
  level: 'info',                                           ❷
  format: winston.format.simple(),                         ❸
  transports: [new winston.transports.Console()]           ❹
});

logger.info('Hello, World!');                              ❺
```

Dieser Code macht Folgendes:

❶ Erzeugt eine neue Instanz der Logging-Bibliothek.

❷ Setzt das Log-Level auf `info`.

❸ Nutzt den `simple`-Formatter von `winston`. Mehr zur Formatierung erfahren Sie später.

❹ Gibt die Logs über das Terminal aus.

❺ Nutzt die Instanz der Logging-Bibliothek, um `Hello, World!` mit dem Level `info` zu loggen.

Wenn Sie den Code ausführen, sehen Sie Folgendes:

```
info: Hello, World!
```

Das mag nicht wie eine große Verbesserung gegenüber `console.log` aussehen, doch die Nutzung von Log-Levels bietet mehrere Vorteile. Erstens erlauben es alle Logging-Bibliotheken, das minimale Log-Level festzulegen, d.h., alle Nachrichten mit einem geringeren

Schweregrad werden automatisch verworfen. Nehmen wir zum Beispiel die Log-Anweisungen in Beispiel 10.2.

Beispiel 10.2: Mehrere Log-Levels nutzen (ch10/javascript/logging-examples.js)

```
logger.debug('A message at debug level');
logger.info('A message at info level');
logger.error('A message at error level');
```

Wenn Sie diesen Code ausführen, sehen Sie die folgende Ausgabe:

```
info: A message at info level
error: A message at error level
```

Beachten Sie, dass die Debug-Nachricht fehlt. Da der Logger in Beispiel 10.1 das Log-Level auf `info` setzt, werden nur Nachrichten ab `info` und darüber festgehalten. Log-Levels erlauben die Nutzung vieler Trace- und Debug-Nachrichten innerhalb des Codes, ohne die Logs in der Produktion zu sehr aufzublähen. Gleichzeitig können Sie während der Entwicklung oder (temporär) auch in der Produktion zur Fehlersuche niedrigere Log-Levels nutzen.

Log-Levels machen es darüber hinaus leichter, die Logs sowohl visuell als auch mit Tools wie `grep` zu durchsuchen. Zum Beispiel können Sie bei einer viele Tausend Zeilen langen Log-Datei `grep` nutzen, um sich nur die error-Nachrichten anzusehen, wie Beispiel 10.3 zeigt.

Beispiel 10.3: error-Nachrichten einer Log-Datei mittels »grep« filtern

```
$ grep '^error:' log.txt
error: Example error message.
error: Another example of an error message.
```

Log-Levels sind nur *ein* Vorteil, den die Nutzung einer Logging-Bibliothek bietet. Ein weiterer großer Vorteil ist die Möglichkeit, das Format aller Log-Nachrichten zu vereinheitlichen. Das macht das Lesen und Durchsuchen der Logs noch einfacher, wie wir im nächsten Abschnitt sehen werden .

Formatierung von Logs

Nahezu alle Logging-Bibliotheken erlauben die Definition des Formats Ihrer Log-Nachrichten. Beispiel 10.4 zeigt, wie man eine grundlegende Formatierung bei einem `winston`-Logger einsetzt.

Beispiel 10.4: Log-Formatierung (ch10/javascript/logging-examples.js)

```
const logger = winston.createLogger({
  level: 'info',
  defaultMeta: req,                                                    ❶
  format: winston.format.combine(
    winston.format.timestamp(),                                        ❷
    winston.format.printf(({timestamp, ip, method, path, level, message}) => ❸
      `${timestamp} ${ip} ${method} ${path} [${level}]: ${message}`
    ),
  ),
```

```
  transports: [new winston.transports.Console()]
});

logger.info('A message at info level');
logger.warn('A message at warn level');
logger.error('A message at error level');
```

Der Code wendet die folgende Formatierung auf jede Log-Nachricht an:

❶ Macht das Request-Objekt (z.B. von Express) im Log-Formatierer verfügbar.

❷ Macht den Zeitstempel (`timestamp`) im Log-Formatierer verfügbar.

❸ Gestaltet jede Log-Nachricht so, dass der Zeitstempel, die Daten aus dem Request-Objekt (IP-Adresse des Benutzers, HTTP-Methode, HTTP-Pfad), die Protokollstufe und anschließend die Nachricht angezeigt werden.

Wenn Sie den Code ausführen, sehen Sie Folgendes:

```
2024-10-05T20:17:49.332Z 1.2.3.4 GET /foo [info]: A message at info level
2024-10-05T20:17:49.332Z 1.2.3.4 GET /foo [warn]: A message at warn level
2024-10-05T20:17:49.332Z 1.2.3.4 GET /foo [error]: A message at error
level
```

Das Log-Format stellt für jede Nachricht ein standardisiertes Muster bereit, das das Lesen und Parsen der Logs vereinfacht. Es erlaubt auch das Einbinden kontextbezogener Informationen (*Metadaten*), die dabei helfen, zu verstehen, was beim Logging der Nachrichten passiert ist. Nun erzählt jede Log-Nachricht seine eigene kleine Geschichte: Zu diesem Zeitpunkt hat ein bestimmter Nutzer mit einem HTTP-Request einen bestimmten Pfad angefordert, und hier ist die entsprechende Nachricht mit dem entsprechenden Schweregrad. Diese Geschichten werden noch nützlicher, wenn man mehrere benannte Logger verwendet und das Log-Format um den Namen des jeweiligen Loggers ergänzt. Beispiel 10.5 zeigt, wie man mehrere `winston`-Logger anlegt.

Beispiel 10.5: Mehrere benannte Logger anlegen (ch10/javascript/logging-examples.js)

```
const createLogger = (name, level) => {                              ❶
  return winston.createLogger({
    level: level,
    defaultMeta: req,
    format: winston.format.combine(
      winston.format.timestamp(),
      winston.format.label({label: name}),                           ❷
      winston.format.printf(
        ({timestamp, label, ip, method, path, level, message}) =>    ❸
        `${timestamp} [${label}] ${ip} ${method} ${path} [${level}]: ${message}`
      ),
    ),
    transports: [new winston.transports.Console()]
  });
};

const loggerA = createLogger('A', 'info');                           ❹
const loggerB = createLogger('B', 'warn');                           ❺

loggerA.info('A message at info level');
```

```
loggerB.info('A message at info level');
loggerA.warn('A message at warn level');
loggerB.warn('A message at warn level');
```

Dieser Code macht Folgendes:

❶ `createLogger` legt einen Logger mit den gegebenen `name` und `level` an.

❷ Bei `winston` wird ein Logger per Konvention über ein Label gesetzt.

❸ Ergänzt das Log-Format um das Label (den Namen des Loggers) in eckigen Klammern.

❹ Erzeugt einen Logger für Modul A mit dem Level `info`.

❺ Erzeugt einen Logger für Modul B mit dem Level `warn`.

Die Ausgabe dieses Codes sieht wie folgt aus:

```
2024-10-05T20:19:43.040Z [A] 1.2.3.4 GET /foo [info]: A message at info
level
2024-10-05T20:19:43.040Z [A] 1.2.3.4 GET /foo [warn]: A message at warn
level
2024-10-05T20:19:43.040Z [B] 1.2.3.4 GET /foo [warn]: A message at warn
level
```

Durch den Einsatz mehrerer Logger können Sie sehen, welcher Teil des Codes Log-Nachrichten schreibt. Sie können so auch verschiedene Logging-Einstellungen (etwa unterschiedliche Log-Levels) für unterschiedliche Teile des Codes festlegen. Zeigt ein Subsystem seltsames Verhalten, können Sie das Logging für diesen Teil des Codes entsprechend erhöhen, während Sie es für ein anderes Subsystem herunterfahren können, wenn es zu viele Nachrichten in das Log schreibt. Sie können für jedes Subsystem auch unterschiedliche Metadaten einbinden, sodass die erzählte Geschichte noch besser zur jeweiligen Domäne passt.

Ihnen wird vielleicht aufgefallen sein, dass die Logs immer nützlicher werden, je mehr Metadaten (IP-Adresse, Modulname, Zeitstempel etc.) Sie einbinden. Das führt uns zum strukturierten Logging, das wir uns als Nächstes ansehen wollen.

Strukturiertes Logging

Jahrelang war das Logging von Textnachrichten und die Definition schicker Formate der Goldstandard. Jede Software, jede Bibliothek, jede Sprache und jeder Entwickler formatierte seine Logs ein wenig anders. Das erschwerte die Entwicklung von Tools, die Logs automatisch verarbeiten, durchsuchen und filtern konnten.

In den letzten Jahren gab es einen Trend hin zum *strukturierten Logging*, bei dem Logs nicht in willkürlichen Strings, sondern in einem wohldefinierten Datenformat wie JSON ausgegeben werden. Das vereinfacht die Entwicklung von Tools, die Logs parsen und interpretieren können. Beispiel 10.6 zeigt, wie man `winston` konfiguriert, damit es Logs im JSON-Format ausgibt.

Beispiel 10.6: Strukturiertes Logging mit JSON (ch10/javascript/logging-examples.js)

```
const createLogger = (name, level) => {
  return winston.createLogger({
```

```
    level: level,
    defaultMeta: req,
    format: winston.format.combine(
      winston.format.timestamp(),
      winston.format.label({label: name}),
      winston.format.json() ❶
    ),
    transports: [new winston.transports.Console()]
  });
};
const loggerA = createLogger('A', 'info');

loggerA.info('A message at info level');
```

Dieser Code nimmt nur eine einzige Änderung am vorherigen Beispiel vor:

❶ Wechsel vom benutzerdefinierten `printf`-basierten Format zum JSON-Format.

Hier die Ausgabe des Codes (die für dieses Buch umformatiert wurde; normalweise steht alles in einer Zeile):

```
{
  "ip":"1.2.3.4",
  "label":"A",
  "level":"info",
  "message":"A message at info level",
  "method":"GET",
  "path":"/foo",
  "timestamp":"2024-10-05T20:21:49.231Z"
}
```

Der Vorteil des strukturierten Loggings ist die bessere Lesbarkeit sowohl für Menschen (jedes Feld hat ein klares Label) als auch für Maschinen (einfacheres Parsen, Suchen, Filtern und Analysieren). Darüber hinaus ändert sich mit strukturiertem Logging mit der Zeit die Art und Weise, wie Sie die Logging-Bibliothek nutzen. Sie bewegen sich weg vom Logging von Strings (z.B. `logger.info("text")`) hin zum Logging von Schlüssel/Wert-Paaren, was Beispiel 10.7 zeigt.

Beispiel 10.7: Logging von Schlüssel/Wert-Paaren (ch10/javascript/logging-examples.js)

```
loggerA.info({
  request_id: req.id,
  user_id: user.id,
  action: "complete-purchase",
  product_id: product.id,
  product_price: product.price,
  message: `User bought ${product.name}`
});
```

Der Code erzeugt die folgende Ausgabe (die für dieses Buch erneut umformatiert wurde):

```
{
  "action":"complete-purchase",
  "id":"53ebcb5a-038d-4e6a-a171-7132000c68fd",
  "ip":"1.2.3.4",
  "label":"A",
```

```
    "level":"info",
    "message":"User bought Fundamentals of DevOps and Software Delivery",
    "method":"GET",
    "path":"/foo",
    "product_id":1098174593,
    "product_price":"$54.99",
    "request_id":"53ebcb5a-038d-4e6a-a171-7132000c68fd",
    "timestamp":"2024-10-05T20:21:49.231Z",
    "user_id":53345644345655
}
```

Sie loggen nicht mehr benutzerdefinierte Strings mit ein wenig relevanten Informationen, sondern halten fest, was passiert, indem Sie so viel Kontext wie möglich in Form von Schlüssel/Wert-Paaren speichern. Wie Sie später in noch sehen werden, sind diese Ideen eng mit der Verlagerung hin zu strukturierten Events, Beobachtbarkeit und Tracing verknüpft.

Bisher haben alle Beispiele in diesem Kapitel die Logs über die Konsole ausgegeben, doch ein Großteil der Software speichert Logs in Dateien. Das betrachten wir uns im nächsten Abschnitt.

Log-Dateien und -Rotation

Während des Programmierens Logs in einer interaktiven Terminal-Session zu sehen, ist eine tolle Sache, doch wenn Sie nicht vor dem Rechner sitzen (oder wenn Ihr Code auf einem Server in der Produktion läuft), müssen Sie die Log-Ausgaben in einer Datei festhalten. Auf diese Weise bleibt die Log-Historie erhalten, und Sie können sich jederzeit ansehen, was in der Vergangenheit passiert ist. Beispiel 10.8 zeigt, wie man die Log-Ausgabe in eine Datei schreibt.

Beispiel 10.8: Logging in eine Datei (ch10/javascript/logging-examples.js)

```
const createLogger = (name, level) => {
  return winston.createLogger({
    level: level,
    defaultMeta: req,
    format: winston.format.combine(
      winston.format.timestamp(),
      winston.format.label({label: name}),
      winston.format.json()
    ),
    transports: [
      new winston.transports.Console(),
      new winston.transports.File({ ❶
        filename: `module${name}.log`
      })
    ]
  });
};

const loggerA = createLogger('A', 'info');
const loggerB = createLogger('B', 'info');
```

Dieser Code nimmt nur eine Änderung vor:

❶ Logging in eine Datei namens `module-`, gefolgt vom `name` des Loggers.

Wenn Sie diesen Code ausführen und mit dem Logging von Nachrichten mit `loggerA` und `loggerB` beginnen, erhalten Sie zwei Dateien: *moduleA.log* und *moduleB.log*. Die Datei *moduleA.log* enthält nur die Logs für `loggerA` und *moduleB.log* nur die für `loggerB`. Sie können nun die Dateien für das gewünschte Modul untersuchen und sich über die Zeitstempel zu jedem beliebigen Zeitpunkt bewegen.

Mit der Zeit werden die Log-Dateien sehr groß. Damit die Arbeit mit den Logs nicht zu unhandlich wird und damit Ihnen der Plattenplatz nicht ausgeht, konfiguriert man üblicherweise eine *Log-Rotation*. Bei diesem automatisierten Prozess werden Log-Dateien automatisch umbenannt, komprimiert und gegebenenfalls gelöscht, nachdem sie eine gewisse Größe oder ein bestimmtes Alter erreicht haben. Bei den meisten Linux-Systemen kann `logrotate` diese Aufgabe für Sie erledigen. Alternativ ist bei einigen Logging-Bibliotheken die Log-Rotation integriert, wie Beispiel 10.9 zeigt.

Beispiel 10.9: Rotation von Log-Dateien aktivieren (ch10/javascript/logging-examples.js)

```
const createLogger = (name, level) => {
  return winston.createLogger({
    level: level,
    defaultMeta: req,
    format: winston.format.combine(
      winston.format.timestamp(),
      winston.format.label({label: name}),
      winston.format.json()
    ),
    transports: [
      new winston.transports.Console(),
      new winston.transports.File({
        filename: `module${name}.log`,
        maxsize: 10000000, ❶
        maxFiles: 10,      ❷
        zippedArchive: true ❸
      })
    ]
  });
};
```

Dieser Code nutzt die `winston`-Bibliothek für Folgendes:

❶ Rotiert Log-Dateien größer als 10 MB. Die alten Log-Daten werden in eine Datei verschoben, die einen Zähler als Suffix anhängen (z. B. *moduleA1.log*, *moduleA2.log*).

❷ Sobald die Zahl von zehn Log-Dateien überschritten ist, wird die älteste gelöscht.

❸ Alte Log-Dateien werden komprimiert, um Plattenplatz zu sparen. Diese heißen dann also tatsächlich *moduleA1.log.gz*, *moduleA2.log.gz* und so weiter.

Zusätzlich zur Konfiguration der Log-Rotation (damit Ihnen der Plattenplatz nicht ausgeht) sollten Sie die Log-Aggregation konfigurieren, was wir im nächsten Abschnitt diskutieren wollen.

Log-Aggregation

Läuft Ihre Software auf einem einzelnen Server, ist es kein Problem, einen Blick in die Logs zu werfen. Läuft die Software hingegen auf mehreren Servern, könnte jeder die benötigten Log-Nachrichten enthalten, und die Suche nach der richtigen Log-Datei kann zu einer Herausforderung werden. Die Lösung sind Tools zur *Log-Aggregation*, die die Logs aller Server an ein einzelnes zentrales Ziel senden, das die Log-Daten speichert und eine Schnittstelle zur Analyse (zum Suchen und Filtern) der Daten bereitstellt.

Einige wichtige Akteure für die Speicherung und die Analyse von Logs sind Elasticsearch (mit Logstash), Loggly, Sumo Logic und Splunk (vollständige Liste (*https://oreil.ly/hYtDF*)). Die meisten dieser Tools stellen eigene »Datensammler« (*Data Collectors*) bereit, die Sie auf Ihren Servern betreiben, um Logs an den zentralen Datenspeicher zu senden. Zusätzlich können mehrere datenspeicheragnostische Tools (vollständige Liste (*https://oreil.ly/z6WRb*)) Logs an verschiedene Ziele ausliefern, etwa syslog, Fluentd und OpenTelemetry Collector (mehr über OpenTelemetry erfahren Sie weiter unten in diesem Kapitel).

Zum Beispiel werden die Logs der in den vorherigen Kapiteln genutzten Lambda-Funktionen automatisch in Amazon-CloudWatch-Logs zusammengefasst. Logs in CloudWatch sind in *Log-Gruppen* organisiert. Für eine Lambda-Funktion namens `function-name` ist das die Log-Gruppe /aws/lambda/<function-name>. Wechseln Sie in die CloudWatch Logs Console (*https://oreil.ly/oQOy5*), suchen Sie nach dem Namen einer Lambda-Funktion wie `lambda-rds-app` und klicken Sie deren Log-Gruppe (`/aws/lambda/lambda-rds-app`) an. Sie sehen dann alle *Log-Streams*, die die verschiedenen Instanzen dieser Lambda-Funktion repräsentieren (siehe Abbildung 10.1).

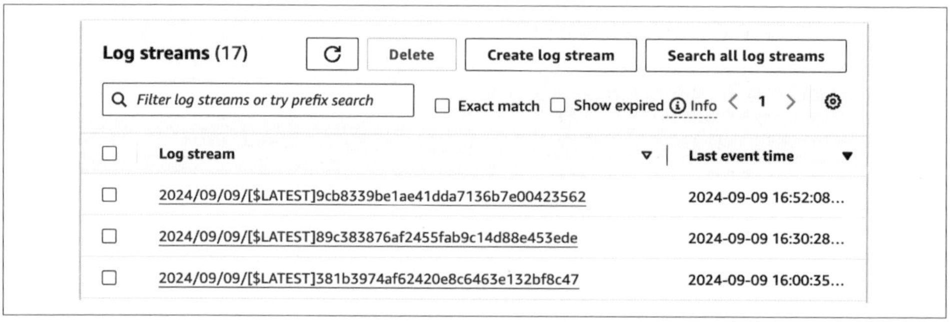

Abbildung 10.1: CloudWatch-Log-Streams der Lambda-Funktion »lambda-rds-app«

Obwohl diese Lambda-Funktion in vielen Instanzen auf mehreren Servern läuft, werden alle Logs in den CloudWatch-Logs zusammengefasst, sodass Sie sie an einem einzelnen Ort sehen und durchsuchen können. Klicken Sie den Button *Search all log streams* in der oberen rechten Ecke an und suchen Sie nach »knex« (`lambda-rds-app` nutzt Knex.js für den Zugriff auf die Datenbank), wie in Abbildung 10.2 zu sehen.

Wenn Ergebnisse mit Datenbankabfragen erscheinen, Glückwunsch, Sie sehen gerade die Log-Aggregation in Aktion! Beachten Sie, dass Lambda automatisch auch Metadaten in jede Log-Nachricht einbindet, etwa einen Timestamp und eine Request-ID.

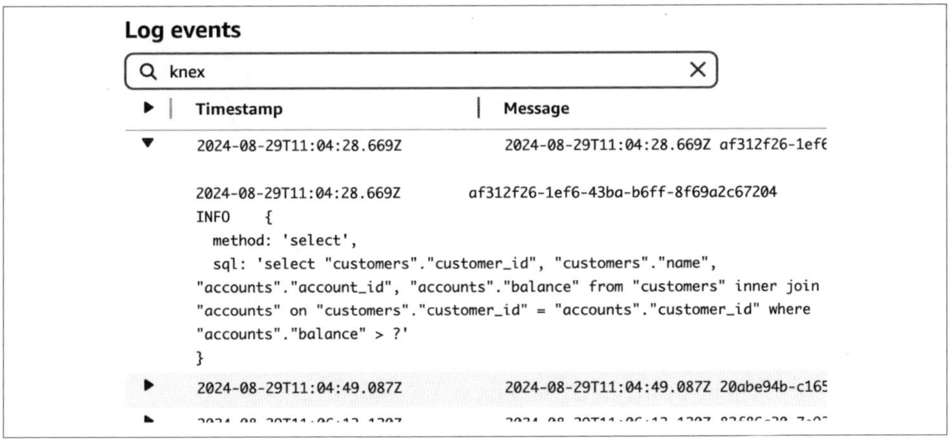

Abbildung 10.2: Suche in allen Log-Streams nach Knex.js-Queries

Machen Sie sich die Hände schmutzig

Hier einige Übungen, mit denen Sie zu Hause tiefer einsteigen können:

- Im Gegensatz zu Lambda-Funktionen erfolgt bei EC2-Instanzen keine automatische Aggregation der Logs. Installieren Sie den CloudWatch-Agent (*https://oreil.ly/HMANr*) und konfigurieren Sie eine EC2-Instanz so, dass sie Logs in CloudWatch aggregiert.
- Experimentieren Sie mit anderen Logging-Tools wie Loggly oder Elasticsearch. Wie sind diese im Vergleich?

Log-Aggregation bietet mehrere Vorteile:

Alles auf einen Blick
: Sie können alle Logs aller Server an einem einzigen Ort durchsuchen.

Leistungsfähige Analysetools
: Wenn Sie sich Log-Dateien direkt auf dem Server ansehen, sind Sie üblicherweise auf Tools wie `grep` beschränkt. Die meisten Tools zur Log-Aggregation bieten leistungsfähigere Analysetools (z. B. Suche, Filter und historische Vergleiche).

Effiziente Speicherung
: Tools zur Log-Aggregation speichern Log-Daten üblicherweise effizienter als App-Server, sodass Sie die Log-Daten länger vorhalten können.

Kernaussage 2

Nutzen Sie Log-Levels, Log-Formatierung, mehrere Logger, strukturiertes Logging, Log-Rotation und Log-Aggregation, um Ihr Logging effektiver zu gestalten.

Logs sind in der Softwarewelt allgegenwärtig und häufig die erste Anlaufstelle, wenn Sie Probleme erkennen und untersuchen müssen. Um bestimmte Probleme aber erkennen und untersuchen zu können, müssen Sie messen, analysieren und visualisieren. Da kommen Metriken ins Spiel.

Metriken

Metriken sind quantitative Messwerte wichtiger Aspekte Ihrer Software. Die Sammlung, Analyse und Visualisierung von Metriken liefert wertvolle Einblicke in Ihre Software:

Problemerkennung
: Über Metriken werden häufig Probleme in Ihren Systemen erkannt. Zum Beispiel ist ein plötzliches Ansteigen der Latenzmetriken ein frühes Warnsignal für ein Problem.

Nutzerverhalten verstehen
: Metriken helfen Ihnen dabei, zu verstehen, wie Nutzerinnen und Nutzer Ihr Produkt einsetzen sowie was funktioniert und was nicht. Zum Beispiel halten die meisten Websites Metriken von Pageviews und monatlich aktiven Nutzern (*Monthly Active Users*, MAU) nach, um die Aktivitäten der Nutzer zu verstehen.

Systemperformance steigern
: Metriken können dabei helfen, Flaschenhälse zu erkennen und Latenz, Durchsatz, Ressourcennutzung und so weiter zu verbessern. Zum Beispiel kann das Tracking der Garbage-Collector-Metriken Ihrer Java-Apps dabei helfen, die GC-Einstellung so zu optimieren, dass GC-bedingte Pausen im Betrieb minimiert werden.

Teamperformance steigern
: Metriken können auch Einblicke in Flaschenhälse bei der Softwareentwicklung liefern, wodurch Sie die Performance Ihres Teams steigern können. Zum Beispiel versuchen viele Unternehmen, die DORA-Metriken (die Sie im Abschnitt »Die Auswirkungen erstklassiger Softwarebereitstellung« auf Seite 13 kennengelernt haben) nachzuhalten und zu verbessern.

Metriken sind auch die Hauptquelle für *kontinuierliches Feedback*, das *kontinuierliche Verbesserungen* ermöglicht – zwei zentrale Dogmen der DevOps- und Agile-Bewegungen.

Kernaussage 3

Nutzen Sie Metriken, um Probleme zu erkennen, Nutzerverhalten zu verstehen, Produkt- und Teamperformance zu verbessern und, ganz allgemein, als Mechanismus für kontinuierliches Feedback und kontinuierliche Verbesserung.

Der Rest dieses Abschnitts behandelt die folgenden Themen:

- Arten von Metriken
- Nutzung von Metriken
- Beispiel: Metriken in CloudWatch

Sehen wir uns zuerst die Metrikarten an.

Arten von Metriken

Im Allgemeinen lassen sich Metriken wie folgt einteilen:

- Verfügbarkeitsmetriken
- Geschäftsmetriken

- Anwendungsmetriken
- Servermetriken
- Teammetriken

Betrachten wir das einmal genauer.

Verfügbarkeitsmetriken

Verfügbarkeit, also die Frage, ob Nutzerinnen und Nutzer auf Ihr Produkt zugreifen und es nutzen können, ist die grundlegendste Metrik, die jedes Unternehmen messen sollte. Das ist größtenteils eine Ja-oder-Nein-Frage: Entweder steht ein Service Ihren Nutzern zur Verfügung oder eben nicht. Zum Tracking der Verfügbarkeit müssen Sie daher die Schnittstelle testen, die Ihre Kunden nutzen. Ist Ihr Produkt beispielsweise eine Website, benötigen Sie ein Monitoring-Tool, das regelmäßig HTTP-Requests an die verschiedenen Endpunkte sendet und die erwartete Response prüft. Sie können ein eigenes Tooling für das Monitoring der Verfügbarkeit aufsetzen, doch die gleichen Probleme, die für den Ausfall Ihres Produkts verantwortlich sind (z.B. einen Ausfall im Rechenzentrum), können auch die Verfügbarkeitsüberwachung ausfallen lassen. Eine bessere Möglichkeit können Services von Drittanbietern sein, die Ihren Service von mehreren Orten auf der Welt aus prüfen. Einige große Akteure in diesem Bereich sind Pingdom, Uptime Robot und die Amazon-Route-53-Health-Checks (vollständige Liste (*https://oreil.ly/7daRg*)).

Diese Produkte können die Verfügbarkeit über einen längeren Zeitraum messen und liefern so ein Maß für die Zuverlässigkeit. Die Größenordnung basiert dabei auf der *Zahl der Neunen*, d.h., 99.9% Zuverlässigkeit sind *drei Neunen*, und 99.999% Zuverlässigkeit sind *fünf Neunen*. Viele Organisationen definieren, wie viele Neunen sie bereitstellen wollen, und einige Firmen nehmen sogenannte *Service-Level-Agreements* (SLAs) in Kundenverträge auf, in denen sie sich zu bestimmten Zielen bei der Zuverlässigkeit verpflichten (sogenannte *Service-Level-Objectives* (SLOs). Zum Beispiel könnte ein SLO fünf Neunen für die Zuverlässigkeit definieren, die bei Nichteinhaltung mit Geldstrafen belegt werden.

Beachten Sie, dass eine 100%ige Zuverlässigkeit für reale SLOs kein realistisches, praktikables oder nützliches Ziel ist. Dafür gibt es drei wesentliche Gründe. Erstens ist jede zusätzliche Neun exponentiell schwerer und teurer zu erreichen, was Tabelle 10.2 zeigt.

Tabelle 10.2: Erlaubte Downtime basierend auf der Zahl der Neunen für die Zuverlässigkeit

Downtime pro ...	90%	99%	99.9%	99.99%	99.999%	99.9999%	99.99999%
Tag	2,4 Stunden	14 Minuten	1,4 Minuten	8 Sekunden	0,8 Sekunden	0,08 Sekunden	0,008 Sekunden
Woche	16 Stunden	1,6 Stunden	10 Minuten	1 Minute	6 Sekunden	0,6 Sekunden	0,06 Sekunden
Monat	73 Stunden	7 Stunden	44 Minuten	4 Minuten	26 Sekunden	2,6 Sekunden	0,26 Sekunden
Jahr	36 Tage	3,6 Tage	8,7 Stunden	52 Minuten	5 Minuten	31 Sekunden	3 Sekunden

Bei sieben Neunen (99.99999%) sind gerade einmal drei Sekunden Downtime *pro Jahr* erlaubt. Jede zusätzliche Neun reduziert die Downtime auf Mikrosekunden pro Jahr, was außerordentlich schwer zu erreichen wäre. So zielen das Amazon Compute SLA (*https://oreil.ly/M4dap*) und das Google Compute Engine SLA (*https://oreil.ly/h43cu*) auf vier Neunen (99.99%) ab, während das Azure SLA (*https://oreil.ly/4dMDH*) drei Neunen (99.9%) als Ziel ausgibt. Diese drei Cloud-Provider investieren mehr in die Zuverlässigkeit ihrer Services, als Sie jemals könnten, weshalb mehr als vier oder fünf Neunen für die meisten Anwendungsfälle nicht realistisch ist.

Der zweite Grund ist, dass Ihre Kunden über eine bestimmte Zahl von Neunen hinaus keinen Unterschied mehr erkennen können. Nutzt Ihr Kunde zum Beispiel ein Mobilfunknetz mit einer Zuverlässigkeit von 99%, erkennt er keinen Unterschied zwischen einem Service mit drei (99.9%) und vier Neunen (99.99%), sodass sich die zusätzlichen Kosten nicht rechtfertigen lassen.

Der dritte Grund, warum eine 100%ige Verfügbarkeit kein angemessenes Ziel ist, liegt darin, dass Sie alle neuen Entwicklungen für diese extrem hohe Zuverlässigkeit beenden müssten. Das resultiert daraus, dass Codeänderungen und Deployments der häufigste Grund für Ausfälle sind (siehe Tabelle 6.2). Soll Ihr Service also perfekt stabil laufen, müssen Sie damit aufhören, Änderungen daran vorzunehmen. Kunden und Entwickler wünschen sich sicherlich eine hohe Zuverlässigkeit, aber wahrscheinlich nicht, wenn Sie keine neuen Features mehr bereitstellen.

In der Praxis werden Sie ein Gleichgewicht finden müssen zwischen der von den Nutzern tolerierten Downtime, der Entwicklung neuer Features und dem, was Ihr Unternehmen zu vernünftigen Kosten leisten kann.

Geschäftsmetriken

Geschäftsmetriken messen, was Ihre Kunden mit dem Produkt machen, etwa Pageviews, Ad-Impressions, Verkäufe und Installationen. Viele Tools halten Geschäftsmetriken nach, etwa Google Analytics, Kissmetrics, Mixpanel und PostHog (vollständige Liste (*https://oreil.ly/Y6ZDs*)).

Die typische Zielgruppe für Geschäftsmetriken sind der CEO, das Produktteam und das Marketingteam, die diese Metriken für ihre Geschäftsentscheidungen nutzen. In der einfachsten Variante werden dabei neue Features und Produkte eingeführt, und dann wird geschaut, wie sie sich auf die Geschäftsmetriken auswirken.

Der fortgeschrittene Ansatz sind sogenannte *A/B-Tests*, bei denen Nutzer in zufällige Gruppen aufgeteilt werden, die unterschiedliche Versionen des Produkts sehen, um dann beurteilen zu können, welche Version Ihre Geschäftsmetriken stärker verbessern kann (dazu werden häufig Feature-Toggles genutzt, die Sie in Kapitel 5 kennengelernt haben). Zum Beispiel könnten Sie Ihre Nutzer willkürlich in zwei Gruppen A und B aufteilen. Für A wird ein neues Feature aktiviert, für B nicht. Dann werden die Geschäftsmetriken über diese zwei Gruppen hinweg miteinander verglichen. Hat das neue Feature die Bindung erhöht? Downloads? Verkäufe? Empfehlungen?

Das ähnelt einem wissenschaftlichen Experiment mit Kontroll- und Versuchsgruppen. Solange Sie erstens Nutzer zufällig Gruppen zuweisen, zweitens der einzige Unterschied zwischen den Gruppen das neue Feature ist und drittens Sie genug Daten sammeln, damit diese statistisch signifikant sind, können Sie recht sicher sein, dass das neue Feature der

Grund für die Unterschiede in den Metriken der beiden Gruppen ist. Mit anderen Worten: Nutzen Sie Daten, um einen kausalen Zusammenhang herzustellen. Das wird manchmal als datengetriebene Produktentwicklung bezeichnet. Wenn Sie ein dafür geeignetes Produkt besitzen (d.h., Sie können Nutzern verschiedene Versionen eines Produkts zeigen und besitzen genug Traffic, um statistisch signifikante Ergebnisse zu erzielen), kann das zu einem echten Wandel führen. [1]

Anwendungsmetriken

Unter den Geschäftsmetriken liegen die *Anwendungsmetriken*. Sie messen, was Ihre Software hinter den Kulissen macht, um Ihr Geschäft anzutreiben. Dazu zählen serverseitige Metriken (welche URLs Nutzer verwenden, welche Response-Codes sie erhalten, wie lange der Server für die Response braucht und wie viel Traffic Ihre Server verarbeiten müssen) und clientseitige Metriken (etwa Seitenladezeiten, JavaScript-Fehler, Nutzerstandort, Browsertyp und Bildschirmauflösung). Sie können Metriken auch aus den Anwendungslogs ermitteln (z.B. wie oft eine bestimmte Fehlermeldung in den Logs erscheint, da das ein frühes Anzeichen für ein Problem ist).

Zum Sammeln serverseitiger Metriken nutzt man meist Tools zum sogenannten *Application Performance Monitoring* (APM), wie Datadog, New Relic und AppDynamics (vollständige Liste (*https://oreil.ly/CQp7p*)). Für clientseitige Metriken werden üblicherweise Tools für das sogenannte *Real User Monitoring* (RUM) verwendet, wie Datadog RUM, New Relic Browser Monitoring und AppDynamics Browser RUM (full list (*https://oreil.ly/GfPsC*)).

Einen guten Ausgangspunkt für Anwendungsmetriken bietet die Konzentration auf Metriken, die als *die vier goldenen Signale* bezeichnet werden (auch LETS genannt):

Latenz
: Ein Maß dafür, wie lange eine Anwendung braucht, um einen Request zu verarbeiten. Eine erhöhte Latenz ist häufig ein frühes Zeichen für Probleme, etwa die Überlastung eines Servers. Eine hohe Latenz wirkt sich auch negativ auf die Nutzer aus. Wenn Ihr Service »läuft« (die Verfügbarkeitsmetrik ist okay), das Laden der Seiten aber zu lange dauert, werden Kunden sich anderweitig umsehen.

Fehler (Errors)
: Ein Maß für den prozentualen Anteil fehlgeschlagener Requests. Diese können für den Nutzer sichtbar (z.B. eine 500er-Response) oder unsichtbar sein (z.B. eine fehlgeschlagene Datenbankverbindung, die beim zweiten Versuch funktioniert).

Traffic
: Ein Maß für die Auslastung Ihrer Software. Wird üblicherweise in *Requests pro Sekunde* (RPS) oder *Queries pro Sekunde* (QPS) gemessen. Ein plötzlicher Anstieg des Traffics kann Ihre Systeme überlasten und zu Problemen führen. Ein plötzlicher Abfall des Traffics ist ein frühes Zeichen dafür, dass etwas schiefläuft, z.B. dass Nutzer aufgrund einer fehlerhaften DNS-Konfiguration nicht auf Ihren Service zugreifen können.

1 »Data Driven Products Now!« (*https://oreil.ly/JR_ng*) von Dan McKinley bietet eine sehr gute Zusammenfassung zur datengetriebenen Produktentwicklung.

Auslastung (Saturation)
: Ein Maß für die Auslastung Ihrer Hardware. Wird normalerweise als prozentuale Auslastung einer Ressource (CPU, Speicher, Plattenplatz) gemessen. Übersteigt die Auslastung einen gewissen Schwellenwert, bricht die Performance üblicherweise ein, was zu erhöhter Latenz und möglichen Ausfällen führt. Springt die CPU-Last zum Beispiel über 90%, kann das ein Anzeichen für das sogenannte *Thrashing* sein, bei dem die CPU die meiste Zeit mit Kontext-Switching und nicht mit produktiver Arbeit verbringt, was die Latenz drastisch erhöht. Wird mehr als 90% des Plattenplatzes genutzt, sollten Sie schnell Platz schaffen, damit es nicht zu einem Ausfall wegen einer vollen Festplatte kommt.

Servermetriken

Unterhalb des Anwendungscodes finden Sie die *Servermetriken*, die die zugrunde liegende Hardware messen, einschließlich CPU-, Speicher-, Festplatten- und Netzwerknutzung. In diesem Bereich setzen Sie *Infrastruktur-Monitoring-Tools* ein. Viele APM-Tools aus dem vorherigen Abschnitt (z.B. Datadog, New Relic) können auch Servermetriken erfassen. Beim Deployment in der Cloud bieten die Monitoring-Tools der Cloud-Provider (z.B. CloudWatch, Google Cloud Monitoring) viele der benötigten Servermetriken. Einige Tools sind auch auf Infrastruktur-Monitoring, insbesondere für On-Prem-Deployments, spzialisiert, etwa Nagios, Zabbix und Sensu (vollständige Liste (*https://oreil.ly/rL-QX*)).

Teammektriken

Teammektriken beziehen sich auf den Softwareentwicklungsprozess, also etwa Build-Zeiten, offene Pull Requests, nicht behobene Bugs und Codeabdeckung. Es gibt viele Quellen für Teammektriken; dazu gehören Versionskontrollsysteme (Kapitel 4), CI-Server (Kapitel 5), automatisierte Test- und Codeabdeckungstools (Kapitel 4), Fehlerverfolgungssysteme (Issue-Tracker, z.B. Jira, Linear; vollständige Liste (*https://oreil.ly/kV4tN*)), Tools für die Codequalität (z.B. Codacy, SonarQube; vollständige Liste (*https://oreil.ly/iNluq*)) und Produktivitätstools für Entwickler (z.B. Pluralsight, Faros AI; vollständige Liste (*https://oreil.ly/juq80*)).

Wenn Sie nur eine Handvoll Teammektriken nachhalten können, sind die DORA-Metriken aus Tabelle 1 auf Seite 13 ein guter Start: Häufigkeit der Deployments, Vorlaufzeit, Änderungsfehlerrate und Wiederherstellungsdauer. Wenn Sie diese Metriken innerhalb Ihres Teams verbessern können, beschleunigen Sie die Softwareentwicklung deutlich.

Da Sie nun die verschiedenen Arten von Metriken kennen, wollen wir uns ansehen, wie man sie nutzt.

Metriken nutzen

Um alle vorgestellten Arten von Metriken einsetzen zu können, sind drei Schritte notwendig:

- Metriken sammeln (Instrumentierung)
- Metriken speichern
- Metriken visualisieren und analysieren

Einige Monitoring-Tools übernehmen alle drei Schritte, während sich andere nur auf ein oder zwei konzentrieren.

Metriken sammeln (Instrumentierung)

Der erste Schritt ist die *Instrumentierung* Ihrer Software zum Sammeln und Bereitstellen wichtiger Metriken. Abhängig von der Art der zu sammelnden Metriken geschieht das auf unterschiedliche Art und Weise:

Verfügbarkeitsmetriken
: Bei den meisten Verfügbarkeitstools (z. B. Pingdom, Route-53-Health-Checks) konfigurieren Sie die Endpunkte, die Sie prüfen wollen, und diese sammeln dann ohne zusätzliche Instrumentierung die gewünschten Verfügbarkeitsmetriken für Sie.

Geschäftsmetriken
: Um Geschäftsmetriken zu sammeln, instrumentieren Sie Ihren Code, insbesondere die Clientseite. Um zum Beispiel Google Analytics zu nutzen, fügen Sie eine JavaScript-Bibliothek von Google in jede Seite Ihrer Website ein, und diese Bibliothek sammelt automatisch Daten zu jedem Pageview, Klick, Scroll-Event und so weiter. Sie können für wichtige Aktionen auch selbst definierte Metriken festhalten (wenn eine Nutzerin z. B. einen Kauf abschließt, rufen Sie eine Funktion der Google-Analytics-Bibliothek auf, um eine selbst definierte Metrik mit der ID des Produkts festzuhalten).

Anwendungsmetriken
: Um Anwendungsmetriken zu sammeln, müssen Sie den Code sowohl server- als auch clientseitig instrumentieren. Bei serverseitigen Metriken bietet die Installation eines *Agenten* auf jedem Server oder als Sidecar für jeden Container eine gewisse Automatisierung der Instrumentierung. Für eine detailliertere Instrumentierung oder für selbst definierte Metriken müssen Sie sprachspezifische Bibliotheken installieren. Wenn Sie zum Beispiel Datadog als APM nutzen, können Sie den Datadog Agent (*https://oreil.ly/L-uBW*) für die automatische Instrumentierung installieren. Bei einer Java-Anwendung können Sie die Bibliothek *dd-java-agent.jar* (*https://oreil.ly/Vh3Jm*) nutzen, um selbst definierte Metriken zu erfassen. Bei clientseitigen Metriken führen Sie üblicherweise eine RUM-Bibliothek auf dem Client aus (z. B. die Datadog-RUM-JavaScript-Bibliothek (*https://oreil.ly/xz4bo*) im Webbrowser oder die Datadog-Mobile-RUM-Bibliothek (*https://oreil.ly/-mIk8*) für Ihre Mobil-Apps).

Servermetriken
: Um Servermetriken zu sammeln, installieren Sie üblicherweise einen Agenten auf jedem Server. Eine Möglichkeit besteht in einem Agenten für eine bestimmte Monitoring-Software wie Nagios Agent oder Zabbix Agent. Eine andere Option sind plattformagnostische Agenten, die mit mehreren Monitoring-Tools funktionieren, etwa collectd oder StatsD (vollständige Liste (*https://oreil.ly/UeYsO*)). In der Cloud nutzen die Cloud-Provider üblicherweise eigene Agenten, die in deren Hypervisor integriert sind. Sie erhalten so direkt einige Servermetriken, ohne selbst etwas installieren zu müssen.

Teammetriken
: Um Teammektriken zu sammeln, sind Sie üblicherweise auf die von Ihnen genutzten Tools angewiesen (z. B. die in Jira und Codacy integrierten Metriken).

Der Betrieb so vieler Tools und Agenten zum Sammeln von Metriken ist ineffizient und erschwert die Migration zwischen den Anbietern. Das hat zur Entwicklung von OpenTelemetry (OTel) geführt, einem herstellerneutralen Open-Source-Toolkit zur Sammlung von *Telemetriedaten*, d.h. Metriken, Logs und Traces (Sie lernen Traces in »Tracing« auf Seite 462 kennen). OTel unterstützt die meisten wichtigen Programmiersprachen, viele Orchestrierungstools (z.B. Kubernetes, Lambda) und viele Metrik-Backends (über die Sie gleich mehr erfahren). Weil sich OTel zu einem De-facto-Standard zur Instrumentierung von Code entwickelt, empfehle ich es üblicherweise gegenüber proprietären Tools – insbesondere für die Sammlung von Anwendungs- und Servermetriken.

Nachdem Ihr Code so weit instrumentiert ist, dass er Metriken bereitstellt, müssen Sie diese Metriken irgendwo speichern.

Metriken speichern

Alle von Ihnen gesammelten Metriken müssen in einem spezialisierten Datenspeicher (dem *Metrik-Backend*) abgelegt werden, das Folgendes kann:

Große Datenmengen speichern
: Alle Services, Server und Container liefern fortlaufend Metriken, weshalb der Datenspeicher eine große Menge an Schreiboperationen verarbeiten muss.

Zeitreihen speichern
: Metriken sind *Zeitreihen*, die aus einer Folge von Datenpunkten mit Zeitstempeln bestehen. Sie müssen in einer Form gespeichert werden, die eine spätere Verarbeitung über den Zeitstempel ermöglicht.

Die Analyse unterstützende Datenspeicherung
: Wir sammeln Metriken, um aus diesen Daten Erkenntnisse ziehen zu können. Daher muss der Datenspeicher in der Lage sein, Daten auf unterschiedliche Weise zu analysieren (mehr dazu erfahren Sie gleich im Abschnitt »Metriken visualisieren und analysieren« auf Seite 454).

Üblicherweise nutzen Sie spezialisierte, spaltenorientierte Datenbanken (die Sie in Kapitel 9 kennengelernt haben), um Metriken zu speichern. Die meisten bisher vorgestellten Monitoring-Tools wie Google Analytics und Datadog nutzen unter der Haube eigene proprietäre Datenspeicher. Mit vielen anderen Tools können aber verschiedene Metrik-Backends wie Open Time Series Database (OpenTSDB) und Prometheus (vollständige Liste (*https://oreil.ly/V-Ux0*)) verwendet werden.

Sobald die Metriken einmal gespeichert sind, besteht der letzte Schritt darin, Sie zur Visualisierung und Analyse zu nutzen.

Metriken visualisieren und analysieren

Mit den Metriken macht man in der Regel die folgenden drei Dinge:

Daten visualisieren und analysieren
: Zuerst suchen Sie die gewünschten Informationen aus den Daten heraus (z.B. die Latenz eines Service in der letzten Stunde). Um die Daten sinnvoll nutzen zu können, müssen sie in Form von Graphen, Liniendiagrammen, Histogrammen, Heatmaps etc.

visualisiert werden. Viele der bisher vorgestellten Monitoring-Tools (z. B. Google Analytics, Datadog) integrieren Nutzerschnittstellen für diese Art der Analyse und Visualisierung. Eine Handvoll *Metrik-Frontends* wie Grafana und Kibana (vollständige Liste (*https://oreil.ly/Z-0UX*)) können auch mit mehreren Metrik-Backends zusammenarbeiten.

Dashboards und Reports erzeugen
Sobald Sie die Daten für die gewünschten Visualisierungen herausgesucht haben, fassen Sie die wichtigsten Visualisierungen in einem *Dashboard* zusammen. Sie erhalten so eine einzelne Seite, auf der Sie mit einem Blick die Gesundheit Ihrer Systeme erfassen können. In vielen Teams laufen Dashboards auf großen Bildschirmen in den Büros, und sie werfen regelmäßig einen Blick darauf, um zu sehen, ob alles läuft. Sie können auch *Reports* aus den Daten erzeugen, die Sie mit dem Führungsteam, dem Produktteam oder den Investoren teilen, um deren unternehmerische Entscheidungen zu unterstützen.

Alerts konfigurieren
Niemand kann den ganzen Tag auf das Dashboard starren. Daher konfigurieren Sie üblicherweise Alerts (Alarme), die Sie bei Problemen benachrichtigen. Mehr darüber erfahren Sie in »Alerts« auf Seite 466.

Kernaussage 4
Sammeln Sie unterschiedliche Metriken (Verfügbarkeit, Geschäft, Anwendung, Server, Team) und bauen Sie Dashboards auf, um sich auf die für Sie wichtigsten Metriken zu konzentrieren.

Betrachten wir die Metriken nun anhand eines realen Beispiels mit CloudWatch.

Beispiel: Metriken in CloudWatch

In diesem Abschnitt wollen wir das in AWS integrierte Monitoring-Tool CloudWatch nutzen, um Metriken zu EC2-Instanzen, ASGs und ALBs zu sammeln. CloudWatch bietet von Haus aus Anwendungs- und Servermetriken für die meisten AWS-Ressourcen. Wir werden außerdem Route-53-Health-Checks (*https://oreil.ly/jbXWa*) für Verfügbarkeitsmetriken bereitstellen. Zum Schluss stellen Sie diese Metriken in einem eigenen CloudWatch-Dashboard bereit.

Beispielcode
Alle Codebeispiele finden Sie im GitHub-Repo (*https://github.com/brikis98/devops-book*) zu diesem Buch.

Wechseln Sie in den Ordner, den Sie für die Beispiele in diesem Buch genutzt haben, und legen Sie einen neuen Ordner *ch10/tofu/live* an:

```
$ cd fundamentals-of-devops
$ mkdir -p ch10/tofu/live
```

Als Nächstes kopieren Sie `asg-sample` aus Kapitel 3 in den Ordner *tofu/live*:

```
$ cp -r ch3/tofu/live/asg-sample ch10/tofu/live
$ cd ch10/tofu/live/asg-sample
```

Das Modul `asg-sample` stellt eine ASG mit einem vorgeschalteten ALB bereit. Es ist so konfiguriert, dass es ein von dem Packer-Template in *ch3/packer* erzeugtes AMI bereitstellt (das ist die Beispiel-App *ohne* den TLS-Code aus Kapitel 8). Falls Sie das AMI noch besitzen, können Sie es wiederverwenden, wenn nicht, können Sie es, wie in »Beispiel: Ein VM-Image mittels Packer erzeugen« auf Seite 109 beschrieben, noch einmal anlegen.

Nun fügen Sie den in Beispiel 10.10 gezeigten Route-53-Health-Check in *main.tf* ein.

Beispiel 10.10: Route-53-Health-Check einfügen (ch10/tofu/live/asg-sample/main.tf)

```
resource "aws_route53_health_check" "example" {
  fqdn              = module.alb.alb_dns_name  ❶
  type = "HTTP"                                ❷
  request_interval  = "10"
  resource_path     = "/"
  port              = 80
  failure_threshold = 1                        ❸

  tags = {
    Name = "sample-app-health-check"           ❹
  }
}
```

Der Code konfiguriert einen Route-53-Health-Check, der Ihren Service in der folgenden Konfiguration von verschiedenen über die Welt verteilten Endpunkten aus testet:

❶ Sendet Health-Check-Requests an den ALB-Domainnamen.

❷ Sendet alle zehn Sekunden HTTP-Requests an den Pfad `"/"` und Port 80.

❸ Schlägt auch nur eine Prüfung fehl, gilt der ALB als abgestürzt.

❹ Der Health-Check hat den Namen `sample-app-health-check`.

Nun legen Sie ein CloudWatch-Dashboard mithilfe eines Moduls namens `cloudwatch-dashboard` an, das Sie im Coderepo zu diesem Buch im Ordner *ch10/tofu/modules/cloudwatch-dashboard* finden. Dieses Modul erzeugt ein Dashboard mit Metriken von ASG, ALB und Route-53-Health-Checks. Beispiel 10.11 zeigt, wie Sie *main.tf* um das `cloudwatch-dashboard`-Modul ergänzen.

Beispiel 10.11: CloudWatch-Dashboard (ch10/tofu/live/asg-sample/main.tf)

```
module "cloudwatch_dashboard" {
  source  = "brikis98/devops/book//modules/cloudwatch-dashboard"
  version = "1.0.0"

  name            = "sample-app-dashboard"               ❶
  asg_name        = module.asg.asg_name                  ❷
  alb_name        = module.alb.alb_name                  ❸
  alb_arn_suffix  = module.alb.alb_arn_suffix
  health_check_id = aws_route53_health_check.example.id  ❹
}
```

Der obige Code konfiguriert das Dashboard wie folgt:

1. Das Dashboard heißt `sample-app-dashboard`.
2. Der ASG-Name wird für die Metriken der EC2-Instanzen dieser ASG genutzt.
3. Der ALB-Name und das ARN-Suffix werden für die Metriken dieses ALB genutzt.
4. Die Route-53-Health-Check-ID wird für die Metriken dieses Checks genutzt.

Abschließend fügen Sie die Dashboard-URL als Ausgabevariable in *outputs.tf* ein (siehe Beispiel 10.12).

Beispiel 10.12: Ausgabevariablen (ch10/tofu/live/asg-sample/outputs.tf)

```
output "dashboard_url" {
  description = "The URL of the dashboard"
  value       = module.cloudwatch_dashboard.dashboard_url
}
```

Das Deployment erfolgt wie üblich durch die Authentifizierung gegenüber AWS und die Ausführung von `init` und `apply`:

```
$ tofu init
$ tofu apply
```

Das Deployment der ASG und der Start der Apps dauert etwa drei bis zehn Minuten, also haben Sie etwas Geduld. Ist alles durchgelaufen, sehen Sie zwei Ausgabevariablen:

```
alb_dns_name = "<ALB_DOMAIN_NAME>"
dashboard_url = "<DASHBORD_URL>"
```

Testen Sie die URL der Ausgabevariablen `alb_dns_name`, um zu sehen, ob die App funktioniert (nutzen Sie HTTP, da die App aus Kapitel 3 HTTPS *nicht* unterstützt):

```
$ curl http://<ALB_DOMAIN_NAME>
Hello, World!
```

Sie sehen das übliche `Hello, World!`. Als Nächstes öffnen Sie die URL der Ausgabevariablen `dashboard_url` und sehen ein Dashboard wie das in Abbildung 10.3.

Ist das Dashboard leer, warten Sie ein paar Minuten, bis die Route-53-Health-Checks Requests an Ihre App senden. Dann sehen Sie die folgenden Metriken:

- Anzahl der Requests an den ALB.
- Durchschnittliche Response-Zeit des ALB.
- Die 99er-Perzentil-*p99*-Response-Zeit Ihres ALB. 99% Ihrer Requests werden innerhalb dieser Zeit (oder schneller) verarbeitet.
- Die durchschnittliche CPU-Auslastung über die ASG.
- Der für die ASG eingehende Netzwerk-Traffic.
- Der bei der ASG ausgehende Netzwerk-Traffic.
- Die Route-53-Health-Checks: 1 für okay, 0 für Fehler.
- Prozentsatz der erfolgreichen Route-53-Health-Checks.

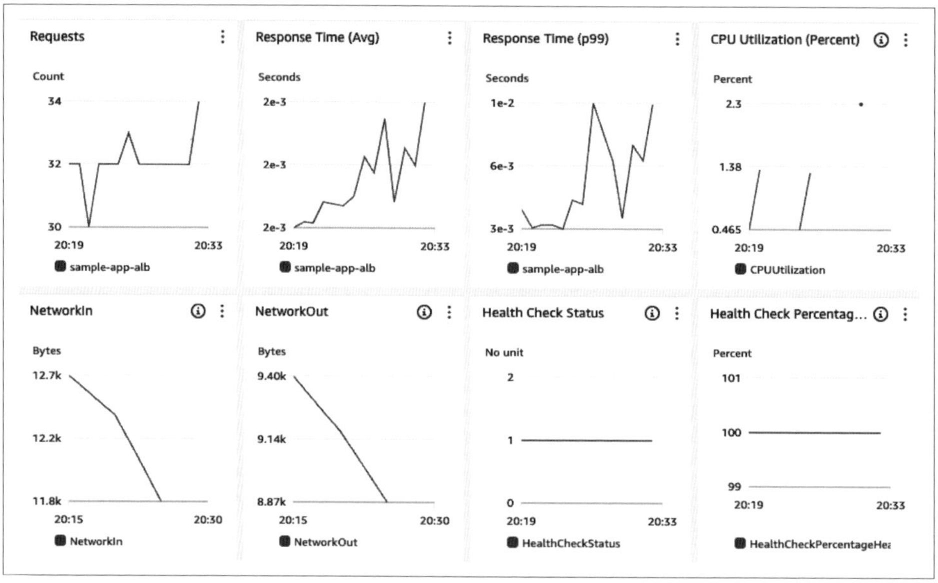

Abbildung 10.3: Das CloudWatch-Dashboard für die Beispiel-App

Glückwunsch, Sie sehen nun eine kleine Zahl nützlicher Anwendungs-, Server- und Verfügbarkeitsmetriken! Wenn Sie alle verfügbaren Metriken sehen wollen, besuchen Sie das CloudWatch-Metriken-Dashboard (*https://oreil.ly/68hAD*). Weitere Informationen zu den Verfügbarkeitsmetriken finden Sie im Route-53-Health-Checks-Dashboard (*https://oreil.ly/5lPCQ*).

Machen Sie sich die Hände schmutzig

Hier einige Übungen, mit denen Sie zu Hause tiefer einsteigen können:

- CloudWatch zeigt Ihnen EC2-Metriken, die nur außerhalb der VM sichtbar sind (z. B. CPU- und Netzwerknutzung). Installieren Sie den einheitlichen CloudWatch-Agenten (*https://oreil.ly/GeJpw*), um sich die Metriken innerhalb der VM (z. B. Speicher- und Festplattennutzung) ansehen zu können.
- Experimentieren Sie mit anderen Monitoring-Tools für die verschiedenen Metriken. Probieren Sie zum Beispiel Datadog für Anwendungsmetriken und Mixpanel für Geschäftsmetriken und so weiter aus. Wie sieht der Vergleich aus?

Wenn Sie mit Ihren Tests durch sind, sollten Sie `tofu destroy` ausführen, um die Infrastruktur aufzuräumen und keine Gebühren anzuhäufen. Alternativ können Sie noch etwas warten, bis wir diesen Code um Alerts in CloudWatch ergänzt haben. Unabhängig davon sollten Sie alle Änderungen in Git einpflegen.

Wir wollen nun mit strukturierten Events weitermachen und wie sie sich von den anderen Monitoring-Tools unterscheiden, die Sie bisher kennengelernt haben.

Events

In Kapitel 9 haben Sie ereignisgesteuerte Architekturen kennengelernt, bei denen jeder Service Events in einem Event-Stream veröffentlichen kann, die dann von einem oder mehreren anderen Services konsumiert und verarbeitet werden können. Eine besonders nützliche Form des Konsums ist das Monitoring einschließlich:

- Beobachtbarkeit
- Tracing
- Testen in der Produktion (TIP)

In diesem Abschnitt wollen wir uns diese einzelnen Punkte genauer betrachten.

Beobachtbarkeit

Während Ihre Architektur komplizierter wird und sich wie in »Die Evolution von DevOps« auf Seite 43 beschrieben weiterentwickelt (von einem Monolithen zu Microservices, von Single-Node-Systemen zu verteilten Systemen und so weiter), passieren zwei Dinge:

- Es treten immer mehr Probleme auf, die Sie weder erwartet noch vorhergesehen haben.
- Das Verhältnis von unvorhersehbaren Problem zu vorhersehbaren Problemen wird immer schlechter.

Sobald Sie in die Dimensionen großer Unternehmen wie Google und Meta vorstoßen, werden Sie fortlaufend mit Problemen kämpfen, für die Sie keine automatisierten Tests, Metriken und Dashboards besitzen und von denen Sie nie gedacht hätten, dass Sie sie jemals brauchen würden. Während Sie davon ausgehen können, dass das Monitoring der vier goldenen Signale (Latenz, Traffic, Fehler, Auslastung) für die meisten Unternehmen sinnvoll ist, stellt sich die Frage, wie man bei komplexen, unerwarteten und unvorstellbaren Problemen vorgeht. Wie gehen Sie mit unbekannten Unwägbarkeiten um? Hier kommt die Beobachtbarkeit ins Spiel.

Beobachtbarkeit ist eine Eigenschaft des Systems. In der Steuerungstheorie ist sie ein Maß dafür, wie gut der interne Zustand des Systems über das Wissen um dessen externe Ausgaben abgeleitet werden kann. Bei DevOps ist sie ein Maß dafür, wie gut Sie den Zustand Ihrer Software allein durch die Abfrage über externe Tools verstehen können. Das bedeutet, dass Sie die Ursache eines Problems ermitteln können (egal wie komisch oder unvorhersehbar es ist), ohne neuen Code ausliefern zu müssen, sondern allein durch eine iterative Ad-hoc-Untersuchung der Monitoring-Daten. Haben Sie nur Zugriff auf die gesammelten Metriken (da Sie vorhersehen konnten, dass sie nützlich sein würden), laufen Sie bei der Untersuchung neuer Probleme schnell vor die Wand. Aus diesem Grund steigen Unternehmen auf strukturierte Events um.

Strukturierte Events sind im Wesentlichen von Ihren Services veröffentlichte Sammlungen von Schlüssel/Wert-Paaren, die beschreiben, was der Service macht. Das klingt vertraut: Die Events ereignisgesteuerter Architekturen in Kapitel 9 sind strukturierte Events. Die strukturierten Logs weiter oben in diesem Kapitel sind strukturierte Events, und Sie können sogar alle bisher in diesem Kapitel vorgestellten Metriken als strukturierte Events veröffentlichen. Die Idee ist, Ihre Services so zu instrumentieren, dass sie strukturierte Events mit den interessanten Daten der Services veröffentlichen und dann ein Tooling nutzen, das diese Events konsumiert und in einer Form speichert, die eine effiziente Analyse des Systems erlaubt. Welche Art Tooling ist das?

Beachten Sie, dass strukturierte Events viele *Dimensionen* (viele Schlüssel/Wert-Paare) haben. Dazu gehören: der Zeitpunkt des Events, der Service, in dem das Event aufgetreten ist, der Upstream-Service, der diesen aufgerufen hat, der Host, auf dem der Service läuft, die ID des Nutzers, der auf diesen Service zugegriffen hat, und so weiter. Darüber hinaus weisen viele dieser Dimensionen eine hohe *Kardinalität* auf, die ein Maß dafür ist, wie viele unterschiedliche Werte eine Dimension haben kann. Zum Beispiel kann die Nutzer-ID-Dimension viele Millionen Werte enthalten, je nachdem, wie viele Nutzer Ihr System hat. Sie benötigen daher ein Tooling, das Daten mit hoher Dimensionalität und Kardinalität effizient speichern und analysieren kann.

Ich habe bisher noch keinen allgemein akzeptierten Begriff für diese Art Tooling gefunden. Ich höre »Observability-Plattform«, »Application-Visibility-Plattform«, »Software-Debugging-Tool« und ähnliche Begriffe. In diesem Buch nutze ich den Begriff *Observability-Tooling* für Tools zur Speicherung und Analyse strukturierter Events mit hoher Dimensionalität und Kardinalität. Honeycomb hat 2016 eines der ersten frei verfügbaren Observability-Tools veröffentlicht und das Konzept mit viel Fleißarbeit popularisiert. Seither sind andere Observability-Tools wie SigNoz und Uptrace (vollständige Liste (*https://oreil.ly/Z0lXR*)) auf dem Markt erschienen, und viele bereits vorgestellte Monitoring-Tools wie New Relic und Datadog haben damit begonnen, entsprechende Features einzubinden (oder nutzen »Beobachtbarkeit« zumindest im Marketing).

Die Fähigkeit der Observability-Tools, Daten mit hoher Dimensionalität und Kardinalität effizient zu verarbeiten, erlaubt Ihnen die iterative Abfrage Ihrer Systeme, ohne im Voraus zu wissen, welche Fragen Sie werden stellen müssen. Nehmen wir zum Beispiel an, dass die Latenz Ihrer Website eine Spitze aufweist und Sie nicht wissen, woran das liegt. Nachfolgend gehen wir beispielhaft eine Session durch, die zeigt, wie Sie dieses Problem mit einem Observability-Tool debuggen können:

1. Sie sehen sich die in Abbildung 10.4 abgebildete Latenz-Heatmap an. (Dieser Screenshot stammt von Honeycomb und soll Ihnen nur ein Gefühl dafür vermitteln, wie dieser Prozess aussehen könnte.)

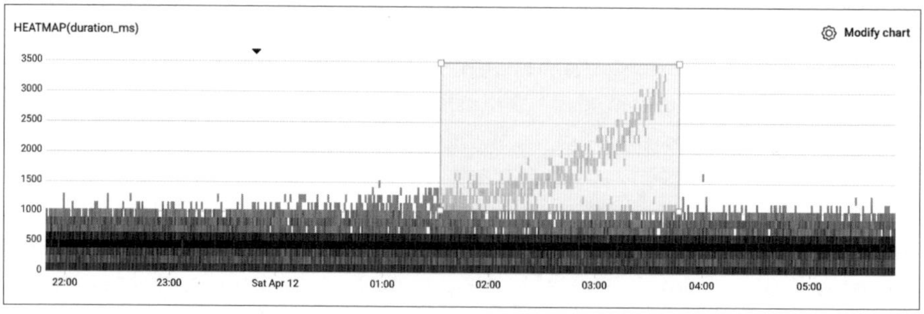

Abbildung 10.4: Honeycomb zum Debugging einer Latenzspitze nutzen

2. Sie wählen den Teil des Latenzdiagramms, der die Spitze zeigt (das hervorgehobene Rechteck in der Mitte von Abbildung 10.4). Die durchgeführte Auto-Korrelation zeigt die Gemeinsamkeiten dieser Requests mit den Ausgangswerten (siehe Abbildung 10.5).

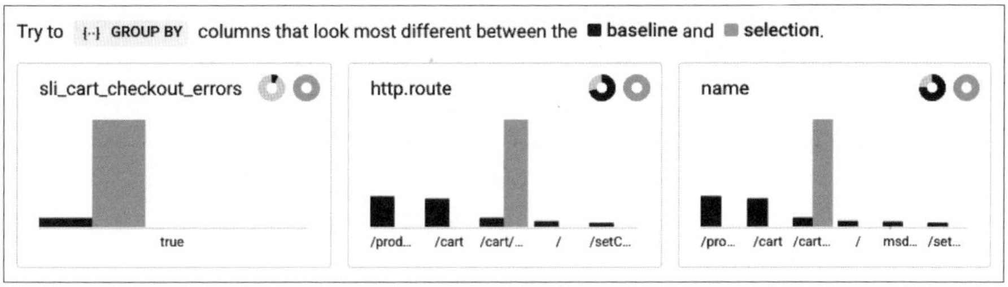

Abbildung 10.5: Korrelationen zwischen gewählten Requests und Ausgangswerten

3. Das zeigt, dass eine HTTP-Route die Ursache aller erhöhten Latenzen zu sein scheint. Sie klicken sie an, um sich das Diagramm für diese URL anzusehen.
4. Es wird eine weitere Auto-Korrelation durchgeführt, aber diesmal nur für diese URL. Das offenbart, dass alle langsamen Requests von einer einzigen Nutzer-ID stammen.
5. Sie zoomen in eine einzelne Ladeoperation hinein, bei der diese URL für diese Nutzer-ID langsam war. Das zeigt, dass fünf Serviceaufrufe zur Verarbeitung dieses Requests durchgeführt wurden und dass einer dieser Aufrufe für 95 % der Latenz verantwortlich ist.
6. Sie zoomen in diesen langsamen Serviceaufruf hinein, um sich die Datenbank-Queries anzusehen, die dieser Serviceaufruf durchgeführt hat, und entdecken eine Query, die bei bestimmten Nutzern außergewöhnlich langsam ist.

Zwar können Sie für solche Dinge wie Latenz im Vorfeld Metriken und Alerts einrichten, doch Sie können vorab nicht vorhersagen, welche Abfragen Sie in einer Debugging-Session durchführen müssen. Und selbst wenn Sie nach diesem Vorfall entsprechende Metriken und Dashboards für die Abfragen einrichten, die Ihnen bei der Lösung dieses Problems geholfen haben, werden Sie bei der nächsten Suche sehr wahrscheinlich völlig andere Abfragen durchführen müssen. Bei dieser Art iterativer Suche glänzen Observability-Tools, da sie es Ihnen erlauben, Antworten auf Fragen zu finden, die Sie vorab weder kennen noch vorhersehen können.

Kernaussage 5

Instrumentieren Sie Ihren Code so, dass er strukturierte Events veröffentlicht. Nutzen Sie Observability-Tools, um zu verstehen, was Ihre Software macht, indem Sie iterativ Ad-hoc-Queries über diese strukturierten Events durchführen.

Eine weitere Klasse von Tools, die in den Bereich der Beobachtbarkeit fallen, sind Tracing-Tools, die wir uns als Nächstes ansehen wollen.

Tracing

Bei einer Architektur mit vielen Services kann ein einzelner Request eines Nutzers zur Dutzenden internen Requests innerhalb der Architektur führen. Wenn Ihr Frontend zum Beispiel einen Request empfängt, kann es Requests an die Services A, B und C senden. Service A sendet wiederum Requests an die Services D, E und F, während Service B Requests an die Services G, H und I sendet und so weiter (siehe Abbildung 10.6).

Dieses Diagramm ist statisch, doch im richtigen Leben ändert sich der Fluss zwischen Services und Requests laufend. Ab einer bestimmten Größe kann es eine echte Herausforderung sein, den Fluss der Requests zu verstehen und Probleme zu debuggen. Daher nutzen viele Unternehmen *verteiltes Tracing*. Diese Methode hält Requests nach, während sie durch ein verteiltes System fließen.

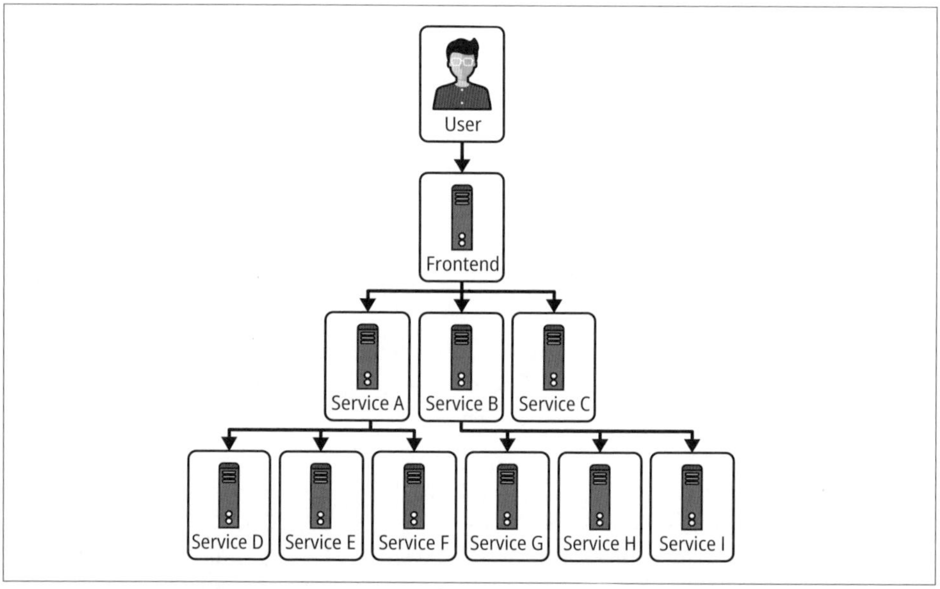

Abbildung 10.6: Durch einen einzigen Nutzer-Request ausgelöster Fluss von Requests

Die Grundidee ist dabei, jedem Request, der einen Fluss initiiert (etwa der Request eines Nutzers zu einem Frontend), eine eindeutige ID für diesen Request, die sogenannte *Trace-ID*, zuzuweisen und diese Trace-ID durch alle Requests durchzupropagieren. Jeder Service kann dann strukturierte Events veröffentlichen, die diese Trace-ID zusammen mit anderen nützlichen Informationen wie einem Zeitstempel und der Verarbeitungsdauer des Requests enthält. Ein verteiltes Tracing-Tool kann all diese Events wieder zusammenfügen und in einem *Wasserfalldiagramm* wie das in Abbildung 10.7 darstellen.

Wasserfalldiagramme bestehen aus einer Reihe verschalteter Bereiche, einem für jeden Request, die zeigen, welche Services beteiligt waren, der Reihenfolge der Requests (was Abhängigkeiten zwischen den Services aufdeckt), wie lange die Requests dauerten und aus anderen nützlichen Metadaten. Diese Art Diagramm hilft beim Debugging von Problemen und beim Performance-Tuning in Microservice-Architekturen.

Zur Instrumentierung Ihres Codes sowie zur Sammlung und Analyse verteilter Traces steht eine Vielzahl von Tools wie Zipkin und Jaeger (vollständige Liste (*https://oreil.ly/qYX8B*)) zur Verfügung. Viele der vorhin genannten Observability-Tools (Honeycomb, SigNoz, Uptrace) unterstützen das Tracing auch direkt. Viele der existierenden Monitoring-Tools unterstützen verteiltes Tracing auf unterschiedlichem Niveau ebenfalls (z. B. Grafana, Dynatrace, New Relic und Datadog).

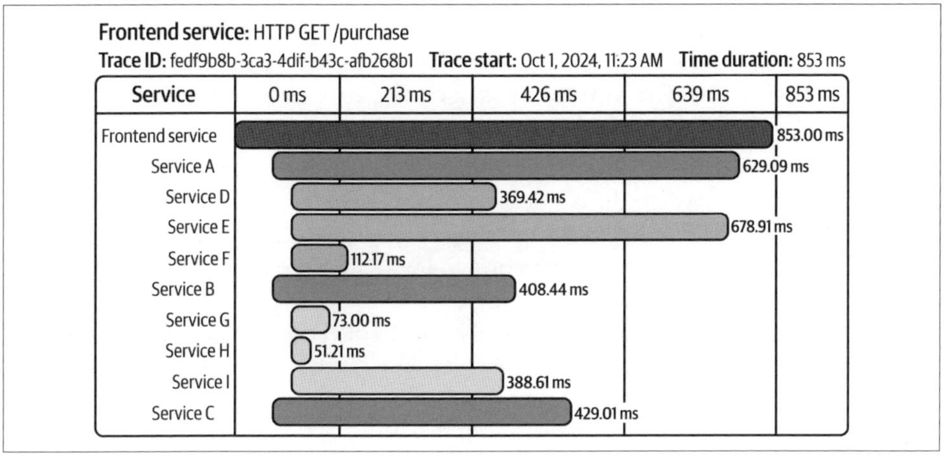

Abbildung 10.7: Wasserfalldiagramm eines verteilten Tracings

Heutzutage ist der Einsatz von OTel häufig die beste Wahl. Es ist Open Source, unterstützt viele Programmiersprachen, Orchestrierungstools und Metrik-Backends, und Sie können alle Telemetriedaten (Metriken, Logs, Traces) mit einem einzigen Tool sammeln. Wie Sie in Kapitel 7 gesehen haben, unterstützen einige Service-Mesh-Tools verteiltes Tracing von Haus aus, etwa Istio, das unter der Haube OTel nutzt.

Kernaussage 6

Nutzen Sie verteiltes Tracing, um den Weg Ihrer Requests durch Ihre Microservice-Architektur zu visualisieren.

Sie haben nun mehrere Tools kennengelernt, mit deren Hilfe Sie verstehen können, was in der Produktion passiert. Können Sie gut genug mit diesen Tools umgehen, öffnet das die Tür zu einem Ansatz, der als Testen in der Produktion bekannt ist.

Testen in der Produktion

> Usually, testing checks a very strong notion of correctness on a few cases, and monitoring checks a very weak notion of correctness under the real production load.
>
> Normalerweise überprüft das Testen eine sehr strenge Vorstellung von Korrektheit für einige wenige Fälle, während das Monitoring eine sehr einfache Vorstellung von Korrektheit in der Produktion überprüft.
>
> *– Jay Kreps, Mitgründer von Confluent*

Man kann sich das Monitoring als das Yin des Yangs automatisierter Tests vorstellen. Das bedeutet, Sie nutzen automatisierte Tests, um bestimmte Arten von Fehlern aufzuspüren sowie für das Monitoring anderer Arten von Fehlern. Automatisierte Tests sind gut, wenn Sie Fehler vorhersehen können und wenn Sie eine Produktionsumgebung ausreichend gut simulieren können, um diese Fehler nachbilden zu können. Wie Sie in »Beobachtbarkeit« auf Seite 459 gesehen haben, kommt es beim Wachstum Ihres Unternehmens immer häufiger zu Fehlern, die Sie nicht vorhersehen können. Ebenso wird es, wenn Ihr Unternehmen weiter wächst, immer schwieriger, die Produktionsumgebung zu simulieren. Sollten Sie jemals in die Größenordnung von Google oder Meta gelangen, mit Milliarden von Nutzern und Petabytes an Daten, gibt es praktisch keine Möglichkeit, die Produktionsumgebung originalgetreu nachzubilden.

Darum kümmern sich viele große Unternehmen gar nicht mehr darum, d.h., sie nutzen keine Staging-Umgebungen mehr, sondern *testen in der Produktion* (TIP). Dabei stellen sie die Software in der Produktion bereit und schauen, was passiert. Das hört sich fahrlässig und gefährlich an, und wenn man es nicht richtig macht, ist es das auch. Die Realität ist aber, dass wir *alle* zu einem gewissen Grad in der Produktion testen. Jedes Deployment, jede Konfigurationsänderung und jeder einzelne Nutzer-Request ist ein Test. Es kann funktionieren, oder es kommt zu einem Fehler. Die Idee hinter TIP ist, dass ab einer bestimmten Größe der Testaufwand in Vorproduktionsumgebungen so hoch wird, dass man sich besser bemüht, die Produktionssysteme resilienter zu machen. Statt Tausende Stunden damit zu verbringen, jeden Bug mit automatisierten Tests abzufangen, investiert man die Zeit besser darin, die Auswirkungen solcher Bugs zu minimieren. Das bedeutet nicht, dass Sie alle automatisierten Tests wegwerfen sollen und einfach ungetesteten Code in der Produktion einsetzen. Tatsächlich funktioniert TIP nur mit *mehr* Disziplin:

Automatisierte Tests
: Sie müssen immer noch viele automatisierte Tests durchführen und versuchen, Fehler abzufangen, bevor sie es in die Produktion schaffen, genau so, wie Sie es in Kapitel 5 gelernt haben, einschließlich statischer Analyse, Unit- und Integrationstests. Allerdings ersetzen Sie in großen Maßstäben einige Ihrer Integrations-, Ende-zu-Ende- und Performancetests durch TIP.

Automatisierte Deployments
: Beim Testen in der Produktion müssen Ihre Deployment-Prozesse vollständig automatisiert (siehe Kapitel 5) und schnell sein, damit bei Problemen ein schnelles Vor und Zurück möglich ist. Idealerweise nutzen Sie auch Canary-Deployments, um den Radius möglicher Schäden zu minimieren, falls die Dinge schiefgehen.

Metriken
: Wie Sie weiter oben in diesem Kapitel gesehen haben, sollten Sie Schlüsselmetriken (z.B. die vier goldenen Signale) festhalten und gute Ausgangswerte haben, damit Sie wissen, wie »normal« aussieht. Auf diese Weise können Sie Probleme verursachenden Code in der Produktion schnell identifizieren, da die Metriken nicht mehr normal aussehen.

Beobachtbarkeit und Tracing
: Für das Testen in der Produktion muss Ihr System hochgradig beobachtbar sein und verteiltes Tracing unterstützen. Geht etwas schief, können Sie das System schnell abfragen, um die Ursache zu ermitteln und den Fehler zu beheben.

Feature-Toggles, Ramping und A/B-Tests
: Eine Kernidee des Testens in der Produktion ist, dass Sie nicht mit allen Nutzern testen müssen. Stattdessen schränken Sie, wie in Kapitel 5 gesehen, die Auswirkungen möglicher Fehler ein, indem Sie jede neue Funktionalität in ein Feature-Toggle packen, das standardmäßig deaktiviert ist und jeweils nur für einen kleinen Prozentsatz der Nutzer aktiviert wird – zu Beginn beispielsweise nur für die Mitarbeitenden. Funktioniert das Feature gut, erweitern Sie schrittweise den Nutzerkreis, solange es keine Probleme gibt. Darüber hinaus könnten Sie den neuen Code mit A/B-Tests mit dem Original vergleichen wollen. Dafür benötigen Sie nicht nur entsprechende Metriken, sondern müssen diese auch entsprechend der jeweiligen Gruppe (A oder B) verarbeiten können. Auf diese Weise testen Sie nicht nur, ob der Code funktioniert, sondern auch, welche Variante für Ihre Kunden und Ihr Unternehmen das bessere Ergebnis liefert, was in der Produktion sicherlich der wichtigste Test überhaupt ist!

Führen Sie TIP korrekt durch, sehen Sie deutliche Verbesserungen Ihrer DORA-Metriken. Deployments erfolgen häufiger, und Vorlaufzeiten gehen runter, weil Deployments als Teil der täglichen Programmierarbeit Dutzende Male täglich erfolgen und nicht erst zum Schluss. Auch werden die Änderungsfehlerraten sinken und ebenso die Wiederherstellungsdauer, da Ihr Tooling den Radius möglicher Fehler beschränkt und die Wiederherstellung bei Fehlern schneller erfolgen kann.

Allerdings ist auch das Testen in der Produktion nicht ohne Risiken und Herausforderungen. Bei jedem Feature, an dem Sie arbeiten, müssen Sie ständig die Zeit abwägen, die Sie in das Testen vor und während der Produktion investieren wollen. Sind die Kosten von Fehlern hoch, werden Sie stark in das Testen vor der Produktion investieren wollen. Bei den folgenden Features ist das beispielsweise der Fall:

Sicherheitsfeatures
: Läuft die Authentifizierung, Autorisierung oder Verschlüsselung schief, setzen Sie die Daten Ihrer Kunden sowie Ihr ganzes Geschäft einem Risiko aus.

Finanzielle Features
: Laufen finanzielle Transaktionen schief, etwa wenn eine einzelne Transaktion mehrfach oder gar nicht ausgeführt wird, kann das für Ihr Geschäft (im wahrsten Sinne des Wortes) sehr kostspielig werden.

Datenspeicher-Features
: Ein mögliches Risiko bei der Datenspeicherung ist die versehentliche Beschädigung oder Löschung der Daten. Mit einer guten Backup-Strategie (siehe Kapitel 9) können Sie die Daten nach solchen Unfällen wiederherstellen, allerdings nicht ohne Ausfallzeiten und einen Vertrauensverlust bei den Kunden.

Features, bei denen Menschenleben auf dem Spiel stehen
: Wenn Sie medizinische Software entwickeln oder Autopiloten oder alles andere, bei dem Menschenleben auf dem Spiel stehen, kann ein einzelner Bug zu einer Tragödie und zu enormen Schäden führen.

Bei diesen Arten von Features müssen Sie vor der Produktion so viel wie möglich testen. Sind die Kosten eines Bugs hingegen gering, werden Sie sich eher auf das Testen in der Produktion verlassen. Wenn zum Beispiel eine Mitarbeiterin von Meta etwas in der Produktion testet, das zu einem Bug führt, der den Newsfeed von Facebook für eine kleine Anzahl von Nutzern unterbricht, ist das keine große Sache. Daher lautete Metas Motto früher auch »move fast and break things« (auf Deutsch etwa »bewege dich schnell und mach Dinge kaputt«). Mittlerweile lautet das Motto »move fast with stable infra« (auf Deutsch etwa »bewege dich schnell mit stabiler Infrastruktur«), was die TIP-Philosophie von Geschwindigkeit und Resilienz wohl besser beschreibt.

Allerdings können die Dinge auch bei den resilientesten Systemen schieflaufen, und wenn das so ist, wollen Sie informiert werden. Damit beschäftigen wir uns im nächsten Abschnitt.

Alerts

Logs, Metriken und Events sind nützlich, wenn man die Ursache eines Problems verstehen will, doch wie findet man heraus, dass es überhaupt ein Problem gibt? Sie wollen sich nicht darauf verlassen, dass ein Entwickler zufällig auf die richtige Metrik schaut und Sie wollen ganz sicher nicht, dass sich die Kunden beschweren. Stattdessen erlauben nahezu alle in diesem Kapitel vorgestellten Logging-, Metriken- und Event-Tools die Konfiguration von *Alerts*, die Sie bei Problemen informieren. In diesem Abschnitt wollen wir uns die folgenden Themen ansehen:

- Trigger
- Benachrichtigungen
- Rufbereitschaft
- Incident Response

Sehen wir uns zuerst an, welche Arten von Events einen Alarm auslösen können.

Trigger

Für jeden Alert definieren Sie *Trigger* bzw. *Regeln*, die festlegen, wann jemandem eine Benachrichtigung (*Notification*) gesendet werden soll. Diese Trigger werden dabei üblicherweise über bestimmte Metriken, Events oder Logs definiert, die bestimmte Arten von Schwellenwerten (*Thresholds*) überschreiten:

Absolute Schwellenwerte

Schwellenwerte basieren auf konkreten, spezifischen Werten (z.B. »löse einen Alarm aus, wenn die durchschnittliche Latenz über 500 ms liegt«). Die Art Trigger aktivieren Sie üblicherweise zuerst, da diese einfach zu verstehen sind und von nahezu allen Monitoring-Tools unterstützt werden. Sie eignen sich besonders für Metriken mit eindeutig »schlechten« Werten, etwa wenn es keinen freien Speicher mehr auf der Festplatte gibt. Doch nicht alle Metriken sind so eindeutig. Zum Beispiel kann die Definition eines »schlechten« Werts für die Latenz vom Produkt, der Tages- oder Jahreszeit und vielen anderen Faktoren abhängen, die sich ändern können, sobald das Unternehmen wächst. Wenn Sie ein gutes Verständnis davon haben, was bei Ihren Metriken »normal« ist, können Sie absolute Schwellenwerte nutzen, allerdings verschätzt man sich dabei leicht, was zu vielen *falschen Positiven* führt, d.h., es werden Alarme ausgelöst, obwohl alles in Ordnung ist. Das kann schnell zu einer gewissen »Alarmmüdigkeit« führen (über die Sie im Abschnitt »Benachrichtigungen (Notifications)« auf Seite 467 mehr erfahren), weshalb Sie noch die beiden folgenden Arten von Schwellenwerten nutzen müssen.

Relative Schwellenwerte
: Diese basieren auf einem Basiswert (z. B. »löse einen Alarm aus, wenn die Latenz um mehr als 50% steigt«). Bei relativen Schwellenwerten müssen Sie keinen einzelnen absoluten Wert als »normal« festlegen. Sie helfen bei der Erkennung von Spitzen, die in manchen Fällen ein klares Anzeichen für ein Problem sind.

Historische Schwellenwerte
: Diese basieren auf dem Vergleich einer Metrik mit einem vergleichbaren Zeitpunkt (z. B. wird ein Alarm ausgelöst, wenn die Latenz heute um 50% höher liegt als zum gleichen Zeitpunkt vor einer Woche). Historische Schwellenwerte sind besonders für Unternehmen mit sich wiederholenden Traffic-Mustern nützlich, etwa bei saisonalen Schwankungen einer E-Commerce-Plattform.

Sobald Sie Ihre Trigger definiert haben, stellt sich die Frage, was zu tun ist, wenn ein Trigger ausgelöst wird. Standardmäßig sollte, wenn möglich, die Reaktion automatisiert erfolgen, etwa durch Auto-Healing (z. B. das Ersetzen eines Servers oder Containers) oder Auto-Scaling (z. B. das Hoch- oder Runterfahren entsprechender Server oder Container). Kann ein Trigger nicht automatisch verarbeitet werden, muss im nächsten Schritt ein Mensch informiert werden.

Benachrichtigungen (Notifications)

Auch wenn sich dieser Abschnitt nur um Alerts dreht, sollten Sie Alarme möglichst sparsam einsetzen. Dabei meine ich insbesondere die Art von Alarmen, bei denen jemand benachrichtigt wird, etwa über einen Pager oder das heutzutage übliche Smartphone. Alerts dieser Art haben einen hohen Preis. Erstens unterbrechen sie die Arbeit. Bei einigen Unternehmen gibt es ständig Alerts, sodass das Operations-Team nur »Feuerwehr« spielen kann. Zweitens unterbrechen sie das persönliche Leben. Da Alerts jederzeit eintreten können – beim Abendessen, mitten in der Nacht oder während der Weihnachtsferien –, greifen sie stark in das Privatleben außerhalb des Unternehmens ein.

Bei zu häufig auftretenden Alerts kann das bei den Teammitgliedern zu *Alarmmüdigkeit* führen, d. h., sie sind gestresst, unproduktiv und unglücklich. Wie in der Fabel »Der Schäfer und der Wolf« beginnen sie bestenfalls damit, die Alerts zu ignorieren. Im schlimmsten Fall kommt es zum Burn-out, und die Teammitglieder gehen. Um das zu verhindern, sollte ein Alarm nur ausgelöst werden, wenn die folgenden Kriterien erfüllt sind:

Bearbeitbar
: Jemanden zu alarmieren, ist sinnlos, wenn er das Problem nicht lösen kann.

Wichtig
: Selbst wenn ein Trigger bearbeitet werden kann, ist ein Alarm sinnlos, wenn er nicht wichtig ist. So kann zum Beispiel die CPU-Auslastung höher sein als üblich, rechtfertigt normalerweise aber keinen Alarm, der Ausfall des ganzen Systems hingegen schon.

Dringend
: Selbst wenn ein Trigger bearbeitet werden kann und wichtig ist, sollten Sie niemanden alarmieren, wenn es nicht wirklich dringend ist und sofort bearbeitet werden muss. Alerts sind für Ihr Team ein Signal, alles liegen zu lassen und die Dinge sofort zu untersuchen. Bei den meisten Problemen reicht es, wenn sie innerhalb einiger Stunden behoben werden, weshalb Alerts nur genutzt werden sollten, wenn eine Verzögerung bei Ihren Kunden oder dem Unternehmen zu ernsthaften Schäden führt.

Erfüllt ein Trigger nicht alle drei Kriterien, sollten Sie anstelle eines Alerts normale Benachrichtigungen senden, etwa ein Ticket für ein Fehlerverfolgungssystem ausfüllen oder eine Nachricht an einen Chatraum (Slack oder Microsoft Teams) oder eine Mailingliste senden, die Ihr Team regelmäßig liest. Auf diese Weise wird jemand das Problem sehen und sich darum kümmern, und niemand muss alles stehen und liegen lassen.

> **Kernaussage 7**
>
> Nutzen Sie Alerts, um über Probleme zu informieren, aber nur, wenn sie auch bearbeitet werden können, wichtig und dringend sind.

Erfüllt ein Trigger diese Kriterien, senden Sie einen Alert üblicherweise an die Teammitglieder, die gerade Rufbereitschaft haben.

Rufbereitschaft

Bei einem kleinen Start-up wird bei einem Vorfall wahrscheinlich jeder informiert. Bei größeren Unternehmen ist das ineffizient und kontraproduktiv, weshalb eine *rotierende Rufbereitschaft* üblich ist: Sie legen einen Zeitplan fest, nach dem bestimmte Teammitglieder zu bestimmten Zeiten auf Alerts reagieren müssen. In der Vergangenheit haben Sie das über eine Tabellenkalkulation geregelt und die Teammitglieder mit Pagern versorgt, doch heutzutage nutzt man üblicherweise dedizierte Software für die Rotation und sendet Alerts an das Smartphone. Wichtige Akteure in diesem Bereich sind PagerDuty und Opsgenie (vollständige Liste (*https://oreil.ly/tma4Q*)).

Rufbereitschaft ist stressig, die folgenden Praktiken sollten Sie daher berücksichtigen:

Messen Sie mühselige Arbeit.
: *Mühselige Arbeit* ist von Natur aus händische, sich wiederholende, reaktive und temporäre Arbeit. Das Gegenteil ist *Engineering*, bei dem Sie proaktiv Dinge automatisieren, um eine wiederverwendbare, langfristige Lösung zu schaffen. Wenn Sie zum Beispiel alle paar Tage Ausfälle beheben müssen, weil manuelle Deployments schiefgegangen sind, dann ist das mühselige Arbeit. Wenn Sie sich die Zeit nehmen, Ihren Deployment-Prozess zu automatisieren, dann ist das Engineering. Eine gute Praxis besteht darin, die prozentualen Anteile der Zeit zu messen, den das Team mit mühseliger Arbeit statt mit Engineering verbringt – Sie können das sogar als Metrik im Dashboard festhalten –, und proaktiv die Balance in Richtung Engineering zu verschieben. Kein Team sollte mehr als ~50% seiner Zeit mit mühseliger Arbeit verbringen. Idealerweise können Sie die mühselige Arbeit für alle Teams auf unter 20% drücken.

Legen Sie ein Fehlerbudget fest.
: Häufig kommt es zwischen Entwickler- und Operations-Teams zu Spannungen, weil die Entwickler mehr Deployments vornehmen wollen, um neue Features auszuliefern, während das Operations-Team sich weniger Deployments wünscht, weil diese die häufigste Ursache für Ausfälle sind (siehe Tabelle 6.2), die sie um drei Uhr morgens aus dem Schlaf reißen. Eine Möglichkeit, diese Spannungen abzubauen, besteht darin, ein *Fehlerbudget* einzuführen, das sich aus eins minus der gewünschten Verfügbarkeit berechnet (z. B. liegt Ihr Fehlerbudget bei einer gewünschten Verfügbarkeit von 99.9% bei 0.1% oder etwa zehn Minuten pro Woche). Solange Sie innerhalb dieses Fehlerbudgets bleiben, erfolgen die Deployments, so oft Sie können, und mögliche Ausfälle werden nicht als zu vermeidende Fehler betrachtet, sondern als Teil des Entwicklungsprozesses. Wird das Budget überschritten, verlangsamen Sie die Entwicklung neuer Features und investieren in die Entwicklung resilienterer Software (mit den in diesem Kapitel erlernten Techniken), bis Sie kontinuierlich innerhalb des Fehlerbudgets bleiben.

Binden Sie Entwickler in die Rufbereitschaft ein.
: Eine andere Möglichkeit, die Spannungen zwischen Entwickler- und Operations-Teams zu lösen, besteht darin, auch die Entwickler in die Rufbereitschaft einzubinden. Das löst die »Über-den-Zaun-werfen«-Mentalität schnell auf. Sobald die Entwickler ein paar Mal um drei Uhr morgens aus dem Schlaf gerissen worden sind, werden sie damit beginnen, ihren Code etwas anders zu schreiben und mehr in automatisierte Tests, Feature-Toggles, Monitoring und so weiter zu investieren.

Würdigen Sie diejenigen, die Störungen behoben haben.
: Selbst wenn Sie alle vorstehenden Richtlinien befolgen, wird es zu Ausfällen, Alerts und Stress kommen. Eine Möglichkeit, diese Schmerzen ein wenig zu lindern, besteht darin, die Mitarbeitenden zu würdigen, die Störungen erfolgreich behoben haben, insbesondere bei einem Alert außerhalb der normalen Arbeitszeit. Sie könnten sie zum Beispiel vor versammelter Mannschaft loben, ihnen nach einer langen Nacht als »Feuerwehrleute« automatisch einen Tag frei geben oder ihnen sogar einen kleinen finanziellen Bonus zukommen lassen. Es sollte gerade genug sein, um klarzumachen, dass Rufbereitschaft stressig ist und dass Sie die Mühen zu würdigen wissen, aber nicht so viel, dass die Teammitglieder anfangen, Störfälle zu generieren (z. B. um einen Bonus zu bekommen). Mit anderen Worten: Die Teammitglieder sollten immer noch ein Leben ohne Vorfälle bevorzugen, aber die Würdigung sollte die Dinge ein wenig entschärfen.

Kernaussage 8

Nutzen Sie die rotierende Rufbereitschaft zum Umgang mit Alerts, aber halten Sie mühselige Arbeit nach, führen Sie ein Fehlerbudget ein, binden Sie Entwickler ein und würdigen Sie diejenigen, die Störfalle lösen.

Geht während der Rufbereitschaft ein Alarm los, müssen Sie den Vorfall lösen, indem Sie einen Incident-Response-Prozess durchlaufen.

Incident Response

Sobald es zu einem Vorfall kommt, muss Ihr Team einem *Incident-Response-Plan* folgen, der die Schritte zur Lösung des Vorfalls beschreibt. Bei kleinen Start-ups ist das häufig ein Ad-hoc-Plan, doch bei größeren Unternehmen werden Sie diesen Plan schriftlich festhalten wollen. Tatsächlich ist das eine Forderung vieler Compliance-Standards (z. B. SOC 2). Dieses stellt der Rufbereitschaft einen systematischen, reproduzierbaren Weg zur Lösung von Vorfällen zur Verfügung. Das fördert das Vertrauen und erlaubt ein schnelleres Lösen von Problemen (statt beispielsweise zufällig Buttons zu drücken und zu hoffen, dass das funktioniert). Jeder Incident-Response-Plan ist anders, doch die meisten umfassen die folgenden Elemente:

Response-Team
: Definiert, wer für verschiedene Arten von Vorfällen verantwortlich ist. Das umfasst die Rufbereitschaft und verschiedene Eskalationspfade für unterschiedliche Arten von Vorfällen (z. B. ist bei Sicherheitsvorfällen das Security-Team zu benachrichtigen).

Response-Zeit
: Je nach Art des Vorfalls sind interne oder kundenbezogene SLOs einzuhalten. Diese sollten klar definiert und sichtbar sein, damit jeder, der mit dem Vorfall befasst ist, weiß, wie viel Zeit zur Lösung des Problems zur Verfügung steht.

Kommunikationskanäle
: Sie sollten definieren, wie das Response-Team mit den relevanten Stakeholdern kommuniziert. Das betrifft andere interne Teams und externe Parteien wie Kunden, Investoren und Medien. Das kann eine Kombination aus E-Mails, Chatrooms, Wiki-Seiten, Statusseiten, Social-Media-Accounts und so weiter umfassen. Besonders wichtig ist ein klar definierter Ort, an dem das Response-Team Notizen macht (z. B. ein Wiki) und die zur Lösung des Vorfalls durchgeführten Schritte dokumentiert. Diese bilden die Basis für Playbooks, Eventualpläne und Autopsien.

Playbooks und Eventualpläne
: Viele Unternehmen legen Playbooks und Eventualpläne an, um Schritt-für-Schritt-Anweisungen für bestimmte Arten von Problemen festzulegen. Zum Beispiel könnte ein Playbook den Umgang mit Latenzproblemen bei Service A beschreiben und ein anderes das Debugging von Speicherproblemen bei Service B. Solche Playbooks sind üblicherweise das Ergebnis der Dokumentation von Lösungen vorheriger Vorfälle. Sie sind gut beraten, dabei ein kollaboratives Tool wie etwa ein Wiki zu nutzen, um mögliche Verbesserungen direkt eintragen zu können.

Autopsie ohne Schuldzuweisung
: Nachdem ein Vorfall bereinigt wurde, werden Sie eine *Autopsie* vornehmen. Bei diesem Prozess bringen Sie die relevanten Stakeholder zusammen und diskutieren bzw. dokumentieren, was schiefgegangen ist, wie es gelöst wurde und was man zukünftig besser machen kann. Fehler kommen vor, und der wesentliche Punkt der Autopsie ist, daraus zu lernen. Sie sollten die *Autopsie ohne Schuldzuweisung* durchführen, d. h. die Schuld nicht einzelnen Personen zuweisen, sondern systematisch nach Ursachen und möglichen Lösungen suchen. Bei einem Großteil der Softwarevorfälle liegt der Fehler

im System oder in den Prozessen, nicht bei einer einzelnen Person. Selbst wenn ein Praktikant versehentlich die Produktionsdatenbank löscht, ist eigentlich nicht der Praktikant schuld, sondern das System, das es diesem Praktikanten erlaubt hat, mit so weitreichenden Rechten auf die Datenbank zuzugreifen, dass er die Datenbank löschen kann, und zwar ohne entsprechende Prüfungen oder Tests. Wenn Sie Menschen Schuld zuweisen, dienen Autopsien meist nur dem eigenen Schutz (*Cover Your Ass*, CYA). Führen Sie die Autopsie durch, ohne jemandem die Schuld zuweisen zu wollen, kann die Organisation kontinuierlich lernen und besser werden.

Alerts aktualisieren
: Jedes Mal, wenn Sie einen Vorfall gelöst haben, sollten Sie sich fragen, ob der Alert ein bearbeitbares, wichtiges und dringendes Problem identifiziert hat. Wenn nicht, sollten Sie den Alert umgehend aktualisieren oder löschen. Sie bekommen Alerts nicht beim ersten oder zweiten Mal richtig hin – tatsächlich eigentlich nie, weil sich alles ständig ändert, einschließlich Software, Infrastruktur, Produkten und Nutzerverhalten. Daher sollten Sie es sich angewöhnen, Alerts als Teil des Response-Prozesses anzupassen und dabei auf die richtige Balance zwischen rechtzeitiger Benachrichtigung und Alarmmüdigkeit zu achten.

Automatisierung aktualisieren
: Immer wenn ein Vorfall behoben ist, sollten Sie sich fragen, ob Sie das Problem in Zukunft automatisch lösen können, ohne einen Menschen alarmieren zu müssen. Kommt es beispielsweise aufgrund höherer Latenzen vermehrt zu Alerts, können Sie die verfügbaren Ressourcen bei erhöhtem Traffic automatisch hochskalieren, um die Latenz auf einem akzeptablen Niveau zu halten, ohne dass Menschen eingreifen müssen. Mit anderen Worten, Sie sollten sich nach jedem gelösten Problem fragen, ob Engineering die mühselige Arbeit ersetzen kann.

Kernaussage 9

Lösen Sie Vorfälle, indem Sie Response-Teams zusammenstellen, Stakeholder auf dem neuesten Stand halten, SLAs und SLOs einhalten und Playbooks folgen. Führen Sie nach jedem Vorfall eine Autopsie ohne Schuldzuweisung durch und aktualisieren Sie Ihre Alert-Einstellungen.

Nachdem Sie die Grundlagen von Alerts kennengelernt haben, wollen wir ein praktisches Beispiel in CloudWatch durchgehen.

Beispiel: Alerts in CloudWatch

Weiter oben in diesem Kapitel haben Sie ein `asg-sample`-Modul angelegt, das eine ASG mit einem ALB, Route-53-Health-Checks und einem CloudWatch-Dashboard mit einigen Metriken bereitgestellt hat. Wir wollen nur einen Alert für eine diese Metriken – den Route-53-Health-Check – einrichten. Dazu nutzen wir CloudWatch-Alarme (*https://oreil.ly/K5HVA*). Sie wollen den Trigger auslösen, wenn die `HealthCheckStatus`-Metrik unter 1 fällt, was bedeutet, dass die Website ausgefallen ist. Löst der Trigger aus, veröffentlicht er eine Nachricht im *Amazon Simple Notification Service* (SNS), und Sie können den SNS abonnieren, um Benachrichtigungen über E-Mail oder SMS zu empfangen.

Fügen Sie einen CloudWatch-Alarm in der *main.tf* des asg-sample-Moduls wie in Beispiel 10.13 gezeigt ein.

Beispiel 10.13: Einen CloudWatch-Alarm konfigurieren (ch10/tofu/live/asg-sample/main.tf)

```
provider "aws" {
  region = "us-east-1"                                                    ❶
  alias = "us_east_1"
}

resource "aws_cloudwatch_metric_alarm" "sample_app_is_down" {
  provider = aws.us_east_1                                                ❷

  alarm_name          = "sample-app-is-down"                              ❸

  namespace           = "AWS/Route53"                                     ❹
  metric_name         = "HealthCheckStatus"
  dimensions = {
    HealthCheckId = aws_route53_health_check.example.id
  }

  statistic           = "Minimum"                                         ❺
  comparison_operator = "LessThanThreshold"
  threshold           = 1
  period              = 60
  evaluation_periods  = 1

  alarm_actions       = [aws_sns_topic.cloudwatch_alerts.arn] ❻
}

resource "aws_sns_topic" "cloudwatch_alerts" {
  provider = aws.us_east_1

  name = "sample-app-cloudwatch-alerts"                                   ❼
}
```

Dieser Code macht Folgendes:

❶ Alle Route-53-Health-Check-Metriken werden an die Region us-east-1 gesendet, unabhängig davon, wo die Ressourcen tatsächlich bereitgestellt werden (in diesem Fall in us-east-2), d.h., der Code konfiguriert einen zusätzlichen provider-Block, der OpenTofu-API-Aufrufe an us-east-1 erlaubt.

❷ Konfiguriert den CloudWatch-Alarm so, dass es den us-east-1-Provider nutzt, sodass die Route-53-Health-Check-Metriken in dieser Region abgefragt werden können. Eine vergleichbare provider-Konfiguration finden Sie im SNS-Bereich in ❼.

❸ Der CloudWatch-Alarm heißt sample-app-is-down.

❹ Der Alarm überprüft die HealthCheckStatus-Metrik des weiter oben in diesem Kapitel angelegten Route-53-Health-Checks.

❺ Der Alarm prüft den Minimalwert der HealthCheckStatus-Metrik alle 60 Sekunden und löst aus, wenn dieser Wert unter 1 fällt.

❻ Wird der Trigger ausgelöst, sendet er eine Nachricht an den SNS-Bereich in ❼.

❼ Legt einen SNS-Bereich namens `sample-app-cloudwatch-alerts` an.

Um das Testen dieses Alarms zu vereinfachen, können Sie das `asg-sample`-Modul wie in Beispiel 10.14 gezeigt aktualisieren, um den SNS-Bereich automatisch zu abonnieren.

Beispiel 10.14: SNS-Bereich abonnieren (ch10/tofu/live/asg-sample/main.tf)

```
resource "aws_sns_topic_subscription" "sms" {
  provider = aws.us_east_1

  topic_arn = aws_sns_topic.cloudwatch_alerts.arn ❶
  protocol = "email-json"                         ❷

  # TODO: Eigene E-Mail-Adresse eintragen
  endpoint  = "USERNAME@DOMAIN.COM"               ❸
}
```

Dieser Code macht Folgendes:

❶ Abonniert den vorhin für CloudWatch-Alerts angelegten SNS-Bereich.

❷ Nutzt das Protokoll `email-json`, das Benachrichtigungen in Form von E-Mails mit JSON-Body sendet. Realistischer wäre die Nutzung des `sms`-Protokolls, das Textnachrichten auf das Smartphone liefert, doch das verlangt ein zusätzliches Setup (*https://oreil.ly/__z7H*) und führt zu zusätzlichen Kosten bei AWS und beim Mobilfunkanbieter. SNS unterstützt für Benachrichtigungen verschiedene weitere Protokolle wie `email` (das Benachrichtigungen als E-Mail im Klartext verschickt, die einfacher zu lesen sind, bei denen ich aber Probleme mit dem Abonnement hatte), `http`/`https` (das Benachrichtigungen an beliebige HTTP/HTTPS-Endpunkte sendet) und `lambda` (das Benachrichtigungen an Lambda-Funktionen sendet).

❸ Sie müssen hier Ihre eigene E-Mail-Adresse eintragen, um die Benachrichtigungen zu empfangen.

Führen Sie `apply` aus, um die Änderungen bereitzustellen:

```
$ tofu apply
```

Nach ein oder zwei Minuten erhalten Sie eine E-Mail, die Ihr SNS-Abonnement bestätigt. Denken Sie daran, den Link der Abonnement-URL anzuklicken. Da der Alarm bereitgestellt ist und Sie ihn abonniert haben, wollen wir sehen, ob er funktioniert. Zu diesem Zweck müssen Sie etwas Ungewöhnliches tun: Fahren Sie die Beispiel-App herunter! Hier können Sie kreativ werden. Eine Möglichkeit besteht darin, in die AWS-Load-Balancers-Konsole (*https://oreil.ly/xcuHk*) zu wechseln, den `sample-app-ALB` zu wählen und dann *Actions → Delete load balancer* anzuklicken. Nach ein paar Minuten kommt es bei den Route-53-Health-Checks zu Fehlern, und Sie erhalten eine E-Mail wie die in Abbildung 10.8.

Wenn Sie eine E-Mail mit dem Betreff »ALARM: sample-app-is-down« erhalten, Glückwunsch! Sie können Ihre Software nun 24/7 überwachen und erhalten eine Benachrichtigung, sobald etwas schiefgeht.

Abbildung 10.8: Eine E-Mail, die anzeigt, dass in CloudWatch Alarms ein Warnhinweis ausgelöst wurde.

Machen Sie sich die Hände schmutzig

Hier einige Übungen, mit denen Sie zu Hause tiefer einsteigen können:

- Konfigurieren Sie kompliziertere Alerts basierend auf relativen oder historischen Schwellenwerten.
- Experimentieren Sie mit anderen Alarmtools wie Datadog oder New Relic. Wie fällt der Vergleich aus?

Wenn Sie den Alarm beheben wollen, führen Sie `apply` erneut aus, um die heruntergefahrene Infrastruktur wieder bereitzustellen. Sobald Sie mit dem Testen fertig sind, pflegen Sie den aktuellen Code in Git ein und führen dann `destroy` aus, um alles aufzuräumen.

Fazit

Sie haben nun gesehen, wie man mit den in diesem Kapitel definierten neun Kernaussagen Systeme überwacht:

- Fügen Sie Logs in Ihren Code ein, um sichtbar zu machen, was in Ihren Systemen passiert.
- Nutzen Sie Log-Levels, Log-Formatierung, mehrere Logger, strukturiertes Logging, Log-Rotation und Log-Aggregation, um Ihr Logging effektiver zu gestalten.
- Nutzen Sie Metriken, um Probleme zu erkennen, Nutzerverhalten zu verstehen, Produkt- und Teamperformance zu verbessern und, ganz allgemein, als Mechanismus für kontinuierliches Feedback und kontinuierliche Verbesserung.
- Sammeln Sie unterschiedliche Metriken (Verfügbarkeit, Geschäft, Anwendung, Server, Team) und bauen Sie Dashboards auf, um sich auf die für Sie wichtigsten Metriken zu konzentrieren.
- Instrumentieren Sie Ihren Code so, dass er strukturierte Events veröffentlicht. Nutzen Sie Observability-Tools, um zu verstehen, was Ihre Software macht, indem Sie iterativ Ad-hoc-Queries über diese strukturierten Events durchführen.

- Nutzen Sie verteiltes Tracing, um den Weg Ihrer Requests durch Ihre Microservice-Architektur zu visualisieren.
- Nutzen Sie Alerts, um über Probleme zu informieren, aber nur, wenn sie auch bearbeitet werden können, wichtig und dringend sind.
- Nutzen Sie die rotierende Rufbereitschaft zum Umgang mit Alerts, aber halten Sie mühselige Arbeit nach, führen Sie ein Fehlerbudget ein, binden Sie Entwickler ein und würdigen Sie diejenigen, die Störfälle lösen.
- Lösen Sie Vorfälle, indem Sie Response-Teams zusammenstellen, Stakeholder auf dem neuesten Stand halten, SLAs und SLOs einhalten und Playbooks folgen. Führen Sie nach jedem Vorfall eine Autopsie ohne Schuldzuweisung durch und aktualisieren Ihre Alert-Einstellungen.

Wenn Sie mit dem Monitor bei null beginnen, können die Instrumentierung und das Tooling furchteinflößend sein. Denken Sie daran, dass das alles schrittweise erfolgen kann. Sie müssen nicht alles überwachen, und Sie müssen nicht vom ersten Tag an das perfekte Monitoring-Setup haben, um dessen Vorteile für sich nutzen zu können. Tatsächlich ziehen Sie üblicherweise aus dem zuerst eingerichteten Monitoring den größten Nutzen, während er mit den späteren, ausgereifteren Methoden stetig sinkt. Beginnen Sie klein, etwa mit grundlegendem Logging und dem Tracking einer Handvoll Metriken (z.B. mit den Verfügbarkeitsmetriken und den vier goldenen Signalen) und erweitern Sie Ihr Monitoring schrittweise, während Sie wachsen.

Seien Sie besonders offen für strukturiertes Logging (wenn Sie mehrere Logger und Log-Levels nutzen) und für strukturierte Events. Die entsprechende Instrumentierung des Codes ist relativ einfach, und Sie werden überrascht sein, wie nützlich diese Daten beim Debugging und der Analyse sind. Ich hatte selten das Gefühl, zu viel Monitoring-Daten zu haben, habe mir aber schon oft sehnlichst gewünscht, über mehr Logging- und Event-Daten zu verfügen, nachdem ich stundenlang versucht habe, ein heikles Problem zu lösen.

An diesem Punkt des Buchs haben Sie nahezu alle Grundlagen der heute aktuellen DevOps und Softwarebereitstellung kennengelernt. In Kapitel 11 wollen wir uns ansehen, wie die Zukunft aussehen könnte.

KAPITEL 11

Die Zukunft von DevOps und Softwarebereitstellung

> It's difficult to make predictions, especially about the future.
> Es ist schwierig, Vorhersagen zu treffen, insbesondere über die Zukunft.
>
> – *Niels Bohr*

In allen vorangegangenen Kapiteln dieses Buchs haben Sie den aktuellen Stand von DevOps und Softwarebereitstellung kennengelernt. In diesem Kapitel teile ich meine Gedanken darüber, wie die Zukunft aussehen könnte. Der Versuch, die Zukunft vorherzusagen, ist üblicherweise keine gute Idee. Liegt man falsch – was meistens der Fall ist –, steht man wie ein Narr da. Liegen Sie richtig, sagt jeder, dass das jeder Narr hätte vorhersehen können. Dennoch halte ich es für interessant, sich die folgenden aufkommenden Trends anzusehen:

- infrastrukturlos
- generative AI
- standardmäßig sicher
- Plattform-Engineering
- die Zukunft von Infrastrukturcode

Wir beginnen mit *infrastrukturlos*.

Infrastrukturlos

Die Geschichte von Software ist die schrittweise Bewegung in Richtung immer höherer Abstraktionsebenen. Hier werfen wir zum Beispiel einen kurzen, sehr unvollständigen Blick auf die Entwicklung der Programmiersprachen (mit einem Dank an James Iry (*https://oreil.ly/A89M_*)):

Maschinensprache → Assembler → FORTRAN → C → C++ → Java → Scala → Flix → ???

Während dieses evolutionären Prozesses haben sich Programmiersprachen bei jedem Schritt immer weiter von der zugrunde liegenden Computerarchitektur entfernt, d. h., sie gaben ein gewisses Maß an Kontrolle auf, ersparten sich dafür aber eine ganze Klasse von Problemen. Für jeden C-Programmierer, der sich darüber beschwert, dass er den Speicher nicht nach seinen Wünschen verwalten kann (z. B. über Zeigerarithmetik), gibt es einen Java-Programmierer, der sehr gut ohne Speicherallozierung, -deallozierung und Pufferüberläufen leben kann. Und letztlich haben beide recht. Wenn Sie Kontrolle auf niedriger Ebene benötigen, ist eine Low-Level-Sprache eine gute Wahl. Wenn nicht, ist die Hochsprache eine gute Wahl.

Der Punkt ist, dass Sie in den meisten Fällen keine Low-Level-Kontrolle benötigen und dass die Konstrukte höherer Programmiersprachen einfacher zu nutzen sind und so für ein größeres Publikum zugänglich werden. Daher bleibt ein gewisser Prozentsatz an Programmiererinnen und Programmierern in jeder neuen Sprachgeneration bei der alten Sprache (es wird immer noch sehr viel Code in C geschrieben), doch allmählich wechseln immer mehr Programmierer zu höheren Programmiersprachen.

Ich glaube, dass ähnliche Dinge im Bereich von DevOps und Softwarebereitstellung passieren:

Server → VMs → Container → serverlos → ???

Auf jeder Stufe geben Sie Kontrolle ab, müssen sich aber um eine ganze Klasse von Problemen nicht mehr kümmern. Wenn Sie zum Beispiel serverlos arbeiten, geben Sie die ganze Kontrolle über die Hardware und die Laufzeitumgebung ab, müssen sich aber auch nicht mehr um neue Server, Betriebssystem-Patches, Auto-Scaling, Auto-Healing und so weiter kümmern. Stattdessen bewegen Sie sich im Abstraktionsstack weiter nach oben und können sich mehr und mehr auf Ihr eigentliches Problem konzentrieren.

Um fair zu sein, muss man sagen, dass die vermeintlich gleichartige Weiterentwicklung von Programmiersprachen und Softwarebereitstellung eine starke Vereinfachung ist. Die Realität ist mit viel Zickzack und vor und zurück deutlich komplexer. Manchmal gehen wir zurück, etwa wenn Basecamp aus der Cloud aussteigt (*https://oreil.ly/rhm2Z*) und von AWS wieder auf eigene Server wechselt. Manchmal ist etwas seiner Zeit so weit voraus, dass die Industrie noch nicht bereit dafür ist, etwa Lisp,das aus den 1960ern stammt, von der Industrie aber erst jetzt in Form neuer Dialekte (z. B. Clojure) eingesetzt wird. Manchmal ist der *Preis der Abstraktion* recht hoch, wenn die zusätzlichen Abstraktionsschichten die Performance der Hochsprache reduzieren (z. B. Ruby (*https://oreil.ly/HvPY7*)).

Trotz dieser gelegentlichen Rückschritte bewegt sich die Industrie vorwärts bzw. die »Abstraktionsleiter« nach oben. Für jedes Unternehmen wie Basecamp, für das der Betrieb eigener Server die bessere Wahl ist, gibt es zehn neue Unternehmen, zu denen IaaS, PaaS und serverlos besser passen. Für jeden Anwendungsfall, bei dem die Performance so wichtig ist, dass Sie eine Low-Level-Sprache wie C nutzen müssen, gibt es zehn Anwendungsfälle, bei denen Produktivität und Sicherheit viel wichtiger ist, weshalb Sie höhere Sprachen wie Java oder Python nutzen sollten.

Das bringt mich zu meiner Zukunftsvorhersage: Was wir heute unter Infrastruktur verstehen, wird abstrahiert werden, und wir konzentrieren uns mehr und mehr auf Apps. Sie werden einfach sagen: »Hier ist eine Software, die ich ausführen will«, und man kümmert sich um den Rest, ohne dass Sie darüber nachdenken müssen. Das ähnelt dem serverlosen Modell, d. h., ich verwette mein Geld darauf, dass sich die Industrie in Richtung serverlos entwickelt – nicht auf VMs oder Kubernetes –, aber ich glaube, dass das erst der Anfang ist.

Wenn Sie heute serverlos arbeiten, müssen Sie weiterhin ein wenig über die Infrastruktur nachdenken. Nutzen Sie beispielsweise AWS Lambda, müssen Sie immer noch über AWS-

Rechenzentren (z.B. Regionen, AZs), Endpunkte (z.B. Lambda-Funktions-URLs), Caching (z.B. CloudFront), Datenbanken (z.B. RDS), Datenbankkonnektivität (z.B. RDS-Proxy), Netzwerke (z.B. VPCs) und so weiter nachdenken. Das geht nicht gegen Lambda: Das ist eine tolle Technik, aber wir stehen bei serverlos noch am Anfang.

Wenn serverlos reift, werden wir es, mangels eines besseren Begriffs, als *infrastrukturlos* betrachten, da Sie sich um die zugrunde liegende Infrastruktur (Rechenzentren, Server, Netzwerke, Datenspeicher) keine Gedanken mehr machen und sich stattdessen allein auf Ihre Anwendungen konzentrieren. Infrastruktur ist natürlich immer noch vorhanden, wird aber vollständig für Sie erledigt. Sie können dieses Low-Level-Problem ignorieren und sich auf höherer Ebene ganz auf die Probleme Ihrer Apps konzentrieren.

Die Konzentration auf höhere Abstraktionsebenen und Apps ist während des gesamten Buchs Thema. Dazu gehört auch generative AI, die sich zu einer dieser von uns genutzten höheren Abstraktionsebene entwickeln kann; das wollen wir uns im nächsten Abschnitt ansehen.

Generative AI

Generative künstliche Intelligenz (*Generative Artificial Intelligence*, GenAI) steht für Software, die basierend auf Abfragen (Prompts) Texte, Code, Bilder und Videos generieren kann, also Software, die menschlichen Fähigkeiten entspricht oder diese manchmal übertrifft. Hinter den Kulissen nutzt GenAI große Sprachmodelle (*Large Language Models*, LLMs), die Muster, Strukturen und statistische Beziehungen aus riesigen Datensätzen extrahieren können. Zu sehen, wie GenAI Fragen zu nahezu allen Themen beantwortet, Code schreibt, der kompiliert werden kann und funktioniert, und erstaunliche Bilder und Videos erzeugt, ist gleichermaßen beeindruckend wie furchteinflößend – wenn es funktioniert. Zu sehen, was dabei alles schiefgeht, kann wiederum recht unterhaltsam sein.

Dieses Feld wandelt sich extrem schnell, d.h., wenn Sie diese Zeilen lesen, sieht die Sache schon wieder ganz anders aus, doch momentan sind ChatGPT, Llama, Claude, GitHub Copilot und Cursor (vollständige Liste (*https://oreil.ly/V6ech*)) einige der wichtigsten Akteure. Nahezu jedes große Unternehmen entwickelt eigene GenAI-Modelle, und alle anderen arbeiten hart daran, GenAI in ihre Software zu integrieren.

Viele stellen die wilde Behauptung auf, das GenAI Programmierer vollständig ersetzen wird, doch ich glaube eher, dass GenAI die nächste Abstraktionsebene der Programmierung werden wird. Vielleicht werden Sie eines Tages Code nicht mehr in einer Programmiersprache, sondern in einer eher natürlichen Sprache entwickeln, die dann von der GenAI verarbeitet wird. In der Zwischenzeit wird GenAI eher ein leistungsfähiger Coding-Assistent sein, der Ihnen dabei hilft, Code zu verstehen und zu schreiben. Wie immer geben Sie etwas Kontrolle ab, dafür wird die Programmierung aber für eine größere Menge an Entwicklerinnen und Entwicklern zugänglich, und Sie werden sehen, dass die Produktivität steigt.

Einige behaupten, dass GenAI die Produktivität bereits erhöht. Eine GitHub-Studie von 2022 (*https://oreil.ly/L4uir*) mit 95 Entwicklern behauptet, dass diejenigen, die GitHubs Copilot genutzt haben, die Aufgaben um 55% schneller erledigt haben als die ohne. Allerdings sind Studien von Unternehmen, die Geld mit GenAI-Produkten verdienen, immer mit Vorsicht zu genießen. Andere Forschungsergebnisse sind weniger vielversprechend. Zum Beispiel hat eine 2024 von Uplevel durchgeführte Studie (*https://oreil.ly/dzkfx*) mit über 800 Entwicklern ergeben, dass GitHub-Copilot *nicht* zu einer signifikanten Erhöhung der Produktivität führt, dafür aber zu 41% mehr Bugs. Nach einer Studie von Upwork aus dem Jahr 2024 (*https://oreil.ly/F6-k0*) mit über 2.500 Arbeitnehmern finden 77%, dass GenAI sie nicht produktiver macht, dafür aber zu Mehrarbeit führt. Die Realität ist, dass die Tools brandneu sind und wir immer noch lernen, wie man sie nutzt. Wir haben noch nicht lange genug geforscht und noch lange nicht genug Erfahrungen gesammelt, um zu wissen, welchen Einfluss sie auf uns haben werden.

Allerdings hat sich GenAI in den letzten Jahren stark verbessert, weshalb ich tatsächlich eine Produktivitätssteigerung erwarte – und sei es nur durch eine bessere Autocomplete-Version. Wenn GenAI weiterhin besser wird, stellt sich eine wichtige Frage: Welche Rolle wird GenAI für DevOps und Softwarebereitstellung spielen? Die GenAI-DevOps-Tools, die ich bisher gesehen habe, sind Coding-Assistenten, die Infrastrukturcode generieren können, etwa Allzweck-Coding-Assistenten wie GitHub Copilot, oder speziell für Infrastrukturcode entwickelte Assistenten wie Pulumi AI.

Meine Vorhersage: Coding-Assistenten werden für DevOps und Softwarebereitstellung nur bedingt von Nutzen sein. Das liegt daran, dass üblicherweise Sicherheit, Zuverlässigkeit, Wiederholbarkeit und Resilienz die höchste Priorität haben. Leider sind das genau die Schwachpunkte der GenAI. GenAI und LLMs haben typischerweise mit Folgendem zu kämpfen:

Halluzinationen
: GenAI ist für *Halluzinationen* bekannt: Sie generiert manchmal Antworten, die ansprechend aussehen, aber falsch oder erfunden ist. Wie es Ian Coldwater ausdrückte, ist GenAI manchmal nur »mansplaining as a service«. Ich habe gesehen, wie sich GenAI nicht nur Antworten ausgedacht, sondern auch falsche Zitate dazuerfunden hat (aus nicht existierenden Publikationen), und Code generiert hat, der APIs nutzt, die es nicht gibt.

Inkonsistenz
: Bei GenAI können nahezu identische Prompts zu unterschiedlichen Ergebnissen führen. Verwenden Sie hier und da ein etwas anderes Schlüsselwort, erhalten Sie anstelle eines funktionierenden, sicheren Codes fehlerhaften Code mit schwerwiegenden Sicherheitslücken. Um gute Ergebnisse zu erzielen, müssen Sie das richtige Prompting kennen, und ein Prompt, der heute funktioniert, funktioniert morgen vielleicht nicht mehr, wenn das Modell aktualisiert wurde.

Keine Quellenangaben
: GenAI baut Modelle aus riesigen Datenmengen auf, doch keines der Modelle, die ich bisher gesehen habe, konnte die Originalquelle benennen. Sie erhalten also eine Antwort, wissen aber nicht, woher sie stammt. Basiert der generierte Code auf etwas, das ein Experte, oder etwas, das ein Anfänger geschrieben hat? Wurde er für sichere, konforme Umgebungen entwickelt, oder hat ihn jemand nur für ein Nebenprojekt zusammengeschustert? Hat er sich über Jahre im produktiven Einsatz bewährt, oder ist er

ganz neu und unausgereift? Das ist ein deutlicher Unterschied gegenüber der Nutzung von Open Source oder Stack Overflow, wo Sie dank einer Vielzahl unterschiedlicher Signale (wer ist der Autor, wer nutzt es noch, Sterne, Upvotes, Kommentare etc.) die Wahl zwischen mehreren Optionen haben.

Viele dieser Schwächen könnten dem Design der LLMs geschuldet sein, weshalb noch nicht klar ist, ob man sie beheben kann. Folglich bin ich ein wenig nervös, wenn GenAI meine Infrastruktur für mich »generieren« soll. Sie kann bei der Generierung einiger Vorlagen nützlich sein, doch letztlich ist man bei DevOps und Softwarebereitstellung auf entsprechendes Wissen angewiesen (z.B. indem Sie dieses Buch lesen!), und Sie müssen mit viel harter Arbeit für ein sicheres, zuverlässiges, wiederholbares und resilientes Ergebnis sorgen.

Eine Art GenAI könnte sich allerdings deutlich auf DevOps und Softwarebereitstellung auswirken: *Retrieval-augmented Generation* (RAG). Bei diesem Ansatz stellen Sie dem GenAI-Modell zusätzliche über sein ursprüngliches Training hinausgehende Daten zur Verfügung, sodass relevantere und aktuellere Antworten generiert werden können. Versorgen Sie das GenAI-Modell mit dem Status der Infrastruktur, den Metriken, Logs, Events und so weiter, kann RAG wie folgt helfen:

Verstehen Ihrer Infrastruktur
: Sie könnten RAG nutzen, um sich Fragen wie die folgenden beantworten zu lassen: Wie ist dieses Kubernetes-Cluster konfiguriert? Wo speichern wir unsere Docker-Images? Erfüllen wir alle Anforderungen von SOC 2? Das hilft bei Entscheidungen über Neueinstellungen und die Navigation innerhalb einer großen, komplizierten Architektur.

Debugging
: RAG könnte auch bei der Untersuchung von Vorfällen nützlich sein und folgende Fragen beantworten: Für welche Requests war die Latenz in den letzten 24 Stunden ungewöhnlich hoch? Welche Deployments wurden in dieser Zeit durchgeführt? Welche Backend-Services sind betroffen? Wie Sie in Kapitel 10 gesehen haben, ermöglichen es Ihnen Observability-Tools, diese Fragen zu stellen. Die wichtigsten Änderungen wären daher der Wechsel zu einer Schnittstelle in natürlicher Sprache, sodass Sie mit Ihrem Observability-Tool »chatten« können, anstatt eine Abfragesprache erlernen zu müssen, sowie das Training des GenAI-Modells speziell auf DevOps- und Software-Delivery-Daten, damit es Fragen intelligent beantworten und Vorschläge unterbreiten kann, anstatt dass Sie alles selbst herausfinden müssen.

Erkennung von Mustern
: GenAI kann nützlich sein, um proaktiv Muster in Ihrer Infrastruktur zu erkennen. Wenn Sie es zum Beispiel mit den Daten des Netzwerk-Traffics füttern (Zugriffs-Logs, VPC-Fluss etc.), könnte es automatisch DDoS-Angriffe erkennen oder einen Hacker, der versucht, sich Zugang zu Ihren Systemen zu verschaffen. Füttern Sie GenAI mit Logs und Metriken, könnte es Probleme früher erkennen und Sie benachrichtigen, bevor es zu einem Ausfall kommt.

Die Integration von GenAI hat bei vielen Sicherheits- und Monitoring-Tools bereits begonnen, etwa bei Honeycombs Query Assistant, Datadog Bits AI und Snyk DeepCode AI (vollständige Liste (*https://oreil.ly/zoxef*)). Für mich sieht es aber so aus, als wären wir da erst am Anfang.

Ich denke, dass die RAG-Features noch leistungsfähiger werden, wenn das GenAI-Modell nicht nur auf die Daten Ihres Unternehmens zugreifen kann, sondern auch auf die Daten Tausender anderer Unternehmen. Denken Sie daran, wie viele Unternehmen nahezu identische Probleme haben (z. B. ablaufende TLS-Zertifikate, Sicherheitslücken in beliebten Bibliotheken und so weiter) und um wie viel schneller ein AI-Modell solche Probleme lösen könnte, wenn es Zugriff auf tatsächlich funktionierende (oder eben nicht funktionierende) Lösungen für ähnliche Fälle hätte. Allerdings müsste das Modell dann unterscheiden können, welche Daten unternehmensintern bleiben müssen (die nicht an die Öffentlichkeit gelangen dürfen) und welche Daten mit anderen Unternehmen geteilt werden können. Es ist nicht klar, ob das mit einem LLM zuverlässig möglich ist, doch wenn das der Fall ist, könnte die Zeit zur Lösung eines Problems deutlich reduziert werden, und viele Sicherheitsprobleme können vielleicht sogar verhindert werden.

Ein weiterer neuer Trend, der Sicherheitsproblemen entgegenwirken soll, ist der Aufbau standardmäßig sicherer Systeme. Das betrachten wir im nächsten Abschnitt.

Standardmäßig sicher

Im Jahr 1854 stand Elisha Otis bei einer Ausstellung im Crystal Palace in London auf einer fünf Stockwerke hoch angebrachten Aufzugsplattform innerhalb eines offenen Aufzugsschachts, als sein Assistent plötzlich das Aufzugskabel kappte. Die Plattform sackte ab, blieb aber schon nach wenigen Zentimetern stehen. »Alles sicher, meine Damen und Herren, alles sicher«, rief er der verblüfften Menge zu. Otis präsentierte den ersten sicheren Aufzug der Welt, der auf einem cleveren Design basierte. Im Schacht waren Metallzähne angebracht, und auf jeder Seite des Aufzugs griffen Riegel in diese Zähne und verhinderten so, dass sich der Aufzug bewegen konnte. Damit sich der Aufzug bewegen konnte, mussten die Riegel in den Aufzug gezogen werden, was nur funktionierte, wenn über das Kabel genug Zug ausgeübt wurde. Riss das Kabel, sprangen die Riegel sofort raus und verkeilten sich in den Metallzähnen.

Otis' Design machte Aufzüge sicher genug für den täglichen Gebrauch und ebnete den Weg für hohe Gebäude, Wolkenkratzer und moderne Städte. Das Design war nicht nur clever, sondern folgte auch einem Kernprinzip des Engineerings: Es war *standardmäßig sicher*. Der Aufzug konnte sich standardmäßig nicht bewegen. Was er dazu brauchte, war ein *intaktes* Kabel. Leider ist der aktuelle Status vieler DevOps- und Softwarebereitstellungstechnologien standardmäßig *nicht* sicher. Bei vielen Tools und Systemen sehen die Standards eher wie folgt aus:

- Netzwerkkommunikation und Datenspeicher sind nicht verschlüsselt.
- Jeder ein- und ausgehende Netzwerkzugriff ist erlaubt.
- Drittparteiabhängigkeiten werden nicht validiert oder sind nicht auf dem neuesten Stand.
- Sichere Passwörter oder MFA werden nicht verlangt, und SSO benötigt zusätzliches Setup.
- Monitoring oder Audit-Logging ist nicht fest integriert.

Sicherheit verlangt immer erheblichen zusätzlichen Aufwand. Noch schlimmer ist, dass sich viele Unternehmen Sicherheitsfeatures teuer bezahlen lassen, indem sie SSO, RBAC, Audit-Logs und andere Kernfunktionalitäten in teure Enterprise-Pläne verlagern. Aufgrund des Zeitaufwands und der Kosten können es sich viele kleinere Unternehmen nicht leisten, sichere Systeme aufzubauen. Entwickeln sie sich doch zu großen Unternehmen, müssen sie einige Schritte zurückgehen und dünne Sicherheitsschichten über ein unsicheres Fundament legen.

Glücklicherweise beginnt sich das zu ändern. Hier einige der positiven Trends:

Schritt nach links
: Eine Strategie, die Sicherheitstests im Entwicklungszyklus weiter nach vorne verschiebt. Dazu gehören sowohl statische Tests der Anwendungssicherheit (*Static Application Security Testing*, SAST), bei denen eine statische Codeanalyse erfolgt, um Schwachstellen aufzuspüren, sowie dynamische Tests der Anwendungssicherheit (*Dynamic Application Security Testing*, DAST), bei denen man versucht, über Angriffe auf laufenden Code Schwachstellen aufzudecken. Die meisten SAST-Tools sind für einzelne Sprachen oder Frameworks ausgelegt, etwa FindBugs für Java und Kubesec für Kubernetes. Einige SAST-Tools funktionieren auch mit mehreren Sprachen und Frameworks, etwa Snyk, SonarQube und Wiz (vollständige Liste (*https://oreil.ly/PT7gX*)). Einige frühe Tools im Bereich DAST waren Zed Attack Proxy und Invicti (vollständige Liste (*https://oreil.ly/nun3Y*)).

Lieferkettensicherheit
: Bei einem *Lieferkettenangriff* gelingt es einem bösartigen Akteur, einen Teil Ihrer *Lieferkette* zu kompromittieren. In der Softwarewelt ist damit jede Software von Drittanbietern gemeint (z.B. Open-Source-Bibliotheken und SaaS-Tools). In unserer modernen Welt wird ein Großteil des von Ihrem Unternehmen genutzten Codes nicht von den eigenen Entwicklern geschrieben. Wie in Kapitel 4 erwähnt, haben etwa 70% des Codes in einem typischen Unternehmen ihren Ursprung in der Open Source. Hacker wissen das, weshalb Lieferkettenangriffe immer gängiger werden. Zum Beispiel hat es ein Hacker bei der XZ Utils-Backdoor (*https://oreil.ly/neVod*) geschafft, eine Hintertür in die `xz`-Bibliothek einzuschleusen, die auf nahezu jedem Linux-System vorhanden ist. Das hätte ihm erlaubt, aus der Ferne auf nahezu jedes Linux-System zuzugreifen. Einige frühe Versuche, die Lieferkettensicherheit zu verbessern, umfassen Sicherheitsscanner (z.B. die aus dem vorherigen Abschnitt), das Signieren von Code, Softwarestücklisten (*Software Bill of Materials*, SBOM), automatische Updates und Patching aller Abhängigkeiten sowie die Secret-Erkennung. Frühe Akteure in diesem Bereich waren Chainguard, Mend und GitGuardian (vollständige Liste (*https://oreil.ly/YOr8B*)).

Speichersichere Sprachen
: In den letzten Jahren gab es eine Bewegung weg von alten Sprachen, die Speicher manuell verwalten (z.B. C, C++) hin zu moderneren Sprachen, die Speichersicherheit bieten (z.B. Rust oder Go). Das liegt daran, dass Probleme mit der Speichersicherheit für etwa 70% aller Schwachstellen verantwortlich sind (*https://oreil.ly/-ooXP*). Der Wechsel zu speichersicheren Sprachen reduziert solche Schwachstellen deutlich, weil

sie mit diesen Sprachen unmöglich werden. Die Herausforderung ist natürlich, dass Sie Unmengen an Software in dieser neuen Sprache neu schreiben müssen, Betriebssysteme und deren Toolsets eingeschlossen.

Zero-Trust-Netzwerke
: Wir sehen schrittweise einen Wechsel vom Castle-and-Moat-Modell hin zu Zero-Trust-Architekturen, bei denen jede Verbindung authentifiziert, autorisiert und verschlüsselt wird. Details finden Sie in Kapitel 7.

Prinzip der minimalen Rechte in App-Frameworks
: In der Vergangenheit haben die meisten App-Frameworks den Zugriff auf alle Fähigkeiten der zugrunde liegenden Plattform gewährt. Das war bequem, bedeutete aber auch, dass jede Schwachstelle erheblichen Schaden anrichten konnte. Viele neuere App-Frameworks folgen dem Prinzip der minimalen Rechte. Sie vergeben standardmäßig keinerlei Rechte, und die Entwickler müssen den Zugriff auf die von ihnen benötige Funktionalität (z.B. Dateisystem, Netzwerk, Kamera, Mikrofon, Ort und so weiter) explizit anfordern. Dieses Modell wird meist bei mobilen Apps genutzt (z.B. Android, iOS) sowie bei neueren Frameworks für Desktop- und Browser-Apps wie Tauri und Deno (vollständige Liste (*https://oreil.ly/GIycv*)).

Es gibt viele positive Trends, doch es ist noch ein weiter Weg, bis wir standardmäßig sicher sind. Tatsächlich müssen wir nicht nur einen Standardweg in Sachen Sicherheit gehen, dieser Weg muss auch einfach sein. Sicherheit ist nicht nur eine Frage der Technik, sondern auch der Ökonomie und Ergonomie. Ein technisches Design kann theoretisch sicher sein, doch wenn die Einrichtung lange dauert oder das Konzept schwer zu verstehen ist, ist es für die Praxis nicht geeignet.

Wenn ein Unternehmen seine Mitarbeitenden zu oft zwingt, das Passwort zu ändern, und dabei zu komplizierte Regeln festlegt (ein Buchstabe, eine Zahl, ein Sonderzeichen, ein Großbuchstabe, ein Kleinbuchstabe, ein griechischer Buchstabe, ein Emoji, ein Dingbat, ein Tänzchen, etwas Salz und etwas Thymian), werden die Menschen die Passwörter letztlich auf Post-its festhalten, was alles deutlich unsicherer macht. Daher benötigen wir Tools, bei denen die sichere Option nicht nur Standard, sondern auch leicht zu nutzen ist. Etwas Unsicheres zu tun, sollte schwierig sein.

Eine Möglichkeit, sichere Standards zu nutzen, besteht darin, sie in die interne Entwicklungsplattform Ihres Unternehmens zu integrieren, was wir uns im nächsten Abschnitt ansehen wollen.

Plattform-Engineering

Was ich bei meiner Arbeit für Hunderte Unternehmen über DevOps- und Softwarebereitstellungspraktiken gelernt habe, ist, dass nahezu jedes Unternehmen letztlich eine eigene interne Entwicklungsplattform (*Internal Developer Platform*, IDP) aufbaut, die aus einer Reihe von Workflows, Tools und Schnittstellen besteht, die an die Bedürfnisse des Unternehmens angepasst sind. Diese setzen üblicherweise schichtweise auf existierenden Tools auf, und je größer das Unternehmen ist, desto mehr Schichten gibt es. Zum Beispiel nutzen

Entwicklerinnen und Entwickler bei den meisten großen Unternehmen die Cloud (z.B. AWS), Orchestrierungstools (z.B. Kubernetes) oder Web-Frameworks (z.B. Spring Boot) nicht direkt, sondern greifen über mehrere Schichten eigener Webseiten, Skripten, CLI-Tools und Bibliotheken auf sie zu. Diese Schichten sind die IDP.

Meist werden IDPs von App-Entwicklern genutzt, um neue Apps basierend auf dem bevorzugten Toolset und dem Workflow des Unternehmens schnell entwickeln zu können. Stellen Sie sich das so vor, dass jedes Unternehmen ein PaaS nutzen möchte, nur dass es *ihr* PaaS ist, das an deren spezifische Bedürfnisse angepasst wurde. Diese Rolle versuchen IDPs auszufüllen. In den letzten Jahren ist *Plattform-Engineering* ein beliebter Begriff für den Aufbau von IDPs geworden und wird manchmal als Nachfolger von DevOps gehandelt. Die Wahrheit ist jedoch, dass Unternehmen schon seit Jahrzehnten IDPs entwickelt haben, lange bevor es den Begriff DevOps überhaupt gab – ganz zu schweigen von Plattform-Engineering. Neu ist das Aufkommen wiederverwendbarer Open-Source- und kommerzieller IDP-Tools. Frühe Akteure in diesem Bereich waren Backstage, Humanitec und OpsLevel (vollständige Liste (*https://oreil.ly/McusG*)).

Der Traum einer IDP ist es, Entwicklern einen einzelnen zentralen Ort bereitzustellen, über den eine App und alles dazu Benötigte entwickelt und verwaltet werden kann. Was ist dazu nötig? Nahezu alles, was Sie in diesem Buch gelernt haben! Sie können letztlich Kapitel für Kapitel durchgehen, um zu sehen, was eine IDP von Haus aus leisten muss:

Hosting
: Die IDP sollte die Infrastruktur konfigurieren, die Ihre App bei dem von Ihrem Unternehmen gewählten Hosting-Provider benötigt (z.B. On-Prem, IaaS, PaaS).

Infrastructure as Code
: Die gesamte Infrastruktur sollte über die von Ihrem Unternehmen gewählten IaC-Tools (z.B. Docker, Ansible, OpenTofu) als Code verwaltet werden. Dieser Code sollte sinnvolle Voreinstellungen verwenden, damit Sie keinen entsprechenden Code schreiben müssen, wenn Sie die App entwickeln. Sollten Anpassungen notwendig sein, können Sie den Code entsprechend ändern.

Orchestrierung
: Ihre App sollte für das von Ihrem Unternehmen genutzte Orchestrierungstool (z.B. Kubernetes, Lambda) konfiguriert sein.

Version, Build, Test
: Die App sollte für das von Ihrem Unternehmen genutzte Versionskontroll- und Build-System eingerichtet sein. Eine fest integrierte Reihe automatisierter Tests können Sie aktualisieren und anpassen.

CI/CD
: Die App sollte in die CI/CD-Pipeline Ihres Unternehmens integriert sein, damit Builds, Tests und Deployments automatisch erfolgen.

Umgebungen
: Die App sollte so konfiguriert sein, dass sie in den Umgebungen Ihres Unternehmens (z.B. dev, stage, prod) bereitgestellt werden kann.

Netzwerk
: Die App sollte sowohl für öffentliche (z. B. DNS) als auch für private Netzwerke (z. B. VPC, Service-Mesh) konfiguriert sein.

Sichere Kommunikation und Speicherung
: Die App sollte so konfiguriert sein, dass sie standardmäßig alle Daten während der Übertragung und bei der Speicherung verschlüsselt.

Datenspeicher
: Die App sollte automatisch mit den benötigten Datenspeichern (z. B. relationale Datenbank, Dokumentenspeicher), Schema-Migrationen, Backup und Recovery konfiguriert sein.

Monitoring
: Die App sollte automatisch für die von Ihrem Unternehmen genutzten Tools für Logs, Metriken, Events und Alerts instrumentiert werden.

Eine IDP sollte all das mit nur wenigen Klicks liefern und so sicherstellen, dass Ihre App die Unternehmensanforderungen an Sicherheit, Compliance, Skalierbarkeit, Verfügbarkeit und so weiter erfüllt. Die Entwicklerin kann sich so auf die App konzentrieren, während die IDP sich um die Details der Infrastruktur kümmert. Vielleicht sind IDPs der Weg in eine infrastrukturlose Welt (zumindest aus Sicht der App-Entwickler).

Eine große Herausforderung der IDPs ist, dass es sich dabei nicht um ein einzelnes Tool, sondern um ein Destillat aus Kultur, Anforderungen, Präferenzen und Prozessen des jeweiligen Unternehmens handelt, die sich jeweils von Unternehmen zu Unternehmen und sogar von Team zu Team innerhalb eines Unternehmens unterscheiden. Ich habe Ähnliches vor Jahren bei Bewerberverwaltungssystemen (*Applicant Tracking Systems*, ATSs) gesehen, über die Unternehmen ihren Einstellungsprozess verwalten: Veröffentlichung von Jobangeboten, Suche nach Kandidaten, Annahme von Bewerbungen, Durchlauf der Kandidaten durch die Interview-Pipeline und so weiter. Über viele Jahrzehnte wurden viele dieser ATS-Tools entwickelt, doch bisher scheint sich kein dominanter Akteur oder Ansatz durchgesetzt zu haben.

Das liegt zumindest teilweise daran, dass auch das Rekrutieren und Einstellen von zukünftigen Mitarbeiterinnen und Mitarbeitern ein Destillat aus Kultur, Anforderungen, Präferenzen und Prozessen ist, das bei jedem Unternehmen anders ist. Jeder Versuch, ein Tool zu entwickeln, das alle diese Trends abbildet, endet mit einem von zwei Extremen:

Extrem dogmatisch
: Das Tool ist bei den zu nutzenden Workflows und Prozessen sehr dogmatisch. Wenn das Ihren Erfordernissen entspricht, ist das eine tolle Erfahrung, doch wenn nicht, ist es für Sie nicht nutzbar.

Extrem konfigurierbar
: Das Tool ist hochgradig konfigurierbar und kann die Workflows und Prozesse nahezu jedes Unternehmens abbilden. Die Nutzung ist aber so kompliziert, dass es jeder hasst.

Die richtige Balance zwischen diesen beiden Extremen zu finden, ist schwer. Die meisten Beschwerden, die ich über IDP-Tools höre, sind, dass sie entweder zu kompliziert sind oder nicht machen, was benötigt wird. Eine mögliche Lösung dieses Dilemmas besteht vielleicht darin, ein standardmäßig dogmatisches IDP bereitzustellen, das über Code angepasst werden kann, was wir im nächsten Abschnitt besprechen wollen.

Die Zukunft von Infrastrukturcode

In Kapitel 2 haben Sie unterschiedliche Arten von IaC-Tools kennengelernt, darunter Tools für das Konfigurationsmanagement (z.B. Ansible), das Server-Templating (z.B. Packer) und die Provisionierung (z.B. OpenTofu). Zwei interessante neu aufkommende Arten von Tools verdienen unsere Aufmerksamkeit: interaktive Playbooks und Infrastruktur aus Code.

Interaktive Playbooks erlauben die Ausführung von Code, das Abrufen von Daten, das Erzeugen von Diagrammen und so weiter direkt im Playbook, einer Art Jupyter-Notebook (*https://jupyter.org*) für DevOps. Sie nutzen es nicht mehr als statische, häufig veraltete Anweisungen in einem Wiki, die Sie von Hand ausführen müssen, sondern in einer Live-Sitzung mit interaktiver Benutzerschnittstelle, die das Debugging und die Introspektion bestimmter Systeme und Probleme erlaubt. Zu den frühen Akteuren in diesem Bereich zählen RunDeck und Runme (vollständige Liste (*https://oreil.ly/g4HSH*)).

Wenn man ein wenig darüber nachdenkt, könnte eine Reihe von Playbooks auch eine IDP implementieren. Die Kombination aus wiederverwendbaren »Widgets« und der Möglichkeit, sie in einer Benutzerschnittstelle zusammenzufassen, die die Anforderungen Ihres Unternehmens erfüllt, könnte ein Weg sein, die richtige Balance zwischen dogmatisch und konfigurierbar zu finden. Darüber hinaus können Sie interaktive Playbooks entwickeln, um Ihren Infrastrukturcode zu verwalten (z.B. ein Playbook, mit dem Sie OpenTofu oder Ansible interaktiv ausführen können), und die Playbooks selbst sind manchmal auch als Code definiert, was ebenfalls eine mögliche Zukunft für IaC sein könnte.

Infrastruktur aus Code (*Infrastructure from code*, IfC) basiert auf der Idee, dass man nicht Infrastructure *as* Code (IaC) zur Definition der benötigten Infrastruktur verwendet, sondern dass die notwendige Infrastruktur automatisch aus dem Anwendungscode abgeleitet wird. Wenn Sie zum Beispiel eine JavaScript-App entwickeln, die HTTP-Requests über die Abfrage einer relationalen Datenbank beantwortet, dann könnte ein IfC-Tool diesen Code untersuchen und automatisch herausfinden, dass für die Bereitstellung in AWS eine Lambda-Funktion, eine Lambda-Funktion-URL und eine RDS-Datenbank provisioniert werden müssen. Zu den frühen Akteuren in diesem Bereich zählen Ampt und Nitric (vollständige Liste (*https://oreil.ly/plJEq*)).

Ein Vorteil von IfC ist Portabilität, da das IfC-Tool für jede App ermitteln kann, wie die richtige Infrastruktur für jede Cloud (z.B. AWS, Google Cloud, Azure) provisioniert werden muss. Ein weiterer Vorteil ist, dass Sie über Infrastruktur gar nicht erst nachdenken müssen. Sie konzentrieren sich auf die App, und das IfC-Tool kümmert sich um die Infrastruktur. Vielleicht ist IfC ein anderer Weg in eine infrastrukturlose Welt.

Fazit

Wenn Sie bis zu diesem Punkt gekommen sind, haben Sie alle Grundlagen von DevOps und Softwarebereitstellung kennengelernt und ausprobiert. Denken Sie an die neun Schritte in »Die Evolution von DevOps« auf Seite 43 zurück und betrachten Sie, wie viele Tools und Techniken Sie gesehen haben.

Sie haben Apps per PaaS und IaaS bereitgestellt, Ihre Infrastruktur als Code mit Ansible, Docker, Packer und OpenTofu verwaltet, Apps mit Kubernetes und Lambda orchestriert, GitHub zur Versionskontrolle genutzt, npm als Build-System verwendet und Jest für das automatische Testen. Sie haben CI/CD-Pipelines in GitHub Actions eingerichtet, Ihre Deployments auf mehrere Umgebungen, Bibliotheken und Microservices verteilt, DNS in Route 53 eingerichtet, ein VPC in AWS und ein Service-Mesh mit Istio. Sie haben Ihre Kommunikation per TLS und Ihre Daten per AES abgesichert, PostgreSQL mit einem Lese-Replikat in RDS bereitgestellt, Schema-Migrationen mit Knex.js verwaltet und CloudWatch für Log-Aggregation, Metriken, Dashboards und Alerts genutzt.

Puh! Das war ganz schön viel. Klopfen Sie sich selbst auf die Schulter. Sie haben es geschafft!

Ich hoffe, dass Sie dabei gelernt haben, dass eine Software nicht fertig ist, wenn sie auf Ihrem Computer läuft, wenn jemand nach der Codeüberprüfung »Ausliefern« sagt oder wenn Sie ein Jira-Ticket in die »Erledigt«-Spalte verschieben. Software ist niemals fertig. Sie lebt und atmet, und bei DevOps und Softwarebereitstellung geht es darum, sie leben und wachsen zu lassen. Als ich gesagt habe, Sie hätten es geschafft, war ich also nicht ganz ehrlich mit Ihnen. Die Wahrheit ist, dass Sie gerade erst anfangen!

Das ist also das Ende dieses Buchs, aber der Beginn Ihrer Reise. Um mehr über DevOps und Softwarebereitstellung zu erfahren, sehen Sie sich die Literaturempfehlungen auf der Website zu diesem Buch (*https://www.fundamentals-of-devops.com/#outline*) an, die einen tieferen Einblick in die in den jeweiligen Kapiteln behandelten Themen ermöglichen. Feedback oder Fragen können Sie gern an *jim@ybrikman.com* senden. Danke fürs Lesen!

Index

B

C

D

E

F

G

H

L

M

N

O

P

R

S

T

U

V

W

X

Z

Über den Autor

Yevgeniy (Jim) Brikman ist Mitbegründer von Gruntwork, einem Unternehmen, das Produkte und Dienstleistungen für den Aufbau erstklassiger DevOps-Grundlagen anbietet.

Jim ist außerdem Autor von zwei weiteren Büchern, die bei O'Reilly Media erschienen sind: »Terraform: Up & Running«, das Standardwerk zu Terraform und OpenTofu, sowie »Hello, Startup«, ein praxisorientierter Leitfaden zum Entwickeln von Produkten, Technologien und Teams in einem Start-up.

Zuvor war Jim mehr als ein Jahrzehnt lang damit beschäftigt, Infrastrukturen und Produkte zu entwickeln, die Hunderte Millionen Nutzer bei LinkedIn, TripAdvisor, Cisco Systems und Thomson Financial bedienen. Weitere Informationen finden Sie unter *ybrikman.com*.

Kolophon

Das Tier auf dem Cover von »Handbuch für Software-Delivery und Operations« ist ein Schildrabe (Corvus albus), ein weit verbreitetes Mitglied der Krähenfamilie, das in weiten Teilen Subsahara-Afrikas und in Teilen des Nahen Ostens anzutreffen ist. Man sieht die Tiere häufig in einer Vielzahl offener Lebensräume, darunter Savannen, Grasland, städtische Gebiete und sogar entlang der Küsten.

Äußerlich ist der Schildrabe auffällig und aufgrund seines kontrastreichen Gefieders leicht zu erkennen – er hat einen glänzend schwarzen Kopf, schwarze Flügel und einen schwarzen Schwanz, während sein Hals und die obere Brust strahlend weiß sind. Erwachsene Tiere sind etwa 45–50 cm lang, größer als eine gewöhnliche Krähe, aber kleiner als ein Rabe, mit einem relativ langen, keilförmigen Schwanz und einem kräftigen, leicht gebogenen schwarzen Schnabel.

Diese Vögel betreiben wie viele Rabenvögel spielerische Aktivitäten wie Luftakrobatik und gleiten sogar auf glatten Dächern oder im Schnee hinunter – möglicherweise eine Form der Unterhaltung oder sozialen Interaktion. Intelligent und opportunistisch, gehen sie ungewöhnliche Partnerschaften mit anderen Tieren ein – insbesondere mit Geiern und Raubtieren wie Löwen oder Hyänen. Schildraben folgen diesen großen Aasfressern und Raubtieren, sitzen oft in der Nähe und warten geduldig darauf, sich Reste zu schnappen.

Der Schildrabe ist auf der Roten Liste der IUCN als »nicht gefährdet« eingestuft. Sein Bestand ist stabil, und er gedeiht auch in Gebieten, die stark von menschlichen Aktivitäten betroffen sind. Viele der Tiere auf den O'Reilly-Covern sind vom Aussterben bedroht; alle sind wichtig für unsere Welt.

Die Titelillustration stammt von Karen Montgomery und basiert auf einem antiken Stich aus Brehms »Thierleben«. Das Design der Reihe stammt von Edie Freedman, Ellie Volckhausen und Karen Montgomery.

Deine SAP-Karriere
SCHRIFT. WAHL UND MISCHUNG
Data Science in der Praxis
Datenbanksysteme
Das umfassende Lehrbuch
Einstieg in Python
FOTOGRAFIEREN IN DER STADT
DAS BUCH FÜR IDEENSUCHER

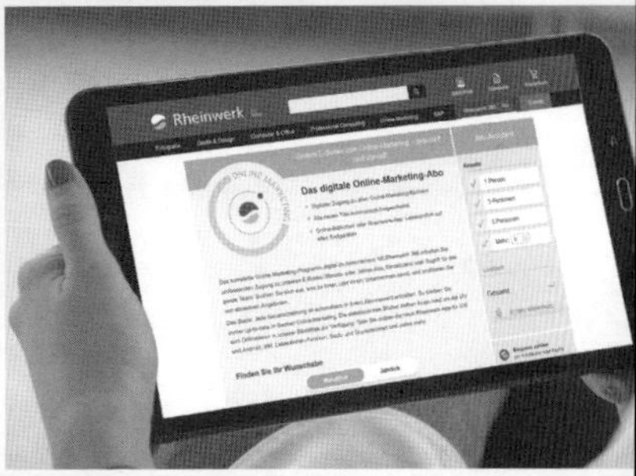

Rheinwerk
Das digitale Online-Marketing-Abo